HISTOIRE DE L'ABBAYE

ET DU VILLAGE

D'HAUTVILLERS

PAR

L'ABBÉ MANCEAUX

CURÉ D'HAUTVILLERS

TOME TROISIÈME

ÉPERNAY

L. DOUBLAT, IMPRIMEUR-ÉDITEUR, RUE DES FUSILIERS, 32

M. D. CCC. LXXX.

HISTOIRE DE L'ABBAYE

ET DU VILLAGE

D'HAUTVILLERS

Celui qui, foulant sous ses pieds, avec indifférence, les ruines d'une abbaye antique,..... Celui qui parcourt froidement les corridors et les cellules des couvents à moitié démolis,. ... Il n'existe pour lui ni phénomènes historiques, ni beauté, ni sublimité; son intelligence est dans les ténèbres, son cœur est dans la poussière.

<p style="text-align:right">BALMÈS,
(<i>Protest. comp. au cathol.</i>, tome II, page 176.)</p>

1. Hamcze

2. Elazo

3. Husson

4. L'abbé de Jouville

5. Malberé

6. Jacq. Lecailloy

7. J.N. Malbeté

8. Cachino

9. Dom Laurent Dumay

10. Malo

11. A. De Bayane and. Didot

12. henry eux

13. De Mañe

14. D. ybert Sieur

15. D.L.B Grossard ps

16. Savaux l'ainé

17. L. Michel

18. Maso

19. ninien

20. Lecaillon

21. Menu

22. Lallemant munusson

23. C. Werny maire

24. Chandon

25. De Parise ainé

26. Lallemant Clement

27. L. Mala maire

28. Murant

29. *Duchesne*

30. *Manceaux C. C.*

31. *Emile Malo*

32. *J. Chandon de Briailles*

33. *L. Simon*

34. *Lefèvre d'Intrat*

35. *Debvincourt*

36. *M.se Millat*

37. *G. Aincon*

38. *L. Loiret*

39. *Eugille Lefèvre*

40. *Comte d'Autriz*

41. *Cordonnier Aynes*

42. *Minard Thiery*

43. *Villenfin Minard.*

44. *H. Lourdet*

45. *Brochet*

46. *jules Sima*

47. *A. Cherry*

48. *Thumill*

49. *Bouché*

50. *Touveur*

HISTOIRE DE L'ABBAYE

ET DU VILLAGE

D'HAUTVILLERS

PAR

L'ABBÉ MANCEAUX

CURÉ D'HAUTVILLERS

TOME TROISIÈME

ÉPERNAY

L. DOUBLAT, IMPRIMEUR-ÉDITEUR, RUE DES FUSILIERS, 32

M. D. CCC. LXXX.

Chapiteau provenant de la Chapelle
de Dom Royer.

HISTOIRE

DE

L'ABBAYE D'HAUTVILLERS

Réception de Gilles Fescamps, dans le monastère. Fondation faite par ce personnage.

Malgré les tracasseries continuelles suscitées aux bons religieux par leur abbé, le monastère d'Hautvillers n'avait pas cessé d'être une sainte demeure, dont la réputation était grande. Les fidèles savaient le reconnaître par de pieuses largesses ; parfois même, ils se donnaient la consolation d'y venir terminer leurs jours ; pouvaient-ils trouver un endroit plus délicieux sous tous les rapports ? Aussi, voyons-nous, en 1673, un bourgeois de Paris, Gilles Fescamps, venir demander un dernier asile aux religieux, à titre de pensionnaire. Aux termes d'un acte du 22 mai de la même année, ce vertueux personnage était reçu au monastère, auquel il donnait, en retour, 1,000 livres d'abord, plus un rente viagère de 240 livres. Le tout, sous la condition, acceptée par les religieux, d'y être le reste de ses jours : logé, nourri, entretenu, tant en santé qu'en maladie, et enterré avec les mêmes honneurs et solennité qu'un membre de la communauté. Apparemment qu'il n'eût qu'à se louer des soins et des bons exemples des religieux, car, le 2 septembre de la même année, le susdit pensionnaire donnait, par un acte notarié, aux religieux d'Hautvillers, la somme de 1,000 livres, à la charge, par eux, de chanter processionnellement les litanies de la Sainte Vierge les jours de fêtes de l'Annonciation, de la Conception, de la Purification, de la Visitation, Assomption, Nativité de Marie, et dire, après ladite procession, en rentrant dans le chœur, le *De profundis*, le *Libera* et la collecte *Fidelium*, comme aussi de dire annuellement douze messes basses, à sçavoir : six de Notre-Dame, aux susdits jours et fêtes, et les lendemain desdites fêtes les six autres messes de *Requiem*.

Traité passé pardevant les notaires royaux, au Chatelet.
(22 may 1673)

Fait entre dom Pierre Pérignon, sous-prieur de l'abbaye d'Hautvillers, et le sieur Gilles Fescamps, bourgeois de Paris, par lequel traité ledit dom Pérignon s'oblige, au nom de la communauté et couvent d'Hautvillers, de recevoir ledit sieur Fescamps dans ladite abbaye, le reste de ses jours, pour y être logé, nourri, entretenu, tant en santé qu'en maladie, pourquoy, ledit sieur Fescamps donne, auxdits religieux et couvent, la somme de 240 livres de pension viagère, à prendre, par chacun an, sur l'œuvre et fabrique de Saint-Médéric de Paris, et, pour supplément de laditte pension, ledit sieur Fescamps a *remit*, audit dom Pérignon, la somme de 1,000 livres, pour aider aux dépenses des fréquentes maladies dont ledit sieur Fescamps était souvent affligé, et subvenir aux frais de son enterrement solennel, que lesdits religieux s'étaient obligés de faire comme pour un religieux de leur communauté. On a ajouté, à ce traité, les pièces suivantes, savoir : le testament du sieur Fescamps, du 20 décembre 1663 ; son contrat de mariage ; un acte de son association à l'ordre des Capucins, et quelques autres papiers. On a encore un acte, passé pardevant notaire, à Fleury-la-Rivière, le 2 septembre 1673, par lequel, avons-nous dit plus haut, ledit sieur Fescamps donne au monastère 1,000 livres pour le chant des litanies et messes à célébrer.

Il fut enterré dans l'église de l'abbaye ; sa pierre tumulaire s'y voit encore.

(*Inventaire du Cartulaire*, 1re layette, 4e liasse, *Fondations*, page 134.)

Constructions de caves.

1673. — La générosité de certains personnages, jointe aux économies des religieux, leur permit d'exécuter quelques travaux pour l'utilité du monastère; ainsi, en 1673, nous voyons ces religieux faire construire des caves pour leur usage; 325 livres furent employées à ce travail. Ces caves sont celles qui bordent le chemin de Cumières, aujourd'hui, et sur lesquelles on a bâti des maisons, dont l'une porte la date de 1800. (Maison Bernard-Dartevelle et ancienne maison Trouillart.) Avant ces constructions, ces caves étaient isolées, comme l'indique le plan dressé en 1777. Elles sont, en partie, propriété de M. Chandon de Briailles. On exhaussa aussi les murailles du cloître du côté de l'église, puis on acheva divers travaux de charpente pour la toiture de ladite église. (Nous avons signalé d'autres caves construites à la même époque, ce sont celles de la côte creusées dans la craie.)

1680. — Plus tard, en 1680, ils s'occupaient de l'agrandissement du réfectoire et de la salle capitulaire. Si nous accordons quelques lignes à l'indication de ces travaux, c'est pour montrer avec quelle sagesse administrative ils savaient employer les sommes modiques dont ils pouvaient disposer.

Réparations aux églises de Cuis et des Grandes-Loges.

L'année 1674 parut devoir imposer à l'abbaye de plus grands sacrifices; il s'agissait de pourvoir à de notables réparations demandées par les habitants de Cuis pour leur église.

Placée sous le patronage des religieux d'Hautvillers, ses uniques décimateurs, la paroisse de Saint-Nicaise de Cuis n'avait qu'une pauvre église bien minable, une église dont certaines parties menaçaient ruine en 1612. Les religieux, sans doute, étaient loin de se refuser absolument aux frais de restauration qu'on exigeait d'eux; ils connaissaient parfaitement leurs obligations, il y avait chez eux trop de bonne volonté, mais il fallait, auparavant, réunir une somme assez ronde pour cet objet; c'était là le point essentiel. Soit qu'ils interprétassent mal les intentions des religieux, soit pour toute autre raison, les habitants perdirent trop vite patience et se mirent à presser l'exécution des susdits travaux par les voies judiciaires ; cette procédure commençait en 1674 ; elle ne paraît pas avoir été des plus favorables à ces habitants, car c'est seulement en 1690 que nous voyons les religieux ordonner l'exécution des réparations demandées.

Ce ne furent pas les seules tracasseries qu'éprouvèrent les religieux pour de semblables réparations. Le 9 décembre 1663 commençait une longue procédure intentée par les habitants des Grandes-Loges contre les religieux de Saint-Remi de Reims, ceux d'Hautvillers et les chanoines de Verdun. Voici, du reste, ce que nous avons retrouvé à cet égard. Il se lisait sur l'un des feuillets de l'*Inventaire du Cartulaire* d'Hautvillers :

« Les habitans des Grandes-Loges présentent requête *tendante* à ce que les décimateurs soient assignés et que leurs dîmes soient saisies par suite de leurs contributions, aux réparations de l'église. Ce qui fut exécuté, mais comme lesdits habitants n'avaient dirigé leurs poursuites que contre lesdits religieux de Saint-Remi de Reims, qui possédaient la moitié des dîmes, et contre ceux d'Hautvillers, qui en jouissaient pour un quart, lesdits religieux firent assigner les chanoines de la collégiale de la Magdeleine de Verdun, décimateurs pour l'autre quart. Il est tout probable que lesdits religieux ne s'étaient montrés que quelque peu récalcitrants, qu'afin d'obliger les chanoines susdits à remplir eux-mêmes leur obligation particulière. Après une longue procédure, qui occupa successivement le présidial de Châlons et le parlement de Paris, nous voyons, en 1676, cette affaire aboutir à une transaction dont la teneur nous est parvenue. »

Traité conclu entre les habitants des Grandes-Loges et les décimateurs dudit lieu.

(25 septembre 1676)

Le 25 septembre 1676, le révérend père dom Colomban Mathelin, prieur de l'abbaye de Saint-Pierre-d'Hautvillers, au nom et se portant fort des religieux et couvent de ladite abbaye, et le révérend père dom Roch Josson, procureur de l'archi-monastère de Saint-Remi de Reims, et se portant fort des religieux, prieur et couvent de Saint-Remi de Reims, d'une part. Et Nicolas Varlot, procureur fiscal des Grandes-Loges, Jean-Claude Martin et Jacques le Varlot, Philippe Mangin, Jesson Hulot, Tristan Jannet, faisant la plus grande et saine partie de la communauté des Grandes-Loges, assemblés au son de la cloche, au lieu accoutumé, de parler des affaires de la communauté, d'autre part. Pour terminer les procès meüs et à mouvoir entre les parties, tant au présidial de Châlons que parlement de Paris, pour appel pour cause des réparations du clocher dudit lieu des Grandes-Loges, et de la chapelle qui est à côté du chœur, les parties sont convenues de ce qui suit : C'est à sçavoir que, sans déroger à l'obligation d'entretenir le chœur et cancelles par les décimateurs, lesdits religieux feront incessamment rétablir le clocher de laditte église des Grandes-Loges, et mettront le dessous dudit clocher en état de chapelle, pourquoy ils y feront faire un plancher, remplir de vitres les deux vitrailles, ouvrir l'arcade qui est en partie remplie, et feront poser un autel nud et sans ornement en prenant par lesdits religieux les matériaux de la petite chapelle qui est joignante au clocher, couverte de paille, laquelle sera démolie sans que lesdits religieux ou décimateurs puissent à l'avenir être obligés de la rétablir, la démolition en ayant été approuvée par Monseigneur l'archevêque de Reims, dans le cours de ses visites du doyenné d'Épernay le 2 juin dernier, en présence de son promoteur et plusieurs autres, que pour indemniser lesdits habitants et communauté des Grandes-Loges et dépens qu'ils ont faits dans la poursuite desdits procez, lesquels ils prétendent avoir droit de recouvrer, lesdits religieux et monastères, même indemniser lesdits habitants des dommages-intérêts qu'ils prétendent contre lesdits religieux à cause qu'ils ont négligé la couverture dudit clocher, serait arrivé qu'une partie du beffroy serait pourrie, lesdits religieux, sans tirer à conséquence et pour cette fois seulement, payeront et fourniront dans quinze jours, auxdits habitants et communauté des Grandes-Loges, la somme de 120 livres tournois, desquelles 120 livres 60 livres seront employées en ornement pour l'église dudit lieu, après toutefois que sur lesdittes 60 livres on aura fait la dépense qui se trouve être nécessaire pour la réparation dudit beffroy, duquel employ tant pour ledit beffroy qu'ornements, lesdits habitants feront apparoir à M. le promoteur de Reims, moyennant quoy lesdits habitants des Grandes-Loges se sont obligés de faire tous les charrois des bois qui seront nécessaires pour lesdittes réparations, sans qu'on puisse les faire aller prendre plus loing que la ville de Châlons, et quittent et déchargent pareillement lesdits habitants, lesdits religieux et couvents de Saint-Remy de Reims et de Saint-Pierre-d'Hautvillers, des dépens faits, taxés et à taxer en telle juridiction que ce soit contre lesdits religieux et décimateurs des Grandes-Loges, pour telle cause que ce soit, et en cas qu'il survienne quelques difficultés entre les parties, pour l'exécution ou explication du présent traité, sont les parties convenues qu'ils ne pourront avoir recours qu'à Monseigneur l'archevêque de Reims, pour le prier de prendre la peine de décider leur différend, sans qu'il soit permis aux parties de se pourvoir ailleurs ou d'appeler de ce que ledit seigneur aura ordonné à peine de 500 livres d'*amande*, payable au grand Hôtel-Dieu de Reims.

Fait aux Grandes-Loges, mois et an que dessus, en présence de M. Jean Rolland, prestre chanoine et promoteur de Reims, en foy de quoy ledit M. Jean Rolland et nous sus-nommés avons signé, nous portant fort pour ceux au nom desquels nous avons procédé au présent traité; qui demeurera entre les mains dudit promoteur au délivré duquel, signé de sa main, les parties sont convenues qu'on aura même égard qu'à la minutte ou original... A l'instant même avant la signature, le R. P. dom Roch Josson a fourni 60 livres tournois, en déduction des 120 livres, pour lesquelles 120 livres mêmes, les réparations cy-dessus, lesdits religieux et couvents de Saint-Remy de Reims et de Saint-Pierre-d'Hautvillers, pourront se pourvoir ainsy qu'ils aviseront bon être, contre Mme de Sery et ses héritiers ou autres qu'il appartiendra, et ont les sus-nommés signé en la minutte des présentes.

Signé : Jean ROLLAND.

On trouve dans les paperasses d'Hautvillers, à Reims, une multitude de baux des dîmes et de la cense des Grandes-Loges. Nous n'indiquerons ici que ceux dont la teneur offre quelques passages intéressants.

1663, 29 juin. — Bail pour cinq ans passé pardevant Husson, notaire à Hautvillers, à Daniel Jeannot, laboureur, demeurant aux Grandes-Loges, stipulant Jean le Meunier, économe nommé par le roy pour régir les biens temporels de l'abbaye d'Hautvillers, de tout tel droit part et portion que *compète* et appartient à ladite abbaye aux dîmes en grains du terroir des Grandes-Loges à partager à l'encontre des autres décimateurs et en outre ce une cense consistant en plusieurs pièces de terres labourables audit terroir, à la réserve toutefois d'une petite place située derrière l'église dudit lieu, laquelle place le sieur curé occupe pour un jardin suivant et tant qu'il plaira au sieur abbé, le tout laissé moyennant 105 livres par an.

1668, 9 juillet. — Bail sous seing privé, pour cinq ans, au sieur Claudot, curé des Grandes-Loges, d'un petit bout d'une pièce de terre, située lieudit le Champ-d'Hautvillers, contenant environ un moiton, aboutissant au presbytère, moyennant 15 livres par an.

1672, 24 novembre. — Déclaration authentique des terres qui composent la cense des Grandes-Loges, dont suit copie :

Rolle des terres, sises au terroir des Grandes-Loges, dépendantes de la cense de l'abbaye et couvent d'Hautvillers, dont la déclaration s'ensuit cy-après par nouveaux tenants et aboutissants et situations (1).

Et premier.

Une pièce de terre, lieudit et appelée la Cour-d'Hautvillers, contenant un journez, tenant... d'une part à la petite rue et d'autre aux terres de ladite cense.

Item, une autre pièce de terre, lieudit le Chemin-des-Forests, contenant quatorze journez, tenant d'une part à un terme et d'autre à plusieurs, boutant d'un bout au chemin d'Isse et d'autre à la voye Morel.

Item, une autre pièce de terre, lieudit le Chemin-de-Reims, contenant deux journez, deux moitons, tenant audit chemin de Reims.

Item, une autre pièce, lieudit le Chemin-de-Billy, contenant un journez et demy, royée ledit chemin d'une part.

---

(1) Cette cense, dont jouissaient les religieux d'Hautvillers, outre leur quart dans les dîmes, consistait en 40 journals ; un journal, ou journez, comprenait 8 boisseaux ; un boisseau valait 100 perches ; la perche 8 pieds 2 pouces ; un pied 12 pouces ; le pouce 12 lignes. Dans certains endroits des environs de Reims, le jour, ou journal, valait 16 hommées ; l'hommée, 3 ares 17 centiares ; alors le jour valait 50 ares.

Item, une autre pièce de terre, lieudit le Chemin-de-Vaudemange, contenant trois journez, un moiton et demy, royé ledit chemin d'une part... et par le bout du haut laditte pièce fait hache d'un bout aux terres de laditte cense.

Item, une autre pièce, lieudit les Grands-Arbres, contenant sept moitons, tenant d'une part à un terme, d'un bout à la voye Morel, d'autre à la pièce précédente.

Item, une autre pièce, lieudit sur le Mont-d'Isse, contenant un journez et demy.

Item, une autre pièce de terre, lieudit Plantefleury, contenant quatre jours, tenant... d'un bout au chemin d'Aigny.

Item, une autre pièce, lieudit Entre-les-deux-Chemins-de-Vraux, contenant deux journez, six moitons, tenant... d'autre part et d'un bout au chemin de la Cupenière et d'autre au chemin de Vraux.

Item, une autre pièce de terre, lieudit Proche-Laforest, contenant deux moitons, tenant d'un bout au chemin de la Cupenière et d'autre au petit forest.

Item, une autre pièce, lieudit le Champ-au-Pot, contenant cinq moitons, tenant au chemin...

Item, une autre pièce, lieudit le Mont-Châlons, contenant deux journez et demy, tenant... d'autre au chemin de Châlons.

Item, une autre pièce, lieudit le Mont-Saint-Hilaire, contenant quatre journez, tenant... d'un bout aux terres *Saint-Lazard.*

Item, une autre pièce, lieudit Labarre, contenant trois journez et six moitons, tenant d'une part aux terres *Saint-Lazard* et d'autre à un petit terme, d'un bout auxdittes terres *Saint-Lazard.*

Item, une autre pièce de terre en ce même lieu, contenant deux journez, deux moitons, tenant d'une part... d'un bout à un terme, d'autre auxdites terres *Saint-Lazard.*

Item, une autre pièce de terre, lieudit sur le Mont-de-Bouy, contenant un journez, six moitons, tenant d'une part aux terres *Saint-Lazard.*

Item, une autre pièce de terre, lieudit le Chemin-de-Loumery, contenant trois journez et demy, tenant... d'un bout audit chemin.

La déclaration de ces terres cy-dessus a été faite pardevant nous Langlois, lieutenant en la justice des Grandes-Loges, en la présence du procureur fiscal en cette justice et Philippe

Mangin, greffier ordinaire, par Pierre Carré, demeurant en ce lieu cy-devant fermier et détempteur desdits héritages.

Fait aux Grandes-Loges, cejourd'huy 24 novembre 1672.

1686, 19 juin. — Bail pour un an, passé à Jacques Varlot, boulanger, demeurant aux Grandes-Loges, de la part des dîmes dudit lieu, tant grosses que menues, qui appartenaient cy-devant au sieur curé desdittes Grandes-Loges, payables, savoir : moitié dans le total appartenant à MM. les religieux d'Hautvillers et de Saint-Remi de Reims, un quart aux religieux d'Hautvillers, l'autre quart à MM. les chanoines de la collégiale de Verdun, le tout moyennant la somme de 200 livres.

1687, 5 juillet. — Bail sous seing-privé de la même part des dîmes, laissé pour six ans à Jacques Varlot et Nicolas Carré, moyennant 180 livres et quatre paires de poulets par chacun an.

1750, 14 juin. — Bail pour neuf ans, passé pardevant Lefebvre, nottoire à Hautvillers, dom Laurent Dumay, procureur de l'abbaye d'Hautvillers, stipulant pour et au nom des religieux et couvent, reconnaît avoir baillé pour ledit temps, à titre de bail, à Louis Poncelet, demeurant aux Grandes-Loges, les grosses et menues dixmes dudit lieu pour ce qui en appartient auxdits religieux, savoir : deux onzièmes dans la totalité à partager avec MM. les religieux de Saint-Remi de Reims et MM. les chanoines de la collégiale de la Magdeleine de Verdun, le quart des quatre onzièmes faisant la portion du sieur curé desdittes Grandes-Loges, et avec ce une cense audit lieu, appartenant aux sieurs religieux d'Hautvillers seuls, consistant environ en trente-six arpents de terre, moyennant 221 livres par chacun an, sçavoir : 146 livres aux sieurs laisseurs et 75 livres au curé pour leur décharge de leur part de sa portion congrue.

1686. — La deuxième liasse concernant les Grandes-Loges contient les actes d'option de portion congrue pour la cure des Grandes-Loges, parmi lesquels se trouvent une lettre de Monseigneur l'évêque de Sidon, grand-vicaire de Monseigneur l'archevêque de Reims, par laquelle il dit : qu'il renvoye les titres concernant la présentation à la cure des Grandes-Loges, et qu'il serait fort fâché de donner la moindre atteinte aux droits de la communauté des religieux d'Hautvillers sur ce sujet. Cette lettre a été écrite à l'occasion d'une démission qu'avait faite un curé *desdittes* Grandes-Loges, entre les mains de Monseigneur l'archevêque de Reims ou ses grands-vicaires, qui avaient nommé et rempli laditte cure d'un autre curé, sans la participation des religieux et communauté d'Hautvillers, à qui le droit de présentation appartient pour cette cure ; ils s'en plaignirent et revendiquèrent leurs droits et, en conséquence, firent capitulairement assemblés une nouvelle élection et présentation de ce même curé qui était déjà en possession de laditte cure, en vertu de la nomination de MM. les grands-vicaires, lequel en fit une nouvelle prise de possession en vertu de la nouvelle élection desdits religieux.

Dès l'année 1686, le curé de la paroisse des Grandes-Loges fit option de la portion congrue, en vertu de la déclaration du roy et abandonna la part des dîmes dont il jouissait.

Procès concernant la dîme d'Igny-le-Jard.

(1678)

Cette affaire ne fut pas plutôt terminée que les religieux se virent en butte à de nouvelles et nombreuses contestations. C'était, on peut le croire, la conséquence du peu d'égards, disons plus, des inconcevables tracasseries suscitées aux pauvres religieux par leur seigneur abbé, habitués qu'ils étaient à voir le commendataire courir sus à ces religieux, sans garder ni mesure, ni convenance ; les séculiers, de leur côté, ne craignirent plus d'entrer en lice par des procès réellement injustes. Nous en avons un exemple dans la conduite ou plutôt dans les prétentions des habitants d'Igny-le-Jard, qui mirent tout en œuvre pour baisser le taux des dîmes prélevées sur eux par les religieux d'Hautvillers, mais ce fut peine inutile ; une sentence rendue le 14 mars 1678, par le lieutenant particulier de Châtillon-sur-Marne, condamnait lesdits habitants à payer auxdits religieux la dîme de toutes leurs gerbes, à raison de la quatorzième, sans bénéfice de décompte, c'est-à-dire que dans le cas où les gerbes d'un champ ne fourniraient pas exactement un multiple de quatorze, l'excédant figurerait en ligne de compte avec les gerbes d'un autre champ. Ainsi trompés dans leurs injustes espérances, les habitants d'Igny n'en eurent pas moins l'audace d'interjeter appel au parlement, ce fut encore sans fruit ; un arrêt de cette cour, du 20 février 1680, confirma le premier jugement et surajouta une amende de 12 livres en plus de tous les dépens.

La copie de cet arrêt se trouve sur une feuille volante des *Archives,* 9e layette, 28e liasse, Reims.

Fâcheux symptômes de décadence à Hautvillers. — Invasion du jansénisme dans ce monastère.

C'est avec douleur qu'on parcourera les quelques pages de cet article, et cette douleur nous la partageons mieux que tout autre. Pourtant, l'impartialité de l'histoire nous impose un devoir et nous nous résignons à le remplir. Quel pieux enthousiasme quand, naguère, l'abbaye d'Hautvillers recevait ses nouveaux hôtes dans les religieux venus de la congrégation de Saint-Vannes de Verdun ; c'était, semble-t-il, des anges venus du Ciel pour réhabiliter la pratique des anciennes et belles vertus des cénobites, venus pour réconcilier le cloître avec l'esprit de prière. Mais, déjà, l'impiété du temps sapait par sa base l'institution nouvelle. Si pures et si brillantes que furent les espérances que tout d'abord ils firent concevoir, nos religieux réformés ne tardèrent pas à glisser sur la pente de l'ornière fatale d'où ils étaient venus tirer les autres.

Étrange caducité inséparable de tout ce qui est humain ; toutefois, si l'on nous permet de hasarder quelques courtes appréciations, nous dirons que la contagion du mauvais exemple fournit presque tous les éléments de cette décadence, qui vint frapper une abbaye jusque-là modèle de ferveur et de soumission. Était-il possible de ne pas subir, même involontairement, l'influence de ces commendataires qui, le plus souvent, n'usaient de leur autorité que pour tracasser des religieux soumis à leur suprématie. Obligés de soutenir de fâcheux procès et de repousser d'injustes prétentions, les religieux, si légitimes que fussent leurs droits, ne pouvaient que s'attiédir en ces conflits regrettables. C'était donc, à l'époque, une mauvaise école pour nos religieux, et, malheureusement, ils n'y trouvèrent que trop cet esprit d'indépendance qui jamais n'aboutit qu'au désordre. Placés sous l'empire de principes aussi désolants, les religieux d'Hautvillers ne tardèrent pas à subir une influence qui, à leur époque, était des plus contagieuses et entraîna les plus beaux génies : nous avons nommé le Jansénisme. Jansénius, évêque d'Ypres, comme on le sait, avait été assez savant pour faire dire à saint Augustin ce à quoi saint Augustin, dans ses immortels écrits, n'avait jamais pensé, et s'il eût été vivant il n'aurait pas tardé à expliquer, selon la doctrine de l'Église, certains passages de ses œuvres mal interprétés par Jansénius. De là, une prétendue doctrine de saint Augustin qui n'était qu'un fatalisme déguisé. Pourtant, cette doctrine hétérodoxe eut de doctes et chaleureux partisans, des partisans qui, dans leur singularité, voulurent, malgré Rome et ses foudres, passer pour ce qu'ils n'étaient point : de fervents catholiques.

Nos religieux réformés ne surent échapper tous à cette erreur. N'en avaient-ils pas déjà un germe dans la malencontreuse dévotion que leurs devanciers portaient à Gothescalc, de fâcheuse mémoire ; sans doute, si ce prétendu martyr de la charité eût été dans le vrai, il ne leur aurait pas épargné le bienfait de son intercession ; mais, de tout temps, l'erreur et le mensonge n'ont pu triompher sur la vérité catholique.

Ce venin du Jansénisme découla, paraît-il, plus abondamment sur dom Thierry de Viaixnes ; ce religieux, en effet, étant venu faire un assez long séjour à Hautvillers, y trouva, ou plutôt y reçut une inspiration qui le fit appelant, et *vice* appelant de la bulle *unigenitus* à un futur concile. Le ministre de cette conversion paraît avoir été le Père dom Thiroux, qui alors professait la théologie à Saint-Remi de Reims. Il en fut dignement récompensé, car sa correspondance apostolique, retrouvée plus tard, lors de la saisie des papiers de dom Viaixnes, lui valut l'honneur de partager la captivité de son disciple.

Nous donnerons à la fin de cet article une note biographique de ce personnage, sous les auspices duquel le Jansénisme s'introduisit dans notre communauté, jadis si édifiante d'Hautvillers. Cette erreur ne laissa pas, vraisemblablement, de laisser des traces dans ce monastère, et, instruits par les infortunes de leur frère obstiné, les religieux se contentèrent d'en professer les principes à huis clos ; en cela ils usèrent de la même prudence que leurs anciens confrères les partisans des erreurs de Gothescalc.

Quoi qu'il en soit, nous avons retrouvé une foule de bulles ou lettres de provisions expédiées par la suite à des religieux d'Hautvillers, et il est à remarquer que toutes ces pièces portent une clause qui les déclare nulles, en cas où le pourvu du bénéfice n'aurait pas accepté purement et simplement la bulle *unigenitus*.

Dummodo orator a constitutione felicis recordationis Clementis P. P. XI. sanctitatis….. quæ incipit *unigenitus* non appellaverit, quin imo eamdem pure et simpliciter acceptaverit et non alias aliter ne alio modo.	Pourvu que le demandeur n'en appelle pas de la Constitution de sa sainteté le pape Clément XI d'heureuse mémoire, laquelle commence par le mot *unigenitus*, qu'il l'accepte purement et simplement sans en altérer le texte en aucune façon.

Paroles que nous avons trouvées dans la concession accordée à dom Watrinel pour la chapelle de Cumières. Cette mesure, prise à Rome, n'était pas, pensons-nous, exceptionnelle pour Hautvillers, seulement elle était générale ; le Jansénisme, ayant fait d'immenses progrès, avait réclamé cette mesure. Dès l'année 1665, à l'occasion de la bulle *Regiminis*, qui ordonnait la signature du fameux formulaire, une mesure toute pareille avait été adoptée, et nul ne pouvait être pourvu d'un bénéfice, qu'il n'eût préalablement donné cette preuve de soumission à l'Église.

Voici ce que nous lisons encore à ce sujet, dans un des papiers qu'a laissés dom Grossard (*Archives* de Saint-Jean de Châlons) :

Ordonnance d'une diète tenue à Mansny.

(8 septembre 1730)

Nous avons ordonné et ordonnons que tous et chacun religieux de la congrégation, qui ont persisté jusque-là dans leur refus de souscrire purement et simplement le formulaire, et de recevoir, de cœur et d'esprit, les bulles *Vineam*, *Sabaoth* et *Unigenitus*, demeureront, à l'avenir, exclus et incapables de tous les emplois vacants, dont les ordonnances du chapitre général dernier ont privé de voix passive, dans l'élection des conventuels ou députés aux chapitres, jusqu'à ce qu'ils aient souscrit purement et simplement au formulaire, et ayant déclaré qu'ils se soumettent, d'esprit et de cœur, auxdittes bulles, et à l'égard des jeunes religieux clercs, qui ont refusé leurs signatures et soumission, nous défendons expressément aux prieurs de les présenter aux saints ordres jusqu'à ce qu'ils soient revenus à recipiscence et fait les soumissions ordonnées.

Nous ordonnons, de plus, aux supérieurs de notre congrégation, d'user de toute leur autorité pour ramener les uns et les autres à leur devoir, et les faire rentrer dans les sentimens de la soumission la plus parfaite auxdites décisions, et lesdits supérieurs rendront un compte exact au chapitre général, des diligences qu'ils auront *fait* à ce sujet.

Pour copie conforme à l'original, et seront, les ordonnances cy-dessus et d'autre part, lues et publiées dans toutes les communautés, capitulairement assemblées et ensuite enregistrées dans le livre des chapitres généraux.

Pour copie extraite des registres desdits, auxquels elle est conforme.

En foi de quoi j'ai signé :

Dom Bercaire LACOISNE,
Visiteur.

Un chapitre général avait été indiqué pour être tenu à Montier-en-Der; il fut transféré, selon les intentions du roy, à la ville de Toul, et dut se tenir dans l'abbaye de Sainte-Ève, *Dominica, 3ᵉ post pascha*, l'an 1747.

Il s'agissait, dans ce chapitre, de rappeler l'ordonnance ci-dessus rapportée, etc.

Dom Sébastien GUILLEMIN,
Président.

La notice biographique que nous allons donner, de dom De Viaixnes, est empruntée à différents auteurs, que le lecteur pourra consulter.

Dom de Viaixnes, professeur de théologie à Hautvillers.

Thierri-Joseph-Fanier de Viaixnes naquit à Châlons-sur-Marne, le 18 mars 1659, et reçut au baptême le nom de Joseph; celui de Thierri ne lui fut donné qu'à son entrée en religion, par suite de l'usage pratiqué dans la congrégation de Saint-

Vannes. Comme la noblesse de son extraction paraît être suffisamment établie par les éléments de son nom, nous regardons comme inutile d'en chercher ailleurs d'autres preuves. On écrit quelquefois Viaines; Feller, à son article consacré à notre personnage, l'appelle Viaixnes. La biographie de Michaud se borne à dire qu'il naquit de parents distingués; la particule *de* désigne qu'ils étaient nobles. Michaud et Feller semblent ne pas s'accorder quand Feller dit que Viaixnes fit ses humanités et sa philosophie chez les Jésuites et chez les Bénédictins de Saint-Vannes. Cette contradiction n'est qu'apparente; Michaud dit tout simplement chez les Jésuites, en parlant des premières études de Viaixnes; car, entré dans la congrégation de Saint-Vannes, il y renouvela sa philosophie et sa théologie, ou, si l'on veut, il se perfectionna dans ces deux sciences si importantes.

Le jeune de Viaixnes, né avec de précieuses dispositions pour l'étude, et activement poussé par ses maîtres excellents, fit, avec honneur, ses premières études chez les Jésuites. Un goût bien décidé pour le genre de vie qu'on menait dans l'ordre de Saint-Benoît, et peut-être plus encore le caractère des études qu'on y cultivait, études qui en faisaient une pépinière de savants, ne tardèrent pas à lui inspirer le désir de s'y consacrer à Dieu. Mais, une difficulté assez forte suspendit pour quelque temps l'exécution de son projet. Le jeune de Viaixnes était l'aîné de sa famille, et l'on sait, sous d'autres temps, l'importance attachée à cette priorité de la naissance. Aujourd'hui, que nos idées ont subi une véritable révolution, tout comme notre administration politique; aujourd'hui, que tout enfant se trouve être devant la famille comme tout citoyen devant la loi, égal en droit et en liberté, nous ne pouvons assez bien comprendre la puissance d'une raison nobiliaire, qui n'est pour nous qu'un préjugé de vieille aristocratie, qu'un privilège à l'état fossile; mais, sous l'ancien régime, où le droit d'aînesse semblait réunir, avec la prérogative du sang, la somme entière des espérances de la famille, ce n'était jamais qu'avec une répugnance difficile qu'on voyait ce représentant-né des droits d'une maison embrasser un genre de vie où le célibat fut une loi. De Viaixnes éprouva toutes les rigueurs du préjugé, mais sa persévérance fut couronnée de succès; il obtint le consentement nécessaire à la réalisation de ses vœux. Ce fut au mois de mai 1676 qu'il entra au monastère de Saint-Pierre de Châlons, et il y fit profession le 13 juin de l'année suivante. Bien, comme nous l'avons vu, que le nouveau profès eût préludé à son entrée en religion par d'excellentes études, on lui fit renouveler ses cours de philosophie et de théologie. Envoyé, par ses supérieurs, en 1680, à Saint-Vincent de Metz, il obtint d'eux la permission de passer à l'abbaye de Beaulieu-en-Argonne. Le motif qui lui fit solliciter cette faveur, motif tout scientifique, était la présence du docte dom Barthélemy Sénocq dans le monastère précité, ce savant bénédictin y ayant établi une académie qu'il présida lui-même. Pour dire un mot de ces académies, c'était tout simplement des réunions de jeunes religieux, avides de savoir, qui, sous la direction d'un vétéran de l'ordre, renommé par son érudition et son habileté, se formaient aux grandes études ecclésiastiques. Facilement on voit quels hommes éminents durent sortir de pareilles institutions. On y entrait sous les auspices et avec le goût de l'étude, et on ne pouvait guère en sortir qu'en savant consommé, ou du moins avec une volonté ferme de le devenir. Aussi, la congrégation de Saint-Vannes, qui vit là comme un foyer propre à alimenter le feu de la science et l'amour des fortes études, se hâta de les propager dans son sein. Déjà plusieurs de ces académies avaient été formées à l'époque où nous sommes, et dom Thierri de Viaixnes fut chargé, par la suite, d'en présider quelques-unes.

Après un certain laps de temps passé à Beaulieu, de Viaixnes revint à Châlons et fut ordonné prêtre par Louis-Antoine de Noailles, évêque de Châlons et plus tard cardinal. Cet événement est communément indiqué sous l'année 1683. Une fois élevé au sacerdoce, de Viaixnes fit deux parts de son temps : la première fut consacrée à l'étude, la seconde à la prédication.

Si l'on en croit un certain auteur, notre lévite réunissait d'assez belles dispositions pour la chaire, dit un de ses biographes, Michaud ; quoi qu'il en soit, il ne nous est parvenu aucun échantillon de son savoir-faire en ce genre. Le professorat parut être plutôt l'arène propre à mettre en évidence les ressources énergiques de son génie. Il enseigna dans différentes maisons de la congrégation, entre autres à Verdun, où il se concilia l'estime de l'évêque. Dom de Viaixnes avait une dose de talents peu ordinaires ; il s'était acquis, de plus, un fond de belles et utiles connaissances. Irréprochable dans ses mœurs, mais né avec un esprit inquiet et un caractère turbulent, de

Viaixnes avait à peine trente ans qu'il fut exilé à l'abbaye de Saint-Michel en Thiérache ; Feller place cet exil en 1683, l'année même de son ordination ; il paraît que cet exil fut occasionné par son opposition à une bulle sollicitée à Rome, pour opérer quelques changements dans le régime de la congrégation ; ce ne fut que pour quelques mois qu'il fut séparé de ses frères.

De Viaixnes habita plusieurs abbayes, entre autres celle d'Hautvillers. La part qu'il prit aux discussions du Jansénisme, dont il avait chaudement adopté les opinions, et le peu de ménagements qu'il mit dans sa conduite, sa tête ardente, qui souvent l'entraînait au-delà des bornes de la prudence, lui occasionnèrent beaucoup de disgrâces. Il se déclara appelant et réappelant de la bulle *unigenitus* au futur concile. Selon toute apparence, son séjour à Hautvillers, dans le voisinage de Reims, lui avait donné occasion de se lier avec dom Thiroux, de la congrégation de Saint-Maur, qui professait alors la théologie à Saint-Remi de Reims. Tous deux partageaient les opinions de Port-Royal, et entretenaient, à ce qu'il paraît, une correspondance où leurs sentiments n'étaient pas déguisés. Ils firent ensemble un voyage dans les Pays-Bas. A leur passage à Bruxelles, ils virent le père Quesnel qui y présidait. De là résulta, entre de Viaixnes et ce coryphée du Jansénisme, une liaison qui se continua par un commerce suivi de lettres. L'arrestation du père Quesnel, opérée à Bruxelles par l'ordre de Philippe V, fut un coup de foudre pour de Viaixnes, car ses lettres furent retrouvées dans les papiers du fameux Janséniste, et servirent de pièces de conviction dans son procès, qui ne fut pas long. Aussi, le malheureux de Viaixnes, qui était allé à Paris pour quelques affaires, y trouva ce que bien certainement il n'y cherchait point : la privation de sa liberté ; il fut arrêté en 1703 et conduit au château de Vincennes. Cette arrestation fut suivie d'une autre ; par suite de la saisie faite des papiers de dom de Viaixnes, on y trouva la correspondance qu'avait entretenue avec lui dom Thiroux, alors prieur de Saint-Nicaise à Meulan ; il subit le sort de son ami. L'un et l'autre recouvrèrent, néanmoins, la liberté en 1710, mais de Viaixnes fut exilé à l'abbaye de Saint-Florent, près de Saumur. Enfin, en 1714, de Viaixnes, chez qui la franchise et un laisser-aller tout ouvert barraient assez souvent le passage à ce que les uns appellent prudence, d'autres politique, de Viaixnes, disons-nous, vit reparaître pour lui les rigueurs du cachot, il fut de nouveau enfermé à Vincennes; pour cette fois, il n'en sortit qu'à la mort de Louis XIV, encore ne jouit-il plus longtemps de sa liberté. Soit que sa nouvelle détention n'eût fait qu'exalter sa tête déjà tout en feu et lui eût aigri le caractère, soit qu'il aimât mieux s'exposer à tout que de renoncer à des opinions que hautement il avait déclarées siennes, de Viaixnes ne tarda pas à émettre des principes qui, taxés d'impudence, le firent de nouveau exiler à l'abbaye de Poultières, au diocèse de Langres, en 1721, et bannir ensuite du royaume.

Forcé de quitter le sol de la patrie, de Viaixnes se retira quelque temps dans l'abbaye de Saint-Guislain, dans le Hainaut, et n'en partit que malgré lui pour se rendre à Bruxelles, et de là chez les Bénédictins de Wlierbecck, près Louvain; enfin, proscrit partout, il chercha un asile en Hollande, et mourut à Rhynsvick, près d'Utrecht, le 31 octobre 1735, âgé de 76 ans.

Pour peindre de Viaixnes en peu de mots, c'était un homme éminent pour ses talents et son érudition; aussi, à ce titre eût-il pu rendre à l'Église, à l'État même d'importants services; mais l'esprit de parti, qui volcanisait sa tête, lui fit prendre pour lumière et vérité ce qui n'était que ténèbres et mensonges, et donna une preuve de plus qu'à côté des plus vastes connaissances, en la compagnie des plus beaux génies, se trouve presque toujours le *errare humanum est*, et surtout un orgueil qui, dans son principe, n'a pas été suffisamment combattu. Emporté par la fièvre de l'époque, de Viaixnes, avec son caractère ardent et impétueux, voulut défendre une doctrine légèrement épousée; ce fut son malheur, car, dans la voie fausse où il se lança, outre la tache imprimée à sa mémoire par son frénétique attachement à une doctrine condamnée, il ne moissonna que des tribulations et des chaînes, et mourut en proscrit sur une terre étrangère, réprouvé par l'Église et les hommes. M. D'Aguessau, le célèbre chancelier, qualifie dom de Viaixnes de Janséniste des plus outrés.

Il est bien regrettable qu'un si beau génie, qu'un homme qui a attaché à son nom celui de religieux bénédictin, ait ainsi suivi une pente aussi fatale. Hautvillers a pu se féliciter de l'avoir eu comme savant, mais a dû regretter de l'avoir eu au milieu des siens comme Janséniste.

Voici la liste des ouvrages qu'on a de de Viaixnes; la plupart sont anonymes :

1° *L'Impiété reconnue;* il composa cet écrit contre une thèse soutenue à Caen. Cet ouvrage fut imprimé à Cologne, en 1693, sans le consentement et à l'insu de l'auteur. — 2° *Problème ecclésiastique* proposé à M. Boileau, de l'archevêché : *A qui l'on doit croire de M. Louis-Antoine de Noailles, évêque de Châlons, en 1695* (approuvant les *Réflexions morales* du père Quesnel), ou de *Louis-Antoine de Noailles, archevêque de Paris, en 1696,* (condamnant *l'Exposition de la foi,* par l'abbé Barcot), 1698, in-12; ce dilemme satyrique fit beaucoup de bruit; quand il parut, il fut généralement proclamé l'œuvre des Jésuites, tant il était bien fait. On accusa le père Daniel, qui chercha à se justifier mais qu'on ne crut pas, et surtout le père Doucin, d'en être les auteurs. Presque tous nos dictionnaires historiques l'attribuent à ce dernier. M. Dufey, de l'Yonne, est tombé dans cette erreur, tout dernièrement encore, dans son article *De Noailles (Dictionnaire de la conversation).* On sait aujourd'hui, d'une manière indubitable, qu'il est de dom Thierri de Viaixnes, et lui-même en a fait l'aveu, dit le chancelier d'Aguesseau dans ses *Mémoires.* Cet écrit, au reste, est composé avec tant d'art que bien des Jésuites s'y méprirent, et qu'un Jésuite flamand, le père Soliastre, s'en rendit l'éditeur. Dom Gerberon, de la congrégation de Saint-Maur, ne partagea point l'erreur commune et y reconnut tellement les propres sentiments de de Viaixnes, qu'il en composa une apologie. Un arrêt du parlement de Paris, en date du 14 janvier 1699, condamna le *Problème* à être brûlé. Il est facile de concevoir quelle dût être l'exaspération de l'archevêque à la publication de ce factum; aussi, comme il ne doutait pas que ce ne fût l'œuvre d'un Jésuite, il se prit d'une forte animosité contre ces religieux. Il paraît même que ce fut un peu par vengeance que, dans l'assemblée de 1700, à laquelle il présida, il fit condamner 127 propositions tirées de différents casuistes, parmi lesquels étaient plusieurs Jésuites, mais qui n'avaient fait que suivre et répéter de plus anciens. — 3° *Acta omnium congregationum et disputationum quæ coram Clemente VIII et Paulo V, sunt celebrata in controversia de Auxiliis.* (Louvain, 1702, in-folio.) A la tête de cet ouvrage se trouve une préface supprimée dans quelques exemplaires, à cause de l'aigreur qui y règne contre les Jésuites. L'auteur y traite de la vie et des écrits de Thomas Lemos, dominicain espagnol, qui fut admis et parut avec assez d'éclat dans ces congrégations. On peut voir l'histoire de ce célèbre dominicain dans les dictionnaires de Feller et de l'Advocat. Quant au corps de l'ouvrage de de Viaixnes, il rapporte les questions et les réponses qui y ont été faites et, en général, tout ce qui s'est passé dans cette congrégation. — 4° *Edmundi Richerii libellus de ecclesiastica et politica potestate cum demonstratione. Edente.* (Dom Thierri de Viaixnes, Cologne, 1702, 2 volumes in-4°.) Le *Dictionnaire des Anonymes* observe que M. Adry a vu le manuscrit sur lequel fut donnée cette édition. Il avait appartenu à un chanoine de Troyes nommé Breyer. — 5° Il faut ajouter, aux ouvrages ci-dessus mentionnés, un grand nombre d'écrits contre la bulle et contre les Jésuites, et un acte de dénonciation de la bulle, daté du 17 avril 1727. On dit aussi qu'il écrivit en faveur du prêt de commerce.

Voyez les auteurs consultés pour la rédaction de cette notice : 1° *Dictionnaire de la conversation*, article *Noailles*. — 2° Feller, Viaixnes et Noailles (Louis-Antoine de). — 3° *Dictionnaire* de Moreri, article *Viaixnes*.

Nous arrivons au xviii° siècle; les faits plus multipliés et plus saisissants ne devront rendre notre histoire que plus intéressante.

1681. — Le 12 novembre 1681 voyait s'accomplir une donation assez importante en faveur des religieux; si nous aimons à rapporter de pareils actes, bien que leur valeur historique soit petite, c'est uniquement parce que nous y trouvons la preuve du vif intérêt qu'on ne cessait de porter à nos fervents religieux. Cette donation, par suite des conditions assez onéreuses qu'elle contenait, ne fut que peu favorable au monastère ; nous lisons, en effet, à la fin d'une copie de cet acte, les quelques mots qui suivent :

Cette donation mériterait plutôt d'être mise au nombre des acquisitions puisque les religieux ont déboursé, tant pour pensions viagères que pour amortissement et autres droits, la somme de 12,414 livres 16 sols 8 deniers. Comme on peut le voir dans l'état de 1739, c'était, en quelque sorte, l'équivalent de la valeur du don.

Donation faite par demoiselle Suzanne Chrétien, veuve et légataire universelle de noble homme, M. Jean Frizon, vivant conseiller au présidial de Reims, passé pardevant Nicolas Hourlier et Nicolas Baillet, notaires à Reims.

(12 novembre 1681)

A tous ceux qui ces présentes lettres verront, Antoine Lefebvre, conseiller du roy en sa cour de parlement, commissaire aux requêtes du palais et garde des sceaux, aux contrats obligations et autres actes du baillage de Vermandois de Reims, *établit* de par ledit seigneur salut, sçavoir faisons que pardevant Hourlier et Nicolas Baillet, nottoires royaux héréditaires audit baillage de Vermandois, demeurants à Reims et à ce faire, établit par ledit seigneur, fut présente damoiselle Suzanne Chrétien, veuve et légataire universelle testamentaire de noble homme M. Jean Frizon, vivant conseiller au présidial de Reims, par son testament et ordonnance de dernières volontés du..... passé pardevant Husson, nottoire royal à Hautvillers, présents témoins à la dame Suzanne Chrétien audit nom, reconnu et confessé avoir donné, cédé, quitté et transporté par ces présentes par donation pur et simple et irrévocable faites entre vifs et autrement, en la meilleure forme que ce puisse être aux vénérables religieux, prieur et couvent de l'abbaye de Saint-Pierre-d'Hautvillers, et stipulant et acceptant pour eux par le R. P. dom Pierre Pérignon, religieux procureur dudit couvent, fondé de procuration des autres religieux de laditte maison et communauté, passé pardevant ledit Husson présents témoins, le onzième du présent mois et an dont copie sera fin des présentes, pour y avoir recours au besoin, les héritages dont la déclaration en suit :

Et premier, une pièce de vigne au terroir d'Hautvillers, lieudit Couyères, contenant 51 verges 1/2, tenant d'une part à Louis Bageois et autre, d'autre à Sébastien Fourché et autres, d'un bout à Pierre Pierrot et d'autre bout à M. le chapelain de l'ancienne congrégation de Reims.

Une autre pièce de vigne, lieudit Gros-Buisson, contenant 55 verges 6 pieds, tenant d'une part à Raoul Coquault de Reims, d'autre à Jean Legrand l'aîné et d'autres, d'un bout au chemin, d'autre bout à Jean Grénier.

Une autre pièce de vigne, lieudit Maladry, contenant 28 verges 10 pieds, tenant d'une part à un chemin, d'autre à Pierre Gosset, d'un bout à François Brouillart, d'autre au Champ-du-Guay. — Toutes lesquelles pièces de vignes ont été acquises par ledit deffunt Jean Frizon, constant son mariage avec laditte damoiselle donatrice, de Marguerite Rigault, veuve de Jean Cousin, demeurant à Hautvillers, par contrat du 18 novembre 1650, passé pardevant ledit Husson présents témoings.

Une autre pièce de vigne, audit terroir d'Hautvillers, lieudit les Quartiers, contenant quatre boisseaux et demy ou environ, royée la ruelle des Vaches d'une part et Adolphe Leroux d'autre, budant d'un bout à un carrefour, d'autre bout aux héritiers de Martin Garnier.

Une autre pièce de vigne, au terroir de Dizy, lieudit Souchienne, contenant 4 boisseaux 4 verges, royée Claude Boizeau d'une part et Michel Lacroix d'autre, d'un bout à Quentin Lechat, d'autre à M. Isaac Duverger.

Une pièce de terré, sise sur le terroir d'Hautvillers, lieudit le Gros-Buisson, contenant un arpent, royée d'une part à M. le président Ravineau.

Une autre pièce de terre, lieudit Magny, contenant un demy-arpent..... A prendre tous lesdits héritages cy-dessus énoncés comme ils se comportent, sans les verger ni arpenter pour en jouir par lesdits religieux de Saint-Pierre-d'Hautvillers, et leurs successeurs audit couvent en pleine propriété dès maintenant à toujours, à la charge par eux d'acquitter à l'advenir laditte damoiselle donatrice des droits et cens et autres droits seigneuriaux, dont les héritages ainsy donnés peuvent être tenus, même des droits d'amortissement et indemnité si aucuns sont prétendus, pour raison de laditte présente donation sans recours contre laditte damoiselle donatrice. Et si laditte damoiselle donatrice audit nom, a encore donné, cédé, quitté et transporté par ces présentes, aussy par pure simple irrévocable donation faite entre vifs, et autrement en la meilleure forme que ce puisse être auxdits religieux, prieur et couvent de Saint-Pierre-d'Hautvillers, ce stipulant et acceptant comme dessus la somme de 2,700 livres en principal de 150 livres de rente annuelle et perpétuelle due, vendue et constituée au profit dudit deffunt Jean Frizon, par Jacquette Didier, veuve de Jacques Pierrot, demeurant à Hautvillers, tant en son nom propre et privé que comme ayant la garde bourgeoise des enfants mineurs dudit deffunt et d'elle, par contrat de constitution de rente du 20 juillet 1660. La somme de 295 livres d'une part et 60 livres 14 sols d'autre part, que laditte Jacquette Didier, tant en son nom que comme ayant la garde bourgeoise des enfants mineurs dudit deffunt Jacques Pierrot et d'elle, est condamné de payer à laditte damoiselle donatrice, par sentence rendue de M. le bailly de Vermandois, ou son lieutenant audit Reims, le 11 mars 1670, lesquelles deux sommes produisent intérêt sur le pied du denier vingt :

La somme de 390 livres 15 sols que laditte Jacquette Didier doit encore à laditte damoiselle donatrice d'arrérages desdits trois principaux cy-dessus ;

La somme de 500 livres en principal due à laditte damoiselle donatrice, à cause de la vendition par elle faite d'une place et bâtiment sises au village d'Hautvillers ;

La somme de 200 livres en principal due à laditte damoiselle donatrice, par Mauchan Nicolas et Jean Frérot, demeurants à Hautvillers. Tous lesquels contrats d'acquisition, contrats de rente, sentence, contrats de vendition, obligation et namptissement cy-dessus datés et généralement toutes les autres pièces justificatives des dûs cy-dessus exprimés, laditte damoiselle donatrice a mis ès mains dudit Révérend Père, l'en faisant porteur et titulaire pour ledit couvent de Saint-Pierre-d'Hautvillers, et desdittes sommes principales cy-dessus cédées et des intérêts qui en sont dûs, courus et échus jusqu'à huy, de ceux qui encoureront à l'advenir, vray, sieur, receveur et poursuiveur, cédant à cette fin, à laditte maison et communauté dudit couvent d'Hautvillers, tous ses droits, noms, raisons, actions, exécutions et autres tant personnelles, réelles et hypothèques, la mettant et subrogeant en son lieu. La présente donation ainsy par laditte damoiselle donatrice, à la charge et moyennant que lesdits religieux, prieur et couvent dudit Saint-Pierre-d'Hautvillers, seront tenus de payer par chacun an à laditte damoiselle donatrice, sa vie durant seulement, la somme de 260 livres de pension viagère qui luy sera fournie par quartier et par advance en la ville de Soissons, ou en tel autre lieu que laditte damoiselle fera sa demeure, à condition aussy par lesdits religieux de payer la somme de 200 livres par chacun an sa vie durant de sœur Renée Frizon, religieuse professe en l'abbaye de Saint-Paul de Soissons, à la dame dépositaire de laditte abbaye de Saint-Paul, payable aussy par quartier et par advance, dont le premier quartier desdittes pensions échéra le premier décembre prochain, et ainsy continuer tant que lesdittes damoiselles Suzanne Chrétien et sœur Renée Frizon, vivront, et en cas que ladite sœur Renée Frizon soit transférée en un autre couvent, lesdits sieurs religieux seront tenus de payer ladite somme de 200 livres au couvent où elle sera transférée. Et si seront tenus lesdits sieurs religieux de faire célébrer, par chacun an à perpétuité, en laditte église d'Hautvillers, une messe basse pour le repos de l'âme de M. Pierre Frizon, vivant advocat au parlement, fils de laditte damoiselle donatrice, le 19 may; de faire célébrer le 19 may prochain un bout de l'an pour le repos de l'âme dudit sieur Pierre Frizon, pareil à celuy qui se célèbre pour un religieux décédé en laditte abbaye, et arrivant le déced de laditte damoiselle donatrice, de faire dire et célébrer des prières pour le repos de son âme, et un bout de l'an comme on a coutume de faire pour un religieux décédé en laditte abbaye, et même de faire célébrer tous les jours de l'année du déced de laditte damoiselle donatrice, une messe basse à son intention en cas qu'elle meurre en sa soixante-troisième année. De tous lesquels.....

Vient ensuite une procuration dont il a été parlé au commencement du titre précédent. Cette procuration donnée au R. P. Pierre Pérignon pour stipuler en leurs noms est signée de dom Alexis Dusorton, sous-prieur, dom Irénée Paradis, dom Richard Havetel, dom Hubert Chastelain, dom Gabriel Barbiton, dom Albert Regnard, dom Augustin Lemaire, dom Pierre Paillot, dom Hilarion Lefebvre, dom Charles Martelot, dom Joseph Dommangin.

(1re layette, 4e liasse, *Fondations*, 138-144.)

Constructions diverses dans le monastère

Dans le cours de la même année 1681 on élevait le mur destiné à former l'enceinte de la basse-cour de l'abbaye; le plan unique que nous avons, et qui date de 1777, est encore trop récent pour que nous puissions nous faire une idée juste de cette basse-cour, pour l'agrandissement de laquelle nous avons vu une regrettable procédure. L'année suivante, un marché était conclu pour sculpter les branches d'ogives du chapitre, nous

Ancien Portail de l'Abbaye de St Pierre.

supposons que ce sont les chapitaux dont il est question et peut-être les arceaux, car nous en avons vu de bien beaux restes. Vint ensuite l'achat d'un nouvel orgue (1684); on n'a pas oublié que l'église conventuelle avait été gratifiée d'un pareil instrument, par la munificence de dom Nicolas Dudré, en 1630 environ; mais ce premier orgue, peu considérable sans doute, ne pouvait plus suffire à l'église d'une abbaye qui avait retrouvé ses jours de prospérité et d'opulence. On eut donc parfaitement raison de pourvoir à le remplacer dignement. Ce n'est pas la dernière fois que nous aurons occasion de parler de ce magnifique instrument et de son riche buffet...

Quatre ans après, en 1688, les religieux faisaient l'acquisition de deux bras d'argent, destinés à contenir une partie des précieuses reliques vénérées en l'église du monastère; d'après une notice que nous avons retrouvée, ces reliquaires symboliques renfermaient : 1° Un bras de saint Blaise, évêque et martyr. 2° Des bras de saint Cyriaque, diacre et martyr et Smaragde. La même année voyait s'exécuter le travail des boiseries de la bibliothèque. Elle devait avoir déjà quelque importance, puisque le marché conclu alors en porte les frais à 1,400 livres.

En 1691, les religieux achetaient le balustre du grand autel en marbre; en 1692, ils construisaient la grande porte d'entrée du monastère; cette porte existe encore de nos jours, mais elle porte les traces des mutilations que lui infligea le vandalisme révolutionnaire; malgré ces mutilations, elle est encore pleine de grandeur. Les armes de saint Pierre étaient sculptées sur un écusson du tympan.

En 1694, le vin de l'abbaye fut vendu jusqu'à 500 livres la pièce, nous dit M. Alphonse Soullié dans sa notice; est-ce qu'il n'y en avait que très peu cette année-là ? Est-ce que, à la cour, on aurait reconnu la supériorité du produit ? L'auteur n'en dit rien; toujours est-il qu'on peut conclure, d'après le prix énoncé et la valeur de l'argent à l'époque, que de simples campagnards ne devaient pas se permettre de faire usage d'un pareil vin. Nous pourrions peut-être encore dire que ce prix énorme était dû aux talents vinicoles et à la renommée de l'habile administrateur dom Pierre Pérignon.

Nous terminerons cet article en disant que ce fut en 1695 que les religieux firent l'achat de trois timbres destinés à l'horloge du monastère. Nous ne voyons nulle part si cette horloge était remarquable ; il est probable qu'elle avait une certaine valeur, que ces timbres devaient rehausser. Cette horloge était placée dans un pavillon élevé sur un des côtés du cloître, nord-ouest ; les heures du cadran étaient vues de Saint-Nivard et de l'intérieur du monastère.

L'archevêque de Reims cède à l'évêque de Soissons la paroisse de Pierry, et obtient en retour une partie de Cumières. — Érection de ce village en paroisse indépendante.

Nous arrivons à un événement qui devait avoir les plus heureuses conséquences pour Cumières. Déjà pourvu d'un vicaire en 1662, ce village aspirait à devenir quelque chose de plus : une paroisse indépendante. Que lui manquait-il pour mériter cet avantage ? La population, qui alors atteignait déjà le chiffre de 800 âmes, était suffisamment nombreuse pour obtenir cette faveur. Toutefois, une circonstance toute de localité avait paru longtemps faire obstacle à cette érection. Bâti sur l'extrême limite du diocèse de Reims, Cumières avait une partie de ses habitants qui, pour le spirituel, ressortissaient à la juridiction du curé de Damery, paroisse du diocèse de Soissons ; cette fâcheuse division disparut en 1694. Par un traité du 8 octobre, l'évêque de Soissons, Fabio Brulard de Sillery, cédait à l'archevêque de Reims la partie de la paroisse de Cumières qui appartenait à la paroisse de Damery, et obtenait en retour la paroisse de Pierry. Trois ans plus tard, une ordonnance de Charles Maurice Le Tellier, archevêque de Reims, érigeait la chapelle de Saint-Jean-Baptiste de Cumières, en cure indépendante de celle de Saint-Syndulphe d'Hautvillers, et statuait : 1º Que le curé de cette nouvelle paroisse serait de plein droit institué par l'archevêque pour la première fois, mais que, pour la suite, le droit de présentation appartiendrait au sieur abbé d'Hautvillers et à ses successeurs en ladite abbaye. 2º Que le curé de Cumières et ses successeurs paieraient les décimes ordinaires et impositions nouvelles, auxquelles était taxé le curé de Pierry avant qu'il ne fût agrégé au diocèse de Soissons, comme aussi les décimes extraordinaires. 3º Que le curé de Cumières recevrait la somme de 300 livres de portion congrue, payable par les décimateurs de la paroisse. (Ces décimateurs étaient le prévôt ou le prieur commendataire de Favières, prieuré du canton de Fère-en-Tardenois, converti en ferme, pour la partie du village de Cumières qui, anciennement, appartenait au diocèse de Soissons, et l'abbé d'Hautvillers pour le reste. Les habitants payaient à ce dernier la onzième pièce de vin en nature ou en argent.) 4° Que le chapelain de Saint-Jean-Baptiste de Cumières serait maintenu dans le droit de célébrer ou de faire célébrer, dans l'église de Cumières, une messe haute le jour de la Décollation de Saint-Jean-Baptiste, et d'y recevoir à son profit les oblations des fidèles, et encore une messe haute de *Requiem* le premier lundi de Carême.

Voici cette ordonnance :

Érection de Cumières en cure indépendante par Monseigneur Le Tellier, archevêque de Reims

(25 octobre 1697)

Charles-Maurice Le Tellier, par la grâce de Dieu archevêque duc de Reims, premier pair de France, légat-né du Saint-Siège apostolique, commandeur de l'ordre du Saint-Esprit, proviseur de Sorbonne, etc., à tous présents et à venir, salut.

Veü la requête à nous présentée par notre promoteur, expositive qu'il y a dans le lieu de Cumières une chapelle bastie par les habitants dudit lieu, et dédiée à Dieu sous l'invocation de Saint-Jean-Baptiste, que les habitants qui sont au nombre de 450 communiants, ne pouvaient aller à Hautvillers pour assister à la messe et au service divin les jours de festes et dimanches, dans l'église paroissiale dudit lieu d'où ils dépendaient jusqu'à ce jour, et s'acquitter des autres devoirs auxquels tous les fidèles sont obligés de satisfaire, auraient il y a déjà longtemps, avec le consentement du curé d'Hautvillers, obtenu la permission d'avoir un prestre résident à Cumières, duement approuvé pour y célébrer la messe les festes et dimanches et y administrer les sacrements, qu'encore que depuis l'abandon qui nous a esté fait par Monseigneur l'évêque de Soissons, de ceux des habitants de Cumières qui étaient de la paroisse de Damery, diocèse de Soissons, et qui sont à présent de la paroisse d'Hautvillers de notre diocèse, comme les autres habitants dudit lieu de Cumières, le curé d'Hautvillers qui s'était réservé le droit de baptiser, marier et enterrer les paroissiens et habitants de Cumières, se soit relâché de ce droit, permit au vicaire de faire toutes les fonctions curialles audit lieu de Cumières, et consentit que tous les habitants dudit lieu fussent dispensés d'aller faire leurs Pâques à Hautvillers, comme ceux qui étaient de notre diocèse, avaient toujours été depuis l'établissement d'un vicaire à Cumières, il y a lieu de croire que les habitants de Cumières ne reçoivent pas toujours d'un vicaire les consolations spirituelles et les secours qu'ils ont le droit d'attendre d'une personne préposée pour veiller à leur salut, d'autant plus que la position d'un vicaire n'étant point assurée, ni d'un revenu considérable, il est plus difficile de trouver des personnes de suffisance et de probité qui veuillent l'accepter ou le conserver longtemps, que d'ailleurs les fidèles n'ont pas ordinairement la même confiance et la même soumission qu'ils auraient pour un curé, qu'il arrive même souvent que les vicaires, qui ont d'abord toutes les qualités nécessaires pour s'acquitter dignement de toutes leurs obligations, tombent insensiblement dans la négligence et dans le relâchement, auxquels ne sont pas sujets les curés qui sont chargés de veiller à leur conduite, et que nous pouvions remédier à tous ces inconvénients en érigeant laditte chapelle de Saint-Jean-Baptiste de Cumières, en titre de cure indépendante de celle de Saint-Syndulphe d'Hautvillers, ce qui paraît d'autant plus facile à exécuter, que laditte chapelle de Cumières est en bon état et suffisamment pourvue de toutes les choses nécessaires pour faire avec décence le service divin, et qu'il y a déjà une maison *presbytéralle* audit lieu de Cumières pour loger un curé, auquel on pourrait assurer une portion congrue de 300 livres, conformément aux déclarations du roy sur les dixmes dudit lieu de Cumières, qui valent plus de 2,000 livres de rentes à ceux qui les possèdent ; pourquoy nous requérait notre dit promoteur d'ordonner que laditte chapelle de Saint-Jean-Baptiste de Cumières, soit érigée en titre de cure indépendante de Saint-Syndulphe d'Hautvillers, pour être desservie par le curé qui serait institué, comme sont desservies toutes les autres églises paroissiales de notre diocèse ; notre ordonnance donnée à Reims en notre palais archiépiscopal, le 24 may dernier, par laquelle nous aurions ordonné qu'avant faire droit à M. Jean-Baptiste Seraucourt, prestre, docteur en théologie, chanoine et grand archidiacre de notre église métropolitaine, et l'un de nos vicaires généraux se transporteraient sur les lieux pour visiter laditte chapelle de Cumières, informer de la commodité et incommodité des distractions et érections requises par notre dit promoteur, de la vérité contenue dans tous les faits contenus en ladite requête, circonstances et dépendances, en dresser de tout son procès-verbal en présence du présentateur à la cure et du curé d'Hautvillers, des décimateurs et habitants desdits lieux d'Hautvillers et de Cumières, lesquels présentateur, curé, décimateurs et habitants seraient assignés à la requête et diligence de notre dit promoteur, tant pour assister à la visite de ladite chapelle, et au procès-verbal qui en serait dressé, que pour répondre sur le contenu en ladite requête dont leur serait, pour cet effet, donné copie, aussy bien que de notre ditte ordonnance pour ledit procès-verbal fait et rapporté être par nous ordonné ce que de raison, le décret donné par ledit sieur de Seraucourt le 30 août dernier, ce requérant notre dit promoteur portant qu'il serait par luy procédé à l'entière exécution de notre ditte ordonnance, et qu'à cet effet les personnes y dénommées seraient assignées à certain et compétant jour, l'exploit d'assignation donnée à la requête de notre dit promoteur, tant en vertu de notre ditte ordonnance que du décret dudit sieur de Seraucourt, à messire Louis de Chaumejean de Fourille, abbé commendataire de l'abbaye d'Hautvillers, et décimateur desdits lieux d'Hautvillers et de Cumières, et en ladite qualité présentateur de la cure d'Hautvillers, à M. Ponce Hautavoine, curé d'Hautvillers, à M. Jean-Jacques Levaillant, prévôt de Favières, et en cette qualité décimateur en partie dudit lieu de Cumières, et aux habitants et communauté desdits lieux de Cumières et d'Hautvillers, par Maugras, sergent royal et appariteur en notre cour spirituelle, demeurant à Reims, le 9 septembre dernier, à comparoir le 27 du même mois, à sept heures du matin, pardevant ledit sieur de Seraucourt, devant la porte et principale entrée de ladite chapelle de Cumières, pour assister à la visite de ladite chapelle et au procès-verbal qui sera dressé par ledit de Seraucourt, et pour répondre sur le contenu de ladite requête à nous présentée par notre dit promoteur, dont leur avait été donné copie chacune séparément aussy bien que de notre ditte ordonnance et à yceux déclaré, que faute par eux de comparoir ès dits jour, lieu et heure, ils seraient déchus de tous les moyens qu'ils auraient pu proposer contre le contenu en ladite requette, à nous présentée par notre dit promoteur. Le procez-verbal fait ledit jour, 27 septembre dernier, par ledit sieur de Seraucourt, assisté en greffier de notre ditte cour spirituelle, ce requérant notre dit promoteur en personne et en présence dudit sieur abbé, dudit M. Ponce Hautavoine, curé d'Hautvillers, lesquels auraient déclaré s'en rapporter à tout ce qu'il nous plairait d'ordonner sur les conclusions de laditte requête, à nous présentée par notre dit promoteur, nous suppliant néanmoins ledit M. Ponce Hautavoine, en cas d'érection de laditte chapelle de Cumières en titre de cure, de vouloir bien ordonner que le curé qui y sera institué sera tenu de payer, moitié des décimes ordinaires et extraordinaires auxquels il est imposé en sa qualité de curé d'Hautvillers, en présence aussy de M. Claude Potdevin, conseiller du roy, maire perpétuel de Cumières, Jean Piétremont, Nicolas Lelarge, au nom et comme fondé de pouvoir spécial des habitants et communauté dudit lieu de Cumières, du 23 septembre dernier, de Paul Lécaillon et Martin Husson, demeurants à Hautvillers, au nom et comme fondé de pouvoir spécial des habitants et communauté dudit Hautvillers, dudit jour 23 septembre, lesquels n'auraient rien alléguez ni proposé contre le contenu en laditte requête, à nous présentée par notre dit promoteur et auraient tous unanimement déclaré qu'ils s'en rapporteraient à tout ce qu'il nous plaira d'ordonner sur la demande contenue en la susditte requête de notre dit promoteur, protestants lesdits Lécaillon et Husson auxdits noms, de faire contribuer les habitants de Cumières aux réparations de l'église d'Hautvillers, jusqu'au jour de l'érection de laditte chapelle de Cumières en titre de cure, à quoy lesdits Potdevin, Piétremont et Lelarge auxdits noms, auraient répondu que les habitants de Cumières ne sont tenus de contribuer en aucune manière aux réparations de laditte église d'Hautvillers ; présents aussy dom Barthélemy Senocq, prieur d'Hautvillers, lequel au nom et comme se portant fort pour dom Philippe de Lhopital, religieux de ladite congrégation, et prieur de Saint-Nivard en cette qualité de prieur, décimateur dudit lieu de Cumières, et pour dom Jean Bricart, religieux de laditte congrégation et chapelain de la chapelle de Saint-Jean-Baptiste de Cumières, aurait déclaré qu'il consent aux distraction et érection resquises par notre promoteur, nous suppliant en cas d'érection d'une cure à Cumières il nous plaise d'ordonner que ledit dom Jean Bricart et ses successeurs chapelains, continueront de célébrer par eux-mêmes ou par un autre de laditte congrégation par eux commis une grande messe le jour de la Décollation de Saint-Jean-Baptiste, à laquelle ils recevraient à leur profit les oblations des fidèles et une messe haute de

Requiem les lundis de Carême, comme ledit dom Bricart et ses prédécesseurs ont toujours fait jusqu'à présent, et que laditte érection de cure à Cumières ne pourra empêcher les successeurs dudit dom Jean Bricart, en laditte chapelle de Cumières, de prendre possession du bénéfice en laditte chapelle de Cumières en la manière accoutumée. Et en l'absence dudit sieur Levaillant, prieur ou prévôt de Favières, en vertu du deffaut donné contre lui, ce requérant notre dit promoteur par lequel procès-verbal, il paraît que tous les faits énoncés en laditte requête à nous présentée par notre dit promoteur, sont véritables, lesdittes conclusions pour ce dudit sieur de Seraucourt et dudit le Plannau notre greffier, en exécution de l'ordonnance dudit sieur de Seraucourt contenue audit procès-verbal, une requeste à nous présentée par ledit sieur Levaillant, prévôt ou prieur commendataire de la prévôté ou du prieuré de Notre-Dame de Favières, en cette qualité décimateur en partie dudit lieu de Cumières, tendante à ce que pour les causes et raisons y contenues il nous plaise de lui donner acte de ce qu'il dit à ce qui regarde l'érection d'une cure à Cumières, il s'en rapporte à ce que nous avons proposé d'effectuer et au surplus d'ordonner qu'il ne sera tenu de contribuer, à la portion congrue du curé qui sera institué à Cumières, qu'à proportion seulement des dixmes qui se trouveront enclavées dans la partie de notre diocèse, qui a été démembrée de la paroisse de Damery, et qu'à cet effet, bornes seront plantées avec toutes les parties intéressées pour diviser à l'avenir les deux territoires de Damery et de Cumières, et notre diocèse de celui de Soissons, si n'avons trouvé à propos d'en ordonner autrement. Laditte requeste signée de M. le sieur Levaillant, avocat au parlement de Paris, comme ayant pouvoir du sieur Levaillant, prieur ou prévôt commendataire et seigneur de Notre-Dame de Favières son fils, notre décret au bas de laditte requeste, portant qu'elle serait communiquée à notre promoteur du 15 du présent mois et an, notre ordonnance du 16 du présent mois et an, par laquelle nous aurions donné acte audit sieur Levaillant de la déclaration contenue dans laditte requeste, et ordonné que sur le surplus serait par nous fait droit ainsy que de raison, et prononçant définitivement sur la demande de notre dit promoteur afin d'érection d'une cure à Cumières. Le traité par nous fait avec le très révérend père en Dieu M. Fabio Brulart de Sillery, évêque de Soissons, par lequel traité ledit seigneur évêque de

Soissons nous aurait abandonné, tant pour nous que pour nos successeurs archevesques, la portion de Cumières et les habitants dudit lieu qui étaient pour lors de la paroisse de Damery, diocèse de Soissons, au moyen de laquelle cession tout le lieu et tous les habitants de Cumières ont été et sont actuellement de notre diocèse, sans apporter aucun changement ni causer aucun préjudice aux décimateurs dudit lieu de Cumières, ledit traité passé dans notre palais archiépiscopal pardevant Ponsin et Gobart, nottoires apostoliques royaux, demeurants à Reims, le 8 octobre 1694 ; la déclaration du roy du 29 février 1686, registrée au parlement de Paris le 4 février suivant. Une autre requeste à nous présentée par notre dit promoteur à ce que attendu la preuve par luy faite de tous les faits contenus en laditte requeste, et l'entière exécution de notre ordonnance du 24 may dernier, il nous plaise ordonner que laditte chapelle de Saint-Jean-Baptiste de Cumières, sera érigée en titre de cure indépendante de celle de Saint-Syndulphe d'Hautvillers, pour être desservie par le curé qui sera institué comme sont desservies toutes les églises paroissiales de notre diocèse, et tout considéré et le nom de Dieu invoqué.

Nous avons érigé et érigeons la chapelle de Saint-Jean-Baptiste de Cumières en titre du cure indépendante de celle de Saint-Syndulphe d'Hautvillers, en conséquence, nous avons déchargé et déchargeons les habitants de Cumières de l'obligation de garder et célébrer la feste de saint Syndulphe, patron de l'église d'Hautvillers, et le curé dudit Hautvillers et ses successeurs en laditte cure, du soin de l'église de Cumières et de l'obligation d'administrer les sacrements aux habitants de Cumières, dont nous avons chargé et chargeons le curé de Cumières qui sera par nous institué de plein droit pour la première fois seulement, pour être laditte église de Cumières desservie ; que ledit curé de Cumières et ses successeurs en laditte cure, payent les dixmes ordinaires et extraordinaires et impositions nouvelles, auxquelles le curé de Saint-Julien de Pierry a été imposé dans notre diocèse, jusqu'au jour auquel la cure de Pierry a été par nous abandonnée audit seigneur évesque de Soissons, comme aussy lesdits décimes extraordinaires, auxquels le curé de Cumières et ses successeurs en laditte cure, pourra être dorénavant imposé pour raison des dons gratuits ou pour quelqu'autres causes ou raisons, que ce puisse être, voulons pareillement qu'il soit payé audit curé de Cumières 300 livres de portion congrue par les décimateurs de Cumières à proportion de la part qu'ils ont aux dixmes dudit lieu, conformément à laditte déclaration du roy du 29 janvier 1686, ordonnons qu'en cas de vacance de laditte cure de Cumières, laquelle sera du doyenné d'Épernay, le droit d'y présenter appartienne au sieur abbé d'Hautvillers et ses successeurs en laditte abbaye, n'entendons par notre présente ordonnance préjudicier au droit et à la possession dans laquelle est le chapelain de la chapelle de Cumières, de célébrer ou faire célébrer, en laditte église de Cumières, une messe haute le jour de la Décollation de Saint-Jean-Baptiste et d'y recevoir à son profit les oblations des fidèles et encore une messe haute de *Requiem*, le premier lundy de Carême, n'y empêcher que ledit chapelain soit mis en possession de laditte chapelle dans laditte église de Cumières en la manière accoutumée. Et sera notre présente ordonnance lue et publiée au prône des messes paroissiales des églises d'Hautvillers et de Cumières, et signiffiée à qui il appartiendra, à requeste et diligence de notre dit promoteur auquel nous enjoignons de tenir la main à ce qu'elle soit exécutée selon la forme et teneur.

Donné à Reims, dans notre palais archiépiscopal, sous les sceaux de notre chambre, notre seing et celui de notre secrétaire, le 25 octobre 1697.

Signé : † CHARLES M., *archevêque duc de Reims*.
Par Monseigneur, NEVEU.

(*Archives de Reims*, 38ᵉ layette, 8ᵉ liasse.)

Nous reviendrons sur la chapelle de Cumières et nous consacrerons un nouvel article sur cette paroisse, qui a eu tant de rapports avec Hautvillers.

Prieuré de Semuy. Ce prieuré est sécularisé.

(1697)

Ce fut vers le même temps, ou à peu près, 1697, que l'abbé d'Hautvillers, toujours Louis de Chaumejean de Fourille, se mit en contestation avec le prieur de Semuy. Semuid ou Semuy, comme on l'écrit aujourd'hui, est un village du département

des Ardennes, situé au confluent de l'Aisne et du canal des
Ardennes. Ce prieuré dépendait de l'abbaye d'Hautvillers, et
longtemps il fut l'apanage de l'un des religieux de ce monastère.
Mais, dès le commencement du xviie siècle, ce bénéfice avait
été sécularisé. Le titulaire, à l'époque où nous sommes arrivés,
était un sieur Hautavoine, et, d'après une lettre écrite de sa
main, déjà six prieurs séculiers l'avaient précédé. Quoi qu'il en
soit, comprenant que ses devanciers avaient commis une faute
anti-financière, en laissant séculariser ce prieuré, l'abbé d'Hautvillers, ou plutôt ses agents décimateurs, formèrent le projet
d'en reconquérir la possession, et se mirent à tracasser le sieur
Hautavoine. Le mauvais état des bâtiments à la charge de ce
bénéfice leur fut une occasion assez naturelle. Ils ne prétendaient rien moins que d'obliger le titulaire à tous les frais des
réparations; c'était, d'après l'évaluation faite par ce même
prieur, et qu'on peut croire, pour cette raison, un peu exagérée,
condamner le susdit prieur à une dépense de 20,000 livres;
aussi, paraît-il, ce dernier songea, tout d'abord, à délaisser un
bénéfice devenu si dispendieux; mais, assuré par un M. Herbin
qu'on ne voulait rien moins que l'attraper et se moquer de lui
ensuite, le sieur Hautavoine se prit d'une résolution extrême et
tint bon, décidé à ne rendre les armes qu'alors que tout espoir
serait perdu. Il avait plusieurs cordes à son arc, et il était bien
résolu d'en user. On ne voit pas quel fut l'issue de ce démêlé;
toutefois, il est constant que, jusqu'au milieu du xviiie siècle, ce
prieuré eut des titulaires séculiers. Ce fut seulement en 1755,
5 décembre, et pour éviter un interminable procès, que Paul
Cyascard, prêtre de Paris, alors pourvu de ce bénéfice, en vint
à une transaction; moyennant une pension annuelle et viagère
de 300 livres tournois, pension exempte de toute charge,
décimes ordinaires et extraordinaires, il passa une résignation
de tous ses droits au prieuré de Saint-Nicolas de Semuy, ensemble
tous ses fruits, revenus, appartenances et dépendances quelconques, en faveur de dom Henri Gayet, prêtre religieux profès
de la congrégation de Saint-Vannes de l'ordre de Saint-Benoît,
demeurant à l'abbaye de Saint-Sauveur de Vertus, cy-devant en
l'abbaye d'Hautvillers, comme nous le verrons bientôt. Soit
crainte, soit prudence, notre prieur, avant de se dépouiller
de son bénéfice, exigea que le résignataire fournît pour caution : MM. les vénérables prieur, religieux et couvent de
l'abbaye d'Hautvillers; ce qui fut réalisé.

On ne sait pas, avons-nous dit, en quelle année fut fondé ce prieuré de Saint-Nicolas de Semuy, et pourquoi il fut sécularisé au commencement du xviie siècle, nous n'en savons pas davantage; des ecclésiastiques séculiers l'occupaient et jouissaient des revenus attachés à ce prieuré. Ses revenus étaient minimes; une sentence, datée du 7 mai 1758, nous apprend que le meunier de Waroux devait un préciput au prieur de Semuy; divers bâtiments situés au village de Semuy étaient encore l'apanage de ce prieuré; mais, soit négligence ou autrement à les entretenir, ces bâtiments étaient bien défectueux; somme toute, ce revenu, d'après ce que nous avons pu remarquer, n'excédait pas 250 livres. C'était donc pousser trop loin les exigences, quand l'abbé ou les religieux, ou leurs agents, taxaient le pauvre titulaire à 20,000 livres de dépenses pour réparer lesdits bâtiments.

Le titulaire, le sieur Hautavoine, ne conteste pas le mauvais état des bâtiments; seulement, il trouve extrêmement ridicule que Mgr de Châlons, Gaston de Noailles, qui avait succédé à M. Louis de Fourille, vint l'obliger à réparer ces bâtiments, tandis que son palais de Châlons était fondu et qu'il n'y faisait pas pour cinq sols. (Au moins la réplique, si elle était vraie, était loin d'être polie.) Le sieur Hautavoine savait expliquer la maxime : « *Cura te ipsum.* Guéris-toi toi-même. » Il avait encore le goût de la satyre; il nous représente un sieur Nicolas Delaistre, probablement un de ses adversaires, comme un excellent mari, qui jamais, tout bourgeois d'Avenay qu'il était, ne s'est appelé le maître dans la maison. Le sieur Hautavoine a dû gagner sa cause, puisque ce ne fut que vers 1755 que dom Henry Gayet, prêtre religieux, fut pourvu de ce bénéfice que lui avait cédé Paul Cyascard ou Gascard, prêtre de Paris.

Voici les noms de quelques prieurs de Semuy, dont nous avons pu constater l'existence :

Vers 1585. — Dom Jehan Michelet, religieux d'Hautvillers. (*Archives,* 26e layette, 1re liasse, page 17.)

Vers 1700. — Hautavoine, dont nous venons de parler. Il était curé séculier d'Hautvillers.

Vers 1721. — Jean-Baptiste Chevre, prêtre curé de la paroisse d'Hautvillers.

Vers 1752. — Paul Gascard, prêtre de Paris, pourvu par l'archevêque de Reims, le siège abbatial d'Hautvillers étant vacant (l'abbaye était en économat); ce qui prouve que ce prieuré était à la collation de l'abbé d'Hautvillers, bien que le sieur Hautavoine semble le contester.

Vers 1755. — Dom Henry Gayet, religieux, d'abord d'Hautvillers, puis ensuite de Saint-Sauveur de Vertus.

Lettre du sieur Hautavoine, prieur de Semuy, qui soutient que son prieuré est sécularisé et qu'il n'est pas à la collation des abbés d'Hautvillers.

Monsieur et cher ami (1),

Je vous suis obligez des peines que vous avez *pris* pour arrêter le procez du sieur Delaistre, j'aurais sans doute deffendü, sans ces deux lettres qui m'ont arrêté, puisqu'il me marquait que son épouse m'avait fait assigner sans son consentement et malgré luy. Qu'au reste, je pouvais rester en repos, qu'après la vendange, en pressant mon vin, nous finirions ensembles, je n'avais qu'à vous mettre ses lettres en mains et vous faire dire que vous ne connaissiez pas la femme de M. Delaistre, que vous estre prest de finir avec le mary, qui ne doit point être bourgeois d'Avenay et qui n'est pas encore logé qu'à l'enseigne du Bonnet-Vert; quoy qu'il en soit, sans avoir compté ny scavoir les dessains de ma ditte dame portant le chapeau; et sur une feuille de papier où il n'y avait rien d'escrit, j'ay reconnu 200 livres sur ce qu'elle m'a dit qu'elle voulait rendre compte à son frère, et qu'après cela nous réglerions ensembles, je vous assure que j'ay eu lieu de me repentir d'avoir été si bon et si bette, mais finissons cette affaire, pour parler des révérends pères d'Hautvillers, sur laquelle j'ay l'honneur de vous dire que celuy qui leur a donné conseil ne sçayt pas plusieurs choses.

Premièrement, il ne sçait pas que ce bénéfice est sécularisé, puisqu'il y a plus de cent ans qu'il est possédé par des séculiers et non religieux d'Hautvillers réguliers, ainsy selon *l'acsiôme* du droit *regularia regularibus, sæcularia sæcularibus*. Ce qui

---

(1) Cet ami, dont le nom nous est inconnu, a dû trouver le style de son ami Hautavoine un peu burlesque.

appartient aux réguliers doit être administré par des réguliers, et ce qui appartient aux séculiers par des séculiers. Voici la preuve de ce que j'avance : si des moynes avoyent possédé ce bénéfice depuis cent cinquante ans, l'auroyent-ils laissé fondre, ne veroit-on pas des vestiges du cloistre, les vieillards de Semuy de quatre-vingts ans n'en auraient-ils pas ouy parler à leurs grands pères et à d'autres. Depuis que je suis en possession, Contant, chargé par son bail de payer les décimes, ou a dû employer la somme que j'ay payé pour luy en réparation et même à sa mort on m'a diminué 50 livres ou 7 livres pour une cheminée. Le même conseil ne sçay pas que les héritiers du deffunt prieur, qui était le septième régulier, on renoncez à sa succession et que je me suis trouvez hors d'état d'agir contre eux. Je voudrais bien lui demander, à ce prétendu advocat, s'il avait un fils de 43 ans, prieur de Semuy, s'il luy conseillerait de dépenser vingt mille livres pour faire un bastiment qui, tout frais fait, pourroit lui rapporter deux cent cinquante livres ou cent écus, ce père passeroit pour un fou et moi pour un archifou, de faire la même dépence pour neuf à dix ans que j'ay encore à vivre, car voicy le cas dont il s'agit et sur quoy peut rouler toute la difficulté, ou les moynes veulent m'obliger à faire un neuf bastiment, ou à réparer ; vous dites qu'ils m'obligeront à faire mestre les bastiments en état, je réponds qu'on ne sçaurait les mettre en meilleur estat, à moins que de les faire fondre, ce à quoy on n'a jamais obligez aucun bénéficier de son vivant, sans quoy on ne verrait pas tant d'abbayes comme de Saint-Bal *(sic)*, ruinées de fond en comble. Ditte un peu aux révérends pères que les congrégations de Saint-Maur et de Saint-Vannes ont encore plus de mille fermes qui ne sont pas encore aussy bien entretenües que Semuy, qu'ils voyent Murigny, Saint-Léonard, la maison du fermier de *Tessy*, appartenant à Saint-Remy ?

Secondement, le conseil des révérends pères ignore sans doute qu'ils ne sont pas nominateurs, car supposé que ce bénéfice dépende de l'abbaye d'Hautvillers, à ma mort ce seroit l'abbé qui nommeroit et non les moynes. L'abbé, qui est Monseigneur de Châlons, donneroit lieu de rire, s'il m'obligeoit à réparer les bâtiments de Semuy, tandy que son palais de Chaalons est fondu et qu'il n'y a jamais fait pour cinq sols depuis qu'il est tombé, et qu'il attend du roy quelque gratification, puisque c'est Sa Majesté quy nomme à l'évesché. Le même conseil ne sçay pas du tout que je ne possède pas ce bénéfice ny d'eux, ny du *deffunt* Monseigneur de Fourille, leur abbé, car je l'ay obtenu en cour de Rome et ne m'en suis mis en pocession que par les lettres pontificales que j'ay obtenües, car dom Senocq et dom Pérignon, après avoir cherché longtemps dans leurs archives, n'ont rien trouvé qui put les mettre dans un juste droit de nomer, ce qui m'a obligé, pendant les recherches qu'on faisait de ce prétendu droit, de le demander en cour de Rome, *quoquomodo vacet*, et je l'ay obtenu par ce moyen, moyennant 500 livres pour l'extraordinaire. J'avais bien pris pocession sur la nomination de l'abé pour la première, mais, selon les advis de Paris, elle était inutile faut de titre, et je l'ay repris une seconde fois sur l'obtenu que j'en ay fait à Rome.

Le même conseil ne sçay pas que j'ay fait faire un bon procez verbal de l'état où j'ay trouvé les bastiments quy étoient beaucoup moins en estat d'estre habité qu'ils ne sont, que j'ay dépensé 700 livres dont j'ay quittance, tant pour réparation d'une grange fondüe que pour les portes, et 10 écus pour un puid et une autre somme pour le fourt.

Ils demandent que j'entretienne mes vignes; mes vignes sont en meilleur estat que les leurs, ny celles de l'abbé; c'est moy qui ay fait planter les deux pièces de 5 quartels, qui les a échalassé, et 5 quartiers de vignes peuvent estre appelées négligées, lorsque cette année ils ont donné 10 pièces et un caque de vin et un au moins qu'on a pris pour la dixme, et un pour le pressurage? Je vous avoüe que je vois toute la chicane. Les moynes ont voulu attrapper mon bénéfice, et lorsque je suis sorti de chez Monsieur Herbin pour aller prendre conseil, on m'a très fort assuré que je serais duppe des moynes et qu'ils se moqueroient de moy et que j'aurois au plus doux la rente de 500 livres, soit 25 livres. Si j'avais fait la chose, vous auriez été le premier à vous railler de moy. Depuis ce temps, j'ay trouvé un autre expédient, qui est de permuter avec un bon vieillard, prieur du couvent de Saint-Jean-des-Vignes de Soissons, qui, ne pouvant plus faire ses fonctions, vient se retirer dans son couvent; je permuterai avec luy, ou je remettray Semuy aux chanoines de Saint-Jean-des-Vignes, à ce bon vieillard, à charge de prendre 500 livres sur le bénéfice qu'il dessert, c'est ce que je vous assure, j'exécuteray à la première assignation, après quoy je signifieray aux moynes que je ne suis plus prieur de Semuy, et que jamais ils n'auront ce bénéfice.

Adieu, je suis votre très humble serviteur.

HAUTAVOINE (1).

Cette lettre est sans date et sans adresse; nous l'avons transcrite littéralement avec son orthographe. Elle est conservée à Reims, 37e layette, 5e liasse.

Traité pour la cession du prieuré de Semuy en faveur de Henry Gayet, religieux bénédictin de la congrégation de Saint-Vannes.

(16 décembre 1755)

Pardevant les nottoires royaux apostoliqnes institués pour la ville et diocèse de Rheims, y demeurants, soussignés, sont comparus messire Paul Gascard, prestre de Paris, pourvu par son altesse monseigneur l'archevêque de Rheims, le siège abbatial de Saint-Pierre-d'Hautvillers, vacant, ordre de Saint-Benoît, congrégation de Saint-Vannes et de Saint-Hydulphe, diocèse de Rheims, et en possession du prieuré simple, séculier ou régulier de Saint-Nicolas de Semuy, diocèse de Rheims, et aussy pourvu par *dattes* en cour de Rome dudit prieuré dépendant de laditte abbaye, chanoine métropolitaine de l'église, y demeurant rue du Cloistre, et aussy prieur de Saint-Martin de Sugny, même diocèse, d'une part. Et le révérend père dom Jean-Baptiste, et en religion Henry Gayet, prestre religieux profès de l'ordre de Saint-Benoît, congrégation de Saint-Vannes et de Saint-Hydulphe, demeurant en l'abbaye de Saint-Sauveur de Vertus, cy-devant en l'abbaye de Saint-Pierre-d'Hautvillers, même ordre et congrégation, pourvu par dattes en cour de Rome dudit prieuré simple, séculier ou régulier de Saint-Nicolas de Semuy, autorisé à faire le

---

(1) Nous ne savons ce que fit le sieur Hautavoine, seulement nous voyons que vers 1721, c'est un curé d'Hautvillers (Jean-Baptiste Chevre), qui est prieur de Semuy.

présent traité par le révérend père dom Joseph-Christophe Prescheur, prestre religieux profès du susdit ordre et congrégation, procureur de laditte abbaye d'Hautvillers, y demeurant, et de présent en cette ville, à l'effet des présentes, au nom et comme procureur fondé de la procuration générale et spéciale de dom Michel George, prieur de laditte abbaye de Saint-Sauveur-les-Vertus, supérieur dudit sieur Gayet, d'autre part; laditte procuration passée audit Vertus pardevant Drouart et Fery, son confrère, notaires au baillage, comté et pairie dudit Vertus, y demeurants, l'an mil sept cent cinquante-cinq, le quinze décembre, de laquelle le brévet original est demeuré annexé à la minutte des présentes, après avoir été certifié véritable, signé et paraphé dudit sieur procureur et à sa réquisition des notaires soussignés, l'un et l'autre desdits sieurs comparants ont dit que pour parvenir à la possession paisible dudit prieuré ils ne le pouvaient qu'en s'exposant à soutenir de longs procès et pour les éviter et entretenir le bien de la paix et de la concorde ils ont fait le traité qui suit, sçavoir : Ledit M. Paul Gascard a promis et promet, par ces présentes, passer une résignation de tous les droits qu'il a pu avoir audit prieuré de Saint-Nicolas de Semuy, ensemble tous ses fruits, revenus, appartenances et dépendances quelconques entre les mains de notre saint père le pape, monseigneur son vice-chancelier ou autre, ayant à ce pouvoir canonique, en faveur dudit Jean-Baptiste, en religion Henry Gayet, prestre religieux profès de l'ordre de Saint-Benoît, à la réserve, néanmoins, d'une pension annuelle et viagère de trois cents livres tournois, monnoye de France et ayant cours, qu'il entend se conserver sur tous les fruits et revenus dudit prieuré. Laditte pension sera exempte de toutes charges, décimes ordinaires et extraordinaires, imposés et à imposer, même des réparations faites et à faire aux biens qui dépendent dudit prieuré, et sera payée audit sieur Gascard, en son domicile, à Reims, par ledit sieur Gayet et ses successeurs audit prieuré, en un seul terme qui *échéra* le dernier jour de décembre mil sept cent cinquante-six, et ainsy continuer d'année en année, se réservant aussy, ledit sieur, tous les fruits et revenus dudit bénéfice, échus et à échoir, jusqu'au dernier du présent mois de décembre inclusivement. Laditte résignation se faisant comme dit est, que pour le bien de la paix et concorde et non autrement, et, de la part dudit dom Gayet, il a promis et promet, par ces présentes, en acceptant laditte résignation, satisfaire aux conditions y portées, fournir et donner pour caution de laditte pension, MM. les vénérables prieur, religieux et couvent de laditte abbaye de Saint-Pierre-d'Hautvillers, diocèse de Reims, et faire ratifier le présent traité par lesdits sieurs ou par leur procureur fondé de la procuration à cet effet, et de payer audit sieur Gascard, en son domicile, à Rheims, laditte pension exempte, comme dit est, de toutes charges quelconque, et pour faire homologuer le présent concordat en cour de Rome, ou partout ailleurs où besoin sera, lesdits sieurs comparans ont constitué leur procureur général et spécial, auquel ils donnent pouvoir de ce faire, déclarer qu'en ce que dessus il n'est intervenu et n'interviendra aucun dol, fraude, simonie, ni autre paction contraire aux dispositions canoniques, et généralement faire, au sujet de ce que dessus, tout ce que besoin sera, promettant l'avoir pour agréable, obligeant, etc.

Fait et passé à Reims, au domicile de mon dit sieur Gascard, l'an mil sept cent cinquante-cinq, le seize du mois de décembre, et ont signé avec nous, notoires, après lecture faire, la minutte de la présente copie, les contrôles et les insinuations nottiffiés.

BRIQUET, *not.*, et NOIZET, *not.*

HISTOIRE D'HAUTVILLERS AU XVIIIe SIÈCLE

Exhaussement du clocher.

(1700)

Le clocher, tel qu'il se voit encore aujourd'hui, était placé, avons-nous dit, avant l'incendie de 1562, à l'autre angle de l'église, du même côté. A-t-il été complétement reconstruit après ce désastre ? Nous en doutons. Toujours est-il qu'il fut rapporté, là où il est, en l'année 1664. Mais, soit qu'il n'était pas suffisamment vaste pour y placer les cloches que les religieux désiraient avoir, soit que leur son ne fût pas fort bien entendu dans toutes les parties du couvent et dans les lieux voisins, toujours est-il que ce monument fut exhaussé en l'année 1700; nous lisons, en effet, sur une pierre, en haut de ce clocher, à l'intérieur, ces mots : « *Exaltata an. 1700, sub regim in R. R. P. D. D. Barth*[m]

Seno. (Sous entendu : *Turris.*) Cette tour fut exhaussée en 1700, sous le gouvernement ou la conduite des RR. P. dom. dom. Barth. Seno. »

A cette époque, Louis de Chaumejean de Fourille était encore abbé; dom Colomban Mathelain, prieur; dom Alexis Dusorton, sous-prieur; dom Pérignon, procureur. Nous ne voyons, parmi les religieux, que dom Barthélemy Senocq, ancien prieur de Saint-Nivard, auquel cette œuvre pourrait être attribuée; ce serait alors sous sa direction seulement qu'elle aurait été exécutée, car, à ce moment, dom Senocq n'avait aucun titre dans l'abbaye.

Il est facile de remarquer que la construction, qui porte cette date, n'est pas du tout la même que la précédente, ou celle qui est en dessous. Les fenêtres mêmes ne sont pas du même style. On suppose que la charpente, que toute la coupole, en un mot, a été soulevée pour exhausser la maçonnerie avec des verins en bois. Ces verins furent conservés dans le clocher, au milieu de plusieurs débris de toutes sortes, jusqu'en 1863; nous les avons vus, mais alors ils tombaient en poussière, et c'est à peine s'ils étaient propres à garnir un foyer. Dans une statistique que nous consacrerons au bâtiment de l'église, nous reparlerons de son clocher.

Option de la portion congrue par le curé de Cuis.

(1686)

Si précaire et si misérable qu'elle fût autrefois, par la conduite peu généreuse des gros décimateurs, la portion des curés ruraux ou vicaires perpétuels s'était vue notablement améliorée dans le siècle dernier. Une ordonnance de Louis XIV, donnée en janvier 1686, avait enfin mis un terme à des contestations interminables, et fixé à 300 livres la portion congrue exigible par tout curé. On entend ici, par portion congrue, une certaine rétribution payée par les décimateurs, pour l'honnête entretien d'un curé. Ce nom de portion congrue vient de ce que les papes et les conciles se sont servis de cette expression dans leurs décrets. La portion congrue dut son origine à cette distinction de l'église et de l'autel, dont nous avons parlé dans une note insérée au commencement de cet ouvrage. Primitivement, les curés ne percevaient leur subsistance que par leurs propres mains, ou tout au moins la recevaient de celles de l'évêque ou de l'archidiacre chargé de la matricule des églises ou des distributions; mais, par les changements arrivés plus tard dans la possession des cures et des dîmes, les curés des paroisses s'étaient vus privés des dîmes, et dans la dépendance de quelques curés primitifs à qui il fallait demander de quoi vivre; quelque pitoyable que fût cet état de choses, il eût été à moitié tolérable si les moines et les autres communautés, propriétaires des dîmes des paroisses, eussent volontiers accordé aux pauvres curés la modique portion qu'ils leur demandaient pour leur entretien; mais on voit combien était grande la ténacité de certains curés primitifs, par les règlements que les conciles furent obligés de faire pour en obtenir la solution du droit le plus légitime. Pour remédier à un abus que les conciles n'avaient jamais pu extirper, nos rois, à diverses époques, avaient rendu des ordonnances dont les unes corrigeaient l'inconvénient si grave de l'inamovibilité des curés, et les autres fixaient la portion congrue due aux curés par les décimateurs. L'article 9e d'un édit de 1571 fixait cette portion à 120 livres, les charges ordinaires déduites. Cette somme fut portée, par les arrêts du parlement, à 150 livres, et ensuite à 200 livres; enfin, par l'article 13e de l'ordonnance de 1629, elle atteignit le chiffre de 300 livres : ce fut alors un déluge de plaintes de la part des décimateurs. Déjà même, en 1632, ils avaient obtenu une réduction de 100 livres pour les paroisses d'Outre-Loire et sollicitaient la même faveur pour l'autre partie du royaume, quand Louis XIV, pour faire cesser toute contestation, rendit une ordonnance qui rendait, sur ce point, la jurisprudence uniforme partout le royaume. (Janvier 1686.)

Déjà, nous avons vu le curé des Grandes-Loges invoquer le bénéfice de cette déclaration. Il fut imité, en 1704, par le curé de Cuis, paroisse dont les religieux d'Hautvillers étaient les décimateurs. En retour de 300 livres de portion congrue, ce curé, nommé Nicolas Romain, abandonne aux religieux le préciput et domaine de la cure, consistant en 112 boisseaux de seigle, pareille quantité d'avoine, trois poinçons de vin, trente livres d'argent et la dixième du triage dit Champ-Poulain. Toutefois, il se réserva la jouissance de six quartiers de vignes, moyennant une déduction annuelle de 12 livres sur le total de la portion congrue. Ce traité est daté du 24 janvier 1704.

Traité par lequel le curé de Cuis accepte la portion congrue de 300 livres et renonce à son gros.

(27 janvier 1704.)

Nous, soussignés, religieux, procureur de l'abbaye de Saint-Pierre-d'Hautvillers, comme ayant pouvoir des religieux de laditte abbaye, d'une part; et moy Nicolas Romain, prestre de la paroisse de Cuy, d'autre part, reconnaissent, après avoir fait la convention qui suit : c'est à savoir que moy, curé dudit Cuy, reconnais avoir cédé et abandonné auxdits religieux, le préciput et domaine de laditte cure de Cuy, consistant en 112 boisseaux de seigle, pareille quantité d'avoine, trois poinçons de vin, trente livres d'argent, la dixme du triage dit Champ-Poulain, et en six quartiers de vignes, lesquelles me restent aux conditions cy-après : Ledit abonnement ainsy fait pour et pendant ma vie curiale audit Cuy. En conséquence duquel abonnement, moy, religieux, procureur susdit, m'oblige de payer audit sieur curé, annuellement, la somme de 300 livres de quartier en quartier, sauf à défalquer, sur laditte somme de 300 livres, la somme de 12 livres par an, pour lesdits six quartiers de vignes, à commencer au temps prescrit par la sentence du baillage d'Épernay, rendue entre nous et le sieur Gougelet, ci-devant curé dudit Cuy, et sans que les présentes puissent déroger à laditte sentence, laquelle demeurera en ses formes et teneurs, en tant que besoin sera pour les règlements y portés.

En foy de quoy nous avons signé les présentes le 24 janvier 1704.

Signé : ROMAIN, *curé de Cuy;*
Dom RUPERT, RAUSSIN,
religieux d'Hautvillers.

Mort de Louis de Chaumejean de Fourille.

(1706)

Nous touchons aux dernières années du gouvernement si orageux de Louis de Chaumejean de Fourille. On l'a vu, c'était toujours procès sur procès. Loin d'imprimer à l'esprit de ce commendataire des tendances plus pacifiques, la vieillesse sembla ne lui avoir apporté qu'un complément de mauvais vouloir. Sa mort, arrivée le 8 juin 1706, fut un événement que les religieux ne désiraient pas, sans doute, mais qu'ils virent s'accomplir sans douleur. C'est, du moins, ce que semble insinuer l'auteur de l'*Inventaire du Cartulaire*. « Il commença, dit-il, à susciter des procès à ses religieux, ce qu'il fit jusqu'à sa mort. »

« Tirer de l'abbaye tout ce qu'elle pouvait produire, dit un autre, vendre cher le vin de ses vignes et de sa dîmerie, tel était l'unique soin de cet abbé. »

On lisait, sur un des pressoirs de l'abbaye, qu'en l'année 1694, M. l'abbé de Fourille avait vendu son vin 1,000 livres la queue. Tandis que, en 1787, nous voyons que le vin d'Hautvillers n'est vendu que de 80 à 100 livres la queue. En Champagne, la queue contenait 366 litres ; à Reims, 396. Il y en a qui l'ont donnée comme contenant 450 litres, ce doit être une erreur. Toutefois, les religieux d'Hautvillers comptaient environ 400 litres par queue.

Le 12 octobre 1784, M. de Mongeot, de Reims, envoyait au régisseur de M. l'abbé, 598 livres pour 13 pièces de vin, à raison, disait-il, de 92 livres la queue, ce qui prouve que les religieux regardaient la queue comme valant deux pièces ou quatre hectolitres.

LXXXIIe Abbé

JEAN-LOUIS-GASTON DE NOAILLES

(DE 1706 A 1721)

Dès le 3 avril 1706, dit le *Gallia christiana* (tome IX, col. 258), la nomination royale conférait à ce noble personnage le titre d'abbé d'Hautvillers ; toutefois, il est constant qu'il ne prit possession de ce bénéfice que le 11 février de l'année suivante. On lit dans le catalogue manuscrit des abbés d'Hautlers :

« Brevet du roy qui nomme M. Gaston-Jean-Baptiste-Louis de Noailles, évêque de Châlons, à l'abbaye d'Hautvillers. Bulle du pape Clément XI à ce sujet, fulmination d'ycelle, prestation de serment, certificat de procuration de prise de possession de laditte abbaye. Le tout écrit en entier dans le registre des actes capitulaires, collationné sur les originaux et certifié conforme et véritable par le secrétaire et chapitre du couvent de laditte abbaye, qui a signé.

« Dom Sébastien CAUNOIS,
« *secrétaire*. »

Membre d'une famille longtemps illustre, notre abbé était issu d'Anne de Noailles, en faveur duquel le comté d'Agen avait été érigé en duché-pairie, au mois de décembre 1663. Il eut pour frère le fameux cardinal de Noailles, archevêque de Paris, et Anne-Jules de Noailles, duc, pair et maréchal de France. C'est ce dernier qui, nommé gouverneur du Languedoc, joua un rôle très actif dans les *dragonades*. C'est ainsi qu'on appela les tentatives que fit ce maréchal, pour convertir, au moyen de ses dragons et de ses missionnaires, les populations protestantes du Midi. Le premier événement auquel nous trouvons attaché le nom de Gaston est la résignation de la domerie d'Aubrac, que fit en sa faveur Louis-Antoine de Noailles, son frère. (Domerie, c'est ainsi que nous avons cru devoir traduire le mot *domnatum*.

On donnait le nom de domeries aux abbayes qui étaient des sortes d'hôpitaux. Aubrac était une abbaye d'hommes au diocèse de Rhodez, de l'ordre de Saint-Augustin, à 7 lieues ouest-sud de Rhodez, elle valait 40,000 livres, estimation indiquée par Durand, en son dictionnaire, Georges de Vosgien, article *Aubrac;* cette abbaye avait été réunie à l'école militaire royale.)
Lorsque l'archevêché de Paris vint à vaquer, en 1695, Louis XIV jeta les yeux sur Louis-Antoine de Noailles, déjà évêque de Châlons, pour remplir ce siège important. Ce prélat parut d'abord hésiter à l'accepter, mais, bientôt après, non content d'acquiescer, il demanda et obtint son frère pour successeur sur le siège de Châlons. C'est ainsi que Gaston, notre futur abbé d'Hautvillers, fut pourvu de cet évêché. La promotion est datée du 24 novembre 1695. Ce fut des mains de son frère, en présence des évêques de Chartres et de Laon, qu'il reçut la consécration épiscopale à Paris, le 20 mai 1696. Le 8 juin de la même année, il prit possession de son siège par un fondé de procuration, et le lendemain il fit le serment de fidélité entre les mains du roi. Peu de temps après, Gaston siégeait au parlement parmi les pairs de France.

Nommé à l'abbaye d'Hautvillers en 1706, ainsi que nous l'avons vu, il se dessaisit de la domerie d'Aubrac et de l'abbaye d'Arremarensis.

Le prince anglais Jacques III vient à Hautvillers.

(1706)

Si tracassière qu'avait été l'administration du précédent abbé, l'abbaye d'Hautvillers n'avait pas laissé d'acquérir un haut renom et on voyait y affluer nombre de personnages nobles et puissants. Ce qui lui attirait l'honneur de ces visites princières, c'était la présence du père Pérignon, illustre alors dans toutes les cours de l'Europe, par l'exquise délicatesse qu'il savait donner aux vins d'Hautvillers. Nous avons rapporté ailleurs le curieux *quiproquo,* dont plus d'une fois l'ignorance permise des consommateurs gratifia cet habile et intelligent cellérier, en le prenant lui-même pour un *lieudit* ou une côte de vignes.

Du nombre des touristes qui, en 1706, vinrent admirer la science vinicole du modeste religieux, et savourer ses produits, fut le chevalier de Saint-Georges, prétendant au royaume d'Angleterre, Jacques III, fils de Jacques II, l'infortuné monarque détrôné par Guillaume de Nassau. C'était au mois de septembre, dans les jours si animés de la vendange, que ce jeune prince vint à Hautvillers se distraire des soucis de son exil.

Charmé d'une visite aussi illustre, M. de Noailles n'eut rien de plus pressé que de venir faire au jeune prince les honneurs de son abbaye. Ce fut encore sur son désir que le prélat procéda, dans l'église du monastère, à la cérémonie toujours si imposante d'une ordination.

Bénédiction de huit cloches.

(1706)

Peu de jours après cette première cérémonie, l'abbaye d'Hautvillers en vit accomplir une seconde, qui n'avait guère moins d'éclat. C'était la bénédiction solennelle de huit cloches fondues aux frais des religieux. Cette forte dépense n'a rien qui doive étonner ici, car la réputation justement acquise aux vins du monastère, par l'industrie savante de dom Pérignon, était loin d'être une réputation improductive ; elle rapportait à ce monastère de très beaux bénéfices. Quand on a pour clients presque tous les souverains de l'Europe, on ne peut manquer de faire de brillantes affaires ; or, telle était précisément la condition d'Hautvillers, qui expédiait ses vins dans toutes les cours.

La bénédiction de ces huit cloches fut faite au mois d'octobre 1706, par Mgr de Noailles, en présence des révérends pères Paul Jussy, prieur du monastère et visiteur de la congrégation de Saint-Vannes ; Sébastien Caunois, sous-prieur ; Pierre Pérignon, cellérier, et les autres religieux. Ces détails nous sont fournis par une inscription qui se lisait sur la cloche principale, inscription dont voici le texte :

ANNO DOMINI 1706 MENSE OCTOBRI
EGO CUM SEPTEM LEVIORIBUS,
SUMPTIBUS CONVENTUS ALTIVILLARENSIS
FUSA FUI ET BENEDICTA AB ILLUSTRISSIMO
ET REVERENDISSIMO DOMINO GASTONE-JOANNE-BAPTISTA-
LUDOVICO DE NOAILLES, EPISCOPO ET COMITE CATALAUNENSI,
PARI FRANCIÆ, ET ABBATE HUJUS ABBATIÆ
AD LAUDEM DEI OMNIPOTENTIS,
BEATÆ VIRGINIS MARIÆ PRÆSENTIBUS REVERENDIS
PATRIBUS DOMINIS PAULO JUSSY PRIORE HUJUS
MONASTERII ET VISITATORE CONGREGATIONIS
SANCTI-VITONI, SEBASTIANO CAUNOIS, SUBPRIORE,
PETRO PERIGNON, CELLERARIO, ET CÆTERIS RELIGIOSIS.

AVE MARIA GRATIA PLENA DOMINUS TECUM (LUC 1.)
TONABIT VOCE MAGNITUDINIS SUÆ. (JOB 37.)
N. F. IL. P.P.

« L'an du Seigneur 1706, au mois d'octobre, moi, avec sept autres (cloches) moindres, aux frais du monastère d'Hautvillers, j'ai été fondue et bénite par l'illustrissime et révérendissime seigneur Gaston-Jean-Baptiste-Louis de Noailles, évêque et comte de Châlons, pair de France, abbé de cette abbaye, pour la gloire du Dieu tout-puissant et de la bienheureuse Vierge Marie, en présence des révérends pères, MM. Paul Jussy, prieur de ce monastère et visiteur de la congrégation de Saint-Vannes; de Sébastien Caunois, sous-prieur; de Pierre Pérignon, cellérier, et les autres religieux.

« Je vous salue Marie, pleine de grâce, le Seigneur est avec vous.

« Il tonnera de toute la puissance de sa voix. »

De cette époque à 1759, nous ne voyons qu'aucune refonte de cloches eut lieu; cependant, en 1723, plusieurs autres ont été aussi placées dans le clocher, comme leur date l'indique.

Ces cloches, nouvellement fondues, furent donc installées dans le clocher nouvellement exhaussé. Le beffroi de l'époque a dû subir certaines modifications, et peut-être même refait en entier pour recevoir cette belle sonnerie. La marque de la position de ces cloches existe encore, quoique peu de temps après, comme nous le verrons, ces cloches furent remplacées.

Prise de possession de l'office de la trésorerie par dom Placide Aubry.

(1707)

L'année d'après la bénédiction de ces cloches, dom Placide Aubry prenait possession de l'office de la trésorerie de l'abbaye d'Hautvillers, par la démission de dom Anselme Desborde, en 1707. (Paris, *Archives nationales*, Q ^{1}, 673.)

Cejourdhuy, vingt-septième jour du mois d'octobre 1707, j'ay Jean Malbeste, nottoire royal au baillage de Vermandois, résidant à Auvillers soubsigné et présents les temoings cy-après desnommés, comme estant commis aux fins des présentes, en vertu du pouvoir de monsieur de Seraucourt, vicaire général de l'archevêché de Rheims, datté du vingt-cinquiesme jour du présent mois et an, signé Jean-Baptiste Dey de Seraucourt, vicaire général, lequel pouvoir demeurera attaché à ces présentes pour y avoir recours au besoin, et par vertu des lettres de provisions donné par monseigneur l'illustrissime et révérendissime Gaston-Jean-Baptiste-Louis de Noailles, évesque, comte de Chaalons, paire de France, abbé commendataire de l'abbaye de Saint-Pierre-d'Autvillers, contenantes la collation par luy faicte de l'office conventuel de trésorerie de laditte abbaye dudit Auvillers, ordre de Saint-Benoît, congrégation de Saint-Vannes, diocèse de Reims, donné à Chaalons, le septième d'octobre présent mois et an, scellées et signées de mondit seigneur l'évesque de Chaalons, abbé dudit Auvillers, et au bas par M. Huot, son secrétaire, et, par son ordre, au révérend père dom Placide Aubry, religieux de Saint-Pierre de Chaalons, profez desdits ordre et congrégation, ay, ledit révérend père dom Placide Aubry, présent, mis en possession réelle de laditte trésorerie de l'abbaye d'Auvillers, et de tous ses droits et revenus, par l'entrée de l'église abbatiale dudit lieu, les portes d'ycelles en y entrant, prenant de l'eau bénite, faisant ses prières à genoux devant le Crucifix et baisant la Croix, l'une et l'autre partie d'icelle, et les ornements ecclésiastiques, et en pratiquant les autres cérémonies en tel cas requises, à quoy personne *c'est* opposé ne contredit de tout.

De quoy j'ai donné acte audit dom Placide Aubry, ce requérant, le tout pour valoir ce que de raison.

Fait et passé en laditte église abbatiale les jour et an que dessus, en présence de Pierre Piéton, tailleur d'habits, et de Pierre Demars, tonnelier, témoings, demeurants audit Auvillers, de ce requis, quy ont signé à la minutte des présentes, avec Malbeste, nottoire susdit, et ledit dom Placide Aubry, laquelle minutte est controllée à Auvillers, ledit jour 27 octobre, audit an 1707. (5 livres 10 sols.)

Signé : MALBESTE,
avec paraphe.

Insinuée et controllée à Reims, le 14º jour de décembre 1707, folio 9, registre 8.

Dom Ruinart à Hautvillers. Sa mort.

(1709)

Deux ans après la prise de possession de l'office de la trésorerie d'Hautvillers, par dom Placide Aubry, mourait à l'abbaye, 27 septembre 1709, un célèbre religieux, dom Ruinart. Une inscription tumulaire, placée sur ses restes mortels dans l'église du monastère, rappelle encore aujourd'hui, en peu de mots, la piété, la douceur, et surtout l'aménité, aussi bien que l'éminente doctrine du modeste disciple de Mabillon.

La réputation du savant Ruinart; son séjour à Hautvillers, où il vint pour travailler à différents ouvrages qu'il composait, en consultant la bibliothèque du monastère; sa noble famille, dont les descendants, MM. Ruinart de Brimont, de Sillery et autres, si avantageusement connus à Reims et dans les environs, nous font, en quelque sorte, un devoir de donner ici une courte notice sur dom Ruinart.

« Les Bénédictins, et surtout ceux de la congrégation de

Saint-Maur, disait naguère un illustre écrivain, nous ont donné des hommes dont le savoir est devenu proverbial, et qui ont retrouvé, avec des peines infinies, les manuscrits antiques ensevelis dans la poudre des monastères. (Chateaubriand, *Génie du Christianisme*, livre VI, chapitre v.)

« Quand, avec des dates bien correctes, des faits bien exacts, imprimés en beau français, dans un caractère bien lisible, nous composons à notre aise des histoires nouvelles ; sachons quelque gré à ces esprits obscurs, aux travaux desquels il nous suffit de coudre les lambeaux de notre génie pour ébahir l'admirant univers. » (C'est toujours Chateaubriand qui parle.)

Dom Thierry Ruinart brille d'un vif éclat dans cette constellation d'érudits, dont les productions excitent aujourd'hui notre admiration et épouvantent nos faibles courages. Né à Reims, le 10 juin 1657, d'illustres parents dont les descendants, comme nous le disions tout à l'heure, font encore la gloire de la cité rémoise, dom Ruinart préluda aux immenses travaux de sa carrière littéraire, par des études solides et brillantes, dit le *Dictionnaire de la conversation* ; ses talents précoces furent comme une prophétie de son savoir futur. Dès l'âge de 9 ans, dom Ruinart commença ses études dans le collège des Bons-Enfants, à Reims, et à 14 ans il était maître ès-arts. Son goût bien prononcé pour la retraite et l'étude le déterminèrent, jeune encore, à prendre l'habit de Saint-Benoît. Admis le 2 octobre 1674, il prenait l'habit dans le même mois et faisait profession le 19 octobre 1675, après un an de noviciat. Les uns disent qu'il fit profession dans le célèbre monastère de Saint-Remi ; d'autres prétendent que ce fut au monastère de Saint-François de Meaux, où il avait été transféré pendant son noviciat. *Quo translatus fuerat noviciatus.* Une fois retiré dans la solitude du cloître, libre du fracas et des liens d'un monde toujours hostile aux véritables amis de la science, le jeune Ruinart concentra toutes ses facultés actuelles et les porta vers l'étude des saints pères et des auteurs ecclésiastiques, avec une constance que volontiers on eût pris pour de la ténacité, aussi le fit-il avec un succès qui étonna même les plus savants de l'époque. Dès l'année 1682, la réputation de son savoir avait déjà atteint des proportions telles que Mabillon, ce géant d'érudition et de critique, voulut l'avoir pour collaborateur. Dom Ruinart fut un digne élève d'un tel maître. Il avait le même caractère de simplicité et de modestie, le même esprit de régularité, un jugement admirable pour sa portée, une exactitude qui allait jusqu'au scrupule, une critique saine, un style d'une netteté remarquable. De là, les avantages immenses qui ont distingué ses ouvrages de tant d'autres compilations indigestes.

Heureux d'avoir rencontré un tel disciple, Mabillon en fit bientôt son ami le plus cher. Aussi, dans tous ses ouvrages, le maître se plaisait-il à citer et à combler d'éloges le compagnon de ses courses littéraires et de ses gigantesques travaux. En 1707, quand la tombe se fut refermée sur les dépouilles mortelles du docte Mabillon, le disciple ne fit plus que traîner une vie languissante; tout seul, effrayé presque du vide laissé en son cœur autour de lui, le même disciple continua les voyages que jusque-là il faisait toujours avec son maître chéri. Bientôt il vint mourir en l'abbaye d'Hautvillers, le 27 septembre 1709. Nous savons qu'il était venu à Hautvillers afin de puiser, dans la riche bibliothèque du monastère, des documents pour l'aider dans la composition de ses ouvrages.

Une grande pierre de marbre noir recouvre ses restes placés dans la grande nef de l'église, et au-dessus de cette pierre se lit l'inscription suivante, primitivement gravée sur cette grande pierre tumulaire; mais, usée par le frottement des pieds, elle fut renouvelée sur une pierre ordinaire, par un membre de la famille, en 1823, et placée au-dessus de celle qui recouvre la tombe :

HIC JACET DOM
THEODORICUS RUYNART
REMENSIS PRESBYTER ET MONACHUS
S. GERMANI A PRATIS,
PIETATE MORUM,
LENITATE ET DOCTRINA CONSPICUUS,
QUI IN HOC MONASTERIO
HOSPES EXCEPTUS,
GRAVI FEBRE DECUMBENS,
OBIIT DIE 29 SEPTEMBRIS
ANNO 1709.
REQUIESCAT IN PACE.
—
RENOVAVIT THEODORICUS
RUINART DE BRIMONT REMUS,
ANNO CHRISTI 1823.

« Ici repose dom Thierry Ruinart, prêtre de Reims et moine de Saint-Germain-des-Prés, remarquable par sa piété, sa doctrine et la douceur de ses mœurs qui, étant hôte de ce monastère, fut attaqué d'une fièvre grave et mourut le 29 septembre 1709.

« Qu'il repose en paix.

« Thierry Ruinart de Brimont, de Reims, a renouvelé cette inscription l'année du Christ 1823. »

Énumérons rapidement les ouvrages de cet homme d'un caractère si estimable et d'un savoir si profond :

1° Henri Dodwel, professeur d'histoire à Oxford, connu par la bizarrerie de plusieurs systèmes éclos de son imagination, avait soutenu, dans une dissertation sur saint Cyprien, que le nombre des martyrs de la primitive Église n'était pas, à beaucoup près, aussi considérable qu'on l'avait prétendu jusqu'alors ; il voulait, par ce moyen, anéantir la preuve de fait que forme, en faveur du christianisme, cette nuée de témoins. Cette opinion, qui heurtait de front toutes les idées reçues, eut un grand retentissement. Ce fut ce qui porta dom Ruinart à rechercher et à recueillir les documents les plus authentiques sur l'histoire des martyrs dans les premiers siècles de l'Église. A ces preuves il ajouta, pour confondre le sophiste anglais, un coup d'œil sur l'histoire ecclésiastique. Il publia cette belle réfutation sous le titre : *Acta primorum martyrum sincera*, in-4°, Paris, 1689. Les autres éditions de cet ouvrage, sont : 1° celle d'Amsterdam, 1713 ; 2° celle de Vence, 1731, in-f°. — L'abbé Drouet de Maupertuy a donné une traduction française de cet ouvrage, ainsi que de sa préface imprimée, en 1708, à Paris, en 2 vol. in-8° ; 1739, 2 vol. in-12 ; 1825, 3 vol. in-8°. — Dom Ruinart enrichit cet ouvrage de remarques savantes et d'une préface judicieuse. Dans cette préface il écrase, pulvérise le système de Dodwel, sous le coup d'une logique aussi claire qu'inattaquable. Dire que Voltaire a usé toutes ses vaines arguties pour ruiner le raisonnement de notre Bénédictin, c'est dire combien sa force lui parut concluante.

2° Une histoire de la persécution des Vandales avait été composée en latin, par un évêque de Witte, en Afrique, nommé Victor. Une nouvelle édition en fut préparée par dom Ruinart, en 1674, in-4°. Il orna cette édition d'un commentaire historique latin, d'un grand nombre de remarques aussi savantes que solides et de quelques monuments qui ont rapport à cette histoire.

3º Dom Ruinart a surtout bien mérité des sciences historiques par l'édition qu'il donna de l'*Histoire des Francs,* de Grégoire de Tours, Paris, 1699, in-fº. Avant ce savant homme, personne n'avait revu avec autant de soins, ni rétabli avec autant de succès, le texte de cette précieuse chronique, unique document qui nous reste sur l'*Histoire des Mérovingiens.* Eccard et Bouquet ont tiré un grand parti de cette édition. MM. Guadet et Taranne, qui viennent d'en publier une nouvelle, sous les auspices de la société de l'*Histoire de France,* auront suppléé à la rareté de l'ouvrage de dom Ruinart, mais ne le feront pas oublier. *(Dictionnaire de la conversation.)* La préface de ce livre de dom Ruinart est une dissertation très savante et très complète sur Grégoire de Tours, sur Frédégaire et ses continuateurs.

4º En 1706, dom Ruinart publia une *Apologie de saint Maur,* contre lequel divers critiques, et entre autres Baillet et Basnage, avaient récemment élevé des objections. Un jésuite, le Père Germon, s'était avisé un jour d'attaquer la célèbre diplomatique de Mabillon; Germon prétendait y avoir trouvé plusieurs diplômes faux, et publia plusieurs dissertations latines à ce sujet, écrites avec assez de pureté et d'élégance. La piété filiale de dom Ruinart ne put supporter une agression d'autant plus captieuse que fondée en raison. Dans un volume in-12, intitulé : *Ecclesia Parisiensis vindicata,* il ruina tous les arguments du Père Germon, releva nombre de méprises qui lui étaient échappées, et trouva ainsi une nouvelle et éclatante occasion de payer un tribut d'hommages à la mémoire de son ami, dont il publia la vie en abrégé, en 1709. Hâtons-nous de dire que le sentiment que nous venons d'émettre n'est pas universellement adopté. Les littérateurs se sont partagés. Plusieurs prirent chaudement le parti de dom Ruinart, les autres achevèrent de déployer le drapeau de l'opposition. Il faut placer parmi ces derniers le biographe Feller, d'après lequel la défense ou l'apologie de dom Ruinart aurait échoué, autant du côté de la forme que pour le fond. Il n'a épousé en cela que l'opinion de l'abbé Raguet *(Histoire de la diplomatique de Mabillon),* qui, selon lui, n'aurait décidé en faveur du jésuite, qu'après avoir studieusement saisi l'état véritable de la controverse.

5º La dissertation latine de Ruinart, sur le *Pallium;* son

voyage littéraire en Alsace et en Lorraine. *Iter litterarum in Alsatiam et Lotharingiam.* Une vie assez longue du pape Urbain II, écrite en latin, par le même auteur, ont été imprimées après sa mort dans les *Œuvres posthumes de Mabillon.*

N. B. — On trouve, en tête des *Annales Bénédictines* et dans la préface de l'ouvrage des *Acta martyrum sincera*, 2e édition, une *Vie de dom Ruinart,* par son frère René Mossuet. On ne voit pas que dom Ruinart, ni la plupart de ses doctes confrères, eussent brigué les honneurs académiques. Ils laissaient à certains autres l'écorce du savoir et ses brillants dehors, ils se contentaient du noyau. La modestie était chez eux une vertu héréditaire. N'est-il pas vrai qu'on doit se défier des hommes qui étalent pompeusement les œuvres de leur génie ? Ces fantômes de la science n'ont ordinairement en partage que le charlatanisme d'une parole facile, mais radicalement creuse. L'ordre religieux, auquel dom Ruinart apporta son tribut d'illustration, fut dignement caractérisé par deux prélats dans la personne de Mabillon, quand celui-ci fut présenté à Louis XIV : « Sire, dit l'archevêque de Reims, voici l'homme le plus savant de votre royaume. — Ajoutez le plus humble, dit Bossuet. » Que n'avons-nous souvent des Mabillon, des Ruinart et des dom Guéranger, pour rehausser la science de notre époque et donner des exemples d'une rare vertu.

Acquisition de tableaux.
(1715)

Les religieux, de tout temps, autant qu'ils peuvent le faire, se sont toujours montrés zélés pour l'embellissement de leur église. C'est ainsi qu'en 1715, ils firent l'acquisition de quatre tableaux, dus à la palette de *Claude Charles,* directeur de l'académie des peintres de Lorraine, à Nancy, et peintre de Son Altesse Léopold Ier, duc de Lorraine. Ces toiles représentent :

1° *Saint Pierre guérissant le paralytique.* Pierre et Jean montaient au temple de Jérusalem pour prier ; il y avait près de la porte un homme boiteux, paralytique, que l'on mettait là pour demander l'aumône à ceux qui entraient ; voyant Pierre et Jean, cet homme les priait de l'assister. Pierre, arrêtant sa vue sur ce pauvre, lui dit : « Regardez-nous bien. » Il les regardait, en effet, attentivement, espérant qu'il allait lui donner quelque pièce de monnaie, mais Pierre lui dit : « Je n'ai ni or ni argent, mais ce que j'ai, je vous le donne : levez-vous, au nom de Jésus-Christ de Nazareth, et marchez. » *Argentum et aurum non est mihi : quod autem habeo, hoc tibi do, in nomine Jesu Christi Nazareni surge et ambula* (Act., cap. III, v. 6). Et, l'ayant pris en même temps par la main, il le leva et aussi ses pieds et ses jambes s'affermirent, et, faisant un saut, il se tint debout et marcha ; il entra avec eux dans le temple, sautant et louant Dieu. Saint Jean se trouve derrière dans la scène du tableau, levant la main vers le Ciel, comme pour faire voir au paralytique que sa guérison lui vient d'en haut. Un autre personnage, en face, verse une aumône dans la main d'une femme allaitant son enfant. Est-ce un apôtre ? Le texte ne le dit pas. Ce tableau est bien conservé et ne manque certainement pas de mérite.

2° *Saint Paul secouant la vipère dans le feu.* Paul, accusé et condamné, est envoyé à Rome, par la mer, avec d'autres prisonniers ; le vaisseau échoue ; les passagers sont jetés dans l'île de Malte ; ayant ramassé du sarment pour se chauffer, une vipère mord Paul à la main ; quand les Barbares virent cette bête qui pendait à sa main, ils le considérèrent comme un criminel que poursuit la vengeance divine, mais voyant qu'il n'en résultait pour lui aucun mal, ils changèrent de sentiment et dirent que c'était un Dieu, surtout lorsqu'ils le virent après guérir les malades de l'île. (Act., cap. XXVIII, v. 3, etc.) Ce tableau fut tellement lacéré à la Révolution par les profanateurs sacrilèges des objets religieux, qu'il fut impossible de le restaurer ; il a disparu. C'est une nouvelle perte à ajouter à tant d'autres de ces temps de terreur et de vandalisme révolutionnaire.

3° *Saint Nivard considérant la place du monastère qu'il voulait fonder,* s'entretient avec un architecte qui a un plan à la main ; ce plan est rejeté, et saint Nivard en dicte un autre. Il a à côté de lui saint Berchaire et d'autres personnages, aides de l'architecte. La colombe symbolique n'a pas été oubliée, elle est représentée sur un arbre, comme l'avait vue le saint fondateur dans son sommeil.

4° *Saint Benoît conversant avec sa sœur sainte Scholastique.* Voici, à cet égard, un récit que nous trouvons dans le travail de M. Albert du Boys *(Correspondant,* tome IX, page 582). Il est vrai que, dans la biographie que nous avons donnée de saint

Benoît, ce fait y est à peu près rapporté, mais quand il s'agit des choses de Dieu on aime toujours à les relire : « Scholastique s'était consacrée à Dieu, comme son frère, et vivait dans un monastère peu éloigné du Mont-Cassin. Elle venait le voir une fois l'an, dans une grotte du voisinage où il se rendait de son côté. Ils s'y trouvaient ensemble en l'année 542. Après avoir passé la journée à louer Dieu, et à s'entretenir de choses saintes, ils firent sur le soir un repas frugal. Comme le soleil allait se coucher, Scholastique s'écria : « Je vous prie, mon frère, ne me quittez pas cette nuit et parlons des joies du Ciel jusqu'à demain matin. — Que dites-vous, ma sœur, dit saint Benoît, je ne puis en aucun façon coucher hors du monastère. » Le temps était fort serein. Scholastique appuie sa tête sur ses mains, posées sur la table, en priant Dieu et en versant des larmes. Quand elle se releva, le tonnerre grondait et la pluie tombait par torrents. Cependant, Benoît voulait toujours se retirer avec les frères qui l'accompagnaient ; alors Scholastique semble livrée à une douleur toujours croissante, elle sanglotte et pousse des gémissements. Benoît s'étonne alors de la voir sortir à ce point de ses habitudes de douceur et de résignation. Il lui en demande la cause. « Oh ! mon frère, faut-il vous le dire ! à ma douleur se joint un cuisant remords. — Quoi donc ! ma sœur, en quoi avez-vous pu donc offenser Dieu ? — Cette tempête, c'est moi qui viens de demander au Ciel de la déchaîner sur nos têtes ; je voulais vous obliger de rester avec moi cette nuit ; Dieu n'a que trop exaucé ma prière, puisque vous dédaignez celle que je vous adresse ; malheureuse que je suis, je serai peut-être la cause de votre perte. » Attendri par cette étrange révélation, ému par l'expression si vraie de son angoisse de repentir et d'amour fraternel, Benoît ne résiste plus, il reste auprès de Scholastique. Le ciel était toujours en feu et de violentes rafales pénétraient jusque dans la grotte, secouaient violemment la porte de branchages qui en masquaient l'entrée. Mais le frère et la sœur oubliaient le désordre des éléments, dans des entretiens affectueux et de ferventes prières. Puis ils chantaient ensemble les louanges de Dieu. Les longues heures de cette affreuse nuit passaient rapides et délicieuses pour Scholastique. Le jour étant venu, il fallait enfin que son frère se séparât d'elle. Benoît reprit le chemin de son monastère, mais il ne se repentit pas de la concession qu'il avait faite à sa sœur et que les pharisiens de la nouvelle loi eussent appelé une faiblesse. Trois jours après, saint

Benoît étant en contemplation vit sa sœur entrant au Ciel sous la forme d'une colombe, et ravi de sa gloire il rendit grâce à Dieu. Il annonça publiquement la mort de la sainte et l'envoya chercher, puis la fit déposer dans son propre tombeau. Lui-même mourut peu de temps après, le 21 mars 543, la veille du dimanche de la Passion. »

Ces toiles avaient coûté 720 livres, sans compter les cadres, châssis, voitures et autres menus frais. Une note, trouvée dans les *Archives d'Hautvillers*, nous donne ce dernier détail du prix de ces tableaux.

Déjà, vingt ans auparavant (1695), l'église du monastère avait été gratifiée de quatre premiers tableaux. Deux de ces tableaux retracent les circonstances de l'Invention de la vraie Croix par sainte Hélène ; on la voit environnée d'une garde et présidant les travaux ; les ouvriers font sortir trois croix du sein de la terre ; sur un autre, le moyen employé pour reconnaître la croix véritable sur laquelle était mort Notre-Seigneur. En présence du jeune Constantin, de sa sainte mère, de saint Machaire, patriarche de Jérusalem, et de plusieurs personnes de distinction, on fit placer sur ces trois croix une personne morte selon les uns, et au moins très malade selon les autres. Toujours est-il que, placée sur celle du Sauveur, elle revint à la vie. Ces tableaux sont l'œuvre d'un religieux nommé Simon Boullard, qui, malheureusement, mourut apostat. Le calvinisme avait eu l'honneur de faire des victimes dans notre abbaye, tant il est vrai que les retraites les plus saintes ne sont pas toujours un asile impénétrable aux sentiments de l'erreur. Un autre malheureux moine suivit l'exemple de Simon Boullard, dom Anselme Hannequin ; celui-ci était pourvu de la chapellenie de Cumières. Ces deux tableaux ont un certain mérite ; néanmoins, ils ne valent pas les quatre dûs au pinceau de Claude Charles.

Les deux autres tableaux, représentant quelques scènes de la Passion de Notre-Seigneur, ont pour auteur un artiste obscur, nommé Langlois. A-t-il droit à nos hommages ? Ses toiles sont-elles bonnes ? Nos connaissances en peinture ne sont pas assez étendues pour pouvoir en juger. Il paraît qu'ils ne sont qu'une copie plus ou moins ressemblante de l'original qui se trouve au musée du Louvre.

Ces sept tableaux, qui ornent le chœur de l'église d'Hautvillers, sont d'une grandeur plus qu'ordinaire : les cadres mesurent 3 mètres 15 centimètres de hauteur et 4 mètres 25 centimètres de largeur. Tous ces tableaux avaient été destinés au musée de Châlons, mais les églises ayant été rendues au culte, et l'église conventuelle étant devenue l'église paroissiale, les tableaux demeurèrent à Hautvillers, à l'exception d'un, avons-nous dit, affreusement maltraité. Un huitième tableau, d'une plus petite dimension, se voit dans le sanctuaire : il représente sainte Hélène la croix à la main. Un neuvième tableau, placé à côté, représente saint Pierre parlant des choses du Ciel ou les méditant ; les uns croient que c'est saint Nivard, assis sur un rocher, les yeux fixés sur la montagne d'Hautvillers où il projette de fonder un monastère ; les autres, avec plus de raisons, désignent saint Pierre comme en faisant le sujet ; rien ne prouve, dans le tableau, que l'auteur ait voulu y représenter saint Nivard. Ces deux tableaux ne sont pas signés. Un autre tableau, placé au-dessus de la porte du clocher, est là seulement depuis 1868 ; il était primitivement dans le retable de l'autel de la Sainte-Vierge ; il en fut retiré pour pratiquer dans le mur une niche destinée à recevoir une statue de Marie immaculée. Ce tableau est signé du nom de *Marixeid* ; nous ne connaissons pas cet auteur ni l'époque où ce tableau a été peint ; on le considère comme étant de l'école espagnole.

Nous avons encore un tableau dans la sacristie, qui paraît avoir un certain mérite aussi bien que le cadre artistement sculpté qui l'entoure ; il a dû être fait pour orner cet endroit et rappeler aux religieux, qui, devant, s'habillaient pour célébrer le saint sacrifice, combien était grande la piété de saint Benoît. Il représente ce grand serviteur de Dieu en méditation et voyant la belle âme de sa sœur s'envolant vers le Ciel, mais cette fois sous la figure d'une boule rayonnante de lumière. Un peu plus loin, sur le même tableau, on voit un religieux assis et lisant auprès de l'église de son couvent. Au bas de cette peinture, on lit : *Sanctus Benedictus 1668.*

Videnti Creatorem angusta omnis creatura.

« Pour qui peut voir le Créateur, toute créature est petite. »

En 1854, un artiste de passage a entrepris de restaurer ces tableaux ; son travail, peu digne d'éloges, a déterminé Mgr le cardinal Gousset, qui en avait eu connaissance dans le concile tenu à Reims en 1861, à faire défense à Messieurs les curés de son diocèse de confier, à qui que ce soit, la restauration d'aucun tableau de prix, dans leur église, sans la permission de l'ordinaire.

Manuscrits perdus.
(1711)

C'est vers le même temps que dom Pierre Baillet, religieux de l'abbaye d'Hautvillers, composait l'*Histoire chronologique du monastère,* nous dit l'auteur de l'*Inventaire du Cartulaire.* Ce prêtre, religieux, avait composé cet ouvrage en latin ; il avait pour titre : *Nécrologe ;* il était relié en veau, daté de 1711. On trouvait encore, dit le même auteur, qui était aussi un religieux et qui, lui-même, faisait l'*Inventaire du Cartulaire* en 1759, un autre livre relié aussi en veau, et qui avait pour titre : *Mémoire pour servir à l'inventaire des archives de l'abbaye de Saint-Pierre-d'Hautvillers,* fait en 1748, par le R. P. Chédel, pour lors procureur de ladite abbaye. *(Inventaire du Cartulaire ; Nécrologe.)*

Le disparition de ces manuscrits est une perte qu'on ne saurait trop regretter. Il paraît que ce n'est seulement qu'après la Révolution que ces manuscrits ont disparu ; pour notre part, nous regrettons vivement que la malveillance, ou l'ignorance, nous ait enlevé une source de renseignements aussi sûrs et si précieux. Dom Grossard n'en fait pas mention dans la liste des manuscrits qu'il a donnée à Paris en 1820 ; peut-être ces manuscrits avaient-ils déjà disparu quand dom Grossard a quitté l'abbaye. Ont-ils été enlevés par d'autres religieux ? nous l'ignorons ; ni à Reims, ni à Châlons, ni à Épernay, ni à Paris, nous n'en avons vu aucune trace. Que de choses rares et précieuses, quelquefois même d'un grand prix, uniques dans leur genre, sont perdues pour jamais par suite de ces agitations sociales qui portent partout la ruine !

Le monastère est condamné à une amende.
(1716)

Dom Pérignon venait de quitter ce monde (1715). Le frère Philippe ayant hérité de son secret et un peu de ses capacités, les religieux virent se continuer et prospérer même l'exploitation de leurs produits, dont ils se trouvaient si bien ; cependant ils ne tardèrent pas à se trouver dans un besoin urgent de ces beaux bénéfices. La prospérité, d'ordinaire, a le funeste privilège d'étourdir, au moins quelque peu, ses favoris et de les rendre quelquefois entreprenants outre mesure ; est-ce un pareil vertige qui fit sentir son influence déplorable à nos religieux ? Nous n'oserions l'affirmer. Toutefois, il est constant qu'ils se permirent des faits que l'administration séculière qualifia de contravention et poursuivit comme telle, de là une condamnation qui frappait le monastère d'une amende qui n'allait pas à moins de 40,000 livres. La matière de cette contravention n'est pas spécifiée. C'était, autant que nous pouvons le présumer, pour coupe non autorisée dans les bois de l'abbaye. L'*Annuaire du département de la Marne*, année 1837, *Statistique d'Hautvillers*, rapportant cette condamnation, n'en dit pas davantage. Néanmoins, sur les vives réclamations faites par les religieux, le conseil du *roy* voulut bien réduire cette somme à 10,000 livres. Comme la régie le fait encore aujourd'hui, l'amende était basée sur la fortune des délinquants ; plus l'administration ou les tribunaux pouvaient avoir, plus ils élevaient le chiffre de l'amende.

Cumières et son Église
(1716)

La même année (1716) vit sortir une ordonnance qui, en imposant de nouveaux frais aux religieux, fut un bienfait pour Cumières. Érigée en paroisse, dès l'année 1697, cette cure en titre n'avait toujours qu'une chapelle, édifice assez minable pour que chaque jour on put craindre, non sans raison, de se voir enseveli sous ses ruines. Si nous ajoutons, avec plus de raison encore, que les proportions du local étaient trop exiguës pour contenir la population du village, nous ferons remarquer sans peine combien les habitants de cette paroisse avaient le désir de se voir une belle église proportionnée à leur nombre et à leur piété. Ainsi, depuis quelques années, les habitants de Cumières pressaient vivement sur ce point les décimateurs de la paroisse. Déjà même, sur leur requête, un des vicaires généraux de l'archevêque de Reims était venu, en 1712 (28 octobre), constater juridiquement le mauvais état de la chapelle. Ce vicaire général se nommait de La Fare; il était assisté, dans cette enquête, par M. Gabriel le Poivre, greffier de l'officialité. Il résulta, d'après leur procès-verbal, que l'église était dans le plus mauvais état depuis ses fondements jusqu'à la couverture.

Toutefois, les décimateurs ne paraissaient pas le moins du monde disposés à remplir leurs obligations, en participant aux frais d'une nouvelle construction. Ces décimateurs, comme on l'a vu ailleurs, étaient l'abbé d'Hautvillers et le prieur de Notre-Dame de Favières. Enfin, sortit l'ordonnance que nous avons naguère annoncée ; elle fut portée au nom de l'illustrissime et révérendissime seigneur François de Mailly, archevêque de Reims, par Guillaume de Raffin d'Hauterive, son vicaire général. Elle statuait :

1° Qu'au premier jour de la signification de l'ordonnance, les murs de l'église de Cumières seraient étayés, aux frais et dépens des décimateurs dudit lieu et autres qui en sont tenus.

2° Qu'à la diligence des habitants, il serait dressé, par ouvriers experts, un devis estimatif d'une nouvelle église capable de contenir 13 à 14 cents personnes.

3° Qu'on commencerait à travailler et sans discontinuer au premier jour du mois de *may* suivant.

Ordonnance de Raffin d'Hauterive, vicaire général de l'archevêque de Reims, pour la réparation et l'agrandissement de l'église de Cumières.

(14 mars 1716)

Guillaume de Raffin d'Hauterive, docteur en théologie, vicaire général de monseigneur l'illustrissime et révérendissime seigneur François de Mailly, archevêque, duc de Reims, premier pair de France, etc., veü la requeste présentée en octobre 1712, à Mgr l'archevêque, duc de Reims, par les curés, habitants et communauté de Cumières, au diocèse de Reims, contenant qu'ils ont pour église paroissiale une très ancienne chapelle, qui, n'ayant point été entretenue ny réparée depuis son érection en paroisse, en 1697, expose l'autel et les habitants à de très grands dangers; que, pour y remédier, les habitants auraient inutilement adressé à Mgr l'évêque de Châlons, abbé d'Hautvillers, au sieur Vaillant, prévôt de Favières, au sieur religieux d'Hautvillers, prieur de Saint-Nivard, décimateurs dudit Cumières, plusieurs remontrances verbales et par écrit, même quelques sommations, que laditte église est si petite qu'elle ne peut contenir au plus que les deux tiers des paroissiens, dont le nombre augmente tous les jours ; qu'il ne reste aux suppliants, pour mettre le très saint sacrement en sûreté, et l'église en état de contenir lesdits paroissiens, que de demander à mondit seigneur archevêque une visite de l'église de Cumières, pourquoy ils suppliaient son excellence qu'il lui plût ordonner que laditte église serait veüe et visitée, et procez-verbal dressé de l'état et grandeur d'ycelle, pour ensuite être, par mondit seigneur, ordonné ce qu'il appartiendra.

Décret de mondit seigneur, du 5 octobre 1712, portant commission pour M. l'abbé de La Fare, l'un de ses vicaires généraux, de se transporter audit Cumières pour y dresser le procès-verbal de l'état des lieux, en présence des parties intéressées, ou duement appelées, pour le tout être rapporté et ordonné ce que de raison. Décret de mondit sieur abbé de La Fare, du 6 octobre 1712, ou acte d'invitation pour le jour de visite mise au dimanche 23 du même mois, avec injonction de signifier au préalable ledit décret, à la diligence des habitants de le publier au prône de la messe paroissiale de Cumières, par trois dimanches consécutifs, et afficher à la principale porte de laditte église. Exploit d'assignation contrôlé, du 21 octobre 1712, donné en conséquence par Devillers, sergent royal au baillage d'Épernay, à MM. l'abbé d'Hautvillers, prévôt de Favières, les religieux de laditte abbaye, et prieur de Saint-Nivard. Certificat du sieur Billaudel, curé de Cumières, du 23 octobre 1712, qui déclare avoir annoncé, par trois dimanches consécutifs, à son prosne, laditte visitte indiquée audit jour, 23 octobre. Procès-verbal de la visitte de l'église de Cumières, dressé et arrêté ledit jour, 23 octobre 1712, par M. l'abbé de La

Fare, commissaire délégué à cet effet, assisté de M. Gabriel Le Poivre, greffier ordinaire de l'officialité, par lequel procès-verbal, après avoir donné acte de comparution aux parties comparantes, acte de défaut aux non comparants, il résulte que l'église est en si mauvais état, depuis ses fondements jusqu'à sa couverture, qu'il est nécessaire d'en bâtir incessamment une nouvelle aux dépens de qui il apartiendra, de qui, d'ailleurs, cette église, suivant la dimension faite, ne peut contenir environ que 200 paroissiens, sont au nombre de plus de 700, sans compter les forains, tant maîtres que domestiques, et les ouvriers pour la culture de la vigne, lesquels, pendant tout l'été, contient un nombre presque de 700. Second décret de mondit seigneur l'archevêque, du 30 octobre 1712, qui ordonne le communiqué à son promoteur; conclusions du promoteur, du 22 novembre 1712, qui requiert, après avoir fait communication des pièces cy-dessus, qu'i. sera incessamment construit, audit lieu de Cumières, une église solide et de capacité à contenir le nombre des habitants, forains et autres, désignés au procès-verbal; qu'à cet effet, les habitans feraient, dans le mois, dresser par des ouvriers un devis et marché pour la construction de cette église, les parties intéressées présentes et duement appelées, et qu'à faute d'y procéder dans le temps d'un mois, en vertu de l'ordonnance qui interviendra, l'église de Cumières sera déclarée et demeurera interdite, avec défense au curé d'y faire aucune fonction, sous les peines de droit. Autre décret de monseigneur l'archevêque, du 31 décembre 1712, qui ordonne qu'avant de faire droit, il sera, à la diligence de son promoteur, signifié aux décimateurs et habitants de Cumières, copie de tous les actes cy-dessus, et qu'ils seront assignés à comparoître à certains jours, pardevant luy ou des vicaires généraux, pour être entendus et répondre sur les articles énoncés audit procès-verbal, et sur les conclusions prises par son promoteur, à laquelle assignation les habitans répondront par conclusion ou acte de délibération de la communauté. Assignation, du 26 janvier 1713, donnée à cette fin, à la requeste du promoteur, à monseigneur l'évêque et comte de Chaalons, abbé commendataire d'Hautvillers, au sieur Jacques Vaillant, prévôt de Favières, et aux religieux d'Hautvillers, par exploit contrôlé, et Devillers, sergent royal au baillage d'Épernay. Délibération de la communauté et habitants de Cumières, du dimanche 13 février 1713, présentée à son excellence par Claude Marchant, député et syndic de laditte communauté, par laquelle les habitants, après plusieurs observations faites et représentées dans la veü de n'être pas contraints à porter des charges au-dessus de leurs forces, pour la construction d'une nouvelle église, mais suppliant humblement son excellence d'en différer l'exécution jusqu'à l'année révolue, et demandent, par intérim, qu'on ordonne les plus urgentes réparations, au dépens de qui il appartiendra, et qu'il sera permis au curé de faire célébrer, pendant cette année, dans laditte église, une messe basse les dimanches et festes chommables. Autre requeste des curés et habitants dudit lieu de Cumières, qui rapportera ce qui s'est passé jusqu'aujourd'hui, pour demander le rétablissement de leur église paroissiale, expose la négligence des décimateurs qui ne pensent à rien rétablir ny à augmenter laditte église, qui n'ont fait cas de répondre dans l'an à l'assignation dernière qui leur a été donnée le 26 janvier 1713, et supplient Monseigneur d'ordonner que leur église sera incessamment rétablie, et, dès à présent, dans un état de sûreté, aux frais et dépens des décimateurs qui en sont tenus et de tous les autres, se réservant la charge de poursuivre l'exécution de l'ordonnance qui interviendra. Notre décret du 13 mars 1713, au bas de la requeste qui ordonne le communiqué au promoteur du diocèse. Conclusions définitives du promoteur, qui n'a empêché que l'église de Cumières soit au plus tôt réparée, et, dès à présent, mise en état de sûreté, aux frais et dépens des décimateurs et autres qui en sont tenus, sauf aux suppliants la liberté de poursuivre l'exécution de cette présente ordonnance, tout considéré ayant égard aux dangers évidents qu'il y a à célébrer la sainte messe dans une église qui menace ruine de toutes parts. Nous avons ordonné et ordonnons que, du premier jour de la signification des présentes, les murs de l'église de Cumières, de ce diocèse, seront retayés aux frais et dépens des décimateurs et autres qui en sont tenus; voulons, qu'à la diligence des habitans, il soit dressé, par ouvriers experts, un devis estimatif pour la construction d'une nouvelle église, qui puisse contenir treize à quatorze cents personnes, fixant le terme, auquel on commencera à travailler à cette église, sans discontinuer, au premier jour de may prochain.

Chargeons les habitants de poursuivre l'exécution de notre présente ordonnance, aux termes des articles 21 et 22 de l'édit du roy, concernant la juridiction ecclésiastique, du mois d'avril 1695.

Donné à Reims, sous le sceau de nos armes de Mondit Seigneur Archevêque et celui de notre secrétaire de l'archevêché, le 14 mars 1716.

Signé en la minutte : D'HAUTERIVE,
vicaire général.

Par Monseigneur, *le vicaire général,*
Signé : COLAS.

Collationné à l'original par moi, prestre, docteur en droit, notaire apostolique et royal, et secrétaire de l'archevêché de Reims.

Fait à Reims, sous les sceaux des armes de Mgr l'archevêque, le jeudi 16 mars 1716.

COLAS.

(38e layette, 3e liasse.)

Nous avons vu, dans cette ordonnance, ce que, d'après les articles 21 et 22 de la déclaration du roi, de 1695, articles qui obligeaient les décimateurs à entretenir et rétablir le chœur, le sanctuaire et le clocher de l'église, le commendataire et le seigneur de Damery, prévôt de Favières, continuèrent à faire la sourde oreille et refusèrent obstinément toute participation aux dépenses réclamées. Résolution fut prise alors par les habitants de poursuivre les décimateurs, en exécution de l'ordonnance, et pouvoir fut donné, à cet effet, au syndic. Cette résolution extrême n'eut pas plus de suite que les précédentes. Découragés, intimidés, les habitants tentèrent encore une fois la voie des sollicitations. Un placet fut donné au régent (1), avec appel à sa générosité et à sa charité ; mais un renvoi stérile à l'intendant de Champagne en fut la seule réponse. Force fut donc, à la communauté de Cumières, de n'attendre plus rien que d'ellemême, et elle fit bien. Au moyen de petites économies déjà faites par la fabrique, et de quelques légers revenus communaux, grâce à la générosité de MM. Legrand, chanoine de Sainte-Balsamie de Reims, et de Claude Poitevin, maire perpétuel, qui, collectivement, offrirent 4,000 livres sous de faibles

---

(1) Le régent, ou Philippe de France, était petit-fils de Louis XIII, fils de Philippe de France, duc d'Orléans, frère de Louis XIV. Le régent fut appelé ainsi parce qu'il gouverna pendant la minorité de Louis XV.

charges; grâce, enfin, surtout à l'activité rare de M. Billaudel, alors curé du lieu, et au zèle de ses fidèles paroissiens, car, d'après ce que nous recueillons de M. Alphonse Souillié, dans sa *Monographie sur Cumières*, chacun apporta son tribut à l'édification de cette nouvelle église : charrois, main-d'œuvre de toute sorte, rien n'a été négligé, et, malgré toutes les difficultés qui surgissent toujours en pareil cas, une église s'éleva sur l'emplacement élargi de l'ancienne chapelle. C'est la même qui existe encore aujourd'hui. Quant à l'emplacement, il eût pu être mieux choisi. La tradition du pays prête à la veuve de l'amiral comte d'Estaing la bonne pensée d'avoir offert, à cet effet, mais trop tard, une vigne touchant à la partie haute du village.

Cette église, depuis sa construction jusqu'alors, n'avait demandé aucune réparation importante. Un plancher, en place de voûte, terminait le haut des nefs; le clocher demandait de graves réparations, aussi, dans le cour de l'année 1874, une souscription fut ouverte; le département subvint, et alors des voûtes en bois et plâtre ont été construites; le clocher parfaitement réparé ; deux fenêtres, à droite et à gauche de l'autel, ont reçu des vitraux de couleur, donnés par la famille Pithois-Bertin, propriétaire, de Cumières, et habitant Châlons; deux autres, dans la chapelle de la Sainte-Vierge, ont été aussi donnés par la même famille. Enfin, deux autres fenêtres, dans la chapelle de Saint-Jean, dont les vitraux sont dus à M. Marquant, de Reims, et donnés par M. Eugène Bertin, sont de très bon goût et font honneur à leur auteur; il faut dire qu'il y a pour curé, à Cumières, un autre Billaudel, dans la personne de M. Binet Xavier, qui, lui aussi, a gratifié son église, entre autres choses, de deux fenêtres : l'une, au portail, représentant le sacré cœur de Jésus, et l'autre, au-dessus du confessionnal; le sujet est la Madeleine à genoux aux pieds de Notre-Seigneur.

L'église a donc été bâtie, mais non dans les proportions indiquées dans l'ordonnance; elle peut contenir de trois à quatre cents personnes, mais non pas treize ou quatorze cents. La cure de Cumières resta, comme par le passé, à la collation de l'abbé d'Hautvillers, et le chapelain religieux, aussi d'Hautvillers, y conserva les droits que lui accordait son titre.

Quatre ans plus tard, en 1720, mourut Gaston de Noailles, abbé d'Hautvillers. Si les religieux ne trouvèrent, dans l'administration de cet abbé, aucun motif de se plaindre, il n'en fut pas de même de l'Église, dont il méconnut la voix. Imitateur de son frère le cardinal, par sa violente opposition à la bulle *Unigenitus*, il n'eut pas, comme lui, le bon esprit de se rendre à l'appel du premier pasteur de l'Église et de répudier une erreur légèrement épousée. Il mourut, comme il avait vécu, avec la réputation d'un Janséniste inconvertissable ; ce n'est pas, assurément, son plus bel éloge. Le 15 septembre 1720 fut le jour et l'année de sa mort. Il fut enterré dans sa cathédrale de Châlons.

Le *Dictionnaire de la conversation* nous dit que la famille de Noailles, dont un membre fut abbé d'Hautvillers, prit son nom d'un ancien château du Limousin, situé entre Brèves et Turenne. Sa filiation a été authentiquement établie par un arrêt du parlement, de 1528, à l'occasion des substitutions de cette maison à Hugues de Noailles, au xiiie siècle. Cette maison s'est maintenue en faveur par l'union de ses membres. On a remarqué qu'à toutes les époques et sous tous les régimes elle était représentée par un des siens, dans chaque parti politique, dans chaque coterie de la cour. Elle plantait toujours sa tente et son drapeau dans tous les camps. Cette tradition héréditaire explique la faveur dont elle a joui sous tous les gouvernements qui se sont succédé en France depuis plusieurs siècles. A cet abbé Janséniste succéda, dans le gouvernement de l'abbaye d'Hautvillers, Jean-Philippe d'Orléans.

LXXXIIIe Abbé

JEAN-PHILIPPE D'ORLÉANS

(DE 1721 A 1757)

Quatre mois après la mort du précédent abbé, Mgr de Noailles, un successeur lui était donné dans la personne de Jean-Philippe d'Orléans. Bien que nommé le 8 janvier 1721, (*Gallia christiana*, tome ix, col. 258), ce haut personnage ne prit possession de l'abbaye que le 13 février de l'année suivante. On lit, dans le catalogue manuscrit des abbés d'Hautvillers, sur Jean-Philippe d'Orléans : bulle, procuration et prise de possession de l'abbaye, par l'illustrissime seigneur Philippe, chevalier d'Orléans, grand-croix de l'ordre de Saint-Jean-de-Jérusalem, grand prieur de France, général des galères, lieutenant général ès-mers du Levant, du 13 février 1722. Jean-Philippe d'Orléans, mieux connu sous le titre de chevalier d'Orléans, naquit à Paris, en 1702, du duc d'Orléans, dit le régent, et de Marie-Louise-Madeleine-Victoire Le Bel de Serry, fille d'honneur de la duchesse d'Orléans, douairière, et depuis honorée du titre de comtesse d'Argentan.

En remontant un peu plus haut, nous trouvons qu'elle eut pour parents Daniel Le Bel, seigneur de la Boissière et de Brenouil, et Anne de Maisparault (1), nous dit Moreri, dans son *Dictionnaire*, article *dernier duc d'Orléans*. Sans doute, il était dans l'ordre des choses que le vice de sa naissance fût un obstacle à la fortune, ou tout au moins à l'avancement ecclésiastique du chevalier d'Orléans; mais, grâce aux sollicitations maternelles qui, vraisemblablement, furent pressantes, et au tout-puissant vouloir du noble père, Jean-Philippe fut légitimé par lettres données à Versailles, au mois de juillet 1706. Ces lettres furent registrées en la chambre des comptes, le 18, et au parlement de Paris, le 27 septembre suivant (2). Le jeune prince avait à peine atteint sa quatorzième année, en 1716, qu'il fut pourvu de la charge de général des galères de France; cette dignité lui advint par la démission du maréchal de Tessé. Ce fut le 27 août 1716 qu'il prêta le serment de fidélité. Peu d'années après, le chevalier de Vendôme se démettait, en sa faveur, du grand prieuré de France. Cette résignation ayant été confirmée par un bref du pape Clément XI, qui habilitait le prince à recevoir cette dignité, et acception par le grand maître de la religion, le 21 septembre 1719. Jean-Philippe fit ses vœux à Malte, dans l'église de Saint-Jean, entre les mains du lieutenant du grand maître. Cette cérémonie est rapportée sous la date du 26 septembre de l'année précitée.

Deux jours après, le nouveau titulaire prêtait le serment de grand-croix entre les mains du même lieutenant; il fut en même temps installé dans le conseil de l'ordre, à sa place de grand prieur de France. Dès le 7 octobre suivant, le prince

---

(1) Le marquis de la Boissière était ambassadeur en Hollande.
(2) Le chevalier d'Orléans avait été élevé au collège des Jésuites, à Paris, et, dès son plus jeune âge, il montrait beaucoup de moyens.

s'embarqua sur le vaisseau *la Religion*, et fit voile vers Marseille, où il toucha le 18 même mois. Sa dignité nouvelle exigeait une seconde prestation de serment de fidélité; il remplit cette condition le 11 février 1720, entre les mains du roi.

L'année suivante lui apporta le titre d'abbé d'Hautvillers. Déjà nous avons vu que, nommé à cette abbaye le 8 janvier 1721, il n'en prit possession que le 13 février 1722. Dans le courant de décembre 1722, il accompagna la princesse de Beaujolais jusque sur les frontières d'Espagne, et ne la quitta que pour se rendre à Madrid et faire part à la cour de l'arrivée de la princesse. Il y arriva le 23 janvier 1723. Le roi catholique l'honora de la grandesse d'Espagne, et il prit possession des honneurs attachés à cette dignité, en se couvrant devant sa majesté. Cette cérémonie eut lieu le 28 février, et ce fut le duc d'Arco qui servit de parrain au nouveau dignitaire.

En 1727, Jean-Philippe reçut le commandement d'une escadre composée de six galères. Il mit à la voile à Marseille, le 22 mai, et ne rentra dans le port que le 10 décembre. Bien que cette course ne se rattache à aucun événement important, nous ne croyons pas inutile d'en dire un mot. L'escadre parcourut successivement les côtes de l'Italie et toucha à Palerme et à Naples, où le prince alla saluer le vice-roi de ces États. Il jeta aussi l'ancre à Civitta-Vecchia et se rendit à Rome, le 26 juillet. Conduit à l'audience du pape par le cardinal de Polignac, le 28 juillet, il reçut, le 30, un grand régal porté par trente hommes : c'était un présent de Sa Sainteté. Dès le 10 août, il prit congé du souverain pontife et fut encore gratifié de quatre bassins remplis d'*Agnus Dei*, et d'autres curiosités romaines. Le lendemain, il partait de Rome et allait rejoindre son escadre à Civitta-Vecchia, fort satisfait, dit la chronique, des honneurs qu'il avait reçus pendant son séjour à Rome, tant de la part du pape que de celle des cardinaux, des seigneurs et des dames romaines.

En 1731, lorsque Charles, infant d'Espagne et nouveau duc de Parme, effectua son passage en France, Philippe d'Orléans fut choisi par le roi pour aller le complimenter de sa part. A cet effet, il partit de Paris, le 6 décembre, et complimenta le duc, le 17 du même mois, à Cannes, en Provence, où il le joignit. Il l'accompagna ensuite jusqu'à Antibes.

Si, d'une part, avons-nous dit, le vice de la naissance de Jean-Philippe d'Orléans paraissait devoir lui fermer la porte des dignités ecclésiastiques, il faut être juste aussi et reconnaître qu'il sut, à force de bienfaisance et de vertus, racheter un défaut dont la culpabilité n'était pas à lui. Son administration abbatiale fut une longue série de bienfaits. Par ses attentions généreuses, l'église et les édifices du monastère d'Hautvillers subirent d'importantes améliorations. En un mot, il sut être, pour les religieux, ce que les abbés commendataires n'oubliaient que trop souvent : un zélé protecteur et un père. Aussi, ces religieux lui en gardèrent un fidèle souvenir, et l'un d'eux, dans une note qu'on a conservée, s'est chargé d'exprimer les sentiments de reconnaissance de la communauté entière.

« L'administration du chevalier d'Orléans fut, pour Hautvillers, dit-il, comme la reconnaissance de l'âge d'or. »

Nous sommes d'autant plus heureux à signaler cette exception que, depuis longtemps, les devanciers de cet abbé semblaient oublier les vertus commandées pour leur titre tout paternel; c'est donc sans commentaire que nous donnons cet extrait de l'auteur de l'*Inventaire du Cartulaire des abbés d'Hautvillers*.

« Le chevalier d'Orléans, ajoute-t-il encore, a toujours été favorable et bienfaisant à ses religieux, tant pour les réparations que pour toutes autres choses. Il leur a laissé en admodiation les revenus de sa mense abbatiale sa vie durant, leur a fait présent d'un ornement complet de damas, sur lequel sont ses armoiries (1), et a contribué au plafond de l'église, les a protégés dans un procès de conséquence contre les directeurs des aydes, qui voulaient leur faire payer tous les droits des non privilégiés pour la vente des vins provenant de sa mense abbatiale, et a fait rendre un arrêt favorable à ses religieux..... »

Le chevalier d'Orléans aurait poussé la générosité jusqu'à abandonner purement et simplement aux religieux les revenus de sa mense abbatiale, c'est-à-dire une rente annuelle de

---

(1) Ses armoiries étaient d'azur, à trois fleurs de lys d'or, au lambel d'argent à trois pendants, qui est d'Orléans, et, pour brisure, un bâton d'argent péri en barre; au chef cousu de la religion, qui est de gueule à la croix d'argent ; l'écu, surmonté de sa couronne et posé sur la croix de l'ordre, dont on voit les extrémités, et environné d'un chapelet d'où pend une pareille croix, qui était donnée à tous les chevaliers de Malte, et, en qualité de général des galères, il portait, derrière l'écu de ses armes, un grapin, c'est-à-dire une ancre à quatre bras posée en pal et garnie de sa trabe surmontée de son anneau. (*État de la France en 1727*, tomes II et III.)

20,000 livres, d'après Baugier et le *Dictionnaire* de Vosgien. Ce chiffre est exagéré, car les dépenses obligées étant couvertes, l'excédant ne montait jamais à plus de 10,000 livres; c'était déjà un beau revenu.

Jean-Philippe d'Orléans mourut à Paris, le 16 juin 1748. Il était dans sa 46e année. Nous n'avons aucun détail sur les circonstances de sa mort; il a vécu en bon chrétien, il a dû mourir de même, emportant dans la tombe les regrets de ceux avec qui il avait pu avoir des rapports pendant sa vie. Quelques faits importants se sont passés sous son administration; nous allons les énumérer.

En 1723, l'année qui suivit la prise de possession de l'abbaye par le chevalier d'Orléans, a été signalée par la refonte des huit cloches bénites antérieurement par Gaston de Noailles, en 1706. L'exécution de ce projet ne paraît pas avoir eu d'autre motif que le désir de posséder une sonnerie plus nombreuse et d'un poids plus élevé; des huit cloches qui existaient précédemment on en fit neuf. Deux de ces dernières sont restées à Hautvillers, après que leurs sœurs fussent enlevées dans les jours de la tourmente révolutionnaire. Nous donnerons plus loin le texte de l'inscription de ces deux cloches.

1722. — En parlant de la refonte des cloches de l'abbaye, nous avons dit qu'en 1722 la paroisse d'Hautvillers procédait aussi à la refonte de ses cloches ou à l'acquisition de trois cloches; voici ce que nous lisons dans le registre des actes de baptêmes, mariages et enterrements de l'époque :

Bénédiction de trois cloches pour l'usage de la paroisse.

Le 26 juillet 1722, par nous, Cheurel, curé de ladite paroisse d'Hautvillers, ont été bénites trois cloches pour l'usage de ladite paroisse, à la première desquelles ont été imposés les noms de Philippe, par frère Jean-Philippe d'Orléans, grand prieur de France, général des galères et abbé commendataire de l'abbaye de Saint-Pierre-d'Hautvillers, représenté par nous dans ladite cérémonie, suivant le pouvoir qu'il nous en avait donné, et, à la seconde, a été imposé le nom de Claude, par dom Bernard Nahé, religieux, prieur de ladite abbaye, et dame Claudette Frontin, épouse de M. Chartan, conseiller du roy, officier au grénier à sel d'Épernay, et eschevin de laditte ville, et, à la troisième, a été imposé le nom de Françoise, par M. Philippe Déniset, conseiller du roy, subdélégué au département d'Épernay, et dame Françoise Bertin, épouse de M. Philippe Collet, conseiller du roy, son procureur au baillage d'Épernay.

En foi de quoy lesdits sieurs et dames cy-dessus nommés ont signé avec nous.

Signé : CHEUREL, *curé*; Dom BERNARD NAHÉ ; CLAUDETTE FRONTIN ; FRANÇOISE BERTIN ; DÉNISET.

En parcourant les registres de la mairie d'Hautvillers, nous avons remarqué qu'en 1723, la population de cette commune était, ou devait être, au moins beaucoup plus forte qu'aujourd'hui ; nous y trouvons cent-vingt-neuf actes de baptêmes, de mariages et d'enterrements pour cette seule année, tandis que maintenant la moyenne des actes de baptêmes, mariages et enterrements, ne dépasse pas soixante-cinq. Et si, aujourd'hui, la population (1880) est d'environ neuf cents habitants, combien devait-il donc en avoir en 1723. Quand cette année aurait été exceptionnelle, quoique d'ailleurs il n'ait pas été question d'épidémie ou autre mortalité, la population était au moins de onze à douze cents habitants. Cependant, les hameaux habités autrefois, comme : les Noëls, les Lhuys, les Auges, les Fotiaux, les Masures, les Essarts, n'existaient déjà plus.

En parlant des hameaux d'Hautvillers, qui augmentaient notablement la population de cet endroit, nous ne les connaissons pour ainsi dire qu'en souvenir. Le hameau, dit des Fotiaux, était situé auprès du chemin qui monte au bois de Romery ; c'est de cet endroit que part la source qui alimente encore aujourd'hui, comme autrefois le monastère, toute la propriété de M. Chandon de Briailles.

Le hameau des Auges était situé au bout du parc actuel de M. Chandon de Briailles, près de l'ancienne tour du Moulin, en descendant vers le chemin de Cumières ; on y a trouvé les restes d'un four en 1868.

Les Noëls, à l'extrémité du terroir d'Hautvillers, sous le bois de Saint-Mars, en allant sur Cumières.

Les Masures étaient à côté de l'étang des Essarts. Il y avait aux Masures un petit château fort dont on voit encore très bien les fossés qui l'environnaient.

Les Essarts, petite ferme tenue encore, en 1620, par un nommé Bayot Thomas, de Champillon.

Le Champ-du-Gué, près de la route d'Hautvillers à Épernay, et bordant le lieudit : *Les Maladries*.

Les prés Jaumés, à côté de l'endroit qu'on appelle encore aujourd'hui : *Les Prés-Jaumés*, se trouvaient plusieurs maisons en venant sur Hautvillers. Il y a quelques années, dans une des dernières vignes, près de ce terrain communal, on a trouvé un four assez bien conservé dans lequel se trouvait encore un fourgon en fer.

Procès à l'occasion des écrevisses de Festigny
(1723)

Vers la même époque, les religieux d'Hautvillers se voyaient encore obligés d'appeler les rigueurs de la justice sur plusieurs habitants de Festigny. En leur qualité de seigneurs temporels du lieu, eux seuls avaient le droit de pêcher dans le ruisseau qui coule en cette paroisse, et ce ruisseau était fort abondant en écrevisses, comme le savaient très bien les gens de la localité. Aussi, souvent des amateurs clandestins s'échappaient à les y aller pêcher. Nul doute que les religieux ne sussent tirer profit du grand nombre de ces intéressants crustacés, et, comme après tout, c'était leur propriété incontestable, on ne peut les blâmer d'avoir songé enfin à réprimer de trop fréquents délits. Malheureusement, le premier qui fut trouvé en fraude et dut subir les conséquences d'un procès, c'était le curé même de Festigny ; probablement que le bon vieillard se croyait la chose permise, ou supposait au moins une permission tacite des religieux ; l'ordre d'une surveillance plus attentive avait été donné, soit un peu par malice, ou autrement, le garde préposé au ruisseau a fait son procès ; de là une amende qui, sans doute, contrebalançait d'une manière assez fâcheuse le plaisir d'avoir à sa table quelques douzaines d'écrevisses. La *Chronique* ne nous dit pas si ce pauvre pasteur cessa depuis lors d'aimer ces jolies polipèdes, apparemment qu'il les eût voulu un peu moins épicées. Cette répression exemplaire, infligée au chef du troupeau, n'eut pas, toutefois, la force de contenir les ouailles dans le devoir, et plus d'une fois encore les religieux eurent à sévir contre les nouveaux délinquants. En 1729, le 20 juin, procédure contre Louis Petit, habitant de La Neuville-les-Festigny, pour avoir été pêcher des écrevisses. En 1754, procédure à la requête des religieux contre François Gobaille, meunier de Nesle, pour avoir été pêcher des écrevisses dans le ruisseau. Par sentence, rendue en la maîtrise de Crécy, il fut condamné à 20 livres d'amende envers le roy et à 6 livres de restitution envers les religieux, et à 7 livres 10 sols de dépens. En 1758, le 15 avril, arrêt de la table de marbre, rendu contre Claude Palbrois, cabaretier à Igny-le-Jard, et Antoine Dubourg, maistre d'école dudit lieu, pour avoir pêché des écrevisses.

Qu'on nous permette une courte et simple réflexion, en terminant cet article. Nous ne doutons nullement qu'au tribunal du vulgaire philanthrope de nos jours, de pareilles poursuites, et pour des matières si légères, ne soient taxées d'abus de pouvoir et d'aveugles intolérances, et pourquoi ? Parce qu'il s'agit de moines. Est-ce que nos petits propriétaires actuels sont plus indulgents, ou moins tenaces, quant au droit de chasse et autres petites licences sur leurs parcelles de terre ? Quand il en sera autrement, nous prenons avec eux l'engagement de jeter aussi la pierre aux religieux. Ne pas soutenir ses droits, c'est souvent faire acte de faiblesse et donner lieu à de graves infractions.

Différend entre les religieux d'Hautvillers et M. Jean-Louis Cyr de Lantage, de Festigny.

Quelques années après, en 1761, il y eut, entre les religieux d'Hautvillers et un notable de Festigny, un combat de fief ; comme cela peut intéresser le lecteur, nous en reproduisons ici un mémoire rédigé à cette occasion et imprimé à Paris, chez la veuve Brunet, rue Basse-des-Ursins, 1761 :

Mémoire pour les prieur et religieux de l'abbaye d'Hautvillers, ordre de Saint-Benoît, congrégation de Saint-Vannes, demandeurs et deffendeurs.

Contre messire Jean-Louis Cyr de Lantage, chevalier, ancien lieutenant-colonel de cavalerie, et dame Anne-Françoise de Saint-Eulien, son épouse, deffendeurs.

En présence de Pierre-Louis-Nicolas de Muélon, conseiller-secrétaire du roi, seigneur de Saint-Martin-d'Amblois et autres lieux, intervenant.

Les religieux d'Hautvillers sont-ils seigneurs de la Chapelle-les-Festigny ? La haute justice est-elle attachée à leur seigneurie ? S'étend-elle sur le hameau du Vivier, et sur une partie de Neuville ? Voilà les questions sur lesquelles le conseil a à prononcer.

Il est d'autant plus étonnant que les sieur et dame de Lantage fassent de ces questions la matière d'un problème, qu'ils se reconnaissent vassaux de la seigneurie, qu'ils contestent par le payement annuel du tribut censuel. Ils sont d'ailleurs les témoins de la haute justice dont ils osent révoquer en doute l'existence ; en sorte qu'ils plaident évidemment contre leurs propres titres, contre leur connaissance personnelle et contre la notoriété publique.

Le sieur de Muélon ne refuse aux religieux, ni la qualité de seigneurs de la Chapelle, ni de celle de hauts justiciers sur toutes les dépendances de leur terre. Il n'est intervenu que pour obliger la dame de Lantage à se renfermer dans les bornes étroites du petit fief qui lui appartient, et s'opposer à l'usurpation qu'elle veut faire de la directe universelle.

La contestation qui divise les religieux et les sieur et dame de Lantage n'intéresse donc en aucune manière le sieur de Muélon. Elle a pour objet un combat de fief et de justice qui annonce nécessairement une discussion toujours fastidieuse de titres et de pièces ; mais, dans le compte que nous nous trouvons forcés d'en rendre, nous espérons réduire l'affaire au point de clarté et de précision dont elle peut être susceptible.

La paroisse de Festigny est divisée en plusieurs territoires qui, réunis, renferment environ quatre lieues de circonférence.

Elle comprend le village de Festigny, et les hameaux de la Nonelle, du Mesnil-Hugué, de Neuville, du Vivier, de la Rue et de la Chapelle.

La dame de Lantage prétend être dame du village de Festigny, et, suivant le sieur de Muélon, elle n'y possède qu'un petit fief servant et relevant de lui, à cause de sa seigneurie de Saint-Martin-d'Amblois.

Il a la directe et haute justice sur la plupart des maisons de ce village, d'autres sont reportées en censive dans les terriers des religieux.

Le hameau de la Nonelle appartient au sieur de Muélon à cause de la seigneurie de Saint-Martin-d'Amblois.

Celui du Mesnil-Hugué est encore une dépendance de Saint-Martin, pour moitié, et des seigneuries de Dœuilly et Luvrigny, pour l'autre moitié.

La comtesse de Montrevelle est dame, pour moitié, du hameau de Neuville, et les religieux d'Hautvillers, seigneurs de l'autre moitié.

Les hameaux du Vivier, de la Rue et de la Chapelle, avec la moitié de celui de Neuville, composent une seule et même seigneurie, avec haute, moyenne et basse justice, connue sous le nom de *Terre et Seigneurie de la Chapelle-les-Festigny*, et appartenant aux religieux.

La dame de Lantage est la première qui ait osé contester l'existence de cette seigneurie et de cette justice ; on verra, par la suite, qu'elle a été reconnue par tous ses prédécesseurs ; elle l'a été par elle-même aussitôt qu'elle est devenue propriétaire du fief qu'elle possède dans Festigny.

Il fut question, en 1758, de prévenir les difficultés qui pouvoient s'élever entre elle et les religieux à l'occasion des terres de Festigny et de la Chapelle ; et, à cet effet, de déterminer les limites de ces deux seigneuries et de leurs justices.

On choisit la voye de l'arbitrage ; on passa un compromis.

Il est dit, dans cet acte, que sur les contestations pendantes « entre les religieux et les sieur et dame de Lantage, sur les droits respectivement prétendus par les parties, savoir : de la part des religieux, comme seigneurs fonciers, hauts, moyens et bas justiciers de la Chapelle, et par les sieur et dame de Lantage, en qualité de seigneurs fonciers et hauts justiciers de Festigny, pour éviter le procès considérable auquel cette discussion pourroit donner lieu, les parties s'en rapportent à la décision de deux arbitres qu'elles nomment, auxquels elles donnent pouvoir de régler tous les droits qui peuvent compéter aux religieux, à cause de leur terre de la Chapelle, même les censives surcens et rentes foncières par eux prétendus, distinguer les droits et objets dépendants de la seigneurie de Festigny, et les cens et redevances qui y sont attachés, planter des bornes séparatives des deux territoires, de manière que chacune des parties puisse connaître ce qui lui appartient, et qu'il ne s'élève entre elles et leurs successeurs aucune difficulté. »

Cet acte n'est ni obscur ni équivoque ; les religieux n'agissent que comme seigneurs fonciers, hauts, moyens et bas justiciers de la Chapelle ; ils prennent cette qualité dans un écrit passé contradictoirement avec les sieur et dame de Lantage qui ne font ni protestations ni réserves; la mission des arbitres ne consiste pas à examiner et à juger s'il y a une seigneurie et une haute justice à la Chapelle, les religieux n'eussent jamais mis en compromis une vérité aussi constante et aussi publique. Le pouvoir de ces arbitres est uniquement restreint à régler les droits des religieux, comme seigneurs de la Chapelle et ceux des sieur et dame de Lantage, comme seigneurs de Festigny, à déterminer l'étendue des directes de ces seigneuries, à en marquer les bornes d'une manière sûre et irrévocable; après une reconnaissance aussi précise, n'est-ce pas afficher le pirrhonisme que de douter encore que les religieux soient seigneurs de la Chapelle?

En exécution de ce compromis, les parties produisirent leurs titres. Celui dans lequel les sieur et dame de Lantage sembloient avoir placé toute leur confiance, étoit le décret volontaire qu'ils ont poursuivi sur l'acquisition par eux faite de la seigneurie du village de Festigny. Ils prétendirent qu'étant seigneurs du lieu dont la paroisse porte le nom, et le décret leur adjugeant la haute, moyenne et basse justice sur Festigny, *appartenances* et *dépendances*, ces derniers termes devoient s'entendre de tous les hameaux et de tous les fiefs qui y sont situés, parce que ces hameaux sont des *appartenances* et des *dépendances* de la paroisse de Festigny.

On répondit que cet argument n'était qu'un sophisme absurde et ridicule; que par ces termes de l'adjudication: *la terre et haute justice de Festigny, ses appartenances et dépendances*, le décret ne leur avoit pas accordé plus de droit que leur en avoit transmis leur contrat d'acquisition avec lequel ce décret ne formoit qu'un seul et même titre, que la vente qu'avoit faite le sieur Demorsin n'avoit transféré à l'acquéreur que les droits de seigneurie et de justice qu'avoient le sieur Demorsin lui-même, qui n'avoit jamais prétendu ni directe, ni justice sur aucun des hameaux de la paroisse.

Que les sieur et dame de Lantage affectoient de confondre la seigneurie du nom du village avec celle de l'universalité de la paroisse, que le décret établissoit à la vérité qu'ils étoient seigneurs du village et de toutes les appartenances et dépendances de la seigneurie de ce village, mais qu'il ne leur donnoit ni jurisdiction ni autorité sur aucun des hameaux qui faisoient partie de la paroisse.

Que cela n'eut pas même été possible, parce que cette paroisse est divisée en plusieurs territoires qui ont chacun leur seigneurie et leur justice particulière. Que la terre de la Chapelle n'a rien de commun avec celle de Festigny et qu'elle y est aussi étrangère que le sont les seigneuries et justices de la Nonelle, sur lesquelles les sieur et dame de Lantage n'oseroient élever aucunes prétentions quoique ces hameaux fussent des appartenances et dépendances de la même seigneurie.

Hors d'état de répliquer à des moyens aussi victorieux, les sieur et dame de Lantage ne furent plus occupés que du soin de rompre un arbitrage dont le succès ne pouvoit leur être favorable. Un événement leur en fournit le prétexte.

Le nommé Jacques Allard, qui étoit domicilié au hameau du Vivier, décéda au mois de mai 1758. Ce hameau avoit toujours fait partie de la seigneurie et de la haute justice de la Chapelle et les religieux n'avoient à cet égard éprouvé aucune contestation. Leurs officiers apposèrent les scellés sur les effets de ce particulier. Les sieur et dame de Lantage saisirent cette occasion et ordonnèrent à leurs officiers de Festigny de croiser ces scellés. Ceux-ci, qui ne pouvoient se dissimuler l'injustice de cette entreprise et qui savoient qu'ils n'avoient ni droit ni autorité sur les habitans du hameau du Vivier, obéirent, mais ils ne consentirent à croiser ces scellés qu'après avoir pris la précaution de se munir d'un billet d'indemnité que leur donna la dame de Lantage; car il est bon d'observer que c'est elle seule qui est l'âme et le mobile de toute cette affaire. Cet acte d'hostilité, dans un temps où les parties étaient en voye de conciliation, obligea les religieux à en venir à l'action.

En vertu des lettres-patentes portant évocation générale au conseil, accordées à leur congrégation, ils ont, le 26 décembre 1758, fait assigner les sieur et dame de Lantage et ont conclu contre eux à ce que defenses leur fussent faites de ne plus, à l'avenir, les troubler dans l'exercice de leur haute justice sur leurs vassaux, domiciliés au hameau du Vivier, et pour le trouble à eux causé par les sieur et dame de Lantage, en faisant par leurs officiers croiser les scellés apposés par les juges de la Chapelle sur les effets du nommé Allard, qu'ils seront condamnés en tels dommages-intérêts qu'il plaira au conseil des arbitres.

Les sieur et dame de Lantage ont fourni de defenses et ont prétendu qu'étant seigneurs de la paroisse de Festigny, ils avoient la justice et la directe universelle sur les habitans et sur tous les héritages qui la composoient, que pour les priver de ces droits il falloit les titres les plus clairs et les plus précis, tels qu'une inféodation et un acte de concession de justice, que les religieux n'en représentent pas, que, par conséquent, ils se plaignent mal à propos d'avoir été troublés dans l'exercice d'une fonction qui n'appartient qu'aux officiers du seigneur qui a la grande main.

Ils ont ajouté que quand les religieux prouveroient qu'ils eussent un ou plusieurs fiefs dans la paroisse, la police générale dans toute l'étendue de ces fiefs, tant sur les hommes que sur les biens, appartiendroit toujours à leurs officiers, que c'est ce que reconnaissent les seigneurs de la Nonelle, du Mesnil-Hugué et de Neuville, qui, quoique la haute justice soit attachée à leurs seigneuries, ne contestent cependant pas aux officiers de Festigny l'exercice de la police sur leur territoire.

Cette défense n'est fondée que sur un fait absolument faux. La chimère favorite de la dame de Lantage est de se croire dame de toute la paroisse de Festigny, tandis qu'elle ne l'est pas de la douzième partie ; elle eût donc dû commencer par justifier d'une qualité que tout le monde lui dénie.

Nous l'avons déjà dit et nous le répétons, elle possède seulement un fief dans le village de Festigny, elle est peut-être dame du fond sur lequel est construite l'église paroissiale, c'est ce que nous ignorons ; mais ce qu'il y a de très constant, c'est que son fief est renfermé dans les bornes les plus étroites, qu'il ne s'étend que jusqu'au ruisseau exclusivement, et qu'elle n'a ni directe, ni justice, sur aucun des hameaux que renferme la paroisse.

Elle convient que les seigneurs de la Nonelle, du Mesnil-Hugué et de Neuville ont la haute, moyenne et basse justice attachée à leurs fiefs, qu'elle n'est propriétaire ni de ces fiefs ni de ces justices ; comment après cet aveu ose-t-elle soutenir qu'elle a la grande main, la police générale sur ces hameaux et sur toute la paroisse ? Le haut justicier a seul dans son territoire l'exercice de la puissance publique et la police générale. Il n'a de lois à recevoir, ni d'autres règlements à suivre, que ceux qui sont émanés de ses juges supérieurs ou des cours souveraines. La haute justice de Festigny ne s'étendant pas au-delà du village, les officiers de la dame de Lantage n'ont ni pouvoir, ni caractère, ni fonctions sur les habitants et sur les biens des hameaux de la paroisse.

C'est manquer à l'exactitude que d'avancer que les seigneurs de la Nonelle, du Mesnil-Hugué et de Neuville, ne disputent pas aux officiers de Festigny la police générale sur ces terres. Aucun d'eux ne souffrirait que ces officiers y fissent la plus légère fonction.

Le sieur de Muélon, justement alarmé de la proposition de la dame de Lantage, est intervenu pour désavouer le fait qu'elle a hasardé. Non-seulement il la soutient sans aucun droit, sans autorité sur les seigneuries de la Nonelle et du Mesnil-Hugué ; il prétend même qu'elle n'a la justice que sur une partie des maisons du village et que la très majeure partie est dans sa directe.

Dans d'autres écritures, la dame de Lantage, après avoir répété ce qu'elle avoit dit dans ses premières défenses, a fabriqué un roman sur l'origine de la seigneurie de la Chapelle, roman qui choque également et la vérité et la vraisemblance. Elle fait remonter l'établissement de cette seigneurie au huit ou neuvième siècle ; ainsi, suivant elle, elle subsiste depuis plus de neuf cents ans, et cependant elle en nie l'existence. Elle prétend que les religieux ont profité des ravages que firent les Anglois et les Normands, sous le règne de Charles VII, pour se former un territoire et se faire passer des déclarations, qu'ils ne s'occupèrent que du soin d'agrandir leur patrimoine et d'usurper la justice. Elle n'a pour garant de ces faits que son imagination, et dans ces mêmes écritures elle représente ces religieux comme de pieux cénobites, qui édifioient les peuples par leur désintéressement et la régularité de leur conduite.

Enfin, ce qui est inconciliable avec son système, c'est qu'elle fixe elle-même l'époque de la seigneurie et de la justice sous le règne de Charles VII. Elles se sont perpétuées l'une et l'autre jusqu'à présent sans contradiction, et néanmoins elle conclut à ce que les religieux soient déclarés non recevables dans leur demande en complainte, sous prétexte qu'ils n'ont ni seigneurie ni justice.

Cette prétention a donné lieu à une nouvelle requête de la part des religieux, par laquelle ils ont demandé qu'en augmentant aux conclusions par eux prises, ils fussent maintenus dans le droit de possession de se dire et qualifier seigneurs, hauts, moyens et bas justiciers de la terre et seigneurie de la Chapelle-les-Festigny, et de faire exercer par leurs officiers la haute justice dans les lieux dépendants de cette seigneurie, notamment sur le hameau du Vivier, avec défenses aux sieur et dame de Lantage de la troubler.

Sur ces demandes respectives, les parties ont été appointées en droit par arrêt du 27 avril 1759.

Pendant l'instruction de cet appointement, les religieux ont éprouvé un nouveau trouble de la part des sieur et dame de Lantage.

Nous avons observé cy-devant que le hameau de Neuville dépendait de la terre de la Chapelle pour moitié, et que l'autre moitié appartenoit à la comtesse de Montrevelle.

Le nommé Cornet, habitant de ce hameau et domicilié dans la partie qui est enclavée dans la seigneurie des religieux, décéda au mois de janvier 1760.

Le juge de la Chapelle apposa les scellés sur ses effets et quelques jours après la dame de Lantage fit croiser ces scellés par ses officiers.

Les religieux se sont plaints de cette seconde entreprise et ont intenté une nouvelle demande en trouble et dommages-intérêts contre les sieur et dame de Lantage.

Cette demande a été appointée en droit et jointe à la première instance par arrêt du 6 décembre 1760.

Le sieur de Muélon, informé que les sieur et dame de Lantage vouloient s'arroger la grande main, et la police générale sur tout le territoire de la paroisse de Festigny, a donné sa requête par laquelle il a demandé à être reçu partie intervenante, faisant droit sur son intervention, d'être maintenu en qualité de seigneur de Saint-Martin-d'Amblois, la Nonelle et le Mesnil-Hugué, dans le droit de haute, moyenne et basse justice et directe seigneurie sur les maisons, terres et héritages, situés en la paroisse de Festigny, relevant de ces fiefs; avec défenses aux sieur et dame de Lantage de l'y troubler et d'y faire exercer la justice par leurs officiers.

Sur cette requête, arrêt qui reçoit le sieur de Muélon partie intervenante, et pour faire droit sur son intervention, appointe en droit et joint aux contestations d'entre les religieux et les sieur et dame de Lantage.

Les religieux n'entreront dans aucune discussion relativement à cette intervention. Quoique parties dans ce dernier appointement, la demande qui en fait l'objet ne les concerne pas. Le sieur de Muélon ne leur conteste ni la seigneurie ni la haute justice de la Chapelle, ni l'exercice de cette justice sur le hameau du Vivier et sur la moitié de celui de Neuville. De leur côté ils ne réclament rien dans la directe et la justice qui appartient au sieur de Muélon, comme seigneur de Saint-Martin-d'Amblois, sur les hameaux de la Nonelle et du Mesnil-Hugué. Le sieur de Muélon ne prend des conclusions que contre les entreprises des sieur et dame de Lantage. C'est donc à eux à y défendre. Par rapport aux religieux, ce qui les intéresse uniquement est de prouver que les officiers de Festigny étoient sans droit, sans caractère et sans pouvoir pour croiser les scellés apposés par les juges des religieux, que les sieur et dame de Lantage n'ont ni directe, ni justice sur les hameaux du Vivier et de Neuville. Pour ne laisser aucun doute sur ces vérités, les religieux établiront les trois propositions qu'ils ont annoncées en commençant.

La première, il existe une seigneurie à la Chapelle-les-Festigny, totalement étrangère à celle du village.

La seconde, à cette seigneurie est attachée la haute, moyenne et basse justice.

La troisième, cette haute justice s'étend sur le hameau du Vivier et sur la moitié de celui de Neuville, singulièrement sur les maisons des particuliers, sur les effets desquels les juges de la Chapelle ont apposé leurs scellés, que les sieur et dame de Lantage ont fait croiser par leurs officiers.

Première Proposition :

Il existe une seigneurie à la Chapelle-les-Festigny, totalement indépendante de celle du village de Festigny.

Les religieux d'Hautvillers n'ont pas voulu charger l'instance d'une immensité de pièces, pour démontrer l'existence de cette seigneurie; ils se sont contentés de produire des titres qui sont d'autant moins susceptibles d'être contredits, que la plupart sont émanés des seigneurs de Festigny, prédécesseurs des sieur et dame de Lantage, ou sont contradictoires avec eux.

Le premier de ces titres est de l'année 1548, ce sont des lettres accordées à l'abbé d'Hautvillers, pour la rénovation d'un terrier, parce que les anciens titres avaient été perdus durant les guerres. Ces lettres furent publiées au-devant de l'église paroissiale de Festigny et dans les villages circonvoisins. Le procès-verbal de l'huissier porte qu'une de ces publications a été faite en présence du maire de la Chapelle. Les déclarations des censitaires ont été passées dans la maison presbytérale de Festigny ; on a joint à la production une de ces déclarations, dans laquelle le censitaire reconnoît que les héritages qu'il possède sont dans la haute justice de l'abbé d'Hautvillers, et chargés envers lui de cens, lods et ventes.

Il y a donc une seigneurie à la Chapelle, puisque, dès 1548, on a permis d'en renouveler le terrier, il y avait, dès lors, une haute justice, puisque les censitaires l'attestent, et qu'il y avoit un maire ; les seigneurs du village de Festigny ne contestoient ni cette seigneurie, ni cette justice, puisqu'ils ne se sont opposés ni à la publication des lettres ni à la confection du terrier.

Un édit de 1547 avoit enjoint à tous les ecclésiastiques, et gens de mainmorte, de faire des déclarations du temporel de leurs bénéfices. L'abbé d'Hautvillers, en exécution de cet édit, fournit la sienne en la chambre des comptes en 1549. L'article qui concerne Festigny y est conçu en ces termes :

« *Item*, à laditte abbaye (d'Hautvillers), en la paroisse de Festigny, diocèse de Soissons, une terre et seigneurie appelée : *La Chapelle*, en laquelle elle a tout droit de justice, haute, moyenne et basse, avec maire, greffier et autres officiers pour l'exercice de laditte justice.

« *Item*, à cause d'icelle seigneurie, y a censives en argent...

« *Item*, audit lieu et paroisse, est la cense nommée la Chapelle qui est le lieu seigneurial de laditte Chapelle, etc. »

Les religieux ont joint à cette déclaration des cueillerets des années 1632, 1638, 1644, 1650, 1656, 1661 et 1662, contenant le détail d'une partie des censitaires de la seigneurie.

Ils ont produit un contrat d'aliénation d'une place, sur laquelle étoit autrefois un moulin, dépendant de la terre de la Chapelle, et de sept quartiers d'héritage ; cette aliénation faite, en 1647, à un sieur Nacquart, bisaïeul de la dame de Lantage, moyennant une rente seigneuriale de 100 sols et 12 deniers de cens.

Un bail passé en 1657, au même sieur Nacquart, de la terre et seigneurie de la Chapelle-les-Festigny, des cens, surcens, lods et ventes et autres droits et devoirs seigneuriaux ; bail qui a été renouvelé successivement et continué jusqu'en 1677.

Avant 1663, les religieux d'Hautvillers n'étoient que simples pensionnaires ; ils demandèrent alors un partage des biens de l'abbaye, il y fut procédé en vertu d'un arrêt du conseil, et dans le lot qui leur échut furent compris les biens situés dans la paroisse de Festigny, sous la dénomination de la terre et seigneurie de Festigny. Pour en connaître l'étendue, ils obtinrent, en 1665, des lettres de terrier qui furent publiées par quatre dimanches consécutifs à la porte de l'église de Festigny, et le terrier fut fait sans aucune opposition de la part des seigneurs.

En 1675, ils se pourvurent contre l'aliénation que leur abbé avoit fait, en 1647, de la place du Moulin et des sept quartiers de terres en dépendant, et demandèrent contre le sieur de La Rouerre, qui les possédoit, la réunion à leur domaine de cette place, et une reconnoissance des héritages qu'il tenoit en censive.

Voici quelle fut la défense de ce sieur de La Rouerre, qui étoit seigneur du village de Festigny :

« Il offre bailler la déclaration de ses héritages qui sont en la censive des sieurs demandeurs (les religieux d'Hautvillers), de leur terre et seigneurie de la Chapelle-les-Festigny, en lui accordant un délai de trois mois pour recouvrer ses titres. »

Sur l'objet de la réunion de la place des sept quartiers de terre, les parties transigèrent en 1676 ; les religieux consentirent que le sieur de La Rouerre demeurât propriétaire de ces héritages en payant par lui, annuellement, 10 livres de surcens perpétuel, au lieu de 100 sols portés au bail de 1647. Les sieur et dame de Lantage acquittent encore actuellement ce surcens qui est seigneurial et cependant ils soutiennent qu'il n'y a pas de seigneurie.

La terre de Festigny fut saisie réellement sur ce sieur de La Rouerre en 1681. Elle fut adjugée, en 1687, moyennant 10,100 livres, au sieur Blondeau ; celui-ci laissa une fille qui épousa le sieur Nacquart, qui est le père ou l'aïeul de la dame de Lantage, qui n'est dame de Festigny que comme fille ou petite-fille de la demoiselle Blondeau. Or, ce sieur Nacquart a reconnu dans toutes les occasions la qualité que sa fille conteste aux religieux.

Le 21 septembre 1687, il passa, à un nommé Charon, un bail à rente d'une pièce de terre qui est dite située dans la seigneurie de la Chapelle-les-Festigny, et chargea les acquéreurs de payer aux religieux les cens et droits seigneuriaux. En 1692, bail à loyer de la ferme de Belair, à condition par les fermiers de payer les cens et droits seigneuriaux envers les seigneurs de la Chapelle-les-Festigny. Renouvellement du même bail, en 1698, aux mêmes conditions.

Transaction, en 1699, entre le même sieur Nacquart, seigneur de Festigny, et le procureur conventuel de l'abbaye d'Hautvillers pour régler les cens et redevances dont le sieur Nacquart étoit tenu en qualité d'héritier, à cause de sa femme, du sieur Blondeau, et comme tel détempteur de biens situés dans la mouvance de la seigneurie de la Chapelle.

Par cette transaction le sieur Nacquart s'oblige à payer aux religieux, comme seigneurs de la Chapelle : 1º Pour le moulin sis au Vivier, le cours d'eau de ce moulin et les terres en dépendant, 40 sols 9 deniers de cens. 2º 15 sols pour le cens de trente arpens de terres, provenant du sieur de La Rouerre. 3º 10 sols pour le cens de vingt arpens, acquis par le sieur Blondeau de la demoiselle Savart. 4º 10 livres pour le surcens des terres et emplacement appelé : le Bas-Moulin (ces terres et place sont celles énoncées dans le bail à cens de 1647 et en la transaction de 1676). 5º Il se soumet de payer les cens ordinaires de la ferme de Belair. 6º Pour demeurer quitte des prestations de six bichets de bled et deux poules par an, il promet payer 4 livres 18 sols annuellement. Enfin, il paye 125 livres pour les lods et ventes de l'acquisition que le sieur Blondeau avoit faite des héritages qui appartenoient à la demoiselle Savart.

Ventes faites au sieur Nacquart, par le nommé Gardemal et les héritiers Collot, les 22 février et 25 avril 1703, de différens héritages annoncés comme situés dans la seigneurie de la Chapelle, à la charge par l'acquéreur de payer les cens ordinaires auxdits seigneurs de la Chapelle.

Après des titres aussi lumineux et aussi multipliés, n'y a-t-il pas un excès d'aveuglement à révoquer en doute l'existence de la seigneurie de la Chapelle ? Elle est attestée par tous les seigneurs de Festigny, prédécesseurs de la dame de Lantage. Elle l'est par le silence qu'ils ont gardé sur la publication et la formation des terriers de 1549 et 1665. Elle l'est par le sieur de La Rouerre, qui a offert de passer déclaration à l'un de ces terriers. Elle l'est par le sieur Nacquart, père ou aïeul de la dame de Lantage, qui, par la transaction de 1699, y stipule comme censitaire de cette seigneurie, qui, par les contrats d'acquisitions qu'il a faites, s'est soumis à payer les droits seigneuriaux

aux religieux, et qui n'a affermé les héritages qu'il possédoit sur le territoire de la Chapelle, qu'à condition d'acquitter les cens.

Il y a plus, elle est reconnue par les sieur et dame de Lantage eux-mêmes. Elle l'est par la qualité qu'ils ont donnée aux religieux dans le compromis de *seigneurs fonciers,* hauts, moyens et bas justiciers de la Chapelle, par l'aveu qu'ils ont fait dans leur première défense, que l'époque de cette seigneurie remontait au huit ou neuvième siècle, elle l'est encore d'une manière plus précise dans leur addition de production, dans laquelle ils qualifient eux-mêmes les religieux de *seigneurs de la Chapelle-les-Festigny.* Que penser après ces aveux et ces reconnaissances de la désignation, que leur arbitre leur a inspiré de faire, et dans laquelle ils s'obstinent ? N'est-elle pas aussi indécente que de mauvaise foi ?

Non-seulement il existe à la Chapelle une seigneurie totalement distincte de celle du village de Festigny ; mais à cette seigneurie est attachée la haute, moyenne et basse justice ; c'est la seconde vérité que nous nous sommes proposés d'établir.

Seconde Proposition :

La seigneurie de la Chapelle a haute, moyenne et basse justice.

Nous avons déjà rapporté les preuves de cette haute justice. On a vu que le procès-verbal de publication des lettres, pour la confection du terrier de 1549, portoit qu'une de ces publications avoit été faite en présence du maire de la Chapelle. Qu'un des censitaires avoit reconnu que les héritages dont il étoit détempteur, étoient situés dans la seigneurie et haute justice de la Chapelle ; et que dans la déclaration fournie par l'abbé d'Hautvillers, à la chambre des comptes en 1549, cette haute justice avec le droit d'instituer un maire, un greffier et autres officiers, y sont compris comme un attribut et une prérogative inhérente à la seigneurie de la Chapelle.

Il nous reste à prouver la continuation de l'exercice de cette justice par la production des procédures qui y ont été instruites et des différens jugemens qui y ont été rendus. Nous nous contenterons de les indiquer, parce que ces pièces portent avec elles-mêmes leur induction.

Une liasse de procédures extraordinaires, commencées au

mois de septembre 1685 et suivies jusqu'en 1688, en la justice de la Chapelle, à la requête du procureur fiscal en icelle, contre des particuliers accusés de meurtre. On voit dans l'instruction que la veuve du sieur de La Rouerre, seigneur de Festigny, a été assignée comme témoin et a déposé dans l'information faite par le juge de la Chapelle.

Trois liasses de procédures intentées en 1686, 1687 et 1704, à la requête du procureur fiscal contre des particuliers, pour fait de chasse sur la terre de la Chapelle.

Une procédure faite en 1688 pour voies de fait et mauvais traitemens; cette procédure est composée de la plainte rendue au juge de la Chapelle, de l'assignation donnée aux témoins par l'huissier immatriculé en cette justice, de l'information des rapports des chirurgiens et des conclusions du procureur fiscal.

Un arrêt du parlement du 20 juin 1702, rendu sur l'appel interjeté par un particulier, d'une procédure extraordinaire poursuivie contre lui à la requête du procureur fiscal de la justice de la Chapelle, lequel arrêt a confirmé la sentence du juge de la Chapelle qui condamnoit l'accusé en neuf années de bannissement.

Sept sentences rendues en la même justice en 1672, 1677 et 1701, qui condamnent différens particuliers à exhiber leurs titres d'acquisition et payer le cens.

Quinze pièces composant la procédure faite contre un autre censitaire, pour représenter les contrats d'acquisitions faites par son père et le payement des droits, dans laquelle procédure sont des sentences du juge de la Chapelle, et une sentence du baillage royal de Châtillon, confirmative d'icelles.

Requête et procédures pour parvenir à l'élection d'un tuteur et au partage des biens d'une communauté.

Déclaration de grossesse faite par une fille devant le juge de la Chapelle en 1708, la procédure faite en conséquence en cette justice contre celui qu'elle supposoit être le père de l'enfant dont elle étoit enceinte.

Le roi, par une déclaration du 1er mai 1708, réunit aux hautes justices les offices de Gruyers, qu'il avoit créés par édit du mois de mars 1707. Cette réunion ne devoit s'opérer qu'en payant une finance. Les religieux d'Hautvillers, comme seigneurs de la Chapelle, furent taxés; ils produisent la quittance portant que la somme par eux payée est pour l'office de Gruyer, réuni à leur haute justice, moyenne et basse de la Chapelle-les-Festigny. Ils ont aussi joint à leur production, les premiers actes d'une procédure criminelle, intentée à la requête du procureur fiscal, contre une veuve et ses enfants, avec le décret d'assigné pour être ouï, décerné par le juge, et la signification de ce décret faite par l'huissier de la justice.

Les pièces d'une contestation entre les religieux d'une part et un particulier d'autre, contestation qui fut d'abord instruite en la justice de la Chapelle par appel au baillage de Châtillon et de ce baillage au parlement.

Trois sentences rendues par le juge de la Chapelle en 1724, 1726 et 1732, qui condamnent différens censitaires à payer des cens et des amendes, faute d'avoir représenté leurs contrats d'acquisition.

La procédure d'une instance de préférence, jugée en 1753, en la justice de la Chapelle, portée par appel au baillage de Châtillon, concernant la distribution du prix des meubles et l'adjudication des immeubles de la succession d'un particulier sur les effets duquel les scellés avoient été apposés, et l'inventaire des biens faits par les officiers de la Chapelle.

Deux rapports faits par les gardes de la Chapelle, et deux sentences rendues en la maitrise de Crécy, la première au mois de septembre 1748, qui condamne le nommé Fouquet, greffier de la justice du village de Festigny, en 10 livres d'amende envers le roi, et pareille somme de restitution envers les religieux, *seigneurs hauts justiciers de la Chapelle,* pour avoir pêché dans le ruisseau ; l'autre, du mois d'août 1749, qui condamne le garde-chasse du seigneur de Festigny, en 100 livres d'amende pour avoir chassé sur la terre de la Chapelle.

Une procédure contre une fille accusée d'avoir commis différens vols dans le hameau du Vivier. Cette procédure fut commencée par les officiers de la maréchaussée, mais le cas n'étant pas prévôtal, le procureur fiscal de la Chapelle revendiqua l'accusée. Le grand prévôt déféra à la revendication, la fille fut transférée dans les prisons de la Chapelle et son procès a été instruit et jugé par le juge qui a ordonné un plus ample informé.

On trouve encore, dans le registre du greffe de la Chapelle, une immensité d'actes de justice, tels que des adjudications de biens, des nominations de gardes et d'officiers, des procès-verbaux de visite et police des chemins, des appositions de scellés, inventaires, avis de parens, dations de tutelle et curatelle, partages et liquidations ; mais on a cru inutile de produire ces registres, les pièces dont on a rendu compte, et qui sont au procès, étant plus que suffisantes pour ne laisser aucun nuage sur la vérité de notre seconde proposition; nous ajouterons seulement que la dame de Lantage en administre elle-même de nouvelles preuves.

Elle a produit une sentence rendue en 1619; voici ce qui y donna lieu : le procureur fiscal de la Chapelle rendit plainte au juge de cette justice, contre des particuliers accusés d'un délit commis au grand moulin qui appartenoit aux religieux. Le procureur d'office de la justice du village de Festigny revendiqua l'affaire prétendant que le délit avait été fait dans l'étendue de sa seigneurie ; le receveur des religieux intervint, déclara qu'il ignoroit si ce moulin étoit dans l'enclave de la Chapelle ou du village parce qu'on ne lui avoit remis aucun titre, et il consentit que sans préjudicier aux intérêts ni aux droits des religieux l'affaire fut renvoyée en la justice de Festigny et ce renvoy fut ordonné ; la dame de Lantage conclut de cette sentence qu'il a donc été reconnu, par les officiers même de la Chapelle, que le grand moulin est dans la justice de Festigny.

On apperçoit aisément la fausseté de cette conséquence, puisque le renvoi n'a été ordonné qu'avec des modifications qui ont conservé tous les droits des religieux. Mais l'induction que présente naturellement cette sentence, et la seule qui soit relative à l'objet de l'instance, c'est qu'il y a donc une haute justice à la Chapelle, puisqu'il y a un procureur fiscal qui a rendu plainte de délits graves, et que cette plainte a été suivie d'une information faite par le juge de cette justice.

La dame de Lantage a encore produit dix pièces qui sont des nominations de gardes des vignes et de gardes des bestiaux. Que résulte-t-il de ces pièces ? On lit dans la plupart : 1° Que les juges qui ont institué ces gardes étoient en même temps juges de la Chapelle et du village de Festigny. 2° Que ces juges ont eu soin de distinguer les deux territoires, qu'ils ont enjoint aux gardes de ne pas les confondre et de déposer aux greffes de la Chapelle les rapports des délits qui seroient commis dans l'étendue de cette seigneurie, et au greffe de Festigny ceux qui concerneroient les délits faits dans les héritages dépendans de cette terre.

Il est donc démontré, d'après les pièces que la dame de Lantage administre, qu'il y a une justice à la Chapelle, qui n'a rien de commun avec celle du village de Festigny; il est également évident, d'après les titres que les religieux rapportent, que leur justice est une haute justice, puisque leurs juges connoissent de la police des chemins, des accusations pour meurtres, pour vol et autres crimes, qu'ils prononcent la peine du bannissement, des plus amplement informé, qu'on porte devant eux des instances de préférence, des distributions de prix d'immeubles entre des créanciers, qu'ils font des liquidations de communauté, des comptes et partages de succession.

De là, une conséquence sans réplique. Il est faux que la dame de Lantage soit dame de la paroisse de Festigny, qu'elle ait la grande main, la directe universelle, la police générale sur tous les hameaux qui composent cette paroisse; elle peut avoir une haute justice attachée à la seigneurie du village de Festigny, les religieux n'ont pas le droit de la lui contester; mais elle n'a ni la prévention, ni le droit de ressort sur la justice de la Chapelle, ni sur aucuns des hameaux qui en dépendent; elle n'a, par conséquent, ni supériorité, ni juridiction sur les habitans et sur les biens enclavés dans cette justice; ses juges sont sans qualité, sans caractère, sans fonction, au-delà du ruisseau qui fait la séparation des deux seigneuries.

Il nous reste à établir que la haute justice de la Chapelle s'étend sur le hameau du Vivier, sur la partie de celui de Neuville, qui est dans la seigneurie des religieux, et singulièrement sur les maisons dans lesquelles sont décédés les deux particuliers, sur les effets desquels ont été apposés, par les officiers de la Chapelle, les scellés que la dame de Lantage a fait croiser par son juge.

Troisième Proposition :

La haute justice de la Chapelle s'étend sur le hameau du Vivier et la partie de celui de Neuville dont les religieux sont seigneurs.

Les sieur et dame de Lantage ont produit un acte informe de l'année 1576, qu'ils qualifient de terrier de la seigneurie de Festigny. L'objet qu'ils se sont proposé par cette production a été de justifier leur directe universelle et leur haute justice dans toute l'étendue de la paroisse, et, par l'examen qu'on a fait de cette pièce, on a reconnu qu'elle atteste précisément tout le contraire ; il n'y est pas fait la plus légère mention des hameaux de la Nonelle, du Mesnil-Hugué, de la Chapelle, du Vivier et de Neuville ; on n'y trouve aucune déclaration des maisons qui y sont situées, ni des biens qui en dépendent. Le silence des titres mêmes des sieur et dame de Lantage, titres destinés à former le tableau de l'étendue de leur terre et des héritages qui en relèvent, n'est-il pas la démonstration la plus complète qu'ils n'ont ni seigneurie, ni justice, sur ces hameaux, puisqu'ils n'y possèdent ni directe, ni censives.

Mais les religieux ne sont pas réduits à ce premier moyen, qui opère en leur faveur une preuve négative ; leurs titres établissent également leur directe et leur justice sur toutes les dépendances de leur seigneurie de la Chapelle. Nous nous bornerons actuellement à ce qui regarde les hameaux du Vivier et de Neuville, parce qu'il n'est uniquement question que de ces hameaux, et, pour ne rien confondre, nous distinguerons ces deux hameaux et appliquerons à chacun d'eux les titres qui leur sont particuliers.

Hameau du Vivier.

On a observé que les religieux avoient fait renouveler le terrier de la Chapelle, en 1549 et 1665. Toutes les maisons qui existoient alors dans le hameau du Vivier y sont déclarées en censive, elles sont rapportées aux pages 232, 239, 267, 704, 714, 768, 804, 867, 923 et 1,021 du terrier de 1549, et aux pages 97, 172, 260, 271, 275, 294, 360, 391, 398 et 410 de celui de 1665, elles payent annuellement le cens ; par conséquent, point de difficulté sur la directe seigneurie sur ces maisons.

On a rapporté, dans l'établissement de la seconde proposition, une première preuve que ce hameau est dans l'enclave de la haute justice de la Chapelle ; c'est la procédure extraordinaire intentée contre une fille domiciliée au Vivier, accusée de différens vols commis dans ce lieu. Procédure dont l'instruction a été commencée par le grand prévôt de la maréchaussée, renvoyée sur la revendication du procureur fiscal en la justice de la Chapelle, où elle a été parachevée et jugée.

Les religieux ont produit encore des jugemens rendus en la justice de la Chapelle sur des contestations qui se sont élevées entre les habitans du Vivier, en 1723, 1728, 1733, 1734, 1743 et 1754. Ils réunissent donc, relativement à la seigneurie et à la justice, les titres et la possession. Ils ont ce double avantage singulièrement, sur la maison où est décédé Jacques Allard, sur les effets duquel les juges de la Chapelle ont apposé leurs scellés, que la dame de Lantage a fait croiser par ses officiers.

Les religieux avoient réuni à leur domaine cette maison et une place qui y joignit; ils la vendirent, en 1699, à un nommé François Rabian, à la charge d'un denier et d'un chapon vif en plumes pour la maison, et de deux deniers et deux poulets en plumes pour la place, le tout de cens et surcens par chaque année; ce contrat de bail à cens fait partie de leur production.

François Rabian a eu, entre autres enfans, Charles Rabian et une fille, qui a épousé Jacques Allard, et à laquelle a été transmise cette maison.

Dans le nombre des actes émanés de la justice de la Chapelle concernant le Vivier, on y trouve une plainte rendue au juge de la Chapelle, le 15 août 1728, contre Charles Rabian, demeurant au Vivier, accusé d'excès et de mauvais traitemens ; l'ordonnance qui permet d'informer et de faire visiter le blessé; la prestation de serment du chirurgien et son rapport au greffe de la Chapelle.

La fille de Rabian, qui avait épousé Jacques Allard, est décédée en 1743, laissant une fille mineure; il y a eu avis de parens qui a élu Jacques Allard pour tuteur de sa fille, et c'est le juge de la Chapelle qui a déféré cette tutelle; sa sentence est du 15 novembre 1743, et renfermée dans la liasse des jugemens dont on a parlé cy-dessus.

Ainsi, les religieux ont, en leur faveur, le silence que garde le terrier des sieur et dame de Lantage sur le hameau du Vivier. Ils ont, par leurs titres, la directe sur toutes les maisons et les héritages de ce hameau et singulièrement sur celle où est décédé Jacques Allard; leurs juges sont en possession de connaître des différens qui surviennent entre les habitans; ce sont eux qui ont instruit une procédure criminelle contre une fille accusée de vols. C'est pardevant eux qu'a été portée l'accusation intentée contre le fils de l'acquéreur de la maison dont il s'agit, et qui y avoit son domicile; ce sont eux qui ont déféré à Jacques Allard la tutelle de sa fille; l'apposition des scellés dans cette maison et sur les effets de ce Jacques Allard ne pouvoit donc appartenir qu'à ces mêmes juges, et, par une conséquence nécessaire, l'ordre que la dame de Lantage a donné à ses officiers de croiser les scellés est une usurpation sur la seigneurie et la justice des religieux, l'exécution de cet ordre de la part des officiers de Festigny est un trouble que le conseil ne peut se dispenser de réprimer.

Hameau de Neuville.

L'entreprise des mêmes officiers de Festigny, qui ont croisé les scellés apposés par les juges de la Chapelle, sur les effets du nommé Cornet, décédé dans ce hameau, n'est pas plus excusable.

1° Le terrier produit par les sieur et dame de Lantage ne donne ni directe, ni justice, au seigneur de Festigny, sur Neuville; il n'y est pas dit un mot de ce hameau.

2° Dans leurs premières écritures, ils sont expressément convenus que Neuville formait une seigneurie particulière qui avoit sa haute justice distincte et séparée de celle de Festigny.

3° Les terriers de 1549 et de 1665 placent une partie des maisons de ce hameau et des terres qui en dépendent, dans la mouvance et la justice de la seigneurie de la Chapelle, l'autre partie étant dans la censive de la comtesse de Montrevelle, qui est dame de Neuville pour moitié. Les maisons, qui sont dans la portion de seigneurie qui appartient aux religieux, sont rappellées pages 176, 324, 404, 628 et 789 du terrier de 1549, et aux pages 100, 205, 212, 312 et 368 du terrier de 1665, et ce que nous supplions le conseil de remarquer : c'est que dans ce dernier terrier la maison de Cornet est nommément déclarée à la page 100; la déclaration en a été faite par l'ayeul ou bisayeul de celui sur les effets duquel les scellés ont été apposés. Les religieux ont donc, incontestablement, la seigneurie directe sur ces maisons. Ils ont également la justice sur ceux qui les habitent; cette vérité résulte des pièces qui sont sous la cotte B de leur production nouvelle, dans lesquelles on trouve douze jugemens rendus par le juge de la Chapelle dans des causes qui concernent les habitans de Neuville, en 1722, 1728, 1730, 1731, 1732, 1733, 1735, 1736 et 1746, indépendamment de sept procès-verbaux d'apposition et levée de scellés, d'inventaires, d'avis de parens, dation de tutelles et curatelles, adjudications de biens de mineurs faites par les officiers de la Chapelle, en 1730, 1738, 1740, 1748 et 1751.

Ces officiers sont donc en possession de l'exercice de la

justice sur la partie de Neuville dont les religieux sont seigneurs; l'apposition des scellés qu'ils ont faite sur les effets du nommé Cornet, décédé dans cette partie de la seigneurie, est une suite de cette possession, et la témérité de la dame de Lantage, qui a fait croiser ces scellés, est d'autant plus répréhensible que c'est pour la première fois que ces juges ont osé risquer une pareille tentative, contre laquelle s'élève la reconnaissance qu'elle est obligée de faire, que le hameau de Neuville, comme ceux de Nonelle et du Mesnil-Hugué ont leur seigneurie et leur haute justice particulière.

Les sieur et dame de Lantage ont produit une immensité de pièces, mais il n'y en a pas une seule dans laquelle il soit fait mention du Vivier, en sorte que, relativement à ce hameau, ils sont sans titres et sans aucun acte de possession.

Ils rapportent, à la vérité, quelques sentences rendues entre des particuliers, habitans de Neuville. Mais, 1° ils ne justifient pas que leurs officiers se soient jamais transportés dans ce hameau et y ayent fait quelques actes de jurisdiction. Ils ne représentent ni procès-verbaux d'apposition et levée de scellés, ni expédition d'inventaire. 2° Ce ne sont pas quelques actes clandestins qui peuvent donner atteintes aux droits des religieux et ceux-ci ne cesseront pas d'être seigneurs hauts justiciers de Neuville, parce que quelques paysans de ce hameau auront consenti de plaider devant le juge de Festigny, quoiqu'il fut notoirement incompétent. 3° Ceux qui ont rendu ces sentences étoient en même temps juges de la Chapelle et de Festigny; ils avoient des provisions des religieux comme ils en avoient des seigneurs de Festigny; ce fait est constant, il est prouvé dans l'instance; il n'est donc pas étonnant que le juge de Festigny ait connu et prononcé sur des contestations qui n'intéressoient des vassaux et justiciables des religieux, puisqu'ils étoient juges de la Chapelle et de ses dépendances.

La production des sieur et dame de Lantage a deux motifs : le premier, de prouver qu'ils sont seigneurs de la paroisse, qu'ils ont la grande main, la directe universelle, la police générale sur tous les hameaux, parce que la nomination des messiers et des collecteurs s'est faite quelquefois devant le juge de Festiguy. Nous croyons avoir démontré l'absurdité de cette conséquence; les sieur et dame de Lantage avouent que les hameaux de la Nonelle, du Mesnil et de Neuville ont leur seigneurie et leur haute justice particulière. Donc le système de directe universelle et de police générale est une chimère, un délire, puisqu'il est certain qu'un haut justicier n'a ni jurisdiction, ni autorité sur les sujets d'une autre haute justice qui ne relève pas de lui.

Nulle induction à tirer des ordonnances portant nomination de gardes de territoire et de collecteurs ; le choix de ceux qui sont destinés à ces fonctions se fait dans une assemblée d'habitans qui se tient à l'issue de la messe paroissiale ou des vêpres, et comme c'est dans le village de Festigny qu'est située l'église, c'est le juge de Festigny qui, étant sur son territoire, donne acte de la nomination qui a été faite ; mais, comme nous l'avons déjà remarqué, les ordonnances qui concernent les messiers fournissent une nouvelle preuve de l'existence de la seigneurie et de la justice de la Chapelle, puisqu'elles enjoignoient aux gardes de déposer au greffe de la Chapelle les rapports des délits qui seront commis dans l'enclave de son territoire.

Le second objet de la production des sieur et dame de Lantage est d'établir qu'ils ont la directe et la justice sur le hameau de la Rue, sur la ferme de Fontenay et sur plusieurs autres héritages. Hors d'état de soutenir l'entreprise de leurs officiers, ils s'efforcent de métamorphoser la demande en complainte formée contre eux, en une action de bornage ; mais il ne s'agit ici ni de déterminer l'étendue de la seigneurie et de la haute justice, ni d'en fixer les limites ; cette discussion avoit été déférée à des arbitres dont la mission et les pouvoirs ont été révoqués. Le conseil n'est uniquement saisi, relativement aux religieux et au sieur et dame de Lantage, que de la question de savoir si les religieux ont une seigneurie à la Chapelle, si à cette seigneurie est attachée une haute justice, si le hameau du Vivier et moitié de celui de Neuville sont dépendans de cette haute justice ; nous croyons pouvoir nous flatter d'avoir porté la preuve de ces trois vérités jusqu'à la démonstration. Il ne peut donc y avoir de difficulté de les maintenir dans le droit et possession de se dire et se qualifier seigneurs et hauts justiciers de la Chapelle et de faire exercer par leurs officiers la haute justice dans les lieux dépendans de cette seigneurie, et notamment dans le hameau du Vivier et moitié de celui de Neuville, et, pour le trouble commis par les sieur et dame de Lantage, en ordonnant à leurs juges de croiser les scellés apposés par les officiers de la Chapelle, sur les effets des nommés Allard et Cornet, décédés, l'un dans le hameau du Vivier, l'autre dans celui de Neuville, de les condamner en des dommages-intérêts proportionnés à la témérité de l'entreprise.

Monsieur LANGELÉ, *rapporteur;*
Me SIMON, *avocat;*
CHANTEREAU, *procureur.*

Depuis l'impression de ce mémoire, les sieur et dame de Lantage ont fait une nouvelle production. Des vingt-neuf pièces dont elle est composée, il n'y en a pas une qui fasse mention du hameau du Vivier, qui le place dans leur directe ou dans leur justice ; ainsi ils étoient sans droit et sans possession pour faire croiser les scellés apposés par les officiers de la Chapelle sur les effets de Jacques Allard, décédé dans ce hameau.

Deux pièces seulement concernent le hameau de Neuville. Les sieur et dame de Lantage annoncent la première comme une apposition des scellés faite à Neuville par le juge de Festigny, le 8 mai 1710 ; c'est une infidélité prouvée par le procès-verbal même. Les officiers de Festigny étoient Allard du Breuil, maire, le nommé Girost, procureur d'office, et Nicolas Larangot, greffier. Et les scellés ont été mis par Nicolas David, maire et juge de la justice de Neuville-les-Festigny, accompagné du nommé Deshayes, procureur fiscal, et de Pierre Levol, greffier. Et ce qui ne permet de douter que l'apposition de ces scellés n'est pas l'ouvrage des officiers de Festigny, c'est qu'il est dit dans le procès-verbal que sur ces scellés étoient empreintes les armes du comte de Laumont, qui ne fut jamais seigneur de Festigny, mais qui l'étoit de la partie de Neuville qui appartient à la comtesse de Montrevelle.

La seconde pièce est un autre procès-verbal d'apposition de scellés faite à Neuville, en 1719, par Pierre Levol, qui prend la qualité de procureur fiscal de la terre et seigneurie de Festigny. Mais, ce procureur fiscal l'étoit en même temps de la justice de la Chapelle, et ce n'est vraisemblablement que dans cette dernière qualité qu'il a agi, car on remarque, dans son procès-verbal, qu'il a eu l'attention d'exprimer que la maison dans laquelle il apposoit le scellé étoit dépendante de la seigneurie de la Chapelle, et ce n'est que par les seigneurs de laditte justice (ce qui ne peut être relatif qu'aux religieux d'Hautvillers) qu'il a fait commandement de lui représenter les effets dont il devait faire la description.

Les sieur et dame de Lantage observent que ce Pierre Levol, qui a apposé les scellés, étoit juge en la justice foncière de la Chapelle, et, de ce qu'il a fait mention que Neuville est dans la seigneurie de la Chapelle, ils en concluent que les officiers de Festigny ont l'exercice de la justice sur les lieux mêmes où les religieux ont la directe. Cette observation contient deux aveux également importants et décisifs : l'un que les religieux ont une seigneurie à la Neuville, cela est d'ailleurs justifié par leurs terriers ; l'autre, qu'ils y ont une justice. Il ne s'agit donc plus que de déterminer la nature de cette justice. Mais, quand le seigneur a un juge, un procureur fiscal et un greffier, que ses officiers connoissent des matières criminelles, qu'ils instruisent des procédures extraordinaires sur des accusations de meurtres, d'homicides, de vols, qu'ils prononcent des peines capitales, qu'ils sont en possession d'apposer des scellés, de faire des inventaires, de déférer des tutelles, sont-ce là les fonctions et les droits des officiers d'un seigneur qui n'auroit que la directe et une justice foncière.

Les autres pièces de la production des sieur et dame de Lantage ne tendent qu'à prouver qu'ils ont l'exercice de la justice sur le hameau de la Rue, sur quelques autres fermes ; que c'est le juge de Festigny qui nomme les gardes vignes et qui préside aux assemblées que tiennent les habitans à l'issue de la messe paroissiale ou des vêpres. Tout cela est étranger à l'objet de la contestation qui nous divise, et qui, nous ne pouvons trop le répéter, se réduit uniquement à la question de savoir s'ils ont eu droit d'ordonner à leurs officiers de croiser les scellés apposés par les juges de la Chapelle au hameau du Vivier et à celui de Neuville. Les religieux ont reçu, datées de Versailles, 27 septembre 1761, des lettres de *continuatur* au sujet de ce procès entre eux et M. et Mme de Lantage.

(*Archives nationales*, V⁵, 1,272, f° 120, V.)

Nous n'avons pas le prononcé du jugement sur cette affaire, qui paraît être tout en faveur des religieux.

Réparations à l'église d'Époye.

(1729)

En 1729, commençait une procédure qui devait courir les tribunaux pour ne finir qu'en 1755. Il s'agissait de la réparation de l'église d'Époye, et de savoir qui en ferait les frais. Cette paroisse avait pour décimateurs les religieux d'Hautvillers et ceux de Saint-Thierry, les chanoines de Sainte-Balzamie, de Rheims, et le curé du lieu. C'était donc autant de personnages qui, au prorata de leur part dans les dîmes, devaient contribuer aux dépenses en question. Les religieux et chanoines ci-dessus dénommés manifestaient à cet égard les meilleures dispositions, mais le curé ne paraissait nullement vouloir s'exécuter, et pourtant lui seul était décimateur pour un quart; le titulaire de la cure était, à cette époque, un sieur Nautré. Pour le ramener à son devoir, les co-décimateurs, à bout d'autres moyens, se résolurent à l'y contraindre par les voies légales; cela était dur, mais c'était juste. Toutefois, la procédure traîna longtemps sans qu'il fût prononcé un arrêt définitif. C'est seulement sous la date du 29 décembre 1755 qu'on trouve une sentence du bailliage de Rheims qui condamne le sieur curé d'Époye à contribuer pour sa part aux réparations des chœur et cancelle de l'église dudit Époye. L'église réparée alors était très ancienne et avait une très haute flèche en pierres, mais horriblement mutilée par la foudre dans les premières années de la Révolution. Cette église ne conserva intacts que la base de sa tour, le chevet et le portail. Depuis, un clocher couvert en ardoises est venu remplacer l'ancien. L'église actuelle proprement restaurée se compose de trois nefs parallèles; elle est grande et vaste. Les religieux d'Hautvillers conservèrent leurs droits sur Époye jusqu'à la Révolution.

Notables réparations faites aux édifices du monastère. Recensement des propriétés de l'abbaye dans la paroisse de Champillon. Les religieux acquièrent le droit de chasse à Aigny. Procès qu'ils perdent contre les religieuses d'Argensolles.

1730. — Le chevalier d'Orléans était donc un commendataire comme on en vit peu. Ce fut pour Hautvillers un généreux et un intelligent restaurateur. L'année 1730 fut remarquable par les nombreuses réparations qu'il fit exécuter aux édifices du monastère. D'après un mémoire authentique, et qui figure dans les archives du monastère, la dépense totale atteignit la somme de 7,758 livres 17 sols 6 deniers.

1734. — Une date, 1734, se trouve dans la pointe du portail de l'église, au dehors, au-dessus de l'ouverture pratiquée dans cette pointe de pignon. Cette date est inscrite dans l'enduit du ciment qui recouvre les pierres; elle est, néanmoins, bien conservée. Est-ce la date de la construction du portail ou de la pointe seulement ? C'est ce que, jusqu'à présent, nous n'avons pu découvrir.

Ce portail doit être antérieur à cette date; peut-être même fût-il relevé de ses ruines après l'incendie de 1562. Il est parfaitement conservé et solidement bâti. Cette date ne nous semble indiquer, dans la pointe du pignon, qu'une restauration semblable à beaucoup d'autres faites dans le même temps.

En 1738, les annales de l'abbaye nous apprennent seulement qu'en cette année, 30 avril, dom Maurice Hérbaux, religieux et aumônier d'Hautvillers, procède à la reconnaissance de tous les biens chargés de surcens seigneuriaux annuels et perpétuels à Champillon. Récapitulation faite de toutes les parcelles grevées de cette redevance, on trouve que leur contenance collective était de 22 arpents 37 verges 10 pieds, ce qui, à raison de trois sols par boisseaux (6 verges 1/4), rapportait annuellement, au seigneur aumônier, la somme modique de 56 livres 2 sols 6 deniers.

1738. — Dans le courant de la même année, les habitants d'Aigny s'étant refusés à payer 200 livres qui leur étaient demandées pour le maintien des droits de chasse sur le terroir, et le marquis de Louvois ayant fait le même refus, les religieux d'Hautvillers s'empressèrent d'acquitter la somme imposée par les agents du fisc royal, et entrèrent ainsi en possession du droit de chasse sur cette paroisse, dit M. Chalette. *(Statistique d'Aigny, Annuaire de la Marne, 1833.)* On n'a pas oublié que le monastère avait déjà sur Aigny de nombreux droits et de belles propriétés.

1740. — Ces faits nous mènent en 1740. A cette époque commença un procès suscité aux religieuses d'Argensolles par l'abbaye d'Hautvillers et le curé de Chouilly, procès qui fut activement suivi de part et d'autre. Si cet ouvrage n'eût été autre chose qu'un recueil de fastes judiciaires, assurément nous aurions consacré plusieurs pages à une procédure qui, sans être importante pour l'abbaye d'Hautvillers, fut le résumé historique d'un privilège toujours hautement revendiqué par l'ordre de Cîteaux. Nous y verrions, en effet, une sanction nouvelle de ce privilège, qui l'exemptait de payer aucune dîme sur les terres par lui acquises, soit avant, soit après le concile de Latran, tenu en 1205; toutefois, nous reculons devant un détail trop long et qui ne pourrait être que fastidieux. Nous allons, cependant, exposer brièvement quel était l'état de la question. Ce procès, comme beaucoup d'autres, eut une origine presque insignifiante. De temps immémorial, l'abbaye d'Argensolles était en possession de ne payer aucune dîme sur les propriétés qu'elle avait sur la paroisse de Chouilly, et, jusque-là, paraît-il, personne n'était venu les troubler sur ce point; quand, au mois de juillet 1740, le curé de Chouilly, Jean Discourt, décimateur pour un tiers, et Paul Rondin, décimateur des religieux d'Hautvillers pour les deux autres tiers, se mettent en devoir d'exiger la dîme d'une pièce de pré de Nicolas Jolly, fermier de l'abbaye d'Argensolles, et, sur son refus, lui donnent assignation pardevant les juges d'Épernay. Instruites de cette affaire, les religieuses d'Argensolles prennent fait et cause de leur fermier, et, de suite, évoquent la contestation au grand conseil; d'autre part, interviennent également les religieux d'Hautvillers pour leur fermier, et le curé de Chouilly en son propre nom. Ces derniers étaient-ils fondés à réclamer sur les terres des religieuses? Telle était en substance la question qui se présentait à juger. On peut voir la somme des raisons apportées de part et d'autre dans les *factums* qui parurent à cette occasion, et que l'on conserve dans les liasses d'Hautvillers, à Reims.

Après de sérieux débats, qui ne durèrent pas moins de deux ans, le grand conseil rendit, le 30 mars 1742, un arrêt qui déboutait de leur requête le curé de Chouilly et les religieux d'Hautvillers, leur faisait défense, et à tous autres, de troubler à l'avenir les abbesse et religieuses d'Argensolles dans leur possession et privilège d'exemption de dîme, et condamnait les susdits aux dépens.

Arrêt qui maintient les dames religieuses d'Argensolles de ne payer aucune dîme sur la propriété qu'elles avaient à Chouilly (1).

Louis XV, par la grâce de Dieu, roi de France et de Navarre, à tous ceux qui ces présentes lettres verront, salut : sçavoir faisons, comme par arret cejourdhuy donné en notre grand conseil entre nos bien amez J. Discourt, prestre curé de Chouilly, et Paul Rondin, fermier dudit lieu, demandeurs, suivant la requeste par eux présentée au baillage d'Épernay, le 23 juillet 1740, et exploit d'assignation donné en conséquence, le 24 dudit mois. Coll... à Épernay, le 26, et requérant à ce que le défendeur, cy-après nommé, soit condamné à payer le droit de dîme d'une pièce de pré qu'il a dépouillée sur le territoire et prairie dudit Chouilly, suivant l'estimation, et à l'amende et aux dépens, laditte demande évoquée à notre conseil, d'une part, Nicolas Jolly, vinaigrier, demeurant à Épernay, deffendeur, d'autre part, et entre les abbesse, prieure et religieuses d'Argensolles, ordre de Cîteaux, prenant le fait et cause dudit Jolly, leur fermier, *évoquante* à notre conseil, suivant l'exploit du 8 août 1740, fait en vertu de ce..... de notre conseil du

---

(1) Argensolles, dont nous avons souvent entretenu le lecteur, est aujourd'hui situé sur le terroir de Moslins et dépendait avant 93 de la commune de Mancy. Il reste de cette abbaye un moulin, la buanderie, des dépendances qui paraissent avoir servi de cuisine pour les ouvriers et d'écuries, un pavillon à l'entrée du monastère, c'est là que se trouve la statue de Blanche de Navarre. Ce pavillon devait servir d'hôtellerie pour les étrangers ou pour les religieux desservant l'abbaye. De l'abbaye proprement dite, il ne reste plus rien. On peut distinguer encore l'emplacement de l'église et du cloître sous lequel étaient des caves, que l'on voit assez bien conservées. (Note récente due à l'obligeance de M. Guenaire, instituteur à Moslins.)

22 octobre 1738, et resquérantes d'être maintenues et gardées dans le droit et privilège accordés à l'ordre de Citeaux, par les bulles des papes et lettres patentes de nos rois, et faisant qu'elles auront acte de la prise de fait et cause qu'elles font, pour ledit Jolly, leur fermier, sur l'assignation à luy donnée, à la requeste dudit Discourt et dudit Rondin, d'une part, et ledit sieur Discourt et ledit Rondin, deffendeurs, d'autre part, et entre lesdittes abbesse, prieure, religieuses d'Argensolles, demanderesses, en requeste par elles présentée en notre dit conseil, le 20 novembre 1740, et requérantes qu'en conséquence de leur prise de fait et cause pour ledit Jolly, leur fermier, il plaise à notre dit conseil les maintenir et garder dans le droit, privilège, exemption, dans lequels elles sont depuis la fondation de leur abbaye, de ne payer aucune dixme sur les terres de leur domaine, estant dans la paroisse de Chouilly, et, notamment, sur la pièce de pré en question, et, en conséquence, déclarer ledit sieur Discourt et ledit Paul Rondin, non recevables en la demande par eux formée contre le fermier des demanderesses, et subsidiairement mal fondées, et les en débouter, leur faire deffense de ne plus, à l'avenir, troubler les demanderesses dans leur privilège, et, pour l'avoir fait, les condamner aux dommages-intérêts et en tous les dépens, d'une part, et ledit sieur Discourt, Paul Rondin, deffendeurs, d'autre part, et entre ledit sieur Discourt et ledit sieur Rondin, demandeurs, en requeste par eux demandée et présentée à notre dit conseil, le 21 janvier 1741, ce requérant qu'il plaise à notre dit conseil les recevoir opposants à l'exécution de l'arret de notre dit conseil, qu'on prétend avoir surpris contre eux, contre les dames abbesse et religieuses d'Argensolles, le 4 décembre dernier, suivant qu'il se trouve datté dans la coppie qui a esté signiffiée au procureur desdits demandeurs, le 13 dudit mois de décembre dernier, faisant droit sur l'opposition, déclarer la procédure sur laquelle ledit arrêt injustement nul, et au principal ordonner que les parties reviendront au premier jour, et condamner lesdittes abbesse et religieuses d'Argensolles, deffenderesses, d'autre part, entre les abbé et religieux d'Hautvillers, ordre de Saint-Benoît, congrégation de Saint-Vannes, demandeurs, en requeste par eux présentée à notre dit conseil, le 4 février 1741, et requérant qu'il plaise à notre dit conseil les recevoir parties intervenantes en l'instance dont il s'agit, leur donner acte de ce que, pour moyen d'intervention, ils employent

le contenu en laditte requeste faisant droit sur laditte intervention, sans avoir, à la requeste des demanderesses, dames, abbesse et religieuses d'Argensolles, du 20 décembre 1740, en laquelle elles seront déclarées non recevables, les condamner à payer la dixme des terres qu'elles possèdent en la paroisse de Chouilly, et rendre et restituer celles que Nicolas Jolly, leur fermier, a enlevée de la récolte de 1740, et ce, suivant l'estimation qui en sera faite par experts, convenus ou nommés d'office pardevant le plus prochain juge royal des lieux, et les condamner aussy en tous les dépens, d'une part, et lesdittes dames d'Argensolles, deffenderesses, d'autre part, et entre lesdittes dames d'Argensolles, demanderesses, en requeste par elles présentée à notre dit conseil, le 23 août 1741, et requérantes que sans s'arrêter ny avoir égard à l'intervention des abbés et religieux d'Hautvillers, et dans laquelle ils seront déclarés non recevables ou dont, en tout cas, ils seront déboutés et condamnés aux dépens, et maintenir et garder lesdittes demanderesses dans le droit et privilège d'exemption, dans lesquelles elles sont depuis la fondation de leur abbaye; de ne payer aucune dixme de sur leurs terres composant leur dotation et fondation estant dans la paroisse de Chouilly, et notamment sur la pièce de pré en question, ce faisant, déclarer ledit sieur Discourt, curé de Chouilly, et le nommé Rondin, fermier desdits abbé et religieux d'Hautvillers, non recevables sur la demande par eux formée contre les fermiers et demanderesses, et subsidiairement mal fondées en leur requeste, les débouter, leur faire deffense et à tout autre de ne plus, à l'avenir, troubler les demanderesses dans leur possession et privilège, et pour l'avoir fait, les condamner aux dommages et intérêts et en tous les dépens, d'une part, et lesdits sieurs abbé et religieux d'Hautvillers, ledit Discourt et ledit Rondin, le deffendeur, d'autre part.

Veü par notre dit conseil, les écritures et productions desdittes parties, laditte enqueste présentée par ledit sieur J. Discourt et Rondin, au baillage d'Épernay, aux fins d'y faire assigner ledit Jolly au bas et condamner de...., ainsy qu'il est requis, et ledit exploit d'assignation donnée en conséquence audit Jolly, contenant demande aux qualités des 23 et 25 juillet 1740, collationnée à Épernay, le 26 dudit mois, ledit exploit de vacation de la demande à notre dit conseil, contenant assignation donnée à la requeste desdittes dames abbesse et religieuses d'Argensolles, et prenant le fait et cause dudit Jolly auxdits

sieurs Discourt et Rondin, pour y procéder sur la demande
portée audit exploit, du 25 juillet 1740, fait en vertu de la
commission de notre dit conseil du 22 octobre 1738, contenant
demande aux qualités, du 8 août 1740, collationnée à Épernay,
le 10 août 1740, laditte requeste présentée à notre dit conseil par les
dames d'Argensolles, contenant demande aux qualités du 20
décembre 1740, grosse dudit arrêt de notre dit conseil obtenu par
deffaut par les dames d'Argensolles, dans le droit et possession
de ne payer aucune dixme des terres de leur domaine, fait deffense
audit sieur Discourt et Rondin, qui maintiennent lesdits religieux dans le droit de possession d'iceux troubler, et les débouter de leur demande, et les condamner aux dépens, du 4 janvier
1741, stylés desdits mois et an ; laditte requeste présentée à
notre dit conseil par ledit Discourt et ledit Rondin, contenant
leur opposition audit arrêt et demande aux qualités, du 4 février
1741. Laditte requeste, présentée à notre dit conseil par ledit
sieur abbé et religieux d'Hautvillers, contenant leur intervention et demande aux qualités, du 4 février 1741. Laditte
requeste, présentée à notre dit conseil par laditte abbesse
d'Argensolles, contenant demande aux qualités, du 23 août
1741, ; grosse d'arrest de notre dit conseil, entendu entre lesdittes parties, par laquelle la cause nuire au grand rôle d'avril
1741, le 26ᵉ n'étant venu à son tour pour estre plaidée, les
parties sont demeurées appointées, et escrire et produire dans
huitaine ce que bon leur semblera, suivant notre déclaration du
28 décembre 1741, présentée le 20 dudit mois, et production
desdits Discourt et Rondin et desdits abbé et religieux d'Hautvillers, pour satisfaire audit arrêt du conseil, du 2 décembre 1741.
Procès-verbal fait en la justice d'Épernay, par Philippe et Pierre
Leclerc, dixmeurs de la paroisse de Chouilly, contenant qu'à
faire leur tournée pour y percevoir les dixmes, ils ont rencontré
Nicolas Jolly dans un pré sur le terroir de Chouilly, où il y
avait 80 bottes ou environ de foin liées, lesquelles ayant voulu prendre la dixme, ledit Jolly s'y est opposé et n'a pas voulu la leur
laisser prendre, du 9 juillet 1740. Laditte requeste présentée
au baillage d'Épernay, par ledit Discourt, curé de Chouilly, et
par ledit Rondin, au bas de laquelle est l'ordonnance du lieutenant général, et ensuite ledit exploit d'assignation donné au
baillage, à la requeste dudit Discourt et Rondin, audit Jolly,
cy-devant aux qualités, du 23 et 25 juillet 1740. Copie dudit
exploit d'évocation avec assignation à notre dit conseil, à la

requeste desdittes dames d'Argensolles, auxdits Discourt et Rondin, pour y procéder sur ladite demande, du 8 août 1740. Copie d'un pareil exploit d'assignation, à la requeste desdittes religieuses, audit Paul Rondin, du 8 août 1740. Copie d'un arrêt de notre dit conseil, obtenu par deffaut par les dames d'Argensolles, contre ledit Discourt et Rondin, contenant leur opposition audit arrêt du 21 janvier 1740. Copie de laditte requeste présentée à notre dit conseil par les dames abbesse et religieuses d'Argensolles, contenant demande aux qualités, du 20 décembre 1740. Laditte requeste présentée à notre dit conseil par lesdits abbés d'Hautvillers, contenant leur intervention et demande aux qualités, du 4 février 1741. Jugement des eaux et forêts d'Épernay, du 26 février 1658, dans lequel est visé un contrat d'échange fait entre Thibaut, comte de Champagne, et les religieux d'Hautvillers, conçu en ces termes :

Ego Theobaldus, etc., notum facio universis tam præsentibus quam futuris quod me existente sub tutela et in advocatia carissima matris meæ, ipsa Domina mater mea et ego ergo dilectos nostros Remundum, abbatum et conventum Altivillarensem tale fecimus excambium sive commutationem prædicti siquidem abbas et conventus nobis donaverunt et quittaverunt in perpetuum Grangiam suam de Argenseolis, cum toto propritio cum omnibus pertimentiis ad locum de Argenseolis et ipsum locum ut fundaremus abbatiam monalium vel Domum aliam religionis, nos vero in compensationem hujus doni donavimus ecclesiæ Altivillarensi, et quittavimus in perpetuum Grueriam habebamus, etc.

Je, Thibaut, etc., fais savoir à tous présents et à venir, que vivant sous la tutelle de ma mère chérie, elle et moi, d'une part, et nos chers Raymond, l'abbé et le couvent d'Hautvillers, d'autre part, avons fait un cambion ou échange ainsi que suit :
Ledit abbé et couvent nous ont donné et concédé, pour toujours, leur grange (1) d'Argensolles, avec son enclos et toutes les dépendances d'Argensolles et la place elle-même, pour que nous y fondions une maison de religieuses ou toute autre maison religieuse. Et nous, en compensation de ce don, nous avons concédé et concédons pour toujours à l'Église d'Hautvillers le droit de gruerie que nous avons, etc. (2)

---

(1) Il faut remarquer ici que grange est prise pour ferme ou grange dîmeresse.
(2) Ce n'est ici qu'une partie du texte de la charte de la fondation d'Argensolles, que nous avons citée en entier, lors de cette fondation, en 1221.

Acte de copie dudit titre de 1222, présenté à la requeste desdits religieux d'Hautvillers auxdittes dames d'Argensolles, du 8 février 1741. Grosse dudit arrêt de notre dit conseil, qui appointe lesdittes parties du 2 octobre 1741, production des dames d'Argensolles pour satisfaire audit arrêt de notre dit conseil, du 2 octobre 1741. Copie du procès-verbal fait par ledit Prévot et Leclerc, du 19 juillet 1740; ensuite, copie de ladite requeste, présentée par ledit Discourt et Rondin, etc., et tout ce que, par lesdittes parties, a été mis, escrit et produit pardevant notre dit conseil; conclusions de notre procureur général. Iceluy notre dit grand conseil, faisant droit sur ladite instance, a reçu et reçoit lesdits sieurs abbé et religieux d'Hautvillers, parties intervenantes, et lesdits Jean Discourt et Paul Rondin, opposant audit arrêt par deffaut de notre dit conseil, du 4 décembre 1740, sans s'arrêter auxdittes interventions ou oppositions ayant égard à la prise de fait et cause desdittes religieuses d'Argensolles, pour ledit Jolly, leur fermier, à maintenir et garder, maintient et garde lesdittes abbesse et religieuses d'Argensolles dans le privilège d'exemption dont elles ont toujours joui, de ne payer aucune dixme sur leur ancien domaine dans la paroisse de Chouilly, et notamment sur la pièce de pré en question, se faisant, déboutte ledit Discourt, curé de Chouilly, ledit Rondin, fermier, et lesdits religieux d'Hautvillers, de leur demande, leur fait deffense, et à tous autres, de troubler, à l'avenir, lesdittes abbesse et religieuses d'Argensolles dans leur possession et privilège d'exemption des dixmes et le surplus des demandes et requestes des parties, et met ycelle partie hors de cour et de procès; condamne lesdits Discourt, Rondin, abbé et religieux d'Hautvillers, aux dépens envers lesdittes abbesse et religieuses d'Argensolles, s'y donnons commandement au premier huissier de notre dit conseil, etc., qu'à la requeste desdittes abbesse et religieuses d'Argensolles, le présent arrêt, le mettre à exécution de point en point, selon sa forme elle-même, nonobstant opposition ou appel.

A Paris, le 30 mars, l'an de grâce 1642, et de notre règne, le vingt-unième.

Un autre conflit entre les religieux d'Hautvillers et le seigneur de Chouilly avait eu lieu des siècles auparavant à l'occasion des dîmes.

Le pouillé de Reims, dressé en 1346, évalue à trente livres le revenu de la cure de Chouilly et à trente sols le produit moyen des dîmes. *(Archives administratives de Reims,* tome II, 2e partie, page 1122.)

Un autre pouillé, qu'on croit remonter à l'année 1312, nous apprend que l'église a pour vocable Saint-Martin et pour patron l'abbé d'Hautvillers; qu'il existe, en outre, dans cette paroisse, une chapelle dédiée à Notre-Dame et soumise au même patronage. Il appartient au patron de présenter à la cure et de percevoir une partie des dîmes, double privilège que les capitulaires reconnaissaient à tout fondateur d'église au Moyen-Age.

Quand et comment les châtelains de Choely (Chouilly) avaient-ils été amenés à s'en dessaisir? Nul acte ne l'établissait.

Dès lors, le seigneur Jean de Marigny se crut en mesure de rentrer dans tous ses droits, mais il avait compté sans la *prescription* légale dont le bénéfice fut victorieusement invoqué contre lui, comme il appert d'un ancien titre en parchemin datté du mardy avant la feste de l'Ascension mil trois cent soixante treize, portant que lesdits sieurs abbé et religieux étaient en bonne saisine et possession contre Jean de Martigny, escuyer, sire de Chouilly, à cause de leur *église,* tant par eux que par leurs prédécesseurs, par tel temps et si longtemps qu'il n'étoit mémoire du temps de prendre et de percevoir chacun an, en la ville de Chouilly, la quarte partie de toute la grande dixme, tant en bled comme en vin et autres choses quelconques et aussy les deux parts de toutes les menues dixmes de toute laditte ville et les deux parts des offrandes aux jours annuels, avec ce, en possession et saisine de six fauchées de prez séant en la prairie de Chouilly, et d'autres droits détaillés en laditte charte, laquelle contient l'accord fait entre lesdits sieurs abbé et religieux d'Hautvillers et ledit seigneur de Marigny, par lequel il est dit que lesdits religieux demeureroient en saisine et possession a toujours et perpétuellement, de toutes les choses dessus dittes, excepté quelques droits de cens et autres à Mareuil et terroirs voisins. Ainsi finit le démêlé. *(Archives de la Marne,* 25e liasse de l'abbaye d'Hautvillers; *Inventaire des Titres,* n° 1612.)

Arrêt mis aux empiètements du fermier de la cure d'Hautvillers

(1742)

Si la cure d'Hautvillers n'atteignit jamais un haut degré d'opulence et n'eut toujours que des propriétés fort restreintes, ce n'était pourtant pas la faute de certains particuliers à qui les titulaires confiaient l'exploitation de leur modeste domaine.

Ainsi, voyons-nous, en 1742, un des fermiers ne faire aucune difficulté d'arracher une borne pour la replanter un peu plus loin, au dépens des terrains du monastère. Cet acte de flagrante injustice ne lui fut pas, au reste, longuement profitable ; quinze jours ne se passèrent pas sans que la fraude fut reconnue et un arpentage, fait à la requête des religieux, remit les choses dans un état convenable, 6 septembre 1742.

Procès-verbal d'arpentage d'une pièce de terre appartenant à l'église d'Hautvillers et située sur le terroir de cette paroisse lieudit la « Blanche-Borne ».

(6 septembre 1742)

L'an 1742, le sixième jour du mois de septembre, nous Jacques Dolizy, arpenteur royal, demeurant à Épernay soussigné, certiffie qu'à la requeste de Messieurs les religieux de l'abbaye d'Hautvillers nous nous sommes transportés sur une pièce de terre située audit terroir d'Hautvillers, lieudit la Blanche-Borne, appartenant à la cure d'Hautvillers, tenant d'une part et vers le levant et d'un bout vers le midy auxdits sieurs religieux, d'autre part, vers le couchant à M. l'abbé d'Hautvillers, et comme lesdits religieux se sont aperçu que depuis quinze jours, le fermier des terres de la cure avait arraché la borne du bout de haut vers le levant, qui fait séparation de laditte terre d'avec celle desdits religieux, c'est pourquoy lesdits sieurs religieux nous ont requis de faire l'arpentage et délivrer à la terre de la cure la quantité de cinquante verges, ainsy qu'il est porté par le titre de laditte terre, et à l'instant nous avons, en la présence du sieur Lécaillon, procureur fiscal d'Hautvillers, étant de la part de M. le curé et aussy en présence de M. le prieur et de M. le procureur de laditte abbaye, procédé à l'arpentage et livré à laditte terre de la cure la quantité de cinquante verges, mesure ordinaire des lieux et avons replanté la borne qui avait été arrachée, sous laquelle borne nous avons mis des ardoises cassées pour servir de témoins accoutumés, de tout ce que dessus avons fait et dressé le présent procès-verbal pour servir et valoir telle que de raison, cejourd'huy neuf janvier mil sept cent quarante-cinq.

Signé : Jacques DOLIZY.

Plus bas on lit : Controllé à Épernay le 11 janvier 1745.

LETTRES DE PROVISION

A DOM CHAMPAGNE, TRÉSORIER DE L'ABBAYE D'HAUTVILLERS

(15 juillet 1746)

Domnus Stephanus Pierre prior claustralis monasterii seu abbatiæ sancti Petri Altivillarensis ordinis sancti Benedicti congregatione sancti Vitoni et Hydulphi diœcesis Remensis, vicarius generalis dictæ abbatiæ sancti Petri Altivillarensis ex parte altissimi et illustrissimi principis Domini D. Johannis Philippi d'Orleans prædicti monasterii abbatis commendatarii nominatus et instrumento publico confirmatus dato apud Fossier et socio ejus notariis parisiis commorantibus et Rhemis insinuato per M. Dinet, dilecto nostro fratri francisco Champagne diacono religioso expresse professo congregationis SS. Vitoni et Hydulphy dicti ordinis sancti Benedicti et in monasterio sancti Mauritii de Belloloco in Argone

Le seigneur Étienne Pierre, prieur du monastère claustral de l'abbaye de Saint-Pierre-d'Hautvillers de l'ordre de Saint-Benoît de la congrégation de Saint-Vannes et de Saint-Hydulphe, du diocèse de Reims, vicaire général de ladite abbaye do Saint-Pierre-d'Hautvillers, de la part du très haut et très illustre prince le seigneur Jean-Philippe d'Orléans, abbé commendataire dudit monastère, nommé à cet effet et confirmé par acte public donné chez Fossier, et son collègue, notaires, demeurant à Paris, et publié à Reims par maître Dinet.

A notre frère bien-aimé, frère François Champagne, diacre, religieux profès de la congrégation de Saint-Vannes et de Saint-Hydulphe, dudit ordre de Saint-

degenti, salutem in Domino...
Officium regulare thesaurarii dicti monasterii Altivillarensis cujus occurrente vacatione collatio, provisio et quælibet alia dispositio ad nos ex concessione dicta illustrissimi principis Joannis Philippi d'Orleans abbatis prædicti monasterii ratione dictæ suæ abbatiæ pertinet liberum nunc et vacans per obitum Domini Placidi Aubry illius ultimi et immediati possessoris pacifici, tibi sufficienti et idonea ad dictum officium regulare thesaurarii dicti monasterii obtinendum regendum et gubernandum contulimus et donavimus, conferimus et donamus ac illo suisque juribus et pertinenciis universis providimus et providemus per præsentes et consensu religiosorum dicti monasterii nostri quocirca ipsismet religionis omnibus Altivillarensibus nec non omnibus notariis apostolicis seu aliis mandamus quatenus te in corporalem realem et actualem dicti offici regularis thesaurarii suorumque jurium et pertinentium universorum ponant et inducant seu eorum alter ponat et inducat adhibitis solemnitatibus et servatis ceremoniis in talibus assuetis, jure que dicti illustrissimi principis d'Orleans semper salvo et nostro; in quorum fidem præsentes collationis litteras manu nostra scriptas et subscriptas, perque religiosos Altivillarenses signatas sigillo prædicti illustrissimi D. principis d'Orleans muniri fecimus.

Datum in dicto monasterio Altivillarensi die decima quarta mensis julii anno millesimo septin-

Benoît, et habitant dans le monastère de Saint-Maurice de Beaulieu dans l'Argone, salut dans le Seigneur. La charge régulière de trésorier dudit monastère d'Hautvillers, dont en cas de vacance, la collation, la provision et toute autre disposition nous appartient, d'après concession du très illustre prince Jean-Philippe d'Orléans, abbé dudit monastère, étant maintenant libre et vacant par la mort de maître Placide Aubry, son dernier et immédiat possesseur, nous vous l'avons conférée et nous vous l'avons donnée et nous vous la conférons et la donnons, pour la régir et l'administrer, vous jugeant suffisamment propre à cet office, et nous vous avons pourvu et pourvoyons de ladite charge de tous ses droits et ses fruits, par les présentes du consentement des religieux dudit monastère.

C'est pourquoi nous mandons à tous les religieux d'Hautvillers, eux-mêmes, ainsi qu'à tous les notaires apostoliques et autres, qu'ils vous installent et vous introduisent tous où un d'entre eux, dans l'exercice corporel, réel et actuel dudit office régulier de trésorier, avec ses droits et ses fruits eu égard à toutes les cérémonies et solennités accoutumées et sauf pour toujours le droit du très illustre prince d'Orléans et le nôtre.

En foi de quoi, nous avons écrit et signé de notre main les présentes lettres de collation, et nous les avons revêtues de la signature des religieux d'Hautvillers et du sceau du très illustre prince Philippe d'Orléans.

gentesimo quadragesimo sexto, præsentibus magistro Joanne Deprez parocho Altivillarensi et Joanne Lecaillon procuratoris nostri Altivillarensis substituto.

Testibus subsignatis ac rogatis. D. Stephanus Pierre, prior vicarius generalis. D. Placide Richard. D. P^re Chedel. D. Germain Beriville. D. Louis Trioux. D. François Vaillant. D. Philibert Levasseur. D. Placide Bado. F. Laurent Dumay. F. François Robert. F. Joseph Cajot. F. P. Lemaire. F. Jeronimus Pichon. F. Joannes Adnet. F. Antonius. F. Joseph Jeantin. F. Eslath Dominique Laurent. F. Guillemin. F. Mathias Hassart.

DEPRÉ, *curé.*

LÉCAILLON, *chirurgien.*

(*Archives nationales,* Q¹, 673.)

Donné dans ledit monastère d'Hautvillers le quatorzième jour du mois de juillet de l'an 1746.

Étant présents : maître Jehan Deprez, curé d'Hautvillers, et Jean Lécaillon, substisut de notre procureur d'Hautvillers, témoins soussignés et demandés.

Insinué et controllé à Reims le dix-huitième jour du mois de juillet 1746. Reg. 17.

JOURDAIN.

Controllé à Cumières, ce 20 juillet 1746. — Six livres.

FOLLIER.

Inventaire du Cartulaire de l'abbaye.

En 1748, dom Pierre Chédel, procureur de l'abbaye d'Hautvillers, composait un recueil ayant pour titre : *Mémoire pour servir à l'Inventaire des Archives de l'abbaye d'Hautvillers.* Ce manuscrit, relié en veau, a disparu ; nous l'avons déjà mentionné. Toutefois, pensons-nous, son travail n'a pas été inutile, il dut servir à la rédaction de cet *Inventaire* détaillé que l'on a encore et qui nous a merveilleusement aidé dans nos recherches pour notre *Histoire d'Hautvillers.*

Dom Pierre Chédel avait joint à son mémoire l'*Histoire latine d'Hautvillers,* par dom Baillet, 1711. En tête de son *Inventaire,* M. Lecacheur, notaire à Hautvillers, a rapporté très sommairement l'*Histoire de l'abbaye d'Hautvillers* et la *Liste chronologique des Abbés ;* liste qui ne concorde pas en tout point avec celle qu'ont donnée certains auteurs. Qu'est devenue cette *Histoire* de dom Baillet ? M. Lecacheur l'a-t-il enlevée avec les

Mémoires de Pierre Chédel ? A-t-elle subi le sort des minutes des études de Messieurs les notaires d'Hautvillers ?

Nous avons déploré cette perte, nous ne faisons que renouveler ici nos regrets de ne plus posséder un si précieux travail. Dom Grossard n'en parle pas non plus ; a-t-il enlevé lui-même ces manuscrits ? Les avait-il à sa mort ? Ont-ils été brûlés chez lui par les Jacobins de Montier-en-Der ? Il ne les désigne pas quand il parle du pillage de sa maison.

L'inventaire des titres, papiers et documents de l'abbaye d'Hautvillers a été commencé par moi, Lecacheur, expert nommé par Mgr Lattier de Bayane, abbé, et MM. les prieurs et religieux de l'abbaye, suivant le procès-verbal dressé devant M. le lieutenant général d'Épernay, commissaire le 16 janvier 1788, en vertu de l'arrêt du grand conseil du 17 novembre 1787, a été commencé comme dit est par moi, assisté de Me Malo, notaire, adjoint et associé, le 25 janvier 1788 et fini le 26 juin.

L'*Inventaire*, qui est à la bibliothèque de Reims, a été rédigé en 1759 par un auteur inconnu. Mais l'*Inventaire*, rédigé par MM. Le Cacheur et Malo, est aux archives de la préfecture de la Marne ; il est très complet, il contient plus de trois cents numéros, indiquant diverses pièces particulières et liasses contenant elles-mêmes plusieurs pièces sur le même sujet. Nous savons qu'une trentaine de ces liasses sont à Reims et qu'une quinzaine seulement sont restées à Châlons ; nous les avons toutes parcourues et extrait les actes principaux ayant trait à notre *Histoire*.

Des chartes en assez grand nombre, baux, cueillerets, etc., sont aussi aux *Archives nationales* à Paris, dont nous avons fait faire plusieurs extraits par des élèves de l'École des Chartes.

D'où vient cette division ? Pourquoi ne pas trouver réunis en un seul endroit tant de documents relatifs à une localité aussi importante que l'a été l'abbaye d'Hautvillers ?

MM. Le Cacheur et Malo, dans leur travail, étaient assistés eux-mêmes par MM. Lécaillon, maire ; Pierre Auger ; Michel Berrurier, procureur ; Michel Louis, secrétaire.

Pour l'exécution de cet *Inventaire*, un traité avait été passé entre les notaires ci-dessus désignés et les religieux de l'abbaye.

Nous anticipons sur les dates en passant de 1748 à 1788.

Traité entre l'abbé, les religieux et les notaires d'Hautvillers pour faire l'Inventaire des Archives de l'abbaye.

Entre les soussignés Jacques-François Rittier, demeurant à Hautvillers, au nom et comme fondé de la procuration générale et spéciale de messire Alphonse Hubert de Lattier de Bayane, prélat romain, auditeur de Rote pour la France, abbé commendataire de l'abbaye royale de Saint-Pierre-d'Hautvillers, d'une part.

Le prieur, procureur et religieux Bénédictins de laditte abbaye, stipulant et acceptant pour les Révérends Pères dom Étienne Ibert, prieur, et Jean-Baptiste Grossard, procureur, d'autre part.

Antoine Le Cacheur et Claude-Gervais Malo, notoires royaux, demeurant à Hautvillers, encore d'autre part.

A été convenu de ce qui suit :

Que pour satisfaire, de la part de mondit seigneur abbé d'Hautvillers, et mesdits sieurs religieux, à l'arrêt du grand conseil de Sa Majesté, du dix-sept novembre dernier qui ordonne *entrautres* dispositions l'inventaire, par un *notoire convenu* ou nommé d'office, des titres, papiers et renseignements dependans de l'abbaye d'Hautvillers ; lesdits sieurs Le Cacheur et Malo ont été respectivement choisis par les parties pour procéder conjointement audit inventaire aux conventions suivantes, qui ont été acceptées :

1º Lesdits sieurs Le Cacheur et Malo, notaires sus-nommés, s'obligent en leur qualité de procéder conjointement, incessamment et sans interruption, après les formalités requises, à l'inventaire général des titres, papiers et renseignemens, concernant les droits, biens et revenus de l'abbaye d'Hautvillers, suivant et conformément à l'arrêt du grand conseil du dix-sept novembre dernier, dont ils ont pris connaissance.

2º Lesdits notoires seront tenus, jusqu'à la perfection de l'*Inventaire,* de faire au moins huit vacations par semaine, qui seront de trois heures chacune.

3º L'*Inventaire* clos, il en sera délivré deux expéditions sur papier de trois sols neuf deniers la feuille : l'une pour Messieurs les religieux, et l'autre pour être déposée au chartrier de laditte abbaye, lesdittes expéditions seront d'une écriture correcte et lisible.

4º A l'égard de la troisième expédition pour ledit seigneur abbé d'Hautvillers, ledit sieur Rittier, stipulant ses intérêts, se réserve de la faire par lui-même comme bon lui semblera, et il est convenu expressément que cette expédition sera collationnée, signée et délivrée par le notaire qui aura prêté serment devant le commissaire délégué par le conseil, sans pouvoir par lui, n'y par son adjoint, exiger de mondit seigneur abbé d'Hautvillers aucune rétribution, cette convention faisant expressément partie en honoraires accordés auxdits sieurs Le Cacheur et Malo.

Ledit sieur Rittier, pour mondit seigneur abbé, à la charge duquel est l'*Inventaire* dont il s'agit, promet et s'oblige de payer auxdits maîtres Le Cacheur et Malo quatre livres par chacune vacation de trois heures, ce qui fait quarante sols pour chacun d'eux par vacation, et ce, pendant tout le temps de l'inventaire et jusqu'à sa perfection, et en outre dix sols par rôle des deux expéditions, y compris le papier, sans que lesdits maîtres Le Cacheur et Malo puissent exiger autre et plus forte somme que celle cy-dessus de quatre livres, à laquelle sont arrêtées chaque vacation des deux notaires et dix sols le rôle d'expédition.

Le contrôle sera remboursé auxdits notaires ainsy que le papier de minutte, et il ne leur sera rien payé pour leur prestation de serment devant M. le lieutenant général d'Épernay, commissaire délégué.

Les droits de vacations, d'expéditions et autres émoluments tels qu'ils soient de l'*Inventaire* dont s'agit, seront partageables moitié par moitié d'entre les sieurs Le Cacheur et Malo, sans que l'un pour quelque cause que ce soit puisse prétendre plus que l'autre.

Ce qui a été convenu et accordé entre les parties et par elles respectivement accepté, et sans aucunement déroger auxdittes conventions, à raison de ce que l'arrêt du grand conseil du dix-sept novembre dernier porte que l'inventaire en question sera fait par un notaire, qui prêtera serment devant le commissaire, que cet arrêt pourroit ne pas permettre aux parties d'en commettre deux au lieu d'un, sans une disposition nouvelle et particulière; pour prévenir toute difficulté qui pourroit, à l'avenir, se lever sur cet objet, il est convenu que ledit Mᵉ Le Cacheur, comme l'ancien des deux notaires, prêtera le serment devant mondit sieur le lieutenant général d'Épernay, et sera en nom pour l'inventaire dont s'agit, conséquemment, gardera la minutte sans que pour cela il puisse prétendre rien au-delà dudit M° Malo, son adjoint, tant dans les vacations que dans les deux expéditions dudit inventaire, ny, dans aucun cas, lui donner l'exclusion pour les opérations y relatives, et se prévaloir de la nomination qui seroit faite de sa personne, attendu que le tout se traite aux conditions cy-devant rapportées, clause expresse et de rigueur à laquelle se seroit soumis ledit sieur Malo, et sans laquelle ces présentes n'eurent pas eu lieu.

Fait quadruple entre les susnommés, soussignés, à Hautvillers, ce quinzième de janvier mil sept cent quatre-vingt-huit.

LE CACHEUR; dom J.-B. GROSSARD, proc.;
MALO; RITTIER; dom YBERT, <i>prieur.</i></p>

Nous avons vaqué 104 vacations à 2 livres, fait..	208 # »	» »
Expéditions, 410 rolles à 10 sols............	205 »	»
Déboursés pour controlles et papier de minutte..	18 7	6
	431 # 7	6 »

Que j'ai reçu de M. Rittier, le 26 avril 1790.

Nous, prieur et procureur de l'abbaye d'Hautvillers, reconnoissons que M° Le Cacheur nous a remis une expédition de ce qui a été inventorié de nos archives jusqu'ahuy, Hautvillers, ce 26 avril 1790, reste à nous remettre celle de M. Malo.

Dom M. MANUEL, prieur; Dom J.-B. GROSSARD.

A l'époque du 15 janvier 1790, dom Ibert, Étienne, était encore prieur de l'abbaye, mais au 26 avril de la même année, lorsque l'expédition de l'inventaire a été remise aux religieux de l'abbaye, c'était dom Manuel qui en était devenu le prieur, soit parce qu'il en avait été nommé à la place du premier, soit que celui-ci fût mort; du reste, il est à croire que dom Ibert avait cessé de vivre, car, à partir de ce moment, son nom ne figure plus dans aucun acte et ne se trouve pas sur la liste des religieux dressée au moment de leur départ.

Les religieux d'Hautvillers construisent un pont sur le ruisseau de Cubry (1), à Épernay.

(1749)

Les mémoires manuscrits de Bertin du Rocheret, président du grenier à sel, nous ont conservé le souvenir de quelques faits accomplis à Épernay, vers cette même époque, et auxquels prirent part les religieux d'Hautvillers. Ces religieux, comme on le sait, possédaient, conjointement avec les religieux d'Épernay, des moulins situés sur le ruisseau de Culbry, qui longe et traverse la partie occidentale de la ville; on trouve aussi que, depuis quelques années, et pour faciliter le détour et l'écoulement des eaux, lorsqu'ils en avaient besoin pour les réparations de leurs moulins, ces religieux avaient fait construire une arche dans le faubourg des Ponts-Neufs, sur un terrain appartenant à la ville; aucune opposition n'avait été faite alors; mais, par une délibération du 1er août 1749, les notables d'Épernay ayant jugé nécessaire l'élargissement de cette arche ainsi que de plusieurs autres pour la commodité du chemin de Pierry, les religieux des deux monastères furent invités à venir en l'hôtel-de-ville pour conférer sur les moyens à prendre pour la réalisation de ce projet. Les religieux d'Hautvillers députèrent, à cette séance, dom Pierre Chédel et dom Rouin la Flotte : l'un, sous-prieur; l'autre, procureur de l'abbaye. Examen fait d'un devis général présenté par le sieur Legendre, ingénieur de la province, il fut statué que, moyennant une contribution de 250 livres, fournie par les deux monastères, la ville se chargerait du reste de la dépense, mais il fut imposé deux conditions, savoir : 1° Que les habitants d'Épernay ne pourraient, à l'avenir, ni démolir, ni combler laditte arche construite par les religieux, bien que sur un terrain appartenant à la ville. 2° Que les religieux continueraient, à l'avenir, à entretenir la même arche dans toute son étendue, ainsi qu'elle se trouverait après l'élargissement exécuté. Cette entente se faisait au 1er août 1749, pardevant M. D'Aubigny, lieutenant général; Nicolas Gillet, procureur ès-siège, syndic de la ville, et le révérend père Gabriel Ives d'Oisseau de Karadreux, prieur du couvent d'Épernay, et les religieux d'Hautvillers ci-dessus nommés.

Ont signé : De Karadreux; dom Pierre Chedel; dom Rouin

---

(1) On écrit indifféremment Culbrie ou Cubrie.

La Flotte; Delâtre; Collet; Tol; Gillet; Devillers. Vient ensuite un devis passablement prolixe des travaux à exécuter.

Nous voyons encore cette construction ou voûte sur laquelle passe la route de Pierry au bout de la rue Saint-Thibaut, et sous laquelle passent les eaux en temps de crue ou de décharge, venant dudit ruisseau de Cubrie, en face de l'orphelinat d'Épernay. Cette première affaire, pacifiquement arrangée, fut, deux mois après, suivie d'une autre qui dégénéra en procès. Les moulins déjà nommés en devaient être encore l'occasion. Le ruisseau qui alimente ces usines longe un côté de la ville et traverse ses jardins. De là une quantité d'immondices que chaque jour on y jetait. De là des fosses creusées par les riverains, pour faciliter l'arrosage des fleurs et des plantes légumineuses. De là de nombreux poncels (petits ponts) pour la commodité du passage d'un bord à l'autre, toutes choses qui, entravant le cours des eaux, occasionnaient parfois le chommage des moulins et forçaient les propriétaires à curer fréquemment le ruisseau. Fatigués, sans doute, d'une continuelle répétition de frais inutiles et résolus d'en finir une bonne fois, nos religieux provoquèrent une visite et descente faite sur les lieux, sur le ruisseau en question, le 17 septembre 1744, par les officiers de la maîtrise des eaux et forêts de Reims. Cette requête fut suivie d'une ordonnance qui condamnait le corps de ville d'Épernay, et ensemble tous les propriétaires riverains du ruisseau, à supprimer, couper, enlever, dans quinzaine, tous les accroissements survenus au ruisseau, à enlever les boues et vases qui s'y trouvaient amassées, à enlever les pieux qui soutenaient les ponts, et à relever lesdits ponts, à faucher les herbes crues dans le ruisseau, en un mot à faire généralement chacun en droit soy, et à ses frais, tout ce qui convient pour procurer la liberté du cours d'eau, sous peine, pour la ville et les propriétaires riverains, faute déjà d'y avoir satisfait, le délai expiré, d'être tenus des frais de chommage des moulins, qui pourraient en résulter. Malheureusement pour nos religieux, les habitants d'Épernay avaient des raisons toutes prêtes pour éluder cette ordonnance. D'après ces derniers, le ruisseau de Culbrie appartenait au duc de Bouillon. (On sait généralement que, pour avoir trempé dans la conjuration de Cinq-Mars, le duc de Bouillon s'était vu obligé, en 1642, à céder au roy la souveraineté de Sedan et de Raucourt, par échange avec le duché-pairie de Château-Thierry.) Épernay était une des trois villes qui, avec leurs dépendances, composaient ce duché. La qualité de la terre d'Épernay et de sa juridiction était châtellenie, mais elle avait un prévôt et un baillage. La prévôté régissait la ville et ses dépendances, et les appels de ses jugements ressortissaient au baillage. Les appels ressortissaient sans moyen au parlement, sinon que pour le cas de l'édit des présidiaux, ils ressortissaient au présidial de Reims; ces juridictions, écrivait-on en 1722, passent encore pour royales jusqu'à ce que le prix des offices royaux soit remboursé et que M. le duc de Bouillon y ait pourvu. (Voyez un ouvrage in-folio intitulé *Coutumes du baillage de Vitry-en-Perthois*, par Étienne Durand, imprimé en 1722, à Châlons, page 609.) Ce ruisseau appartenait donc au duc de Bouillon et non à la ville, qui, conséquemment, ne pouvait être obligée à en curer aucune partie, et ni l'ordonnance de 1669, ni aucune loi ou arrêt ne contenait rien qui pût y astreindre les habitans. D'ailleurs, la châtellenie d'Épernay n'étant pas sujète qu'à l'inspection, police et juridiction de la maîtrise particulière du duc de Bouillon, on ne voit donc pas, disaient-ils, de quel droit la maîtrise de Reims venait instrumenter là où, aux termes du traité d'échange de Sedan, elle n'avait aucune juridiction. Appel fut donc interjeté d'une ordonnance nulle comme émanant d'une autorité incompétente. On ne voit pas quel fut l'issu de ce démêlé; nos religieux crurent, sans doute, prudent de ne pas aller plus loin. Cependant, de tous temps, le cours des eaux a été reconnu comme devant être libre et non arrêté par quoi que ce soit.

(Bertin du Rocheret, tome I, pages 692 et 700.)

Dans une assemblée générale du 16 novembre 1749, où se trouvaient réunies toutes les notabilités d'Épernay, il y eut, au sujet de l'affaire précédente, une délibération dont voici la teneur : « Représenté par les sieurs gens du conseil qu'ils se sont crus obligés d'interjeter appel, d'une ordonnance de la maîtrise de Reims, surprise par les religieux d'Épernay et d'Hautvillers, qui condamne la ville à curer le ruisseau de Culbrie, depuis le jardin de Pothier jusqu'aux arches du pont neuf, d'élargir et d'exhausser deux poutres qui forment le pont de Nomois, ce qui est contraire à l'usage immémorial, suivant lequel ces moines ont toujours curé le ruisseau depuis et au-dessous du moulin Le Roy, jusqu'au-dessous du moulin de la Blanche, ce qui est conforme au droit naturel, puisque ces religieux, tirant seuls un avantage considérable du ruisseau par les trois moulins qu'ils y ont et qui comprennent toute la largeur du ruisseau. Laquelle ordonnance est contraire à toutes les règles judiciaires, fondée sur une descente ordonnée sans nécessité, sans contestation contre l'esprit et la lettre de l'ordonnance de 1667, rendue par juge incompétent, la maîtrise de Reims n'ayant aucune juridiction sur le ruisseau, qui fait partie du domaine de M. le duc de Bouillon, seigneur châtelain d'Épernay, et n'est soumis qu'à la police de sa maîtrise, sur lequel appel ils auraient obtenu arrêt de défense qui rétablit les choses sur l'ancien état, mais que ces religieux poursuivaient peut-être pour faire lever leur défense et faire juger le fond de la contestation, les habitants doivent aviser s'il leur convient d'autoriser ou non ledit appel, sur quoi la matière, mise en délibération, tous les moyens bien pesés et examinés, les habitants et communauté ont unanimement déclaré qu'ils autorisent ledit appel, donnent pouvoir au sieur syndic de le suivre jusque arrêt définitif, prêtant, dès à présent, tout consentement et soumission pour la poursuite du procès.

Économat.

(1748 à 1757)

Après la mort du chevalier d'Orléans, arrivée en 1748, l'abbaye fut mise en économat, état de chose qui dura jusqu'en 1757. Comme en France c'était le roi qui jouissait des revenus des bénéfices vacants, en vertu de la régale, tant que durait la vacance, un économe était préposé pour, au nom et profit de Sa Majesté, percevoir, régir et administrer les revenus du bénéfice ; voilà ce qu'on appelait économat. Nous ne rappellerons pas les nombreux édits royaux rendus sur cette matière ; toutefois, il est à remarquer que l'économe en régale n'était établi que pour la garde des fruits, et ne pouvait, conséquemment, rien changer à l'état du bénéfice. (On peut consulter sur cette matière : 1° Durant, *Dictionnaire de droit*, article *économat ;* 2° Ferrières, *Dictionnaire de droit.*)

Le concile de Cambrai, tenu au mois d'octobre 1586, n'avait pas statué ainsi, quand l'abbé d'un monastère venait à mourir. Voici ce qu'il dit, chapitre XX, *De regularibus et monialibus* :

Abbate aut priore mortuo, episcopus per seipsum, aut suum vicarium, accedens monasterium, inventarium faciat bonorum omnium, maxime pretiosorum, ipsius monasterii et aliquot ejusdem religiosos œconomas constituat, a quibus juramentum accipiat de nihil alienando sine consensu ipsius, et fideliter administrando, usquedum de prælate provisum fuerit. Similiter et officiarios quoad spiritualia prius administrationem habentes, utpote priorem. et confessarios, et alios confirmet, et sua ordinaria auctoritate adjuvet.	Après la mort de l'abbé ou du prieur, l'évêque en personne, ou représenté par son vicaire, vient au monastère et fait un inventaire de tous les biens, surtout des plus précieux. Puis, il établit comme économes quelques-uns des religieux, et il en reçoit le serment de ne rien aliéner sans son consentement, et d'administrer fidèlement jusqu'à la nomination d'un nouveau prélat. Il confirme de même dans leur juridiction ordinaire les officiers qui ont l'administration dans les choses spirituelles, ainsi que le prieur, les confesseurs et les autres.

(Actes de la province de Reims, tome III, page 596.)

Nous devons relater ici un arrêt du parlement qui prouve que, de tous temps, il y a eu des hommes qui oubliaient les règles de la probité, et démontre aussi quel était le pouvoir de la justice à Hautvillers.

Arrest du parlement de Paris, du 7 février 1750, contre François Lamelle, dit Mello, et Thoussaint Petit, dit Gaverlot, d'Hautvillers, pour avoir vollé des seeps de vignes, la nuit.

(L'instruction du procès fait à Hautvillers, à requeste du procureur fiscal, et jugé par Collet, bailly.)

Louis, par la grace de Dieu, roy de France et de Navarre, au premier des huissiers de notre cour de parlement ou autre, notre huissier ou sergent sur ce requis, sçavoir faisons, que veü par notre cour de parlement. Le procès criminel fait par le bailly d'Hautvillers, à la requeste du procural fiscal, demandeur et accusateur contre François Lamelle, prisonnier en prison de la conciergerie du palais à Paris. Et Toussaint Petit, dit Gaverlo, deffendeur et accusé, ledit Petit contumace. Et ledit Lamelle, appelant de la sentence rendue sur ledit procez, le vingt-deux janvier mil sept cent cinquante, par laquelle la contumace aurait été déclarée bien et valablement instruite contre Toussaint Petit, dit Gaverlo, et adjugeant le proffit d'icelle, l'aurait déclaré deuement atteint, convaincu, ainsy que François Lamelle, autre accusé, d'avoir, nuittamment, vollé, dans les vignes du terroir dudit lieu, les trois bottes de sceps mentionnez au procez ; pour réparation, les auroit condamnez l'un et l'autre à estre conduits, par l'exécuteur de la haute justice, sur la place publique dudit Hautvillers, pour y rester attachez au careau l'espace de deux heures pendant trois jours consécutifs, ayant un écriteau devant et derrière portant ces mots : *Voleurs de scepts pendant la nuit*. Ensuite, amenés aux gallères pour y servir comme forçats, pendant neuf années, préalablement marquez des lettres G. A. L., les condamne solidairement en 600 livres d'amende vers le seigneur dudit lieu et auroit dit que la condamnation prononcée contre ledit Toussaint Petit seroit, à son égard, transcritte sur un tableau, qui seroit attaché par l'exécuteur de la haute justice, à un poteau planté à cet effet, dans la place publique dudit lieu. Ouy et interrogé, en notre ditte cour, ledit François Lamelle sur sa ditte cause d'appel, et cas à luy imposés, tout considéré, notre ditte cour met l'appellation et sentence de laquelle a esté appelé au néant, et mendant pour le cas résultant du procès bannissement. Ledit François Lamelle, pour cinq ans, dudit baillage d'Hautvillers et de cette ville, prévosté et vicomté de Paris, luy enjoint de garder son ban, pour les peines portées par la déclaration du roy, le condamne, solidairement avec ledit François Petit, à cent livres d'amande vers le seigneur dudit lieu, à prendre sur biens. Mandons, en outre, le présent arrest à deue et entière exécution, selon sa forme et teneur.

Fait en nostre dite cour de parlement, le septième février, l'an de grâce mil sept cent cinquante, et de notre règne le trente-cinquième.

Collationné : FORNARD.

Par la chambre : RICHARD.

Scellé extraordinairement le 17 septembre 1750.

DAINE, *sindic*.

M. Lasnier, fermier général de l'abbaye d'Hautvillers, au profit duquel était l'amande prononcée contre les desnommez au présent arrest, m'a fait présent de laditte amande et m'a remis ledit présent arrest. Lamelle m'a payé sa part. M. Lasnier a quittance de l'expédition de mon contrat.

LE CACHEUR.

Dégradations dans les bois de l'abbaye.

Autant les religieux d'Hautvillers se montraient fermes à maintenir leurs droits contre les prétentions des laïcs et autres, autant leurs agents forestiers étaient peu soigneux à conserver en bon état les superbes bois qui faisaient une partie de leurs revenus. Il est vrai de dire aussi que les vices de l'administration abbatiale, sous les commendataires, entraient pour beaucoup dans cette fâcheuse incurie, qui souvent n'était rien moins qu'une criante dilapidation. Le gouvernement de Louis de Chaumejean nous en a fourni de tristes et irrécusables preuves. Pourtant, quelles vastes et magnifiques forêts ne possédait pas notre abbaye? Et encore, pour ainsi dire, aux portes du monastère. Aujourd'hui même, et après de longues années d'une vicieuse administration, elles font l'admiration des hommes compétents et l'orgueil du pays; qui n'a entendu parler de la réserve d'Hautvillers? Mais, sous la main rapace, ou tout au moins inhabile des fermiers de la mense abbatiale, spéculateurs qui n'aspiraient qu'au plus grand lucre possible, ces beaux bois étaient souvent victimes d'un genre d'exploitation hâtivement productive, dont l'irrégularité gâtait tout. Déjà, pour obvier à un système si peu conservateur, et sans doute à la diligence des religieux, une visite d'experts avait eu lieu, le 27 septembre 1664, par ordonnance royale : on avait alors établi un quart en réserve et posé des bornes. Cette première mesure, paraît-il, demeura inefficace, ou, du moins, n'eût pas de longs résultats; soit par incurie des abbés commendataires, ou simplement par suite des vues intéressées de leurs agents, la coupe des bois ne se fit pas sur un plan régulier; c'était courir à une dévastation générale (1). Comme nous l'avons dit, il est facile de reconnaître, dans ce désordre, l'œuvre administrative de Louis de Chaumejean, si hostile en tout point au monastère, et spécialement aux pauvres religieux. Une nouvelle visite était donc déjà plus que nécessaire quand elle fut ordonnée. Elle se fit en novembre 1751, par MM. les officiers de la maîtrise de Reims. L'abbaye étant en économat, c'était une occasion favorable pour remettre sur un bon pied l'exploitation de ces bois, trop longtemps abandonnés au caprice. Elle ne fut pas négligée. Tout porte à croire que, depuis lors, les choses se firent d'une manière plus convenable.

Bénédiction de deux cloches pour l'usage de la paroisse.

(1756)

Bien qu'en 1722, trois cloches avaient été bénites pour l'usage de la paroisse, soit que des trois on voulût n'en faire que deux, soit que l'une d'elles fût cassée ou autrement, toujours est-il qu'en 1756, trente-quatre ans plus tard, deux cloches furent bénites par M. Deprez, curé de la paroisse.

Le trentième novembre 1756, je, soussigné, prestre curé d'Hautvillers, ay béni deux cloches pour l'usage de cette paroisse; la première est nommée Syndulphe, du nom du patron de cette église; la seconde a été nommée Scholastique. Lesdittes cloches m'ont été présentées par Louis Cordelier, sindic, et les principaux habitants, qui ont signé avec nous.

   LÉCAILLON; BERNARD; Louis CORDELIER;
   DEPRÉ, *curé;* LE CACHEUR; THOIRAIN,
   Jean; Jean-Baptiste LANDRAGIN.

---

(1) Cependant, il est probable qu'il y avait des gardes pour ces bois, car nous trouvons, dans les *Archives d'Hautvillers*, à Reims, qu'en 1706, un acte de réception fut dressé pour admettre Pierre Froissand comme garde bois; de même pour Antoine Flour, en 1718, et pour François Ledoux, en 1720. Nous trouvons encore, pour les années suivantes, les noms de plusieurs gardes.

Démêlé au sujet d'une maison dite : de la Croix-de-Fer.

En 1757, éclatait un conflit entre les religieux et les habitants d'Hautvillers, au sujet d'une maison dite de la *Croix-de-Fer*, ou *Auberge de la Croix-de-Fer*. Cette maison appartenait aux religieux; elle servait à loger les dames qui venaient de loin, soit comme pèlerines, soit pour visiter les religieux; il y avait un parloir où elles étaient reçues pour converser avec les moines, quand il en était besoin.

Plus tard, c'est-à-dire après la Révolution, cette maison servit d'auberge jusqu'à ce qu'un célèbre médecin, M. Coutier, l'acheta (24 mai 1796), et y fit divers changements. En 1779, 30 mars, D.-J. Willaum, fondé de pouvoir de dom François Champagne, loue à Pierre-François Bernard et à Catherine Lasnier, sa femme, une maison dite de la Croix-de-Fer, tenant grande rue et chemin du Pavé qui conduit du village à l'abbaye, pour neuf années 113 livres. Ce Bernard était aubergiste lorsqu'il occupait cette maison. Aujourd'hui c'est encore une auberge ou café, tenu par M. Adolphe Lourdet qui en est le propriétaire. Les religieux voulaient en agrandir la cour.

Après inventaire d'opposition, fait par un sieur Hédoin, procureur fiscal en la justice d'Hautvillers, les habitants finirent par autoriser la construction du mur de clôture. Toutefois, certaines conditions furent imposées aux religieux, entre autres ils devaient remplacer convenablement la croix qui se trouvait au milieu du chemin, et qui, par suite du rapprochement de leur mur, gênait la circulation, par une autre croix adossée à l'ancienne muraille, et fournir le bois nécessaire au reposoir qu'on dressait chaque année près de cette croix dans les processions du Saint-Sacrement.

Voici un acte d'assemblée des habitants à ce sujet :

Acte d'assemblée des habitants d'Hautvillers pour déplacer une croix en fer plantée dans la rue devant une maison dite de la Croix-de-Fer, et la replacer près d'un mur nouvellement construit en face de ladite maison.

(12 septembre 1757)

N. B. — Les religieux, avons-nous dit, possédaient une maison de la Croix-de-Fer, avec cour donnant sur la rue ; désirant donc agrandir cette cour, ils firent construire un mur de clôture avec anticipation sur la rue. En avaient-il le droit ? Le sieur Hédoin y mit opposition (31 août 1757). On trouve même une sentence du bailliage d'Hautvillers, à laquelle sentence le sieur Hédoin, en sa qualité de procureur fiscal en la justice, y avait pris part, bien entendu ; cette sentence défendait la construction dudit mur avec menace aux ouvriers de les envoyer en prison s'ils continuaient ; le mur était commencé. Toutefois, il paraît qu'un appel interjeté par les religieux coupa court à toutes ces tentatives d'opposition, du moins est-il certain que le mur fut construit.

Extrait des liasses du greffe du bailliage d'Hautvillers :

Cejourd'huy dimanche, 12 septembre 1757, fin des vêpres *dits* et *chantés* en l'église paroissiale d'Hautvillers,

Nous habitants et communauté d'Hautvillers, ayant été convoqués de pot en pot et assemblés au son de la cloche, en la manière accoutumée, pour traiter et délibérer de nos affaires communes, est comparu Louis Cordelier, notre procureur syndic, qui nous a dit et remontré que la croix appelée communément Croix-de-Fer, située à l'extrémité de la grande rue et posée au milieu d'icelle et du chemin qui monte pour aller à Reims, gesnait tellement le passage par sa position que ce n'était qu'avec difficulté que les voitures peuvent passer, qu'il y avait très longtemps qu'on avait résolu de la changer de place et de la poser dans un lieu ès-environs plus commode, ce qu'il est nécessaire d'effectuer pour le bien public et afin que le passage soit plus libre ; que Messieurs les religieux d'Hautvillers donnant journellement des marques de leur bonté pour cette communauté, et des marques de charité pour les pauvres d'icelle, il serait bon de faire une députation vers eux et de les prier de continuer ces mêmes bontés et charités et les supplier même très humblement de faire les frais du déplacement de cette croix et de sa position, dans un autre endroit, c'est-à-dire dans le nouveau mur que mes dits sieurs religieux font construire pour la fermeture de leur maison appelée l'auberge de la Croix-de-Fer.

La matière mise en délibération après que nous, habitants et communauté, avons consulté sur ce M. Jean Despré, prestre, curé de ce lieu, M. Jean Lécaillon faisant les fonctions du procureur fiscal absent, MM. Jérosme Lefebvre et Antoine Le Cacheur, notaires royaux, tous de ce lieu et les notables et principaux habitants, il a été arrêté unanimement en l'assemblée iceux y étant que laditte croix serait changée de position, quelle serait placée dans le nouveau mur que mes dits sieurs religieux font construire pour la fermeture de leur maison de la Croix-de-Fer, à l'endroit le plus commode de cette muraille et qui sera arrêté par lesdits sieurs Despré, Lefebvre, Lécaillon, Le Cacheur et François Bernard, que nous avons nommés à cet effet, et priant d'en prendre la peine, le tout aux frais de mes dits sieurs religieux qui seront priés de vouloir bien faire, et qu'au lieu d'une table de pierre qui était au bas de cette croix il en sera fournie une de bois par mes dits sieurs religieux, avec les bois nécessaires pour former un reposoir dans le temps des fêtes et octave du Saint-Sacrement, laquelle table et bois de reposoir seront remis en l'église paroissiale de ce lieu, pour s'en servir à l'avenir en ces temps de cérémonie (1), au moyen de quoy les pierres de taille anciennes appartiendront et seront *ceddées* à mesdits sieurs religieux, tant pour ce que pour la position de la croix, laquelle croix néantmoins demeurera propre à notre ditte communauté et sans qu'à l'avenir elle puisse être changée, comme aussi que mes dits sieurs religieux seront priés de rétablir la fontaine qui est proche de cette croix et dans le mur de façon quelle soit plus commode quelle n'était (2), le tout comme lesdits sieurs Lécaillon, Lefebvre, Le Cacheur et Bernard, au moins trois d'eux quatre l'estimeront plus avantageux, que mes dits sieurs religieux seront remerciés de toutes leurs bontés pour cette communauté et prière de les continuer.

Ainsy le tout a été arrêté et avons partie de nous signé, les autres n'en ayant l'usage. Ainsy signé en la minutte : Bernard, Lécaillon, François Arnoud, Lefebvre, Bernard fils, Le Cacheur, François Villenfin, Pierre Simon, Henry Collin, Gilbert, Lebeau, Jean Demoulin, Pierre Martin, Charles-Honoré Pierrot, Jean Villenfin, Léonard Parchappe, Jean Pierrot, Jean-Baptiste Roux, Ponce Pierrot, François Husson, Syndulphe Le Riche, Jean-

---

(1) Ce reposoir, depuis ce temps et même avant, tel qu'il est dit ici, a toujours été élevé tous les ans, pour la cérémonie de la Fête-Dieu, à la place où la croix de fer était placée au milieu de la rue.

(2) Délibération qui prouve que la fontaine qui coule à l'intérieur de la maison était, du temps des religieux, fontaine publique, coulant au dehors.

Baptiste Landragin, Jean *Villenfin J.-C.* (1), Bautier, François Landragin, Dupuis, Puisart, François Pierrot, Simon Rode, Étienne Pierrot, Nicolas Simon, Michel Pierrot, Nivard Villenfin, Jean Jacquet, Louis Cordelier, syndic, et autres.

En la marge de cette pièce est écrit : Nous soussignez, en conséquence du présent acte, la croix a été transportée contre le nouveau mur, comme il est dit dans l'acte, et posée de notre consentement à l'endroit par nous arrêté, et la fontaine dont est question a été rétablie, le tout par mes dits sieurs religieux, c'est-à-dire à leurs frais, après nous être retirés vers eux, les avoir humblement remerciés de leur bonté pour la communauté et les avoir priés de les continuer, et les pierres de la table ancienne ayant été remises à mes dits sieurs religieux *acceptants* par le R. P. dom Joseph Prescheur leur procureur, il a été remis à l'église paroissiale du lieu la table et bois de reposoir dont est question et le présent acte dressé et déposé au greffe d'Hautvillers ce 10 septembre 1757.

Signé : Dom Joseph Prescheur, procureur de l'abbaye d'Hautvillers, Lécaillon, Lefebvre et Le Cacheur.

Controllé à Cumières le 19 septembre 1757, par Follier qui a reçu 12 sols.

Délivré par moy greffier ordinaire soussigné,

LE CACHEUR.

Et plus bas est écrit : Nous soussignés, reconnaissons que la table de bois et autres bois nécessaires au reposoir du Saint-Sacrement ont été fournis, faits et façonnés par Messieurs les religieux d'Hautvillers au désir de l'acte devant et des autres parts écrits.

Le 20 may 1758, signé : LEFEBVRE, *procureur fiscal.*

LÉCAILLON et LE CACHEUR.

(Extrait de l'*Inventaire du Cartulaire*, 3e layette, 6e liasse, *Procédures*, pages 85-88.)

---

(1) Ce Villenfin avait le surnom de Jésus-Christ, qui lui avait été donné à cause du ton blême de son visage et de la douceur sympathique de son caractère ; son fils et son petit-fils, mort en 1869, étaient ainsi dénommés pour les distinguer des autres qui, dans le pays, portaient le nom de Villenfin.

LXXXIVe Abbé
NICOLAS DE BOUILLÉ
(DE 1757 A 1769)

Après quelques années données à un économat qui dût être réparateur, notre monastère avait vu revenir ses abbés commendataires. Pourquoi cette lacune ? nous l'ignorons ; nous n'oserions dire que le roi, qui avait le droit de jouir des revenus des bénéfices en l'absence de titulaires, voulait réellement en profiter en ne nommant pas plus tôt un abbé à Hautvillers, ce serait une petitesse indigne d'un aussi grand roi que Sa Majesté Louis XV. Cet économat avait duré de 1748 à 1757.

Nicolas de Bouillé, doyen des comtes de Lyon, premier aumônier de Louis XV et évêque d'Autun, fut pourvu de l'abbaye d'Hautvillers en 1757. Déjà il possédait en commende l'église de Saint-Nicolas d'Angers. Issu d'une des plus honorables et des plus anciennes famille d'Auvergne (dit Feller), Nicolas de Bouillé était oncle et fut tuteur du marquis de Bouillé, François-Claude-Amour ; c'est ce dernier personnage qui se distingua dans la guerre de sept ans, joua un assez grand rôle dans la guerre d'Amérique, fut nommé gouverneur de la Guadeloupe, et lieutenant général à son retour en France. François de Bouillé avait fait ses études au collège de Louis-Legrand, où l'avait placé son tuteur.

On retrouve encore, dans les liasses d'Hautvillers, une expédition de l'indult obtenu le 5 avril 1759 par M. de Bouillé, évêque d'Autun et abbé commendataire d'Hautvillers. Le pape lui accordait pendant dix ans le droit de nomination aux bénéfices dépendants de l'abbaye d'Hautvillers et de celle de Saint-Nicolas d'Angers.

L'article précédent, qui a trait au déplacement de la croix de fer, nous a montré une première phase du gouvernement de Nicolas de Bouillé, et nous avons atteint l'année 1759. C'est dans le cours de cette année que les religieux procédèrent à la refonte des six plus petites de leurs cloches, on ne toucha pas aux plus grosses, celles qui existaient encore en 1860, puisque leur inscription portait l'année 1723. Quel fut le motif de cette refonte ? nous ne le savons pas ; peut-être, une ou deux d'entre elles se trouvaient-elles cassées, ou voulait-on un plus bel accord ? peu importe ; toujours est-il que c'est pour la troisième fois, depuis un demi-siècle, que nous voyons les religieux revenir sur une pareille opération.

Fermeture des colombiers d'Aigny.
(1759)

Quelques années après celle où l'autorité royale était venue imposer à l'abbaye d'Hautvillers une réforme toute forestière, ses religieux se mettaient en mesure de soumettre à une réforme salutaire les colombiers d'Aigny. Le droit de colombier était, comme on le sait, un privilège tout seigneurial, et nos religieux seuls avaient ce titre dans ledit village. Vraisemblablement ils avaient jusque-là peu tenu à ce droit féodal, et généreusement laissaient sur ce point aux habitants liberté pleine et entière. S'ils comptaient sur le bon esprit de la population pour l'usage modéré de cette concession, l'avenir leur prouva qu'ils s'étaient trompés. L'abus ne tarda pas à venir. Les colombiers se multipliaient outre mesure et leurs hôtes aussi, à tel point que les ravages qu'ils causaient dans les champs, surtout à l'époque des semailles et de la moisson, étaient des plus préjudiciables ; or, les religieux, qui avaient dans le village de notables propriétés, et qui, avec raison, ne se souciaient aucunement de subir de pareils dommages, crurent devoir recourir à une mesure de répression. Il y eut bien opposition, mais intervint un jugement qui contraignit d'abord le curé du lieu à fermer son colombier, et ses paroissiens à suivre son exemple. Sans doute ces braves gens, le curé en tête, ne croyaient pas faire mal en laissant toutes ces petites bêtes aller chercher leur nourriture dans les champs d'autrui, mais leur nombre en était si grand qu'un véritable préjudice en résultait pour les religieux. Se soumettre était chose juste ; toutefois, si juste que fût la mesure prise, les habitants d'Aigny ne la subirent pas sans prendre leur revanche, malgré les exhortations de leur curé qui, cette fois, ne voulait plus de participation. Ce fait s'accomplissait en 1759. Revenant sur un terrain où déjà ils avaient éprouvé de nombreux échecs, ils se mirent en tête de contester aux religieux la taille seigneuriale qu'ils prélevaient en cette paroisse, et qu'on appelait : *taille monsieur*. Nous en avons déjà parlé au long ; il faut en redire quelque chose, les habitants d'Aigny nous y contraignent.

Les religieux percevaient donc alors, à Aigny, deux sortes de droits : droit de taille, droit de voüerie (Ce droit de vouërie était dû par chacun ménage, à raison de tant d'avoine. Chaque chef le payait annuellement à raison de quatre moitons à la mesure d'Hautvillers, *ditte* la mesure Saint-Nivard, pour les ménages pleins, et pour les ménages veuves ou demi-ménage, deux moitons aussi d'avoine, payables au jour de Saint-André. (Extrait d'un ancien terrier d'Aigny.) On ne connaissait déjà plus, en 1761, cette mesure de Saint-Nivard. On pensait alors que ces quatre moitons équivalaient à trois boisseaux de Châlons (1), fixation trouvée dans des écrits postérieurs.) Nos intrépides vengeurs imaginèrent de soutenir que cette double redevance cachait une usurpation inique ; d'après eux, il y avait eu anciennement accord entre les habitants et les religieux, accord qui, au droit de voüerie acquitté par chacun ménage, avait substitué une taille collectivement payée. Il y avait donc injustice flagrante à exiger en double un droit qui était simple. La preuve de ce fait, d'après ces mêmes personnages, c'est qu'un ancien terrier d'Aigny, tout en relatant le droit de voüerie, ne disait mot de la taille. L'origine de cette dernière était de date postérieure et ne s'appliquait que par une substitution. C'était donc aussi déjà un droit à abolir en toute justice. Nos terribles avocats allèrent plus loin et prétendirent que sur la taille acceptée, seule redevance due légitimement aux religieux, ces derniers étaient tenus de pourvoir à l'église d'Aigny des ornements nécessaires au culte, et même, est-il dit, qu'ils prétendirent trouver des preuves de cette obligation dans plusieurs écrits, dont l'un, entre autres, attestait qu'en considération de la *taille monsieur*, laquelle montait à 52 livres 10 sols par an, les admodiateurs de l'abbaye d'Hautvillers avaient accoutumé de faire quelque don à l'église, de quelque chape ou autre ornement de temps en temps. Si pareilles prétentions eussent prévalu, évidemment nos religieux auraient dû s'estimer bien heureux de pouvoir emporter d'Aigny leur dignité seigneuriale franche de

---

(1) Le boisseau équivalait à peu près à dix-huit litres.

toute charge, mais aussi légère de redevance et d'argent. Loin d'être promptement terminée, cette contentieuse affaire ne faisait encore que commencer à ses plus belles proportions en 1762. Nous ne savons quelle en fut l'issue. Pour peu que les tribunaux ne se soient pas pressés d'en finir, la Révolution aura venu mettre enfin les parties d'accord et trancher ce nœud gordien, ainsi que beaucoup d'autres. Les religieux n'en étaient pas moins lésés dans leurs intérêts.

1761. — Une nouvelle contestation nous appelle à faire connaissance avec le village de Vraux. (Vraux, selon quelques-uns, vient de *ferax*, fertile; cette étymologie ne nous paraît pas heureuse.) Ce village est assis à quatorze kilomètres environ de Châlons, sur la route de cette ville à Louvois. De toute ancienneté, la paroisse de Saint-Laurent de Vraux voyait faire quatre parts de ses dîmes : une première revenait à l'abbé d'Hautvillers, patron de cette église; deux autres allaient à l'aumônier de Saint-Remi de Reims; la dernière appartenait au curé du lieu, du moins est-il constant que tel était l'ordre du partage suivi en 1612. Si chétive que fût la portion du curé, il était décimateur, et, en cette qualité, les fermiers de l'abbé d'Hautvillers et de l'aumônier de Saint-Remi ne manquèrent pas de l'obliger à contribuer aux réparations de l'église, appuyés qu'ils étaient sur un arrêt du conseil en date de 1676. Il fallait donc subir alors une loi dont l'obligation était claire et précise. Mais quand les déclarations royales de 1686 et de 1690, vinrent comme ouvrir les portes, non de la fortune mais de l'aisance, à une foule de pauvres curés, celui de Vraux ne se mit pas en retard de jouir de cette faveur, et fit option de la portion congrue, c'est-à-dire qu'il exigea des décimateurs un traitement fixe de 300 livres et leur céda sa part de dîmes dont le rapport était beaucoup moindre. Il cessa donc dès lors d'être réellement décimateur, et si, outre le paiement d'une pension annuelle de 40 livres, les gros décimateurs lui laissèrent la jouissance d'un quart dans les dîmes comme auparavant, c'était uniquement en représentation d'une valeur de 260 livres, somme estimée correspondante au susdit quart des dîmes et qu'ils préféraient payer en nature. Cet arrangement, accepté de bonne foi par le curé, à cette époque, faillit être préjudiciable à ses successeurs ; en effet, l'église de Vraux ayant réclamé une nouvelle restauration en 1741, les fermiers prétendaient que le curé n'avait pas cessé d'être codécimateur, et, pour cette raison, voulurent l'obliger à contribuer pour sa part dans les frais de réparations en question ; mais un avis du conseil, en date du 26 juin, mit arrêt à ces prétentions illégitimes. Le curé en fut quitte pour la peur. Toutefois si, comme l'apôtre, il attendait d'autres combats et d'autres tribulations, les mêmes décimateurs se chargèrent de lui prouver que ses craintes n'étaient pas vaines. Dès la même année, et sans doute par système de compensation, ils voulaient abolir la pension supplémentaire de 40 livres que, d'après les anciennes conventions, ils payaient au curé. C'était bon, disaient-ils, en 1690, où les dîmes étaient d'un moindre rapport, mais aujourd'hui que leur valeur est augmentée, il faut obliger le curé ou à accepter 300 livres, prix de la portion congrue, ou à ne pas exiger de supplément. Par bonheur pour le curé de Vraux, le grand conseil ne fut pas de l'avis de ses débiteurs récalcitrants. Il put ainsi encore échapper à leurs poursuites. De guerre las avec le pasteur, les décimateurs se rejetèrent sur le magister et se mirent en devoir de le tourmenter par suite de quelques pécadilles d'administration locale. Vraux abandonna le pauvre magister à son malheureux sort, ce fut le bouc émissaire de la paroisse. Du moins nos décimateurs laissèrent-ils respirer en paix le pasteur et ses ouailles. Ces faits se passaient en 1764. *(Archives de Reims.)*

Dîme de Villeneuve-les-Vertus.

Du 27 juin 1764, nous trouvons une déclaration de la consistance des dîmes de Villeneuve, de l'étendue du dîmage ; entre autres choses il est dit que, les grains, froment, seigle, avoine, orge, sarrazin, escourgeon se lèvent par les religieux d'Hautvillers, à raison de la treizième gerbe ou le treizième monceau soit de blé, de foin, etc., de ceux qui ne se lient pas, et dans le cas où il ne se trouve pas le nombre de treize dans un champ, mais seulement sept et au-dessus, on paie demi-gerbe et monceleau. La dîme des navettes, dont le sieur curé dudit Villeneuve est dans l'usage de percevoir un tiers, de même que des dravières, lentilles, chanvre et dîmes vertes avant la Saint-Jean et les deux autres tiers appartenant auxdits sieurs religieux, se lèvent au vingtième, au grenier ou à la grange après être battues ; les lentilles, dravières, chanvre et fourrages après la Saint-Jean, se lèvent au treizième comme les autres grains.

La totalité de la dîme en vin et en gros grains appartenait auxdits sieurs religieux, excepté le cas de rapport. Ladite dîme en vin, à raison de quatre pintes par chacun poinçon, jauge de Champagne ou petite jauge, et ladite pinte, mesure de Vertus, se lève tant sur les bourgeois du Mesnil que les autres forains, dont la dîme se partage comme s'ensuit, sçavoir : moitié pour les religieux d'Hautvillers, le quart pour M. le prieur curé du Mesnil, et l'autre quart pour M. le doyen de Gache, etc.

Il y a droit de rapport des dîmes en grains sur les terroirs de Renneville, le Mesnil, Gionges dit Saint-Fergeux, Vertus, Voixpreux, Chevigny, Vousy. Ce droit consiste en ce que les religieux d'Hautvillers, en leur qualité de décimateurs de Villeneuve, ont droit d'avoir et percevoir moitié des dîmes sur les terres situées sur le terroir dudit Villeneuve, appartenant et cultivées par les laboureurs résidants dans quelques-uns des susdits lieux ; l'autre moitié des dîmes appartenant au décimateur du lieu où réside le propriétaire et le cultivateur desdites terres, et réciproquement sur les autres terroirs ci-dessus énoncés.

C'était l'année aux procédures, car nous voyons encore que Saguet, curé de Monthelon, refuse de restituer les dîmes qu'il s'était avisé d'enlever sur le terroir de Pierry, sans l'autorisation des religieux d'Hautvillers. Dom Georges Jossin était alors procureur; en son absence, le 3 août 1741, dom Nicolas Toupot écrivait à ce sujet à M. Goulon, avocat au parlement d'Épernay :

Monsieur,

En l'absence de notre père procureur, je vous envoie le sous-procureur avec la lettre de notre piéton (1) de Pierry, ayez la bonté de voir ce qu'il y aurait à faire, tant pour faire restituer les gerbes par le curé de Monthelon que pour faire signer l'acte de réception de notre piéton, je crois que le sous-procureur peut signer cet acte ; enfin, Monsieur, je vous prie de le rédiger et de dresser l'assignation pour le curé de Monthelon

---

(1) Piéton, espèce de garde champêtre pour la perception des dîmes des religieux.

et de la luy envoyer si vous croyez que nous soyons en droit de le faire.

J'ai l'honneur d'être,
Monsieur,
Votre très humble et très obéissant serviteur,

Dom Nicolas TOUPOT.

Le résultat de cette procédure fut que le curé de Monthelon fut condamné à 42 livres.

Un autre procès-verbal fut dressé par le piéton de Pierry dans la même année 1741, 17 juillet, contre Pierre Berlant, qui refusait de payer la dîme sous prétexte que son pré était entouré de haies vives.

Le 3 août 1750, procès-verbal dressé par Pierre Hasquin, piéton de la dixme de Pierry, contre Étienne Chiquet, menuisier à Champillon, pour avoir laissé dans son champ, à Pierry, pour dixme due aux religieux d'Hautvillers, des gerbes beaucoup plus petites que celles qu'il avait enlevées.

Fixation de la dîme de Dizy.
(1761)

Déjà plusieurs fois nous avons parlé de Dizy et de ses rapports avec les religieux d'Hautvillers. Ce village, on le sait, reconnaissait les abbé et religieux d'Hautvillers pour leurs seigneurs temporels et leur payaient toutes les dîmes d'usage, de grain, de foin, de vin, etc. Il est vrai de dire que cette série de dîmes, et la dernière surtout, n'étaient pas toujours à la plus grande satisfaction des habitants. Naguère encore, nous avons vu ces mêmes habitants échouer dans une tentative judiciaire qui avait pour but d'en obtenir l'abolition ou du moins la réduction. C'était en 1662, la dîme du vin avait été taxée à trente pintes par queue, ou, comme l'indique une autre version, à 10 livres par arpent. Ce que l'esprit de mutinerie n'avait pu alors réaliser s'opéra peu après sous l'action du temps. Dès l'année 1732, cette dîme se trouvait réduite à 8 livres l'arpent, et pourtant les vignes ainsi que leurs produits avaient acquis une valeur plus grande. Les bons religieux ne réclamaient pas ; puis l'élévation du prix du vin, l'abaissement des redevances, tout allait donc pour le mieux dans l'intérêt des habitants de Dizy. Ce progrès s'arrêta là. Du moins est-il constant qu'en l'année 1761, l'abbé d'Hautvillers, M. de Bouillé, déclarait n'entendre point percevoir en nature le droit de dîme dû sur les vignes de Dizy, mais en argent, à raison de 8 livres par chacun arpent, somme payable le jour de la Saint-Martin d'hyver ès-mains dudit seigneur, ou ses préposés, en son hôtel abbatial d'Hautvillers.

Voici l'acte qui fixe cette dîme :

Fixation de la dîme de Dizy à 8 livres par arpent, sous M. de Bouillé, abbé d'Hautvillers.

(4 octobre 1761)

L'an 1761, le dimanche 4 octobre, à la requête de M. Nicolas de Bouillé, conseiller du roy en ses conseils, et son premier aumônier, évêque d'Autun, abbé commendataire de l'abbaye de Saint-Pierre-d'Hautvillers, etc., pour lequel seigneur domicile est élu en son hôtel abbatial dudit Hautvillers, j'ay, Antoine Le Cacheur, archer garde de la connétablie et maréchaussée de France, reçu au siège général d'icelle, résidant à Hautvillers, soussigné, signiffié, déclare duëment fait *assavoir* aux habitants et communauté de Champillon, pour ceux de ses habitants qui possèdent des vignes sur le terroir de Dizy, en parlant pour eux fin et issue des vêpres de paroisse dudit Champillon, et lorsque les habitants en sortaient en grand nombre, à Pierre Vignon le jeune, Ponce Pierrot, Antoine Flour, Joseph Chatel et autres habitants, et d'abondance au sieur Thimothé Le Plat, procureur syndic, que ledit sieur évêque d'Autun n'entend point percevoir en nature le droit de dîme qui lui est dû, à cause de sadite abbaye d'Hautvillers, sur les vignes du terroir de Dizy, mais au contraire que ledit seigneur recevra ledit droit en argent, à raison de 8 livres par arpent par chacun an, relativement aux précédents abonnements, et à l'usage de la paroisse dudit lieu de Dizy, et tout ce qu'il plaira audit seigneur de laisser subsister les abonnements. A cet effet, j'ay sommé lesdits habitants et communauté, parlant que dessus pour ceux qui possèdent des vignes sur ledit territoire de Dizy, de donner et fournir, incessamment et dans les trois jours de la présente signification, audit sieur abbé d'Hautvillers, des déclarations et actes signés et certifiés, de la quantité de vignes par eux possédées sur le terroir de Dizy, par contenance, situation et aboutissant, et de payer et acquitter ledit droit de dixme, à la susditte raison de 8 livres par arpent, le jour de la Saint-Martin d'hiver de chacune année, ès-mains dudit seigneur, ses receveurs, fermiers et préposés en son hôtel abbatial dudit Hautvillers, à compter de la présente année, et ce, tant et si longtemps qu'il plaira audit seigneur de laisser subsister lesdits abonnements, déclarant auxdits habitants et communauté que, faute par eux de satisfaire à la présente signification, ledit seigneur se pourvoiera contre ceux d'entre eux qui possèdent des vignes sur ledit terroir de Dizy, par les voies de droit, et sans préjudice à tous autres deüs, droits, protestant de ce qui est à protester, auxquels habitants et communauté de Champillon, parlant que dessus, j'ay, pour qu'ils n'en ignorent, laissé, ès-mains dudit Thimothé Le Plat, syndic, copie du présent.

LE CACHEUR.

Controllé à Épernay, le 5 octobre 1761.

Diverses restaurations au monastère. Cloches de la paroisse et de l'abbaye.

Dans les dernières années du gouvernement de Nicolas de Bouillé, différentes restaurations ont été faites aux édifices de l'abbaye et à ses dépendances; ainsi nous voyons, sur le cintre de la grande porte de la pitance, la date 1767 ; ce n'était qu'une restauration ou une porte cochère nouvelle, car les bâtiments de la pitance existaient depuis longtemps auparavant. Toutefois, de nouveaux bâtiments, grange et cellier, ont été construits au bout de la cour de cette propriété du pitancier.

Nous ignorons pourquoi, mais nous pouvons dire que les cloches de la paroisse, aussi bien que celles du monastère, n'avaient pas le bonheur de demeurer longtemps suspendues dans leur clocher respectif, ou bien on en augmentait le nombre à volonté; ainsi, au mois de novembre 1756, nous avons relaté une bénédiction de deux cloches pour l'usage de la paroisse, l'une nommée Syndulphe et l'autre Scholastique ; voilà qu'aujourd'hui, 24 septembre 1769, c'est-à-dire treize ans plus tard, nous trouvons une nouvelle bénédiction :

« Le 24 septembre 1769 ont été *bénittes (sic)* deux cloches pour l'usage de cette paroisse, par son excellence Mgr Alexandre de Talleyrand-Périgord, archevêque de Trajanople, coadjuteur de l'archevêque, duché et payerie de Reims, abbé commendataire des abbayes royales de Notre-Dame du Gard et de Saint-Pierre-d'Hautvillers, etc., et a, ledit seigneur, nommé la première, Alexandrine, et la seconde, Angélique, et a signé avec les témoins,

ALEXANDRE, Auguste, *archevêque de Trajanople, coadjuteur de Reims*; LESCURE, *vicaire général de Reims*; LE CACHEUR; DEPRÉ, *curé*; dom Didier FOURNIER, *religieux bénédictin*; BARBARAN, *instituteur*; BARONNET.

Cloches nouvelles à Hautvillers.

(1861)

A l'époque de la Révolution de 1789, l'église de la paroisse n'avait qu'une cloche ; cependant, vingt ans auparavant, en 1769, deux cloches avaient été bénites pour l'usage de la paroisse, comme le constate l'acte de bénédiction que nous venons de voir. Qu'était devenue l'autre cloche ? Nous l'ignorons. Ce qu'il y a de certain, c'est que les cloches de la paroisse, aussi bien que leurs sœurs, celles du couvent, nous le répétons, n'avaient pas alors le bonheur de sonner pendant des siècles, comme celle de Cormoyeux qui sonne encore et qui date de 1544, attendu que des opérations de refonte et des actes de bénédiction de cloches sont souvent signalés dans l'histoire d'Hautvillers. Si la paroisse n'en possédait qu'une en 1789, le couvent en possédait neuf, et quand l'Assemblée constituante (1) eut arrêté que les cloches seraient converties en pièces de

---

(1) En vertu du décret de la Convention, du 12 juillet 1793, les cloches furent mises en réquisition.

canon et en monnaie, l'unique cloche de la paroisse fut prise en compagnie de bien d'autres; était-ce Angélique, était-ce Alexandrine, noms des dernières fondues? Nous n'en savons rien. Il avait été convenu qu'une seule serait laissée dans le clocher du couvent, devenu celui de la paroisse, aussi bien que son église, pour le service de cette même paroisse. Les habitants s'émurent; ils eurent horreur d'une telle spoliation; peut-être un motif d'intérêt les animait-il, car, à vrai dire, neuf cloches du couvent et une de la paroisse, c'était une valeur réelle. Ils eurent l'idée de commettre un vol; fasse le Ciel que jamais leur conscience ne fût plus chargée! De la pensée au désir et à l'exécution, il n'y eut qu'un instant. Ils eurent l'adresse de construire un plancher au-dessus des cloches et d'y en hisser une des plus belles. Lorsque les commissaires, chargés de faire descendre les cloches, arrivèrent pour cette opération, toute trace d'escalier et d'agencement avait disparu. Les sept cloches du couvent qui restaient et celle de la paroisse furent emportées.

Quand les temps devinrent plus calmes, on fut tout étonné de trouver deux cloches, au lieu d'une concédée par l'État; cette dernière n'avait pas bougé de place. Elle pesait 765 kilos, elle avait un mètre deux centimètres de hauteur; on y lisait :

DABIT VOCI SUÆ VOCEM VIRTUTIS PS. 67
ANNO DOMINI 1723, MENSE JUNIO,
SUMPTIBUS CONVENTUS ALTIVILLARENSIS FUSA FUI
ET BENEDICTA AD LAUDEM DEI OMNIPOTENTIS
SUB INVOCATIONE SANCTÆ SCHOLASTICÆ VIRGINIS

« L'année du Seigneur 1723, au mois de juin, aux frais du couvent d'Hautvillers, j'ai été fondue et bénite pour la gloire du Dieu tout-puissant, sous l'invocation de la vierge sainte Scholastique. »

Cette cloche, fendue vers le milieu, en 1835, resta longtemps dans le clocher sans être sonnée, jusqu'à sa refonte, en 1861.

La cloche conservée par les habitants, par suite du vol fait à la

Convention, fut la seule en usage jusqu'en 1860. Elle pesait 1,036 kilos; on y lisait :

VOX DOMINI IN VIRTUTE, VOX DOMINI IN MAGNIFICENTIA PS. 28,
ANNO DOMINI 1723, MENSE JUNIO,
SUMPTIBUS CONVENTUS ALTIVILLARENSIS,
FUSA FUI ET BENEDICTA AD LAUDEM DEI OMNIPOTENTIS
SUB INVOCATIONE SANCTÆ HELENÆ IMPERATRICIS

« L'an du Seigneur 1723, au mois de juin, aux frais du couvent d'Hautvillers, j'ai été fondue et bénite pour la gloire du Dieu tout-puissant, sous l'invocation de sainte Hélène, impératrice. »

On voyait, sur l'une comme sur l'autre, ces emblèmes : « Deux clefs croisées et une crosse, un crucifix, une image de la Sainte Vierge, deux crosses en croix. » Nous ne connaissons pas le fondeur ni l'endroit où ces cloches ont été fondues; rien ne l'indiquait.

En 1860, cette dernière cloche eut le même sort que sa compagne; elle fut cassée par l'incurie des sonneurs qui, pour carillonner ou pour sonner en mort à leur manière, frappaient dessus avec des marteaux en fer. De 1860 à 1861, pendant un an environ, une petite clochette, placée au haut de la tour, annonçait les offices, de concert avec la cloche de l'école, comme cela se pratique encore aujourd'hui, quoique nous ayons de grosses cloches. Le grand comble de l'église nuit beaucoup à l'audition de leur son dans la paroisse; le clocher, rapporté contre l'église, du côté de l'ancien couvent, favorise peu l'harmonie de ces cloches, et c'est à peine si on les entend dans l'intérieur du village, surtout quand le vent vient du nord; la petite cloche de l'école communale, mieux entendue dans la paroisse, rend un véritable service pour appeler les fidèles à l'église. Cette petite clochette, dont nous venons de parler et qui avait sa demeure dans le clocher, au-dessus des autres, avait été achetée en 1833 (30 août), par M. Lallement, maire de l'époque, pour la somme de 105 francs, chez un marchand de bric-à-brac ou revendeur. C'était pour l'usage des messes basses, les grosses étant trop difficiles à sonner.

En 1868, quand la municipalité prit la cloche de l'école, qui servait en même temps de timbre à l'horloge, pour la replacer dans le petit clocher de la nouvelle maison d'école, la petite clochette de l'église fut donnée à la commune, pour servir de timbre et remplacer celle qui venait d'être enlevée. C'est plutôt un prêt qu'un don, car il est dit, dans une délibération du conseil de fabrique du 3 janvier 1868, qu'à la première réquisition la commune sera obligée de la rendre à la fabrique. Elle porte cette inscription :

L'AN 1774, J'AI ÉTÉ FAITE A AY,
PAR L'ORDRE DU RÉVÉREND PÈRE SAUVIE,
ABBÉ DE LA CHARMOYE-AUX-BOIS,
ET ALEXANDRE DE LÉPINE,
ABBÉ DES FONTAINES, PRIEUR GÉNÉRAL DE LA CHARMOYE

Elle pèse environ 50 kilos. La petite clochette qui, à son tour, annonce l'heure des classes et même des offices principaux, porte cette courte inscription :

SUMPTIBUS MONASTERII, 20 AUGUSTII 1723

« Aux frais du monastère, 20 août 1723. »

Elle vient assurément du couvent d'Hautvillers; les dernières fondues portent la date de juin 1723 ; celle-ci, celle du mois d'août même année. Après la Révolution, cette petite clochette, prise dans le pavillon où était l'horloge du couvent, fut placée, avec ladite horloge, dans le clocher de l'église, et longtemps cette horloge a servi pour l'usage de la commune, car, depuis 1784, celle établie dans le clocher du village ne marchait plus. En 1807, l'horloge de l'ancien couvent étant elle-même fatiguée d'un long usage, la commune fit l'acquisition d'une autre horloge chez un nommé Vaucher, pour la somme de 550 francs, plus 207 francs de posage, etc., en tout 757 francs. (Archives de la mairie d'Hautvillers.) Elle avait été faite, dit la tradition, à l'école des arts, à Châlons. Elle existe encore. Quand, en 1817, la commune acheta une maison d'école située près de la place publique, cette horloge quitta le clocher de l'église de l'ancienne abbaye pour aller s'installer dans un petit clocheton élevé pour la recevoir, moins riche en souvenirs que le premier, mais qui, cependant, n'est pas sans valeur.

En l'année 1860, la dernière cloche étant cassée, le conseil municipal, ayant pris en considération le vœu émis par le conseil de fabrique d'avoir de nouvelles cloches pour l'exercice du culte, vota une somme suffisante qui, ajoutée à la valeur des anciennes, put couvrir la dépense à faire pour avoir trois cloches ; une souscription avait été aussi ouverte ; le produit servit à équilibrer le surplus de la dépense supposée d'abord (1). Donc, au mois de juin 1861, trois cloches, fondues dans les ateliers de M. Goussel jeune, à Metz, étaient destinées pour la sonnerie d'Hautvillers. Quoique sur ces cloches la date de leur baptême est indiquée comme ayant eu lieu au mois de juin, elles ne furent réellement baptisées qu'au mois d'août suivant (25 août 1861), par le cardinal Gousset, archevêque de Reims, qui lui-même fut le parrain de la plus grosse. On lit, sur l'un des côtés de ces trois cloches, cette petite inscription :

SOUS L'ADMINISTRATION MUNICIPALE DE MALO,

NOTAIRE, MAIRE

Sur l'autre côté, de la première, on lit :

AD MAJOREM DEI GLORIAM,

ET BEATÆ MARIÆ VIRGINIS

J'AI ÉTÉ BAPTISÉE A HAUTVILLERS, LE.... JUIN 1861,

PAR LE CARDINAL GOUSSET, ARCHEVÊQUE DE REIMS,

JE ME NOMME MARIE-JOSÈPHE-ADÉLAÏDE,

J'AI EU POUR PARRAIN LE CARDINAL GOUSSET

ET POUR MARRAINE ADÉLAÏDE MOËT DE ROMONT

MANCEAUX, *curé desservant de la paroisse*.

Elle pèse 1,040 kilos.

---

(1) La souscription s'est élevée au chiffre de 1,400 fr. La facture du fondeur, datée du 19 août 1861, se monte au chiffre de 3,295 fr. 15, la valeur des anciennes comprise. La commune a donc dû ajouter aux 1,400 fr. de souscription une somme de 1,895 fr. 15.

Sur la seconde on lit :

AD MAJOREM DEI GLORIAM,
ET BEATÆ MARIÆ VIRGINIS
J'AI ÉTÉ BAPTISÉE A HAUTVILLERS, LE... JUIN 1861,
PAR LE CARDINAL GOUSSET, ARCHEVÊQUE DE REIMS,
JE ME NOMME MARIE-ÉMILIE,
J'AI EU POUR PARRAIN ÉMILE MALO
ET POUR MARRAINE MARIE DE MORDANT DE MASSIAC

MANCEAUX, *curé desservant de la paroisse.*

Elle pèse 748 kilos.

On lit sur la troisième :

AD MAJOREM DEI GLORIAM,
ET BEATÆ MARIÆ VIRGINIS
J'AI ÉTÉ BAPTISÉE A HAUTVILLERS, LE... JUIN 1861,
PAR LE CARDINAL GOUSSET, ARCHEVÊQUE DE REIMS,
JE ME NOMME PAULINE-CLÉMENCE,
J'AI EU POUR PARRAIN PAUL CHANDON DE BRIAILLES, CHEVALIER
DE L'ORDRE DE SAINT-JEAN DE JÉRUSALEM, VICOMTE DE CHANDON
DE MORDANT EN TOSCANE,
ET POUR MARRAINE CLÉMENCE TROUILLART

MANCEAUX, *curé desservant de la paroisse.*

Acte de bénédiction des cloches de la paroisse d'Hautvillers.
(25 août 1861)

L'an mil huit cent soixante et un, le vingt-cinq du mois d'août, nous, soussigné, Marie-Thomas-Joseph Gousset, cardinal archevêque de Reims, avons procédé à la cérémonie de bénédiction de trois cloches destinées à la paroisse de Saint-Syndulphe d'Hautvillers, et avons accepté le titre de parrain de la première, qui a eu pour marraine Adélaïde Moët de Romont, et à laquelle nous avons donné les noms de Marie-Josèphe-Adélaïde.

La seconde a eu pour parrain Émile Malo, licencié en droit, représenté par M. Camille-Jacques-Victor Auban-Moët de Romont, et pour marraine Marie de Mordant de Massiac, qui lui ont donné les noms de Marie-Émilie.

La troisième a eu pour parrain Paul Chandon de Briailles, chevalier de l'ordre de Saint-Jean de Jérusalem, vicomte de Chandon de Mordant en Toscane, et pour marraine Clémence Trouillart, qui lui ont donné les noms de Pauline-Clémence. M. Malo, maire de la commune, assisté du conseil municipal, et de la compagnie de pompiers, qui a pris part à cette cérémonie, à laquelle ont assisté tous les habitants de la paroisse.

† Th. Cardinal GOUSSET, *archevêque de Reims.*
A. CHANDON MOËT DE ROMONT;
V. AUBAN-MOËT-ROMONT;
M. DE MORDANT DE MASSIAC;
Paul CHANDON DE BRIAILLES;
Clémence TROUILLART;
X. MALO, *maire;*
TROUILLART - LAMBERT, *trésorier de la fabrique;*
MANCEAUX, *curé desservant.*

Il est d'usage que les parrains et les marraines des nouvelles cloches, dans une paroisse, fassent un cadeau à l'église, ce qui ne manqua pas d'avoir lieu en cette circonstance. Mgr le cardinal Gousset, remarquant qu'un contre-fort de l'église menaçait ruine, donna deux cents francs pour le rétablir. Mme Chandon, Adélaïde Moët de Romont, acheta un tapis qui couvre tout le sanctuaire au jour des grandes fêtes. M. Chandon de Briailles et Mme Chandon, Marie de Mordant de Massiac, firent don d'un magnifique ostensoir, et M. Émile Malo donna un calice en vermeil. Ce fut une bonne fortune pour l'église d'Hautvillers; trois cloches et de riches cadeaux, c'était digne de l'ancienne splendeur de notre célèbre abbaye.

Démêlé à l'occasion d'un bail concernant les revenus de l'abbaye.

Sous le gouvernement de Mgr de Bouillé, abbé d'Hautvillers, les revenus de l'abbaye avaient été adjugés à un fermier général nommé Aillaud, habitant de Paris.

Dans un mémoire que nous avons sous les yeux, imprimé à Paris, chez P. Al. Leprieur, rue Saint-Jacques, à l'Olivier, au mois de décembre 1762, et rédigé par le procureur Huguet, pour servir à instruire la cour, nous remarquons qu'il ne s'agit pas d'une plainte ordinaire de fermier qui croit perdre en ne gagnant pas assez, ni d'une demande en indemnité fondée sur quelque cas fortuit ; c'est l'admodiateur des revenus temporels d'une abbaye qui réclame contre le bail qu'il a eu l'indiscrétion, selon lui, de souscrire, sous la loi, dit-il, d'un état infidèle qui lui a été présenté, bail qui, d'après le rédacteur du mémoire, ne peut être exécuté par le bailleur et qui entraînerait la ruine du preneur, s'il pouvait subsister.

Le rédacteur de ce mémoire, ce nous semble, traite durement le bailleur en semblant favoriser le preneur. Nous n'avons pu connaître le prononcé du jugement. Voici les principales raisons de nullité, ou au moins pour la résiliation du bail, qu'apporte le sieur Aillaud :

« Un bail fait par M. le chevalier d'Orléans, titulaire de l'abbaye d'Hautvillers, le 15 février 1731, au profit des religieux, n'était élevé qu'au prix de 23,250 livres, et encore leur cédait-il un grand nombre d'objets mobiliers.

« Un autre bail, fait par l'économat le 5 février 1749, dont le prix ne fut que de 22,550 livres.

« Un troisième bail, qui n'a duré que trois ans, commencé le premier février 1755, fait au sieur Camus, pour le prix de 28,100 livres, et ce fermier a obtenu 1,500 livres d'indemnité chaque année.

« Un quatrième bail, fait au sieur Lasnier pour le même prix, a été, pour ce dernier, contrairement aux autres, d'un avantage exceptionnel, à cause de la chèreté des vins pendant les dernières années, revenus que ne pourra obtenir le sieur Aillaud, attendu que les vignes ne sont pas comprises dans son bail. »

Le sieur Aillaud ignorait à quelles conditions tous ces baux, précédents au sien, avaient été faits. Il déclare, en outre, que mettant sa confiance dans le sieur Parchappe, de Cumières, qu'on dit être un homme peu recommandable, et cependant ami de l'abbé, il avait souscrit, le 23 août 1762, étant domicilié à Paris, le bail dont il s'agit, au prix de 27,000 livres et une multitude de charges. Reconnaissant que les revenus étant beaucoup moindres qu'il ne les avait supposés, et encore qu'il ne jouissait pas de plusieurs objets compris dans ledit bail, qu'il avait été aussi trompé sur la coupe des bois, déjà faite pour certaines années avant qu'il n'en eût pris possession, que l'état des revenus ne lui avait pas été délivré, qu'il n'avait aucune connaissance des cueillerets (1), que le produit des vignes, surtout, qui montait, année commune, à environ 9,000 livres, que, pour toutes ces causes, il demandait la résiliation de son bail.

C'était réellement matière à procès; le sieur Aillaud aurait dû, dans une matière aussi grave, prendre de plus amples renseignements; nous laissons à la justice, saisie de l'affaire, de se prononcer. Ce qui aura pu, ajouterons-nous, plus particulièrement engager le sieur Aillaud à demander la résiliation de son bail, c'est qu'en cette année 1762, lorsqu'il ne jouissait pas du revenu des vignes, le vin, qui était d'une qualité supérieure, s'est vendu plus de 700 livres la queue (environ 400 litres). M. l'abbé de Bouillé en a récolté, pour sa part, 93 poinçons, dont il en a fait 40 pièces de cuvée. Cette année lui a valu net 14,000 livres. Ce chiffre de revenu, dont le sieur Aillaud était privé, pouvait bien lui donner des regrets de la souscription de son bail. On a vu, d'ailleurs, quels étaient les revenus généraux de l'abbaye, et sur combien de localités ils s'étendaient.

---

(1) Le cueilleret est un livre de recette des cens et rentes dus à un seigneur par ses tenanciers. Pris adjectivement, on dit : papiers cueillerets.

LXXXVe Abbé

ANGÉLIQUE-ALEXANDRE
DE TALLEYRAND DE PÉRIGORD

(DE 1769 A 1776)

Le successeur de M. Nicolas de Bouillé, dans le gouvernement de notre abbaye, fut le personnage éminent que nous venons de nommer, en 1769. Dans la chronique d'un auteur moderne, Nicolas de Bouillé serait mort la même année de sa promotion, en 1757, et aurait eu immédiatement pour successeur l'abbé de Talleyrand. C'est une erreur que nous devons relever ici ; l'unanimité des auteurs ne laisse aucun doute sur ce point ; nous avons des actes administratifs qui prouvent que M. de Bouillé gouvernait l'abbaye après 1757. A cette époque, Mgr de Talleyrand était coadjuteur de Mgr Antoine de la Roche-Aymon ; il le fut jusqu'en 1777, où il fut nommé archevêque de Reims, et où il resta jusqu'à l'époque où il fut transféré à l'archevêché de Paris.

Il fut nommé à l'abbaye pour augmenter un peu ses revenus de coadjuteur ; il est vrai que si Mgr de Talleyrand fut nommé abbé d'Hautvillers seulement en 1769, il faut dire que, dès cette première année, il visita son abbaye, et il le fit plus d'une fois. Nous avons vu, précédemment, qu'au 24 septembre 1769, il a baptisé deux cloches pour l'usage de la paroisse et auxquelles il a donné ses prénoms.

Alexandre-Angélique Talleyrand-Périgord naquit à Paris, le 10 octobre 1736. La famille de Talleyrand était, on le sait, l'une des plus nobles et des plus anciennes de France. Toujours il y avait un haut prélat dans la famille des Périgord, moins, sans doute, pour continuer cet antique usage, que par les propensions vertueuses d'un cœur choisi de Dieu, et spontanément dévoué à son service.

Talleyrand se consacra à l'état ecclésiastique et obtint, dès l'âge de 26 ans, une abbaye située au diocèse d'Amiens. Ses études théologiques se firent sous la direction de l'abbé Bourlier, Jean-Baptiste, depuis son vicaire général, évêque d'Évreux et pair de France. (Nommé évêque d'Évreux en 1801,

Mgr Bourlier mourut le 30 octobre 1821, âgé de 90 ans. — Feller.)

Nommé d'abord aumônier de Louis XV, Talleyrand n'avait pas encore atteint sa trentième année, en 1766, qu'il fut donné pour coadjuteur à Mgr de La Roche-Aymon, archevêque de Reims. Cette nomination avait pour motif les fréquentes absences de ce prélat, qu'appelaient souvent à la cour, loin de son diocèse, les fonctions de grand aumônier. L'année même de sa promotion, le 28 septembre, Talleyrand fut sacré sous le titre d'archevêque de Trajanople. Les occupations, déjà si nombreuses, que lui donnait son titre de coadjuteur, se virent notablement augmentées quand Mgr de La Roche-Aymon fut pourvu de la feuille des bénéfices, place éminente qui l'obligeait de faire à la cour des stations plus longues encore que par le passé. Laissé ainsi presque seul à la tête d'un vaste diocèse et assailli par cette multitude d'affaires inséparables des fonctions de l'épiscopat, Talleyrand, jeune encore, acquit un précieux fond de connaissances admistratives, que, plus tard, il sut traduire par des règlements sages et utiles.

Trois ans après, c'est-à-dire en 1769, Talleyrand obtenait l'abbaye d'Hautvillers, qu'il garda jusqu'au mois de décembre 1776. L'année suivante, il fut reçu à l'assemblée du clergé, où il suppléa, comme président, M. de La Roche-Aymon, apparemment que les nombreuses infirmités de ce prélat ne lui permettaient pas de remplir en personne le fauteuil de la présidence, honneur qui était dans ses attributions. A la mort de ce cardinal, arrivée le 27 octobre 1777, Talleyrand, en qualité de coadjuteur, lui succéda de plein droit sur le siège de Reims et reçut, en échange des abbayes du Gard et d'Hautvillers, dont il s'était démis en 1776, celle de Saint-Quentin-en-l'Isle, au diocèse de Noyon. M. de La Roche-Aymon avait été honoré de la pourpre romaine, en 1771. D'après Feller, Mgr de Talleyrand avait sous sa juridiction, dans le diocèse de Reims, un nombre considérable de cures et de succursales, qui montait à 746. Il doit s'être glissé une petite erreur dans ce calcul, car, dans l'*Almanach historique, civil, ecclésiastique, de la ville et du diocèse de Reims*, pour l'année 1790, nous avons compté 524 cures et 240 succursales, total : 764.

M. de Talleyrand assista aux assemblées tenues en 1780 et 1788; toutefois, ces moments de diversions, si légitimes qu'ils fussent, ne l'empêchaient pas de partager les travaux de ses vicaires généraux. De leur nombre, avons-nous déjà dit, était M. Bourlier, son ancien professeur de théologie. Entouré d'un grand troupeau, Talleyrand ne faillit point à sa mission sainte. Le digne pasteur se multipliait, en quelque sorte, pour faire face à des besoins toujours renaissants, besoins aggravés encore par les temps mauvais qui devaient enfanter la Révolution. Ses fonctions sublimes avaient comme la vertu de le rendre infatigable. Il ne négligeait en rien les soins du troupeau confié à sa houlette. La réforme de son séminaire fut un des premiers points qui éveillèrent sa vigilance pastorale. Depuis assez longtemps, cet établissement était administré par des chanoines réguliers de Sainte-Geneviève ; il les congédia et confia à des ecclésiastiques de Saint-Sulpice l'instruction des jeunes clercs.

Les Génovéfains étaient connus également sous le nom de Chanoines de la congrégation de France. Les armes des Génovéfins ou Génovéfains étaient d'azur à une main tenant un cœur enflammé. On lisait pour devise : *Super emineat charitas.* Ils portaient habituellement une soutane de serge blanche avec un collet fort large, et un manteau noir quand ils sortaient de l'abbaye. Au chœur, pendant l'été, un surplis de toile, l'aumuse sur le bras gauche et le bonnet carré ; l'hiver, un long camail noir avec un capuchon à peu près semblable à celui encore en usage à Paris, et une chape également noire.

Les raisons qui poussèrent Mgr de Talleyrand à prendre cette mesure de remplacer les Génovéfains par des Sulpiciens ne sont pas généralement connues. Au rapport d'un membre éminent du clergé de Reims, décédé octogénaire, il y a un peu plus de trente ans, et que nous avons très bien connu (M. Maquart, vicaire général), il paraît qu'il s'était introduit parmi ces chanoines un laisser-aller extérieur qui, sans être précisément un relâchement, était au moins une dissipation inconvenante qui pouvait nuire à l'éducation des jeunes clercs. Il paraît aussi qu'ils laissaient un peu à désirer sous le rapport des études et de l'administration temporelle. Aujourd'hui encore, les Sulpiciens, prêtres tant dévoués et pleins de l'esprit de Dieu, dignes fils de M. Ollier, continuent à former, au milieu de nous, les jeunes élèves du sanctuaire. Leur savoir si profond et si varié, leur zèle si ardent et si pur, leur piété si douce, si persuasive, leur gouvernement si paternel et si entraînant, tout fait espérer que longtemps encore ils conserveront un département dont ils savent tenir les rênes avec une dextérité si digne. Tel est le vœu que forme un prêtre qui, sous leurs auspices, consacra à Dieu ses pensées et son cœur, et certes, disons-le bien vite, ce n'est pas seulement ici le cri d'une reconnaissance personnelle, c'est l'action d'une conviction légitime et bien arrêtée, c'est l'écho de mille voix sacerdotales qui se répètent religieusement partout un vaste diocèse, dans toute la France où la compagnie de Saint-Sulpice dirige les séminaires, et à l'étranger où leur savoir et leurs vertus sont en vénération. Puissent ces paroles de louanges être entendues du Ciel, et que Dieu leur accorde à tous une récompense justement méritée.

Talleyrand fut de la seconde assemblée convoquée à Versailles pour le 8 octobre 1788. On sait quelle fut l'issue de cette réunion, dont le but était de donner au tiers état une double représentation afin de la mettre en équilibre avec les deux autres. On s'était partagé en cinq chambres et, après deux mois de discussion, une seule, celle que présidait Monsieur frère du roi, se déclara pour le double vote. Les princes, les pairs et le parlement fortifièrent le rejet de cette opinion par des adresses spéciales au roi. Toutefois, ils essayèrent d'en adoucir l'amertume par un abandon formel de leurs privilèges pécuniaires. Quand arriva la convocation des états généraux, Talleyrand fut nommé député par le bailliage de Reims. Les scènes si tumultueuses de cette assemblée, qui bouleversa tout, ne firent point s'écarter de la ligne du devoir le digne et pieux prélat ; pendant qu'un peuple révolutionnaire préconisait les scandales d'un évêque qui, lui aussi, devait sentir couler en ses veines le noble sang des Périgord, Talleyrand adhéra aux protestations du côté droit, contre les principes qui avaient pour but le renversement de l'Église et de la monarchie. Il publia même, en son nom, plusieurs écrits, soit pour prémunir ses diocésains contre les innovations de l'assemblée, soit pour défendre les droits de son siège ; on peut citer parmi ses écrits : 1º Sa *Lettre aux électeurs de la Marne*, de 8 mars 1791 ; 2º sa *Réponse, du 12, à Philibert, curé de Sedan*, qui venait d'être nommé évêque des Ardennes, et qui lui avait écrit pour le prier de consentir à l'exercice de sa juridiction ; 3º une autre *Réponse, du 5 avril, à Diot, curé de Vendresse*, élu évêque de la Marne (1) ; 4º un *Mandement*, du

---

(1) Cet intrus datait ses mandements, au moins pour plusieurs, de Ville-en-Tardenois.

8 *avril, relatif à l'élection de Philibert;* 5° un autre *Mandement relatif à l'élection du trop fameux Diot.*

Déjà les commotions sanglantes, qui déchiraient la France et retentissaient jusqu'au fond de nos provinces les plus éloignées, annonçaient à un peuple malheureux qu'allait commencer pour lui une ère de carnage et de terreur; aussi, persuadé qu'un plus long séjour en son diocèse ne pouvait être que dangereux, sans présenter aucune chance de bien, Talleyrand se résigna à quitter le sol toujours si cher de la patrie, et partit pour l'exil. Retiré à Aix-la-Chapelle avant la clôture de l'Assemblée constituante, il envoya de là son adhésion aux dernières mais inutiles protestations du côté droit. De cette ville il passa à Bruxelles; son séjour en cette ville ne fut pas de longue durée, car bientôt les armées françaises ayant pénétré dans la Belgique, il se rendit en Allemagne et demeura plusieurs années à Brunswick. Ce fut en cette ville que lui parvint la demande adressée par le Souverain Pontife aux évêques de France pour la démission de leurs sièges.

Tout en s'abstenant d'exercer aucune juridiction sur son diocèse, Talleyrand suivit l'exemple de beaucoup d'autres évêques, et refusa d'accéder, pour le moment, à la demande du pape. Le 12 décembre, il fit une réponse dilatoire, à l'exemple de M. le cardinal de Montmorency et les évêques de Boulogne, de Limoges, de Séez, d'Aire, de Digne et d'Auxerre. Cette lettre était de la composition de M. Anselme, évêque de Boulogne, personnage aussi éclairé que pieux. On doit lui attribuer pareillement la rédaction de celle qui fut écrite au pape le 26 mars 1802. Dans cette lettre, souscrite d'abord par Talleyrand et cinq évêques, et adoptée ensuite par vingt-cinq autres, les prélats signataires exprimaient au pape et leurs regrets de ne pouvoir imiter l'exemple des évêques démissionnaires, et les raisons qu'ils avaient de différer leur démission. (Sur quatre-vingt-un évêques qui restaient de l'ancien clergé de France, quarante-cinq avaient donné leur démission.) Cette dernière lettre fut comme le germe de celles du 6 avril 1803, signées aussi par Talleyrand. Les évêques non démissionnaires y protestaient contre le concordat et les mesures qui les privaient de leur juridiction et de leur siège. Ces réclamations portaient trente-huit signatures, y compris celle de l'évêque d'Asope *in partibus*, et celle de M. de la Tour, nommé à l'évêché de Moulins et non sacré. Cette pièce était encore l'œuvre de l'évêque de Boulogne.

Pendant que sous la sauvegarde de l'empereur de Russie, Louis XVIII vivait en roi exilé à Mittan, ancien château des ducs de Courlande, ce prince appela auprès de lui l'archevêque de Reims et l'admit dans son conseil. Ce fut là que Talleyrand suppléa le cardinal de Montmorency, à qui sa santé affaiblie ne permettait pas de continuer ses fonctions de grand aumônier. Talleyrand fut présent à la mort du respectable abbé Edgeworth, arrivée à Mittan le 22 mai 1807.

Lorsque la paix, conclue à Tilsitt entre la France et la Russie, força le roi Louis XVIII à quitter le continent, Talleyrand le suivit en Angleterre, où on arriva vers le mois d'octobre 1807. Bientôt après vint la mort du cardinal de Montmorency (1808); la cour exilée se trouvait alors à Altona, ce fut là que le roi donna à Talleyrand la charge de grand aumônier et de sa main le décora du cordon bleu. A la déchéance de Napoléon, le fidèle sujet partait de Hartwel avec le prince et rentra en France; nous sommes en 1814. Une fois en possession du trône de ses pères, Louis XVIII n'oublia point le compagnon de son exil et rendit à Talleyrand le titre de premier pair, dignité attachée au titre d'archevêque de Reims; il lui confia ensuite la mission importante de présenter des sujets pour les évêchés et les autres places ecclésiastiques. Aux cent jours, une révolution nouvelle le trouva, comme toujours, inviolablement attaché à son devoir, et il accompagna à Gand Sa Majesté Louis XVIII.

De retour à Paris après la bataille de Waterloo, qui amena la seconde abdication de Bonaparte, Talleyrand ne négligea aucune démarche pour rétablir la paix dans l'Église de France. Payant d'exemple lui-même, il donna sa démission du siège de Reims, provoqua et signa la lettre adressée à Sa Sainteté, le 8 novembre 1816, lettre qui facilita les arrangements du concordat.

Créé cardinal le 28 juillet 1817, Talleyrand fut institué pour le siège de Paris le 1er octobre de la même année, mais l'opposition d'une partie de la chambre des députés au nouveau concordat, et les efforts du ministère pour revenir à celui de 1801 l'empêchèrent de s'installer dans son nouveau siège avant l'automne de 1819.

Malgré son âge avancé (il avait quatre-vingt-trois ans) et les infirmités, compagnes de la décrépitude, le courageux prélat ne cessait de porter une attention vigilante sur l'administration de son nouveau diocèse. Il choisit pour coadjuteur et pour vicaires généraux des ecclésiastiques qui jouissaient de l'estime publique et la méritaient. C'est à lui qu'on doit plusieurs sages règlements concernant le clergé et le rétablissement des retraites pastorales. Il fit aussi rédiger un nouveau bréviaire et donna à l'œuvre des petits séminaires une extension plus en rapport avec l'époque nouvelle et les besoins de son diocèse. Depuis plusieurs années une pustule douloureuse s'était formée sur la joue, elle dégénéra en abcès, il s'y joignit même un catharre ; une complication d'infirmités nouvelles usa rapidement le peu de forces qui lui restaient. Il mourut le 20 octobre 1821, âgé de quatre-vingt-cinq ans.

Louis XVIII et tous les membres de la famille royale témoignèrent un vif regret de cette perte. Son éloge funèbre fut prononcé le 29 novembre 1821, à Notre-Dame, par Frayssinous. L'année même de la mort de ce cardinal, il parut sur sa vie une notice très succincte. Lors de la translation de son cœur, un prêtre de la mission de France prononça, d'abord dans l'église métropolitaine (8 janvier 1822) et puis le lendemain dans celle de Saint-Roch, l'oraison funèbre de ce prélat. Hyacinthe Louis de Quélen, qui lui succéda au siège de Paris, fit un digne éloge de son prédécesseur dans le mandement qu'il publia à cette occasion. M. de Bausset a publié aussi une notice historique de ce prélat.

Avant de clore cet article, nous dirons qu'une charité active et infatigable était la base ou plutôt le couronnement des hautes vertus de Mgr de Talleyrand. Dans son diocèse de Reims, on le vit répandre des secours abondants parmi les malheureux. Sa sollicitude s'étendait sur les hospices et sut procurer aux vétérans du sacerdoce un asile justement mérité.

Attentif même à stimuler le progrès des arts, il encouragea les manufactures en faisant amener d'Espagne, à ses frais, un troupeau de mérinos, dont le commerce à Reims aujourd'hui est si fier. On dit même qu'il fit distribuer des secours pour remplacer par la tuile les couvertures en chaume. Ce fut Mgr Borius, archevêque de Rouen, qui fit son éloge à la chambre des pairs, le 27 novembre 1821.

Durant les huit années, de 1769 à 1777, que Mgr de Talleyrand eut en commende l'opulente abbaye d'Hautvillers, il sut la régir en bon père de famille, plus attentif à maintenir le bon ordre et la régularité, qu'à percevoir les émoluments de son titre abbatial. Il est à remarquer, toutefois, que son administration, toute paternelle qu'elle fût, ne put lui éviter certains désagréments, désagréments d'autant plus pénibles qu'ils lui furent suscités par les membres mêmes de sa communauté, tant il est vrai de dire que l'homme se retrouve partout avec ses imperfections; nous dirons toutefois, à la louange de tous, au caractère pacifique surtout de notre abbé, que tout s'arrangea à l'amiable, que ces démêlés eurent une solution prompte, et, ce qu'il y eut de mieux sans doute, c'est que cette litigieuse affaire ne franchit pas le seuil de l'abbaye. Ces tribulations avaient pour objet tantôt les divers filets d'eau qui approvisionnent l'abbaye, tantôt certaines réparations aux offices claustraux ; nous y reviendrons.

Confection d'un nouvel orgue.

Déjà vers l'année 1630, nous avons pu saluer avec plaisir l'installation d'un orgue en l'église de l'abbaye. C'était le fruit des sages économies d'un pieux et noble enfant de saint Benoît, dom Nicolas Dudré. Soit qu'un siècle et demi eût suffit pour détériorer ce premier instrument déjà restauré en 1684, soit que ses proportions, peut-être exiguës, ne correspondaient plus à la prospérité du monastère, les religieux songeaient à lui en substituer un autre plus digne de leur riche et magnifique abbaye. Ce projet fut mis à exécution en 1769, ainsi que le constatent plusieurs inscriptions gravées sur des tuyaux encore existants ; en voici deux qui doivent paraître suffisantes :

HÆC ORGANA FACTA SUNT
ANNO MDCCLXIX
PRIORE R. P. DOM FRANCISCO WILLAUME.

« Ces orgues furent faites en l'année 1769, sous le R. P. dom François Willaume, prieur. »

HÆC ORGANA FACTA SUNT
A LUDOVICO GORDELOT,
MATHÆE WYSKISCLUM
ANNO 1769,
SUMPTIBUS MONASTERII.

« Ces orgues furent faites par Louis Gordelot, Mathieu Wyskirclum, l'année 1769, aux frais du monastère. »

En disant que ces orgues furent faites en 1769, nous supposons que tout l'ensemble de l'instrument a été visité, réparé ; car nous avons l'assurance que d'anciennes parties ont été conservées.

Ce qui précède nous apprend qu'alors était prieur du monastère Jean-François Guillaume, et que l'orgue acheté fut confectionné par des mains allemandes, autant que peut le prouver un nom propre à estropier une langue française ; toutefois, disons, à part le nom, que les Allemands ont toujours eu le dessus pour confectionner des instruments de musique, aussi bien l'emportent-ils sur la musique elle-même.

Cet orgue est le même qui traversa, sans trop d'avaries, les pénibles jours de la Révolution, et qu'un homme de cœur a fait splendidement restaurer de nos jours (1847). Pourquoi ne pas le nommer ? Hautvillers reconnaissant devra bénir longtemps la mémoire et la pieuse générosité de M. Paul Chandon de Briailles. Quand un citoyen consacre ainsi noblement plus de dix mille francs à la restauration d'un monument artistique et religieux, son souvenir ne doit pas s'effacer, il a droit aux hommages de la postérité ; mais, aujourd'hui, la reconnaissance est bannie du cœur des hommes, si, par votre fortune, vous l'emportez sur la majorité ; quelque bien que vous fassiez, vous serez regardé d'un mauvais œil. A l'occasion de cette restauration, due à la générosité de M. Paul Chandon de Briailles, on trouve dans un des sommiers de cet orgue, cachée derrière les soupapes, une inscription que nous avons découverte tout dernièrement. L'artiste qui a restauré l'instrument n'aura pas voulu blesser la modestie de M. Paul Chandon de Briailles, en cachant si bien ce qui pouvait perpétuer le souvenir de son œuvre, et, tout en lui demandant pardon, si nous allons contre son intention, nous sommes bien aise de mettre au jour notre découverte.

Voici cette inscription :

AD MAJOREM DEI GLORIAM.

DÉTRUITES PAR LE TEMPS,

CES ORGUES FURENT RÉÉDIFIÉES EN L'ANNÉE 1847,

PAR M. PAUL CHANDON,

CHEVALIER DE MALTE, CHEF DE BATAILLON,

ORGANISTE

ET PROPRIÉTAIRE A HAUTVILLERS.

A côté on lit :

> HOC BENEFICIUM REMUNERANDI CAUSA,
> CONSILIUM, PAULO CHANDON
> ET HÆREDIBUS SUIS, JUS ORGANA ADEUNDI
> PER VETERIS CLAUSTRI
> PORTAM PERPETUO CONCESSIT.

Après cette importante restauration de l'orgue, M. Paul Chandon, amateur de musique, s'est fait organiste et est venu pendant quelques années, tous les dimanches, d'Épernay à Hautvillers, pour toucher le bel instrument auquel il venait généreusement de rendre une vie nouvelle.

L'orgue rétabli en 1769 se composait de trente-cinq registres, dont dix pour le positif et vingt-cinq pour le grand orgue ; malgré son état de désorganisation déplorable au moment de la Révolution, il était encore remarquable d'harmonie et de sonorité. Les révolutionnaires l'avaient respecté ; toutefois, en voulant tirer de ce magnifique instrument des sons en rapport avec leurs transports frénétiques, ils l'avaient considérablement fatigué. Heureusement nous avions la chrysalide, et le bienfaiteur, M. Paul Chandon de Briailles, nous a montré le papillon dans toute sa beauté, qui, encore aujourd'hui, dans nos grandes solennités, déploie ses ailes riches et élégantes sous l'impulsion des doigts agiles de M. Victor Plateau.

Les deux buffets de cet orgue, celui du grand orgue et celui du positif, quoique d'un style sévère, ne manquent pas d'élégance. Le premier est d'une date plus récente et ne remonte qu'à la reconstruction de l'orgue en 1769, il mesure 7 m. 25 c. de hauteur, il est surmonté de trois corbeilles de fleurs en bois sculpté, qui sont un de ses beaux ornements. Le second buffet, celui du positif, est plus ancien, il remonte, aussi bien que la tribune dont il fait partie, à l'année 1684. Depuis vingt ans, le clocher avait disparu de l'angle ouest de l'église, pour être replacé à l'angle est du côté du midi de l'église, ce qui avait occasionné quelques changements dans l'église du côté du portail, et une tribune en rapport avec le monument était nécessaire. Elle fut construite selon l'habitude des religieux, c'est-à-dire avec solidité et bon goût. Élevée à 4 m. 50 c. du pavé de l'église et ayant 3 m. 25 c. de largeur, elle est soutenue par deux colonnes en chêne avec bases et chapiteaux sculptés. On y monte par un escalier dérobé, assez peu élégant.

Eaux du monastère.

M. de Bouillé était mort laissant, pour tout titre à l'immortalité, la réputation d'avoir été un de ces abbés commendataires qui ne firent parler d'eux ni en bien ni en mal; il passera donc pour ainsi dire inaperçu dans notre histoire.

Nous l'avons dit assez longuement, son successeur fut un abbé bien autrement remarquable ; prélat aussi noble par ses sentiments du cœur que par le sang illustre qui coulait dans ses veines, M. de Talleyrand était déjà un vertueux évêque; il ne pouvait manquer d'être un excellent abbé. Ces qualités ne purent cependant empêcher que certaines contestations ne s'élevassent entre les agents de la mense abbatiale et les religieux du monastère ; toujours pour la même raison, les agents, la plupart du temps, cherchaient leurs intérêts propres, sous prétexte de défendre ceux de l'abbé; les religieux, de leur côté, n'étaient pas hommes à se dépouiller d'un droit justement acquis, et, de là, conflit. Nous voyons que le sujet de ces contestations, en 1772, avait trait aux fontaines et à certaines propriétés dont les délimitations n'étaient pas bien déterminées.

Pour les religieux comme pour l'abbé, la fontaine des Menidres et la fontaine Gillet avaient leur destination aussi bien que les sources des Fotiaux, dont les eaux, remises dans un bassin commun, arrivaient par conduits souterrains jusque dans le monastère, pour être distribuées, au profit de l'abbé et des religieux, selon le besoin de chacun.

Un conflit s'étant élevé, tout s'arrangea à l'amiable; deux traités conclus tracèrent la ligne de démarcation des droits réciproques. Ce traité est daté du 24 mars 1774. Primitivement, les eaux des sources des Fotiaux, lieu d'un ancien hameau d'Hautvillers, étaient dirigées vers le monastère, par une pente régulière qui ne permettait pas de pouvoir élever ces eaux dans les lieux réguliers, comme on le fit plus tard, en construisant de nouveaux regards, d'où se faisait, comme aujourd'hui, une distribution régulière pour les ayant-droit.

C'est sur la fin de 1773 que deux de ces regards furent construits. Le premier et le plus élevé se trouve à la hauteur et peu éloigné de l'emplacement de l'ancienne chapelle de Saint-Nivard. Un bassin en plomb reçoit les eaux de ces sources abondantes, venant d'une distance d'environ trois cents mètres et amenées par des tuyaux en fonte renouvelés en 1869. Là se fait un partage exact en deux parties : l'une était, à cette époque de 1773, uniquement pour le service de la maison de l'abbé et de ses jardins ; l'autre partie se rendait dans un autre regard, où se faisaient aussi deux égales distributions, une pour les religieux seulement, et l'autre encore partagée entre l'abbé et lesdits religieux, en trois parties : les cuisines, les écuries, les jardins potagers, tout était admirablement fourni. Déjà depuis longtemps, et probablement depuis la fondation du monastère, certains regards avaient été construits pour l'arrivée et la distribution des eaux dans l'abbaye ; ainsi, nous voyons qu'en 1662 un marché a été fait pour conduire les eaux de la fontaine de Saint-Nivard dans le regard du clos de l'aumône, et de là les diriger dans le regard situé en face de la grande porte d'entrée du monastère, d'où se font encore les trois distributions dont nous venons de parler.

C'est après ces constructions, c'est-à-dire au mois de mars 1774, que le traité fut définitivement conclu pour le partage de ces eaux qui, dans les mêmes proportions, sont encore distribuées à l'avantage de la propriété de M. Chandon de Briailles et de celui de plusieurs particuliers, par suite d'acquisitions faites au moment de la vente des biens conventuels. Cette source, dite des Fotiaux, étant par elle-même très élevée, a permis de faire un regard placé lui-même bien au-dessus de l'abbaye, de sorte que, par une forte pression, ces eaux pourraient s'élever de beaucoup au-dessus des bâtiments si, pour la commodité ou pour l'agrément, on le jugeait à propos. Le plan que nous avons de l'abbaye (1777), nous donne la direction que prennent ces eaux. Un troisième traité avait été fait entre les religieux et M. l'abbé à l'occasion des réparations à faire aux bâtiments claustraux fortement endommagés par un violent orage en 1775. Nous n'avons pas le texte de ces traités.

Maisons des religieux à Reims.

En suivant l'ordre des dates nous aurions dû dire que, d'après un bail daté du 4 juillet 1771, il est prouvé une fois de plus que les religieux d'Hautvillers avaient un hôtel à Reims, situé dans le cul-de-sac du marché au blé, dit, dans le bail :

rue d'Hautvillers ; il consistait en un vestibule, plusieurs places basses et hautes, caves, cellier, grenier, etc. Cette maison a plusieurs fois servi de refuge aux religieux dans des événements désastreux pour leur monastère ; elle était aussi quelquefois désignée comme étant située rue du Bras-d'Or et confondue avec une autre que l'abbaye d'Hautvillers possédait également rue du Barbâtre, comme plusieurs l'ont écrit. Cet hôtel était loué, en 1756, à Jean-Pierre Coutier, marchand de vin, moyennant la somme de 1,100 livres. Un bail de 1535 mentionne cent sols tournois de location pour cette maison. Elle fut aliénée en 1700 et achetée par Herbin, huissier, 5,000 livres. Elle fut reprise par les religieux en 1737. En 1788, le 12 août, Ponce Coutier et Jeanne Bara, son épouse, louaient cet hôtel le même prix que le précédent locataire, savoir : la somme de 1,100 livres, et le 21 mai 1796, ils en faisaient l'acquisition, non plus des religieux, mais de la nation.

Une troisième maison, située rue de Gieu (de Gueux), appartenait aussi aux religieux et était louée, en 1384, dix livres tournois. Elle figure dans la déclaration qu'ont faite les religieux de leurs biens à la cour des comptes, en 1384.

PAROISSE D'HAUTVILLERS

Quittons un instant le monastère et ses religieux pour dire un mot de la paroisse d'Hautvillers. Avec un peu d'attention nous avons pu remarquer deux choses dans l'histoire de l'abbaye : augmentation progressive du matériel de son église ; diminution du personnel religieux. Le village d'Hautvillers suivit une marche diamétralement opposée ; à cause de l'augmentation de la population, un vicaire fut adjoint au curé, mais l'église paroissiale, mal entretenue, malgré le soin qu'on en devait avoir, n'en menaçait pas moins ruine.

L'année 1773 nous apprend qu'à cette époque la paroisse d'Hautvillers était desservie par deux ecclésiastiques : un curé et son vicaire. Quant à la pauvreté architecturale et ruiniforme de son église, c'est une vérité historique consignée dans une foule de requêtes adressées alors au monastère pour obtenir une restauration aux dépens des religieux et de l'abbé. Elle datait d'une époque trop reculée, son temps devait bientôt finir ;

une somme trop forte aurait été nécessaire pour la consolider, on n'en fit rien. Vingt-deux ans plus tard, cette église de paroisse en était arrivée à un état tellement déplorable, qu'un devis estimatif des réparations urgentes à effectuer accusait le chiffre de 8,599 livres 1 sol 11 deniers, et on sait que de tout temps ceux qui ont dressé des devis ont toujours apporté une précision telle, qu'au lieu de 8,599 livres nous pourrions, sans nous tromper, fixer une somme de 12,000 livres à employer pour lesdites réparations. Dans quel état donc se trouvait cette pauvre église ? Elle a disparu. Nous le dirons en son temps.

En 1773, un dénombrement de la paroisse fut fait ; on a constaté une augmentation notable des habitants, le nombre montait à près de onze cents ; ne nous étonnons pas si, à cette époque que les églises étaient encore fréquentées, un vicaire était nécessaire au curé. Ce dénombrement, dont nous venons de parler, et qui se trouve aux *Archives de Reims,* est fait avec si peu de discernement et tant d'inconvenance, qu'on y trouve placés sur la même ligne : hommes, garçons, chevaux, bêtes à cornes, femmes, filles, etc. Aujourd'hui, grâce aux imprimés, avec leurs nombreuses et diverses colonnes, la rage de bien des commis de bureau, les cahiers de dénombrement, ainsi que les rôles de toutes sortes, offrent d'un seul coup d'œil et distinctement la réponse à la question posée aux entêtes de ces tableaux synoptiques.

Procès du droit de lods et ventes.

Le procès de lods et ventes et celui des dîmes montreront le dernier état des rapports d'une abbaye avec ses vassaux. En principe, le seigneur direct qui concédait sa terre devait en reprendre possession, par la mort ou l'abandon du tenancier. L'usage admit promptement l'hérédité des fonds et leur libre disposition par donation. Mais l'aliénation par vente, échange ou bail racheptable ne pouvait se faire sans que le seigneur agréât le nouveau possesseur, tenu envers lui des services de vassalités. Cette acceptation se donnait moyennant un prélèvement sur le prix de l'acquisition au profit du seigneur ; ce prélèvement, qu'on appelait droit de lods et de ventes, variait suivant les qualités de la vente et des localités ; il était beaucoup moindre que ne le sont aujourd'hui les droits de vente, de mutation, etc.

Conséquence habituelle mais non nécessaire de la censive, il était comme elle, ou universel ou particulier, d'après le titre ou la coutume. Était-ce un droit général ou particulier que le seigneur d'Hautvillers pouvait exercer sur les héritages de Cumières ? Tel fut le sujet d'un long procès auquel mit fin l'abolition du règne féodal en 1789. Pareil procès était pendant depuis soixante ans, entre Cumières et le seigneur de Damery, et il n'eut aussi pour terme que la Révolution.

Mgr de Talleyrand, coadjuteur et puis archevêque de Reims, comme nous l'avons vu précédemment, étant commendataire d'Hautvillers, ses administrateurs, en 1775, sommèrent quelques habitants de Cumières de payer les lods et ventes des acquisitions par eux faites, depuis huit ans en arrière. Les acquéreurs, condamnés à la justice d'Hautvillers, en appelèrent au présidial de Reims, et la communauté y prit fait et cause pour eux. L'exorde de la requête de la communauté ou habitants de Cumières intervenant, n'est pas l'œuvre de ces mêmes habitants, mais il exprime hardiment leurs idées sur les droits féodaux. L'ignorance et les passions y déclarent plus que la vérité n'y parle. Mais qui pouvait apercevoir la vérité à travers des abus séculaires remplacés malheureusement aujourd'hui par d'autres abus ? et sous prétexte de liberté, on n'en est que plus enchaîné. Il y avait des abus dans la féodalité, mais là droite raison n'a pas toujours présidé à cette réforme. Une expérience de tous les temps, soulignons ces mots : *tous les temps,* de tous les lieux, montre que les hommes, qui ont du pouvoir et de l'autorité, cherchent à augmenter leurs droits aux dépens de ceux qui sont hors d'état de leur résister. C'est principalement dans ce qui concerne les droits seigneuriaux que ce penchant s'est fait sentir plus universellement ; s'il était possible de remonter actuellement à la cause pour laquelle a été établie cette multitude de droits, que les seigneurs percevaient, combien n'en trouverait-on pas qui ne devaient leur existence qu'à l'abus du pouvoir, à cette autorité sans bornes que, dans les temps d'anarchie, les seigneurs exerçaient sur leurs vassaux. Les lois étaient sans force, parce que l'autorité royale n'était pas assez reconnue pour les faire exécuter. Le peuple, encore esclave, était attaché à la glèbe, sans appui, sans secours, impunément opprimé et chargé de droits. C'est ainsi que la majeure partie de ceux qui existaient avaient été établis. Une possession de huit à dix siècles pouvait avoir légitimé ces droits, les seigneurs devaient s'en contenter; mais, bien souvent, ils cherchaient à les étendre, et ils ont tout perdu. D'un autre côté, les vassaux, aussi insatiables que leurs seigneurs, retenaient, niaient, contestaient autant qu'ils le pouvaient; ne nous étonnons donc pas de tant de procès, de tant d'affaires en litiges. Nous ne les avons plus, ces mêmes procès; en sommes-nous plus heureux, plus calmes, plus tranquilles ? Nous laissons le lecteur juge pour répondre à cette question.

Les seigneurs pouvaient avoir des torts, mais leurs vassaux, le peuple, avaient oublié cette maxime du Sauveur : « Rendez à César ce qui appartient à César, à Dieu ce qui est à Dieu. » *Reddite ergo quæ sunt Cæsaris, Cæsari, et quæ sunt Dei, Deo.* (Saint Mathieu, xxii.) Payer loyalement ce qui était dû aux seigneurs, payer de même ce qui est dû aux gouvernements, c'est justice.

Dans cette affaire de lods et ventes, nous voyons que la question de droit remplit d'énormes requêtes. La communauté invoquait la coutume de Reims, dont elle forçait le sens clair et précis dans les articles 139 et 148, pour y trouver une fin de non-recevoir absolue. Tandis qu'au contraire la coutume, sans trancher la question, en faisait dépendre la décision des titres des parties.

Ce ne fut pas le commendataire, l'abbé de Talleyrand, qui répondit à la communauté de Cumières; il avait donné sa démission avant la fin du procès. La manse abbatiale, devenue bénéfice vacant, fut mise en économat. D'après la déclaration de 1725, il y avait lieu alors à surseoir au procès, mais la surséance fut levée par des lettres patentes, le fermier des économes généraux assigna de nouveau au bailliage d'Hautvillers, les acquéreurs récalcitrants. Nouvelle intervention de la communauté et demande en renvoi du litige au présidial. Quoique cette demande parût digne au fermier du plus souverain mépris, elle fut admise et le renvoi prononcé. Pareille chose se passait dans les communautés d'Hautvillers et de Dizy.

Un avis d'avocats, demandé par les habitants, estimait, contrairement à leur premier système d'interprétation de la coutume de Reims, qu'elle admettait également deux sortes d'héritages roturiers : ceux qui payaient un cens annuel et ceux qui, comme à Hautvillers et environs, sans payer de cens annuel, pouvaient être assujétis à d'autres droits, comme lods et ventes, qu'en cet état de choses il fallait s'attacher uniquement à la possession.

Pour le commendataire, on produisait une foule de titres, entre autres une charte d'établissement donnée en 1517 aux nouveaux habitants de Romery, aux droits liberté et franchise, tant au fait de justice qu'en tout cens comme droits de lods et ventes, à la charge de payer le cens de vente, où l'on voit, disait-on, que le droit de mutation par vente était payé aux autres lieux de la seigneurie, puisque l'on en faisait une exception expresse en faveur de Romery, moyennant un cens de vente... Le partage fait, en 1663, entre l'abbé et les religieux et qui contenait ce qui suit : « Lesdittes deux parts appartiennent au seigneur abbé et consistent en la seigneurie d'Hautvillers, lods et ventes dudit lieu et partie de Cumières, etc. »

Enfin, un grand nombre d'arrêts et de sentences, des extraits de comptes, des reçus et des baux à ferme du droit de lods et de ventes.

A ces titres de possession on répondait qu'il n'y en avait pas un seul qu'on pût opposer au corps entier des habitants; qu'il était naturel de voir figurer dans les comptes, produits, des perceptions de droits, puisqu'on ne contestait pas qu'ils ne fussent dus, comme le cens, par un grand nombre d'héritages de la seigneurie d'Hautvillers, laquelle n'avait pas pour cela de censive générale; que des titres individuels ne constituaient pas une possession collective et générale opposable à tous. Ce système de défense fut évoqué d'une manière plus solide contre le seigneur de Damery, car le commendataire d'Hautvillers pouvait répondre que les seigneurs étaient antérieurs à la formation des communautés et à leur existence comme personnes civiles. Que ce caractère de personnes morales n'avait effet que sous le rapport spirituel et vis-à-vis de l'autorité royale; mais que pour le seigneur il n'y avait qu'à considérer le sol et des censitaires établis dessus, et non des corps d'habitants. Droit éminemment réel, la seigneurie dominait le sol qu'il y eût ou non des villages.

Ce procès n'était pas terminé en 1789. Mgr Alphonse-Hubert Lattier de Bayane, auditeur de Rote pour la France, étant dernier abbé commendataire. Mais un propriétaire de Cumières, député à l'Assemblée nationale, rassurait le syndic et les habitants, dans une lettre du 29 décembre, disant qu'il n'avait rien à craindre sur l'issue du procès. C'est ce que les événements leur apprirent bientôt, c'est-à-dire que la Révolution a mis à néant toute cette litige. Quoique, avons-nous dit, ce procès ne fût terminé que par la Révolution, cependant les habitants de Cumières, d'Hautvillers, persuadés que le droit n'était pas pour eux, recommencèrent à payer les droits de lods et ventes en septembre 1784, au régisseur de M. de Bayane ; ils les acquittèrent même depuis l'année 1781.

1788. — Vers la même époque, les habitants de Cumières se mettaient en procès avec l'abbaye d'Hautvillers, leur but était d'obtenir une réduction sur la dîme du vin, payée de temps immémorial à raison d'une pièce sur onze ; on ne sait trop quelle a été l'issue de cette procédure, la Révolution vint encore en hâter le dénouement ; disons, toutefois, avec l'auteur d'un travail statistique sur Cumières, que cette Révolution n'est pas arrivée assez tôt pour épargner aux mêmes habitants une somme de 500 livres pour frais d'un procès dont il vient d'être question, procès des droits de lods et de ventes.

A cette occasion du procès de lods et de ventes, il s'est passé un fait à Cumières que nous ne devons pas omettre, pour l'intégrité de l'histoire : c'était le 15 novembre 1793. On sait qu'à cette époque, de malheureuse mémoire, presque tous les jours, et pour la moindre chose, la municipalité se réunissait. Dans une de ces réunions, le citoyen Le Cacheur, d'Hautvillers, s'est présenté et a dit qu'étant ci-devant procureur du ci-devant abbé d'Hautvillers, dans le procès de lods et de ventes contre la communauté de Cumières, et qu'ayant eu en consignation la totalité des pièces du procès, il se trouvait avoir les pièces de la communauté, lesquelles, comme tous les titres de la féodalité, allaient être brûlées, mais que, parmi ces pièces, il pouvait s'en trouver qui appartiennent à quelques particuliers, qu'alors il était prêt à les remettre à ceux qui les réclameraient ; pour les autres, elles devaient subir le sort de leurs sœurs les minutes de l'étude, c'est-à-dire être réduites en cendres ; ce qui a été fait au jour désigné, et tout fut fini.

Économat
(1776)

Devenue vacante par la démission de Mgr de Talleyrand-Périgord, l'abbaye d'Hautvillers fut mise en économat ; c'était pour la deuxième fois que l'on voyait ce régime établi dans ce monastère. Cet état de choses dura quatre ans, et il était presque toujours, pour les fermiers de l'abbaye, un sujet de trouble dans la jouissance de leurs baux. C'est à cette occasion (1776) qu'un avis avait été demandé à des avocats.

Avis des avocats du conseil du roi en réponse à un mémoire qui leur avait été adressé par les sieurs Hutin et Sturbaut, fermiers de La Grange à Dizy, pour savoir si, par suite de la démission de Mgr le coadjuteur, abbé d'Hautvillers, leurs baux pouvaient être résiliés, etc.

Le conseil soussigné, qui a vu un mémoire à consulter de la part des sieurs Nicolas Hutin et François Sturbaut, à qui M. de Talleyrand-Périgord, coadjuteur de l'archevêché de Reims, avait affermé, en 1767 et 1768, différents domaines dépendants de l'abbaye d'Hautvillers, dont il était alors possesseur, est d'avis :

1° Qu'au moment de la démission pure et simple que M. le coadjuteur de Reims a faite de son abbaye d'Hautvillers, entre les mains du roy, a été acceptée par Sa Majesté, cette démission a nécessairement opéré la vacance de l'abbaye, et que cette vacance a opéré à son tour la résolution des baux que M. le coadjuteur de Reims avoit passé au profit de Nicolas Hutin et de François Sturbaut, pour neuf années consécutives.

Il en est, à cet égard, de la vacance par démission acceptée comme de la vacance par mort, l'une et l'autre vacance rendent absolument résolus les baux faits par les précédents bénéficiers ; les fermiers sont seulement en droit de jouir de l'année qui se trouve commencée au moment de la démission acceptée comme à l'instant du décès, et cette année se compte ordinairement d'un premier janvier à l'autre.

Ces principes sont constants dans la jurisprudence générale, ils sont mêmes fondés sur les lois ecclésiastiques, telle est la décision formelle d'un concile de Malines, de l'an 1600, cité par Van-Espen. (Tome II, part. 2, sect. 4, tit. V, chap. II, m. 20, page 107); le même auteur rapporte aussi, sur le même sujet, une décision du concile de Namur, tenu en 1659 (au tit. II, chap. III.)

De ces principes, qu'on ne peut révoquer en doute, il résulte nécessairement : 1° Que les baux passés au profit de Nicolas Hutin et François Sturbaut, en 1767 et 1768, ont été résolus de plein droit au moment où le roy a accepté la démission pure et simple de l'abbaye d'Hautvillers, faite par M. le coadjuteur de Reims, et que ces deux fermiers ont seulement droit de jouir de l'année qui étoit commencée à l'époque de l'acceptation de cette démission. 2° Que les mêmes fermiers ne seroient pas fondés, aux yeux de la justice, à demander à M. le coadjuteur de Reims, un dédommagement proportionné à la non jouissance des années des baux qui restent à expirer ; il n'y a point de différence à ce sujet entre la vacance d'un bénéfice par décès et la vacance par démission pure et simple. Les fermiers ne sont pas mieux fondés à intenter une action en indemnité, contre le bénéficier qui s'est démis, qu'ils le seroient contre les héritiers du bénéficier décédé, les principes et la jurisprudence qui les consacre s'appliquent aux deux cas, ils s'appliquent également aux cas où la démission est volontaire de la part du bénéficier, comme à celui où elle est forcée.

Inutile, par conséquent, à chercher à apprécier le montant de l'indemnité, que les deux fermiers dont il s'agit pourroient demander, puisqu'il est évident qu'en justice réglée ils seroient déboutés de toutes demandes en indemnité pour le restant de l'expiration des baux.

2° M. le coadjuteur de Reims s'étant démis de son abbaye au mois de décembre dernier, le roy ayant accepté sa démission, et remis tout de suite l'abbaye aux économats, ceux-ci sont entrés à l'instant en pleine jouissance de tous les biens, droits et revenus de la même abbaye, il y a tout lieu de regarder comme suffisant, la signification qu'ils ont fait faire le 28 du même mois de décembre, aux deux fermiers, de vuider les lieux au premier janvier suivant, aux offres de leur rembourser les labours et semences ; c'est, en effet, comme on l'a déjà annoncé, une maxime généralement adoptée que, parmi les bénéficiers, l'année doit se compter d'un premier janvier à l'autre, et cette maxime a singulièrement lieu aux bénéfices consistoriaux, contre les fermiers des revenus de ces bénéfices, d'où il suit que l'année courante pour les baux des sieurs Nicolas Hutin et François Sturbaut, étoient l'année même 1775, et qui, par cette raison, ces deux fermiers ne peuvent légitimement s'opposer à la jouissance des économats pour la présente année 1776.

On expose dans le mémoire que le directeur des économats

voudroit forcer les deux fermiers à leur compter des près de l'année dernière, dont ils ont récolté les foins ; on a de la peine à croire ce fait. Les foins que les deux fermiers ont récoltés, pendant l'année 1775, font partie des fruits et revenus de l'abbaye pendant cette année-là, et ils leur appartiennent autant que les autres fruits et revenus qu'ils ont perçus pendant la même année 1775 ; il y a tout lieu de présumer que le directeur des économats ne persistera pas dans une pareille demande.

3° Il est certain que le sieur Hutin est en droit de contraindre le sieur Villain, à lui fournir copie du procès-verbal d'arpentage pour lequel il lui avait payé 100 livres, il peut lui faire une sommation de lui délivrer une copie ou expédition en huitaine en lui déclarant que, faute de ce faire, il se pourvoira en justice réglée, et que même il y conclura à la restitution de 100 livres, faute par lui de fournir l'expédition du procès-verbal d'arpentage.

4° Puisque le sieur Sturbaut a fait faire aux bâtiments de la ferme les réparations dont il était chargé, il est incontestable que l'on ne serait pas fondé à répéter contre lui les autres réparations qui peuvent exister, et dont il n'est pas chargé par son bail.

5° Le sieur Hutin, exposant qu'il est chargé de payer la *visitte* qui sera faite des bâtiments de sa ferme, pour constater s'ils sont dans le même état où ils étoient, lors de son entrée en jouissance, il est hors de doute qu'on ne peut le forcer à cette visitte avant la fin de l'année courante. On pense que cette visitte particulière est indépendante de la visitte générale que l'on se prépare de faire incessamment pour constater l'état universel des réparations à faire à l'abbaye.

Délibéré à Paris le 28 février 1776.

Signé : Rat de MONDOIT et VULPIAN.

Un acte du même temps nous apprend que les économes séquestres ou administrateurs provisoires, nommés alors par arrêt du conseil du roi, conformément à l'édit de décembre 1691, furent Louis-Pierre-Sébastien Maréchal de Saintcye (ou Sancy), et son fils Louis-Réné Maréchal. Alors était fermier général des revenus temporels de l'abbaye, le sieur Philippe-François-Nicolas Hue (il habitait les environs de Paris). Nous dirons bientôt les tribulations que lui suscitèrent les habitants de Dizy, et surtout ceux d'Ay, à l'occasion de la dîme du vin perçue sur le terroir de cette petite ville. Suivant l'habitude des tribunaux anciens, et peut-être modernes, ce procès ne dura pas moins de onze années, encore ne fût-il terminé alors que par voix de transaction, en 1784. Cette transaction était faite entre Mgr Lattier de Bayane, abbé d'Hautvillers, et les habitants d'Ay et de Dizy. Nous n'avons pas cette pièce. Pour acquitter les frais considérables tombés à sa charge, Ay fut contraint de recourir à la coupe de ses bois.

Cette dernière affaire, paraît-il, aurait occasionné de grands débats entre les habitants de la même ville et le receveur général des bois.

La teneur du bail accepté par le susdit fermier ou admodiateur de l'abbaye, entre lui et M. l'abbé, nous apprend que le chiffre total des revenus temporels du monastère était de 40,700 livres, somme indivisible par tiers, entre les trois manses abbatiale, commune et conventuelle; ce qui porte à environ 27,000 livres le revenu total de l'abbé à qui se remettaient les fonds des deux premières manses. L'*Almanach royal*, de 1754, porte que l'abbé devait payer, en cour de Rome, 700 florins et qu'alors les revenus de cet abbé étaient de 24,000 livres. Nous voyons quelque chose de semblable dans le *Dictionnaire de Droit canonique*, par Durand de Maillane, tome I, page 9, article *Abbaye*, édit. 1767. — *Almanach historique et ecclésiastique du diocèse de Reims*, de 1780 à 1790.

Tels étaient les émoluments aux fonctions dont ne tarda pas à se voir gratifier Mgr Lattier de Bayane, année 1780. Cela aurait été, en effet, magnifique de jouir d'un aussi beau revenu si les dépenses obligatoires n'en eussent à peu près absorbé la plus grande partie, comme nous le verrons, car nous donnerons sur ces revenus quelque chose de plus précis, lors de la visite de la municipalité à l'abbaye, le 27 février 1791, par suite du décret du 13 novembre 1789.

Nous avons trouvé aux *Archives nationales*, Q ^{1}, 676, folio 30, et Q, 674, une liasse comprenant quatre-vingt-deux pièces, titres de rentes constituées au profit de l'abbaye, baux, cueillerets, etc., de l'année 1654 à 1783.

Pour donner une idée de la manière dont étaient inscrites ces rentes, nous rapportons ce qui correspond à l'année 1720, au moins pour les changements opérés concernant ces dites rentes :

Les hoirs de Nicolas Marchand, sçavoir : Remy Toirin et consort doivent, au jour de la Saint-Martin, 20 livres de rente, par transport de Mme Frison, pour un principal de 500 livres, laditte rente réduite à 4 p. 100, le 23 septembre 1720. Il y a une reconnaissance passée chez Petit, nottoire à Hautvillers, le 17 janvier 1725....................................... 20 ₶ » » ſ

Pierre Bernard, Jean Husson, les hoirs de feu Remy Michel et de leurs femmes, tous demeurant à Hautvillers, doivent, solidairement, le 10 de janvier de chaque année, 180 livres de rente, par contrat chez Malbeste, à Hautvillers, ledit jour en 1714, portant en principal 2,600 livres, ladite rente remise à 3 p. 100, le 7 de juillet 1720, pour ne pas être remboursée en billets de banque, reste 78 livres, ci........................... 78 » »

Chrétien Petit, Laisné et Marie Pierrot, sa femme, doivent, avec Pierre Gillet et Françoise Petit, sa femme, solidairement, le 24 janvier de chaque année, 10 livres de rente pour un principal de 200 livres, par contrat chez Petit, à Hautvillers, le 13 février 1729, et par réduction, en 1720, à 6 livres, ci............................ 6 » »

François Vaillant et Marie Pierrot, sa femme, doivent, le 10 de mars de chaque année, pour un principal de 450 livres, 22 livres 10 sols de rente, par contrat chez Malbeste, ledit jour 1714, et par remise de la rente du 7 de juillet 1720, 13 livres 10 sols, ci................................... 13 10

Claude Roux et Hélène Legrand, sa femme, doivent, le 20 de mars de chaque année, 15 livres de rente pour un principal de 300 livres, par contrat chez Malbeste, le 7 juillet 1714 .... 15 » »

Jacques Leroy et Élisabeth Godard, sa femme, doivent, le 20 de mars, 32 livres 10 sols de rente, par contrat du 7 juillet 1714, chez Malbeste, portant, en principal, 650 livres, et par réduction à 3 p. 100, en 1720, 19 livres 10 sols............. 19 10

François Demars et Jeanne Pasquot, sa femme, doivent, le 24 de mars de chaque année, 25 livres

A Reporter........... 152 ₶ » » ſ

REPORT............	152 # »	ſ
de rente, par contrat dudit jour 1714, chez Malbeste, à Haetvillers, portant 500 livres..........	25	» »
Jean Parchappe doit, le 25 octobre, pour rente d'un principal de 110 livres, par contrat receu de Petit, nottoire à Hautvillers, le 25 octobre 1720, 5 livres 5 sols, ci...........................	5	05
Henry de Noüelles, d'Hautvillers, par contrat de constitution receu de Petit, nottoire à Hautvillers, le 24 octobre 1720, pour un principal de 212 livres, soit 10 livres 12 sols......	10	12
	192 # 17	ſ

L'affaire de notre fermier général des revenus de l'abbaye, Nicolas Hue, que nous remettons en scène, était plus importante qu'on aurait pu la supposer d'abord.

Nicolas Hue avait loué, par bail du 7 mars 1776, les revenus temporels de l'abbaye; il avait intérêt à se faire payer la dîme imposée aux habitants des paroisses susnommées. A Dizy, depuis 1670, on payait le onzième; à Ay, les deux tiers du quarantième. Cette même mesure fut adoptée en dernier lieu et continuée jusqu'à la Révolution. Cette dîme se payait en nature, au pied de la vigne même ou à l'extrémité du terroir. Pour plus de commodité, à la demande des habitants de Dizy et d'Ay, un bureau avait été établi lieudit la Cerisière, pour Dizy et pour Ay, à l'extrémité du terroir de ce côté; on y délivrait un laisser-passer, afin que le pitoyeur de la porte d'Ay laisse parvenir les raisins à destination. Un autre bureau, pour Ay, était à la porte dite de Chauffour.

Dans le cour de ce procès, il y eut une scène regrettable à enregistrer. Par suite d'un arrêt de la cour de parlement de 1776, qui condamnait purement et simplement les habitants de Dizy à se soumettre aux anciens usages, qui pour lors avaient force de loi, l'huissier se présenta chez le syndic nommé Vautrin, pour lui signifier cet arrêt; celui-ci fit du bruit. Grand nombre d'habitants se rassemblèrent devant sa porte, les uns pour, les autres contre; il y eut tumulte, on menaça d'enfoncer les portes; les plus sensés eurent le dessus et chacun rentra chez soi, laissant le droit à la loi.

Pendant la vacance du siège abbatial, l'abbaye, avons-nous dit, était mise en économat ; un bureau, à cet effet, était constitué à Paris, pour défendre les intérêts des abbayes privées momentanément d'abbés. Ainsi, en 1777, ce furent les commissaires de ce bureau qui rédigèrent ce long mémoire dont nous venons de parler. Il se composait de MM. d'Aguesseau, Bastard, Dufour de Villeneuve, Saunier, de Villevaut, Bertin, Geaux de Reversan, de Tolosan, Raymond de Saint-Sauveur, de Vin de Galande, Blondel, M⁰ Brochet de Saint-Prest, maître des requêtes, rapporteur, M⁰ Turpin, avocat. Nous allons le mettre sous les yeux du lecteur.

Mémoire pour le sieur Philippe-François-Nicolas Hue, fermier général des revenus temporels de l'abbaye de Saint-Pierre-d'Hautvillers, actuellement en économat (1),

Contre les habitants, syndic et communauté d'Ay et de Dizy, et les forains possédant vignes dans l'étendue du territoire de ces paroisses.

Les habitans d'Ay et de Dizy essaient, à chaque vacance de l'abbaye d'Hautvillers, à se soustraire à la nécessité où ils sont d'acquitter en nature le droit de dîme dont leurs vignes sont tenues ; ils méconnaissent et l'autorité de la chose jugée, et l'usage constamment suivi dans le canton et dans toute la province. Tantôt ils veulent que la dîme s'acquitte en argent, tantôt ils veulent qu'elle se perçoive en raisins ronds au pied de la vigne, ou plutôt ils voudroient que les héritages fussent affranchis de cette charge.

Le sieur Hue, dépositaire des droits de l'abbaye d'Hautvillers, manquerait à son devoir s'il les négligeoit ou les laissoit perdre, et ce devoir est d'autant plus impérieux pour lui que s'il étoit privé de la perception universellement pratiquée dans la province, il souffriroit une perte énorme sur le prix de son bail, par lequel le droit de dîme lui a été loué comme il le

---

(1) Imprimé en 1777.

réclame. Les arrêts les plus formels, les principes, la jurisprudence et l'usage, tout lui assure le succès le plus certain, et il lui suffira de rendre compte des faits et d'analyser ses titres pour se convaincre de la nécessité de proscrire la prétention de ses adversaires.

FAITS

L'abbaye d'Hautvillers est située en Champagne, près de la ville d'Épernay et de celle de Reims. Dans le nombre des droits qui appartiennent à cette abbaye se trouve singulièrement celui de percevoir la dîme sur les vins qui s'y récoltent. Elle se paie à Dizy, sur le pied du onzième, et à Ay, sur le pied des deux tiers du quarantième.

Les habitans de ces cantons, et notamment ceux d'Ay, ont souvent élevé des difficultés, non sur la quotité, mais sur la manière de percevoir la dîme; mais ces difficultés mêmes n'ont servi qu'à consacrer de plus en plus le droit des décimateurs, et qu'à affermir leur possession.

Dans le courant du dernier siècle, Louis XIV avait nommé l'abbé de Fourille à l'abbaye d'Hautvillers. Les habitans d'Ay profitèrent de sa facilité pour lui faire souffrir la perte la plus réelle dans le paiement de la dîme. Il se pourvut au grand conseil et il demanda que ces habitans fussent tenus de lui payer la dîme de tous les vins qui se trouveraient dans leurs celliers, ou, en tout cas, qu'il fût ordonné qu'elle seroit payée en raisins aux portes du bourg d'Ay, sur le même pied et à raison d'une pinte sur quarante.

Ces habitans se présentèrent. La contestation s'engagea contradictoirement; elle fut terminée par un arrêt du 5 mai 1670, qui ordonna que le sieur de Fourille percevroit la dîme, à *l'entrée de la porte* de laditte ville d'Ay, des vins du territoire d'Ay, seulement à la quotité accoutumée.

Les habitans d'Ay, forcés par cet arrêt de payer la dîme en raisins, à l'entrée de la porte de la ville d'Ay, et réduits à l'impossibilité de frauder les droits du décimateur, crurent pouvoir tenter un dernier effort, et demandèrent qu'en interprétant l'arrêt du 5 mai précédent, il fût ordonné que l'abbé d'Hautvillers prendroit seulement les deux tiers du quarantième de la dîme de vin en espèces de raisins, lors des vendanges et avant l'enlèvement.

L'objet de cette demande étoit de soustraire les habitans

d'Ay à la nécessité de payer la dîme à l'entrée de la ville. La cause fut plaidée contradictoirement, et, le 26 août 1670, il intervint, sur les conclusions du ministère public, un second arrêt qui ordonna que ces habitans seroient tenus de payer la dîme pour les deux tiers, à la porte de la ville d'Ay.

N'ayant plus de ressources, ils crurent devoir se pourvoir en cassation ; ils exposèrent que l'usage avoit toujours été de payer la dîme en vin dans les celliers, mais que si on ordonnoit le paiement en raisin, la perception devoit s'en faire au pied de vigne ; ils invoquèrent les raisons de leur plus grande commodité, l'intérêt public, l'intérêt même des finances de Sa Majesté, et crurent que ces considérations détermineroient à anéantir les arrêts du grand conseil. Mais l'arrêt intervenu au conseil d'État de Sa Majesté, le 30 septembre 1670, leur enleva cette nouvelle espérance. Sans s'arrêter aux requettes des habitans d'Ay, il ordonna que ceux du grand conseil des 5 mai et 26 août 1670 seroient exécutés selon leur forme et teneur.

Ces habitans, ainsi vaincus de toutes parts, voulurent encore recourir au commissaire départi dans la province, mais il rejetta leur demande, et il fut constaté, par trois arrêts consécutifs, que c'étoit à la porte de la ville d'Ay, et non au pied de la vigne, que la dîme devoit être perçue.

En 1671, quelques particuliers essayèrent encore de troubler l'abbé d'Hautvillers dans son droit et dans sa possession. Il se pourvut, et, le 11 juin de la même année, il intervint contre eux un arrêt par la voie de la tierce opposition ; ils en furent déboutés par un autre arrêt, du 11 août 1671.

L'exécution de ces arrêts fut provoquée, en 1709, par M. de Noailles, évêque de Châlons et abbé d'Hautvillers. Elle le fut également par M. le coadjuteur de l'archevêque de Rheims, dernier titulaire de cette abbaye. Les habitans de Dizy ne parurent point, à la vérité, dans ces contestations, mais on les voit, dans une délibération par eux prise en 1647, offrir de payer la dîme des vins, des terres qu'ils possédoient au territoire de Dizy, ainsi qu'ils ont accoutumé de payer eux et leurs prédécesseurs, qui est à raison de *quinze pintes de vin par poinçon de vin*, jauge de Champagne, ce qui équivaut à la onzième.

On les voit enfin, dans nombre d'abonnements par eux faits en 1709, déclarer que la dîme était prestable en vin, et, par conséquent, au cellier.

L'abbaye d'Hautvillers étant tombée en économat, il fut procédé à l'adjudication de ses revenus temporels; le sieur Hue en resta adjudicataire, par acte du 7 mars 1776, et, dans le nombre des droits qui lui furent affermés, se trouve singulièrement celui de percevoir la dîme en vin du terroir de Dizy, à la onzième, et les deux tiers de celle d'Ay en vin, laquelle dîme est due à la quarantième.

Fondé sur le droit commun, sur l'usage universel de la province, en un mot, sur les dispositions les plus précises de son bail, le sieur Hue fit étalonner les mesures, nomma des pitoyeurs, leur fit prêter serment et les disposa à percevoir la dîme en nature, à Ay et à Dizy. Les habitans de ces deux vignobles voulurent s'y soustraire. Ceux de Dizy se pourvurent au baillage royal de Rheims; ils y annoncèrent que la dîme n'étoit due qu'en argent, à Dizy, et conclurent, en conséquence, à être maintenus dans la possession où ils se disoient être, de ne la payer que sur le pied de 8 livres par chacun arpent de vignes.

Les habitans d'Ay tinrent aussi la même conduite; ils présentèrent leur requête au baillage d'Épernay, soutinrent que la dîme ne devoit être perçue qu'en argent, à Ay, et à raison des tiers de 48 sols par arpent; ils demandèrent qu'on leur conservât une prétendue possession, qui paroissoit également conforme à leurs intérêts.

Le sieur Hue se plaignit de ces entreprises, et Sa Majesté, pour y mettre ordre, rendit, le 3 novembre dernier, un arrêt qui évoqua les demandes formées par les habitans de Dizy au baillage de Rheims, ainsi que celles formées par les habitans d'Ay au baillage d'Épernay, et les renvoya au bureau des économats, et cependant elle ordonna que, tant les habitans que les autres non habitants, mais possédant vigne dans les terroirs d'Ay, Dizy et Hautvillers, seroient tenus, en attendant le jugement du fonds de la contestation, de payer par provision, en nature, selon l'usage, la dîme des vins qu'ils ont recueillis ou recueilleroient en 1776, à raison du onzième, au territoire de Dizy et d'Hautvillers, et les deux tiers du quarantième pour celui d'Ay; de continuer sur le même pied les années suivantes, et, en cas de refus desdits habitants et possédant vignes, Sa Majesté permit au sieur Hue de faire lever la dîme desdits vins par des pitoyeurs jurés, dans leurs celliers et dans les autres endroits où il s'en trouvera leur appartenir.

Cet arrêt fut enregistré au bureau des économats, le 9 janvier 1777; d'après ces formalités remplies, le sieur Hue, en provoqua l'exécution. Les habitans d'Hautvillers se soumirent à ces dispositions et payèrent la dîme en nature. Ceux de Dizy et d'Ay opposèrent au contraire la plus rigoureuse résistance, et quoique l'arrêt du novembre 1776 fût exécutoire, nonobstant toutes oppositions, ils employaient les voies les moins permises pour se soustraire à son exécution.

L'huissier des conseils se présenta d'abord chez le sieur Vautrin, syndic de la paroisse de Dizy, à l'effet d'y percevoir la dîme; les habitans s'assemblèrent aussitôt chez ce particulier et représentèrent que la totalité des vins blancs se trouvoit sur colle et que si, dans cet état, on percevoit la dîme, on perdroit la totalité des vins. L'huissier des conseils leur répondit qu'ayant égard à leur observation, il ne percevroit, quant à présent, la dîme que sur les vins rouges, sous la réserve d'exécuter le surplus dudit arrêt, relativement aux vins blancs, après la colle, et dans un temps où l'on pourrait y toucher sans causer aucun dommage.

Le sieur Vautrin et les habitans de Dizy ne s'étoient point attendus à cette réponse; il ne leur restoit plus aucun prétexte qui les dispensât d'exécuter l'arrêt; pour l'éviter, ils levèrent le masque et déclarèrent hautement qu'ils n'entendoient point payer la dîme autrement qu'en argent et qu'ils ne la laisseroient point percevoir en nature, à moins que l'on enfonçât les portes; ils accompagnèrent cette déclaration des menaces les plus indécentes. Tout se disposoit effectivement à la révolte. Elle alloit éclater; déjà les habitans avoient barricadé les portes de leurs caves et celliers; il auroit été impossible de les ouvrir autrement qu'à coups de hache. L'huissier des conseils crut, dans une position qui pouvoit devenir des plus fâcheuses, devoir suspendre et dressa son procès-verbal.

Les habitans d'Ay et de Dizy profitèrent de cet intervalle pour présenter, séparément, deux requêtes au conseil de Sa Majesté; ils y conclurent à être reçus opposans à l'exécution de l'arrêt du 3 novembre 1776, demandèrent la nullité de toute la procédure faite en exécution dudit arrêt, avant son enregistrement, et soutinrent, savoir : ceux d'Ay, qu'attendu la centenaire et même immémoriale possession dans laquelle ils étoient de ne payer la dîme à l'abbaye d'Hautvillers, qu'à raison de deux tiers de 48 sols en argent par arpent, ils fussent maintenus dans cet usage. Quant aux habitans de Dizy, ils prirent les mêmes conclusions, avec la seule différence qu'au lieu d'offrir les deux tiers de 48 sols par arpent, ils consentirent de payer à l'abbaye d'Hautvillers 8 livres par arpent.

Mais, n'ayant pu obtenir les défenses qu'ils avoient sollicitées, ces habitans donnèrent des mémoires particuliers, dans lesquels ils exaltèrent de prétendus inconvéniens qui, dans l'exacte vérité, n'avoient que leur résistance pour principe, et parvinrent à faire rendre deux arrêts du propre mouvement de Sa Majesté, en date du 26 janvier dernier.

Ces deux arrêts confirmèrent l'attribution donnée au bureau des économats par celui du 3 novembre précédent. Le premier ordonne que, jusqu'à ce qu'il ait été statué définitivement sur le fond des contestations d'entre les parties, et sans préjudice de leurs droits respectifs au principal, tous décimables habitans et possédant fonds sur le terroir d'Ay, dont la dîme du vin appartient, seulement pour les deux tiers, à l'abbaye d'Hautvillers, paieront au sieur Hue, pour ce qui lui revient de laditte dîme de l'année 1776, la somme de 4 livres par arpent, sauf, aux parties, à se faire réciproquement du plus ou du moins auxquels la valeur de laditte dîme, pour l'année 1776, pourroit être portée.

Le deuxième de ces arrêts est relatif aux décimables, habitans et possédant fonds sur le terroir de Dizy; il contient les mêmes dispositions que le précédent, à la seule différence qu'au lieu d'établir une prestation provisoire de 4 livres par arpent, il ordonne que la dîme se percevra à Dizy sur le pied de douze livres par arpent pour raison de la dîme et de la récolte de 1776, et sauf à se tenir réciproquement compte du plus ou du moins. Le sieur Hue provoqua et obtint l'enregistrement de ces deux arrêts au bureau; il s'y pourvut ensuite, demanda l'exécution des deux arrêts du grand conseil des 5 mai, 26 août 1670, 5 août 1674, de l'acte d'assemblée du 2 octobre 1708, de l'arrêt du conseil du 9 octobre 1753, de celui du 3 novembre dernier, enfin, et la maintenue de son droit.

Sur cette demande, le bureau rendit un jugement qui ordonna qu'elle seroit communiquée aux habitans de Dizy et d'Ay, pour y fournir de réponse dans le délai du règlement. Ce jugement leur fut signifié.

Comme les arrêts du conseil du 26 janvier dernier, qui ordonnoient le payement provisoire de 4 livres par chacun arpent de vignes, à Ay, et de 8 livres par chacun arpent, à Dizy, étoient rendus sans préjudice du droit des parties et sauf à compter de la plus ou moins value, lors du jugement définitif des contestations, le sieur Hue crut devoir en suivre l'exécution, et il ne le fit que parce qu'aux termes de ces mêmes arrêts cette exécution ne pouvoit nuire à ses intérêts.

Mais, les habitans d'Ay et de Dizy, quelque avantageuses que leur fussent les dispositions de ces deux arrêts, crurent encore pouvoir, pour la plupart, frauder le décimateur; au lieu de déclarer exactement le nombre d'arpents qu'ils possédoient, ils crurent pouvoir n'en déclarer que la moindre partie, et, par ce détour, ils privèrent encore l'adjudicataire des revenus de la mense abbatiale d'Hautvillers de la faible ressource que ces arrêts lui avoient provisoirement accordée. Le sieur Hue a déjà dénoncé au bureau une de ces fausses déclarations; sa demande a été suivie d'un jugement de soit communiqué, et il va se trouver obligé de former, pour raisons de ces déclarations volontairement inexactes, une infinité de demandes semblables.

Cependant, les habitans de Dizy et d'Ay crurent devoir se présenter, sur la demande principale insérée au jugement de soit communiqué du 22 mai dernier. Ils firent signifier, le 17 juillet dernier, deux requêtes séparées. Par la leur, les habitans d'Ay concluent à être maintenus dans l'usage de payer la dîme en argent et à raison de 32 sols par arpent; mais, convaincus de l'impossibilité de réussir, ils ont cru pouvoir opposer un système inconnu jusqu'à nos jours. Ils demandent que, dans le cas où le bureau ne se détermineroit point à ordonner la prestation de la dîme en argent, audit cas et subsidiairement seulement, il fut ordonné qu'ils payeroient la dîme à l'abbaye d'Hautvillers, en nature de raisins ronds, au moment de la cueillette et à la vigne, en appelant les pitoyeurs à trois reprises consécutives, à haute et intelligible voix.

Enfin, ils concluent à ce que le sieur Hue soit condamné à leur rendre et restituer le surplus de ce qu'il aura touché, en exécution des arrêts du propre mouvement de Sa Majesté, pour la récolte de la dernière année, en telle sorte que la dîme n'ait été payée à Ay que sur le pied de 32 sols par arpent, et à Dizy, sur le pied de 4 livres aussi par arpent.

De son côté, le sieur Hue a répondu à ces requêtes; il a prouvé que la prestation en argent était inadmissible, que le bureau ne pouvait se dispenser d'ordonner l'exécution des arrêts qui avaient décidé que la dîme se payeroit aux portes de la ville d'Ay, il a prouvé que, dans les cantons où le raisin noir se convertit en vin blanc, l'usage, à cet égard, était général, que la jurisprudence était constante, et cependant, pour témoigner à ces décimables qu'il cherchoit tous les moyens de les faciliter, il a consenti à percevoir la dîme dans leurs celliers, si cette voie leur était plus agréable, pourvu qu'ils l'acceptassent avant la décision de l'instance.

Il a déclaré, de plus, aux habitans et possédant vignes, tant à Dizy qu'à Ay, qu'il n'étoit pas plus satisfait qu'eux de la fixation provisoire prononcée par l'arrêt du propre mouvement de Sa Majesté, pour raison de la récolte de l'année dernière, et leur a fait notifier que, pour opérer d'une manière équitable qui ne portât aucun préjudice à personne, il consentoit que la fixation des droits qui lui appartenoient fut faite d'après l'évaluation commune du produit des vignes, d'après le prix commun de la vente des vins, et en raison du nombre d'arpents possédés par chacun des propriétaires.

Il a fait plus; pour favoriser les forains, pour éviter toute espèce de confusion dans la prestation de la dîme, à l'avenir, et attendu la différence du droit dans les territoires de Dizy et d'Ay, il s'est offert d'établir un bureau à l'extrémité du territoire de Dizy, du côté d'Ay, auquel les propriétaires de vignes sur le territoire de Dizy, qui font conduire leurs récoltes à Ay, payeroient la dîme et retireroient du pitoyeur des billets d'exemption, qu'ils remettroient à celui qui seroit établi à la porte de la ville d'Ay. Il a également offert d'avoir un bureau à l'extrémité du terroir d'Ay et du coté opposé à celui de Dizy; il a consenti que les propriétaires de vignes, qui transporteroient leurs récoltes dans des endroits voisins, y acquitassent la dîme; comme aussi que ceux qui, des territoires voisins, feroient conduire à Ay des récoltes sur lesquelles il n'auroit aucun droit de dîme, reçussent à ce bureau des billets d'exemption pour arriver à Ay, sans être tenus d'acquitter aucun droit à la porte de cette ville.

C'est sur ces différentes demandes que Sa Majesté doit statuer; il sera facile d'établir que les propositions du sieur Hue, qui dérivent de l'autorité de la chose jugée, sont conformes aux principes et à la jurisprudence la plus constante, et que la défense de ses adversaires porte sur des sophismes et sur des erreurs qui méritent à peine d'être réfutées.

MOYENS

La dîme est une portion des fruits produits par un héritage, et, à ce titre, il est sensible qu'elle doit être payée en nature. Cette règle doit être constamment suivie, à moins qu'il n'y ait, entre les décimateurs et les habitans de la paroisse, un abonnement dont le titre soit revêtu de toutes les formalités prescrites par l'aliénation des biens ecclésiastiques. La possession même de cent années ne suffit pas pour faire présumer un abonnement légal. Voici comment s'explique, à cet égard, l'auteur des *Lois ecclésiastiques*, livre IV, chapitre I, nombre 13, page 598 :

« Quand il y a des abonnements faits entre les décimateurs et les habitans d'une paroisse, de payer tous les ans, par arpent, une certaine somme, une certaine quantité de grains, les transactions doivent estre exécutées, pourvu qu'elles aient été faites avec toutes les formalités prescrites pour les aliénations des biens ecclésiastiques. » Il ajoute ensuite : « La possession, même de cent années, ne suffit pas pour mettre les paroissiens en droit de dire qu'ils ont été abonnés ; il faut qu'ils aient un titre, en bonne forme, de l'abonnement, ou, du moins, d'anciennes preuves par écrit, jointes à la possession immémoriale, qui fassent présumer qu'ils ont un titre légitime. »

L'auteur de la *Nouvelle Jurisprudence*, au mot *Abonnement*, s'explique d'une manière aussi énergique : « Ces conventions, dit-il, sont licites, mais elles n'obligent point les successeurs au bénéfice, et elles ne peuvent avoir lieu que pendant la vie du titulaire qui les a faites et qui ne peut traiter que des fruits que produira le bénéfice pendant sa jouissance, surtout quand il s'agit de grosses dîmes. Il dit ensuite : En général, pour qu'un abonnement de dîmes soit valable et perpétuel, il faut qu'il soit revêtu des formalités prescrites pour l'aliénation des biens ecclésiastiques, ou qu'il soit fait par une transaction homologuée. » Il rapporte même un arrêt du grand conseil, du 11 septembre 1751, qui a consacré ces principes.

Les habitants de la paroisse de Beu étoient en possession immémoriale, non contestée, de ne payer la dîme qu'en argent, à raison de 8 sols par arpent de vignes. Le prieur de Beu soutint que ce droit devoit lui être acquitté en nature ; il démontra que la possession immémoriale de ne payer la dîme qu'en argent étoit impuissante, si elle n'étoit soutenue par un titre d'abonnement.

L'arrêt qui intervint condamna les habitants de Beu à payer en nature et en essence la dîme des vins à raison du vingtième pot. Si, pour convaincre de la certitude et de la vérité de ces maximes, on pouvoit désirer de nouvelles autorités, on trouveroit cette jurisprudence affermie par le suffrage de Joui, dans son traité intitulé : *Principes des dîmes* (chap. vi, nombre 1), et par celui de Rothier, dans sa *Pratique bénéficiale* (chap. x, question 13). En un mot, par le sentiment unanime de tous les auteurs qui ont traité de cette matière.

Les dîmes de Dizy et d'Ay, appartenant à l'abbaye d'Hautvillers, n'ont jamais été aliénées ; elles ne l'ont jamais été, surtout avec les formalités prescrites pour l'aliénation des biens ecclésiastiques. Les habitants d'Ay et de Dizy ne représentent aucun traité d'abonnement et surtout aucun traité homologué ; ils ne peuvent donc prétendre à la prestation de la dîme en argent, et ils doivent d'autant moins se le dissimuler qu'il a été jugé que la dîme des vins se payeroit en nature. Il faut donc écarter leur système d'abonnement et s'occuper uniquement de la manière dont cette dîme, en essence et en nature, doit être acquittée.

En Champagne, comme dans la plus grande partie du royaume, c'est dans le cellier des habitants que se perçoit la dîme des vins qu'ils recueillent; cette voie, universellement pratiquée dans la province, est la plus avantageuse aux décimables : ils ne sont point obligés d'attendre le pitoyeur pour enlever leurs récoltes. Ils les transportent au moment et de la manière qui leur est le plus convenable ; rien ne les empêche de faire presser leurs raisins à l'instant où ils ont acquis la fermentation nécessaire, et ce n'est que lorsque les vins reposent dans leurs celliers que le décimateur se présente et perçoit le droit qui lui appartient.

Il est, dans chaque territoire, des propriétaires de vignes qui n'habitent point la paroisse où elles sont situées ; leurs pressoirs et leurs celliers en sont souvent éloignés de trois, quatre, cinq et six lieues. A leur égard, il est impossible de percevoir, dans les celliers, la dîme des vins qu'ils recueillent : il a donc fallu venir à leur secours et trouver des moyens de facilité qui prévinssent la fraude et conservassent les droits des décimateurs et des décimables.

On les a assujétis, par les règlements les plus précis, à verser leurs vendanges et à les transporter dans des vaisseaux ou trentins uniformes; ils sont obligés d'y fouler leurs raisins, il est aisé, par ce moyen, d'y puiser une quantité de vin plus que suffisante pour acquitter les droits du décimateur. Comme ces trentins sont d'une dimension égale ; comme on connoît quelle est la quantité de vin que le raisin foulé qu'ils renferment doit produire, chacun trouve son compte dans cette manière d'acquitter la dîme, le décimable ne paye que ce qu'il doit et le décimateur ne reçoit que ce qu'il lui est dû. Voilà quel est l'usage généralement observé.

Cette exception, faite en faveur des propriétaires qui n'habitent point la paroisse où leurs vignes sont situées, a encore donné lieu à un nouvel usage pour la manière de percevoir la dîme dans l'étendue des vignobles qui bordent la rivière de Marne et avoisinent la plaine et les coteaux d'Épernay.

L'art et l'industrie ont, en quelque sorte, ajouté aux bienfaits de la nature dans ces cantons fortunés. Des cultivateurs ont cru qu'ils donneroient un nouveau prix à leurs vins s'ils le dépouilloient de la couleur vermeille et lui en donnoient une qui égalât la blancheur et la limpidité de la plus belle eau ; ils ont imaginé, et peut-être avec quelque fondement, que cette ressemblance feroit moins redouter les effets de la liqueur et qu'ils augmenteroient tout à la fois et la valeur de la denrée et le nombre des consommateurs.

Pour parvenir à ce but, il a fallu des essais sans nombre ; ils ont appris que pour, tirer une liqueur absolument blanche du raisin dont l'enveloppe est noire, il falloit le cueillir à un degré certain de maturité, qu'il falloit le cueillir avant le lever du soleil et dans le moment où il conservoit encore toute la fraîcheur de la rosée, qu'il falloit le transporter avec soin de la vigne au pressoir, et empêcher qu'il ne reçût aucune froissure avant que d'y arriver.

Ces essais ont eu des succès certains, la plus grande partie des propriétaires ont voulu les partager, presque tous ont fait et font toutes les années du vin blanc. Il est résulté de cette fabrication que les vignes qui, précédemment, se vendangeoient en une seule fois, se sont vendangées en plusieurs et à des jours différents, pour ne point mêler, avec les raisins propres à faire du vin blanc, celui qui seroit trop ou pas assez mûr.

Il en est résulté encore que souvent la vendange étoit enlevée avant le lever du soleil et qu'il étoit impossible au décimateur de percevoir la dîme, surtout à l'égard des propriétaires qui faisoient transporter leurs récoltes dans les villes ou villages plus ou moins éloignés.

Cette invention n'a rien changé ; quant aux habitants, accoutumés à payer la dîme des vins qu'ils recueilloient dans leurs celliers, il leur fut égal de l'acquitter en vin blanc ou en vin rouge ; ils devoient la dîme de leur vin et le décimateur n'avoit pas le droit d'exiger qu'ils le fissent d'une couleur ou d'une autre.

Mais il n'en fut pas de même des forains, il n'auroit pas été juste qu'ils fussent obligés de fouler leurs raisins au pied de la vigne et privés de l'avantage de faire du vin blanc : il ne l'auroit pas été non plus que leur utilité préjudiciât au décimateur et le privât du droit qui lui appartenoit. Il a donc fallu tirer des circonstances tout le parti dont elles étoient susceptibles et imaginer à cet égard une nouvelle forme de prestation qui ne nuisît à personne.

On décida que les décimables transporteroient leurs raisins dans des paniers uniformes et étalonnés ; que le décimateur établiroit un bureau dans le canton le plus commode à tous les intéressés ; que toutes les récoltes passeroient à ce bureau et que la dîme s'y percevroit en nature de raisins.

Cet usage, imaginé d'abord pour les forains seuls, fut bientôt recherché par les habitants même des paroisses les plus renommées pour la qualité des vins que produit leur territoire.

Ay, par exemple, jouit de cet avantage ; ses coteaux, que la nature a disposés d'une manière aussi utile qu'elle est agréable à la vue, produisent le vin le plus délicieux de la province ; le François et l'Étranger y abondent aussitôt après la récolte et par leur concours multiplié portent les productions de ce territoire à la plus haute valeur.

Il n'est point de propriétaire qui ne trouve sa récolte trop modique ; il en est, et c'est le plus grand nombre, qui, pour se dédommager de cette médiocrité, cultivent des vignes dans des territoires plus ou moins voisins et font transporter dans leurs celliers, à Ay, les fruits qu'ils ont recueillis dans ces territoires. Par l'effet de ce transport, ce vin passe pour être d'Ay, et souvent, il faut en convenir, sa qualité diffère peu de celle des coteaux qui environnent cette ville.

Cet usage d'y faire du vin des récoltes des territoires voisins est surtout avantageux à ceux qui, dans les saisons convenables, renferment la liqueur dans des bouteilles où elle acquiert cette fermentation active qui, poussant le bouchon avec force, au plus léger mouvement, convertit en quelque sorte le vin en une crème pétillante qui satisfait tout à la fois l'œil et le goût du convive.

L'expérience a prouvé que le mélange des vins d'Avize et de Mareuil, avec ceux d'Ay, facilitoit cette fermentation et lui donnoit plus de force et d'activité.

Aussi cette manière de procéder a-t-elle eu beaucoup de partisans ; elle a éloigné les habitants de ces cantons privilégiés du désir de payer la dîme au cellier par la crainte qu'on ne l'exigeât des vins produits par les récoltes qu'ils avoient fait transporter des territoires voisins.

Pour résumer, dans les cantons où l'on fait du vin rouge, l'habitant paie la dîme dans le cellier, le forain est obligé de faire transporter sa récolte dans des vaisseaux uniformes et marqués, où le raisin se foule et dans lesquels le décimateur perçoit la dîme en vin. Dans les cantons où l'on fait du vin blanc, les habitants payent la dîme dans le cellier et le forain dans des bureaux établis par le décimateur.

Dans ceux enfin, qui, comme Dizy et Ay, jouissent de la plus grande renommée, les forains et les habitants payent la dîme dans les bureaux des décimateurs et l'on vient d'en donner la raison.

Que l'usage général soit d'abord de payer la dîme en vin dans les celliers, c'est une vérité qu'il n'est pas permis de révoquer en doute. L'auteur de la *Nouvelle collection de jurisprudence,* au mot *dîme,* nombre 108, décide « que la dîme de vin ne se paie pas ordinairement dans les vignes, mais que c'est au cellier et au pressoir que les décimateurs doivent lever cette dîme et que ceux qui la doivent ne peuvent en refuser l'entrée aux décimateurs. »

Mais qu'est-il besoin de consulter le suffrage des auteurs ? L'usage de la province est conforme à leurs sentiments et cet usage fait nécessairement loi en matière de dîmes.

Le sieur Huc a produit l'attestation solennelle de plus de vingt-cinq décimateurs des environs de Dizy et d'Ay, qui tous assurent à la justice qu'ils sont dans la possession immémoriale et constante de percevoir la dîme en vin dans les celliers des habitants et de la percevoir aussi en vin sur les forains dans les trentins uniformes qu'ils sont obligés d'employer pour le transport de leurs récoltes.

Il a également produit des mémoires et des pièces imprimées, qui, d'une part, renferment des règlements faits par le lieutenant général de police de Rheims pour contraindre les propriétaires de vignes qui ne pressent point leurs vendanges dans la paroisse où elles sont recueillies, à n'employer que des trentins uniformes marqués et étalonnés, sous peine de saisie et de confiscation des trentins et des récoltes, le tout pour empêcher les décimables de frauder les droits des décimateurs et qui, de l'autre, attestent, et pour les habitants et pour les forains, l'usage dont on vient de rendre compte.

L'un de ces mémoires, fait pour les propriétaires de vignes situées aux terroirs de Trois-Puit, Montbré et Champfleury, en Champagne, contient un état de la plus grande partie des villages qui composent le vignoble de Rheims ; on y voit que les forains y paient la dîme par pot, pinte et chopine de vin, à raison du tonneau et que les habitants des lieux la paient aussi par pot, pinte et chopine, à raison du poinçon de vin et conséquemment dans leurs celliers. Cet état comprend 48 villages.

Enfin, cet usage de percevoir la dixme du vin, en Champagne, est également constaté par une sentence des requêtes du palais, du 19 septembre 1726, et par deux arrêts du parlement de Paris, du 13 février 1728 et du 30 juin 1629 ; le sieur Hue a produit des copies imprimées de ces arrêts.

Cet usage général ainsi établi, voyons ce qui se pratique et ce qui doit se pratiquer à Ay, et dans les endroits renommés où se fabrique le vin blanc le plus fameux. D'abord, pour ce qui concerne Ay, ce ne peut être l'objet d'une question ; l'arrêt du 5 août 1670 l'a déterminé de la manière la plus positive. Il a jugé que ce seroit dans un bureau établi à la porte d'Ay que la dixme seroit perçue. Les habitants ont demandé l'interprétation de cet arrêt ; ils ont conclu à ce que la dixme fût perçue en nature de raisin lors des vendanges et avant l'enlèvement. L'arrêt contradictoire intervenu le 26 août de la même année a ordonné que celui du 5 mai précédent seroit exécuté selon sa forme et teneur et a condamné ces mêmes habitants à payer la dîme à la porte d'Ay. Ils se sont pourvus au conseil et, par arrêt contradictoire du 11 juin 1671, leur demande a été rejetée et Sa Majesté a ordonné que les précédents arrêts recevroient vis-à-vis d'eux leur pleine et entière exécution. Depuis, et en 1709, ils ont encore voulu équivoquer et prétendre qu'ils n'étoient point obligés de faire entrer leurs vendanges par une seule porte, mais par les différentes portes qui peuvent se trouver à l'entrée de la ville d'Ay. Ils ont offert d'être présents à l'étalonnage des mesures et n'empêcher que la perception des dîmes fût faite. Ils se sont même soumis de passer leurs vendanges du territoire de Dizy par les places ordinaires où l'ancien titulaire étoit dans l'usage de percevoir la dixme. Il en fut de même en 1721, lorsqu'ils sollicitèrent de M. l'abbé d'Orléans de vouloir bien consentir en leur faveur un abonnement pour trois ans. Enfin, lorsqu'en 1722 et 1724, ils le prièrent de renouveler l'abonnement, ils lui rendirent des actions de grâces et ils lui déclarèrent unanimement qu'ils continueroient ledit abonnement pour autant de temps qu'il plairoit à mon dit seigneur l'abbé d'Orléans. En conséquence, ils s'obligèrent de lui payer, au lieu de la dixme qu'il a droit de percevoir sur lesdits terroirs, savoir : sur les vignes situées sur le terroir d'Ay, trente-deux sols, etc.

Les arrêts, les délibérations et les actes dont le sieur Hue vient de rendre compte sont produits, et il en résulte évidemment : 1° Que les habitants d'Ay sont obligés de transporter leurs vendanges dans des paniers ou vaisseaux étalonnés. 2° Que c'est à la porte de cette ville que la dîme doit se payer. 3° Enfin, que si quelques abbés, par des arrangements qui leur furent particuliers, se sont contentés d'abonnements soit pour une, soit même pour plusieurs années, d'une part les habitants ont reconnu que c'étoit une grâce qui leur étoit faite, et de l'autre ces conventions isolées n'ont obligé que ceux qui les ont souscrites, et n'ont pu porter atteinte ni aux droits de leurs successeurs ni à ceux de l'abbaye.

C'est donc un point constant jugé par différents arrêts contradictoires, non attaqués et non attaquables, que la dîme doit se percevoir sur le territoire d'Ay, en nature et à la porte de la ville. Rien n'est plus sacré dans les tribunaux de la justice que l'autorité de la chose jugée, le sieur Hue en réclame les droits et les avantages, et MM. les commissaires sont trop attachés à l'observation de ces principes pour qu'il puisse éprouver la moindre crainte à cet égard. Mais cet usage, que l'autorité de la chose jugée a consacré pour Ay, n'est point un usage particulier uniquement pratiqué dans ce territoire. Il est le même pour les territoires voisins qui produisent des vins d'une qualité à peu près égale. Il est le même à Cumières, à Damery, à Hautvillers, tous vignobles renommés, limitrophes et très voisins d'Ay.

Les habitants de Cumières voulurent prétendre, en 1670, que dans le droit ils ne devoient payer la dîme qu'au pied de la vigne. Ils se fondèrent aussi sur d'anciens abonnements qu'ils soutenoient devoir être maintenus. La contestation s'engagea au grand conseil et par arrêt contradictoire du 5 août 1694 l'abbé d'Hautvillers fut autorisé à percevoir la dîme en espèce à la porte de Cumières. Cet usage s'y est maintenu et s'y observe encore aujourd'hui.

Il en est de même d'Hautvillers; un arrêt du conseil d'État de Sa Majesté, du 9 novembre 1753, ordonna qu'à l'égard de ce territoire l'arrêt du grand conseil, du 5 août 1694, seroit exécuté selon sa forme et teneur, en conséquence que les forains d'Hautvillers et tous autres refusans seroient tenus de payer en nature, selon l'usage, la dîme des vins qu'ils recueilleroient.

On observera ici que la contestation n'étoit élevée que par des forains. Les habitants ont toujours payé et payent tous les ans la dixme dans leurs celliers.

Les forains ont eux-mêmes expliqué cet usage dans des soumissions qu'ils ont faites, en 1773, à M. de Talleyrand, coadjuteur de l'archevêché de Rheims, et dernier titulaire de l'abbaye d'Hautvillers. Ils lui ont déclaré qu'en sa qualité d'abbé d'Hautvillers il avoit le droit de prendre la dîme en vin à la onzième, soit en vin, soit au pied de leurs vignes en les contraignant de fouler leurs vendanges dans des vaisseaux vinaires, de jauge connue, pour y faire percevoir, par les pitoyeurs jurés, la onzième partie de la liqueur que lesdites vendanges devoient produire à la cuve et au pressoir; soit en raisins, en un bureau que l'abbé d'Hautvillers seroit maître d'établir à la porte dudit lieu à l'instar de celui de Cumières, aux termes de l'arrêt du 5 août 1694, avec cette différence que le nouveau bureau ne seroit que pour les forains seulement d'Hautvillers, et non pour les habitants; en conséquence, qu'ils le supplioient de vouloir bien, en se restreignant de son droit, leur permettre de ne lui porter ou faire porter, *à leurs frais*, en son palais abbatial, que la onzième partie de leurs raisins qui auront été choisis lors de la cueillette à la vigne par son pitoyeur et les dispenser de faire passer leur récolte entière au bureau qu'il pourroit établir. Ils accompagnèrent ces offres de différentes soumissions et elles ne furent acceptées que sous différentes charges, clauses et conditions, et notamment que sous la clause que cet arrangement ne pourroit nuire aux droits de l'abbaye et à l'usage immémorial où elle étoit de percevoir la dîme, savoir : sur les habitants d'Hautvillers ou personnes y ayant vendangeoir en vin dans leur cellier, et sur les acquéreurs des dépouilles audit Hautvillers, pareillement en vin, que l'on prend dans des vaisseaux vinaires, de jauge connue, contenant les dépouilles achetées et qui y sont foulées.

Ainsi, et d'après ces arrêts, titres et soumissions qui sont produits, c'est encore un point de fait et constant que, dans le territoire d'Hautvillers, la dîme à l'égard des habitants se perçoit dans leur cellier ; qu'à l'égard des forains ils sont obligés de fouler leurs raisins dans des vaisseaux étalonnés pour y laisser percevoir la dîme en vin et que, si, pour leur facilité, le décimateur veut bien établir des bureaux, c'est une grâce particulière qu'il leur fait pour raison de laquelle ils lui doivent des remerciements. Enfin, à Damery, l'usage est absolument semblable. Il a de plus été confirmé par différens arrêts, dont voici l'espèce :

Le sieur abbé d'Arty étoit pourvu, en 1759, de la prévôté de Favières. Il étoit, en cette qualité, décimateur de Damery ; les contestations que lui firent les habitants de cette paroisse l'obligèrent à les faire assigner au grand conseil pour les contraindre à lui payer la dîme, en nature de raisin et au bureau.

Les habitants et autres possédant vignes, sur ce territoire se défendirent et soutinrent la validité de prétendus abonnements qui, suivant eux, avoient été faits par les prédécesseurs du sieur abbé d'Arty.

L'arrêt contradictoire qui intervint le 28 mars 1759, condamna les syndics, habitants et communauté de Damery et Cumières et autres propriétaires forains possédant vignes dans l'étendue du dîmage de Favières, et portant, lors de la vendange, leurs raisins à Cumières, à payer au prévôt de Favières la dîme des raisins qu'ils recueilleroient sur le pied du vingtième et ce au bureau établi par le prévôt de Favières, près de la porte de Cumières et du côté de Damery.

Depuis cette époque, le sieur de Bernis, chevalier de l'ordre de Saint-Jean de Jérusalem, succéda au même prieuré. Les habitants de Damery et de Cumières voulurent lui faire les mêmes difficultés qu'ils avoient élevées à son prédécesseur. Le chevalier de Bernis se vit contraint de les faire assigner et demanda qu'ils fussent tenus de lui servir, dans un ou plusieurs bureaux qui seroient établis dans les endroits les plus convenables et d'après les mesures qui seroient réglées et épalées, la dîme en nature de tous les fruits qu'ils recueilleroient dans toutes les vignes à eux appartenantes sur le territoire de Damery et dîmage de la prévôté de Favières.

Les habitants se présentèrent et soutinrent que la dîme réclamée par le chevalier de Bernis devoit être payée au pied de la vigne. Il leur répondit qu'il falloit, ou qu'ils la lui payassent en vin au pied de la vigne, dans des tonneaux uniformes où ils seroient obligés de mettre et fouler leurs raisins ; ou qu'ils l'acquittassent aux bureaux qui seroient établis avec défense de hocher ni fouler les raisins dans les paniers servant au transport de leurs vendanges et sur lesquelles se prélève la dîme.

La contestation, comme on le voit, étoit la même que celle qui divise aujourd'hui les parties. L'arrêt qui intervint au parlement de Paris, le 12 mars 1774, condamna les habitants et propriétaires de vignes dans le territoire commun de Damery, d'Arty et de Cumières, à payer la dîme des fruits qu'ils en percevroient au chevalier de Bernis et à ses successeurs prévôts de Favières, au pied de la vigne et en moult ou vin brut à raison du vingtième, dans des tonneaux et mesures qui sont épalées, si mieux n'aimoient la payer en raisins et ce dans les bureaux qui seroient établis à Damery, à Arty et à Cumières, aux lieux les plus commodes, ce qu'ils seroient tenus d'opter dans quinzaine du jour de la signification dudit arrêt à personne ou domicile, sinon déchus de l'option.

Le même arrêt contient entre autres différentes dispositions relatives à la police des vendanges et destinées à conserver en entier les droits du décimateur. Il seroit inutile de les rapporter ici.

Mais celles dont on vient de rendre compte, constatent, de la manière la plus authentique, que la dîme à Cumières, Arty et Damery, doit se percevoir ou dans des bureaux ou au pied de la vigne en vin brut et dans des trentins et vaisseaux uniformes où le raisin sera foulé.

Ainsi, quand les arrêts de 1670 et 1671 n'auroient pas déterminé la forme de la prestation de la dîme à Ay, il faudroit qu'elle se payât ou en vin dans les celliers, ou en nature de raisins, au bureau établi à la porte d'Ay, ou en vin au pied de la vigne, dans des vaisseaux étalonnés où les raisins seront foulés, option que les habitants d'Ay refuseroient constamment, puisqu'elle leur enlèveroit l'avantage de faire du vin blanc.

Le sieur Hue réunit donc en sa faveur l'autorité de la chose jugée, la jurisprudence et l'usage de la province et notamment de tous les territoires voisins. Il paroît donc certain que les habitans et possédant vignes à Ay seront condamnés, ou à payer la dîme en nature à la porte de cette ville, ou à la payer dans leurs celliers, et dans le cas où les habitants et propriétaires ne feroient point leur option avant le jugement, ils en doivent être déchus et il ne peut y avoir aucune difficulté d'ordonner le paiement de la dîme en nature à la porte d'Ay.

Les habitans et possédant vignes à Dizy, quelque avantage qu'ils aient cru trouver à diviser leur défense de celle des habitants d'Ay, doivent nécessairement être assujétis à la même forme de prestation.

Si des actes émanés de ces habitants ne prononçoient point d'avance leur condamnation, le sieur Hue invoqueroit en sa faveur les dispositions de l'article 29 de l'édit de 1579. Il s'exprime ainsi : « Et ou par ci-après seroit mû aucun procès pour raison de la cote desdittes dîmes, voulons iceux être jugés par nos juges, selon les coutumes anciennes desdits lieux et où ladite coutume seroit obscure et incertaine sera suivie celle des lieux circonvoisins. » Il citeroit le suffrage unanime des auteurs qui tous décident que lorsqu'il y a quelque incertitude ou ambiguïté, soit sur la manière de percevoir la dîme, soit sur sa quotité, il faut recourir et se fixer sur ce qui se pratique dans les territoires voisins.

Or, ici, le territoire de Dizy est entouré de ceux d'Ay, Hautvillers et Cumières. L'usage, dans ces trois paroisses, est d'y percevoir la dîme ou dans les celliers ou dans les bureaux établis par les décimateurs, il faudroit donc nécessairement que les habitants de Dizy se soumissent à payer la dîme de l'une de ces deux manières.

Mais il résulte de leurs propres délibérations qu'en ce qui concerne les habitants de Dizy, ils ont toujours payé la dîme au onzième poinçon, et, par conséquent, dans les celliers, et que relativement aux forains ils ont été dans l'usage ou de la payer dans les bureaux établis ou de la faire porter dans les celliers de la maison abbatiale.

On voit d'abord, dans une délibération prise par les habitans, corps et communauté de Dizy, le 29 mars 1648, qu'ils refusèrent d'intervenir dans une contestation qui divisoit plusieurs particuliers avec l'abbé d'Hautvillers, avec déclaration qu'ils n'avoient rien à y dire, sinon qu'ils offroient de payer la dîme *de vin* de ce qu'ils possédoient au terroir de Dizy, ainsi qu'ils ont accoutoumé de payer aux anciens possesseurs, qui est à raison de quinze pintes de vin pour *chaque poinçon de vin*, jauge de Champagne.

Si c'étoit en vin que la dîme devoit être payée, si du propre aveu des habitants assemblés elle devoit être acquittée en raison du nombre *des poinçons*, il s'ensuit que c'étoit nécessairement au cellier que s'en faisoit la prestation.

Lorsque, le 22 septembre 1680, les mêmes habitans sollicitèrent du sieur abbé d'Hautvillers un abonnement momentané, ils étoient tellement convaincus que c'étoit en vin et au cellier qu'ils devoient acquitter la dîme, qu'ils ont déclaré que le sieur abbé étoit en état de la faire lever en espèce à ladite raison de *trente pintes* pour chacune queue (deux poinçons) de vin, au lieu de quoi ils l'ont requis de vouloir continuer ladite composition au lieu de l'espèce en argent. De leur propre aveu encore, la dîme devoit donc être payée en vin en proportion du nombre des poinçons. Elle devoit donc être acquittée au cellier.

Lorsqu'en 1709 l'abbé d'Hautvillers voulut percevoir la dîme en nature, les habitans d'Ay qui possèdent des vignes sur le territoire de Dizy, et qui en possèdent la plus forte partie, reconnurent tellement le droit qu'avoit l'abbé d'Hautvillers de percevoir la dîme en nature et d'obliger les forains de passer leur récolte par les bureaux qui seroient indiqués, qu'ils consentirent à assister à l'étalonnage des mesures et à souffrir que la perception de la dîme fût faite en espèce, ils se soumirent à passer les vendanges du territoire de Dizy par les places ordinaires où le feu sieur abbé de Fourille avoit accoutumé de dîmes. Ils déclarèrent même que cette place étoit proche l'église de Dizy et quelle étoit assise dans un endroit appelé : la Place des Dimeurs, proche la Cerisière. Enfin, dans les abonnements momentanés faits avec plusieurs abbés d'Hautvillers, ces habitans ont promis par chacune année et par chaque arpent de vignes la somme de huit livres, en représentation du droit de dîme, lequel droit consiste en *trente pintes* pour queue de vin suivant l'ancien usage.

Il est donc démontré qu'à Dizy, comme à Hautvillers, l'habitant est dans l'usage de payer la dîme en vin dans son cellier et que le forain est obligé de passer sa récolte par les bureaux établis par le décimateur, et de la transporter dans des paniers uniformes pour y être la dîme payée au onzième, et si les actes dont on vient de rendre compte et qui sont produits n'établissoient pas cette vérité dans son plus grand jour, l'usage pratiqué dans les territoires voisins et qui, comme on vient de le faire voir, feroit loi dans l'espèce, les assujétiroit à la même nature et à la même manière de prestation.

Mais, pour réduire les habitans et les autres, possédant vignes sur les territoires d'Ay et de Dizy, au silence, pour lever jusqu'au plus léger inconvénient, pour faciliter, même aux décimables, les moyens de transporter leurs récoltes et leur éviter toute espèce de retard, le sieur Hue veut bien établir un bureau à Dizy, au lieudit : la Cerisière, pour y percevoir la dîme des récoltes qui entreront dans le village de Dizy. Quant à celles qui sortiront de ce territoire, pour être transportées à Ay, il consent encore d'établir un bureau à l'extrémité du territoire de Dizy, les récoltes qui en proviendront passeront par ce bureau, y acquitteront le droit de dîme dont elles sont tenues et les conducteurs y recevront des billets de laissez-passer qu'ils remettront au pitoyeur établi à la porte d'Ay, lequel les laissera continuer leur route et arriver à leur destination sans aucune espèce de retard ni de difficulté.

La même opération se fera pour Ay, les vendanges qui entreront dans cette ville acquitteront le droit de dîme à la porte du Chauffour où sera établi le bureau du décimateur, il y aura également un bureau à l'extrémité de ce territoire. Les propriétaires de vignes, sur le territoire d'Ay, qui voudront exporter leurs récoltes, payeront à ce bureau le droit de dîme dont ils sont tenus. Ceux qui, des terroirs étrangers, voudront faire conduire à Ay, ou leurs vendanges ou les dépouilles qu'ils auront achetées, prendront, à ce même bureau, des billets de laissez-passer au moyen desquels leurs conducteurs feront entrer leurs raisins par la porte du Chauffour dans la ville, sans acquitter aucun droit.

Par cette voie, les droits du décimateur et ceux du décimable seront conservés, il ne sera fait aucun tort à personne et les habitans et les possédant vignes, non-seulement n'éprouveront aucun retard, mais jouiront même de toutes les facilités qu'ils peuvent désirer.

En un mot, et c'est la règle générale de la province, l'habitant doit payer la dîme au cellier, le forain doit faire transporter sa récolte dans des trentins uniformes où elle est foulée et dans lesquels le décimateur perçoit son droit en vin. Si on a établi des bureaux, on ne l'a fait que pour les cantons où se fait le vin blanc, et pour ne point priver les propriétaires de jouir de cet avantage, cet usage qui n'a été introduit que pour leur utilité est fondé sur la possession de toute cette partie de la province et sur l'autorité constante de la chose jugée. Ainsi, si avant la décision de l'instance, les habitants et possédant vignes ne déclarent point qu'ils préfèrent de payer la dîme au cellier, Sa Majesté ne pourra se dispenser de les assujétir à faire passer leurs récoltes par les bureaux pour acquitter le droit de dîme dont leurs possessions se trouvent chargées.

On ne pourroit, sans crainte d'ennuyer le lecteur, répondre aux considérations du bien public, d'avantage du commerce, d'intérêt des finances de Sa Majesté, dont il a plu aux habitants d'Ay et de Dizy d'orner leurs requêtes.

Le bien public, le commerce, ni les finances ne souffriront aucune perte, puisque le vin blanc se fabriquera avec la même facilité qu'il s'est fait jusqu'aujourd'hui ; et, d'ailleurs, les habitants se sont trompés lorsqu'ils ont pu imaginer que des lieux communs de cette espèce influeroient sur le jugement d'une instance dans laquelle il s'agit uniquement d'ordonner l'exécution de la chose jugée entre les mêmes parties et pour raison du même fait.

Il ne reste plus qu'un dernier objet à traiter. Les habitants d'Ay et de Dizy se plaignent de ce que, par les arrêts du propre mouvement de Sa Majesté, ils ont été condamnés, savoir : les habitants de Dizy à payer 12 livres par arpent, et ceux d'Ay à 4 livres aussi par arpent. Ils demandent, en conséquence, que le droit pour l'année dernière soit réduit, savoir : à 8 livres pour chaque arpent de vignes à Dizy, et à 32 sols par arpent, situé au terroir d'Ay.

Le sieur Hue conviendra avec eux que les arrêts du propre mouvement de Sa Majesté, ne contiennent que des dispositions provisoires et qui ne peuvent préjudicier au droit respectif des parties sur le plus on sur le moins.

Pour éviter même toute espèce de difficulté, il demande qu'on fasse un relevé du produit général du vignoble d'Ay et de Dizy pour l'année dernière ; que ce relevé soit comparé avec le nombre d'arpents dont ces territoires sont composés afin qu'on puisse connoître la quantité de vin que chaque arpent a produit et fixer la quotité du droit de dîme, dont chaque propriétaire est tenu : l'opération sera d'autant plus facile que tous les ans on place au greffe des justices d'Ay et de Dizy le tableau ou produit général de chacun de ces territoires.

Lorsque la quotité de vin, dû par chaque propriétaire, sera connue, il sera très aisé d'en fixer la valeur. On dresse également, toutes les années, un procès-verbal qui constate le prix commun des vins recueillis ; le sieur Hue veut bien se soumettre à cette évaluation et à déduire, sur ce que lui devra chaque propriétaire, les sommes qu'il aura payées en exécution des arrêts, du propre mouvement de Sa Majesté.

C'en est assez sans doute ; le sieur Hue a prouvé que la dîme sur les terroirs d'Ay et de Dizy lui étoit due en nature, il a prouvé qu'elle devoit être payée ou dans les bureaux indiqués ou dans les celliers, que toute autre forme de prestation étoit impraticable ; il a justifié son droit et par l'autorité de la chose jugée et par les actes les plus précis et par la possession et l'usage de tout le canton. D'après des moyens aussi victorieux, il espère que Sa Majesté, en soumettant ses adversaires au paiement des droits dont ils sont tenus, les condamnera en des dommages-intérêts proportionnels à la perte énorme qu'ils lui ont fait souffrir et voudra bien garantir l'abbaye d'Hautvillers des atteintes multipliées qu'on ne cesse de porter à ses droits les plus constants et les mieux établis.

Bureau des Économats,

D'AGUESSEAU; BASTARD; DUFOUR DE VILLENEUVE; SAUNIER; DE VILLEVANT; BERTIER; GUEAUX DE REVERSEAUX; DE TOLOSAN; RAYMOND DE SAINT-SAUVEUR; DE VIN DE GALLANDE-BLONDEL.

Monsieur BROCHET DE SAINT-PREST, *maître des requêtes, rapporteur;*

Me TURPIN, *avocat.*

(De l'imprimerie de L. Cellot, rue Dauphine. — 1777.)

Le pauvre malheureux Hue, fatigué de toutes les tracasseries et procédures que lui suscitaient les habitants d'Ay et de Dizy, résolut de résilier son bail du 7 mars 1776, fait avec Mgr Lattier de Bayane.

Pardevant les conseillers du roy, notaires à Paris, soussignés, furent présens :

Sieur Jacques-François Rittier, ancien châtelain de la terre et seigneurie du Grand-Lierre, en Dauphiné, et régisseur de l'abbaye d'Hautvillers, près Épernay, y demeurant ordinairement, étant de présent à Paris, logé rue Plumet, paroisse de Saint-Sulpice, à l'hôtel de Chabot, au nom, comme procureur de Mgr Alphonse Hubert de Lattier de Bayane, prélat romain, auditeur de Rote pour la France, abbé commendataire de l'abbaye d'Hautvillers, diocèse de Rheims, fondé de sa procuration spéciale, à l'effet des présentes passées devant le chancelier du consulat de France, à Rome, le six décembre dernier, en présence de témoins, dont une expédition délivrée par le sieur Mora, chancelier, légalisée le même jour, contrôlée à Cumières, près Épernay, le vingt avril dernier, par le sieur Fortin, et que ledit sieur Rittier certiffie véritable, et demeurée annexée à la minutte des présentes, après qu'il en a été dessus fait une mention signée de lui en présence des notaires, d'une part ;

Et le sieur Philippe-François-Nicolas Hue, fermier général de laditte abbaye d'Hautvillers, suivant le bail qui lui en a été fait devant Me Cordier, qui en a la minutte, et son confrère, notaires à Paris, le sept mars mil sept cent soixante-seize, par M. Marchal de Saintcy, nommé pour faire les fonctions d'économe séquestre des bénéfices vaquants à la nomination du roy, ledit bail fait pour six années consécutives, commencées le premier janvier de laditte année mil sept cent soixante-seize, moyennant le prix et aux charges, clauses et conditions y portées, demeurant, ledit sieur Hue, ordinairement à Hautvillers, de présent à Paris, logé à l'hôtel de Chaalons, rue Saint-Martin, paroisse Saint-Merrye, d'autre part.

Lesquels ont fait et arrêté entre eux ce qui suit :

C'est à savoir que ledit bail général de l'abbaye d'Hautvillers est demeuré résilié à compter du premier janvier de la présente année et, par conséquent, pour la dernière des six années pour lesquelles il a été fait, au moyen de quoi ledit sieur Hue consent que ledit sieur abbé de Bayane perçoive, à son profit, tous les revenus, de quelque nature qu'ils soient, de laditte abbaye, à compter dudit jour premier janvier de la présente année, notamment qu'il reçoive de tous ses sous-fermiers le prix de leur jouissance de la présente année, lequel prix est payable en deux termes : le premier, au premier juin prochain, et le second à Noël suivant, et ce, aux termes des sous-baux que ledit sieur Hue leur a passés et que ledit sieur abbé de Bayane jouisse et dispose, comme il le jugera à propos, de tous lesdits revenus de la présente année, comme lui appartenant.

De sa part, ledit sieur Rittier, audit nom, quitte et décharge ledit sieur Hue et tous autres du paiement du prix du fermage de laditte présente année et des charges relatives à laditte présente année seulement de laditte ferme générale, le tout fixé par ledit bail général.

La présente résiliation, faite et acceptée aux charges, clauses et conditions suivantes :

Premièrement, que ledit sieur Hue, qui s'oblige, remettra audit sieur Rittier, audit nom, et à sa première réquisition, tous les sous-baux qu'il a passés de l'universalité des biens et droits de laditte abbaye, à l'exception seulement des vignes qu'il faisoit valoir et exploiter par lui-même, plus tous les registres, cueillerets, titres, pièces et renseignements, concernant laditte abbaye qu'il a en sa possession, ensemble tous les jugemens et arrêts qu'il a obtenus, et obtiendra, pour les dixmes d'Ay et Dizy, après, toutefois, quant auxdits jugemens et arrêts et autres titres et pièces engagés dans les procès subsistans, au conseil entre ledit sieur Hue, les économats et les communautés d'Ay et Dizy, que lesdits procès auront été jugés deffinitivement.

Deuxièmement, ledit sieur Hue consent que ledit sieur Rittier, audit nom, entre, dès à présent, en possession et jouissance de la maison abbatiale, de toutes ses dépendances, ensemble des jardins, vergers, colombiers, sans aucune répétition de la part dudit sieur Hue, pour les frais de culture, fruits et produits y étant, comme aussi ledit sieur Hue abandonne et laisse, au profit dudit sieur abbé, les fumiers et engrais étant dans la fosse et autres lieux desdits bâtimens, et qui appartiennent audit sieur Hue. Néanmoins, il est convenu que ledit sieur Hue conservera, dans laditte maison, jusqu'au premier mars de l'année prochaine mil sept cent quatre-vingt-deux, les caves suffisantes pour y mettre le vin qu'il a actuellement dans laditte maison, comme aussi qu'il continuera à jouir, jusqu'au premier septembre de la présente année seulement, pour son logement, des lieux qu'il occupe actuellement dans laditte maison abbatiale, et de ceux dans lesquels il a logé les sieur et dame Guichard, sans que, pour raison de la jouissance desdits lieux jusqu'aux dittes époques, il puisse être demandé audit sieur Hue aucuns loyers.

Troisièmement, ledit sieur Hue s'oblige, dans huitaine, de faire achever de provigner et échalasser les vignes dépendantes de laditte abbaye, et de les mettre en bon état, et tel qu'il aurait dû le faire à la fin de l'année dernière, et, pour le constater, il en sera fait, à l'expiration de laditte huitaine, une visite par experts, que les parties nommeront à l'amiable et qui feront l'estimation des dégradations qui pourroient se trouver, desquelles dégradations ledit sieur Hue tiendra compte à mon dit sieur abbé, de même, si lesdits experts estiment que ledit sieur Hue ait fait des ouvrages et fournitures d'échalats dans lesdittes vignes, au-delà de ceux nécessaires pour les mettre dans le bon état où elles auroient dû être à la fin de laditte année dernière, mon dit sieur abbé tiendra compte audit sieur Hue desdits excédents d'ouvrages et échalats, suivant l'estimation desdits experts. A l'égard de ce que ledit sieur Hue a payé aux vignerons pour les façons de la présente année, suivant le marché à forfait qui se fait ordinairement avec eux, ledit sieur Rittier, audit nom, s'oblige de le rembourser dans un mois audit sieur Hue, ainsi que ce qu'il a payé pour les gages des gardes de la présente année, et ledit sieur Rittier, audit nom, demeurera chargé de ce qui peut rester dû aux vignerons dudit marché à forfait, dans ce moment et pour l'avenir.

Quatrièmement, il sera également procédé, dans quinzaine, par experts, dont les parties conviendront, à la visitte des bâtiments, pressoirs, fontaines et autres bâtiments et autres objets dépendans de laditte abbaye, qui se trouveront à la charge seule dudit sieur Hue, comme n'ayant point été compris dans les sous-baux, et que, par conséquent, il est seul tenu de rendre et remettre en bon état à la fin de sa jouissance, et si, lors de laditte visitte le tout ne se trouve pas en bon état, ledit sieur Hue s'oblige de faire tout ce qui sera nécessaire dans le délay d'un mois aussi, à compter de ce jour pour mettre le tout en bon état. Ledit sieur Rittier, audit nom, réserve tous les droits et actions dudit seigneur abbé, contre tous autres qu'il appartiendra pour raison de réparations et dégradations, qui pourraient se trouver dans les bâtimens et bois, terres, prés et autres objets qui ne regarderoient pas ledit sieur Hue, seul ainsi qu'il vient d'être dit, soit pour mauvaise administration soit pour toutes autres clauses et notamment contre les sous-fermiers que ledit sieur Hue déclare avoir chargés par leurs sous-baux et chacun pour son objet particulier des mêmes charges et conditions auxquelles ledit sieur Hue s'est obligé pour son bail général, pourquoi, et pour la perception des fermages et revenus pour la présente année, ledit sieur Hue met et subroge mon dit seigneur abbé, en son lieu et place, droits et actions, ainsi que pour le fournissement, par chacun desdits sous-fermiers, des déclarations des biens et droits convenus par l'article dix-sept dudit bail général, lesquelles déclarations ledit sieur Hue déclare ne lui avoir point été fournies, promettant même de fournir incessamment celles des objets non compris dans lesdits sous-baux.

Plus, ledit sieur Rittier, audit nom, réserve tous les droits et actions dudit sieur abbé de Bayane pour les fruits et revenus de l'année dernière de laditte abbaye à compter du jour qu'il a commencé à en avoir droit, lesquels droits ledit seigneur abbé de Bayane exercera contre les économats, à qui ledit sieur Hue comptera dudit fermage de l'année dernière.

Cinquièmement, aux termes de l'article quatre dudit bail général, ledit sieur Hue a exploité, l'hyver de dix-sept cent soixante-dix-neuf à mil sept cent quatre-vingt, le bois de la Briquetery qui ne se coupe que tous les trois ans, laquelle exploitation a formé l'ordinaire du bois pour les années mil sept cent quatre-vingt, mil sept cent quatre-vingt-un et mil sept cent quatre-vingt-deux, en conséquence ledit sieur Hue s'oblige de tenir compte et remettre audit sieur Rittier, audit nom, dans quinzaine de ce jour, les deux tiers de l'exploitation dudit bois, par lui faitte l'hyver de mil sept cent soixante-dix-neuf à mil sept cent quatre-vingt, ainsi qu'il a été pratiqué envers lui pour l'ordinaire de mil sept cent soixante-seize, suivant ledit article quatre dudit bail général, déclarant ledit sieur Hue que c'est ledit sieur Bigot, sous-fermier des biens, qui est chargé de cet objet.

Sixièmement, et outre lesdittes charges et conditions respectives, la présente résiliation est consentie par le sieur Hue, moyennant la somme de six mille livres à payer par ledit seigneur abbé, ainsy que ledit sieur Rittier l'y oblige, laquelle somme de six mille livres ledit sieur Rittier, audit nom, oblige ledit seigneur abbé de Bayane, de payer, à la décharge dudit sieur Hue, qui le consent, à M. Du Chatel, receveur des décimes, à Rheims, dans huitaine de ce jour, sur et en déduction des décimes de laditte abbaye, que ledit sieur Hue a été chargé de lui payer par son bail général, de laquelle somme la quittance sera remise audit sieur Hue aussitôt ledit paiement effectué.

Septièmement, ledit sieur Hue a, par ces présentes, vendu et promis garantir de toutes revendications audit seigneur abbé de Bayane, ce accepté par ledit sieur Rittier audit nom, tous les effets et ustensiles servant à l'exploitation des vignes, et à la perception et administration des dixmes de l'abbaye, notamment les cuves, les visses de pressoirs et les chantiers, les futailles et bouteilles vuides étant dans les bâtimens et dépendances de laditte abbaye et appartenant audit sieur Hue, de tous lesquels effets et ustensiles il sera fait, sous huitaine, lors de la remise et délivrance qui en sera faitte audit sieur Rittier, audit nom, un état estimatif par les experts dont les parties conviendront. Pour desdits ustensiles et effets, jouir et disposer par ledit seigneur abbé de Bayane, comme lui appartenant au moyen des présentes. Laditte vente faitte moyennant la somme à laquelle se trouvera monter ledit état estimatif à faire par les experts, laquelle somme, ainsi que ce qui pourra demeurer desdits six mille livres, d'après le paiement des décimes, restera entre les mains dudit sieur Rittier, audit nom, pour être employée, ainsi qu'il le promet et que ledit sieur Hue l'en requiert, à payer à la décharge dudit sieur Hue, les arrérages des tailles si aucuns sont dus, et le surplus, s'il y en a, servira à acquitter, par préférence, ce qui se trouvera dû par ledit sieur Hue, pour réparations et dégradations aux bâtimens, vignes et autres objets dépendant de laditte abbaye, d'après les conventions cy-dessus, et enfin le restant sera payé au même acquit à mon dit sieur de Saintcy, économe général en sa ditte qualité, de tous lesquels paiements il sera justiffié audit sieur Hue, aussitôt qu'ils auront pu être faits.

Huitièmement, les honoraires des présentes et les frais des procès-verbaux de visitte, estimation, fixation cy-devant convenus et nécessaires pour l'entière exécution des présentes seront supportés également par les parties, chacune par moitié.

Neuvièmement, chacune des parties promet d'exécuter et faire exécuter, par qui il appartiendra, toutes les conventions, obligations, charges et conditions cy-dessus qui la concernent, et d'acquitter, garantir et indemniser l'autre partie de ce qui pourrait arriver, et être fait au préjudice et contre ces présentes, par quelques causes et moyens que ce soit.

Le tout a été ainsi convenu et arrêté entre lesdittes parties.

Et pour l'exécution des présentes, elles élisent domicile audit lieu d'Auvillers, savoir : ledit sieur Rittier, audit nom, dans la maison abbatiale, et ledit sieur Hue, chez le curé de ladite paroisse dudit Hautvillers, auxquels lieux nonobstant, promettant, obligeant, chacun à son égard, renonçant.

Fait et passé à Paris, en l'étude de M° Trutat, l'un des notoires soussigné, l'an mil sept cent quatre-vingt-un, le huitième jour de may après midy, et ont signé la minutte des présentes demeurée à M° Trutat, l'un des notoires soussignés.

DENIS ; TRUTAT.

Scellé ledit jour.

Par la procuration dattée et énoncée en la transaction cy-dessus expédiée,

Appert qu'elle est spéciale à l'effet de traiter et transiger sur tous procès et sur toutes affaires, avec les fermiers de ladite abbaye d'Auvillers.

Extrait par les notoires soussignés, le neuf may mil sept cent quatre-vingt-un, sur expédition de ladite procuration, étant en la possession de M° Trutat, l'un d'eux.

DENIS ; TRUTAT.

Il est plus que certain que, lorsque toutes les conditions énoncées dans la présente transaction auront été remplies, le pauvre fermier général, déjà si tracassé par les décimables, n'aura pas eu à se féliciter d'avoir été l'adjudicataire des revenus de l'abbaye d'Hautvillers. Les difficultés pour la perception de la dîme n'en continuèrent pas moins entre M. l'abbé et les habitants d'Ay et de Dizy ; une transaction, du 20 septembre 1784, mit fin à tous ces débats. Nous avons une preuve de cette transaction dans un modèle de reçu de la dîme en vin d'Ay. Ces reçus étaient imprimés, il n'y avait qu'à remplir pour indiquer la somme reçue, et les noms des débiteurs :

« Je, soussigné, fondé de pouvoir de Mgr de Lattier de

Bayane, prélat romain, auditeur de Rote, abbé commendataire de l'abbaye royale de Saint-Pierre-d'Hautvillers, et de M. X....., curé d'Ay, reconnais avoir reçu de M. X....., demeurant à Ay, la somme de....., pour..... années de dîme en vin, abonné en argent sur le pied de quarante-huit sols par arpent, pour la quantité de..... de vignes, qu'il possède sur ledit terroir d'Ay, suivant sa déclaration qu'il en a fournie aux termes de la transaction du 20 septembre 1784, dans laquelle somme de..... il en appartient les deux tiers audit seigneur abbé d'Hautvillers, et l'autre tiers audit sieur curé d'Ay.

A Ay, ce.....

LA DIME EN CHAMPAGNE

Dans le cours de cet ouvrage, nous avons bien souvent parlé de la dîme due aux bénéficiers de l'abbaye d'Hautvillers et des difficultés qu'ils avaient à la percevoir. Afin d'éclairer le lecteur, nous empruntons à Prosper Michel, ce qu'il a dit sur la dîme, dans sa brochure qui a pour titre : *Recherches sur la perception de la dîme en Champagne*; ce sera le cas de répéter ce que cet auteur a dit de lui-même : « *Disjecta, quærendo, collegi.* »

Les dernières pierres des riches abbayes qui peuplaient la France avant la Révolution de 1789 disparaissent tous les jours; le voyageur, qui parcourt nos provinces, rencontre encore souvent des traces de ces pieuses maisons dont les fondateurs avaient si bien su choisir l'emplacement dans des lieux à la fois fertiles et pittoresques. Bientôt, de ces splendides abbayes, il ne restera plus que des démolitions, bien que les archéologues et les dessinateurs fassent de constants efforts, ceux-là pour conserver ces débris d'un autre âge, et ceux-ci pour, à l'aide de leur crayon, nous en reproduire l'imposante figure.

Grâces à eux et aux ruines que le temps à épargnées, on connaît encore l'emplacement qu'occupaient les couvents, et on peut, au moins en pensée, reconstituer ces vastes édifices conventuels; mais les conditions d'existence de ces riches communautés ont été emportées avec les générations qui nous ont précédés; le souvenir des rapports de ces communautés avec les populations s'effacent tous les jours. Si on se demande quels droits les puissantes abbayes avaient sur les habitants, quelle en était l'importance, comment et dans quelles mesures elles exerçaient ces droits, la solution de ces questions est enveloppée de nuages. D'un autre côté, on peut se demander si les populations se soumettaient bénévolement et sans résistance aux prétentions des abbayes ? Comment luttaient-elles avec les abbayes ? Comment se vidaient ces querelles ?

Il y a bien, ce nous semble, quelque utilité à éclairer ces différents points historiques. Sans vouloir nous poser en champion posthume de l'ancienne administration communale en France, cette administration, croyons-nous, si elle avait ses inconvénients, présentait bien quelques avantages. Nous voyons, en effet, les communes se mouvoir seules et avec une certaine indépendance. Chaque commune représentée par ses procureurs syndics, son maire et ses bourgeois, avait une existence individuelle qui lui permettait d'agir avec toute liberté, et sans être subordonnée au contrôle de qui que ce fût.

Les dîmes formaient une partie notable du revenu des abbayes. Bien que fondés sur des titres ou sur un usage immémorial, ces droits n'étaient pas toujours acquittés, par les populations, sans murmures. On ne faisait pas non plus scrupule de frauder le décimateur et nos aïeux exprimaient le succès de leur ruse par une locution proverbiale; ils disaient : *faire à Dieu jarbe de foarre;* c'est-à-dire payer les dîmes en mauvaises gerbes où il n'y a que de la paille et point de grain (1). Suivant Ducastel, avocat à Bayeux (*Mémoire sur les dîmes pour le clergé de Normandie*, Caen, 1773, in-8º) : « La dîme était un impôt mis sur la nation, pour le maintien du culte public. » Le prêtre exerçait, pour le peuple, ses fonctions sacrées; le peuple lui demandait des secours spirituels, il avait donc le droit de lui demander des secours physiques, les obligations étaient réciproques.

D'abord, les offrandes des peuples suffisaient à l'entretien du clergé; la dîme, alors, n'était pas fortement sollicitée; plus tard, à cause de la diminution des offrandes, le concile de Tours, en 567, invite à payer la dîme de toutes les productions.

---

(1) Ce proverbe est tiré de la Bible, applicable à ceux qui offraient seulement à Dieu des gerbes de paille, feignant offrir des gerbes de blé, pensant apaiser Dieu par une tromperie, Lequel, toutefois, connait le fond et l'intérieur de nos pensées.

Environ deux cents ans plus tard, Charles Martel avait besoin d'attirer ou de retenir, par de riches présents, surtout par des dons de terre, les guerriers qui faisaient sa force. (Guizot, *Histoire de France*, tome I, page 182.) Il dépouilla l'Église de ses richesses énormes ; il en gratifia, sans scrupule, ses amis et ses soldats. Le cri de l'Église se fit entendre de tous côtés ; Charles Martel le méprisa sans cesse. On entrevoit, néanmoins, que les possesseurs des biens retirés à l'Église furent chargés d'une redevance qui consistait dans le paiement de la *dîme* et de la *nonne*.

Cette prérogative fut plutôt établie qu'exercée. Les troubles de l'État autorisaient tous les refus des possesseurs. (Ducastel, page 30.)

Pépin le Bref fit des règlements qu'on n'exécuta pas ; les possesseurs ne voulurent rien rendre. (Page 31.)

Charlemagne ne pouvait rendre à l'Église ses anciennes possessions. Il voyait, par compensation, la dîme toujours demandée, souvent refusée et rarement perçue. Il sentit que si, jadis, l'Église avait eu trop de biens, elle n'en avait plus alors suffisamment ; c'est pourquoi il imposa aux peuples soumis à sa domination le paiement de la dîme. Le premier capitulaire connu, portant cet établissement, est de 779. L'impôt établi par Charlemagne fut accueilli avec murmure et difficilement exécuté, les fraudes furent aussi nombreuses que le refus ; c'est ce qui explique comment il se fait que ce prince, dans ses capitulaires, renouvela si fréquemment ses prescriptions pour rendre obligatoire le paiement des dîmes (Capitulaires de 789, 794, 802 et 813), et frappa des peines les plus sévères, même l'excommunication, ceux qui ne se soumettaient pas à la dîme.

« Au commencement de la troisième race, rapporte La Chesnaye des Bois, V° *Dîme*, les offrandes, les présentations, les églises même étaient inféodées aux laïcs, qui en recevaient l'investiture de nos rois. L'abus de ces possessions irrégulières fut reconnu dans une assemblée tenue à Saint-Denis. Hugues Capet et Robert furent les premiers qui donnèrent l'exemple de la restitution, et les seigneurs s'empressèrent à l'envi de rendre à l'Église ce que leurs pères avaient usurpé sur elle. Le droit qu'ils levaient en quelques endroits était la *dixième partie ;* en quelques autres, la treizième partie, la quinzième ou la vingtième. La plupart des seigneurs donnèrent ces droits aux moines bénédictins, et l'ordre, en reconnaissance de ces donations, commit des religieux pour desservir les églises dans les lieux où ils percevaient la dîme. »

La dîme n'était parfois que la quarantième partie et variait plus généralement du seizième au vingt-quatrième compte ; c'est-à-dire que sur seize ou vingt-quatre gerbes, le décimateur en prenait une. (L'abbé Caulin, *Quelques seigneuries au Vallage et en Champagne propre, Notions préliminaires.*)

« C'était un principe général en France que la dîme n'était due et ne se payait que selon la coutume et l'usage des lieux, soit par rapport aux choses qui faisaient l'objet de la dîme, soit par rapport à la quotité, soit par rapport à la forme de la levée ; de là, cette variété infinie dans la prestation de la dîme ; ainsi, ce mot, qui signifie la dixième partie des fruits, exprimait tantôt plus, tantôt moins. »

Ragueau (*Glossaire du droit français*, V° *Dime*), définit ce mot : « Le prélèvement, au profit du seigneur, de la dixième partie des fruits de l'année, selon la coutume du lieu, soit de bleds, de vin, de pois, fèves, chanvre, lin, légumes ou de linages et charnages, que le seigneur dismeur lève chacun an, sur la laine et crue (crû) du brebail (des brebis) ou d'autres bestails. »

« En Normandie, on ne payait point la dîme des foins, des genêts et des bois, à moins qu'ils n'eussent été premièrement *aumonnés* (Laurière), *soumis à la dîme par un acte ayant force de loi.* »

La dîme appartenait de droit au curé ; son clocher était son titre.

Si les *grosses dîmes* appartenaient à une abbaye ou à un chapitre, ces derniers s'appelaient gros décimateurs, et ils étaient obligés de payer au curé, une portion qu'on appelait *portion congrue.*

On distinguait les dîmes en grosses et menues. Les grosses dîmes se prélevaient sur les blés, le vin et le gros bétail, et on réputait *gros fruits*, l'espèce de fruits qu'on recueillait en plus grande quantité dans le pays et qui faisait l'objet de la principale culture d'un pays. (Denisard, V° *Dime.*)

On distinguait dans les menues dîmes, les dîmes vertes et les dîmes de charnages.

On appelait dîmes vertes, celles qui se levaient sur les pois, le lin, le chanvre, le sainfoin, etc.

Les dîmes de *charnage* se percevaient sur les cochons, les veaux, les poulets, les moutons, etc.

La perception de la dîme donnait quelquefois lieu à des contestations, quand il s'agissait de payer en nature, et que le nombre n'atteignait pas celui fixé pour la perception. S'il s'agissait, par exemple, de payer la dîme pour sept poulets, et que le décimateur n'avait droit qu'au dixième ou au douzième, l'usage prévalait : ou le décimateur prenait le septième et payait trois ou quatre sous, ou moins encore, par poulet restant nécessaire pour arriver à dix. Quelquefois, celui qui devait la dîme payait, non en nature, mais était tenu de donner deux ou trois sous par chaque tête de bétail, et non pas ni un poulet, ni un cochon, etc.

D'autres voulaient que, dans un nombre incomplet, la dîme fut payée comme si le nombre était complet, et quelquefois alors l'habitant ne voulait rien payer du tout. A cette prétention, le décimateur opposait les déclarations de 1611 et de 1617 qui ordonnaient le paiement de la dîme des surnuméraires, du plus le plus, du moins le moins.

Dans tous les pays où la culture de la vigne avait quelque importance, nous trouvons les fruits de la vigne soumis à la dîme. Du Cange cite une charte du vidame de Châlons (*Vice Domini Catalaunensis*), de l'année 1581, d'après laquelle sieur et dame Vidame pouvaient, par chacun an, prendre un bassin d'environ un sestier *plain* de raisins, en quelque vigne qu'ils voudraient, ès-environ de Saint-Michel.

Quel est le lieu de Saint-Michel dont il est fait mention dans cette charte? Ce droit de bassin était-il applicable aux fruits des vignes qui existaient naguère encore au Mont Saint-Michel, territoire de Châlons? Nous n'osons pas l'affirmer, mais cela paraît probable.

Saint Louis et Philippe Le Bel avaient accordé, à l'abbaye de La Saussaye : le premier, la dîme du vin de Vincennes, qui était destiné à la reine; le second, la dîme de tout le vin que lui, la reine et les rois, ses successeurs, recueilleraient dans la banlieue de Paris. (Cheruel, *Dictionnaire historique des institutions de France.*)

Dans certains cas, l'usage auquel la prestation devait être employée était déterminé. M. Bouthors, dans son savant travail sur les prestations seigneuriales, rapporte que Jean, comte de Ponthieu, en 1183, transporta, à titre d'aumône, à l'abbaye de Valoires, la rente d'un setier et demi de vin, à prendre sur la vicomté de Rue, pour la célébration de la messe, *ad sacrificii*

Domini opus, et la rente de trois setiers de froment, à prendre sur la même vicomté, pour faire des hosties : *ad hostias faciendas.*

Perception de la dîme par l'abbesse d'Avenay.

Le recouvrement de la dîme, comme celui de tout impôt, n'était pas toujours facile, soit que les abbayes élevassent des prétentions vexatoires ou au moins sujettes à contestation, soit que les propriétaires, soumis à la dîme, cherchassent, par des moyens plus ou moins légaux, à échapper à l'acquittement de cette charge. C'était principalement pour la perception de la dîme sur les fruits des vignes que de sérieuses difficultés surgissaient fréquemment.

Tantôt le décimateur prétendait prélever la dîme, comme on disait, au pied de la vigne; alors il voulait obliger le propriétaire à ne vendanger qu'après avoir préalablement pris son congé, c'est-à-dire après l'avoir averti du jour où il comptait vendanger.

Denisart cite un arrêt du 18 mars 1727, qui avait jugé dans ce sens en faveur du prieur de Saint-Pierre-le-Moustier.

Dans un autre endroit, à la Charité-sur-Loire, les prieurs et religieux de cette abbaye, tout en percevant la dîme en raisins, avaient fait juger, par un arrêt rendu au grand conseil, le 2 août 1754, que les propriétaires des vignes situées dans l'étendue de la dîmerie devaient rendre, conduire et porter à leurs frais, le raisin de la dîme aux pressoirs et cuves de l'abbaye. Cet arrêt, dit *l'arrêtiste*, était fondé sur des titres anciens et précis qui établissaient que les religieux de la Charité avaient concédé le terrain soumis à la dîme, à la charge de le planter en vigne et de leur payer la dîme rendue chez eux dans leur cave.

Une question, qui s'élevait fréquemment et qui était jugée diversement, était celle de savoir si, dans les endroits où la dîme du vin se payait à la cave, cette dîme pouvait s'exiger du vin laissé ou payé au pressoir pour droit de pressurage. Le parlement jugeait que la dîme n'était pas due sur le vin de pressurage, et Denisard approuvait cette décision. « Le droit de pressurage, disait-il, était le paiement d'un travail et d'une industrie non sujets à la dîme. »

Certains propriétaires, qui devaient la dîme en vins, avaient cru pouvoir s'exempter de la payer en vendant leurs raisins avant la récolte, mais cette ruse n'avait pas eu de succès.

En cette matière, les questions litigieuses ne manquaient pas, l'ardeur ne faisait pas défaut non plus aux plaideurs, et les procureurs et les sergents aidant, on se battait à coups d'exploits, de requêtes, de dits et de contredits.

La ville d'Ay avait, dans son voisinage, deux riches abbayes qui ne négligeaient pas leurs droits seigneuriaux. A l'est, c'était l'abbaye d'Avenay, fondée par sainte Berthe, dans la vallée du Val-d'Or, sur la jolie rivière de la Livre. De l'autre côté, au couchant, en tirant vers le nord, sur un riant coteau abrité par de grands bois, était l'abbaye de Saint-Pierre-d'Hautvillers, couronnée d'un demi-amphithéâtre de pierres plus élevées, qui la met à l'abri des vents du septentrion, d'une part, et d'autre, d'une belle et large forest vers l'orient, puis, au midi, de la rivière qui va arrosant l'une des fertiles et agréables prairies de France. (Dom Marlot, tome II, page 283.)

Alors, déjà un certain nombre d'habitants d'Ay possédaient des vignes sur le terroir de Mareuil et de Mutigny, qui reconnaissaient pour seigneur l'abbaye d'Avenay. Ils en possédaient aussi sur le terroir d'Hautvillers, dont l'archevêque de Reims, en qualité d'abbé, était gros décimateur (1).

Suivant le terme de la transaction dont nous donnerons le texte ci-après, l'abbaye d'Avenay avait droit à la dîme du vin des terroirs de Mareuil et de Mutigny. L'abbesse soutenait que cette dîme était de quatre pintes par poinçon, mesure d'Ay, qu'elle prétendait lever au bout de la vigne. Les habitants, au contraire, ne voulaient payer les dîmes que dans leurs celliers, après la vendange. Disons de suite que la prétention des habitants paraissait fondée ; en effet, comment acquitter en vin la dîme au pied de la vigne, et alors que le raisin n'était pas écrasé ?

Les habitants d'Ay, représentés par Pierre Cousin et Isaac Philipponnar (2), bourgeois d'Ay, procureurs syndics dudit lieu, ayant charge et pouvoir des habitants et communauté

---

(1) L'auteur de cette brochure est dans l'erreur, en donnant à l'archevêque de Reims la qualité d'abbé d'Hautvillers, car, à cette époque, c'était bien encore François de Chaumejean de Fourille qui gouvernait l'abbaye.

(2) C'est ainsi que ce nom est écrit dans la transaction que nous publions ci-après ; bien que le nom de Philipponnat soit plus connu en Champagne, nous avons dû nous conformer au texte de notre document. L'orthographe de ce nom aura sans doute été modifié depuis.

d'Ay, assistés de Pierre Bigot, maire d'Ay ; Me Simon-Joffrin, greffier dudit lieu; Jean Orquelin et Jacques Philipponar, bourgeois, et l'abbesse d'Avenay, réglèrent, par une transaction du 19 septembre 1667, le différend qui les divisait, et ils convinrent de convertir en argent le droit à raison de 32 sols par chaque arpent de vigne, que chaque habitant d'Ay possédait sur le terroir de Mareuil et de Mutigny ; ce droit de 32 sols était payable à Ay, chaque année, au jour de Saint-Martin d'hiver (11 novembre).

Voici maintenant le texte de ce document historique concernant la ville d'Ay :

« Comparurent en personne, révérende et puissante dame Mme Marie-Éléonore Bruslart de Sillery (1), dame et abbesse de l'église et abbaye de Saint-Pierre d'Avenay, d'une part;

Et Pierre Cousin et Isaac Philipponar, bourgeois d'Ay, y demeurant, procureurs syndics dudit lieu, ayant charge et pouvoir des habitans et communauté dudit Ay, par acte d'assemblée du dix-huitième du présent mois et an, attaché à ces présentes, assistés de Pierre Bigot, maire dudit Ay, maistre Simon-Joffrin, greffier dudit lieu, Jean Orquelin et Jacques Philipponar, bourgeois dudit Ay, et si ont promis, les dessus dicts, faire agréer et ratifier ces présentes par les habitans et communauté dudit lieu, d'huy en huit jours, d'autre part.

Et reconnurent, lesdittes parties, avoir fait le traité entre eux, en la forme et manière qu'il en suit; c'est à sçavoir que, pour terminer la difficulté qui estoit entre eux, pour raison de la perception des dixmes en vin des terroirs de Mareuil et de Mutigny, qui estoit à raison de quatre pintes pour poinsson, mesure d'Ay, qui se percevoit dans ledit lieu, tant pour ma dite dame que Messieurs les curez, et ce, de tout temps immémorial, de ce que ma dite dame a droit de prendre, recevoir, sur toutes les vignes scizes audit terroir, et lesquelles dixmes elle prétendoit lever au bout de la vigne; les habitants, au contraire, prétendans devoir payer les dixmes dans leurs celiers, après la

(1) Elle était fille de Pierre Bruslart, seigneur de Verzenay, vicomte de Puisieulx, pour lequel fut érigé, par lettre du mois de mai 1631, le marquisat de Sillery, secrétaire d'État, chevalier des ordres, mort le 21 avril 1640, et de Mlle d'Étampes Valençay. Elle mourut dans son abbaye, au mois de mars 1687; on lui fit des funérailles solennelles, et le 13 mars 1687, jour de sa pompe funèbre, son oraison funèbre fut prononcée dans l'église de l'abbaye, par le révérend père Florion. Cette oraison funèbre a été imprimée à Reims, par P. Lelorain.

vendange, pour lesquels terminer, lesdicts habitans, par lesdicts syndics et aultres desputez, ont fait offre, au lieu de vin, de payer lesdites dixmes en argent, et fixer le droit à raison de trente-deux sols par chacun arpent de vignes, que chacun desdicts habitans possèdent et possédront cy-après sur lesdicts terroirs de Mareuil et Mutigny, à condition que pour les vignes, qui seront de nouveau plantées, il ne sera payé aucune chose pour le droit de dixme, que la sixième année, en déclarant par eux l'année qu'ils auront fait arracher lesdites vignes, et sans iceux comprendre les tranchées (1), et la contenance de deux verges et au-dessous, que lesdicts habitans tenus payer à la susdite raison, et ce, à toujours; et sera, le traité, homologué en la cour de parlement, si besoin est, et à frais communs, lesquelles propositions ayant esté entendues par ma dite dame, et les ayant communiqué à son conseil, les ayant jugé advantageuses pour le domaine de son abbaye, les a accepté, et, en conséquence de ce, ont, lesdicts syndics et députez pour lesdicts habitans promis et promettent, en vertu de ladite conclusion, payer pour le droit de dixme à ma dite dame, pour ses droits, sçavoir : au terroir de Mareuil, pour les trois quarts, vingt-quatre sols ; et au terroir de Mutigny, pour les deux tiers, vingt et un sols quatre deniers, à ladite raison de trente-deux sols pour arpent de vignes, à l'exception des vignes qui seront plantées de nouveau, en déclarant à ma dite dame, par lesdicts habitans, l'année qu'elles auront été arrachées et replantées, desquelles ne sera payé aucune chose que la sixiesme année, à commencer du jour de la déclaration baillée par les particulières qu'ils ont fait et font arracher. Comme aussi seront tenus, lesdits habitans dudict lieu d'Ay, qui ont des vignes sur ledict terroir, de donner une déclaration de la contenance des vignes qu'ils ont sur lesdicts terroirs de Mareuil et Mutigny, pour être réglé ledict droit de trente-deux sols pour arpent, de dixmes qu'ils promettent iceluy payer à ma dite dame, au jour de Saint-Martin d'hyver de chacune année, au lieu d'Ay; laquelle déclaration et contenance desdictes vignes, lesdicts habitans seront tenus et ont promis bailler à ma dite dame, dans le jour

---

(1) Le mot *tranchée* est ici employé probablement pour désigner les sentiers qui séparent les vignes ; c'est ainsi qu'en langage forestier on appelle *tranches* les chemins qu'on ouvre dans les bois.

de Toussaint prochain, pour, sur icelle, estre reçeue lesdicts droits de ma dite dame, et où aucuns desdits habitans ne bailleront leur déclaration au vray, et que ma dicte dame trouve qu'ils en possèdent davantage; celui desdicts habitans qui manquera sera tenu de payer le surplus et trois livres pour les dommages et intérest, à la charge aussi que si aucuns desdicts habitans, venant à vendre quelqu'une de leurs dicts héritages, seront obligés de déclarer à qui, pour se faire décharger. Si, comme dont promettant lesdictes parties respectivement tenir et entretenir ce que dessus, obligent biens sur peine, renonçant.

Fait et passé en la salle du parloir de ma dicte dame, le dix-neufiesme septembre mil six cent soixante-sept, en la présence de M. Ravineau, conseiller du roy, président en l'élection de Reims, qui avec les parties et les notaires signé en la minute des présentes.

Signé : CAILLET et GOMÉ.

Le pouvoir des habitants et communauté d'Ay, consenti par l'acte du 19 septembre 1667, n'est pas joint à la copie de la transaction que nous venons de reproduire; il n'est pas non plus transcrit à la suite de notre document; nous le regrettons, car il nous aurait sans doute fourni de précieux renseignements sur la population d'Ay à cette époque, sur les diverses professions et industries qu'on y exerçait, et sur l'administration de la commune. Cette transaction ne paraît pas avoir reçu une exécution facile; la copie que nous en donnons est prise sur un imprimé à la suite duquel se trouve, également imprimé, le libellé d'une assignation signifiée à la requête des vénérables dames, religieuses, abbesse et couvent de Saint-Pierre d'Avenay, à Claude Vincent, habitant d'Ay, pour qu'il ait à *comparoir devant les officiaux de Reims* et s'entendre condamner à satisfaire à la transaction que nous avons rapportée. Cette circonstance, que la transaction et l'assignation à la suite sont imprimées, indique suffisamment que les récalcitrants étaient nombreux. Nous ignorons quelle a été l'issue du procès.

Perception de la dîme par l'abbé d'Hautvillers.

Nous avons vu l'abbesse d'Avenay élever la prétention de percevoir la dîme *en vin, au pied de la vigne,* sur les terroirs de Mareuil et de Mutigny, tandis que les habitants prétendaient devoir payer la dîme *dans leurs celliers, après la vendange.*

C'est sur ces difficultés qu'est intervenue entre l'abbaye d'Avenay et les habitants d'Ay la transaction du 19 septembre 1667, dont nous avons rapporté le texte. Par cet acte qui convertissait la dîme en une redevance en argent, payable au jour de Saint-Martin d'hiver, les habitants d'Ay obtenaient satisfaction dans une certaine mesure. La dîmerie de l'abbé d'Hautvillers devait être encore plus considérable que celle de l'abbaye d'Avenay. Champillon, Dizy, Cumières, Damery, Cormoyeux, reconnaissaient l'abbé d'Hautvillers pour seigneur décimateur. (*Archives administratives de la ville de Reims,* tome II, page 1120. Varin.) Dans ces communes, la dîme ne s'est pas toujours perçue sans difficulté. Le seigneur abbé y percevait pour les vignes le onzième de la récolte ; ce n'était pas la quotité de la dîme qui faisait l'objet des procès : cette quotité avait été réglée par un acte du 29 octobre 1666 « à raison de 30 pintes de vin, mesure d'Hautvillers, par chacune queue de vin, jauge de Verrières, ce qui faisait le onzième, ou 20 pintes de vin, susdite mesure d'Hautvillers, par chaque queue de vendange à ladite mesure jauge de Verrières. »

On distinguait en Champagne deux sortes de jauge, la grosse et la petite. La première, *jauge de Reims,* proprement dite, ou *jauge de Montagne,* servait pour les vins rouges. Elle contenait, par demi-queue ou par poinçon, six pieds cubes ou trente-six setiers, qui faisaient 144 pots, mesure de Reims, ou 27 veltes ou 216 pintes, mesure de Paris.

La petite jauge, qu'on nommait *jauge de rivière,* ou *jauge de Marne,* ne servait que pour les vins blancs ; elle contenait, par poinçon, 5 pieds cubes 1/3 ou 32 setiers, qui faisaient 128 pots, mesure de Reims, ou 24 veltes ou 192 pintes, mesure de Paris. (*Almanach historique de Reims pour 1789.*)

Dans les pièces que nous avons sous les yeux, on se sert tantôt de l'expression *jauge de rivière,* tantôt de celle de *jauge de Verrières.* Nous pensons que cette dénomination était tirée du lieu où se fabriquaient les tonneaux de cette jauge, de la commune de Verrières, près de Sainte-Menehould.

La pinte, mesure de Paris, équivalait à 0 lit. 93 cent., et la pinte, mesure d'Hautvillers, à 0 lit. 714 cent. *(Annuaire de la Marne, 1836.)* L'auteur, ici, doit se tromper, car nous avons vu plusieurs fois que la pinte d'Hautvillers était plus grande que celle de Paris et qu'elle valait 1 lit. 25 cent.

Ce qui donnait surtout lieu à des difficultés, c'était la question de savoir si la dîme était payable en raisins, ou si elle était payable en vin, au pied de la vigne, ou portable à Hautvillers. C'était principalement avec les propriétaires forains qu'il y avait contestation. A Champillon, dîmerie comprise dans le lot des religieux, l'usage était constant, pour les forains, de payer la dîme en raisins au pied de la vigne ; pour Cumières (1), un arrêté du grand conseil du roi, du 5 août 1694, avait décidé que le décimateur serait tenu ou de percevoir au pied de la vigne, ou d'établir un bureau général de perception dans un lieu convenable et à la portée des habitants de Cumières. L'abbé d'Hautvillers avait préféré ce dernier mode, et avait posé son bureau à la porte de Cumières, proche la maison de M. Leleu.

A Damery, il y eut un temps où les habitants et les forains étaient abonnés pour la dîme, qu'ils payaient à raison de cinq livres par arpent ; le décimateur ne voulut pas observer les abonnements ; il prétendit exiger la dîme en nature, ce qui donna lieu à des contestations qui furent portées au parlement. Après plusieurs arrêts provisoires, il fut rendu, le 4 septembre 1772, un arrêt ordonnant que la dîme se paierait en raisins au pied de la vigne, et qu'à cette fin, il serait procédé aux règlements et épalements (2) des paniers de transport.

---

(1) Il n'y avait pas de terroir à Cumières ; l'abbé d'Hautvillers était seigneur pour moitié, et M. Vaillant, seigneur de Damery, pour l'autre moitié.

(2) *Epalement*, s. m., terme de mesureur. C'est l'étalonnage qui se fait des mesures en les conférant avec l'original et les matrices. (*Dictionnaire de Trévoux.*) Ce mot venait sans doute de *paulier*, mot qui désignait, en Champagne, tantôt celui qui était chargé de la perception de la dîme (on l'appelait aussi *Pitoyeur*), tantôt un instrument en bois légèrement arqué, muni à chaque extrémité d'un croc en fer, à l'aide duquel le paulier ou pitoyeur emportait sur son épaule les gerbes ou les paniers de raisin qu'il percevait pour la dîme. Nous avons pu voir un instrument de ce genre, conservé dans un cabinet d'antiquités à Joinville. Il avait beaucoup de ressemblance avec l'instrument à l'usage des porteurs d'eau, à Paris, pour monter à la fois deux seaux d'eau.

En cette même année 1772, de sérieuses difficultés s'élevèrent à l'occasion de la perception de la dîme, entre l'abbé d'Hautvillers et divers propriétaires forains possédant des vignes en la dîmerie de l'abbaye. Selon l'habitude des plaideurs, on commença par aller aux avis ; parmi les pièces dans lesquelles nous puisons nos documents, nous trouvons deux consultations : l'une d'un habitant du Mesnil, dont nous n'avons pu lire le nom, mais qui paraissait versé dans ces sortes de questions ; l'autre, non signée, qui a toute l'apparence de l'œuvre d'un ecclésiastique. Ces deux consultations sont adressées à Tirant de Flavigny, alors l'un des plus grands propriétaires de vignes en Champagne. Chacune de ces consultations se termine par un avis formulé à peu près dans les mêmes termes.

« Il ne paraît pas, dit notre avocat du Mesnil, que vous puissiez être seul dans cette position, et vous devrez vous concerter avec ceux qui sont dans le même cas, pour qu'ils se joignent à vous pour soutenir le droit commun. »

« Si M. l'abbé intente un procès, il paraît, dit l'autre consultant, que M. Hugé, d'Épernay, a le même intérêt que M. Tirant ; ces messieurs doivent naturellement se joindre et se défendre par le ministère du même procureur. »

Louis-Eloi Hugé, dont il vient d'être question, était alors maître de la poste aux chevaux d'Épernay.

Relevons encore au passage, dans cette seconde consultation, un renseignement historique sur la matière qui nous occupe :

« Il ne serait pas extraordinaire qu'un décimateur fît percevoir la dîme en vin dans les celliers des propriétaires domiciliés hors de la dîmerie : cela se pratique dans le lieu du Mesnil-lez-Vertus où le décimateur de Villeneuve et d'Oger envoie percevoir annuellement la dîme des vins provenant des vignes sujettes à cet impôt. »

Tirant de Flavigny se conforma à l'avis de ses deux conseils ; il se concerta sans doute avec Hugé et la plupart des autres personnes du pays qui avaient le même intérêt qu'eux ; nous trouvons, en effet, dans les pièces, un état des bourgeois ayant des vignes situées dans l'étendue de la dîmerie d'Hautvillers, et qui, sans doute, prirent au procès une part au moins indirecte.

Voici leurs noms :

A Épernay : Legras, Parchappe, Hugé, Geoffroy ;

A Reims : Raflin, Royer, Frémin, chanoine ; Mme de Juzennecourt, Amé de Beugilat, Lalondre, Mme de Courtagnon, Mme de la Motte, M. de la Motte ;

A Ay : Piétrement, Mailetet, Mme Millot ;

A Châlons : Demonchy ;

A Nanteuil-la-Fosse : Baugeron ;

A Pleurs : le marquis de Pleurre ;

A Champagne : Mme Mougeotte ;

A Dizy : Le Sr de Bye ;

A Avenay : M. Moussy.

A l'époque des vendanges de l'année 1772, Tirant de Flavigny et Hugé étaient en mesure de lutter avec l'abbé d'Hautvillers, fermement résolus à opposer aux prétentions du décimateur une vigoureuse résistance. Les huissiers ne tardèrent pas à entrer en campagne et à brouiller du papier timbré. En effet, le 17 octobre 1772, Remi Manceau, premier huissier audiencier du grenier à sel d'Épernay, résidant à Damery, dressait, à la requête de l'abbé d'Hautvillers, un procès-verbal dont le texte nous a paru intéressant à reproduire :

Ce jourd'huy, 17 octobre 1772, deux heures de relevée, j'ay, Remy Manceau, premier huissier audiencier au grenier à sel d'Épernay, y immatriculé, résidant à Damery, soussigné, certifié qu'à la requête de Mgr Alexandre Ange de Talleyrand-Périgord, archevêque de Trajanople, coadjuteur de l'archevêché Duché-Pairie de Reims, abbé commandataire de l'abbaye royale de Saint-Pierre-d'Hautvillers, en cette dernière qualité seul décimateur du terroir d'Hautvillers, et pour lequel seigneur domicile est élu en son palais abbatial, audit Hautvillers, où réside maître Laurent Villain, son régisseur et fondé de procuration générale.

Je me suis transporté, accompagné d'icelui sieur Villain, de François Le Roy et François Logette, pitoyeurs pour la perception de la dixme en vin du terroir dudit Hautvillers, et de Jean Jacquet, maître tonnelier, demeurant audit Hautvillers, dans un canton de vignes dudit terroir, lieudit les Cartiers, à l'effet de requérir le sieur Baudoin Tirant de Flavigny, bourgeois, demeurant à Chaalons, de payer le droit de dixme de ses vendanges qu'il faisait difficulté d'acquitter de la manière qu'elle est due, où étant sur une pièce de vigne dudit sieur Tirant audit lieu des Cartiers, proche les Hateaux et parlant au nommé Robert, maître vigneron dudit sieur Tirant, trouvé dans ladite vigne, où il fait faire la vendange d'icelui sieur Tirant, j'ai, *sous les réserves de tous droits dont on ne peut être instruit dans un cas imprévu* (1), sommé, requis et interpellé ledit sieur Tirant, parlant que dit est audit Robert, de présentement fournir et livrer audit seigneur abbé de Hautvillers, le vin qu'il lui doit, pour raison de huit trentins de vendange, dont sept de raisins choisis et un de monmure, graperie que ledit sieur Tirant a fait enlever cejourd'huy, provenant de ses vignes dudit terroir d'Hautvillers, lequel enlèvement n'a été toléré par ledit seigneur que sur la parole d'honneur donnée par ledit sieur Tirant de payer, dans la matinée de cejourd'huy, ledit droit de dixme tel qu'il est dû audit seigneur abbé d'Hautvillers, *qui est suivant l'acte du 29 octobre 1666, à raison de trente pintes de vin mesure d'Hautvillers pour chacune queux de vin jauge Verrière, ce qui fait le unzième, ou vingt pintes de vin susdite mesure d'Hautvillers par chacune queux de vendange à ladite mesure jauge de Verrière*, déclarant ledit seigneur qu'il s'en rapporte à la déclaration affirmative dudit sieur Tirant, pour le plus ou le moins de trentins et qualité de raisins enlevés le jourd'hier, et audit Jacquet, tonnelier, pour la jauge du contenu desdits trentins dont les semblables sont sur le grand chemin de Reims à Épernay, à proximité des vignes dudit sieur Tirant, comme aussi ai sommé ledit sieur Tirant, parlant comme dit-est, et sous les mêmes réserves, de payer le vin qu'il doit pour la dixme de quinze chevallées de vendange choisie qu'il a fait enlever depuis le commencement de ce jour jusqu'à l'heure présente, mondit seigneur s'en rapportant comme dessus à la déclaration affirmative dudit sieur Tirant pour la quantité de chevallées et audit Jacquet pour la jauge des paniers enlevés et dont les pareils sont encore à la vigne, et pour le surplus de ce qui reste à cueillir de la vendange dudit sieur Tirant qu'il a sur le terroir dudit Hautvillers, *je l'ai sommé de la faire toute passer à la porte d'Hautvillers ou de Cumières, aux termes de l'arrêt du grand conseil du 5 août 1694*, si mieux n'aime la

---

(1)   Et bien souvent, par cautèle subtile,
             Tort bien mené rend bon droit inutile.

(Clément MAROT.)

mettre dans des futailles de jauge connue, pour la dixme en être perçue en vin comme dit est cy-dessus ; déclarant que lesdits Le Roy et Logette, pitoyeurs, sont prêts de marquer et recevoir ladite dixme pour la portion de vendange qui est enlevée et se présenteront quand et où besoin sera pour marquer et percevoir chaque jour *la dixme en vin de la vendange* que ledit sieur Tirant aura fait cueillir, avant l'enlèvement d'aucune portion de ladite vendange.

Lequel sieur Tirant, parlant que dessus, a fait réponse qu'il offrait de payer la dixme au pied de ses vignes à raison de la onzième charge de vendange et non en vin, n'ayant point de vaisseaux ni pressoirs pour payer en vin sur le champ, et que ledit seigneur abbé d'Hautvillers pouvait envoyer au pressoir dudit sieur Tirant, qu'il lui donnerait du vin. Sommé de signer sa réponse a refusé et a déclaré qu'il continuerait la vendange et enlèvement d'icelle ; laquelle réponse j'ai pris pour refus, attendu que le pressoir dudit sieur Tirant est hors de l'étendue du terroir de Hautvillers et ai déclaré audit sieur Tirant parlant que dit est, que ledit seigneur, sous les mêmes réserves que dessus, fera suivre lesdites vendanges et enlèvement, par Nicolas Girardin et Joseph Rémon pour constater la quantité et qualité des raisins, ne voulant ledit seigneur occasionner aucun retard, laissant le tout à la charge dudit sieur Tirant ; et à l'instant ledit Jacquet s'étant transporté à l'endroit sur le grand chemin où ledit sieur Tirant dépose des vendanges dans des trentins, il a reconnu que lesdits trentins sont de la jauge ordinaire de ceux de Reims, qui, pleins de raisins foulés, produisent année commune une pièce et demie de vin jauge Reims, et que les paniers servant au transport des raisins dudit sieur Tirant sont de grandeur à ce que quatre chevallées emplissent un trentin.

De tout quoy a été dressé le présent procès-verbal, pour servir et valoir ce que de raison.

Signé : François LOGETTE, François LE ROY, Jean JACQUET, VILLAIN et MANCEAU.

Controllé à Cumières, le 18 octobre 1772. Reçu onze sols trois deniers.

Signé : FOLLIET.

Hugé et Tirant ne restèrent pas non plus inactifs : le 19 octobre, Hugé faisait faire par huissier, à l'abbé d'Hautvillers, sommation d'envoyer ses pitoyeurs pour percevoir, suivant l'usage, la dîme en raisins au pied de la vigne. A cette sommation, le décimateur répondit par huissier que le sieur Hugé était tenu à conduire sa vendange à Hautvillers, devant la porte du sieur Le Cacheur, ou à Cumières, devant celle du sieur Leleu, « pour la dîme y être perçue en raisins, si mieux il n'aimait faire pressurer ses raisins à Hautvillers et y déposer son vin, ou les mettre au pied de la vigne dans des futailles de jauge, pour la dîme y être perçue au onzième. »

Hugé se garda bien d'accepter des alternatives aussi impraticables et aussi gênantes. Les pitoyeurs ne s'étant pas présentés pour percevoir la dîme en raisins, ainsi qu'il l'avait offerte, Hugé la déposa d'abord au pied de la vigne, mais bientôt il fit enlever ses raisins sur l'avis que lui donna l'agent du décimateur, que celui-ci consentirait à recevoir la dîme en argent.

Le même jour, Jean-Baptiste Coltier, huissier ordinaire de la cour et suite du roi, priseur en la prévosté de son hôtel et grande prévosté de France, demeurant à Ay, instrumentait pour Tirant de Flavigny. Jean-Baptiste Coltier se transportait sur le terroir d'Hautvillers, en la contrée appelée les Quartiers, et là il interpellait « un particulier vêtu d'une veste d'uniforme aux gardes-françoises, avec un habit et une culotte bleue, armé d'un sabre en baudrier, cocarde sur son chapeau, » de lui déclarer s'il n'était pas préposé de la part de l'abbé commendataire de l'abbaye d'Hautvillers pour la perception des dîmes, ce qu'il a reconnu. Alors l'huissier lui fit sommation de l'accompagner sur toutes les pièces de vigne sujettes à la dîme, pour faire la perception en nature de raisins de la dîme des vignes vendangées et à vendanger dudit sieur Tirant, suivant l'usage et possession immémoriale. Sur le refus de la part du préposé de l'abbé, d'obtempérer à cette sommation, l'huissier lui déclara que son client ferait mettre au pied de chaque vigne la dîme en raisins du produit de chaque pièce, suivant l'usage observé dans le canton.

Pour répondre à cette sommation, un troisième huissier intervint dans la lutte. Ce fut Thomas-Antoine Le Cacheur, huissier archer, garde de la connétablie et maréchaussée de France, reçu au siège général d'icelle, résidant à Hautvillers. Le 20 octobre, au nom de l'abbé décimateur, il dénonçait à Tirant de Flavigny le procès-verbal de Manceau, du 17 octobre.

Pendant que les parties, avec l'aide des huissiers, se battaient ainsi à coups d'exploits et échangeaient force papiers timbrés, Tirant de Flavigny continuait sa vendange ; ainsi qu'il l'avait dit, il laissait dans des paniers, au pied de la vigne, la portion représentant la dîme, et il faisait conduire à Ay le surplus de sa récolte. De son côté, l'abbé d'Hautvillers ne cédait pas et il refusait de prendre livraison des raisins laissés au pied des vignes.

Le 27 octobre, J.-B. Coltier se mettait de nouveau en campagne et il signifiait au décimateur qu'il ait à recevoir les raisins, sinon que son client les ferait mettre sur terre. L'huissier Coltier ne trouve à l'abbaye ni l'abbé, ni son agent ; il se met à la recherche de celui-ci, il parvint à le rejoindre dans les vignes. L'agent du décimateur répond aux sommations de l'huissier, que Tirant doit payer la dixme soit en vin fait à Hautvillers, avant l'exportation des raisins du terroir, soit en vin mou au pied des vignes.

Le procès-verbal de l'huissier relate de nombreux dires au nom du décimateur, et mentionne les répliques faites par son client. Enfin, le procès-verbal, ouvert à dix heures du matin, n'est clos qu'à cinq heures du soir. A ce moment, l'huissier Coltier se disposait à faire mettre à terre les raisins destinés pour la dîme ; l'agent de l'abbé autorisa l'enlèvement des raisins sans nuire ni préjudicier à tous ses droits et actions, et à la charge par le sieur Tirant de représenter le vin en provenant. L'huissier ne voulut pas prendre, sans doute, sur lui, de faire enlever les raisins sans l'autorisation de son client. Le 29 octobre, il se transportait de nouveau à Hautvillers, assisté, cette fois, de Claude Robert, vigneron, de Jean-François Beauvaine et de Gilles Thomassin, aussi vignerons ; il se rend successivement sur vingt pièces de vignes appartenant à son client, contenant au total 510 verges ; ils reconnaissent les raisins laissés pour la dîme, en constatent la quantité ; ils constatent en même temps que la vendange est échauffée, presque entièrement consommée et sans ressource pour en faire du vin, pourquoi ils font renverser les paniers et laissent la vendange sur terre.

La lutte fut suspendue pendant quelque temps, soit que les parties eussent voulu essayer d'entrer en voie d'arrangement, soit que, de part et d'autre, on hésitât à porter le débat devant les tribunaux. Cependant, l'abbé d'Hautvillers se décida à entamer l'instance ; ce fut seulement le 16 mars 1773, cinq mois après la dernière vendange, qu'il présenta au bailli de Vermandois, au lieutenant général, au bailliage royal et siège présidial de Reims, et aux conseillers du roi tenant ledit siège, une requête afin d'être autorisé à assigner Hugé et Tirant de Flavigny. Dans cette requête, l'abbé de Saint-Pierre-d'Hautvillers résumait en ces termes les motifs sur lesquels il appuyait ses prétentions :

« Il s'agit aujourd'hui d'obliger les particuliers qui exploitent vignes, dîmerie d'Hautvillers, ou de faire leurs vins à Hautvillers pour y payer la dîme comme les habitans, ou de la payer comme il se pratique à Cumières, ou ce qui ferait pour le présent, à Hautvillers, une loi particulière, de payer la dîme au pied de la vigne, *en vin*, à l'effet de quoi tous particuliers voulant enlever leurs vendanges de la dîmerie, pour faire leur vin ailleurs, seraient tenus de se servir de vaisseaux dont la contenance serait ajustée et déterminée, et de fouler *les raisins*, à l'effet d'y percevoir, *en vin*, le onzième dû pour la dîme. »

Dans ce temps-là, comme de nos jours, les huissiers ne négligeaient pas les voyages ; ils ne laissaient pas échapper l'occasion d'un transport, et, par conséquent, d'émolumenter. C'est ainsy que Tirant de Flavigny fut assigné à Châlons par l'huissier Le Cacheur, qui résidait à Hautvillers. Tirant de Flavigny ne manqua pas de relever cette circonstance.

« Il y avait, lisons-nous dans ses écritures, une affectation d'avoir envoyé un huissier d'Hautvillers donner une assignation à Châlons, où on ne manquait pas d'huissiers. »

Le procès, une fois entamé, chacun dut songer à soutenir ses prétentions et à réunir des armes et documents propres à les appuyer. Alors Tirant de Flavigny et Hugé obtinrent des administrateurs et principaux habitants d'Ay, une espèce d'enquête *par turbe* dont nous possédons l'original.

Nous allons transcrire ici cette pièce, qui n'est pas la moins curieuse du procès, et qui présente de l'intérêt sous plusieurs rapports :

« Nous, maire, échevins en la mairie royale et municipale d'Ay, et principaux habitans dudit lieu certifions à tous qu'il appartiendra que la dixme deüe sur les vignes des terroirs d'Ay et Dizy s'est payée depuis plus de cent ans en argent par les propriétaires desdittes vignes. Et, sur le terroir d'Hautvillers, par les bourgeois forains possédant vignes, lesquels ont payé en nature, sur-le-champ, parce que le décimateur a le droit de percevoir en nature, qu'il s'est toujours réservé par les différentes transactions faites entre luy et les habitans d'Ay ; qu'il est de la plus grande importance pour l'intérest commun de tous les vignerons que ce droit soit continué d'estre payé en argent, suivant les anciennes compositions qui ont toujours esté les mêmes, ou de percevoir la quotité de la dixme au pied de la vigne, ainsy qu'il est de droit, plustôt que de venir puiser dans chaque panier et y prendre la quantité de raisins qui doit lui appartenir, ce qui ferait un tort à tous les vignerons qui font des vins blancs, parce que ces raisins estant ainsy froissés ne pourroient attendre du matin au midy ou du midy au soir, pour estre pressés, sans faire tacher les vins, ce qui occasionneroit la ruine du vigneron. On ne sauroit donc aporter trop d'attention pour conserver le fruit dans son entier jusqu'au moment de le presser, ce qui se fait alors avec toute la vivacité possible, pour conserver aux vins blancs cette couleur nette et vive qui leur est nécessaire, ainsi que le degré de finesse qui fait exactement le mérite des vins de Champagne ; malgré cette précaution, que chaque particulier a intérest d'aporter, on voit fréquemment que, lorsque les raisins sont transférés d'un terroir éloigné jusqu'au lieu destiné pour estre pressés, les vins se tachent parce que le mouvement des bestes de somme, excitant le froissement des raisins, occasionne, par l'éloignement du transport, la tache du vin.

Or, si l'on puisoit dans les paniers ainsy que le prétendent les décimateurs, il est constant qu'il ne seroit pas possible de faire des vins blancs, qu'on diminueroit la qualité et le mérite des vins de Champagne de plus de moitié et occasionneroit la ruine infaillible du vigneron, qui se trouveroit, par ce moyen, hors d'estat de pouvoir acquiter au prince les charges imposées sur les vignes ; en outre, la qualité des vins rouges souffriroit infiniment si les raisins n'estoient, aussytost la cœuillette, transportés dans des cuves pour y estre fassonnés, et prendroient le goût aigre s'ils estoient faits avec des raisins qu'on auroit laissé échaufer dans des paniers, dans les vignes, après la cœuillette d'iceux, ainsy que l'ont voulu prétendre certains décimateurs, et même que les mauvais temps seroient très préjudiciables auxdits raisins.

Fait en notre hostel-de-ville, à Ay, le vingt-neuf juillet mil sept cent soixante-treize.

>   Signé : François CHAUFOUR, *maire ;* GODART, *échevin ;* GUÉRIN ; P.-J. HYVERNEL ; Philippe GUÉRIN ; S. GOSSET, *échevin ;* GOSSET, *ancien échevin ;* BERTAULT, Georges ; B. François TESTULAT ; PIÉTREMENT, *officier chez le roy ;* VAUTRIN ; J. TESTULAT ; PHILIPPONNAT ; J. FRANÇOIS ; J. FRANÇOIS, *procureur d'office ;* N. FRANÇOIS ; VIOLART ; CHAUFOUR ; P. GUÉRIN ; BILLECART ; P.-F. LASNIER ; LASNIER ; P.-F. LOUIS ; MAILLET ; COLTIER ; BIGOT ; François BIGOT ; BLANCHARD ; P. ROGÉ ; BOILLEAUX ; GUYART ; DODAT ; Pierre MERLIN ; P.-F. ROGÉ ; J.-Louis RICHARD ; François MARCHAND ; P. LOUIS ; Jean-R. GONET ; TESTULAT-HESMARD ; C.-F. CHEVALIER ; P. MERLIN ; F. PHILIPPONAT ; J.-L. ROGER ; BRICE-ROGER ; GÉRARD-COSSET ; Jacques BOILLEAU ; N.-F. DUVAL ; Louis GENOT ; P.-F. PHILIPPONNAT ; Pierre VAUTRIN ; J. TESTULAT, *conseiller.* »

Cette enquête, ou plutôt cet acte de notoriété, nous paraît devoir être attribué au maire François Chauffour, et être son œuvre. Cette pièce nous semble être écrite en entier de sa main ; elle résume, en style du temps, toute la théorie de l'époque sur l'art de faire le vin de Champagne.

Notre dossier ne nous fait pas connaître quelle a été l'issue du procès ; peu nous importe. En effet, nous n'avons plus d'intérêt à savoir, aujourd'hui que la dîme n'existe plus, si les forains soumis à la dîmerie d'Hautvillers ont dû, en définitive, payer la dîme en vin au pied de la vigne, ou en raisins à Hautvillers ? Mais, ce qui nous semble plus digne d'intérêt et devant attirer notre attention, c'est de rechercher quel était, dans ce procès, le système de chacune des parties, quel était le but que l'abbé d'Hautvillers voulait atteindre par ses prétentions, et quels dommages les habitants entendaient prévenir par leur résistance. Notons d'abord combien paraissaient singulières les exigences du décimateur, qui voulait obliger les forains ou de faire leur vin à Hautvillers, pour y payer la dîme comme les habitants, ou de la payer comme il se pratiquait à Cumières, ou, ce qui aurait fait une loi particulière à Hautvillers, de payer la dîme au pied de la vigne en vin, à l'effet de quoi, tous particuliers, voulant enlever leurs vendanges de la dîmerie pour faire leur vin ailleurs, auraient été tenus de se servir de vaisseaux d'une contenance déterminée et de fouler les raisins, à l'effet d'y percevoir en vin le onzième dû pour la dîme.

Aux prétentions de l'abbé, les forains répondaient que, de droit commun, la dîme était quérable et non potable, c'est-à-dire qu'elle devait être perçue sur l'héritage même qui produisait les fruits sujets à la dîme, à l'endroit où les fruits se recueillaient. Ils invoquaient l'usage constant, dans le pays, de payer la dîme en raisins au pied de la vigne. Vouloir exiger le paiement de la dîme en vin au pied de la vigne, dans des futailles jaugées, c'était vouloir prendre la première goutte du vin d'élite et laisser au forain tout le vin de la plus médiocre qualité; et, d'ailleurs, c'était lui ôter la faculté de faire du vin blanc et le forcer nécessairement à n'en faire que du rouge. C'est, disaient encore les forains, une prétention assez singulière, que de vouloir les obliger à avoir un vendangeoir à Hautvillers, et à y faire leur vin, pour que le décimateur puisse percevoir la dîme dans le cellier. Mais son intérêt pour un onzième qu'il avait dans la chose devait-il l'emporter sur celui du propriétaire qui y avait dix onzièmes? Fallait-il les sacrifier et son bien-être, uniquement pour lui procurer l'avantage de percevoir la dîme à son aise?

Pourquoi refuser de percevoir la dîme en raisins? Il n'en coûtait pas plus de faire transporter une espèce que l'autre, et, d'ailleurs, la dîme, suivant sa première institution, étant due des fruits produits par la terre et non des substances qu'on peut en tirer, il était plus naturel de la payer en raisins qu'en vin. S'il était indifférent pour le décimateur de percevoir la dîme en vin ou en raisins, il n'en était pas de même à l'égard des forains: leur intérêt était de ne payer la dîme qu'en raisins.

N'était-ce pas exorbitant de vouloir ôter aux forains la liberté de façonner leurs vins comme ils le jugeraient à propos ? Le principal mérite du vin de rivière et ce qui le distingue des autres, c'est, disaient-ils, cette sève, cette finesse qui n'a le dessus qu'en blanc ou en gris et qui forme, en quelque sorte, son caractère particulier.

Une autre prétention de l'abbé d'Hautvillers était que, dans le cas où les forains persisteraient à vouloir payer la dîme en raisins, ils fussent tenus de faire transporter toute leur vendange à Hautvillers, devant la porte de la maison Le Cacheur, ou au bureau établi à l'entrée de Cumières ; c'est-à-dire que, tandis que les vignes des défendeurs étaient situées à peu de distance du chemin de Reims à Épernay, on voulait les forcer à passer à Hautvillers ou à Cumières, à prendre une route tout opposée à celle qui les conduisait directement à Ay ou à Épernay, enfin à allonger de deux lieues le transport des raisins.

Une question, qui n'est pas sans importance dans l'industrie du vin de Champagne, nous reste à traiter. Il nous semble intéressant de rechercher quel était le mobile de l'abbé d'Hautvillers dans les tracasseries qu'il suscitait aux forains de sa dîmerie, à l'occasion de la perception de la dîme. Dans quel but prétendait-il obliger les forains, qui voulaient payer au pied de la vigne, à s'acquitter non pas en raisins mais en vin ? Assurément, si on examine les choses dans leur résultat matériel, le décimateur n'avait aucun avantage à percevoir la dîme en vin tiré de raisins foulés au pied de la vigne plutôt qu'en raisins ; et la prétention d'obliger les forains à faire passer leur récolte à Hautvillers ou à Cumières, n'aurait eu d'autre caractère que celui d'une vexation, si cette prétention ne dissimulait pas au fond le véritable motif qui dirigeait l'abbé d'Hautvillers lorsqu'il soutenait un procès douteux contre de nombreux forains, tous riches, puissants dans le pays, et en position, par leur fortune, de lui résister.

Quel était donc le motif qui animait l'abbé d'Hautvillers ? Sans vouloir émettre à cet égard notre opinion d'une façon péremptoire, nous la croyons assez plausible pour être énoncée : Les défendeurs la soupçonnaient lorsque, dans leurs écritures, ils reprochaient à l'abbé de vouloir leur ôter la liberté de façonner leur vin comme ils le jugeraient à propos, de les mettre dans la nécessité de ne faire que du vin rouge et dans l'impossibilité de faire du vin blanc. Le maire, les échevins et les principaux habitants d'Ay partageaient la même manière de voir. « Il est constant, disaient-ils, qu'il ne serait pas possible de faire des vins blancs, qu'on diminuerait la qualité et le mérite des vins de Champagne de plus de moitié et occasionnerait la ruine infaillible du vigneron ; en outre, la qualité des vins rouges souffrirait infiniment, si les raisins n'étaient, aussitôt la cueillette, transportés dans des cuves, et ils prendraient le goût aigre, s'ils étaient faits avec des raisins qu'on aurait laissé échauffer dans les paniers. »

Nous savons tous, aujourd'hui, que le grand talent du négociant en vins de Champagne consiste à savoir faire ses coupages ou ses mélanges. En effet, il est de notoriété que du vin d'Ay pur, ou du vin d'Hautvillers, de Pierry, de Cramant ou d'Avize pur, ne sera jamais aussi agréable qu'un vin composé de divers crûs mélangés dans des proportions savamment combinées par le goût du fabricant.

Les moines d'Hautvillers avaient les premiers fait connaître les vins blancs de Champagne. Dom Pérignon avait contribué pour beaucoup par ses essais à donner de la réputation aux vins des coteaux. Le premier, il avait enseigné aux moines l'art de mélanger le vin de Champagne, et ceux-ci avaient si bien su garder pour eux les instructions de dom Pérignon, que ses recettes ne sont pas arrivées jusqu'à nous ; lors de la Révolution de 1789, elles ont été englouties avec les ruines de l'abbaye.

Les procédés des moines pour faire leur vin, les gros bénéfices que tirait l'abbaye en faisant plutôt du vin blanc que du vin rouge, n'avaient pas manqué pourtant de se divulguer ; sans doute, les habitants essayaient déjà en 1772 de faire du vin blanc, d'autres tentaient de faire des mélanges ; nous croyons même savoir que, pour les coupages, l'un des adversaires de l'abbaye, Tirant de Flavigny, avait un goût très fin. Sans doute cette concurrence, dont étaient menacés les moines, les inquiétait ; ils avaient grand intérêt à conserver pour leur abbaye le monopole des vins blancs de Champagne ; il s'agissait donc d'empêcher la divulgation de leur secret et d'entraver la fabrication des vins blancs. Ce moyen, ils avaient pensé le trouver dans les difficultés suscitées à l'occasion de la perception de la dîme, en contraignant les forains à fouler leurs raisins au pied de la vigne pour acquitter la redevance en vin. Ces forains, qui avaient déjà acquis une certaine expérience dans la fabrication des vins blancs et reconnaissant le profit qu'ils pouvaient en tirer, étaient loin de vouloir acquiescer aux prétentions de l'abbé ; de là le procès que nous venons de signaler.

Pension faite à un ancien instituteur par la paroisse d'Hautvillers

(1776)

Pendant que, grâce aux talents conciliateurs de son abbé, le monastère d'Hautvillers se reposait un instant de ses nombreuses luttes judiciaires, la paroisse du même nom se distinguait par un de ces actes de bienfaisance qui, pour être un devoir sacré, ne laissent pas d'honorer ceux qui savent les accomplir.

Depuis environ quarante-deux ans, un de ces courageux instituteurs, comme il en est peu, se dévouait à l'instruction des jeunes enfants d'Hautvillers. Ce fut toujours, comme personne ne l'ignore, une des fonctions les plus martyrisantes de l'humanité. Lucien n'a-t-il pas dit quelque part que les plus grandes vengeances que les dieux exerçaient contre leurs ennemis, étaient de les faire *maîtres d'école*. Les habitants d'Hautvillers, paraît-il, n'adoptèrent pas les rancuneuses idées de Jupiter. Du moins, crurent-ils qu'un supplice de quarante-deux ans avait légalement acquis au généreux martyr une pension de 200 livres.

C'est dans ce sens qu'ils adressaient, en 1776, une requête à l'intendant général de Champagne. Leur proposition fut accueillie, par ce haut fonctionnaire, le 15 avril de la même année ; en cas de survivance, sa conjointe devait jouir du quart de cette pension viagère. Une notice, conservée dans les *Archives d'Hautvillers*, nous rapporte ce fait digne d'éloge.

En 1777, nous trouvons l'acte de décès de Jean Deprez, curé d'Hautvillers, âgé de quatre-vingt-un ans et ayant été curé de la paroisse depuis 1721, c'est-à-dire pendant cinquante-six ans.

L'an de grâce mil sept cent soixante-dix-sept, le vingt février, est décédé M. Jean Dépré, prêtre, curé d'Hautvillers, âgé de quatre-vingt et un ans, ayant été curé pendant cinquante-six ans. Le lendemain, son corps a été inhumé dans l'église de cette paroisse par nous, Jean-Baptiste Legentil, prêtre, curé de Oiry, doyen rural d'Épernay, en présence de MM. Pierre Coutier, prêtre, curé d'Ay ; Jean-Baptiste Blanchard, curé de Cumières ; François Fissier, curé de Champillon ; François-Nicolas Gaugand, curé de Mareuil ; Louis-François de Mouchy, curé de Saint-Gibrien, diocèse de Châlons, et chanoine de Monfaucon ; dom Louis Tiroux, prieur de l'abbaye d'Hautvillers ; Nicolas-Daniel Sénéchal, curé de Dizy, et autres qui ont signé avec nous le jour et an que dessus.....

Pendant les absences ou les maladies des curés d'Hautvillers, le service était fait par les religieux.

Au mois de mars 1777, Jean Henry, curé de Trois-Puits, est nommé curé d'Hautvillers. Il n'y resta pas longtemps, car nous voyons bientôt arriver M. Davaux.

En 1780, nous avons été surpris de trouver, dans un registre de l'état-civil et ecclésiastique, qu'en cette même année il y avait eu à Hautvillers : neuf mariages, cinquante-neuf baptêmes, dont vingt-huit de garçons et vingt et un de filles, soixante-quatre sépultures. Comme nous l'avons déjà dit plusieurs fois, la population était plus forte qu'aujourd'hui au moins de deux cents habitants.

LXXXVIe Abbé

ALPHONSE-HUBERT DE LATTIER,

COMTE DE BAYANE

(DE 1780 A 1790)

Alphonse-Hubert de Lattier, comte de Bayane, dernier abbé d'Hautvillers, naquit à Valence, ville de la Drôme, en 1739 ; nommé abbé d'Hautvillers en 1780, il conserva cette dignité jusqu'à la Révolution qui vint l'en dépouiller. Outre son titre d'abbé, M. de Bayane exerçait à Rome la charge d'auditeur de Rote pour la France ; il ne quitta ses fonctions qu'en 1801, époque où il fut nommé cardinal-diacre.

Sous le nom d'auditeur de Rote, on désigne une juridiction établie à Rome, vers le commencement du XIVe siècle, par le pape Jean XXII. Ce tribunal fut institué pour soulager le souverain pontife dans le jugement des affaires qui, n'étant pas consistoriales, se traitaient dans le sacré palais devant Sa Sainteté et ses chapelains. De là vient le nom d'auditeurs, donné à ceux qui représentent ces anciens chapelains. Le tribunal de la Rote se compose de douze docteurs ecclésiastiques, nommés auditeurs de Rote, et pris entre les quatre nations : d'Italie, de France, d'Espagne et d'Allemagne, dans les proportions suivantes : Trois romains, un ferrarais, un toscan, un milanais, un bolonais, un vénitien, un français, deux espagnols et un allemand. Chacun d'eux a sous lui quatre clercs ou notaires. Ils jugent de toutes les causes bénéficiales et profanes, tant de Rome que des provinces ecclésiastiques, en cas d'appel, et de tous les procès du pape au-dessus de cinq cents écus. Leurs pouvoirs et leurs privilèges sont exprimés dans une infinité de bulles que cite Zeskins en sa *République ecclésiastique*.

Les décisions de la Rote sont exactement recueillies, mais elles n'ont parmi nous qu'une autorité pareille à celle des déclarations des cardinaux. Le nom de Rote fut donné au tribunal, soit parce que les juges y siègent tour à tour, soit parce que toutes les affaires et les plus importantes y roulent successivement, soit parce qu'ils s'assemblent en cercle, pour rendre leurs décisions, ou plutôt encore, selon Ducange, parce que le pavé de la chambre où ils se réunissent était autrefois une mosaïque en porphyre, représentant une roue, du latin *Rota, rotare...*

M. de Bayane, chargé d'une mission par le chef de l'Église et nouvellement nommé cardinal, vint en France en 1808, et depuis resta constamment à Paris. Il souffrait d'une excessive surdité et, pour cette raison, il vivait dans une retraite presque absolue. Nommé sénateur en 1813, il vota la nomination du gouvernement provisoire, ainsi que la déchéance de Bonaparte et de sa famille. En 1814, Louis XVIII le nommait pair de France, ce qui, toutefois, ne l'empêcha pas d'assister l'évêque Barral à la messe célébrée au Champ-de-Mai, le 1er juin 1815, par ordre de l'empereur. Malgré cet acte de félonie, de Bayane, au nouveau retour des Bourbons, fut conservé sur la liste des pairs et garda cette dignité jusqu'à sa mort arrivée en 1818, le 26 juillet, à Paris. Lors du procès du maréchal Ney (novembre 1815), de Bayane s'était récusé comme pair ecclésiastique.

Ce serait ici le lieu de rapporter les phases si pénibles qu'une révolution spoliatrice fit subir à l'abbaye d'Hautvillers, comme à tant d'autres. Tous ces faits, en effet, appartiennent à la vie abbatiale de M. de Bayane. Nous suivrons, autant que possible, l'ordre de ces faits si pénibles, d'une époque qui semble toujours présente.

L'abbaye d'Hautvillers, mise pour une seconde fois en économat depuis la démission de Mgr le coadjuteur de l'archevêché de Reims, Talleyrand de Périgord, abbé d'Hautvillers, c'est-à-dire au mois de décembre 1775, avait été ainsi régie jusqu'à la nomination de Mgr Lattier de Bayane, en 1780. C'est dans cet intervalle que les sieurs Sturbaux et Hutin, fermiers de la Grange, à Dizy, avaient demandé la résiliation de leur bail.

Mgr de Bayane, étant auditeur de Rote pour la France, était obligé d'habiter Rome; un régisseur lui était donc nécessaire pour l'administration des biens et revenus de son abbaye. C'est alors que le sieur Rittier, ancien châtelain de la terre et seigneurie du Grand-Lierre en Dauphiné, avait été choisi pour remplir les fonctions de régisseur. Des instructions lui étaient nécessaires, Mgr de Bayane ne manqua pas de les lui faire parvenir, par l'intermédiaire de son frère, M. Lattier de Bayane, qui était à Grenoble en ce moment. Le nouvel abbé avait visité son abbaye lorsqu'il en avait pris possession, il connaissait tout ce qui pouvait concerner cette charge d'abbé nouvellement obtenue, et toutes les difficultés pendantes touchant le fermage et les revenus. Il s'était entretenu avec les religieux et, de part et d'autre, on espérait que tout irait pour le mieux. Mgr Lattier de Bayane écrivait à son frère, en parlant du sieur Rittier, son régisseur :

En arrivant, il remettra la lettre au père prieur et puis causera avec dom Lemaire, qui m'a promis de nous rendre toutes sortes de bons offices.

M. Rittier passera quelques jours dans la maison des religieux et verra de là où il pourra se loger en attendant que l'abbatiale soit libre (car elle était habitée quelquefois, pendant l'économat, par les économes séquestres, Louis Marchal de Sancy, alors en fonction). Il aura soin que tous les fermiers actuels laissent tout en bon état, surtout que la vigne ne soit point dénaturée; il examinera si tous les lieux réguliers sont en bon état, ainsy que l'abbatiale et les fermes, de même que les autres objets dont l'abbé est tenu, parce que les économats doivent rendre toutes choses en bon état, et, s'il en étoit besoin, leur faire une sommation de faire les réparations, en en faisant dresser un procès-verbal en règle ; la sommation peut se faire au commis des économats, à Reims, ou à M. de Saint-Cir (de Sancy), receveur desdits économats, rue des Fossés-Montmartre, à Paris. Il faut essayer de reprendre la ferme des fermiers actuels en leur proposant des choses raisonnables, et, s'ils n'entendoient à rien, exiger d'eux à l'échéance les réparations locatives, la restitution des titres, papiers et cueillerets qui leur ont été confiés.

Il y a un procès pour les lods et ventes que l'on refuse de payer dans la seigneurie, il faudrait tâcher de ramener les esprits qui ne paroissent agir que par humeur, et, si cela ne se peut, il faudra faire juger le procès qui paroît imperdable. Les religieux doivent avoir dans leur chartrier des titres qu'ils ne feront pas de difficulté de communiquer. (Ce procès, nous l'avons vu, ne fut terminé qu'à la Révolution.)

L'économat doit compter du revenu de l'abbaye depuis le jour de brevet jusqu'au premier janvier 1781, et, depuis ce jour là, c'est le fermier jusqu'à sa sortie ; il en faudra parler à M. Soyet, commis des économats, à Reims.

Il y a un autre procès pour la perception des dîmes d'Ay et Dizy, qui est pendant au conseil, mais que les économats doivent faire juger dans l'année. Il faudrait aussi le suivre et, au pis aller, percevoir la dîme sur le pied que l'a réglé l'arrêt provisoire du grand conseil et telle que la perçoit le fermier actuel. (Ce procès ne fut terminé que par une transaction, en 1784.)

Je pense qu'il conviendrait d'affermer tous les objets qui le sont déjà et de réserver à faire valoir les 21 arpents et demi de vignes que l'abbé possède en propriété, ainsi que les dîmes d'Hautvillers, d'Ay et de Dizy, et les lods et ventes.

M. Rittier m'écrira à Rome quand il lui faudra des fonds qui luy seront comptés à Paris deux mois après qu'il aura écrit.

Quand les lieux seront vuidés, il logera dans le petit bâtiment, et fera arranger le grand bâtiment, sur mes fonds, en papier peint et petits meubles, au gré de mon frère.

Quand nous serons en jouissance, il faudra m'envoyer tous les ans un bordereau concernant les avances faites, le produit des fermes et de ce qu'on fera valoir, et autres documents qu'on croira utile.

Pour toutes les affaires courantes où vous pourriez être embarrassé, il faudra consulter mon frère, dont il faudra suivre les avis comme si c'étoient les miens, en le mettant au fait de tout ce qui concerne cette abbaye. Je suis convenu avec luy que, lorsque le revenu net, charges acquittées, passera cinquante mille livres, nous partagerons l'excédant, après cependant que j'auray été complette des cinquante mille livres qui auroient pu manquer dans les années précédentes.

M. Rittier s'informera des bénéfices qui sont à ma nomination et m'en enverra le nom et la valeur, ou environ, ainsy que les noms, âges et demeures des titulaires.

Il est inutile de dire que, pour la culture des vignes, la façon des vins et la manière de les vendre, il faut voir comment font les religieux et prendre dans le pays les renseignements les plus avantageux.

Le sieur Rittier jouira de deux mille quatre cents livres d'appointements.

Écrit sous la dictée de Mgr Alphonse de Lattier de Bayane, pour être envoyé au sieur Rittier.

Grenoble, ce 25 octobre 1780.

Cette lettre n'était pas signée, c'est ce qui donne raison de la suivante :

Lettre à garder.

Rome, 25 octobre 1783

Je crois, mon cher Rittier, que le papier que je vous avais laissé à Grenoble était signé, cette lettre qui sera signée de moi vous servira, si je viens à mourir, pour retenir, en rendant compte, la somme de deux mille quatre cents livres par année, à compter du jour que vous êtes entré dans la régie de mon abbaye d'Hautvillers.

Je voudrais que vous trouvassiez quelqu'un de sûr à Paris chez qui vous déposeriez l'argent que vous auriez à me faire passer, cela me serait plus avantageux, parce que je tirerois lorsque le change qui varie beaucoup ici seroit bon ; je crois que tout banquier feroit volontiers cette affaire-là, et vous m'écririez quelle somme je puis tirer. Si, cependant, cela vous paraissoit dangereux ou difficile, vous pouvez me l'envoyer comme vous me marquez.

J'attends que vous ayez tiré au clair mon compte avec M. Henry, pour tirer quelque chose sur lui. Je croyerois qu'outre les six mois qu'ils devroient m'avancer, mais qu'ils m'ont prié de ne pas exiger d'avance, je pourrois tirer cinq ou six mille francs. Je ne l'ai pas fait à cause de cette indemnité dont vous me parliez. D'après votre dernière lettre, je prens le parti de vous laisser le maître, de leur passer la somme que vous croyerez convenable quand vous aurez vérifié ce qu'ils ont été obligés de passer aux sous-fermiers. Il me paraît juste, néanmoins, que je ne perdisse pas le tout tout seul, n'ayant fait un bail général que pour cela, et mon intention n'est pas que vous leur passiez plus de trois mille livres. Si cela vous paraît être insuffisant, il faudrait m'en écrire sans prendre sur vous d'accorder davantage.

Vous connoissez les sentiments avec lesquels je suis, mon cher Rittier, votre très humble et très obéissant serviteur.

A. D. BAYANE, Aud^r de Rote.

L'abbaye était déjà en décadence ; les procès pendants, l'absence de l'abbé, le mauvais vouloir des fermiers rendaient difficile la gestion des biens et revenus appartenant à l'abbé. On remarquera, par les comptes-rendus du régisseur, qui, d'ailleurs, paraissait déployer beaucoup d'activité et faisait preuve de beaucoup d'intelligence, que les revenus de M. l'abbé étaient loin de monter au chiffre de cinquante mille francs, comme Mgr Lattier de Bayane l'avait cru d'abord.

Acquisition des stalles actuelles de l'église de l'abbaye

(1780)

Cette même année de la nomination de Mgr de Bayane, comme abbé d'Hautvillers, fut marquée par une belle et riche acquisition que firent les religieux d'Hautvillers : celle des magnifiques stalles qu'on se plaît encore à admirer aujourd'hui dans l'église de l'ancienne abbaye, devenue église paroissiale. Ces stalles sont en bois de chêne sculpté. Nous n'appelons pas à notre secours la science archéologique pour décider gravement, avec un docte praticien moderne, que ces stalles sont du XVIIIe siècle, attendu qu'elles datent de 1780.

M. Kasierowski, dans son *Rapport archéologique de Reims*, dit, en effet, qu'elles sont de cette époque ; quoique architecte de la ville, cet homme de l'art s'est plus d'une fois trompé dans ses appréciations sur le style tronqué de l'église d'Hautvillers ; notre statistique en fera mention.

Ces stalles ont été faites sous la direction des religieux de Signy-l'Abbaye (Ardennes), et sculptées (on le suppose) par un nommé Cury, artiste distingué ; on voit encore des restes de ses ouvrages dans l'église de Rethel.

Cinq autres stalles du même style étaient placées en retour de chaque côté, au bout et à la suite des autres stalles, en face des grands bancs actuels, ce qui donnait à l'ensemble un cachet de beauté tout particulier. Ces stalles ont été malheureusement déplacées et probablement brûlées quand l'église du monastère fut devenue église paroissiale. Cet enlèvement avait pour but de laisser plus libre la vue de l'autel par les fidèles qui assistent à l'office.

Marché pour opérer cet acte de vandalisme
(1791)

Le 16 novembre 1791, le bureau de la fabrique d'Hautvillers a été convoqué et réuni sous la présidence de Jean Davaux, curé du lieu, composé de : Jean-Baptiste Lécaillon, maire ; Antoine Pierre, François Landragin, Sindulphe Pognot, Jean-Pierre Gilbert, Antoine Le Cacheur, Pierre Bernard, François-Joseph Pierre, Jean-François Villenfin, marguilliers et anciens fabriciens ; Nicolas Berrurier, procureur de la commune ; Jean-Baptiste Geoffroy-Macquart ; Pierre Auger, officier municipal ; Antoine Gerbeau ; Jean-Baptiste Chrétien-Goubron, à l'effet d'examiner un devis présenté par Antoine Sellier, menuisier à Louvois (1), et traiter avec lui pour la reconstruction de tous les bancs de l'église. Ils devaient contenir cinq cent vingt-deux places et être placés, tant dans les bas côtés, contre les murs et dans la grande nef, comme ces derniers le sont encore aujourd'hui.

On lit dans ce devis : « L'adjudicataire sera tenu de couper les deux pillastres de la grille d'entrée du chœur pour la descente

---

(1) Il s'est ensuite fixé à Hautvillers.

du cintre du dessus du panneau, qui se trouve entre ledit cintre et la traverse du battement des portes d'entrée de ladite grille, qui doit être supprimée. Il sera aussi tenu de démolir les deux autels qui se trouvent aux deux côtés de la grille d'entrée du chœur, ainsi que les *dix stalles hautes* qui se trouvent adossées contre et derrière lesdits autels, lesquels autels et stalles seront abandonnés à l'adjudicataire, à l'exception des deux maîtresses stalles qui se trouvent aux deux côtés de la grille qu'il sera tenu de replacer aux deux angles des stalles hautes, de fournir un panneau avec son accoudoir ou porte-livre, pour joindre et fermer l'entrée qui se trouvera entre les grandes et les petites stalles par la démolition ci-dessus. Il sera aussi tenu de déplacer et de replacer les deux confessionnaux aux endroits indiqués (1). L'adjudicataire sera aussi tenu de démolir le tambour qui se trouve actuellement dessous le buffet d'orgues et en former un autre à la porte d'entrée de l'église (2). Le tout moyennant cinq cents livres, moitié aussitôt la réception des travaux, qui aura lieu le premier avril 1792, et l'autre moitié six mois après..... »

De belles stalles posées seulement onze ans auparavant, deux autels peut-être magnifiquement sculptés ont été abandonnés à l'adjudicataire, qui aura probablement condamné au feu un travail qui ne pouvait pas manquer d'être précieux. Il est encore facile de remarquer aujourd'hui que les deux grandes stalles du côté des bancs ont été replacées là où elles n'étaient pas auparavant ; on a dû couper une partie d'un pilastre sculpté pour leur donner une place pas trop disgracieuse.

Ces magnifiques stalles avaient été posées en 1780, nous en trouvons la preuve dans les *Archives d'Hautvillers* (Reims). Après leur avoir donné leur acte de naissance et celui d'une partie de leur destruction, répétons et disons que ces stalles, aussi bien que les boiseries qui couvrent tout le sanctuaire et le chœur et qui ont été faites en même temps, sont magnifiques, par leurs majestueuses et grandioses proportions ; magnifiques, par le fini des sculptures qui en font l'ornementation. Elles sont disposées de chaque côté du chœur sur deux rangs étagés

---

(1) Un d'eux a été brisé à la Révolution.
(2) Le portail ayant été muré à la sortie des religieux, le tambour des portes devenait inutile. Une porte ayant été ouverte dans un des bas côtés, un nouveau tambour devenait nécessaire.

suivant l'usage ; on en compte en totalité quarante-six, dont vingt-six basses et vingt-deux hautes, plus huit, qui ont été détruites, ce qui portait leur nombre à cinquante-quatre. Ce qui contribue beaucoup à rehausser le travail de ces stalles, c'est la boiserie qui leur sert d'appui et revêt les murs latéraux à une hauteur de quatre mètres. Les panneaux de cette admirable boiserie représentent, sculptées en relief, les figures des évangélistes ainsi que celles du Sauveur et de sa Sainte Mère. Ces derniers se trouvent être : l'une la première à droite et l'autre à gauche. Les deux premières stalles, aussi bien que les deux dernières, sont d'un travail plus remarquable encore ; au-dessus du panneau des deux premières se trouvaient les armes du monastère, ces armes ont été détruites, enlevées à la Révolution. Dans le panneau des deux dernières se trouvent une figure de Notre-Seigneur bon Pasteur et celle de l'immaculée Vierge Marie. Pourquoi faut-il terminer cet article par une espèce de malédiction ? Pourquoi faut-il arracher des lèvres du lecteur archéologue le sourire d'amour qu'y a fait naître une vive sympathie pour tout ce qui est beau ? Hélas ! oserons-nous le dire, nous n'avons fait qu'une oraison funèbre. Ces stalles si grandioses et si magnifiques, cette boiserie si riche d'exécution, ces suaves sculptures, dont naguère nous vantions la délicatesse et le fini, tout cela n'est plus qu'un cadavre, la vie s'en est allée. Elle est partie, cette vie précieuse, sous les coups redoublés d'un hideux pinceau. Un jour vint un exécuteur des hautes-œuvres de l'art, il s'appelait peintre et vitrier, et sa main, par trois fois, étendit une boueuse couche de badigeon à l'huile, et tout fut dégradé. Il n'a laissé que juste ce qu'il fallait pour nous faire regretter ce qui n'est plus. Ce fut au mois d'avril 1833, que ces magnifiques stalles subirent cette malheureuse opération ; la Révolution les avait respectées, à part certains emblêmes que ces temps destructeurs enlevaient quand même, et notre siècle de plus grandes lumières les a enveloppées de ténèbres. Nous trouvons dans un des registres de la fabrique une délibération du 23 février 1840, par laquelle le conseil de fabrique qui, jusqu'alors, avait refusé de payer cette œuvre de mauvais goût, après plusieurs considérants refuse finalement de payer au sieur Cohade, peintre à Épernay, le montant de son mémoire pour barbouillage des stalles. Ce mémoire se montait à la somme de 343 fr. 71 c. Le sieur Durantel ayant traité en sa qualité de trésorier avec le susdit peintre, sans être autorisé par le

Profil des Stalles de l'Eglise

Stalle de l'Eglise.

Stalle de l'Eglise.

conseil, ce dernier lui a laissé à sa charge cette dette contractée par lui. Sa fortune, devenue précaire, ayant ému le conseil de la commune, le sieur Cohade fut définitivement soldé par elle.

Discorde dans les assemblées communales

(1784)

Si l'abbaye d'Hautvillers n'était pas toujours une demeure paisible, inaccessible aux contestations et à l'esprit de litige, écart qu'un géomètre, M. Chalette, a cru devoir lui reprocher assez vertement, la commune, au sein de laquelle se trouvait cette abbaye, était loin, elle aussi, de présenter constamment le spectacle de la concorde. Brusque et pétillant comme le vin de ses coteaux, dont il abuse quelquefois, l'habitant d'Hautvillers apportait souvent aux assemblées communales une pétulance d'opinion propre à paralyser les efforts d'une sage administration; de là des scènes tumultueuses dont gémissaient les anciens de la localité. Toutefois on résolut d'y apporter remède. C'est ainsi que, dans le courant de l'année 1784, on voit le syndic et les sages de la paroisse d'Hautvillers se plaindre à l'intendant de Champagne de ce que les assemblées communales sont infructueuses, en ce que la plupart des habitants, et ceux surtout les plus intelligents, négligent de s'y trouver, ou ne peuvent s'y faire entendre et donner librement leur avis, par le tumulte et les intrigues de certains particuliers plus attachés à leurs intérêts personnels qu'au bien et à tout ce qui peut tendre à l'intérêt et à l'avantage de la communauté, pour la conservation des biens communaux, l'amélioration d'iceux et l'économie dans les dépenses. Touché de cet état de choses, l'intendant de Champagne, Gaspard-Louis Rouillé d'Orfeuil, crut ne pouvoir mieux y obvier que par l'établissement d'un conseil appelé, par ses fonctions spéciales, à régir les affaires de la commune. Conséquemment il rendit, le 17 septembre 1784, une ordonnance où l'on trouve statué que..... comme nous allons le voir.

Subdélégation d'Épernay. Communauté d'Hautvillers.
Nomination d'un conseil de notables

(17 septembre 1784)

Gaspard-Louis Rouillé d'Orfeuil, chevalier grand'croix, maître des cérémonies honoraire de l'ordre royal et militaire de Saint-Louis, conseiller du roy en ses conseils, maître des requêtes honoraires de son hôtel, intendant de justice, police et finances en la province et frontière de Champagne.

Vu la requête qui nous aurait été présentée par les syndic et habitants de la paroisse d'Hautvillers, contenant que les assemblées, que le syndic de laditte communauté est dans le cas de convoquer pour les affaires communes des habitants, sont souvent infructueuses en ce que la plupart des habitants, et ceux surtout les plus intelligents, négligent de s'y trouver ou ne peuvent se faire entendre et donner librement leur avis par le tumulte et les intrigues de certains particuliers plus attachés à leurs intérêts personnels qu'au bien ou à tout ce qui peut tendre à l'avantage de ladite communauté, tant pour la conservation des biens communaux, l'amélioration d'iceux et l'économie dans les dépenses et, en conséquence, lesdits habitants nous auraient supplié de permettre et même ordonner l'établissement d'un conseil composé de différents habitants pour, sous le nom de notables, assister aux assemblées qui seront convoquées par le syndic en la manière accoutumée à l'effet de délibérer avec ledit syndic sur les affaires qui seront par lui proposées et l'aider de leurs avis.

Vu aussi l'arrêt du conseil d'État du roy du 31 juillet 1776, qui nous aurait maintenu et conformé dans le droit de la compétence, de connaître de la nomination des syndics, des communautés d'habitants, de l'adjudication et gestion de tous leurs biens et revenus communs, et de la reddition des comptes desdits syndics, avec défenses à tous officiers de justice et autres juges quelconques d'en prendre connaissance, à peine d'être personnellement garants et responsables de tous frais et dépens même d'interdiction de leurs fonctions, et privation de leurs gages, voulant Sa Majesté que toutes les contestations relatives auxdits objets, circonstances et dépendances sans exception, soient par nous jugés sauf l'appel qui ne pourrait être porté qu'au conseil du roy, tout considéré.

Nous, sous le bon plaisir du conseil du roy et ayant égard à la demande qui nous est faite, ordonnons que, dans une assemblée générale de tous les habitants de la communauté d'Hautvillers, dont le jour sera indiqué par le sieur Pierrot, notre subdélégué, qui s'y transportera gratis et, à son défaut ou absence, en présence de celui qui sera par lui commis à cet effet, choisir et nommer à la pluralité des voix, douze habitants sous le nom de notables pour assister régulièrement à toutes les assemblées qui seront convoquées à la manière accoutumée par le syndic, à l'effet de délibérer avec lui sur les affaires communes qui seront par lui proposées, lesquels dits douze notables représenteront le conseil de ladite communauté, et seront choisis, savoir : quatre dans la classe des artisans, marchands commissionnaires de vin et tonneliers, quatre dans celles des vignerons propriétaires de vignes, et pareil nombre de quatre dans celle des manouvriers ; sera aussi choisi, dans ladite assemblée générale des habitants, un des officiers de la justice du lieu dans le cas où il s'en trouverait qui y soient résidents, ou à portée de se trouver aux assemblées de laditte communauté, lequel officier de justice ainsi élu aura rang de séance à la tête des notables seulement, attendu que ladite assemblée ne peut être convoquée, tenue et présidée que par ledit syndic, comme chef desdits habitants, suivant et conformément à différents arrêts et règlements rappelés dans l'arrêt du conseil d'État du roy, 31 juillet 1776 ; toutefois, lorsqu'il s'agira d'affaires communes et qui sont de notre compétence, sauf à être lesdites assemblées présidées par les juges et officiers des lieux, lorsqu'il sera question dans lesdites assemblées de nomination de marguilliers, maître d'école, garde-empouilles, garde-bois, reddition et comptes des marguilliers ou fabriciens ou autres affaires de police qui sont du ressort des juges ordinaires.

Ledit officier de justice et lesdits notables resteront en exercice pendant six ans, et seront changés après ledit temps dans une assemblée générale desdits habitants convoquée et tenue par le syndic, à moins que lesdits habitants ne jugent à propos et pour les intérêts communs de les proroger et continuer dans ledit exercice encore six autres années.

Ordonnons néanmoins que dans le nombre des notables qui seront élus la première fois, en exécution de notre présente ordonnance, il en sortira six à l'expiration de la troisième année de leur nomination, lesquels six sortants seront pris dans les plus jeunes de chacune des classes, sur le pied de deux par classe et seront, lesdits sortants, remplacés par six autres habitants nouveaux, qui seront élus et choisys aussi dans chacune desdites trois classes, sur le pied de deux aussi par chaque classe, et ainsi successivement, en telle sorte que tous les trois ans il en soit nommé six nouveaux, et tous les six ans seulement un officier de justice.

Enjoignons auxdits notables de se rendre régulièrement à toutes les assemblées qui seront convoquées, à peine de six livres d'amende contre chacun de ceux qui ne s'y trouveront pas, à moins qu'il ne justifie d'un empêchement légitime, lesquelles amendes seront par nous prononcées sur les procès-verbaux qui seront dressés par le syndic contre les absents et qui nous seront envoyés par notre subdélégué, pour être le montant desdites amendes appliqué au besoin de ladite communauté, suivant qu'il sera par nous ordonné sur le compte qui nous en sera rendu par notre subdélégué.

N'entendons néanmoins exclure desdites assemblées tous les autres habitants de ladite communauté, qui continueront le droit de s'y trouver et d'y voter lorsqu'il s'agira dans lesdites assemblées d'intenter ou de soutenir quelques instances en justice réglées, de demander quelques impositions extraordinaires et faire quelque emprunt de deniers et de vendre, aliéner et échanger quelques biens communaux, à condition par lesdits habitants de s'y comporter avec honnêteté et tranquillité, mais pour toutes les autres affaires quelconques de ladite communauté, elles seront régies et administrées par le syndic et lesdits douze notables comme représentant le corps de ladite communauté et sans avoir besoin d'appeler les autres habitants.

Ordonnons auxdits syndic et notables d'établir un registre qui sera coté et paraphé par notre dit subdélégué au département d'Épernay, auquel ils seront tenus de le représenter toutes et quantes fois il le jugera convenable, dans lequel registre seront transcrites toutes les délibérations de ladite commune, et seront tenus les syndic et notables de joindre, aux requêtes qu'ils seront dans le cas de présenter au nom de ladite communauté, une expédition de la délibération qui aura dû précéder et contenir pouvoir suffisant audit syndic.

Faisons défense au syndic de faire aucune dépense qu'elle

n'ait été approuvée par une délibération desdits notables, qui sera par nous approuvée ou notre subdélégué avant d'être lesdites dépenses faites, à peine de radiation et de demeurer au compte et dépens dudit syndic.

Ordonnons que le compte, que le syndic rendra annuellement des recettes et des dépenses par lui faites, sera arrêté par lesdits notables avant de le présenter à notre dit subdélégué ; sauf à notre dit subdélégué à ordonner s'il le trouve convenable que ledit compte sera communiqué aux habitants généralement assemblés, pour donner leurs dites observations, et être ledit compte ensuite clos et arrêté par notre dit subdélégué, qui nous en informera en forme ordinaire.

Ordonnons en outre que ladite communauté sera tenue d'avoir une armoire fermée à trois clefs, pour y déposer les titres et papiers communs, desquelles trois clefs une sera entre les mains du syndic en exercice, et les deux autres entre les mains de deux notables dont la communauté conviendra, et sera tenu le syndic sortant d'exercice, sous peine d'amende, de remettre au syndic qui lui succédera toutes les ordonnances, arrêts, ordres ou instructions qui lui auront été adressés relativement à l'administration ou intérêts des affaires de ladite communauté pendant son exercice, pour être déposés dans ladite armoire.

Mandons audit sieur Pierrot, notre subdélégué, de tenir la main à l'exécution de notre présente ordonnance qui sera lue et publiée fin de la messe paroissiale de ladite communauté d'Hautvillers, à ce que personne n'en ignore, et ensuite transcrite sur le registre des délibérations de ladite communauté, et l'original déposé aux greffes de la subdélégation d'Épernay pour y avoir recours au besoin.

Fait par nous intendant, le dix-sept septembre 1784.

Signé : ROUILLÉ.

Plus bas est écrit :

Nous, subdélégué de l'intendance de Champagne au département d'Épernay, commettons M. Arnoult, procureur au bailliage d'Épernay, pour l'exécution de l'ordonnance cy-dessus.

Fait ce 27 septembre 1784.

Signé : PIERROT.

Copie pour la subdélégation d'Épernay :

BERNARD, *secrétaire*.

Suit la pièce qui constate l'exécution de la précédente ordonnance :

Publication de l'ordonnance qui institue à Hautvillers un conseil des notables

(1784)

Cejourd'huy dixième jour d'octobre mil sept cent quatre-vingt-quatre, fin et issue de la messe paroissiale d'Hautvillers, pardevant nous François Arnoult, bailly de Cuis, officier municipal, procureur ès sièges royaux d'Épernay, commissaire nommé par M. le subdélégué de ladite ville, par l'ordonnance cy-devant datée, les habitants corps et communauté dudit lieu ayant été convoqués de pot en pot, et ensuite assemblés au son de la cloche par Pierre-François Bernard leur procureur syndic, où se sont trouvés ledit sieur Bernard, syndic ; M. Antoine Le Cacheur, notaire royal et lieutenant du bailliage d'Hautvillers et dépendances, et les sieurs Jean-Baptiste Lécaillon, chirurgien ; Syndulphe Pogniot ; Jean-Baptiste Lasnier ; François-Joseph Pierre, dit Lallement ; Antoine Gerbeaux, commissionnaire de vin ; Jean-Baptiste Forzy, Jacques Prudhomme, marchands ; Thomas-Antoine Le Cacheur, officier de la connétablie ; Pierre Auger, Remy Auger, cordonniers ; Gabriel Goblet et Jean Goblet, charpentiers ; Jean-Louis Bautier, tonnelier ; François Dommangin ; Nivard Hubert ; Augustin Minard ; François Maingault ; Jean-Baptiste Pierrot, gendre Pogniot ; Ponce Pierrot ; Étienne Fourché ; Nicolas Sogny ; Michel Berrurier, vignerons ; Pierre Bernard, ancien greffier ; Jean Villanfin, marguillier ; Jean-Michel Godard ; Joseph Piéton ; Joseph Roux ; Jean-Baptiste Logette ; Michel Maquart, vignerons ; Charles Leruste, tailleur d'habits et autres, tous composant la majeure partie des habitants, il a été fait lecture par ledit syndic de l'ordonnance de Monseigneur l'intendant, du vingt-sept septembre dernier, par laquelle, en conséquence du vœu desdits habitants, consigné en leur délibération du premier janvier précédent, il a été ordonné qu'il serait sous le bon plaisir du roy procédé à l'élection des douze habitants sous le nom de notables, pour assister régulièrement aux assemblées concernant l'administration des affaires de ladite communauté, lesquels douze habitants seraient choisis dans les trois classes qui la composent, qu'en conséquence de ladite ordonnance, et en présence de nous commissaire susnommé, lesdits habitants s'étant rendus en l'auditoire dudit lieu il a été par eux et d'après le tableau qu'ils ont dressé des trois classes qui les forment, au choix desdits notables, et ont unanimement nommé, savoir : dans la première classe, la personne des sieurs Jean-Baptiste Lécaillon, maître en chirurgie ; Pogniot, bourgeois ; François-Joseph Pierre, marchand commissionnaire en vin, et Jean-Baptiste Lasnier, aussi bourgeois. Dans la seconde classe, les sieurs : Antoine Gerbeaux, Pierre Auger, Jean-Baptiste Forzy et Jean-Nivard Villanfin, propriétaires de vignes. Dans la troisième et dernière : Gabriel Goblet, charpentier ; Michel Berrurier, Nivard Hubert et Augustin Minard, vignerons, qui, tous présents, ont accepté et se sont soumis à l'exécution de l'ordonnance sus-datée et sous les peines y portées, et ensuite ont aussi unanimement nommé M. Antoine Le Cacheur, notaire royal et lieutenant du bailliage de ce lieu, pour être présent à la tenue de ces assemblées des notables et y avoir séance à la tête desdits notables.

Et à l'instant a été arrêté, comme il y a nécessité d'avoir un invitateur pour porter les billets de convocation des assemblées du conseil, François Maingault sera choisi à cet effet, comme pour la garde et conservation du peu de bien appartenant à ladite communauté, moyennant six livres de gages annuels, payables au premier janvier de chaque année dont la première commencera le premier janvier prochain, se réservant néanmoins lesdits habitants le droit de le révoquer s'il y avait cause légitime ; indépendamment des six livres à lui annuellement allouées pour la conduite des corvées de ladite communauté, a également été arrêté, que le sieur Bernard sera continué greffier secrétaire de la communauté, en considération de quoi il sera ainsi que ledit Maingault exempt de la corvée personnelle, le tout néanmoins sous le bon plaisir de M. le subdélégué. A aussi été arrêté qu'attendu qu'il vient d'y avoir l'établissement d'une sœur pour l'éducation des filles des habitants, ce qui va produire dans le bénéfice du recteur d'école un déficit certain, pour le dédommager dans pareille circonstance et exciter d'autant plus son zèle pour l'instruction des garçons, il sera accordé audit recteur d'école, un sol par mois par chaque enfant en sus du prix qui lui a été accordé par son acte de nomination du douze mai mil sept cent soixante-seize, à la charge et condition qu'il n'instruira aucune fille et sauf les réserves portées audit acte de nomination sus-datée, et ont la plupart desdits habitants signé, la plupart ne le *schachant*.

> Ainsy signé sur la minutte des présentes : Jean-Baptiste FORZY ; GERBEAUX ; Jean-Baptiste PIERROT ; Augustin MINARD ; François PIERRE ; François DOMMANGIN ; GOBLET ; BAUTIER ; Nivard HUBERT ; Pierre AUGER ; Étienne FOURCHEZ ; Remy AUGER ; LASGNIER ; Nicolas SOGNY ; BERRURIER ; POGNIOT ; VILLANFIN ; LÉCAILLON ; LE RUSTE ; LE CACHEUR ; BERNARD, *syndic* ; BERNARD ; François MAINGAULT ; LE CACHEUR, *lieutenant*.

Copie pour être déposée à la subdélégation d'Épernay.

BERNARD, *secrétaire*.

Création d'une école de filles à Hautvillers

(1784)

Jusqu'en 1784, la paroisse d'Hautvillers ne possédait qu'une école fréquentée simultanément par les enfants des deux sexes, et pourtant sa population accusait un chiffre élevé. Une amélioration devenait donc nécessaire ; elle se réalisa par la création d'un établissement spécial pour l'instruction des jeunes filles. Nos religieux, toujours remarquables de charité et de bienveillance, surent, dans cette circonstance, faire preuve de leur générosité habituelle. Ils fournirent le local nécessaire à l'établissement projeté. Moyennant une faible rétribution mensuelle et un traitement fixe de 120 livres, une première institutrice se présenta et fut installée le 30 août 1784. Elle s'appelait : Mlle Maillart.

Arrêt du parlement concernant les vignes

(1787)

Quelques années après la création d'une école de filles à Hautvillers, c'est-à-dire en 1787, le parlement rendait un arrêt que nous ne croyons pas inutile de consigner ici. Il ordonnait que tous vignerons et propriétaires de vignes, dans les territoires d'Epernay et tous autres de la Champagne, d'Hautvillers conséquemment, seront tenus de ramasser exactement, lors de l'ébourgeonnement et de la taille de leurs vignes, les bourgeons et brins en provenant, de les mettre dans des sacs et de les porter sans délai chez eux pour les brûler. Cet arrêt porte la date du 24 mai 1787.

Cette mesure avait pour but d'arrêter la propagation des vers, des bêches et autres insectes qui endommagent les vignes.

On remarquait, en effet, en 1787, une certaine négligence dans les vignerons, au moment de la taille des vignes, pour ramasser le sarment. A ce sujet, nous trouvons ce qui suit dans le *Recueil des Édits, Arrêts, etc.* (Bibliothèque de Reims, 16ᵉ vol.) : Arrêt de la cour du Parlement qui ordonne que tout vigneron et propriétaire de vignes, dans le territoire d'Épernay et dans les autres territoires de la Champagne, seront tenus de ramasser exactement, lors de l'ébourgeonnement et de la taille de leurs vignes, les bourgeons et les brins en provenant, de les mettre à *fur* et *mesure* dans des sacs, et de porter ensuite ces mêmes sacs chez eux, sans que, sous prétexte que ce puisse être, lesdits bourgeons et brins, ou les sacs qui les renferment, puissent être laissés dans les vignes, sentier, ou chemin y aboutissant, le tout sous peine portée par ledit arrêt, savoir au moins 50 livres d'amende.

Cet arrêt devait être lu tous les ans au premier dimanche de mai, au sortir de la messe paroissiale. (Arrêt du 27 mai 1787.)

Défense de planter des légumes dans les vignes.

En 1788, les propriétaires forains de vignes situées à Hautvillers, Cumières, Dizy et Damery, adressaient une requête à l'intendant de Champagne, se plaignant que, depuis plusieurs années, il s'est introduit un abus très préjudiciable à la culture des vignes, à leur fécondité et surtout à la délicatesse de leurs produits. « Les vignerons, disaient-ils, se sont mis en possession, par une *connivence générale*, de planter des haricots, des pois, des choux, des navets et jusqu'à des pommes de terre, qui, non-seulement détruisent les fruits des ceps qu'ils ombragent et enveloppent, mais encore dégraissent la terre, amaigrissent les provins, les font périr, attirent, nourrissent et propagent des insectes nuisibles. Les plaintes des propriétaires, leurs défenses absolues et réitérées n'ont pu arrêter le mal, qui paraît aujourd'hui être autorisé par l'usage et que son universalité laissera sans remède, si l'autorité éclairée ne veut bien concourir à le déraciner. C'est en vain que plusieurs propriétaires ont offert une augmentation de salaire pour faire cesser ce mélange si nuisible et si injuste. Cependant, Messieurs, les vignes sont la richesse principale de la province, leur culture, plus ou moins perfectionnée, influant sur l'abondance et la qualité de ses vins, l'abus odieux qui s'introduit est capable de leur causer un discrédit ruineux. Un grand intérêt public sollicite donc de l'administration d'interposer son autorité. »

Cette plainte, si légitime, fut accueillie favorablement. Une ordonnance, rendue peu après, portait : « Défense faite aux cultivateurs-vignerons de planter des légumes dans les vignes de leurs propriétaires, sous peine d'amende de 30 livres (1788). »

Cette même année, 1788, les religieux d'Hautvillers demandaient au conseil de ville d'Épernay, s'il était d'avis que les vignes de l'abbaye fussent louées comme le réclamait l'abbé commendataire, Mgr Lattier de Bayane, qui trouvait que la culture de la vigne était un grand embarras pour les propriétaires (Paris, *Archives nationales*, Q¹ 673) :

Cejourd'huy, 19 mars 1788, le conseil de ville assemblé en la maison accoutumée (Épernay).

Il luy a été représenté, par Monsieur le procureur syndic, que Messieurs les prieur et religieux de l'abbaye de Saint-Pierre-d'Hautvillers désiraient que la ville voulût bien donner son avis sur le *commodo* ou l'*incommodo* de la location requise par Mgr Lattier de Bayane, leur abbé commendataire, des vignes dépendantes de ladite abbaye ; pourquoy luy sieur procureur syndic, requiert qu'il en soit délibéré.

La matière mise en délibération : il a été dit unanimement que les vignes en Champagne et notamment celles situées sur les terroirs d'Épernay, Ay, Hautvillers, Cumières et Dizy, dépendent absolument de l'industrie, de l'intelligence, des fruits, et de la vigilance des propriétaires, en ce que :

1º La vigne a besoin d'être entretenue et régénérée par des provins qui se font annuellement.

2º Que ces provins doivent être faits avec beaucoup de précautions et de ménagements.

3º Que pour les faire il faut employer beaucoup d'engrais.

4º Que ces mêmes provins exigent une quantité beaucoup plus considérable d'échalas, parce qu'en régénérant la vigne ils multiplient le nombre des sceps.

5º En ce qu'il est très essentiel de tailler les vignes avec la plus grande attention, pour proportionner les provins à sa force et à sa situation.

6º Qu'il est absolument indispensable de ne faire le travail de ces provins que dans un court espace de temps, dont les propriétaires ne peuvent profiter souvent qu'à très grands frais.

7º Que les propriétaires doivent avoir le plus grand soin de faire bêcher en temps utile, c'est-à-dire avant que le bourgeon ait fait aucun mouvement, ce qui les constitue encore dans une très grande dépense lorsque les printemps sont chauds et pluvieux.

8º Que ces mêmes propriétaires doivent surveiller les ouvriers pour empêcher qu'ils ne travaillent dans des temps humides et surtout lorsqu'il s'agit du premier labourage qui se fait dans les premiers jours de may, où les petites gelées du matin sont fréquentes et où la moindre fraîcheur peut faire geler la vigne, dont le bourgeon est extrêmement tendre en ce moment, et encore lorsqu'il s'agit du second labourage dont l'époque est ordinairement à la fin de juin, ou au commencement de juillet, et que, s'il se fait en temps humides, expose la vigne à jaunir, fait tomber les feuilles et couler le raisin.

9º Qu'il entre encore dans l'obligation du propriétaire de faire tous les ouvrages d'hyver qui, quoique indispensables, ne peuvent néanmoins être exigés d'un fermier qui, n'étant occupé que de l'intérêt du moment, se soucie peu d'entretenir et de conserver la vigne ; que ces ouvrages consistent à faire relever les sentes, transporter les terres de la vigne du bas en haut, remettre des plantes où il en manque, émonder les sceps, faire transporter les engrais et les disposer dans la vigne, de manière à ne pas embarrasser n'y casser les sceps, à arracher les sceps trop vieux et à les remplacer avec du plan d'élite, que tous ces ouvrages, qui demandent des soins prodigieux et des dépenses considérables, ne peuvent être faits que par des propriétaires qui administrent en bons pères de famille, d'où il suit que jamais en Champagne, et notamment dans les lieux sus-nommés, les vignes ne se louent, excepté dans le cas de saisie réelle, ou lorsque ce sont des vignes de mineurs, dont les tuteurs étrangers évitent la culture à cause des soins et de la dépense que cela leur occasionneroit et surtout par la crainte d'être recherchés par leurs mineurs, à cause de la difficulté de remplir exactement toutes les obligations que la culture de la vigne exige.

On observe, avec cela, que le fermier, avide pour tirer un produit plus considérable, se permet quelquefois de tailler la vigne trop haut et l'énerve au point qu'à la fin du bail les propriétaires ont la douleur d'être obligés de l'arracher.

Par toutes ces considérations, la ville est d'avis que MM. les abbé, prieur et religieux de l'abbaye d'Hautvillers ne peuvent louer leurs vignes sans s'exposer à les donner à vil prix, à les voir détériorer, d'avoir le désagrément, pendant le courant du bail, d'être privés d'y faire les améliorations dont elles sont susceptibles et de courir les risques de les reprendre en mauvais état, même d'essuyer un procès, suite ordinaire de toutes les locations de vignes.

Fait et arrêté au bureau de l'hôtel-de-ville d'Épernay, lesdits jour et an que dessus

MOËT, *échevin.*

QUATRESOUX DE PARITELAINE,
maire.

DELAFAUX, *échevin.*

PHILIPPONNAT, *receveur.*

ARNOULT.   GODFROY,
procureur du roi, syndic.

Le maire, officiers municipaux de la ville d'Ay, qui ont pris communication de l'avis de MM. les maire, échevins et gens du conseil de la ville d'Épernay, au sujet de la location des vignes de la Champagne, et notamment de celles des terroirs y dénommés, pensent comme eux, d'après les motifs exposés dans leur arrêté, que d'affermer des vignes c'est les exposer à leur ruine et que le défaut des ouvrages d'hyver auxquels ne sont pas tenus les locataires ou l'obmission d'une roye quelconque fait souvent souffrir les vignes plusieurs années de suite, qu'on ne peut rétablir qu'avec des frais immenses, les précautions et les soins multipliés et les plus suivis.

Fait en l'hôtel commun de la ville d'Ay, ce 24 mars 1788.

B. FRANÇOIS.   F. MARCHAND.   PIETTREMENT.

J.-B. ROGIER.

Nous syndic et officiers municipaux de la paroisse d'Hautvillers, d'après la lecture prise des arrêtés cy-dessus et des autres parts de MM. les maires, échevins et autres gens des conseils des villes d'Épernay et d'Ay, concernant la location des vignes d'Ay, d'Hautvillers, Épernay, Cumières et Pierry, sommes de leur avis, que nous défendons sur les mêmes raisons et les mêmes considérations, et cependant nous croyons devoir observer qu'en général les locataires des vignes au lieu de les tailler, comme le ferait faire le propriétaire, laissent beaucoup plus de provins à chaque scep, affin de se procurer une plus grande abondance de récolte, ce qui énerve les vignes qui restent, après les baux finis, pendant trois ou quatre ans sans rapport, et que, quelquefois même, on est obligé d'arracher et de replanter, circonstance qui prive le propriétaire, pendant six ans, de jouissance et l'assujétit à une avance dont le montant est de la moitié de la valeur des vignes supposées dans le meilleur état de culture et d'entretien, observons encore que si les vignes de l'abbaye estoient louées, nombre de manouvriers et vignerons resteroient sans travail, duquel ils ne subsistent que par la culture soigneuse que MM. les abbés et les religieux donnent à leurs vignes.

Fait et arrêté à Hautvillers, ce 24 mars 1788.

LECAILLON.   LE CACHEUR.

GERBEAU.   BERNARD.   BERRURIER,
syndic.

Le prieur d'Hautvillers fait partie d'une commission établie à Epernay

(1787)

Cependant approchaient ces jours lugubres et sanglants qui, sur les débris de l'autel et en place d'une vieille monarchie écroulée, devaient inaugurer un règne, d'un nom si affreux et pourtant si vrai : le règne de la Terreur. N'avait-on pas déjà entendu Louis XV s'écrier, dans un douloureux pressentiment : « Je lègue une Révolution à mon successeur. » Déjà, elle aussi, la philosophie, elle et ses sicaires, n'avaient-ils pas aiguisé leurs poignards? Pourquoi faut-il dire encore que d'incroyables abus révoltaient l'esprit des multitudes et appelaient depuis longtemps une éclatante répression? L'infortuné Louis XVI dut accepter et remplir la destinée orageuse que ses aïeux lui avaient faite. En vain, pour conjurer la tempête, l'humaine sagesse mit en jeu tous ses ressorts. Il était trop tard. Mot terrible, qui trouva par la suite encore d'effrayants échos.

L'année 1787 commençait à peine, et déjà les symptômes révolutionnaires se montraient si alarmants, qu'il fallut recourir aux vieilles libertés françaises. Les notables furent convoqués. On sait quel fut l'insignifiant résultat de cette réunion. Les états généraux furent demandés sous le motif de recueillir plus de lumières; au sujet de leur convocation, on appela imprudemment tous les citoyens à donner leur avis, et l'on établit partout le royaume des commissions intermédiaires, qui étaient composées chacune d'un membre du clergé, d'un autre de la noblesse et de deux personnages du tiers état. Une de ces commissions fut établie à Épernay, et dom Hibert, prieur d'Hautvillers, y entra comme représentant du clergé. — Ainsi commença la Révolution.

Nous n'en détaillerons pas les phases si capricieuses et si effrayantes. Cette œuvre historique ne nous appartient pas; disons seulement que, comme tous les établissements religieux qui couvraient la France, l'abbaye d'Hautvillers but goutte à goutte le calice d'amertume que lui présenta la Révolution. Successivement dépouillée des dîmes et de ses propres domaines, par les décrets d'une assemblée nationale qui mit tous les biens du clergé à la disposition de la nation (résultat de la séance du 4 août, décret du 2 novembre 1789), ou plutôt qui en fit un indigne gaspillage, notre abbaye voyait faire, quelques mois plus tard, un inventaire détaillé de ses nombreuses propriétés : c'était en exécution du décret du 18 novembre 1789. Le décret ordonnait aux titulaires de bénéfices et supérieurs de maisons religieuses, de faire la déclaration détaillée de leurs biens, sous peine, pour ceux qui feraient des déclarations frauduleuses, d'être déchus de tout droit aux pensions allouées.

1789. — Mgr de Bayane, abbé commendataire de l'abbaye d'Hautvillers, habitait Rome, et, pour se faire représenter dans ses affaires temporelles de son abbaye, le 5 septembre 1787 il donne au sieur Rittier, bailli d'Hautvillers, une procuration. Cette procuration avait pour but surtout de donner audit sieur Rittier le droit de le représenter aux assemblées de la commune.

A cette époque, les membres de l'assemblée municipale n'étaient pas convoqués par lettre, mais bien au son de la cloche. Voici la teneur de cette procuration :

« Je soussigné, donne pouvoir au sieur Jacques-François Rittier, bailly d'Hautvillers, y demeurant, d'assister pour moi et de m'y représenter dans les assemblées provinciales et municipales qui seront établies sous l'autorité du roy, lui donne tout pouvoir à cet effet, et aussi de faire insinuer et disposer de la présente procuration où besoin sera.

« Fait à Rome, ce 5 septembre 1787.

« Signé : A. DE BAYANE,
« *Auditeur de Rote, abbé d'Hautvillers.* »

Cette procuration fut contrôlée à Cumières, le 6 septembre 1788.

Le sieur Rittier donne connaissance à l'assemblée de cette procuration :

« Cejourd'huy, dimanche 7 septembre 1788, fin des vêpres de la paroisse d'Hautvillers, le bureau étant assemblé en l'auditoire seigneurial dudit lieu, lieu ordinaire à tenir assemblée, présidée par le R. P. dom Hibert, prieur de l'abbaye d'Hautvillers, comme seigneur par indivis, avec M. l'abbé de ladite abbaye, est comparu : Jacques-François Rittier, bailly d'Hautvillers, y demeurant, qui a dit qu'il était fondé de la procuration de Mgr de Bayane, abbé commendataire de ladite abbaye d'Hautvillers, et, en cette qualité, seul seigneur dudit lieu, à l'effet de le représenter dans les assemblées municipales de la seigneurie dudit Hautvillers, conformément à l'article 14 du 23 juin 1787, en conséquence que ladite procuration soit transcrite sur le registre.

« Ensuite, le R. P. dom Hibert a dit que, par l'arrêt du mois de novembre 1787, qui ordonne le partage de tous les biens de l'abbaye d'Hautvillers et qui casse tous les traités antérieurs faits entre l'abbé et les religieux, tous les biens et droits de ladite abbaye indivis jusqu'à fin de partage, et que, par conséquent, le vrai seigneur d'Hautvillers n'est pas Mgr de Bayane seul, mais les abbé, prieur et religieux, et qu'ainsi Mgr de Bayane n'étant point sur les lieux, le susdit R. P. dom Étienne Hibert est seul en droit de présider l'assemblée municipale, en sa qualité de prieur de l'abbaye, sur quoi il a été répliqué par ledit sieur Rittier, que la prétention de M. le prieur d'Hautvillers ne lui paraît nullement fondée, attendu qu'il est de principe que les droits honorifiques restent à l'abbé commendataire, qui est en possession, faisant ledit sieur Rittier toutes ses réserves des droits pour ce qui serait entrepris au préjudice dudit seigneur abbé, de tout quoi ledit sieur Rittier a requis acte.

« Signé : RITTIER.

« Sur quoi il a été dit par nous, syndic, et membres de l'assemblée municipale, que nous n'entendions nullement entrer dans les difficultés susdites et que nous nous conformerions aux dispositions de l'arrêt du 23 juin 1787.

« Signé : Dom HIBERT, *prieur;* DAVAUX, *curé;* LE CACHEUR; LÉCAILLON; MALO; GILBERT; POGNIOT; François PIERROT; AUGER; BERRURIER; MICHEL, *secrétaire.* »

Divers arpentages des propriétés de l'abbaye, de la fabrique d'Hautvillers, etc.

Devant bientôt, suivant les circonstances des temps, donner de longs détails sur les propriétés de l'abbaye, de la fabrique, etc., nous faisons remonter cette énumération à une époque antérieure à 1790.

Les propriétés de l'abbaye ont souvent varié suivant les temps, quelquefois une partie se trouvait aliénée pour subvenir aux besoins du moment ; puis, souvent aussi, elles augmentaient, soit par suite d'acquisitions nouvelles, soit par différents dons qui étaient faits à l'abbaye.

Nous trouvons divers arpentages de ces propriétés qu'on pourrait consulter pour avoir des détails précis sur ces mêmes propriétés. Nous ne faisons que les indiquer :

1624, 10 avril. — Arpentage par Tartat, arpenteur juré, demeurant à Reims, où l'on voit que la mesure d'Hautvillers était en raison de 10 pouces 2/3 pour pied, 22 pieds 1/2 pour verge, et 100 verges pour arpent (1).
(*Inventaire du Cartulaire,* 111e layette, 1re liasse, page 5.)

1643, 1er juin. — Arpentage de Jean Drouin, arpenteur royal, demeurant à Épernay, où dom Benoît Vinot apparaît avec le titre de procureur de l'abbaye. (*Ibid.*, p. 7.)

1650, 6 juillet. — Arpentage par le même, à la requête de dom Martin Thys, procureur de l'abbaye d'Hautvillers. (*Ibid.*, page 17.)

1656, 24 février. — Arpentage par le même, avec mention de dom Guillaume comme trésorier. (*Ibid.*, p. 21.)

1657, 9 février. — Arpentage par le même, à la requête de dom Pierre Marchal, procureur de l'abbaye. (*Ibid.*, p. 21.)

1744, 26 août. — Arpentage par Jacques Dolizi, arpenteur royal, demeurant à Épernay, fait en présence de dom Pierre Chédel, procureur de l'abbaye. On trouve dans le procès-verbal de cet arpentage que la mesure d'Hautvillers n'était plus la même que précédemment et qu'elle était alors de 12 pouces pour pied, 22 pieds pour verge et 100 verges pour arpent. (*Ibid.*, page 33.)

1753, 6 juillet et 13 septembre. — Arpentage par Benot,

---

(1) L'arpent de Chouilly valait aussi 100 verges, ou 43 ares 27 centiares ; la verge, 20 pieds 3 pouces de roy. La danrée, 12 verges 1/2 ; le boisseau, 6 verges 1/4 ; la fauchée de pré, 75 verges.

arpenteur royal, demeurant à Épernay. Ce nouvel arpentage signale encore une nouvelle variation dans la mesure, elle n'est plus que de 12 pouces pour pied, 20 pieds pour verge et 100 verges pour arpent. (*Ibid.*, p. 40, 41.)

Les *Archives nationales*, dans la série Q [1], carton 673, 23 octobre 1647, nous donnent un arpentage de la terre de Champillon, appartenant à l'aumônerie d'Hautvillers. Nous rapportons cet arpentage pour donner une idée de ceux qui se faisaient alors :

L'an 1647, le 23ᵉ jour d'octobre, à la resqueste de dom Benoît Vinot, procureur de l'abbaye de Saint-Pierre-d'Auvillers, je Jehan Drouyn, arpenteur royal, demeurant à Espernay, ay fait arpentage et mesure des pièces d'héritage cy-après déclarées, dépendantes de l'aumosnerie d'Auvillers, admodiés à Martin Grénier présent audict arpentage, et.....

1º D'une pièce de terre asize au terroir de Champillon, en lieudit Chauffour, communément ou..... derrière la Chapelle, faisant plusieurs haches, tenante d'une part aux jardins de Champillon, d'aultre part aux vignes et chemins, d'un bout aux hoirs Pierre Vaultrain et aultre, d'aultre bout au chemin, laquelle pièce est trouvé contenir 17 arpents 8 verges tout compris.

2º Une aultre pièce de terre audict terroir, derrière la Chapelle..... tenant d'une part et d'un bout à des chemins, d'aultre part et d'aultre bout au jardin Nicolas Bazin, laquelle pièce s'est trouvé contenant 32 verges un cart.

3º Une aultre pièce audict terroir, en lieudit la Grange, tenant d'une part et d'un bout à des chemins, d'aultre part à... Le Double et d'aultre bout au masure de la Grange et à la rue, laquelle pièce s'est trouvé contenir 88 verges 1/2.

4º Une aultre pièce appellé la terre à..... tenant d'une part au grand chemin, d'aultre part au ruisseau, d'un bout au usage, d'aultre part à Simon Michel, laquelle pièce s'est trouvé contenir 2 arpents 1/2.

5º Une aultre pièce en lieu dit : Froide-Terre, tenant d'une part au usage, d'autre part aux vignes, d'un bout à un chemin, d'autres à un ruisseau, laquelle pièce s'est trouvé contenir 7 arpents 51 verges, de laquelle quantité ladite Procart en a donné et vendu..... Brin près de six boisseaux qui ont esté diminués sur la quantité, reste 7 arpents 12 verges 1/2.

DIVERS ARPENTAGES DES PROPRIÉTÉS DE L'ABBAYE

6° Une aultre pièce de terre appellé le Champ-Bigot, tenant d'une part au chemin de Paradis, d'aultre part à Jehan Michel, Jehan Vaultrain et aultres, d'un bout à Jehan Marchand, d'aultre aux hoirs Blaise Petit, laquelle pièce s'est trouvé contenir 2 arpents 58 verges.

7° Une aultre pièce en lieu dit : les Caves, tenant d'une part audict chemin, d'aultre part et d'un bout aux vignes et d'aultre bout à Simon Michel, laquelle s'est trouvé contenir 85 verges.

8° Une aultre pièce de terre assise en la prairie d'Auvillers, en lieu dit : la Teste-à-l'Ane, tenant d'une part à....., d'aultre part à..... d'un bout à..... d'aultre à....., laquelle s'est trouvé contenir 60 verges 1/4.

9° Une aultre pièce de terre en ladicte prairie, en lieu dit : les Prés-Usaines, tenant à l'abbé d'Auvillers, d'aultre part à..... d'un bout à....., laquelle pièce s'est trouvé contenir 1 arpent 47 verges.

10° Une pièce de pré en ladicte prairie, en lieu dit : les Prés-Usaines, tenant d'une part et d'un bout à Monsieur labé d'Auvillers, d'aultre part à plusieurs aboutissant et d'aultre bout à M. de Salvon, laquelle pièce s'est trouvé contenir un arpent.

11° Une aultre pièce de pré, en lieu dict : les Brouilles, tenant d'une part à M. de Salvon, d'aultre part aux religieux de Saint-Vincent de Laon, d'un bout aux Brouilles d'Auvillers, d'aultre à....., laquelle pièce s'est trouvé contenir 13 verges 1/2, elle doit contenir un quartier de 25 verges.

12° Une aultre pièce de pré, au Pré-Usaine, tenant à M. Georges Fagnier, d'aultre part à..... d'un bout à M. Nicolas Cuissotte, d'aultre à....., laquelle pièce s'est trouvé contenir 3 boisseaux.

13° Une aultre pièce de pré, audict lieu des Prés-Usaines, tenant d'une part au sieur Robert Parchappe, d'aultre part à Geoffroy Coussin, d'un bout à la rivière de Marne, d'aultre à...., laquelle pièce s'est trouvé contenir 7 boisseaux.

14° Toutes lesquelles pièces de terres et pré ensemble ont toutes monté à la quantité de 35 arpents 91 verges. Laquelle mesure a esté faicte au pied et mesure ordinaire des lieux qui s'estant en dix pouces deux tiers de pouce pour le pied, vingt-deux pieds et demi pour verges et cent verges pour l'arpent.

Ce que dessus fut certifié estre vray par moy arpenteur, avoir estre faict suivant les monltres et..... à moy faict par Robert Raillet, laboureur, demeurant à Champillon, détenteur desdicts héritages à luy admodiés par Martin Grélin, présent audict arpentage, faict ledit jour et an.

Il y a une pièce de pré, lieudit le mesme Pré-Usaine, laquelle contient sept boisseaux, tenant d'une part à Jehan Lefébure, d'autre part à....., d'un bout à..... d'aultre à....., laquelle pièce avoir esté obmise.

DROUYN.

Le tout monte à 36 arpents 2 verges, calculé par D.-V. Beausire.

Nota. — L'arpenteur et ceux qui l'accompagnaient ne connaissaient probablement pas toujours les riverains des pièces arpentées, c'est pourquoi nous voyons plusieurs noms laissés en blanc.

L'arpenteur Benot, d'Épernay, en 1758, a été appelé par les religieux pour arpenter la ferme ou cense des Grandes-Loges. Voici ce que nous lisons dans l'*Inventaire du Cartulaire*, sous la date du 3 décembre 1758 :

Arpentage, bornage, plans figuratifs et procez-verbal de toutes les terres qui composent la ferme des Grandes-Loges, fait par Augustin Benot, arpenteur royal, demeurant à Épernay, à la requeste de Révérend Père dom Joseph Prescheur, procureur de l'abbaye d'Hautvillers, en vertu de l'ordonnance de M. Gougelet, juge et lieutenant en la justice des Grandes-Loges et approbation de M. Nicolas D'Hecq, procureur fiscal dudit lieu ; Ambroise Savin, procureur syndic, qui a porté la chaîne ; le tout contenant : 41 journez 28 perches. La mesure est de douze lignes pour pouce, douze pouces pour pied, et huit pieds deux pouces pour perche, cent perches pour boisseau et huit boisseaux pour le journez.

1756, 4 décembre. — Arpentage par le même, à la requête de dom Joseph Prescheur, procureur de l'abbaye, d'une partie des terres de l'abbaye.

1756. — Arpentage par le même, où l'on voit que la mesure de Mardeuil était à raison de 10 pouces 1/8 pour pied, 24 pieds pour verge et 100 verges pour arpent.

1770. — Laurent Villain, arpenteur général des eaux et forêts de France, au département de Champagne, était régisseur des biens de l'abbaye d'Hautvillers ; voulant la justice égale pour tous, il était obligé bien souvent de faire arpenter les propriétés riveraines de celles des particuliers.

1759. — Au moment où se faisait l'inventaire des archives de l'abbaye, on trouvait dans ces archives plusieurs plans qui ont eu le sort des autres, c'est-à-dire de disparaître pour jamais, au grand regret de ceux qui ont intérêt au pays.

Il y avait entre autres :

Plan de la place de la Croix-de-Fer.

Plan du pré de la Formette ou Tête-à-l'Ane.

Plan de la terre de Bras et pré Saint-Jean.

Plan des terres sans indication.

Plan de la terre proche le pont d'Épernay, 6 arpents 67 verges.

Plan d'une terre inconnue.

Plan du clos des religieux, dit : l'Aumône, 494 verges.

Plan du pré de la Formette ou de la Pesle, 471 verges 11 pieds 1/2. Non compris un coin de la rivière qui contient une verge 7 pieds 2/20.

Plan du pré de la Haute-Rivière et de la vigne dite : la Bourgeonne.

Plan du clos Sainte-Hélène, arpenté le 12 janvier 1711, contenant : 196 verges 17 pieds 8 pouces, mesure d'Hautvillers.

Plan du pré appelé : les Quatre-Arpents.

Plan des Lhuys.

Plan des Rainsillons.

Plan de la cave sous le principal bâtiment de l'abbatiale ; ce plan paraît très vieux, il se trouve encore aux archives de Châlons, 11e liasse, avec beaucoup d'autres plans de vignes de l'abbaye (1).

Le 2 mars 1777, nous trouvons un traité entre Jacques Malo, arpenteur royal, et dom Laurent Dumay, de l'abbaye d'Hautvillers, pour arpenter terres, prés et vignes, moyennant 400 livres, payables moitié à Noël et l'autre moitié audit jour l'année suivante 1778, avec procès-verbal, plan figuré, non compris les vignes de Mardeuil, ni le pré de Mars, du Breuil, etc.

Signé : J. MALO et dom LAURENT DUMAY.

---

(1) Une partie de ces caves a été démolie par suite de l'incendie des pressoirs et des bâtiments adjacents, du 28 septembre 1878.

En 1779, un relevé des biens des communes et des particuliers ayant été fait, voici ce que nous trouvons sur Hautvillers ; nous le rapportons à titre de renseignement :

État général des biens-fonds, leur valeur et le produit annuel du terroir de la paroisse d'Hautvillers, possédés par les cy-après nommés, eu égard au cour du temps actuel, savoir :

VIGNES

Le terroir d'Hautvillers contient environ cinq cent vingt-huit arpents vingt-sept verges de vignes, cy.... 528 arp. 27 v.

Les habitants d'Hautvillers en possèdent en particulier deux cents arpents trente-quatre verges, dans les plus mauvais lieux, dont partie en surcens, à raison de six livres l'arpent, à M. l'abbé dudit lieu, ils lui paient en outre une dixme de la onzième partie en vin, dans leur cellier ; ces vignes ne produisent au propriétaire, année commune, qu'environ vingt-cinq livres l'arpent. 200 arpents 34 verges à 25 livres l'arpent..   5,008 # 50 ˢ

Les habitants et communauté de Cumières y en possèdent la quantité de deux cent onze arpens cinquante verges, en bon cru, payent la même dixme en raisin que celle cy-dessus, produisent par leur situation au propriétaire, année commune, au moins la somme de quarante livres. 211 arpents 50 verges à 40 livres l'arpent.......   8,460 ”

Les forains y en possèdent en somme totale cinquante-quatre arpents quatre-vingt-treize verges, produisant environ quarante-six livres annuelles au propriétaire, l'arpent payant la même dixme. 54 arpents 93 verges à 46 livres l'arpent...............................   2,526 78

M. l'abbé d'Hautvillers en possède, en son particulier, dix-huit arpents et des meilleurs en fond et en position et peuvent produire cinquante livres l'arpent. 18 arpents à 50 livres l'arpent.................................   900 ”

Messieurs les religieux en possèdent quarante arpents qui peuvent produire, année commune,

A REPORTER........ 16,895 28

ÉTAT GÉNÉRAL DES BIENS-FONDS

Report........	16,895	28
au moins cinquante livres l'arpent de revenus annuels. 40 arpents à 50 livres l'arpent.........	2,000	,,
M. le curé en possède un arpent cinquante verges, produisant trente livres l'arpent. 1 arpent 50 verges à 30 livres l'arpent.................	45	,,
La fabrique dudit lieu possède deux arpents qui produisent, année commune, vingt-cinq livres. 2 arpents à 25 livres.................	50	,,
	18,990 ₶ 28	s

BOIS

Ledit terroir contient environ mille arpents de bois, dont dix arpents en broussailles, qui appartiennent aux particuliers habitants d'Hautvillers, qui produisent environ cinq livres l'arpent, forment pour le total des dix arpents. 10 arpents à 5 livres.................................... 50 ₶ ,, s

M. l'abbé et religieux y compris et quelques forains en possèdent le surplus qui peuvent produire, année commune, aux propriétaires douze livres par arpent. 990 arpents à 12 livres l'arpent................................... 11,880. ,,

11,930 ₶ ,, s

TERRES

Est contenu en ycelui terroir, deux cent quatre-vingt-dix arpents de terre environ, dont vingt et un appartiennent à la communauté, le restant formant encore deux cent soixante-neuf arpents, qui produisent environ la somme de cinq livres l'arpent, par chaque année, appartenant à MM. l'abbé, religieux et forains, sur laquelle quantité se trouvent environ moitié appelés limons, qui ne produisent au plus que deux livres l'arpent.

21 arpents aux habitants à 5 livres l'arpent....	105 ₶ ,, s	
134 arpents 50 verges, tant aux religieux qu'aux forains, à 5 livres l'arpent..............	672	50
134 arpents 50 verges, tant aux religieux qu'aux forains, à 2 livres l'arpent...............	269	,,
	1,044 ₶ 50	s

ÉTANGS

Deux étangs produisant chaque année environ 200 livres de revenus, cy.................................... 200 ₶

PRÉS

Est contenu aussi en ycelui terroir, environ cent arpents de prez, dont les habitants et communauté dudit Hautvillers en possèdent cinq arpents. Le surplus, restant à quatre-vingt-quinze, appartiennent à MM. l'abbé, les religieux et forains, qui produisent environ douze livres par chacun arpent par an. 100 arpents à 12 livres l'arpent................... 1,200 ₶

CLOS

Est aussi contenu en ycelui terroir, environ dix arpents de clos, dont cinq appartiennent aux habitants du lieu et cinq à MM. l'abbé et religieux d'Hautvillers, qui produisent environ douze livres l'arpent. 10 arpents à 12 livres l'arpent... 120 ₶

USAGES

Ledit terroir contient aussi environ quarante arpents d'usage, dont le tout est détempté par lesdits habitants et communauté ; dans la quantité cy-dessus, se trouvent compris trois arpents de terre et huit arpents de prés, produisant environ douze livres par an, par chacun arpent, les vingt-neuf restant étant en mauvais terrain pierreux et destiné à la pâture des bestiaux d'ycelle communauté, produisent en estimation environ vingt sols par an et par arpent et en somme totale :

40 arpents, dont 11 à 12 livres.................. 132 ₶
29 arpents à 1 livre....................... 29
                                          161 ₶

RÉCAPITULATION :

528 arpents 27 verges de vignes, produisent.	18,990 #	28 ʄ
1,000 arpents de bois, produisent............	11,930	ʺ
290 arpents de terre, produisent............	1,044	50
80 arpents de prés, produisent............	1,200	ʺ
Deux étangs, produisent...............	200	ʺ
10 arpents de clos, produisent............	120	ʺ
40 arpents d'usages, pâtures, etc., produisent.	161	ʺ
1,948 arpents 27 verges environ, contenance du terroir.........................	33,645 #	78 ʄ

La situation que nous venons de rapporter était pour l'année 1779 ; en 1790, elle avait un peu varié, comme nous le verrons plus tard.

Revenus de la fabrique d'Hautvillers
(1561)

D'après une déclaration faite suivant une ordonnance du roy, nous lisons dans l'*Inventaire du Cartulaire d'Hautvillers*, 3ᵉ layette, 1ʳᵉ liasse, ce qui suit :

Les commissaires du roy notre sire, sur le fait des amortissements à Paris. A tous ceux qui ces présentes lettres orront salut, sçavoir faisons que vu par nous la déclaration du temporel non amorty, appartenant à l'église paroissiale d'Hautvillers doyenné d'Épernay, présentée et affirmée par écrit par les marguillers dudit Auvillers au bailly de Vermandois, ou son lieutenant, avocat procureur et receveur ordinaire pour le roy notre dit seigneur, audit bailly de Vermandois à...... duquel ledit temporel est situé et assis et ce en suivant les commandements généraux, et injonctions faites par lesdits officiers aux gens d'église et de main-morte dudit baillage, en vertu des lettres patentes du roy notre dit seigneur à eux envoyées à cette fin de laquelle déclaration la teneur s'ensuit ; c'est la déclaration des rentes et héritages appartenants à l'église paroissiale d'Hautvillers, doyenné d'Épernay, lesquelles rentes, revenus et héritages baillent par-devant vous les marguillers d'icelle église, mon très honoré seigneur Monseigneur le bailly de Vermandois, ou votre lieutenant, en obéissant aux commandements faits naguère de par le roy notre sire :

Premier. Deux arpents de prez séant audit terroir, lieu dit : Prez-Usaines, tenant d'une part à Messieurs d'Hautvillers, à cause de l'office du trésor, d'autre à l'aumônier de ladite église, d'un bout à Étienne Lefebvre, d'autre à J. Poquel.

Item, six boisseaux de prez en ce dit lieu, tenant d'un côté à Colzon-Gambu et d'autres aux hoirs Simonier-Malin, d'autre bout au pré du curé dudit Auvillers, d'autre audit Poquel.

Item, un demi arpent de prez en ce dit lieu, tenant d'une part à la rivière de la Marne, et d'autre à Messeigneurs d'Hautvillers, d'un bout à mes dits seigneurs, d'autre bout à Philippe Faillet.

Item, plus un arpent de prez en ce dit lieu, tenant d'une part à Jehan Regnault et d'autre à Étienne Lefebvre.

Item, trois quartiers de savart audit terroir d'Auvillers, au lieu dit : Sous-le-Clooz-d'Auvillers, tenant d'une part à Gillet-Poupart et d'autre à Jehan Martinet-Laisné.

Item, un quartier de terre arrable audit terroir, au lieu dit : Chaillouet, tenant d'un côté à Gille Poupart, d'autre à mes dits seigneurs d'Hautvillers, lesquels héritages peuvent valoir par an à ladite église, montant et avalant, environ cinquante sols tournois et à vendre pour une fois vallant quarante livres tournois.

Laquelle église est tenue et redevable tous les ans envers Monseigneur de Reims, pour la suspension icelle ensemble la visitation, de la somme de quarante sols tournois sous peine d'amende et deux obits.

Tout ce certifflé vray témoing mon seing manuel cy-mis à la requête de Jehan Thomas et Jean Vannier, marguillers de ladite église, le sixième de may de l'an 1561.

Ainsy signé : LAMBLET.

Veû aussy le procès-verbal, l'advis des officiers du roy notre dit seigneur audit baillage de Vermandois, après avoir sommairement informé sur le contenu en ladite déclaration et tout veu et considéré ce que faisait avoir et considérer en ces parties, nous en suivant le pouvoir à nous donné et commis par le roy notre dit seigneur avons à ladite église d'Hautvillers admorty et admortissons perpétuellement et a toujours les héritages et possessions cy-dessus spécifiés et déclarés sans ce que pour raison d'icelles ladite église ou marguillers soient tenus pour elle dorénavant payer aulcune finance au roy notre dit seigneur, ou autrement contraint en vuider les mains à ce moyennant la somme de sept livres dix sols tournois, que pour ce, Messire Raoul Charron, prebtre, pour lesdits marguillers en a payé comptant et icelles mis ès mains de Messire Jacques Ragneau, notoire et secrétaire de notre roy notre dit seigneur, et par lui commis à recepvoir les deniers provenants desdits amortissements, comme nous est apparue par sa quittance cy-attachée à laquelle somme de sept livres dix sols, nous avons taxé la finance et indemnité pour ce dub audit seigneur sauf son droit et autres choses et l'autruy en tout et pourveû qu'il n'y ait autrement en domaine dudit seigneur, sy donnons en mandement le présent titre a été par moy notoire royal héréditaire au baillage de Vermandois à Reims, demeurant à Hautvillers soussigné, fait en son escriture que luy, étant une peau en parchemin et remis au domaine et fabrique d'Auvillers, et ce présent pour servir aux vénérables religieux de l'abbaye de Saint-Pierre-d'Hautvillers, à la diligence de R. P. dom Mathieu Jacquesson, prieur de ladite abbaye, à la maintenue et possession de la pièce de prez à eux appartenant et à leur communauté mentionnée en la sentence... escrite le 1er jour de l'an 1639, en la présence de Martin Grenier et Nicolas Moreau, praticiens en la justice dudit Hautvillers, qui ont signé au deffaut d'autres nottoires.

Signé : HUSSON,
avec paraphe.

Dans les différentes déclarations des biens de l'abbaye, de la fabrique, de la cure, nous remarquons quelques variantes qu'il sera facile au lecteur de reconnaître ; en résumé, il y a peu de différence, cela dépendait de l'attention qu'on y apportait et des changements survenus dans les intervalles de ces déclarations.

Cumières demande un terroir séparé de celui de Damery et d'Hautvillers.

En l'année 1790, les habitants de Cumières adressèrent plusieurs requêtes aux administrateurs formant le directoire du département de la Marne, pour obtenir un terroir séparé de celui de Damery et d'Hautvillers. En conséquence, ces mêmes administrateurs, après informations prises auprès des municipalités de Damery et d'Hautvillers, engagèrent, par une ordonnance datée de Châlons du 13 février 1791, ces municipalités à se réunir pour tirer des lignes de démarcations desdits terroirs, en conservant les usages établis ci-devant entre les trois communautés pour les réparations d'église et de presbytère, de charges locales et de parcours. Les administrateurs formant le directoire du département de la Marne, engagèrent surtout ces mêmes municipalités à limiter aussi leur terroir respectif, afin de prévenir les difficultés qui pourraient surgir à cause du décret de l'Assemblée nationale nouvellement rendu, qui portait que les impositions foncières seraient proportionnées à l'étendue de chaque territoire. C'est donc d'après cette époque seulement que Cumières a un terroir à lui. Le 19 août 1829, le garde champêtre d'Hautvillers dressa un procès-verbal contre le pâtre de Cumières qui avait conduit ses bestiaux dans la partie de la prairie comprise dans le territoire dudit Hautvillers. Le tribunal de police d'Ay ne voulant pas se prononcer, pour condamner ou absoudre seize habitants de Cumières, propriétaires des bestiaux, attendu que Cumières, de temps immémorial et non interrompu, avait un droit de parcours, ce que rappelait indirectement l'ordonnance du directoire de Châlons, du 13 février 1791 ; s'appuyant sur cette ordonnance, ce tribunal a engagé la municipalité de Cumières à faire valoir ses droits de parcours qu'elle prétendait avoir sur le terroir d'Hautvillers ; d'un autre côté, M. le préfet a demandé au conseil municipal d'Hautvillers s'il prétendait contester ce droit. La procédure s'est terminée à la satisfaction de tous, et, depuis cette époque, il n'a plus été question de parcours ; les habitants de Cumières n'usent plus de ce droit qui, absolument, n'est pas perdu pour eux.

Maintenant, c'est déjà la Révolution qui agit en maîtresse, elle va frapper ses grands coups, apprêtons-nous à les recevoir ou à les parer, si c'est possible.

1790, 20 février. — Le procureur d'Hautvillers, qui paraissait avoir perdu le nom de syndic, Michel Berrurier, fait part aux maire, officiers municipaux, assemblés en l'auditoire seigneurial dudit lieu, d'une lettre patente du roy, en date du 24 janvier dernier, qui proroge jusqu'au premier mars prochain le délai pour la déclaration des biens ecclésiastiques, lequel procureur déclare avoir fait lecture aujourd'hui, fin de la messe, aux habitants de la paroisse, réunis près de la porte principale de l'église dudit lieu (1).

Par suite d'une lettre du procureur d'Épernay, le premier février 1790, une heure de relevée, le maire et les officiers municipaux d'Hautvillers, assemblés en l'auditoire seigneurial dudit lieu, le sieur Michel, procureur de la commune, a présenté cette lettre de Monsieur le procureur syndic du département d'Épernay, adressée à la municipalité de ce lieu, à laquelle se trouve joint un modèle de l'état désignatif des biens, revenus de toutes natures, pour le remplir, des propriétés possédées dans le terroir dudit Hautvillers, par Messieurs les bénéficiers ecclésiastiques et réputés tels et que pour l'exécution de l'intention de l'assemblée nationale, il convenait de faire le détail desdits biens et leur estimation, et ensuite le faire parvenir à M. le procureur syndic du département d'Épernay, sur lequel exposé la municipalité faisant droit, s'en est occupé sur-le-champ, et a rempli ledit état des biens possédés sur ledit terroir d'Hautvillers, par M. le curé dudit lieu, M. l'abbé commendataire de l'abbaye du même lieu, MM. les religieux de ladite abbaye, par le trésorier de la même abbaye, par l'aumônier d'icelle, le prieur de Saint-Nivard, de Semuy, la fabrique d'Hautvillers, des chapelains de Saint-Symphorien de Reims, de la fabrique de Dizy, et des dames religieuses Ursulines d'Épernay, lesquels biens rapportés audit état sont les seuls à

---

(1) En vertu du décret de l'Assemblée nationale du 18 novembre 1789, et du 24 janvier 1790, les religieux sont mis en demeure de fournir à la municipalité, la déclaration de leurs revenus.

Un décret du 10 décembre 1790, met en vente pour 400 millions de biens ecclésiastiques. (Ce décret est de la Convention.)

Un décret du 2 novembre 1789 met les biens du clergé à la disposition de la nation, et déclare qu'ils lui appartiennent. (Assemblée nationale.) La mise en vente des biens du clergé, jusqu'à concurrence de 400 millions, a eu lieu le 17 mars 1793. Cette vente avait commencé un peu après le décret du 10 décembre 1790.

notre connaissance, lequel état a été remis audit sieur Berrurier, procureur, pour par lui en faire la remise à M. Morel, procureur syndic du département d'Épernay, qui est celui qui nous a adressé la lettre ci-devant rapportée.

BERRURIER; LÉCAILLON; DAVAUX; FORZY; MALO; Nicolas BERRURIER; MICHEL, *secrétaire*.

Suit la teneur de l'état désignatif et estimatif dont est question en la délibération ci-dessus.

Assemblée provinciale de Champagne. — Département ou district d'Épernay. — Municipalité d'Hautvillers. — Paroisse d'idem.

(21 février 1790)

État désignatif et estimatif des biens et revenus de toutes natures, possédés dans le territoire de la municipalité, par MM. les curés, vicaires, chapelains et autres bénéficiers, soit que le chef-lieu du bénéfice y soit situé, soit qu'il ne s'y trouve que les portions isolées de leurs revenus, ainsi que ceux faisant partie des différentes commenderies ou appartenant aux hôpitaux, aux communautés religieuses d'hommes et de femmes et tous les ordres, et généralement à tous établissements et toutes fondations ecclésiastiques ou réputées ecclésiastiques :

Renseignements particuliers. — Nom, titre et qualité de l'établissement.

Titulaire : M. Davaux, cinquante-six ans.

Collateur ecclésiastique : M. l'Abbé d'Hautvillers.

Gouvernement de Champagne; parlement ou conseil souverain de Paris; baillage ou sénéchaussée de Reims.

Jardin tenant à la maison de la cure, 8 verges.

Terres, 2 arpents 1/2, 250 verges, revenu.........	30 ₶
Prés, 212 verges............................	52
Vignes, 163 verges..........................	66
Dîmes novales attachées à la cure...............	300
	448 ₶

La mesure locale pour les terres est de 100 verges pour arpent, 20 pieds pour verge et 12 pouces pour pied. Pour les bois, c'est 22 pieds pour verge.

OBSERVATIONS. — Quoique la communauté d'Hautvillers consiste dans un nombre assez élevé d'habitants, en cette année 1790, il n'y a pas de vicaire, parce que les religieux Bénédictins prêtent secours pour la desserte de la paroisse.

La suppression des menses abbatiales priverait les pauvres de la paroisse de beaucoup d'aumônes et de charité, certains biens y étant affectés, nommés : biens de l'aumônerie.

Les charges et services temporels et spirituels consistent aux charges ordinaires d'un curé. Le nombre des paroissiens est de 960. L'étendue de la cure : Elle a trois maisons, distantes chacune de la paroisse, d'un quart de lieue, et une quatrième située à deux lieues. Ces maisons à l'écart, sont : La ferme de Bœuf, la Briqueterie, la Tuilerie du Chêne-la-Ramée, la Grange à Dizy. Les anciens hameaux, qui autrefois faisaient partie d'Hautvillers, sont détruits depuis longtemps.

ABBAYE D'HAUTVILLERS

Déclaration que fait M. Alphonse Hubert de Lattier de Bayane, âgé de cinquante-deux ans, abbé commendataire de l'abbaye royale de Saint-Pierre-d'Hautvillers, ordre de Saint-Benoît, congrégation de Saint-Vannes et de Saint-Hydulphe, diocèse de Reims, de tous les biens, mobiliers et immobiliers de la mense abbatiale de ladite abbaye, conformément au décret de l'Assemblée nationale du 13 novembre 1789, et aux lettres patentes du roi du 18 du même mois.

Une maison abbatiale à l'usage de l'établissement, avec bâtiments attenants.

Une maison servant d'auditoire et pour loger les garde-bois.

Une tuilerie avec ses dépendances, y compris 3 arpents de

friches, estimés............................	150 #
2 clos, contenant 200 verges..................	60
3 corps de fermes, composant 316 arpents........	2,400
Un jardin......................................	50
34 arpents de prés............................	1,000
21 arpents de vignes..........................	1,050
Bois de réserve, les 2/3 de 260 arpents, ci 173 arpents 1/3................................	3,890
Bois de remise en coupes réglées, 575 arpents.....	11,490
Grosses et menues dîmes anciennes, en vin, grains, foins, etc................................	6,000
2 pressoirs ou usines..........................	140
Cens, rentes et droits seigneuriaux..............	400
Il perçoit, en outre : dîmes, droits, etc., environ...	7,600
	34,230 #

Biens des religieux à Hautvillers.

Titulaires : MM. LES RELIGIEUX.

Une maison conventuelle, pouvant contenir 24 religieux.

2 maisons, produisant en revenus................	153 #
Un clos, 2 arpents, dont le revenu est de..........	150
Un jardin, 3 arpents, id.	150
20 arpents de terres, id.	260
Friches, environ 4 arpents, id.	5
22 arpents de prés, id.	666
2 étangs d'environ 35 arp., id.	250
21 arpents 66 verges vignes, id.	1,080
Les religieux perçoivent en outre, pour droits divers, dîmes, revenus des propriétés situées ailleurs qu'à Hautvillers, sans compter le revenu des prieurés cités plus loin..................	24,340
Bois de réserve, le tiers de 260 arpents...........	1,945
Bois de remise, 173 arpents 1/3.................	3,150
Rentes actives................................	180
	32,329 #

On trouve aux archives de la préfecture de la Marne, à Châlons, un état de la quantité de vignes du terroir d'Hautvillers, appartenant à M. l'abbé et à MM. les religieux, avec le nom des lieux dits où elles sont situées.

VIGNES

Chèvre ou Quartier-de-l'Orme............	25 verges.
Les Tinettes.........................	62 v. 14 pieds.
Le Fleury ou Quartier-Poiret............	42 v. 1/10
Le grand et le petit Flamme-Chien........	74 v. 1/3
La Fontaine.........................	29 v. 11 p. 6 p.
L'Aumônerie ou Picavelle...............	49 v. 7/10
Le Clos-Sainte-Hélène.................	176 v. 3/4
La Vigne-de-Saint-Nivard ou du Bochet....	204 v.
La Vigne-du-Pavé.....................	42 v.
Les Magnys.........................	37 v. 7/10
Id.	43 v. 4/10
Maladries...........................	18 v. 8/10
Id.	41 v. 4/10
Id.	45 v. 6 p.
Côte-de-Lhéry.......................	70 v.
Le Challois.........................	29 v.
Le Patard	35 v. 3 p.
La Petite-Coyère	38 v. 8 p.
La Grande-Coyère	235 v.
Les Essarts.........................	35 v. 2/10
Les Gros-Buissons	41 v. 1/10
Id.	35 v. 6 p.
Id.	48 v. 1/3
La Ruelle-aux-Vaches ou Quartiers........	26 v. 12 p.
La Fétizanne ou Quartier...............	100 v. 2/3
Le Hatteau ou Quartier................	283 v.
Les Hauts-Indiers ou la Sentelle.........	34 v.
Les Petits-Indiers....................	37 v. 3/4
Les Grands-Indiers...................	67 v. 1/3
La Vigne-du-Moulin...................	68 v. 4/10
La Vigne-de-l'Église..................	27 v. 14 p.
La Platiotte........................	53 v. 8/10
La Prieuse ou Grain-d'Argent............	7 v. 6/10
La Prieuse ou Petite-Souchienne..........	21 v. 7/10
La Grande-Prieuse ou Souchienne........	97 v. 4/10

Les Murots-Carrets et Pitances............	155 v. 5 p.
Id.	85 v.
Id.	12 v. 7 p.
Id.	9 v. 15 p.
Le Verdelot...........................	44 v.
La Muraille ou Maillet..................	39 v. 19 p.
Les Grandes-Hettes	14 v. 6 p.
Les Petites-Hettes......................	10 v. 10 p.
Les Barillets	18 v. 9/10
Les Barillets, dit aussi : Maillets ou Hettes..	124 v. 6/10
Le Mont-Jouy ou Maillets................	32 v.
Les Barillets ou l'Haultraut..............	100 v. 2/3
Id.	42 v. 2 p.
Le Gros-Grès-Barmont...................	135 v. 31 p.
Barmont, dit : La Fontaine.............	14 v. 3/10
Barmont ou la Crapaudière..............	16 v.
Le Bon-Bourgeonne ou Sablon...........	49 v. 7/10
Les Sablons ou la Petite-Bourgeonne.......	10 v. 3/10
Barmont...............................	21 v. 3/4
Au-dessous-des-Sablons	18 v. 7/10
La Novice.............................	67 v. 9 p.
Sablons	24 v.
La Teinturière ou Sablons...............	4 v. 1/3
Les Lauzins...	182 v. 3 p.
Les Trésors ou Prières...................	201 v. 1/10
Et pour la hache que fait la vigne.........	19 v. 3 p.
Les Prières	17 v. 8/10
Les Grandes-Prières.....................	99 v. 1/4
Les Prières	29 v.
Id.	10 v.
Le Petit-Voirivat ou Vorivats	29 v. 10 p.
Le Grand-Voirivat......................	194 v. 9/10
Les Hautes-Montecuelles ou Clos-Saint-Pierre	163 v. 6/10
Les Basses-Montecuelles................. ...	28 v. 7/10
Id.	35 v. 1/10
Id.	12 v. 2/10
Montecuelles ou la Vigne-du-Jeune-Homme..	20 v. 6/10

PRÉS

Corps-Saints ou Pont-à-la-Venelle............	226 v. 9/10
Pré-Garot..................................	22 v. 9/10
Pré-la-Marguerite	248 v. 8 p.
La Queue-de-la-Poële ou du Port.............	423 v. 3/10
La Queue-de-la-Poële ou Formelle............	415 v. 2/3
La Chapelle-Saint-Jean......................	60 v.
Teste-à-l'Ane...............................	50 v. 1/3
Haute-Rive	34 v.
La Maréchaude.............................	279 v. 3/10
Le Pré-du-Torreau (Taureau).................	329 v.
Pré-des-Pauvres, loué avec le Moulin-Brûlé.....	91 v.
Pré dit de la Préotte........................	54 v.
Le Léon....................................	97 v.
Le Petit-Breuil (Ay).........................	171 v. 7/10
Le Grand-Breuil............................	1513 v.
Le Pré-Leroy ou l'Isle-Belay..................	290 v.

TERRES

Les Challois (autrefois on disait les Chaillonels ou Chaillouet), ou Gros-Buissons........................	179 v. 1/4
Le Bedon...................................	88 v. 1/4
Les Bas-Quartiers...........................	34 v. 2/10
La Blanche-Borne...........................	161 v. 4/10
La Croix-Sainte-Hélène......................	88 v. 2/10
Les Montécuelles ou Garennes................	484 v. 2/3
Les Corps-Saints ou Pont-à-la-Venelle..........	124 v. 8/10
Le Trésor...................................	264 v.
Les Brouilles...............................	87 v. 4/10
Pré-Usaine (Husennes)......................	93 v. 8/10
Les Vieilles-Arches..........................	30 v. 10 p.
Id.	28 v. 3/10
La Contrée-Usaine (Husennes)................	84 v.
Les Petites-Brouilles	61 v. 1/2
Les Grandes-Brouilles.......................	257 v. 8/10
Proche la terre la Maréchaude................	120 v.
Id.	29 v.
La Pierre-le-Prêt ou Conscience...............	63 v.

Le Ruisseau ou Moque-Bouteille..............	34 v.
Le Pré-du-Dimanche......................	49 v.
La Terre-du-Pont	552 v.
Le Pré-de-Mars ou Liste-Terneau..............	2900 v.
La Terre-de-Jean-des-Vignes.................	25 v.

Les bois des religieux et de M. l'abbé se trouvaient situés notamment aux Rainsillons, dans les Lhuys, la Briqueterie et à Bœuf (1).

Ils avaient, après certains arrangements : 133 arpents de réserve aux Rainsillons, et 127 arpents, aussi de réserve, aux Lhuys.

Malgré cette déclaration, qui semblait indiquer aux religieux que bientôt leurs biens ne leur appartiendraient plus, néanmoins, le 24 juin, ils louaient encore leurs prés. Le prix de la location ne leur fut pas payé ; l'année suivante, il n'y avait plus de communauté régulièrement établie, alors l'État a profité du prix de la location.

Il y avait encore différents lieuxdits, sur le terroir d'Hautvillers, où les religieux ne possédaient pas de propriété. Nous les donnons ici à titre de renseignement :

Le Vertin.	Les Buttes.
Les Mazures.	Le Fotiot ou Fotiaux.
Les Jalottes.	Le Champ-du-Gué.
La Brousse.	Les Guillemoines.
Les Prés-Jaumés.	Les Maltournées.
Les Tahus.	La Pierre-Hérisson.
Les Beury.	Les Bises-Marlettes.
Les Menidres.	Les Plantes.
La Carrière.	Le Paradis.
Les Cadettes.	La Terre-de-la-Cure.
La Côte-aux-Renards.	La Chopine.
Cosarde.	Le Bois-des-Noëls.
Houppe-Dondaine.	Le Pâquis-Saint-Médard.
Derrière-les-Murs.	Le Fond-des-Noëls.
Le Cugniot.	Le Fond-de-Béva.
Bacchus.	Le Colombier.
Le Clos-des-Menidres.	La Terre-Jean-Lelarge.
La Hubarde.	

---

(1) Bœuf, aujourd'hui dépendance de Germaine.

Il nous serait difficile de faire connaître l'origine des noms donnés à certaines contrées du terroir d'Hautvillers ; il en est de même partout ailleurs. Cependant, souvent ces noms excitent la curiosité de ceux qui les entendent prononcer. Il est bien certain que ces dénominations n'ont pas été faites indifféremment ; un cas fortuit, un événement, le nom d'un ancien propriétaire, un accident, une réunion pour une cause quelconque, la conformation d'un lieu, l'endroit d'une ancienne construction, une plaisanterie même, etc., ont été autant de raisons pour désigner ce que nous appelons lieuxdits. Pourquoi, à Hautvillers, disons-nous : Les Prières, les Côtes-à-Bras, les Quartiers, le Clos-Sainte-Hélène, les Bises-Marlettes, les Côtes-de-Lhéry, la Tête-à-l'Ane, etc. ? Il serait difficile de donner là-dessus des explications satisfaisantes. Nous savons que les côtes de Lhéry appartenaient autrefois à un seigneur d'Avize, qui portait ce nom : comte de Lhéry ; il avait encore à Avize un de ses descendants, en 1715. Les Maladries, parce que là il a pu y avoir une maison qui portait ce nom comme hôpital des lépreux. Les Montécuelles, *mons collis,* un mont environné presque entièrement d'une vallée. Le lieu dit : Corps-Saints, vient de ce qu'en 1048, il se fit en cet endroit une translation des reliques de sainte Hélène, et parce que, aussi dans cette solennelle procession, on avait porté toutes les reliques que possédait l'abbaye.

Les religieux de l'abbaye d'Hautvillers, leur pension, leurs rentes et leurs dépenses.

(1790)

Les religieux de l'abbaye d'Hautvillers, en 1790, étaient :

Dom Manuel, prieur du monastère, âgé de quarante ans, né à Montier-en-Der, le 10 juillet 1751. Sa pension fut fixée à 900 livres.

Dom Jean-Étienne Menestré, sous-prieur, âgé de quarante-huit ans, né à Châlons, le 4 septembre 1742. Sa pension, 900 livres.

Dom Pierre Lemaire, doyen, âgé de soixante-quatre ans, né à Verdun, le 1ᵉʳ décembre 1726. Sa pension, 1,000 livres.

Dom Georges Michel, religieux de chœur, âgé de soixante-quinze ans, né à Mouzon, le 27 décembre 1714, a déclaré vouloir se retirer à Stenay. Sa pension, 1,200 livres.

Dom Jean Lambert, religieux de chœur, âgé de cinquante-deux ans, né à Brévilly, le 29 mars 1738, a déclaré vouloir se retirer à Ville-sur-Tourbe. Sa pension, 900 livres.

Dom Jean-Baptiste Grossard, procureur, âgé de quarante et un ans, né à Montier-en-Der, le 28 février 1749, et désirant s'y retirer. Sa pension, 900 livres.

Dom Nicolas Marion, religieux de chœur, âgé de quarante-deux ans, né à Auloy, le 9 décembre 1748, a déclaré vouloir se retirer à Châlons. Sa pension, 900 livres.

Dom Jacques-André Lemoine, religieux de chœur, âgé de trente-cinq ans, né à Metz, le 27 octobre 1755, a déclaré vouloir se retirer à Metz. Sa pension, 900 livres.

Dom Hubert Marcoux, professeur, âgé de trente-et-un ans, né à Villers-en-Argonne, le 7 juin 1759. Sa pension, 900 livres.

Dom Jean-Baptiste Rousseau, religieux de chœur, âgé de trente-quatre ans, né à Linay, près de Carignan, le 17 novembre 1756, a déclaré vouloir se retirer à Hautvillers. Sa pension, 900 livres.

Pierre Latourelle, clerc, âgé de vingt-quatre ans, né à Metz, a déclaré vouloir se retirer à Metz.

Arnould Louis, clerc, âgé de vingt-trois ans, né à Rarécourt, en Clairmontois, le 13 août 1766, a déclaré vouloir se retirer à Verdun.

Pierre Bablot, frère convers, âgé de soixante-dix-neuf ans, né à Bouy, en Champagne, le 1er mars 1711, a déclaré vouloir se retirer à Courtisols.

André Lemaire, frère convers, âgé de soixante-neuf ans, né à Moulin, près de Mouzon, le 2 septembre 1721, a désiré se retirer dans sa famille, à Hautvillers.

Les frères Nahée et Nicolas. Nous n'avons aucune donnée historique sur ces deux derniers frères, pas plus que sur dom François Bernard, qu'on nomme ex-bénédictin; il ne faisait pas partie de la communauté d'Hautvillers, il y était comme étranger au moment où se firent toutes ces déclarations.

D'après le décret du 10 février 1790, la pension des religieux est fixée selon leur âge. Avant soixante ans, ils avaient 900 livres; de soixante à soixante-dix ans, 1,000 livres, et après soixante-dix ans, 1,200 livres.

Les religieux devaient déclarer à la municipalité l'endroit qu'ils désiraient habiter après leur sortie du monastère. Ceux qui ne le faisaient pas, c'est parce qu'ils étaient indécis sur le choix du lieu de leur résidence future. Les formalités à remplir, au moment de leur départ, faisaient assez connaître le lieu de leur demeure.

Au moment de la Révolution, il y avait à Hautvillers seize religieux seulement. Dans la déclaration faite à la municipalité, au mois de février 1790, le prieur de l'abbaye donne les noms des titulaires des quatre bénéfices attachés à cette abbaye : Henry Gayet, titulaire du prieuré de Semuy, habitait l'abbaye de Saint-Sauveur de Vertus. Dom Nicolas Conscience, aumônier ; dom Champagne, trésorier, et dom Nicolas Casbois, prieur de Saint-Nivard, et anciens religieux d'Hautvillers, étaient morts depuis peu de temps ; ils n'avaient pas été remplacés dans leurs bénéfices.

Leur âge déclaré était celui qu'ils avaient au moment de leur prise de possession du bénéfice dont ils jouissaient.

Nous donnerons plus loin le revenu de ces bénéfices.

En ce même jour, 21 février 1790, les administrateurs formant le district d'Épernay ont constaté que les religieux et M. l'abbé, pour cette année 1790, avaient approximativement de rentes : **62,223** livres, et de dépenses : **61,534** livres.

Possédaient sur le terroir d'Hautvillers :

Les Chapelains de Saint-Symphorien de Reims :

30 verges de clos, revenu	15 ₶
125 verges de terre, id.	15
112 verges de prés, id.	30
305 verges de vignes, id.	100
	160 ₶

La Fabrique de Saint-Thimothée de Dizy :

25 verges de vignes, revenu.................... 4 ₶ 10 ˢ

Les Religieuses Ursulines d'Épernay :

175 verges de terre, revenu......................	20 #
325 verges de prés, id.	90
	110 #

Fabrique de Saint-Syndulphe d'Hautvillers :

240 verges de prés, revenu	90 #
236 verges de vignes, id.	90
Rentes actives, id.	109 # 5 ′ 6 ʌ
	289 # 5 ′ 6 ʌ

Les déclarations qui précèdent sont celles faites par les religieux à la municipalité d'Hautvillers, lorsqu'elle s'est présentée chez eux en vertu de la loi. C'était un aperçu qui n'était pas absolument exact. Nous donnons d'abord ici un état plus complet des revenus et des charges de la fabrique, que nous avons trouvé dans les archives de Reims, et, plus loin, nous ajouterons une déclaration des biens de M. l'abbé, faite par son régisseur, puis, enfin, une déclaration générale de ce que possédait l'abbaye. Après avoir comparé toutes ces déclarations, nous avons trouvé qu'il était difficile d'avoir un chiffre bien déterminé des revenus de M. l'abbé et de ceux des religieux.

État des revenus et des charges de la fabrique de l'église paroissiale d'Hautvillers, d'après un registre qui date de 1786, revenus et charges qui étaient encore les mêmes en 1790.

Charges ordinaires et annuelles à acquitter à la décharge de la Fabrique :

Il est d'usage de payer à M. le curé la somme de cinquante-quatre livres dix sols, tant pour l'acquit des obits de fondation que pour toutes choses, tel que le pain et le vin pour l'autel, etc.

Au clerc ou recteur d'écosle, pour ses honoraires de tout droit compris, les balais pour balayer l'église, vingt-sept livres.

Les décimes (c'étaient les contributions imposées sur les revenus de l'Église, dix centimes par franc).

L'entretien des ornements de l'église, du linge. Le blanchissage, la cire, l'entretien des cordes des cloches, etc. (Il n'y avait pas, à cette époque, de budget en règle comme aujourd'hui.)

Biens, droits et revenus de la Fabrique de Saint-Hydulphe d'Hautvillers, suivant sa possession immémoriale :

Le droit de chrétienté; le marguillier établit son bureau au coin de l'autel de la Sainte-Vierge.

(Chaque année, au temps de Pâques, chaque ménage payait un sol; les veuves et les célibataires deux liards. Ce revenu, dans certains endroits, appartenait à l'archevêque duquel ils dépendaient, ou à la fabrique du lieu. A Hautvillers, c'était à la fabrique, et, pour ce droit payé, on portait le cierge pascal aux enterrements. Cet usage existe encore dans certaines localités.)

Les quêtes qui se font dans l'église, les dimanches et fêtes.

Les legs en argent, qui peuvent être faits par aucuns.

Le produit de la vente, location ou reconnaissance des places de bancs dans l'église.

Le droit et émolument de la sonnerie qui s'afferme avec les herbes du cimetière.

L'oblation en cire pour chacun mariage, trente sols.

Pour le droit de parement d'autel et luminaire dans les messes de cérémonie, telles que les messes de Sainte-Catherine, Saint-Nicolas, Saint-Louis, etc., et pour les messes de services de bout de l'an et autres pour les trépassés.

Il y a encore les quêtes particulières qui se font les dimanches par les marguilliers sous le nom des trépassés. Les produits de ces quêtes se remettent à M. le curé et doivent être employés au soulagement des pauvres nécessiteux de la paroisse et en messes pour les trépassés, suivant la délibération du bureau et assemblée générale du 26 décembre 1775, folio 95 du registre précédent, lequel est dans l'armoire. Ce registre est perdu, il est probable qu'il le fut à l'époque de la Révolution ; cependant, un second registre, celui duquel ces lignes ont été extraites, date de 1786. Il a duré jusqu'alors et la dernière délibération, qui y est inscrite et signée par le conseil de fabrique, date du 12 avril 1874. A partir de 1792 à 1809, il n'y a pas eu de réunion signalée dans ledit registre, et de 1809 à 1859, on remarque que ces réunions n'ont pas toujours eu lieu comme elles l'auraient dû, attendu que, quelque courtes qu'elles soient, elles n'occupent que trente-deux feuillets du présent registre et offrent des lacunes de plusieurs années de suite. On trouve encore, dans ce registre, ce qui suit :

Rentes annuelles.

Il est dû à la fabrique, par Jean Pierre Gilbert, tonnelier à Hautvillers, vingt et une livres cinq sols par an, au principal de quatre cent vingt cinq livres, à l'échéance du premier septembre, sur une partie de maison, sise à Hautvillers, en la grande rue, tenant d'une part à Antoine Pierre, dit Lallement, représentant Jean-Baptiste Soluise, d'autre à Pierre Villanfin, pardevant à la rue et par le jardin aux murailles d'Hautvillers.

Il y a une reconnaissance passée par Marguerite Porson, veuve Nicolas Cousin, devant Le Cacheur, notaire audit lieu, le 31 décembre 1735.

Depuis, ledit Gilbert ayant épousé Marie-Magdeleine Cousin, fille dudit Nicolas Cousin et de ladite Porson, il est chargé de payer ladite rente relativement aux arrangements de famille, passés entre lui et son beau-frère, devant ledit Le Cacheur, le 2 avril 1758, dont il faut que ledit Gilbert donne copie ou qu'il fasse nouvelle reconnaissance. *Vide* folio 7 de l'ancien registre.

Pierre Villanfin, vigneron à Hautvillers, héritier de René Liénard, veuve Thomas Villanfin, ses père et mère, doit par an vingt-quatre livres de rente, au principal de quatre cent quatre-vingts livres sur sa maison, sise à Hautvillers, en la grande rue, tenant à celle de Jean-Pierre Gilbert dont elle faisait cy-devant partie, d'autre à Jean-Baptiste Roux, pardevant à la rue, à l'échéance du 2 septembre. Il y a une reconnaissance dudit Villanfin, devant M. Le Cacheur, du 24 mars 1743.

Nota. — Faire passer nouvelle reconnaissance.

Plus, doit ledit sieur Villanfin, solidairement avec sa femme, cinq livres douze sols de rente, constituée au profit de ladite fabrique, au principal de cent douze livres, par acte devant Le Cacheur, du 15 novembre 1762, à l'échéance de Noël, remboursable en deux payements égaux.

Le sieur Pierre Bernard, ancien greffier, D^{lle} Élisabeth Lécaillon, sa femme, doivent solidairement à la fabrique vingt-quatre livres huit sols de rente, au 6 octobre de chaque année, au principal de six cent dix livres, suivant acte passé devant M. Le Cacheur, notaire à Hautvillers, le 6 octobre 1767 ; le principal n'est remboursable qu'en un seul payement en avertissant le marguillier six mois avant. Folio 9 de l'ancien registre.

Ponce Dubois, *masson* à Hautvillers, et défunte Françoise Rouïllé, sa femme, doivent solidairement huit livres quinze sols de surcens perpétuel, sur une maison sise à Hautvillers, rue d'En-Haut, laissée à feu Charles Rouïllé, par acte devant Husson, notaire à Hautvillers, du 6 mars 1684, à l'échéance du 1er janvier. Il y a reconnaissance par ledit Dubois devant Le Cacheur, du 23 avril 1753.

Nota. — Par acte devant ledit Le Cacheur, du 26 avril 1773, Jean-Baptiste-René Maquart, dudit lieu, est chargé de payer à la décharge dudit Dubois quatre livres par an. Il faut copie de l'acte et faire passer reconnaissance audit Dubois.

François-Joseph Pierre, dit Lallement, aubergiste à Hautvillers, au lieu de Robert Poinsart, qui était au droit d'Antoine Remy, suivant acte passé devant Le Cacheur, notaire, du 18 février 1755, doit par an cinquante sols à cause de l'acquisition faite par ledit Lallement, sur la veuve Poinsart, par acte devant ledit Le Cacheur, le 21 may 1782, payable au 11 novembre de chaque année, dont la première a dû commencer ledit jour audit an 1782.

Nota. — Il faut que ledit Lallement donne copie de son acte.

M. Delacour de Saint-Eulien, de Cumières, au lieu des héritiers de Adam Deveaux et de Marie-Anne Charpentier, doit par an, au jour de Saint-Martin, vingt sols de rente sur une maison sise à Hautvillers, rue de Bacus, *tenus* présentement par Jean-Baptiste Roux, et ce suivant l'acquisition faite par ledit sieur Delacour de Saint-Eulien, par acte devant Le Cacheur, notaire, du 7 janvier 1774. Il y a une reconnaissance devant ledit Le Cacheur, du 23 avril 1753, où les anciens titres sont énoncés.

Nota. — Il faut que M. de Saint-Eulien donne copie de l'acte de 1774.

Jean-Baptiste Pierrot, dit Stabat, fils de Jean-Pierrot Lejeune, doit trente sols de rente par an, pour un legs fait par Anne Collin en 1680, il a fait une nouvelle reconnaissance devant Le Cacheur, notoire, le 3 décembre 1777, où l'ancienne est rappelée.

Jean-Baptiste-René Maquart, fils et héritier de Pierre Maquart, d'Hautvillers, doit par an dix sols de surcens, sur une place proche sa maison, rue du Haut, au bout du jardin, suivant la reconnaissance passée devant ledit Le Cacheur, notoire, le 12 décembre 1777, l'échéance le jour de Saint-Martin.

Jean-François Villanfin, Joseph Roux, Marie-Françoise Villanfin, sa femme, et Marie-Jeanne Villanfin, enfant, héritiers de Jean Villanfin l'aîné, d'Hautvillers, doivent par an, solidairement, le jour de Saint-Martin, cinq livres seize sols de rente au principal de cent seize livres, constituée au profit de la fabrique, par acte devant Le Cacheur, notoire, le 13 novembre 1757.

Ils ont passé reconnaissance devant le même notoire, le 7 décembre 1777.

Nota. — Marie-Jeanne Villanfin a épousé un Lanugue, de Romery... Lui faire passer reconnaissance.

Joseph Piéton et Nicole Petit, sa femme, d'Hautvillers, au lieu de Quentin Bocquillon, doivent par an, solidairement, cinquante-sept sols six deniers de rente, au onze juin, suivant acte passé devant Le Cacheur, notoire, le 8 février 1780.

Simon Rode, aubergiste à Monchenot, paroisse de Villers-Allerand, Marguerite Suisse, sa femme, doivent solidairement, trois livres douze sols de rente annuelle, au onze novembre, à cause de la fondation faite par Marie Suisse, veuve René Pierrot, sur les biens énoncés en la donation par elle faite audit Rode et sa femme, passée devant Le Cacheur, notaire, le 31 octobre 1760.

Étienne Piéton, vigneron à Hautvillers, Marie-Anne Neveux, sa femme, doivent solidairement, au premier janvier, quarante sols de rente annuelle, au principal de quarante livres, suivant le contrat passé devant M. Le Cacheur, notaire, le 14 janvier 1759.

Louis-Vincent Pierrot, vigneron à Hautvillers, Marie-Jeanne Logette, sa femme, doivent solidairement, au neuf décembre, six livres de rente annuelle, au principal de cent vingt livres, provenant d'une fondation faite par François Sturbaut, par acte devant M. Le Cacheur, notaire, du 23 décembre 1770.

Biens-fonds appartenant à l'Église et Fabrique d'Hautvillers suivant sa possession actuelle.

PRÉS

Une pièce de pré, située en la prairie d'Hautvillers, lieudit le Corps-Saint, contenant deux cent quarante verges, tenant d'un bout à MM. les religieux d'Hautvillers, d'autre vers le couchant aux héritiers du sieur François Bernard, d'un bout aux dits sieurs religieux, d'autre à.....

Nota. — Suivant l'arpentage fait par Jean Drouin, arpenteur royal, à Épernay, le 23 mars 1644, ledit prez contenait 250 verges.

Le 10 juin 1781, ledit pré a été donné à loyer, pour neuf années qui finiront après la récolte de 1789, au sieur Pierre-François Bernard, aubergiste à Hautvillers, moyennant quatre-vingt-dix livres par an, payables à la Saint-Martin, par bail devant ledit M. Le Cacheur, notaire, du 10 juin 1781.

Ce même pré, d'après un bail que nous avons sous les yeux, avait été loué, le 3 juillet 1724, à Pierre Bernard, boulanger à Hautvillers, pour neuf années consécutives, à raison de soixante-six livres chaque année. Le marguillier en charge était Quentin Bocquillon. Le notaire, Malbeste.

VIGNES

Terroir d'Hautvillers.

Une pièce de vigne, lieudit Crémont, contenant deux boisseaux, tenant d'une part à Lelarge, d'autre au nommé Ouy, de Cumières, d'un bout au chemin, d'autre à plusieurs.

Une pièce, lieudit Magny, contenant dix verges, tenant à Jean-Baptiste Pierrot, dit Cuille, d'autre et d'un bout à MM. les religieux d'Hautvillers, d'autre bout à François Regnault et autres.

Une pièce, lieudit Hautes-Prières, contenant deux boisseaux, tenant d'une part à Pierre Pierrot, d'autre à la veuve Baudy, d'un bout à ladite veuve, d'autre à la grande sente.

Une pièce, lieudit Challoix, contenant sept verges, tenant d'un côté à Liénard Pierre, au lieu de François Gaucher, d'autre au sieur Hutin, d'un bout à M. l'abbé et Marilhon, et d'autre à une grande sente.

Les dites vignes sont tenues à loyer pour dix-huit années par François Leroy, vigneron à Hautvillers, Marie-Anne Thiéfenat, sa femme, par bail devant M. Le Cacheur, notaire, du vingt novembre 1785, la première récolte se fera en 1786, moyennant quinze livres de loyer par an, payable le jour de Saint-Martin et aux clauses et conditions portées audit bail.

Une pièce, lieudit Challoix, contenant cinq boisseaux, tenant du levant ledit Le Cacheur représentant M. Lécaillon, d'autre à M. l'abbé d'Hautvillers et autre, d'un bout au ruisseau, d'autre à une grande sente.

Une pièce, lieudit Maladrie, contenant neuf verges, tenant à MM. les religieux d'Hautvillers, d'autre aux héritiers de Thomas Villanfin, d'un bout à la grande sente, d'autre à Louis Pierrot.

Une pièce, lieudit *Coste*-de-Lhéry, contenant neuf verges, tenant auxdits sieurs religieux, d'autre à M. Duverdier, d'un bout à la grande sente, d'autre par haut aux ruisseaux.

Une pièce, lieudit Basse-*Coste,* contenant neuf verges, tenant au ruisseau, d'autre à M. Frémin de Sapicourt, d'un bout aux terres, d'autre à.....

Lesdites vignes sont laissées à bail, pour vingt-sept années, commencé en 1781, à Pierre Payen, vigneron à Hautvillers et sa femme, sous le cautionnement de Jean-Baptiste-René Maquart, par acte devant Le Cacheur, notaire, du vingt-deux avril 1781, moyennant trente livres de loyer par an, aux charges du bail qui finira après la récolte de 1807.

Une pièce de vigne, lieudit Sablon, contenant quatre boisseaux, faisant vingt-cinq verges, tenant d'un côté à la cure d'Hautvillers, et d'autre aux représentants de M. le curé de Pourcy, des deux bouts à des grandes sentes.

Une pièce, lieudit Patard, contenant six verges, tenant d'une part à..... d'autre à..... d'un bout à Jean-Baptiste-René Maquart, d'autre à.....

Une pièce de vigne, au terroir de Dizy, lieudit Bray, contenant cinq verges, tenant d'une part et d'un bout aux héritiers de Honoré Vautrin, d'autre bout à M. de Bie.

Lesdites vignes laissées à loyer, pour neuf années, à Nicolas Villanfin le jeune, *Calixte* Parré, Élisabeth Parchappe, sa femme, d'Hautvillers, moyennant dix-huit livres douze sols par an, payable au premier octobre, suivant le bail passé devant Le Cacheur, notaire, le 31 décembre 1780, qui finira après la récolte 1789.

Une pièce, lieudit Terre-aux-Tuillots, contenant vingt verges, tenant d'une part à Jérôme Hannin, d'autre à Charles Buvillon, par haut au chemin, d'autre à la fabrique.

Une pièce, lieudit la Fontaine-la-Ragaine, contenant deux boisseaux faisant douze verges et demye, tenant d'une part à Jean-Pierre Bondon, d'autre du couchant à Jacques Oüy, d'un bout à Pierre Petit, d'autre à plusieurs.

Une pièce, lieudit Bacus, contenant un boisseau ou six verges un quart, tenant d'un côté à Jean Jacquet et Logette, représentant Jean Vautrin, d'autre à Jean-Pierre Gillet, d'un bout à Michel Maquart, d'autres à des clos.

Une pièce, lieudit Terre-aux-Tuillots, contenant un boisseau, tenant d'un bout à Joseph Chailloux, d'autre à Remy Auger, d'autre à Joseph Fourché.

Lesdites vignes données à Guillaume et Syndulphe Landragin, d'Hautvillers, pour neuf années, à compter de 1784 et finir après la récolte de 1792, moyennant vingt et une livres par an, payables à la Saint-Martin par bail devant Le Cacheur, notaire, du 26 octobre 1783.

Une pièce de vigne, sise terroir d'Hautvillers, lieudit la Cave-Thomas, contenant onze verges, tenant d'une part à

M. Guillaume de Sauville, d'autre à Jean-Baptiste Delaitre, d'un bout et d'autre à des grandes sentes.

Ladite pièce est laissée à loyer pour vingt-sept années, à compter du premier janvier 1780 et qui doit finir au dernier décembre 1806, à Jean-Baptiste Pierrot, dit Cuille, vigneron à Hautvillers, moyennant cinq livres de redevance par an, payable le jour de Saint-Martin, suivant le bail passé devant Le Cacheur, notoire, du 5 décembre 1779, et aux charges de bien cultiver ladite vigne, faire deux cents fosses de provins par an par boisseau, y mettre des amendements convenables, et, à chaque, son échalas de quartier, et rendre ladite vigne en bon état à dire d'experts, à ses frais avec une nouvelle déclaration des tenants, aboutissants par aspect de soleil et procès-verbal d'arpentage, etc.

Une pièce, lieudit Cellette, contenant dix verges, tenant au chemin, d'autre à.....

Une pièce, lieudit l'Aubroye, contenant un boisseau, tenant à.....

Une pièce, lieudit les Noëls, contenant un boisseau, tenant d'un côté à Nicolas Cordelier, d'autre à..... des bouts à deux grandes sentes.

Une pièce, lieudit Sablon, contenant huit verges, tenant d'un côté à..... d'autres à des grandes sentes.

Une pièce, lieudit le Pré-Jaumez, contenant huit verges, tenant à Pierre Pierrot, d'autre au chemin, d'un bout à.....

Une pièce, lieudit les Menidres, contenant cinq verges, tenant à Jean-Pierre Pierrot, au lieu du sieur Forzy, d'autre à Nicolas Thieffenat, représentant la veuve Jacques Anciaux, d'un bout au chemin, d'autre aux usages de la communauté.

Une pièce, lieudit Prières, contenant six verges un quart ou un boisseau, tenant d'un côté à..... d'un bout à MM. les religieux d'Hautvillers, d'autres à.....

Toutes lesdittes pièces de vignes laissées à loyer pour dix-huit années pour commencer pour la première année en 1786, à Simon Thoirin, vigneron à Hautvillers, Catherine Pierrot, sa femme, moyennant vingt livres huit sols par an, payable à la Saint-Martin, et en outre aux charges, clauses et conditions du bail passé devant Le Cacheur, notoire, le 20 novembre 1785.

D'après ce qui précède, nous voyons que l'église d'Hautvillers, outre ce qu'elle pouvait percevoir dans les quêtes, droits, etc., possédait encore 309 livres 7 sols 6 deniers de rentes, dues par fondation, surcens, etc., et de plus location de vignes, prés, etc. Ses charges n'étaient sans doute pas extraordinaires, et, sans être riche, elle pouvait se soutenir d'elle-même. Il y avait à ajouter à ces revenus celui que produisait la sonnerie, qui était de 32 livres 5 sols, ce qui égalait la somme de 341 livres 12 sols 6 deniers. Voici ce que nous lisons à ce sujet :

« Les droits et émoluments de la sonnerie et herbes du cimetière laissés pour neuf années, à commencer le 1er janvier 1781, à Jean-Louis Anciaux et Jean-Pierre Gimonet, à trente-deux livres cinq sols par an, et aux charges, clauses et conditions du bail passé devant Le Cacheur, notaire, le 31 décembre 1780, qui finira le 31 décembre 1789. »

Aujourd'hui, non-seulement la sonnerie et les herbes du cimetière ne sont pas louées, mais il faut encore, outre l'abandon de ces herbes, payer ceux qui sont chargés de sonner les offices. La rétribution pour mariages et enterrements ne leur paraît pas assez élevée pour les corvées auxquelles ils sont tenus.

Obits et fondations à acquitter en l'église d'Hautvillers.

Un salut fondé par M. George Grenier, la veille des quatre bonnes fêtes de l'année, fin des vêpres, est de chanter le *Sancta Immaculata*, et le jour de *ses* fêtes *Inviolata* devant *l'hotel* de la Sainte-Vierge, suivant l'acte passé devant Husson, notaire à Hautvillers, le 5 décembre 1681. La petite cloche doit être sonnée.

Janvier. — Un obit fondé par Paul Pasquot, le jour de la Conversion de Saint-Paul, 25 janvier, pour une vigne, terroir d'Hautvillers, lieudit..... que M. le curé tient pour l'acquit de laditte fondation.

Le 28, obit pour Magdeleine Legrand, avec *De profundis* à la fin de la messe basse.

Le 29, un obit pour Charles Cousin.

Février. — Un obit pour Nicolas Raguin.

Une messe basse pour Marie Suisse, veuve René Pierrot, dans la première semaine du mois, avec un *Salve* et *De profundis* le premier dimanche suivant, aux termes de l'acte reçu par M. Le Cacheur, notaire, le 26 octobre 1760. Simon Rode est chargé d'acquitter une rente pour ce.

Mars. — La veille et le jour de l'Annonciation, 25 mars, un *Salve* pour François Pierrot, à l'*hotel* de la Sainte-Vierge, il paie dix sols par an pour ce.

Avril. — Une messe basse fondée par Jean Petit.

Juin. — Obit d'une grande messe pour Anne Colin, fondé en 1780, est dû pour ce trente sols de rente qui se paient par Jean-Baptiste Pierrot, dit Stabat.

Septembre. — Le 6, un obit pour Marie Godard.

Un pour Marie Brouïllard.

Octobre. — Un obit pour Robert Grenier.

Décembre. — Le 5, messe solennelle pour George Grenier et sa famille.

Le 9, messe haute avec vigiles et recommandise pour Marie-Nicole Sturbaut, fille de François Sturbaut, suivant l'acte reçu par Le Cacheur, notaire, le 16 décembre 1770, doit être sonnée la veille, le jour au matin et à la recommandise.

Nota. — Louis-Vincent Pierrot paye une rente pour l'acquit.....

Une messe basse pour Marie Suisse, veuve de Réné Pierrot, doit se dire après la Conception, avec un *Salve* et *De profundis*, suivant l'acte reçu par ledit Le Cacheur, le 26 octobre 1760. Simon Rode est tenu d'une rente pour l'acquit de ce.

De temps immémorial, les fabriques ont toujours été administrées par les curés et les marguilliers, nommés pour la gestion des biens temporels des dites fabriques.

Depuis 1785, les paroisses du diocèse de Reims ont été régies suivant les articles d'un arrêt du parlement, portant règlement pour l'administration des fabriques. Plusieurs de ces articles ont été modifiés en vertu d'un décret du 30 décembre 1809 et une ordonnance royale du 12 janvier 1825 (1).

Les marguilliers ayant toujours été les principaux administrateurs des fabriques, nous donnons ici la liste de ceux que nous avons pu connaître en qualité de marguilliers comptables ou trésoriers de la fabrique d'Hautvillers.

---

(1) En cette année 1880, des modifications dans l'administration des fabriques sont proposées au gouvernement.

Marguilliers comptables de la fabrique d'Hautvillers.

1521. — Jean-Thomas Vannier.
1672. — Nicolas Bricot.
1676. — Helain Gaulche.
1724. — Quentin Bocquillon.
1777. — Jean-Baptiste Lécaillon.
1784. — Syndulphe Pognot.
1786. — François-Joseph Pierre, dit Lallement.
1788. — Nicolas Berrurier.
1789. — Pierre Gillet.
1790. — Jean-François Villenfin.
1790. — Jean-François Landragin.
1791. — Jean-Louis Bautier.
1810. — Louis Simon.
1811. — Jean Auger.
1819. — Jean-François Féret.
1826. — Louis Berrurier.
1831. — Jean-Baptiste Durantel.
1835. — Jean-Baptiste Bautier.
1854. — Jean-François Trouillard.
1871. — Philogène Lagille.
1879. — Léon Pillon.

Mgr Alphonse-Hubert de Lattier de Bayane, abbé d'Hautvillers, et son père le marquis de Bayane, voulant se défaire de toutes leurs propriétés, probablement en vue des événements plus graves que préparait la Révolution, avaient donné au sieur Rittier, leur régisseur d'Hautvillers, une note des biens possédés par eux, avec certaines instructions pour la vente de ces biens, ou au moins leur location ; mais M. l'abbé n'était pas obligé d'en faire la déclaration à la municipalité, ces biens étant en dehors de ceux de son abbaye.

État des biens possédés par M. le marquis de Bayane, père et fils.

(Ce dernier, comme on sait, auditeur de Rote à la cour de Rome pour la France, et abbé commendataire de l'abbaye royale de Saint-Pierre-d'Hautvillers.)

Dans la plaine de Bayane :

1° Le château de Bayane, avec un moulin à Alixan, et quelques prairies alentour, affermés 2,400 livres au sieur Moulin, chargé en outre de tous les cens, pensions, gages de prédicateurs, etc., outre le prix du bail.

Une réserve de coupe de bois et de fagots, 600 livres.

Nota. — Cet article serait le dernier à vendre.

Le fermier, Moulin, tient encore en outre une grande prairie à Alixan, nommée le Colombier, qu'on pourrait vendre aisément en gros ou en détail aux richards du pays.

2° Domaine de Burlet, avec logement de maître, à renté 940 livres. J'y ai fait des acquisitions sur l'Isère, qui, avec les réparations que j'y ai faites, doivent augmenter le premier bail de deux à trois cents livres.

3° Domaine de Riffault, avec logement de maître, traitable en partie, à renté 900 livres et 30 quintaux de foin.

4° Domaine de Drets, tout noble, à renté 1,400 livres, susceptible d'augmentation par les plantations immenses que j'y ai faites.

5° Domaine de l'Orme, noble, à renté 1,500 livres.

6° Domaine de Coulet, noble, à renté 2,400 livres et 50 quintaux de foin.

Nota. — Tous ces domaines sont entre les mains des mêmes fermiers depuis un temps infini, et n'ont jamais été mis au concours.

7° Domaine de Chambardi, près de Valence, paroisse de Beaumont. Domaine noble, que je tiens en grangeage depuis douze ans, où j'ai fait beaucoup de réparations, me rapportant, année commune, 3,000 livres, et dont on m'a offert cent louis de fermage, au premier mot. C'est celui que je vendrais le plus volontiers, étant détaché des autres. J'y joindrais un terrier sur Montméhan, de vingt-sept septiers de froment et autres menus grains, avec lods et ventes, dont le sieur Cot donnerait un détail plus circonstancié. Il ne faut point s'en tenir, pour ces objets, au prix du bail ; le sieur Néry, notaire à Montméhan, ne m'en donne que 200 livres. Mais je l'ai laissé, croyant alors qu'il ne portait que dix-sept septiers ; ces deux articles pourraient convenir à M. de Saint-Germain, receveur des tailles à Valence, qui vient d'acheter la terre de Montméhan, ou à M. de Montelégier, habitant à Romans.

Pour les autres effets de la plaine de Bayane, je pense que le sieur Belon, gros négociant de Péru, et le sieur Viret, son gendre, négociant à Valence, pourroient s'y entendre volontiers ; au reste, vous saurez mieux que moi à en trouver d'autres.

Lorsque vous m'aurez rendu compte de quelques propositions convenables, et qu'elles vous paroîtront telles, je vous enverrai une procuration signée de mon père et de moi pour terminer, dont vous m'enverrez le modèle ; vous pouvez être assuré qu'il n'y a point de substitution dans notre maison, point de dettes antérieures et que l'emploi de ces deniers sera fait sur cette terre-cy qui vaut 500 m. livres, et bien tranquilliser les acquéreurs (1).

Ces instructions se donnaient au sieur Rittier dès le commencement de l'année 1790, et, à ce moment, Mgr de Bayane paraissait avoir besoin de ses revenus ; en voici d'abord la preuve dans la sommation suivante, faite aux religieux, de payer ce qu'ils doivent à M. l'abbé :

Sommation faite aux religieux de payer à M. l'abbé le loyer de la terre d'Évêqueville.

L'an mil sept cent quatre-vingt-dix, le quinze février, en vertu de l'acte portant adjudication à loyer, passé devant Le Cacheur et son confrère, notaires royaux, le 19 juin 1788, sur la cédulle du dix-sept dudit mois, le tout en forme exécutoire, et dont il est avec ces présentes donné copie et à la requête de messire Alphonse-Hubert de Lattier de Bayane, prélat romain, auditeur de Rote pour la France, abbé commendataire de l'abbaye royale de Saint-Pierre-d'Hautvillers, lequel fait élection de

---

(1) Mgr Lattier de Bayane habitait Rome, rue de l'Ange-Gardien, paroisse de Saint-André.

domicile en son palais abbatial dudit Hautvillers, où réside le sieur Jacques-François Rittier, son régisseur et fondé de pouvoir, ainsy qu'il résulte de ladite adjudication, à la poursuite et diligence duquel j'ai, Louis Michel, huissier royal au grénier à sel d'Épernay, immatriculé, résident à Hautvillers soussigné, fait commandement de par le roi et justice à MM. les prieur et religieux Bénédictins de laditte abbaye d'Hautvillers y demeurant, en leur maison conventuelle audit lieu, parlant à la personne du nommé Martin leur portier, qui a promis remettre la copie du présent et depuis à dom Grossard, de payer présentement et sans délai à mon dit seigneur abbé requérant, ès mains dudit sieur Rittier, ainsy qu'ils s'y sont soumis par l'adjudication susdattée, ou à moi porteur de pièces, en deniers ou quittances valables :

1° La somme de onze mille cinq cent douze livres un sol, pour le principal de l'adjudication à loyer, faite à leur profit pour l'année mil sept cent quatre-vingt-huit, des dîmes et biens d'Évêqueville (1), des vignes de la mense abbatiale, de celles de la mense conventuelle, des dîmes en vin et raisins d'Hautvillers, Cumières, Dizy, Cormoyeux, Romery, des dîmes en vin de Villeneuve, des terres de la mense conventuelle, d'une partie de prez, des étangs, des dîmes de Festigny et des vignes de Cuis, le tout amplement désigné dans laditte adjudication.

2° Celle de cinq cent soixante-quinze livres pour les sols pour livres dudit principal qui devoit être payé comptant lors de l'adjudication.

3° Celle de trois cent quarante et une livres pour le loyer des terres de la mense conventuelle pour l'année mil sept cent quatre-vingt-neuf, échu à Noël dernier. Lesquelles trois sommes font ensemble celle de douze mille quatre cent vingt-huit livres treize sols, sans préjudice aux loyers courants de vignes, étangs, dixmes et biens d'Évêqueville et tous autres objets pour l'année 1789 à échoir incessamment, à l'exécution de toutes les autres charges, clauses et conditions insérées en laditte adjudication, et auxquelles lesdits sieurs prieur et religieux se sont soumis par icelle, pour raison desquelles ledit seigneur abbé fait les réserves les plus expresses, et aussy sans préjudice à tous autres droits, dus, actions, frais loyaux de pour en mise d'exé-

---

(1) Évêqueville, département de la Haute-Marne, près de Joinville.

cution et réception, lesquels sieurs religieux parlant comme ci-dessus, ayant été requis de payer lesdittes sommes, refusant, pour lequel refus je leur ai déclaré que mon dit seigneur abbé se pourvoira contre eux par les voyes de droit, même par saisi exécution de tous leurs biens, meubles et effets mobiliers, et leur ai, parlant comme dit est, laissé copie de l'adjudication cy-devant rapportée et du présent, le tout sur quatre feuilles de petit papier.

L. MICHEL.

Controllé à Cumières, le 15 février 1790, reçu 12 sols 9 deniers.

FOLLIET.

Cette somme a-t-elle été remboursée ? nous l'ignorons ; cette époque de bouleversement a mis un obstacle à l'exécution de bien des choses. Ce qu'il y a encore de certain, c'est que le seigneur abbé d'Hautvillers semblait manquer d'argent dans son séjour à Rome, en voici une seconde preuve :

Rome, le 20 octobre 1790.

Il y a un siècle, mon cher Rittier, que je n'ai reçu de vos nouvelles, et au milieu des embarras où vous devez vous trouver, je désirerais fort de savoir comment vous vous en tirez. J'ai un besoin d'argent que je ne puis vous décrire, et il y a bien longtemps que M. Provot (1) n'en a reçu de vous. Si vous pouviez parvenir à lui en envoyer en tirant quelque chose de ce qui m'est dû, je vous prie, pour gagner du temps, de m'en donner avis directement. Je présume que c'est encore vous qui avez fait la vendange cette année, donnez-m'en des nouvelles, et, si le moment arrive que vous soyez dépossédé, je vous recommande la vente des vins et des ustensils qui m'appartiennent. Il n'y a pas besoin de faire cette année le même envoi que les années précédentes, en Pologne ; cependant, si vous l'aviez déjà fait, donnez-m'en avis. L'embarras où je me trouve est extrême, je me recommande de nouveau à votre activité et à

---

(1) Ancien conseiller du roi, notaire au Chatelet de Paris, fondé de pouvoir de Mgr Lattier de Bayane.

vos sentiments pour moi, vous connaissez ceux avec lesquels je suis, mon cher Rittier, votre très humble et très obéissant serviteur.

A. DE BAYANE,
Auditeur de Rote.

Le 15 décembre 1790, M. Lattier de Bayanne, frère de l'abbé d'Hautvillers, étant à Nancy, écrivait à M. Rittier, ancien régisseur de son frère l'abbé. (Les biens de l'abbaye n'existant plus en principe, un régisseur était devenu inutile) :

Nancy, 13 décembre 1790.

Je suis bien aise, mon cher Rittier, de votre promotion à la place de juge de paix; cela prouve l'estime de votre canton, et il est à croire que vous y serez réélu. Nos gens de Frouard viennent de se donner M. Herbillon, dont vous connaissez la capacité et les talents. Si dans votre course à Paris vous pouvez me faire le plaisir d'aller chez M. d'Heméry, receveur des pensions militaires, rue Saint-Lazare, près de la Chaussée-d'Antin, vous lui demanderez si je puis bientôt compter sur un quartier de ma pension; j'en ai vu arriver ici qui m'ont fait venir l'eau à la bouche; au reste, vous lui diriez de ne pas changer sa manière, une lettre de change sur M. Lallemand, receveur des domaines, me convenant à merveille. Je vous demande cette corvée, parce que jamais il ne me répond. Adieu, mon cher Rittier, je vous dois bien aussi quelque argent que je vous payerai sûrement. En attendant, je vous embrasse.

LATTIER.

Nous voyons autrefois M. Lattier de Bayanc signer comme son frère l'abbé avec son titre de noblesse ; aujourd'hui déjà, il sait que la Révolution va tout détruire, les personnes et les choses, alors il se contente de son nom de famille sans titre aucun, et il signe Lattier, tout comme le dernier des mortels ; ses armes, cependant, sont encore représentées sur son sceau. Nous avons des autographes de l'un et de l'autre frère.

La municipalité, par ordre du gouvernement, ayant dressé un état approximatif des revenus et biens possédés par M. l'abbé, les religieux et différents bénéficiers, sur le terroir d'Hautvillers et autres; aujourd'hui, c'est le régisseur de M. l'abbé qui vient faire une déclaration plus détaillée des revenus et des charges de la mense abbatiale.

Déclaration des revenus de la mense abbatiale, etc., par le sieur Jacques Rittier.

(27 février 1790)

Cejourd'huy 27 février 1790, ont comparu devant nous, maire et officiers municipaux d'Hautvillers, le sieur Jacques-François Rittier, fondé de la procuration de messire Alphonse-Hubert de Lattier de Bayane, prélat romain, abbé commendataire de l'abbaye de Saint-Pierre-d'Hautvillers, ordre de Saint-Benoît, congrégation de Saint-Vannes, ledit sieur abbé actuellement à Rome pour le service de la France, lequel dit sieur Rittier, pour se conformer aux décrets de l'Assemblée nationale du 13 novembre 1789, et lettres patentes du 18 du même mois, nous a remis une déclaration de tous les biens et revenus de la mense abbatiale de laditte abbaye, dont le produit, avec l'estimation, monte à la somme de 31,467 livres 4 sols, avec un état des charges y joint, dont les biens de laditte mense sont grévés, porté à la somme de 24,467 livres 6 sols, lesquelles déclarations et état des charges ont été affirmés véritables par ledit sieur Rittier, et pardevant nous qui en a requis acte que nous lui avons octroyé, lesquelles déclarations, état et charges seront publiés et affichés conformément au décret susdaté.

LÉCAILLON, *maire*; MALO; BERRURIER; RITTIER; DAVAUX; BERRURIER, Nicolas; MICHEL; AUGER; FORZY.

On trouve, aux *Archives nationales*, Q, 675, dix pièces : cueillerets et déclarations de tous les biens dépendant de la mense abbatiale de la seigneurie d'Hautvillers.

Déclaration que fait M. Alphonse-Hubert de Lattier de Bayane, âgé de 52 ans, abbé commendataire de l'abbaye d'Hautvillers, ordre de Saint-Benoît, congrégation de Saint-Vannes, diocèse de Reims, de tous les biens, mobiliers et immobiliers, de la mense abbatiale de laditte abbaye, conformément au décret de l'Assemblée nationale du 13 novembre 1789, et aux lettres patentes du roi, du 18 du même mois.

Article premier. — Une grande maison abbatiale composée d'un appartement de maître, d'un autre de fermier ou régisseur, d'un grand cellier, belles caves, deux pressoirs à cages, cour, remises, grange, écuries, jardin et clos, de la contenance d'environ trois arpents.

Art. 2. — Biens et droits au village et terroir de Thillois, consistant en gros et menus cens en argent, vin, froment, seigle et avoine, lots et ventes, amendes de toutes espèces, compris celles de chasse; un quarante-huitième dans la dîme en grains et vin dudit Thillois, et un jour et demi de terre en deux pièces audit terroir, loué pour neuf années à Pierre-Antoine Pigeon, par bail devant Masson, notaire à Reims, le 9 mars 1782, au prix de cent cinquante livres, cy   150 # » » ƒ

Art. 3. — Biens situés sur le terroir du Mont-Saint-Remy, consistant en cent septiers de terre ou environ, en 18 pièces de différentes situations sur ledit terroir, onze arpents de prés, marais ou environ, situés le long de la rivière de Suippe, avec le droit de pêche dans ladite rivière, pour ce qui dépend du terroir dudit Mont-Saint-Remy, le quart des dîmes en grains dudit terroir, à partager avec les co-décimateurs, et enfin le droit qui appartient à l'abbaye d'Hautvillers, sur le terroir de Nauroy, le tout loué par bail de neuf années à Joseph Simond et Charles Gallois, devant M. Malo, notaire, le 3 janvier 1782, cinq cent cinquante livres, cy..........   550 » »

Art. 4. — Terres et dîmes de Sainte-Marie-à-Py, consistant en deux cent vingt-cinq septiers

A Reporter.................   700 # » »

Report....................... 700 ♯ » »

ou environ de terres, tant basses que hautes, et trois arpents de prés ou environ ; la totalité des grosses et menues dîmes du village dudit Sainte-Marie-à-Py, depuis l'église jusque fin dudit village, du côté de Sommepy, et sur les cantons appelés le Dû-de-l'Autel, et le quart au total des grosses et menues dîmes sur l'autre partie du village et autres cantons dudit terroir de Sainte-Marie-à-Py, à partager avec les autres décimateurs, et, en outre, un sixième dans le quart des dîmes de Somme-Tourbe, aussi à partager, loués mil cinquante livres pour neuf ans à Nicolas Coltier et Jean-Pierre Coutier, par bail devant M. Malo, le 18 janvier 1782, cy........ 1.050 » »

Art. 5. — Dîmes et terroir de Chamery, consistant dans le tiers au total de la dîme en grains, foins, sainfoins et luzernes, du triage appelé la petite dîme, partissant avec les chapelains de Saint-Jean-Baptiste et de Sainte-Croix de Reims, et des abbayes de Saint-Remy et de Saint-Nicaise, chacun pour un sixième, laquelle dîme se paie à la treizième et dans la moitié de la dîme en vin du même triage, qui se partage avec les chapelains de Saint-Jean-Baptiste et de Sainte-Croix pour chacun un quart, laquelle dîme en vin se paie à raison de deux pots par poinson, mesure du chapitre, ce qui fait à la cinquantième, loué pour neuf ans par bail à Simon-Antoine Dessain, curé du lieu, devant M. Malo, le 15 janvier 1782, cent soixante-huit livres, cy................................. 168 » »

Art. 6. — Droit de rouage et de chargeage des vins qui s'enlèvent à Hautvillers, loué par bail pour neuf ans devant Le Cacheur, le 6 janvier 1782, quarante-cinq livres, bail renouvelé à Remy Demars et son fils, le 6 octobre 1785, cy.............................. 45 ♯

Idem, des vins qui s'enlèvent du village de Cumières, loué par bail, cy 20   65 » »

A Reporter................... 1.983 ♯ » »

Report...................	1.983 # » »

Art. 7. — Terres et dîmes situées sur le terroir d'Ardenay et Prosnes, consistant en 50 septiers de terres ou environ, moitié des dîmes dudit Ardenay, et un préciput à prendre sur l'autre moitié desdites dîmes, d'un septier de froment, quatre septiers de seigle et quatre septiers d'avoine, mesure de Reims, comme aussi moitié de la dîme du triage du Pont-de-Fer, le tout loué par bail à Pierre Petit, pour neuf ans, devant M. Le Cacheur, notaire à Hautvillers, le 27 décembre 1781, six cent vingt-cinq livres, cy.................................... 625 » »

Art. 8. — Ferme de La Grange à Dizy, consistant en bâtiments considérables, cent soixante-quatorze arpens de terres labourables ou environ, vingt-quatre arpents de prez ou environ, loués pour neuf années devant M. Le Cacheur, le 30 novembre 1781, à Pierre Hutin, deux mille quatre cents livres, cy............ 2.400 » »

Art. 9. — La thuillerie appelée le Chêne-la-Ramée, située sur Hautvillers, consistant en maison, bâtimens, four à chaux, halles et environ quatre arpents de terres y joignants, louée par bail à Jean-Baptiste Bridier, et avant lui à Jean Pillon, du 1er juillet 1781, deux cent vingt-cinq livres, cy............................ 225 » »

Art. 10. — Les deux tiers de la totalité des bois en coupes réglées, d'environ 26 arpens par an; la ferme de Bœuf, consistant en maison, grange, écuries, quarante arpens de terres et huit arpens de prez ou environ, ainsi que les cens dus par les usagers de Bœuf, qui se perçoivent à la Saint-Martin. Le tout loué pour neuf ans par bail à Jean-Baptiste Bigot, devant M. Le Cacheur, le 24 août 1781, cinq mille sept cent livres, cy.................................... 5.700 » »

Art. 11. — La ferme de la Briqueterie, située sur le terroir d'Hautvillers, consistant en maison et autres bâtimens considérables, cent

A Reporter................. 10.933 # » »

REPORT....................	10.933 # ₎₎

vingt-deux arpents de terres, un arpent de buissons de l'âge de dix ans, à couper annuellement, et six arpents et demi de prez, le tout loué pour neuf ans par bail, à Jean Lallement, ancien habitant de Grauves, devant M. Le Cacheur, le 28 may 1781, six cent vingt-cinq livres, cy....... 625 ₎₎

ART. 12. — Terres et dîmes de Chouilly, consistant dans le quart des grosses dîmes en grains et vin, les deux tiers des dîmes en grains et foin dans la prairie dudit Chouilly et de la contrée nommée d'Aridet, avec la dîme des agneaux et des oyes, et une pièce de terre située sur le même terroir, lieudit la Vieille-Chaussée, contenant environ quatre fauchéez, le tout loué pour neuf ans à Nicolas Humbert, par bail devant M. Le Cacheur, le 27 may 1781, douze cent cinquante livres, cy.............. 1.250 ₎₎

ART. 13. — Dîmes en grains et foin du terroir de Cormoyeux, consistant en la moitié desdites dîmes qui se partagent avec M. le curé dudit lieu, décimateur pour l'autre moitié, louées pour neuf ans à Jean-Louis Lanugue, de Romery, par bail devant M. Le Cacheur, le 29 avril 1782, cent quatre-vingts livres, cy........ 180 ₎₎

ART. 14. — Un petit jardin situé dans le village d'Hautvillers, d'environ cinq verges, loué à Jean-François Dabit, pour neuf ans, par bail devant ledit notaire, le 25 mars 1782, neuf livres, cy.................................. 9 ₎₎

ART. 15. — Une maison et un jardin en dépendant, située à Dizy, louée à François Aubry, pour neuf ans, par bail devant ledit notaire, le 24 février 1782, soixante-cinq livres, cy .... 65 ₎₎

ART. 16. — Terres et droits seigneuriaux de Vitry-les-Reims, consistant en vingt-cinq septiers de terre ou environ, en 13 pièces, situées sur ledit terroir, dans un triège appelé le Clos-d'Hautvillers, et les droits de lots et ventes des

A REPORTER.................. 13.062 # ₎₎

Report....................	13.062 # »»

mutations des biens qui se font dans ledit canton, loués pour neuf ans à Simon Bourin, par bail devant M. Le Cacheur, le 4 juin 1781, soixante-douze livres, cy.................. | 72 »»

Art. 17. — Dîmes d'Aubilly, consistant dans le tiers au total des grosses et menues dîmes, tant en vin, grains, foin, sainfoin, pois, fèves, luzerne et dîmes de charnage dans les lieux d'Aubilly, Taissy, le Baillif et Reneuil, le tout loué pour neuf années à Pierre Visneux, par bail devant ledit notaire, le 22 avril 1781, deux cent cinquante livres, cy...................... | 250 »»

Art. 18. — Dîmes en grains du terroir d'Ay, consistant dans les deux tiers au total des dîmes de toutes espèces de grains, sainfoin et luzerne dudit terroir louées pour neuf ans, à Charles Poiraton, par bail devant M. Le Cacheur, le 27 may 1781, onze cents livres, cy.............. | 1.100 »»

Art. 19. — Dîmes de Reuil, consistant dans deux neuvièmes de la totalité des grosses et menues dîmes du terroir et paroisse dudit Reuil, à prendre, percevoir et partager avec les co-décimateurs, louées à Jean-Baptiste Destrés, curé, pour neuf ans, par bail devant ledit notaire, le 29 août 1781, quatre cents livres, cy.......... | 400 »»

Art. 20. — Dîmes de Bisseuil, consistant dans les deux tiers des dîmes dudit terroir dans les trièges appelés l'Air et l'Anneau profonde, tant sur les vins, grains, qu'autres objets décimables, louées pour neuf ans à D'helain Chochinat, par bail devant ledit notaire, le 24 may 1781, soixante-douze livres, cy.... .... | 72 »»

Art. 21. — Dîmes de Rosnay, Courcelles, Janvry et Germigny, consistant dans les grosses et menues dîmes, tant en grains, vin, foin, sainfoin et luzernes et de charnage, partissant avec le chapitre de Notre-Dame de Reims pour un quart, M. l'abbé de Saint-Remy pour un huitième, MM. les curés de Rosnay et Janvry en-

A Reporter................	14.956 # »»

Report.................... 14.956 # » »

semble pour un quart, MM. les chapelains de l'ancienne congrégation de la cathédrale de Reims pour un sixième, le chapitre de Saint-Symphorien de Reims pour un seizième, et les religieux de Saint-Thierry, actuellement transférés à Saint-Remy, pour un autre seizième, le partage desquelles portions, pour les grains, se fait dans la grange dixmeresse, entretenue à cet effet de toute espèce de réparations par le chapitre de l'église de Reims, qui prélève de préciput, pour raison dudit entretien, sur la totalité desdites dîmes en grain, la quantité de vingt-deux septiers de seigle, mesure dudit chapitre; quant à la dîme des vins, il est d'usage de la déposer dans un panier au fur et à mesure de la perception, et de la partager quand elle est perçue.

Plus, la portion appartenant à ladite abbaye d'Hautvillers, dans les grosses et menues dîmes du village et terroir de Muizon, se sont louées pour neuf ans à Augustin Boniface, par bail devant M. Bara, notaire à Reims, le 22 may 1782, quatre cents livres, cy...................... 400 » »

Art. 22. — Les dîmes de Cuperly, consistant dans les deux tiers des grosses et menues dîmes du terroir dudit Cuperly, louée à Jean-Baptiste Remy et Claude Arnoult, pour neuf ans, par bail passé devant M. Le Cacheur, le 24 décembre 1781, douze cent soixante-neuf livres quatre sols, cy............................ 1.269 4

Art. 23. — Un pressoir à cage situé derrière l'église paroissiale d'Hautvillers, loué pour neuf ans à Jean-Pierre Martin, par bail devant ledit notaire, le 20 janvier 1792, quatre-vingt-dix livres, cy................................. 90 » »

Art. 24. — Les dîmes de Lherry, consistant en deux dixièmes de la totalité desdites dîmes et comprend en même temps les menues dîmes que M. le curé de Lherry a abandonné au moyen

A Reporter................... 16.715 # 4 ʃ

Report.....................	16.715 ⁒	4 ˢ
de l'option par lui faite de la portion congrue, louée à M. Marin Pierre d'Houy, curé du lieu, par bail devant M. Le Cacheur, le 19 janvier 1781, la somme de deux cent cinquante-huit livres, cy..	258	» »

ART. 25. — Produit du greffe de la justice d'Hautvillers, y compris les amendes, environ deux cents livres, de M. Nicolas Poulet, pour fermage, suivant une convention sous signatures privées, cy................................. 200 » »

ART. 26. — Vingt et un arpents de vignes en dix-huit pièces, situées sur Hautvillers et Cumières, estimées de revenu à cinquante livres par arpent, pour les vingt et un arpents, mille cinquante livres (louées seulement 758 livres 10 sols), cy.......................... 1.050 » »

ART. 27. — La dîme en vin d'Hautvillers, due à la onzième pièce, qui se paie dans les celliers après la vendange, estimée, année commune, frais de perception déduits, deux mille cinq cents livres, cy........................ 2.500 » »

ART. 28. — La dîme en vin de Cumières, due également à la onzième pièce, et qui se paie en raisins, au bureau à l'entrée de Cumières, estimée, année commune, trois mille livres, cy.... 3.000 » »

ART. 29. — La dîme en vin de Cormoyeux et Romery, due également à la onzième pièce, qui se paie dans les celliers, après la vendange, estimée, année commune, deux mille livres, dont la moitié pour M. l'abbé d'Hautvillers, et l'autre moitié pour M. le curé de Cormoyeux, cy 1.000 » »

ART. 30. — La dîme en vin du terroir de Dizy, due également à la onzième pièce, et qui se paie en raisins au pied de chaque vigne, estimée, année commune, quinze cents livres, cy.. 1.500 » »

ART. 31. — Douze arpents de terres que M. l'abbé fait valoir, estimées douze livres l'arpent, cent quarante-quatre livres, cy.......... 144 » »

ART. 32. — Vingt-quatre arpents de prez,

A Reporter................... 26.367 ⁒ 4 ˢ

Report....................	26.367 ♯	4 ˢ
estimés vingt livres l'arpent, six cents livres, cy.	600	››

Art. 33. — Les dîmes en grains, en foin, des terroirs d'Hautvillers et de Dizy, qui se paient à la treizième, estimées, année commune, douze cents livres, cy...................... 1.200 ››

Art. 34. — La dîme en vin du terroir d'Ay, due à la quarantième, abonnée en argent, à raison de quarante-huit sols de l'arpent, dont les deux tiers appartiennent à M. l'abbé, l'autre tiers à M. le curé d'Ay, produisant, pour M. l'abbé d'Hautvillers, environ mille livres, cy... 1.000 ››

Art. 35. — Surcens dus par différents particuliers d'Hautvillers et Cumières, sur des héritages à eux concédés par l'abbaye d'Hautvillers, situés sur le terroir dudit, produisant au plus trois cents livres, cy.................... 300 ››

Art. 36. — Un préciput sur l'archevêché de Reims, consistant, pour les deux tiers appartenant à M. l'abbé, en 32 septiers de seigle, 21 septiers 1 quartel de froment et 54 septiers 1 quartel d'avoine, le tout estimé quatre cents livres, cy........................... .... 400 ››

L'autre tiers appartient aux religieux.

Art. 37. — Un pressoir à cage, situé dans le village d'Hautvillers, appelé de la Croix-de-Fer, non loué depuis longtemps, estimé 60 livres.. *Pour mémoire.*

Art. 38. — Le produit des arbres qui se coupent annuellement dans huit arpents des bois de Bœuf, et tous les trois ans, dans sept arpens des bois de la Briqueterie, estimé, année commune, seize cents livres, cy................... 1.600 ››

Art. 39. — Une maison située dans le village d'Hautvillers, servant d'auditoire et pour loger les gardes des bois .... *Pour mémoire.*

Art. 40. — Les lots et ventes dus au douzième denier sur les héritages situés sur la seigneurie d'Hautvillers, qui ne se paient plus, à

A Reporter................. 31.467 ♯ 4 ˢ

Report.................... 31.467 # 4 ˢ
raison de quoi il y a instance au parlement..... *Pour mémoire.*
Le total du revenu de la mense abbatiale se ───────
monte à la somme de..................... 31.467 # 4 ˢ

OBSERVATION

Il n'y a aucun effet mobilier dépendant de la maison abbatiale ; les ustensiles de vendange comme cuves, bellons, sapins, paniers, chantiers, etc., appartiennent à M. l'abbé, qui les a rachetés de l'ancien fermier général, suivant l'estimation qui en a été faite, montant à 3,089 livres 18 sols.

M. l'abbé d'Hautvillers n'a aucun titre en sa possession ; ils sont tous dans le chartrier de la mense conventuelle. (Ils ont été brûlés trois ans après sur la place publique, en 1793.)

Bois dépendant de ladite abbaye d'Hautvillers, dont est fait mention à l'article 10.

(La totalité de ces bois est de neuf cent quatre-vingt-dix-huit arpens.)

Savoir :

Le canton des Lhuys...............	471 arpents	50 perches,	
dont en réserve...............	127	—	
en coupes réglées de chacune 18 arpents par an..............	344	—	1/2
Le canton du Rainsillon...........	270	—	
dont en réserve...............	133	—	
et en coupes réglées de chacune 18 arpents par an..............	137	—	
Le canton de la Briqueterie, de......	60	—	20 —
en deux pièces.			
L'une dite Bois-des-Lhuys, divisée en cinq coupes de................	38	—	
L'autre appelée les Essarts, divisée en trois coupes de................	22	—	20 —
Les bois de Bœuf, de..............	190	—	3 —

divisés en 24 coupes de 8 arpents chacune.

Le tout : 998 arpents.

Nota. — Tous les bois en coupes réglées peuvent être de 26 arpents de taillis par an.

État des charges de la mense abbatiale.

Savoir :

Décimes.................... 8.931 #13	9.231 # 13 ſ	
Oblat.................... 300 ,,		
Les charges claustrales de la mense conventuelle...........................	2.836	11

Pensions :

Au sieur de Rességuier, vicaire général de Cahors............. .... 4.000 #	6.000	,,
Au sieur Soldez, prêtre du diocèse. 2.000		

Gages des gardes :

Les gages des deux garde-bois, à raison de trois cents livres chacun par année.....	600	,,
Aux pauvres de la seigneurie, au moins.....	600	,,

Préciputs ou portions congrues :

A M. le curé d'Hautvillers, en argent........	800	,,
A M. le curé de Cumières, moitié de sa portion congrue, l'autre moitié à la charge de M. de Beinis......................	350	,,
A M. le curé de Dizy, 72 boisseaux de froment, 104 boisseaux d'avoine, 2 pièces de vin, et en argent, 20 livres, le tout estimé....	500	,,
A M. le curé de Cuperly.................	233	6
A M. le curé de Cormoyeux..............	30	,,
A M. le curé de Chamery................	8	10
A M. le curé de Lherry..................	133	6

Réparations :

Réparations de la maison abbatiale et conventuelle avec leurs dépendances, de quatre pressoirs à cages, de trois grosses fermes, chœurs et cancels de quinze églises, où M. l'abbé d'Hautvillers perçoit la dîme, qu'on peut estimer, année commune, à............	3.000	,,
A REPORTER	24.323 #	6 ſ

Report....................		
Les frais de procédures criminelles à la charge du seigneur, annuellement environ..	24.323 #	6 ˢ
	120	ʼʼ
A la caisse des incendiés du diocèse de Reims,	24	ʼʼ
Total des charges................	24.467 #	6 ˢ

Le revenu de la mense abbatiale est de...	31.467 #	4 ˢ
Les charges sont de..................	24.467	6 .
Reste net..................	6.999 # 18	ˢ

Je soussigné, fondé de pouvoir de M. de Bayane, ci-devant abbé d'Hautvillers, déclare qu'en conformité des décrets de l'Assemblée nationale, la déclaration ci-dessus et d'autre part des biens, revenus et charges de ladite abbaye, est sincère et véritable.

Hautvillers, le 1ᵉʳ décembre 1790.

RITTIER.

Je soussigné, fondé de pouvoir de M. de Bayane, ci-devant abbé de l'abbaye d'Hautvillers, déclare que son intention est d'être payé de sa pension, qu'il a droit de demander sur les revenus de ladite abbaye sur le trésor public à Paris.

A Épernay, le 20 mars 1791.

RITTIER.

Avant l'arrivée de Mgr Lattier de Bayane au gouvernement de l'abbaye, nous avons vu que cette abbaye avait été mise en économat, et que tous les baux passés pendant cet intervalle l'avaient été au profit du sieur Nicolas Hue, fermier général, et dont la rétrocession a été faite à M. l'abbé, par acte reçu devant Trutat, notaire, à Paris, le 8 may 1781, pour ladite année, dernière de la jouissance du sieur Hue. C'est alors que M. l'abbé prit un régisseur dans la personne du sieur Rittier.

Nous avons trouvé les comptes de la gestion de ce régisseur des biens et des revenus de M. l'abbé, de 1781 à 1790. Nous en donnons ici une analyse :

Fermages, dîmes, droits seigneuriaux, vente des vins, des grains, des bois exploités, etc.

RECETTES GÉNÉRALES

Année 1781.....................	33,460 ₶	11 ſ	
Id. 1782.....................	41,841	4	
Id. 1783.....................	50,445	12	
Id. 1784.....................	73,157		
Id. 1785.....................	41,703	12	
Id. 1786.....................	40,437		
Id. 1787.....................	59,780	18	
Id. 1788.....................	52,234	12	4 ᵭ
Id. 1789.....................	24,997	15	7
Total des recettes pendant ces neuf années.....................	418,058 ₶	4 ſ	11 ᵭ

Dans ces recettes étaient compris les revenus de l'abbaye de Boheries, ordre de Cîteaux, diocèse de Laon, que Mgr Lattier de Bayane avait aussi en commende. Ces revenus, en moyenne, étaient par année de 3,000 livres.

M. l'abbé d'Hautvillers recevait donc de son abbaye, environ chaque année, 46,450 livres. On peut dire que ç'aurait été un magnifique revenu si les dépenses ne fussent venues en absorber la majeure partie.

DÉPENSES

Il a été dépensé pour faire valoir les vignes de M. l'abbé, pour l'entretien de la maison des lieux claustraux, des églises et presbytères des localités qui payaient la dîme à M. l'abbé, les droits de régie, la portion congrue des curés, etc.

Année 1781.....................	30,399 ₶	7 ſ	1 ᵭ
Id. 1782.....................	32,793	14	10
Id. 1783.....................	36,114	17	9
Id. 1784.....................	44,631	3	3
Id. 1785.....................	54,544	16	2
Id. 1786.....................	36,466	14	7
Id. 1787.....................	58,229	8	9
Id. 1788.....................	33,327	13	9
Id. 1789.....................	39,465	16	4
	365,973 ₶	12 ſ	6 ᵭ

Les appointements du régisseur, de 2,400 livres par an, les frais de procès, etc., pendant neuf ans, se sont élevés à la somme de 33,726 livres 13 sols 3 deniers, qu'il faut ajouter aux dépenses générales, ce qui forme la somme de 399,700 livres 5 sols 9 deniers.

En résumé, dans ces neuf années de gestion par le sieur Rittier, l'abbaye d'Hautvillers a rapporté à son abbé la somme de.................................... 418,058 # 4 ˢ 11 ᵈ
Le régisseur a déboursé............ 399,700 5 9

D'où il résulte un boni de... 18,357 # 19 ˢ 2 ᵈ

Il a été envoyé à M. l'abbé, par son régisseur, pendant les neuf années de sa gestion, 116,081 livres, à laquelle somme nous ajouterons 18,357 livres 19 sols 2 deniers, que redoit ledit régisseur à son abbé, ce qui nous mène à dire que, pendant cet espace de temps, M. l'abbé a reçu, après les dépenses qu'il a faites pour l'entretien de ses propriétés, pour la culture de ses vignes, etc., la somme de 134,438 livres 19 sols 2 deniers, soit, par an, 14,937 livres 13 sols 3 deniers. Si M. Lattier de Bayane n'avait eu que ce revenu pour se soutenir dans le rang qu'il occupait dans le monde, il n'aurait pu être considéré comme un grand seigneur. Disons, cependant, que quinze mille livres de rente à cette époque en valaient bien trente d'aujourd'hui.

Approbation du fondé de pouvoir de Mgr de Bayane, du compte que rend le régisseur de l'abbaye d'Hautvillers.

Nous soussignés, Simon Provost, ancien conseiller du roi, notaire au Châtelet de Paris, fondé de la procuration spéciale de M. Alphonse-Hubert de Lattier de Bayane, prélat romain, auditeur de Rote pour la France, abbé commendataire de l'abbaye d'Hautvillers, passée devant Morat, chancelier du consulat de France, à Rome, en présence de témoins, le douze mars mil sept cent quatre-vingt-sept, dont le brevet original a été déposé à Mᵉ Bouiltat, notaire à Paris, le cinq juin mil sept cent quatre-vingt-dix, d'une part. Et Jacques-François Rittier, régisseur, pour ledit seigneur abbé de Bayane de ladite abbaye, d'autre part. Avons compté ensemble de toutes les recettes, dépenses, et reprises faites par ledit sieur Rittier, de tous les biens et revenus de ladite abbaye, depuis l'année mil sept cent quatre-vingt-un, jusques et compris l'année mil sept cent quatre-vingt-neuf.

De ce compte, il résulte que, sauf erreurs, omissions, ou double emploi, la recette s'élève à la somme de 418,058 livres 4 sols 11 deniers, que la dépense s'élève à 399,700 livres 5 sols 9 deniers, de manière que de ce compte il résulte un débet, en faveur du seigneur abbé, de la somme de 18,357 livres 19 sols 2 deniers, laquelle somme ledit sieur Rittier s'oblige de payer incessamment et à la première réquisition que moi Provost audit nom lui en ferai.

Fait double, à Paris, ce dix-huit juillet 1790.

PROVOST, RITTIER.

Au dix juillet 1790, lorsque le régisseur de M. l'abbé rendait ses comptes au fondé de pouvoir dudit abbé, il n'y avait plus que quelques comptes peu importants à régler avec certaines personnes, pour une partie de l'année 1790.

Le régisseur n'avait plus de raison d'être, pas plus que le fondé de pouvoir. Le seigneur abbé, aussi bien que les religieux, n'avaient plus ni biens, ni revenus, la Révolution commençait ; déjà, elle avait mis la main sur des propriétés dont le gaspillage ne tarda pas à être connu de toute la nation.

Quelques détails sur les récoltes en nature.

Récolte des vins de l'année 1781.

Des vingt et un arpents de vignes, dépendant de la mense abbatiale d'Hautvillers......................	129 pièces.
De la dîme de Cumières.....................	229 —
De la dîme d'Ay et de Dizy.................	251 —
De la dîme d'Hautvillers.....................	325 —
De la moitié de la dîme de Cormoyeux et Romery.	152 —
(L'autre moitié appartient à M. le curé du lieu.)	
Vins de détour, c'est-à-dire avec les plus mauvais raisins...........................	188 —
TOTAL de la recette en vin de 1781...	1,274 pièces.

1782. — 927 pièces.
1783. — 286 pièces.
1784. — 434 pièces.
1785. — 913 pièces.
1786. — 339 pièces.
1787. — 477 pièces 1/2.

1788. — Il n'a point été récolté de vin pendant l'année 1788 ; les vignes de la mense abbatiale, ainsi que les dîmes en vins, ayant été louées par l'adjudication du 19 juin de la présente année. Nous dirons seulement que, les religieux eux-mêmes s'étant rendus adjudicataires, ils payaient à M. l'abbé la somme de 11,512 livres, tant pour ses revenus en vins, grains, etc. Toutefois, par un acte du 31 août 1789, les dîmes en vins d'Hautvillers, Cumières, Romery et Cormoyeux, devaient être partagées entre M. l'abbé et les religieux, ce qui pouvait encore procurer audit abbé, en moyenne, une centaine de pièces chaque année ; ce qui a eu lieu seulement pour un an, car la vente des biens du clergé vint bientôt annuler toute espèce de contrats.

M. l'abbé d'Hautvillers percevait aussi tous les ans différentes espèces de grains ; ces grains étaient consommés dans la maison d'exploitation d'Hautvillers, ou vendus, selon qu'il en restait dans les greniers.

Les recettes en grains provenaient d'un préciput qu'il avait sur l'archevêché de Reims, des dîmes d'Hautvillers et de Dizy seulement, car les dîmes en grains des autres endroits lui étaient payées en argent, par les fermiers de ces mêmes dîmes.

Préciput sur l'archevêché de Reims, année 1782.

Froment, 64 boisseaux, ou 21 setiers 1 quartel 1/3.
Seigle, 95 boisseaux, ou 32 setiers.
Avoine, 176 boisseaux, ou 53 setiers 1/3.

Le setier ou quatre quartels de Reims devaient faire trois boisseaux trois quarts, mesure d'Épernay ; quand M. l'abbé faisait toucher à la vicomté de Reims son préciput sur l'archevêché, on lui livrait v. g. 32 setiers de seigle qui, mesurés à l'abbaye, ne faisaient que 95 boisseaux.

Dixmes d'Hautvillers et de Dizy, 1782.

Froment, 361 boisseaux.
Méteil,   18   id.
Seigle,   13   id.
Orge,   21   id.
Avoine,   193   id.

La récolte en foin se faisait sur les prés dits : de la Perche, de la Tête-à-l'Ane, et sur celui appelé, le Pré-Garot.

Les dîmes en foin d'Hautvillers et de Dizy, que faisait valoir M. l'abbé, étaient insignifiantes; les terres et les prés étant loués à des fermiers, ils ne pouvaient rapporter que le prix de leur location.

Aperçu du prix de quelques denrées de l'époque.

En 1785, Jean Vautrin, dit Saint-Louis, de Dizy, achète à l'abbaye trois cents de foin, au poids de dix livres la botte, et 40 livres le cent.

En 1788, Jean-Baptiste Roux, dit le Chorus, achète à l'abbaye 150 bottes de paille de froment, à 12 livres le cent.

En 1789, Bernard, aubergiste à la Croix-de-Fer, achète à l'abbaye 650 bottes de foin, au poids de quinze livres la botte, et 25 livres le cent.

En 1782, et les années suivantes, le boisseau de froment se vendait 55 sols. En 1788, il valait 4 livres 10 sols, et en 1790, 5 livres. On payait un boisseau et demi aux moissonneurs, pour scier un arpent de froment de cent verges, ou cinquante ares, mesure d'Hautvillers, et ils étaient tenus de ce qu'on appelait en langage du pays d'*acocheter* les avoines, c'est-à-dire qu'avec un râteau ils faisaient des *cochets* ou petits monceaux propres à être mis en gerbe, lorsque les faucheurs avaient couché par terre et mis en *andains* lesdites avoines encore sur pied. Les batteurs avaient dans ces mêmes années, qui ont précédé la Révolution, le dix-neuvième boisseau du rendement, c'est-à-dire que quand ils avaient battu dix-huit boisseaux, le dix-neuvième était pour eux, comme salaire.

Les vins, suivant leur qualité ou leur rareté, se vendaient aussi un prix plus ou moins élevé; nous voyons, dans les registres de vente du régisseur de l'abbaye, qu'en 1784, il est dit (article pris entre autres) : « Vendu au sieur Doublet, d'Hautvillers, vingt-sept pièces de vin rouge d'Hautvillers, à raison de 36 livres la pièce. Vendu au sieur Lallement, commissionnaire à Hautvillers, quatre pièces de Romery à 24 livres la pièce. »

Adressé à MM. Périer et Salz, négociants à Marseille, pour faire passer à Mgr de Bayane, à Rome, deux pièces de vin rouge de Cumières, de la cuvée C. A.

Adressé à M. Berton, rue de la Gerbe, à Lyon, pour faire passer à M. de Labatie, une pièce de vin de Cumières, à 50 livres la pièce.

Adressé à M. le marquis de Lattier, deux pièces de vin de détour, pour les gens de sa maison, à 24 livres la pièce.

1782. — Vendu à M. Lallement, vingt pièces de vin d'Hautvillers, à 33 livres la pièce.

Vendu au sieur Martin, commissionnaire à Hautvillers, deux pièces de vin de Romery, à 19 livres la pièce.

Adressé à M. Corbon, maître particulier de la maîtrise de Reims, 54 bouteilles de vin de première qualité, dont 24 de blanc et 30 de rosé, dans un panier marqué M. D. n° 2. 54 bouteilles à 1 livre 10 sols............... 81 # » »
Bouchons et fil de fer à 5 sols par bouteille...................... 13 10 } 97 # 10
Panier et emballage............... 3 » »

Envoyé à M. Person, procureur à Reims (*en présent*), 10 bouteilles de vin, dont 6 de rosé et 4 de blanc. (Il ne fut jamais défendu de s'attirer la bienveillance des personnes dont on pouvait espérer quelque faveur.)

Adressé à M. le comte de Vidampierre, maréchal de camp, à Nancy, 30 bouteilles de vin blanc à 35 sols, et 20 bouteilles de gris aussi à 35 sols la bouteille.

Vendu à M. Landouzy, de Reims, 7 pièces de vin de la cuvée C. A., à 60 livres la pièce.

Adressé à M. le marquis de Vaubecourt, lieutenant général du roy, à Nancy, 25 bouteilles de vin blanc, à 50 sols, 25 bouteilles de vin gris, aussi à 50 sols.

Adressé le même jour, 10 novembre, et au même en son hôtel, à Paris, la même quantité de bouteilles, savoir : 25 bouteilles de blanc et 25 bouteilles de gris, au même prix, 50 sols.

Adressé à M. le comte de Chabrillant, maréchal de camp, commandant les carabiniers à Versailles, un panier marqué F. G. de 100 bouteilles de vin, dont 75 de blanc et 25 de rosé, à 50 sols la bouteille. Panier et emballage 6 livres.

Adressé à M. le comte de Stainville, lieutenant général commandant en Lorraine, deux paniers marqués B. C., de 100 bouteilles chacun, de vin blanc, à 50 sols la bouteille. 500 ₶
Panier et emballage...................... 12 } 512 ₶

Adressé à M. le comte Du Hamel, au château de Saint-Remy en Lorraine, un panier, marqué P. R., de 50 bouteilles de vin rouge, première qualité, à 25 sols.

Adressé à MM. Romberg et Cie, à Ostende, pour faire passer à M. le duc de Northumberland, à Londres, un panier, marqué O. M., de 120 bouteilles de vin blanc, première qualité, à 50 sols la bouteille.

Adressé à M. Bouvier, notaire à Valence, un panier, marqué B. N. R., de 50 bouteilles, savoir :

12 de rouge à.............. 25 ˢ
29 de blanc à.............. 50
9 de rosé à.............. 40   } 108 ₶ 10 ˢ
Emballage................. 3 ₶

1783. — Adressé à M. le comte de Sarsfiel, rue du Pot-de-Fer-Saint-Sulpice, à Paris, un panier, marqué S. A., de 25 bouteilles de vin, première qualité, à 50 sols.

Adressé à M. le comte de Saint-Féréol, à Grenoble, un panier, marqué C. F., de 60 bouteilles de vin blanc, première qualité, à 50 sols.

Vendu à M. le procureur de l'abbaye de Saint-Michel-en-Thiérache, deux pièces de vin rouge de la cuvée A. B., au prix de 80 livres la pièce.

Adressé à M. le comte de Monteynard, à Paris, un panier de vin, marqué M. D., contenant 100 bouteilles, première qualité, à 50 sols.

Adressé à M. Herbillon, à Frouard, une caque de vin rouge, première qualité, pour 40 livres.

Adressé à MM. Tarteyran, père et fils, négociants à Marseille, pour faire tenir à M. le marquis de Monteil, ministre du roy, à Gênes, un panier de 100 bouteilles de vin rouge, première qualité, marque M. T. O., à 25 sols.

A la fin de l'année 1783, les vins rouges, première qualité, de 1781, se vendaient jusqu'à 150 livres la pièce, tandis que ceux de l'année 1782, se vendaient seulement 40 à 50 livres la pièce, et les vins de détour 25 et 30 livres la pièce.

Les commissionnaires, qui achetaient le plus à l'abbaye,

étaient MM. Lallement, Martin et Gerbaud, ceux-ci revendaient ces vins dans les Ardennes, la Picardie, etc., souvent ils étaient commissionnés par des négociants de divers endroits.

1784. — Adressé à M. le comte de Vergennes, ministre au département des affaires étrangères, par ordre de Mgr de Bayane, un panier de 50 bouteilles, marqué M. D., vin blanc de 1781, première cuvée.

Adressé à Mme la baronne de Redouté-Geningot, à Nancy, un panier de 50 bouteilles de vin de 1781, à 40 sols.

Vendu à M. Gerbaud, quatre pièces de vin de 1783, vin rouge, de la cuvée C. B., à 120 livres la pièce, et deux pièces de blanc, à raison de 160 livres la pièce.

Vendu au sieur Lallement, 14 pièces de vin de 1782, vin rouge ordinaire, à 45 livres la pièce.

Vendu à M. Fournier, de Maubeuge, 5 pièces de la cuvée A. A., à 120 livres la pièce.

Vendu à M. Lefèvre, de Signy-l'Abbaye, 8 pièces de vin blanc, de raisins blancs de 1783, à 72 livres la pièce.

Vendu à M. Paris, commissionnaire à Reims, 31 pièces de vin rouge de 1783, à 160 livres la pièce.

Adressé à M. Naudin, commissaire de guerre, à Auxonne, 12 bouteilles de vin de 1781, à 45 sols la bouteille, vin blanc non mousseux.

Vendu à M. Manget père, de Châlons, 66 pièces de vin rouge de 1782, à raison de 25 livres la pièce.

Adressé à dom Langlet, prieur de l'abbaye de Boheries, 2 paniers de vin de 1781, marqués L. P. O., savoir : 100 bouteilles de vin rouge à 22 sols, et 50 bouteilles de blanc à 45 sols.

Vendu à M. Dufrenoy, marchand de vin à Lille en Flandre, 17 pièces de vin de 1782, à 46 livres la pièce.

Adressé à M. le comte de Cicé, officier au régiment du roy, à Saint-Brieux en Bretagne, un panier, marqué B. C., de 50 bouteilles de vin blanc, première qualité, à raison de 50 sols la bouteille.

Adressé à M. Henets, seigneur de Bernoville, près de Guise, un panier de 50 bouteilles de vin blanc de 1781, à raison de 55 sols la bouteille.

Adressé à M. le comte de Barbançon, en son château de Moncreux, près Villers-Cotterêt, un panier, marqué M. D. B., contenant 50 bouteilles de vin blanc, première qualité, à raison de 45 sols la bouteille.

Vendu à M. Provot, cabaretier à Sorbon, près de Rethel, 7 pièces de vin rouge nouveau, de 1784, à raison de 40 livres la pièce.

1785. — Adressé à M. Delvincourt, procureur du roi, à Laon, 2 caques de vin, savoir : une caque, petite jauge, de vin blanc, pour.................................... 175 ℔ ⎫
Une caque vin rouge, première cuvée..... 90 ⎬ 268 ℔
Barrage et emballage................... 3 ⎭

Adressé à M. Paris de Bollardières, receveur général des finances, rue de la Chaussée-de-Minimes, près la place Royale, à Paris, une pièce de vin rouge, première cuvée, de 1784, 150 livres.

Adressé à M. de Raime, commissaire général de la marine à Versailles, une pièce de vin rouge, première cuvée, de 1784, 150 livres.

Adressé à M. le baron de Lagrange, conseiller d'honneur au parlement de Flandre, à Douai, 100 bouteilles de première cuvée, blanc, de 1781, à raison de 50 sols la bouteille.

Adressé à M. Desvigne, seigneur de Saint-Martin-Rivière, en Picardie, 50 bouteilles de vin blanc, première cuvée, à raison de 50 sols la bouteille.

Adressé à M. le duc de Grammont, au château de Milly, en Gatinois, un panier de 50 bouteilles de vin blanc, première cuvée, de 1781, à raison de 50 sols la bouteille.

Adressé à M. Bertrand, avocat à Paris, en présent, en considération des recettes et dépenses qu'il fait pour M. l'abbé de Bayane, 25 bouteilles de vin blanc, et 25 bouteilles de vin rouge, première qualité.

Vendu à M. Gigot de Grandpré, lieutenant général au bailliage d'Épernay, 12 bouteilles de vin rouge, première cuvée, de 1781, à 24 sols la bouteille.

Adressé à M. Bertrand, à Rome, 25 bouteilles de vin blanc, de première cuvée, de 1783, à raison de 50 sols.

Adressé à Mgr le cardinal Herzan, ministre de l'empereur, à Rome, un panier de 40 bouteilles de vin blanc, première cuvée, de 1783, à raison de 50 sols la bouteille.

Vendu 5 pièces de vin rouge, de 1784, à raison de 112 livres la pièce, que j'ai adressées à M. le comte de Breteuil, à Fère-en-Tardenois.

Vendu à M. Chagrot, bailly de Louvois, pour Mesdames (dames de la cour du roi), 400 bouteilles de vin, de première

cuvée, blanc, non mousseux, à raison de 50 sols la bouteille, ce qui fait.......................... 1,000 ₶ ⎫
Paniers et emballage............... 24 ⎬ 1,024 ₶

Adressé à M. Hennig, commissaire de Sa Majesté le roy de Pologne, à Dantzick, pour faire passer à Son Altesse Mgr le prince Stanislas Poniatowsky, à Varsovie, 200 bouteilles de vin blanc, de première cuvée, de 1783, à raison de 55 sols la bouteille.

Vendu à Mme de Narbonne, abbesse de l'abbaye d'Origny, 25 bouteilles de vin blanc, première cuvée de 1783, à 50 sols la bouteille.

Vendu à Mgr l'évêque de Nantes, 200 bouteilles de vin blanc, première cuvée de 1783, à raison de 50 sols la bouteille.

Adressé à M. le duc de Nivernais, ministre d'État à Paris, un panier de 50 bouteilles de vin blanc, seconde qualité de 1781, à raison de 45 sols la bouteille.

Adressé à M. le directeur des vivres, à Lille en Flandre, pour le compte de M. le marquis de Longeron, lieutenant général des armées du roy, un panier de 50 bouteilles de vin blanc de deuxième cuvée de 1781, à raison de 45 sols la bouteille.

Adressé à M. le baron Dambly, chevalier de Saint-Louis, à Bar-le-Duc, un panier de 25 bouteilles de vin, savoir :

13 bouteilles de vin blanc mousseux de première cuvée de 1785, à 3 livres la bouteille, et 12 bouteilles de non mousseux de 1781, à 50 sols la bouteille.

Adressé à M. de Saint-Leu, trésorier de France, à Paris, 100 bouteilles de vin blanc non mousseux de 1784, à raison de 40 sols la bouteille.

Dans les années qui suivent, c'est-à-dire 1786, 1787, 1788, jusqu'en 1789, et même jusqu'au mois de mai 1790, les noms des personnages que nous avons rapportés, auxquels le régisseur de M. l'abbé d'Hautvillers vendait ses produits, sont encore cités avec une foule d'autres.

Les religieux, de leur côté, avaient aussi une clientèle non moins belle et non moins nombreuse. Il est même à supposer que leurs vins étaient encore mieux soignés, leur cellérier avait hérité de dom Pérignon la science du mélange et de la mousse, secret que n'avait pas même leur abbé. Il est à regretter que le registre de la vente de leurs vins ait été, comme le reste de leurs archives, brûlé sur la place publique, le 3 frimaire (23 novembre 1793) de l'an second de la République. Nous aurions eu des détails intéressants sur leur récolte et sur la vente de ce vin, toujours si recherché.

Parmi les recettes et les dépenses constatées dans les registres du régisseur de M. l'abbé, de 1781 à 1789, nous en trouvons qui méritent d'être signalées comme ne se présentant pas régulièrement, et aussi en comparaison du prix de l'époque pour certaines marchandises vendues ou achetées, avec le prix que valent ces mêmes choses aujourd'hui.

Restitution de 48 livres 14 sols payées en trop au commis des aydes.

Dix pièces de lie vendues au sieur Geoffroy, de Cumières, à raison de 9 livres, y compris le poinçon, 90 livres.

Amendes pour cause de fraude dans les dîmes de Dizy, 21 livres.

Item, pour plusieurs de Romery (1783), 53 livres. (Nous taisons les noms.)

Greffe de la justice d'Hautvillers, d'après un nouveau bail, par Louis Michel, successeur de Nicolas Poulet, ancien greffier, 360 livres 3 sols 3 deniers.

Droits de lods et vente de différents particuliers, pour des années de 1781 à 1784, la somme de 2,100 livres.

Pâture de Dizy mise en culture par les habitants dudit lieu ; pour le tiers revenant à M. l'abbé, 150 livres.

De Claude Crochet, pour tenir lieu de dommages et intérêts de la résiliation du bail de la ferme de la Briqueterie, dont il n'a pas pris jouissance, 250 livres.

Vente de 15 agneaux provenant des dîmes de trois années à Dizy, 65 livres 14 sols.

De M. Maillet, collecteur des amendes de la maîtrise, pour restitution prononcée au profit de M. l'abbé (1786), 42 livres 15 sols.

Le 20 septembre 1784, une transaction a été faite entre les habitants d'Ay et M. l'abbé d'Hautvillers, auquel lesdits habitants doivent payer 48 sols par arpents, et dont un tiers doit être remis à M. le curé d'Ay. (786 arpents de vignes ont été reconnus.) Cette dîme n'ayant pas été payée depuis quatre ans, elle a produit, déduction faite des honoraires du sieur Languet, percepteur de cette dîme, 4,230 livres 8 sols.

Pour chênes exploités dans les bois de Bœuf, en 1785 et 1786, par M. Lallement, 3,000 livres.

Pour chênes exploités dans les hayes et buissons de Bœuf, ainsi que de la Briqueterie, 3,600 livres.

De plusieurs particuliers de Romery, pour amende, restitution et dépens, pour les causes résultant d'une sentence d'Hautvillers, du 19 janvier 1785, pour délits commis dans les bois, 94 livres 17 sols.

De M. le curé d'Hautvillers, pour une restitution qu'on lui a faite au profit de M. l'abbé, 250 livres. M. l'abbé a consenti que M. le curé prélève, sur cette somme, 50 livres pour ses pauvres.

De dom Grossard, pour 285 bottes d'échalas que M. l'abbé lui a vendues à raison de 80 livres le cent de bottes, 228 livres.

Du même, pour soixante-dix-huit anneaux de bois à 15 livres, 1,170 livres.

Dépenses :

A Darvogne, de Nanteuil, pour 54 couronnes de cerceaux, à 16 sols, 43 livres 4 sols.

Pour 823 journées d'hommes employés pendant la vendange, tant aux pressoirs qu'à la perception des dîmes en vin d'Hautvillers, Cormoyeux, Romery, à différents prix, 725 livres 4 sols.

Pour 1,157 journées de vendangeurs employés aux vignes de la maison, 619 livres 12 sols.

A Simon, boucher, pour 1,430 livres de viande à 5 sols 6 deniers la livre, 393 livres 5 sols.

A Pierdhouy, pour fourniture de 1,000 poinçons à 5 livres 3 sols le poinçon, 5,150 livres.

Acheté au marché d'Épernay, 82 gluis de paille pour lier les vignes, à 4 sols l'un, 16 livres 8 sols.

Avoir payé aux vendangeuses, pour un bouquet qu'elles ont présenté à M. le marquis de Lattier, frère de M. l'abbé, à la fin des vendanges, 20 livres.

Pour 3,345 bouteilles, à raison de 20 livres le cent, 669 livres.

Avoir payé aux vignerons, pour façon de 21 arpents de vignes, à raison de 55 livres l'arpent, 1,155 livres.

Au bureau des aydes d'Hautvillers, pour 28 pièces et 5 caques de vin vendus et enlevés, 28 livres 18 sols 8 deniers.

Au bureau des aydes d'Ay, pour droit d'entrée des vins de dixmes du terroir d'Ay, 162 livres 1 sol.

Achat de quarante aunes de toile pour faire des draps pour

couvrir les raisins pendant les vendanges, à 18 sols l'aune, 36 livres.

A Baillot, jardinier, pour 56 journées faites dans le jardin, à raison de 15 sols par jour, et la nourriture 10 sols, 70 livres.

Payé à Jean Jacquet (père Cavalier), pour 16 mois de gage en qualité de tonnelier, 551 livres 17 sols.

A Simon, boucher, 191 livres de viande pour les pauvres (1782), à 5 sols 6 deniers, 52 livres 10 sols 6 deniers.

A M. Forzy, d'Hautvillers, pour le prix de deux chevaux, 438 livres.

Pour la caisse des incendiés, 48 livres.

A M. Durtête, curé de Chouilly, pour prix des vases sacrés, en remplacement de ceux qui avaient été volés, la somme de 138 livres 2 sols.

(Nous avons vu, dans le cours de cet ouvrage, que l'abbé d'un monastère devait ordinairement entretenir la couverture des églises et fournir le missel, les vases sacrés, etc., des paroisses qui étaient sous sa dépendance et sur lesquelles il prélevait des dîmes.)

A M. Touchard, maréchal-des-logis de la maréchaussée d'Épernay, pour la main-forte qu'il a donnée pour arrêter le nommé Brun, de Cormoyeux, 36 livres.

A M. Henry, curé d'Hautvillers, pour avoir des souliers aux enfants pauvres qui font leur première communion, 12 livres.

A M. Lécaillon, chirurgien, pour les pansements et médicaments qu'il a faits et fournis aux pauvres de la seigneurie d'Hautvillers, pendant trois ans, 300 livres.

Pour offrande, le jour que M. l'abbé d'Hautvillers a donné le pain béni de la paroisse, 3 livres 12 sols.

Pour aiguisage de 558 bottes d'échalas à 1 sol la botte, 27 livres 18 sols.

Payé au sieur Thierot, de Reims, pour un cheval de six ans, 342 livres.

Payé à 13 hommes qui ont retiré des biscornettes la voiture de la maison, qui y était tombée, 5 livres 4 sols.

Avoir payé, pour 87 journées d'hommes et de femmes, employés à détruire les vers dans les vignes, 31 livres 10 sols.

Payé à M. Lallement, 315 livres pour 3 pièces de vin blanc qu'il a achetées à Cramant, pour couper avec ceux de la maison.

Avoir payé à dom Grossard, procureur de l'abbaye, pour

200 bouteilles de vin qu'il m'a vendues, pour être adressées à M. le prince Poniatowski, en Pologne, à raison de 3 livres la bouteille, 600 livres.

Avoir payé, pour 152 journées 1/2 d'hommes et 68 journées de bourriques, employés aux vignes, les hommes à 10 sols et les bourriques à 12 sols par jour, 116 livres 4 sols.

Avoir payé à M. Chailloux, procureur au grand conseil à Paris, pour les dépens de l'arrêt du 17 novembre 1787, qui ordonne le partage des biens de l'abbaye entre M. l'abbé et les religieux, 640 livres 10 sols.

Payé à dom Grossard, procureur de l'abbaye d'Hautvillers, pour les charges claustrales de ladite abbaye d'une année, à compter du 17 avril 1788 jusqu'au 17 avril présente année, conformément à l'arrêt du grand conseil dudit jour 17 avril 1788, 2,836 livres 11 sols 4 deniers.

Payé au même, pour le rétablissement de la chaussée d'Hautvillers à celle de Reims, non compris la somme de 500 livres accordées pour travaux de charité, 400 livres.

Au nommé Lavaire, maître d'école à Hautvillers, 14 livres pour les frais d'enterrement du nommé Trévin, trouvé noyé, et 8 livres pour droits d'eau bénite de huit années.

Payé pour le cheval qui a conduit la mère de Jérôme Godard à l'Hôtel-Dieu, 3 livres.

Item, payé 343 livres 8 sols pour pain, argent aux pauvres.

Item, à Lelarge, boucher, 37 livres 8 sols, pour 108 livres 1/2 de viande aux pauvres.

Avoir payé, pour huit assignations données en différents lieux à M. l'abbé, à l'effet de se trouver à Reims pour nommer des députés aux états généraux, 4 livres 16 sols.

Payé aux cavaliers de la maréchaussée d'Épernay, pour avoir arrêté le nommé Blanzy, d'Hautvillers, 110 livres.

Tenu compte à M. le curé de Reuil, de la somme de 30 livres, qu'il a donnée aux pauvres de sa paroisse.

Avoir payé à M. Lallement, pour prix de 15 fusils qui ont été fournis par M. l'abbé à la garde bourgeoise d'Hautvillers, 159 livres 7 sols 6 deniers.

---

(1) Autrefois, l'instituteur allait tous les dimanches offrir de l'eau bénite dans toutes les maisons de la paroisse. Pour ce, une petite rétribution volontaire lui était accordée.

Payé à M. le procureur de l'abbaye, le tiers du produit des arbres de la coupe de la Briqueterie, de la présente année, 1,133 livres 6 sols 8 deniers.

Décime et caisse des incendiés, 9,512 livres 6 sols (1789).

Dans différentes localités qui étaient sous la dépendance de l'abbaye d'Hautvillers, une certaine quantité de vignes, terres, prés, etc., étaient classés comme appartenant, *quant aux dîmes*, à la mense abbatiale, et d'autres à la mense conventuelle. Les droits de chacun n'étaient pas toujours parfaitement connus. Il existait, à cause de cela, depuis un certain temps, des difficultés entre les religieux et l'abbé, pour la perception de cette dîme et pour sa répartition.

Tous les biens de l'abbaye, en général, appartenaient, pour une part, à M. l'abbé, selon qu'il les avait acquis de ses deniers ou qu'ils étaient attachés exclusivement à son titre ; l'autre part, pour les mêmes raisons, appartenait aux religieux ; chacun faisait valoir sa propriété à ses risques et périls et faisait en sorte d'en tirer le plus grand revenu possible. Il y avait, en outre, la dîme qui se percevait sur les propriétés des endroits, comme nous l'avons dit plus haut, qui dépendaient de l'abbaye d'Hautvillers, c'est-à-dire sur lesquels l'abbaye avait droit de percevoir la dîme. Cette dîme elle-même était partagée entre l'abbé et les religieux. Sur la dîme que percevait l'abbé sur un terroir, le tiers en revenait aux religieux, et sur la dîme qu'eux-mêmes percevaient ou sur le même terroir ou sur un autre en particulier, l'abbé en avait les deux tiers. De plus, il y avait des biens en commun et aussi des dîmes ; le revenu de ces biens et celui que produisaient ces dîmes étaient de même partagés dans les mêmes proportions.

Quand les revenus *en dîmes* de l'abbaye, tant de l'abbé que des religieux, étaient adjugés à un fermier général, les deux tiers étaient pour l'abbé, et l'autre tiers pour les religieux ; alors, il y avait bien souvent matière à procès ; on ne connaissait pas toujours au juste les droits des uns et des autres, puis il en était de même des frais de perception, etc. Il en était encore ainsi quand l'abbé faisait régir son abbaye par un homme qui le représentait.

Par un arrêt du grand conseil, en date du 17 novembre 1787, le partage des deux menses fut ordonné ; c'est-à-dire que chacun savait sur quelle propriété il pouvait percevoir la dîme. Il y avait perte pour l'abbé, et les religieux n'y gagnaient pas ; les frais devaient être plus grands et la dîme se percevoir plus difficilement. C'est alors que le grand conseil se prononça de nouveau; les religieux devaient devenir adjudicataires *à loyer* de toutes les dîmes et biens qui appartenaient en commun et en particulier entre l'abbé et les religieux. Cette adjudication se fit le 19 juin 1788. Les dîmes et les biens d'Évêqueville, les dîmes de la mense abbatiale, de la mense conventuelle, dîme en vin et raisins d'Hautvillers, Dizy, Cumières, Cormoyeux, de Cuis, de Villeneuve, dîme en grains et foins d'Hautvillers, revenus sur plusieurs terres, prés, étangs, biens indivis qu'avaient loués aussi les religieux, se partageaient en outre entre l'abbé et les religieux. 11,512 livres, prix de l'adjudication générale des revenus, plus les 2/3 de 7,000 livres que rapportaient les dîmes énoncées ci-dessus, étaient le revenu, d'après les derniers arrangements, qu'aurait eu M. l'abbé, si d'abord il avait été payé et ensuite si la Révolution ne fût pas venue le priver du tout.

Autre déclaration extraite des archives de la Marne.

Biens et revenus, suivis des charges de l'abbaye royale de Saint-Pierre-d'Hautvillers, ordre de Saint-Benoît, congrégation de Saint-Vannes et de Saint-Hydulphe, diocèse de Reims, tels qu'ils étaient encore au commencement de 1790, tant pour M. l'abbé que pour les religieux, les titulaires des différents bénéfices y annexés.

Biens de la mense abbatiale, c'est-à-dire qui appartenaient exclusivement à M. l'abbé d'Hautvillers, avec le revenu.

Mgr ALPHONSE DE LATTIER DE BAYANE, auditeur de Rote pour la France, à Rome, cinquante-deux ans.

Une grande maison abbatiale, composée d'un appartement de maître, d'un autre de fermier ou régisseur, d'un grand cellier, belles caves, deux pressoirs à cage, cour, remises, grange, écuries, jardins et clos, de la contenance d'environ trois arpents.

Le revenu de la maison n'est pas évalué.

Le revenu des clos et des jardins est évalué à...	150 #	» » ʃ
Biens et droits au village et terroir de Thillois..	150	» »
Biens situés sur le terroir du Mont-Saint-Remy et le Petit-Saint-Hilaire..................	550	» »
Terres et dîmes de Sainte-Marie-à-Py...........	1.050	» »
Dîmes et terres de Chamery...................	168	» »
Droit de rouage et chargeage des vins sur Hautvillers et Cumières......................	65	» »
Terres et dîmes sur le terroir d'Ardenay et Prosnes................................	625	» »
Ferme de la Grange, à Dizy.................	2.400	» »
Tuilerie du Chêne-la-Ramée.................	225	» »
Bois de Bœuf et ferme......................	5.700	» »
Chênes abandonnés dans les bois de Bœuf, évalués chaque année à...	600	» »
Ferme de la Briqueterie.....................	625	» »
Terres et dîmes de Chouilly..................	1.250	» »
Dîmes en grains, foins, de Cormoyeux.........	180	» »
Un jardin à Bacchus.......................	9	» »
Maison à Dizy.............................	65	» »
Autres immeubles, cellier, chambres, loués.....	72	» »
Terres et droits seigneuriaux de Vitry-les-Reims.	72	» »
Dîmes d'Aubilly...........................	250	» »
Dîmes en grains du terroir d'Ay..............	1.100	» »
Dîmes de Reuil	400	» »
Dîmes de Bisseuil	72	» »
Dîmes de Rosnay, Janvry, Germigny, Courcelles.	400	» »
Dîmes de Cuperly...........................	1.269	4
Pressoir à cage, situé derrière l'église, sur la place	90	» »
Dîmes de Lhéry.............................	258	» »
Produit du greffe de la justice d'Hautvillers....	200	» »
21 arpents de vignes de M. l'abbé, loués aux religieux par l'adjudication du 19 juin 1788...	758	10
Dîmes en vin d'Hautvillers et Cumières........	6.060	» »
Dîmes en vin de Dizy.......................	900	» »
Dîmes en vin de Cormoyeux, pour les forains seulement............................	674	» »
A REPORTER.................	26.387 #	14 ·ʃ

Report............................	26.387 ₶	14 ˢ
12 arpents de terre que M. l'abbé faisait valoir, loués aux religieux.....................	186	» »
24 arpents de prés que M. l'abbé faisait valoir, loués aux religieux.....................	474	» »
Dîmes en grains, foins, d'Hautvillers et de Dizy.	325	» »
Dîmes en vin d'Ay, régies en commun.........	1.057	12
Surcens sur divers particuliers d'Hautvillers....	300	» »
Préciput sur l'archevêché de Reims............	400	» »
Pressoir de la Croix-de-Fer non loué, mais valant par an...................................	60	» »
Produit des arbres des bois de Bœuf et de la Briqueterie.................................	1.600	» »
Maison de l'auditoire, pour loger les gardes des bois.....................................	50	» »
Lods et ventes qui ne se paient plus en 1790, par suite de procès pendants, mais évalués chaque année...................................	200	» »
Dîmes en grains sur Dizy.....................	45	» »
Petite portion de dîmes en grains sur Cumières ; conventions verbales avec Jean Lefèvre.....	9	» »
Deux pressoirs dans la maison abbatiale, dont le revenu peut être évalué à 140 livres, ci.....	140	» »

Nota. — M. l'abbé louait, avec la ferme de Bœuf, les bois (20 arpents), pour sa part de coupes réglées par an, avec la ferme ; nous avons vu que le chiffre était de 5,700 livres, à l'article : Ferme de Bœuf...

Mense conventuelle, biens appartenant aux religieux, et dîmes perçues en différents endroits.

Une maison conventuelle, avec ses dépendances, pouvant contenir vingt-quatre religieux, granges, écuries, celliers, clos, jardins, d'environ cinq arpents.		
Un clos de deux arpents, dont le revenu peut être évalué à..................................	80	» »
Un jardin de trois arpents, dont le revenu peut être évalué à.............................	100	» »
Le Moulin-Brûlé, à Épernay, avec 41 verges de pré sur Dizy, loué par année..............	700	» »
A Reporter....................	32.114 ₶	6 ˢ

REPORT.......................	32.114	# 6 ſ
La Croix-Bussy, lieudit d'Épernay, contenant 6 arpents 87 verges......................	150	» »
Droits seigneuriaux de Festigny...............	150	» »
Ferme de Festigny, avec 189 arpents de terre et 4 arpents 47 verges de prés..............	1.660	» »
Un petit clos............................	15	» »
Dîmes d'Igny-le-Jard......................	1.025	» »
Ferme d'Aigny, avec 69 journels, 7 danrées, 76 perches 1/3 de terres et 43 fauchées 2 danrées de prés.........................	2.887	» »
Pêche d'Aigny............................	48	» »
Dîmes de Vraux..........................	550	» »
Dîmes des Grandes-Loges, avec 41 journels 28 perches de terres......................	160	» »
Dîmes de Pierry, en grains..................	410	» »
Dîmes de Pierry, en vin, abonnées en argent....	650	» »
Dîmes en grains de Cuis...................	550	» »
Dîmes d'Époix...........................	300	» »
Ferme d'Asfeld, avec 60 jours 1/2, 18 verges de terre, 7 jours 1/2 de prés, et 6 quarterons de bois, broussailles.....................	550	» »
Dîmes d'Avize, avec 82 verges 36 perches 12 pieds de vignes......................	300	» »
Trois maisons à Cormoyeux..................	79	» »
Une maison et un jardin, à Épernay...........	106	» »
Maison à Hautvillers, servant à la sœur d'école (gratis) (1).		
Une autre maison, non louée, valant...........	50	» »
Deux pressoirs dans la maison conventuelle.....	140	» »
Droit sur le hallage d'Épernay...............	16	» »
Seigneurie d'Heurtebise....................	9	» »
Maison de la Halle, d'Épernay................	3	» »
Ferme et dîmes de Villeneuve-les-Vertus, 60 journées 8 danrées 30 perches de terres........	615	» »
Terre des Moines.........................	14	» »
Pré à Chouilly, 8 arpents...................	160	» »
A REPORTER...................	42.711	# 6 ſ

(1) Maison située sur la place au commencement de la rue de Bacchus.

Report...............................	42.711 #	6 ﾟ
Préciput en grains, sur Reims, le tiers sur deux qu'a l'abbé de son côté.................	200	» »
24 arpents de terre, à Cormoyeux..............	144	» »
Chênes dans les bois de Bœuf, abandonnés dans les bordures et broussailles, de même dans les bois de la Briqueterie................	800	» »

Biens appartenant en commun entre M. l'abbé et les religieux, et loués par eux par l'adjudication du 19 juin 1788, afin que le revenu puisse être plus facilement partagé entre eux et M. l'abbé.

Étangs de Festigny et d'Hautvillers (Hautvillers 35 arpents).............................	450	» »
Dîmes d'Évêqueville, avec 2 jours 18 cordes de terre, 9 fauchées 26 cordes de prés, 30 journées 2 cordes 1/2 de vignes...............	215	» »
21 arpents 66 verges de vignes sur Hautvillers..	737	» »
Dîmes en vin sur Cuis......................	304	» »
Dîmes en vin de Villeneuve-les-Vertus.........	305	» »
20 arpents de terres sur Hautvillers...........	341	» »
Dîmes de Festigny.........................	1.000	» »
29 arpents 1/2 de prés, sur Hautvillers et Dizy..	750	» »
Vignes à Cuis, louées......................	30	» »

Biens des religieux dont le revenu n'appartenait qu'à eux, mais que nous ajoutons ici pour donner une idée exacte des revenus en général de l'abbaye.

Sur Cumières, 8 arpents 13 verges de vignes, revenu................................	290	» »
Sur Damery, 39 verges.....................	15	» »
Sur Mardeuil, 50 verges....................	20	» »
Sur Champillon, 1 arpent 4 verges............	41	» »
Prés sur Dizy, 5 arpents 66 verges............	140	» »
Sur Ay, 15 arpents 13 verges................	390	» »
7 arpents 60 verges de terres sur Hautvillers....	135	» »
10 arpents 64 verges sur Dizy................	185	» »
A Reporter..................	49.203 #	6 ﾟ

Report.....................	49.203 ₶	6 ˢ
Un petit bois de 20 arpents, planté de bouleaux depuis 25 ans........................	240	» »
Vignes sur Hautvillers, 4 arpents 38 verges.....	155	» »
Sur Damery, 1 arpent 76 verges..............	50	» »
Sur Dizy, 21 verges.........................	8	» »
Terres sur Hautvillers, 3 arpents 51 verges.....	60	» »
Sur Ay, 27 arpents.........................	540	» »
Sur l'Hôtel-de-Ville de Paris.................	280	» »
En rentes sur les tailles de Reims.............	280	» »
Sur différents particuliers...................	200	» »
Hôtel à Reims, loué........................	1.100	» »

Il y a, aux *Archives nationales*, un état des droits, rentes et revenus de la mense conventuelle de l'abbaye d'Hautvillers, du 1ᵉʳ avril 1732 au 1ᵉʳ avril 1739. Q 1/5, 676.

Prieuré de Saint-Nivard.

Titulaire : dom Nicolas Cassebois, depuis 1763, soixante ans.

Une tuilerie, louée en marchandises, mais estimée..................................	180	» »
Un petit bois, broussailles et 30 arpents de bois, tenant à Saint-Nivard et environs ; 4 arpents 92 verges de vignes ; une dîme sur Cumières, 50 livres, le tout.....................	350	» »

On trouve *(Archives nationales*, Q ¹/₁ 676), le dénombrement et *recepte* des rentes du prieuré ou hermitage de Saint-Nivard, de 1641 à 1646.

Item (Q 1/5, 676), l'état général de la recette et dépense du prieuré de Saint-Nivard, dont est titulaire le R. P. dom Hyacinthe Robert, de 1732 à 1739.

Biens de l'aumônerie d'Hautvillers.

Dom Nicolas Conscience, cinquante-huit ans.

Il possède, à Champillon, deux pressoirs avec deux clos d'un arpent....................	200	» »
A Reporter.................	52.846 ₶	6 ˢ

REPORT.	52.846 #	6 ˢ
Les dîmes en grains de Champillon.	90	» »
Dîmes en vin de Champillon.	500	» »
Un arpent et demi de terres sur Champillon. . . .	25	» »
Vignes sur Hautvillers, 7 arp. 59 v. ⎫ Sur Cumières, 49 v. ⎬ 9 arp. 80 v. Sur Champillon, 1 arp. 72 v. ⎭	445	» »
Prés sur Hautvillers, 6 arp. 77 v. ⎱ 8 arp. 98 v. Sur Ay, 2 arp. 21 v. ⎰	225	» »
Terres sur Hautvillers, 1 arp. 24 v. ⎱ 2 arp. 74 v. Sur Ay, 1 arp. 50 v. ⎰	50	» »

On trouve l'état de l'office claustral de l'aumônerie, dont est pourvu dom Jean de Viges, pour ses droits et ses revenus, du 1ᵉʳ avril 1732 au 1ᵉʳ avril 1739. *Archives nationales,* Q 1/5, 676.

Trésorerie de l'église d'Hautvillers.

Dom CHAMPAGNE, soixante-cinq ans.

Deux maisons dans Hautvillers.	72	» »
Une autre en mazure.		
Terres sur Hautvillers, 2 arpents 64 verges.	55	» »
Prés sur Hautvillers, 60 verges.	10	» »
Vignes sur Hautvillers, 2 arp. 20 v. ⎫ Sur Cumières, 2 arp. 41 v. ⎬ 5 arp. 58 v. Sur Dizy, 97 v. ⎭	200	» »
Ferme d'Écoute-s'il-pleut, 60 arpents de terres, 3 arpents 1/2 de prés, le tout loué à Antoine Pierre, dit Lallement, et à sa femme Catherine Mennesson, 12 août 1789.	300	» »
Un arpent et un quartier de vignes à Romery. . .	40	» »
Un moulin à Romery, près de la ferme.	120	» »
Dîmes de Oiry, avec 11 fauchées de prés, 4 arpents et un quartier de terres, y compris les danrées.	1.200	» »
Dîmes de Plivot.	210	» »
Dîmes des Istres.	40	» »

On trouve aux *Archives nationales,* Q ¹₁ 676, un état des rentes, revenus de l'office de trésorier d'Hautvillers, de 1641 à 1646.

A REPORTER.	56.428 #	6 ˢ

Report..................	56.428 #	6 '

Item (Q 1/5, 676), un état des droits, rentes, etc., du R. P. Placide Aubry, à cause de son office claustral de la trésorerie de l'abbaye d'Hautvillers, de 1732 à 1739.

Prieuré de Semuy.

Henry Gayet, soixante-cinq ans.

Une ferme avec 60 jours de terres, 11 fauchées de prés, 2 quartels de vignes, sur le terroir de Semuy, un muid de grains, moitié froment moitié avoine, plus 6 septiers de froment et un septier d'avoine, le tout loué pour 9 ans.	700	» »
2 pièces de vignes sur Cumières, de 68 verges..	22	» »

Prieuré de Saint-Remy, proche Arcis-sur-Aube.

Dîmes de 30 arpents de terres, louées pour 9 ans.	220	» »

Le chapelain de Saint-Jean de Cumières.

Une rente de 20 livres appartient au chapelain de Cumières, ci........................	20	» »
Un arpent et demi de terres et prés............	25	» »
Total de toutes les recettes générales...	57.415 #	6 '

(En 1598, le 30 juillet, dom Jehan de Montpoix et dom Didier louent à Lefebvre la ferme d'Écoute-s'il-pleut (notaires : Benoît Rigaux et Nicolas Suisse). Le 1er avril 1667, dom Ildefonse Bardin, trésorier de l'abbaye, baille le moulin d'Écoute-s'il-pleut à François Hanin, qui succéda à Jean Debaune qui le tenait depuis neuf ans.)

Charges à acquitter sur les biens dépendant de l'abbaye d'Hautvillers, par M. l'abbé, les religieux et les bénéficiers.

Entretien de la maison abbatiale et les dépendances, par an, environ.................	500 #	» » '
Entretien de la maison conventuelle avec les bâtiments qui en dépendent.................	800	» »
A Reporter..................	1.300 #	» »

Report....................	1.300 # » »
M. l'abbé et les religieux paient à la recette des décimes de Reims.....................	14.000 » »
Frais de procédures criminelles, à la charge du seigneur, annuellement, environ..........	120 » »
M. l'abbé paie à M. de Rességuier, vicaire général de Cahors, une pension due par celui qui a le titre d'abbé d'Hautvillers...............	4.000 » »
Au sieur Soldez, prêtre du diocèse, de.........	2.000 » »
A la caisse des incendiés....................	24 » »
Oblats, c'est-à-dire dépenses à l'occasion de ceux qui avaient donné quelque chose au monastère, comme service religieux, etc..........	300 » »
Charges claustrales de la mense conventuelle, payées par M. l'abbé, vestiaire, fournitures diverses................................	2.836 10
Gages de deux garde-bois, à chacun 350 livres..	700 » »
Aux pauvres de la seigneurie................	600 » »
Les religieux paient de rentes, pour emprunt de la somme de 82,836 livres, qu'ils ont été obligés de faire il y a douze ans à cause du défaut de récolte et de recette en vin qui fait l'objet principal du revenu des religieux, leur fixe étant absorbé par les charges.....	3.316 » »
Entretien de quatre chaussées d'étangs.........	160 » »
Entretien du Moulin-Brûlé avec une écluse.....	80 » »
Entretien de la chaussée et du pont de Cubry....	40 » »
Entretien de six maisons, avec M. l'abbé, en dehors de la maison abbatiale et la maison conventuelle.............................	150 » »
Entretien, églises et clochers (de 25), avec M. l'abbé, des endroits où ils perçoivent la dîme..................................	1.450 » »
Préciput ou portion congrue à M. le curé d'Hautvillers, en argent.......................	800 » »
A M. le curé de Cumières, moitié de sa portion congrue, l'autre moitié de 350 livres est à la charge de M. de Beinis.....................	350 » »
A M. le curé de Dizy, 72 boisseaux de froment,	
Report.................	32.226 # 10 ſ

REPORT................	32.226 #	10 ſ
104 boisseaux d'avoine, 2 pièces de vin et 20 livres d'argent, le tout estimé..........	500	» »
A M. le curé de Cuperly.....................	203	6
A M. le curé de Cormoyeux..................	30	» »
A M. le curé de Chamery....................	8	10
A M. le curé de Lhéry......................	133	6
Le prieur de Saint-Nivard, une tuilerie, une maison...............................	60	» »
L'aumônier, deux pressoirs et une église à Champillon................................	50	» »
Trois fois par semaine la soupe à la porte du monastère et l'aumône à ceux qui se présentent, non compris les aumônes journalières et extraordinaires.......................	200	» »
Il donne, en outre, à celui qui dessert Champillon.................................	350	» »
Il entretien une ferme, deux maisons, trois églises et clochers, et il doit fournir tout ce qui concerne le service divin, pour cela son budget se monte à.....................	400	» »
Le prieur de Semuy entretient une grosse ferme pour laquelle il a dépensé cette année 1,700 livres en grosses réparations, ce qui lui coûte, année commune...................	85	» »
Le prieur de Saint-Remy entretient une église, un clocher et le presbytère de Saint-Remy..	40	» »
Les religieux entretiennent encore une grosse ferme à Aigny...........................	120	» »
Les religieux ont rebâti deux fermes et une maison à neuf, depuis vingt ans, qui leur ont coûté 75,000 livres qui ne sont pas portées en dépenses ordinaires.		
	34.406 #	12 ſ

Situation de l'actif et du passif en général de l'abbaye, au commencement de 1790.

Dettes actives.

Arrérages..........................	4.850 ₶ 13	ſ	6 ᵈ
Antérieurs à 1789.................	1.663	18	1
Recouvrement à faire sur la vente des vins.	928	10	» »
Créances mobiliaires................	1.593	» »	» »
Douteuses........................	660	» »	» »
Argent en caisse...................	9.636	1	7
Effets de commerce................	5.606	1	6
	24.938 ₶	4 ſ	8 ᵈ

Dettes passives.

Constitutions sur gens de main-morte.....	80.100 ₶ » »	ſ	» » ᵈ
Constitutions sur laïcs................	2.700	» »	» »
Arrérages desdites rentes et dettes courantes........................	20.069	12	11
	102.869 ₶	12 ſ	11 ᵈ

$$\begin{array}{r} 102.869 \text{ ₶ } 12 \text{ ſ } 11 \text{ ᵈ} \\ 24.938 \quad 4 \quad 8 \\ \hline 77.931 \text{ ₶ } 8 \text{ ſ } 3 \text{ ᵈ} \end{array}$$

Les religieux, au moment où ils ont été obligés de quitter l'abbaye et d'abandonner toutes leurs propriétés, devaient donc 77,931 livres 8 sols 3 deniers. La vente de leurs biens qui, certainement, valaient dix fois le montant de leurs dettes, a-t-elle servi à rembourser ceux à qui il était dû ? Comment s'est opérée cette liquidation ? Nous laissons à d'autres la solution de ce problème.

Inventaire des livres de l'abbaye.

(Archives de Châlons-sur-Marne.)

1143 volumes in-folio.
974 volumes in-4º.
3328 volumes in-8º et in-12.
86 brochures.
2550 volumes grand in-folio.
254 volumes grand in-4º.
864 volumes grand in-8º.

Il y avait aussi à l'usage des religieux, qui ne sont pas compris dans ceux qui précèdent : 255 in-folio, 254 in-4°, 864 in-8°.

Les manuscrits n'ont pas été désignés nommément dans l'inventaire de 1788, fait par Antoine Le Cacheur et Claude-Gervais Malo. Un seulement, c'est le martyrologe d'Usuard, religieux bénédictin, en latin, coté et paraphé par Gervais Malo, un des notaires qui faisaient l'inventaire.

Une grande partie de ces volumes sont à la bibliothèque d'Épernay et en font le principal ornement. Un grand nombre aussi ont été dispersés et peut-être détruits.

Déclaration des objets mobiliers de l'abbaye d'Hautvillers.

Le 20 février 1790, les religieux avaient fait à la municipalité d'Hautvillers la déclaration des objets mobiliers de l'abbaye, et, le 27 avril suivant, ces Messieurs procédaient au récollement dudit mobilier.

Argenterie.

20 couverts en argent, 11 cuillères à café.

32 tableaux, tant dans le réfectoire, salle, etc., dont 18 de la famille royale.

8 cloches, pesant environ dix mille livres, plus une cloche d'exercice, dans le dortoir. Une horloge à trois timbres et à réveil.

6,000 bouteilles de vin et 32 pièces.

Sacristie.

30 chapes, dont 3 brodées en or, toutes précieuses, 32 chasubles avec accessoires, 22 tuniques, 8 tapis et plusieurs morceaux de tapis russes. (Il en reste encore à l'église aujourd'hui.) 13 aubes, 36 surplis, 19 autres surplis à dentelle, 22 surplis d'enfants de chœur, 52 amicts, 48 cordons, 26 nappes et 11 autres garnies, 66 corporaux, 260 purificatoires, 120 lavabos, 20 palles, 20 essuie-mains, 2 draps mortuaires, 14 châsses dans le sacraire : une de sainte Hélène, de saint Nivard, de saint Syndulphe, de saint Polycarpe, etc.; 20 chandeliers en cuivre, un ciboire, un soleil (ostensoir), un calice en vermeil et 2 autres calices en argent, 2 plats et cuvettes en argent ; une boîte en argent pour les saintes huiles, 2 encensoirs et 2 navettes, 2 chandeliers d'acolytes, 2 croix de processions, un bénitier et son goupillon en argent, une paix en vermeil, une baguette

garnie d'argent pour le bedeau, 2 paires de bâtons de chantres, cuivre argenté. Une statue de sainte Hélène et deux bras d'argent. Une niche pour le Saint-Sacrement.

Ce qui avait été déclaré dans l'église a été reconnu conforme à la déclaration, tableaux, tabernacle, etc., ainsi que dans les chambres des religieux, dans la lingerie, de même que dans la maison des dames de la cour, près de la grande porte d'entrée du monastère (1).

En 1677, un inventaire du mobilier de la sacristie avait été fait par dom Odilon Aubry. Nous n'y avons trouvé rien d'extraordinaire qui ne soit rappelé en différents endroits de notre ouvrage. Cet inventaire est aux archives de Saint-Jean de Châlons.

Dans l'église de l'abbaye, un inventaire, ou estimation du bâtiment et des principaux objets qu'il renfermait, constatait qu'il y avait, outre le maître-autel en marbre, celui de la Sainte-Vierge et celui de Sainte-Hélène, deux autres autels en bois dans la nef, au bout et contre les stalles qui faisaient face aux bancs des fidèles avant la démolition de ces stalles, au nombre de huit. Le sacraire avait des boiseries tout autour, un autel où reposaient les reliques et un parquet en chêne.

La grille du chœur, en fer, avait sept pieds de longueur sur quatorze pieds de hauteur. Les grilles qui achevaient de le fermer, à l'endroit des arcades, avaient, à elles deux, vingt pieds de longueur sur quatre pieds six pouces de hauteur. Le sacraire était aussi fermé par une grille en fer forgé, qui avait six pieds de largeur sur dix pieds de hauteur; il paraît qu'elle était magnifique. Que sont donc devenus tous ces objets d'art? Hélas!!!

On n'a pas oublié que le lutrin et le magnifique tabernacle de l'église de l'abbaye étaient en cuivre ciselé.

Le 29 avril 1791, l'estimation de l'église de l'abbaye, dans le cas où elle serait vendue, se montait à la somme de 19,320 livres 5 sols 9 deniers.

---

(1) Les illustres princesses, tantes du Roi, Mmes Marie, Adélaïde et Victoire de France, sa sœur, vinrent plusieurs fois du château de Louvois visiter l'abbaye d'Hautvillers pour y honorer sainte Hélène ; c'est pourquoi elles y avaient leurs appartements. Une tradition dans le pays porte qu'elles y sont venues un jour incognito, accompagnées de la reine Marie-Antoinette, de Mme Élisabeth, sœur du Roi, et de Louis-Stanislas-Xavier, qui devint Louis XVIII.

Ce qui précède est extrait d'un procès-verbal d'estimation des deux églises, celle de l'abbaye et celle de la paroisse.

C'était avec raison que l'on pouvait pressentir une catastrophe générale; déjà, en 1789, tous les esprits tournaient à la Révolution; le brigandage, d'ailleurs, paraissait être à l'ordre du jour, et, pour conserver ce que l'on possédait, on organisait des gardes, des patrouilles, ce qui n'empêcha pas que bien des localités furent pillées par des malfaiteurs sortis en partie de la capitale. Voici ce que nous lisons dans les actes de la municipalité d'Hautvillers, à ce sujet :

Formation d'une garde bourgeoise.

Le 9 août 1789, les officiers municipaux, convoqués au son de la cloche, se sont réunis : Rittier, bailli, Michel Berrurier, syndic, a exposé que, pour résister à des attroupements d'hommes dangereux sortis de la capitale, qui, ayant déjà commis de grands désastres tant dans les villages que dans différentes abbayes, plusieurs villes avaient organisé une garde bourgeoise, et qu'il serait bon de les imiter pour prévenir de pareils désordres. Sur quoi, soixante-dix hommes ont été choisis parmi les principaux habitants d'une probité reconnue.

M. Delamotte, ancien major d'infanterie, chevalier de l'ordre royal militaire de Saint-Louis, a accepté le commandement général de la garde bourgeoise. Il a été décidé, en même temps, que l'issue des ruelles serait murée, afin qu'aucun malfaiteur ne puisse s'introduire dans le pays. On a, de plus, invité ceux qui ont des portes en dehors du village, donnant sur les chemins, de les tenir fermées, sous les peines qu'il appartiendra.

La municipalité espère que la formation d'une garde bourgeoise sera, pour les circonstances, d'une utilité certaine pour la tranquillité qu'elle aura procurée à la paroisse dans le temps des désordres qui affligent la France entière, et qui paraissent ne devoir finir qu'après la sanction des opérations de l'auguste Assemblée qui doit mettre un terme à nos maux (1).

Ce qui précède suffit pour faire voir où en était la France au commencement de cette malheureuse Révolution, dont le seul souvenir fait frissonner d'horreur. Malgré le pressenti-

---

(1) Archives de la mairie d'Hautvillers.

ment d'une terrible catastrophe, Hautvillers, aussi bien que les autres communes et villes du royaume, avait encore ses jours de réjouissance ; mais, hélas, ces fêtes n'étaient-elles pas des oiseaux de mauvais augure, qui faisaient présager mal pour l'avenir ; nous extrayons d'une feuille volante, imprimée, une délibération ou plutôt un compte-rendu d'une de ces fêtes civiques ou nationales.

Extrait des registres des délibérations de la commune d'Hautvillers.

(14 juillet 1790)

L'an mil sept cent quatre-vingt-dix, le quatorze juillet, nous, officiers municipaux, notables, commandant, officiers, soldats de la garde nationale et autres habitants de la paroisse d'Hautvillers, chef-lieu de canton du district d'Épernay, département de la Marne, désirant, après avoir donné jusqu'à présent des preuves non équivoques de notre parfaite soumssion aux décrets de l'Assemblée nationale, sanctionnés par le Roi, participer comme tous les autres citoyens français, et même d'une manière particulière, à la fête nationale qui se célèbre aujourd'hui dans la capitale ainsi que dans toutes les villes, bourgs et paroisses du royaume, avons résolu de nous rassembler et de prêter solennellement, et dans les formes prescrites par nos représentants, le serment nouvellement décrété ; en conséquence, et après une délibération du conseil général de la commune, il a été, dans le lieu le plus apparent de la paroisse, élevé un autel civique à quatre faces, dans le goût champêtre, avec les emblèmes et ornements analogues à la circonstance, l'une desdites faces présentant pour inscription : *le Triomphe de la Nation* ; et, ledit jour, vers les onze heures du matin, toute la garde nationale de ce lieu assemblée, M. le commandant à la tête, est allée au lieu ordinaire des assemblées de la municipalité, où étaient les maire, officiers municipaux et notables, lesquels sont partis dans l'ordre suivant : une division formant moitié de la garde nationale, précédée de ses tambours et instruments, et ayant M. le commandant à la tête, les maire, officiers municipaux et notables ; la seconde division de la garde et ensuite tous les citoyens de la paroisse, du nombre desquels étaient messieurs les religieux de l'abbaye d'Hautvillers; le cortège, arrivé vers les onze heures un quart à l'autel civique, le sieur curé de la paroisse, qui s'y était rendu séparément avec son clergé, a entonné le *Veni Creator*, fin duquel il a été célébré une messe basse sur ledit autel; la messe finie, M. le maire est monté sur le côté droit de l'autel, où il a prononcé un discours, où étaient manifestés les sentiments du plus pur patriotisme et des exhortations pathétiques à tous les citoyens, à remplir fidèlement les devoirs auxquels ils allaient s'engager par le serment dont il leur a, à l'instant, lu la formule; à midi précis, le moment de la prestation du serment a été annoncé au son des cloches de la paroisse et de l'abbaye et au bruit d'une décharge générale; le serment prêté, le *Te Deum* a été entonné et chanté au son de toutes les cloches et au bruit d'une même décharge; après le *Te Deum*, il a été chanté en musique la variante constitutionnelle: *Domine salvam fac gentem, salvam fac legem, salvum fac regem*, et l'oraison nationale ensuite, et aussitôt le maire, officiers municipaux et notables ont été reconduits dans le même ordre qu'ils étaient venus, et avec les décharges convenables.

Et à l'instant la compagnie des ci-devant chevaliers du Jeu-d'Arc de cette paroisse, ayant offert de se soumettre au décret de l'Assemblée nationale du 12 juin dernier, sanctionné par Sa Majesté, le 18, et ayant, à cet effet représenté leur drapeau, tous les officiers de la municipalité et de la garde sont allés, toujours dans le même ordre, déposer et suspendre ledit drapeau à la principale voûte de l'église paroissiale, toujours aux acclamations universelles.

Comme les maire, officiers municipaux, notables, commandant et officiers de la garde et autres principaux habitants sont convaincus qu'en toutes fêtes patriotiques et autres, les pauvres doivent être le premier objet de leur vigilance, que dans une fête aussi mémorable on ne devrait pas se borner à des aumônes ordinaires d'une distribution de pain et qu'on devait faire participer les pauvres d'une manière plus sensible à la joie commune, outre les aumônes de pain et de vin qui ont été répandus aussi généralement qu'il a été possible, cent citoyens des plus indigents de la paroisse, de tout âge et de tout sexe, avaient été invités au repas qu'on entendait faire suivre la cérémonie du serment; en conséquence, les cent pauvres s'étant rendus à l'heure indiquée, et le temps ne permettant pas de dresser les tables sur la place publique où était l'autel, suivant le projet, sur l'offre faite par les sieurs religieux de disposer de leur cloître, comme endroit le plus vaste et le plus commode, les tables y ont été transportées jointes ensemble et servies. Les officiers municipaux, dont le curé de la paroisse fait partie, notables, officiers de la garde, principaux habitants s'y sont assis, confondus, sans aucune distinction, avec les cent pauvres, et même beaucoup d'autres qui s'y sont présentés sans invitation, y ont été accueillis avec le plus grand plaisir, ce qui a porté le nombre des convives à plus de trois cents, non compris les soldats de la garde nationale, qui ont préféré de dîner en voltigeant autour des tables, comme par surcroît d'allégresse. Le repas a eu lieu au son continuel des cloches de l'abbaye, au bruit des tambours et décharges réitérées, et avec les témoignages réciproques de la plus grande fraternité, et sur la fin du dîner, il a été, par M. le maire, porté les santés, avec les décharges ordinaires : 1° des vainqueurs de la Bastille, considérés comme les premiers héros de la fête du jour ; 2° de l'Assemblée nationale; 3° du Roi ; 4° des amis de la Révolution. Après le repas, les habitants du lieu, qui n'avaient pu s'y trouver, s'étant réunis, chacun s'est livré aux divertissements de son âge, le reste de la journée jusqu'à neuf heures du soir; alors le maire, officiers municipaux, notables, toute la garde nationale et autres citoyens se sont transportés, dans le même ordre que le matin, à l'endroit où tout était préparé pour un feu de joie, qui a été allumé par M. le maire (1) et a continué de brûler aux acclamations réitérées de : *Vive la nation, Vive la loi, Vive le roi;* ensuite les maire et officiers municipaux ont été reconduits dans le même ordre. De tout quoi nous avons dressé le présent procès-verbal qui a été rédigé sur le registre des délibérations de la commune, afin de transmettre à nos descendants le souvenir de l'anniversaire mémorable de la journée glorieuse qui leur a ouvert les portes de la liberté et a facilité les succès d'une Révolution qui va régénérer la nation française et faire le bonheur de la postérité.

Et, après lecture faite du présent procès-verbal, il a été arrêté, par le conseil général de la commune, qu'il en sera fait cent exemplaires, dont un pour être envoyé à l'Assemblée nationale, un au département, et l'autre au district, avec trois

---

(1) Jean-Baptiste Lécaillon, médecin.

adresses, et le surplus pour être distribué aux habitants de la paroisse ; à cet effet, le sieur Berrurier, procureur de la commune, a été autorisé à le porter à l'impression et à faire les avances nécessaires. (Nous avons un exemplaire imprimé de ce procès-verbal.)

Les deux principaux personnages qui figurent tout naturellement dans ce procès-verbal étaient : M. le curé Davaux qui, malheureusement, entraîné par l'enthousiasme du moment et ignorant probablement l'importance de son action, a juré, comme les autres, sur l'autel civique, le serment à la Constitution, serment qui portait atteinte aux lois de l'Église, et qui, par conséquent, était défendu par elle à ceux chargés de la représenter au milieu des peuples.

M. le maire porta, sans le savoir, un toast intempestif à la santé de ses concitoyens ; l'avenir leur en a donné la preuve. Que de mensonges, quel aveuglement, que d'illusions dans ces jours de prétendues fêtes, qui, paraissant apporter le bonheur, ne faisaient que préparer des jours néfastes que l'histoire n'a pas oubliés!!!

Nous supposons que les religieux, après cette fête civique, (14 juillet 1790), ne restèrent pas longtemps dans leur abbaye, car, dès le 20 octobre suivant, le conseil général de la commune demandait l'échange de l'église paroissiale contre l'église conventuelle ; elle était donc déjà libre, ou au moins, n'était plus à la disposition de ceux qui, depuis des siècles, y venaient prier ; plusieurs étaient déjà partis, quelques-uns se disposaient à suivre leurs compagnons d'infortune. Toutefois, le 4 janvier 1791, d'après un décret du 29 octobre 1790, dom Manuel, dernier prieur de l'abbaye, remettait à la municipalité d'Hautvillers, pour être envoyé à MM. les administrateurs du district d'Épernay, les actes de baptême et de profession des derniers religieux ; c'était probablement pour fixer la pension de chacun d'eux.

1791. — L'église conventuelle, abandonnée par les religieux, chassés de leur abbaye, devait, semblait-il, ne pas demeurer longtemps veuve des cérémonies du culte. Dès le 20 octobre 1790, le conseil général de la commune d'Hautvillers rédigeait une délibération expositive des réparations urgentes à faire à l'église paroissiale et présentait une requête à l'effet d'obtenir son changement contre l'église du monastère et son buffet d'orgues. Cette adresse, portée à l'Assemblée nationale, fut renvoyée, le 17 mars 1791, aux administrateurs composant la direction de la Marne, par le sieur de Talleyrand, ancien évêque d'Autun, et dix mois plus tard, le 27 mai, le directoire du district d'Épernay était autorisé à accorder l'échange demandé.

Échange de l'église paroissiale d'Hautvillers contre l'église conventuelle.

(1791)

Les administrateurs composant le directoire du département de la Marne, vu la délibération du conseil général de la commune d'Hautvillers, du 20 décembre 1790, expositive des réparations urgentes et indispensables à faire à l'église paroissiale et de la demande formée de l'abandonner à la nation en échange : 1° De l'église des ci-devant Bénédictins d'Hautvillers, avec le buffet d'orgues qu'elle renferme. 2° D'un terrain suffisant pour former un passage qui conduise en ligne droite du village à ladite église. 3° De l'auberge de la Croix-de-Fer, pour construire une école ou un presbytère..... L'adresse présentée, à cet effet, à l'Assemblée nationale, et dont le renvoi nous a été fait par le sieur de Talleyrand, *ancien* évêque d'Autun, le 17 mars dernier. Le procès-verbal du sieur Lelouvier, rédigé en exécution des délibérés du directoire du district, du 30 mars et du 5 avril dernier, contenant un détail estimatif des réparations à faire à l'église paroissiale, de la valeur intrinsèque de celle de l'ancienne abbaye d'Hautvillers et des terrains nécessaires à l'échange proposé.

La délibération de la commune, du 24 avril dernier, contenant le vœu de 108 habitants sur 116, pour l'acceptation dudit échange.

La pétition du conseil général de la commune, formée d'après la communication par lui prise des différents procès-verbaux et projets rédigés par l'expert du district, les 19, 23 et 29 avril et 2 mai présent mois, desquels il résulte :

1° Que les réparations à faire actuellement à l'église paroissiale s'élèvent à la somme de 8,599 livres 1 sol 11 deniers.

2° Que la valeur des matériaux de l'église de l'abbaye et de la superficie des terrains nécessaires à son usage sont évalués à la somme de 19,320 livres 5 sols 9 deniers.

4° Que les meubles, consistant en six grands chandeliers de cuivre, un tabernacle, un aigle servant de lutrin, les orgues et les tableaux, sont évalués à la somme de 3,000 livres.

5° Que le passage demandé par l'auberge de la Croix-de-Fer occasionnera une dépense de 982 livres 19 sols, et qu'il peut être indiqué un autre aussi commode qui, sans occasionner la destruction d'un bâtiment, ne coûtera que 180 livres.

La réponse de la municipalité aux observations ci-dessus. L'avis du directoire du district d'Épernay sur les différentes demandes et projets énoncés ci-dessus.

Vu aussi un nouveau mémoire par les députés de la commune, qui ont été entendus, demandant le sursis de l'adjudication indiquée au 28 de ce mois, de l'auberge de la Croix-de-Fer, dont la commune désirerait l'échange avec la maison actuellement occupée par le maître d'école, et le plan de l'état des lieux qui nous a été présenté par lesdits députés.

Après avoir entendu le procureur général syndic, considérant qu'il n'a pas été pourvu par le conseil général de la commune aux dépenses relatives à la translation demandée, que le Corps législatif n'a pas encore décrété de quelle manière il serait pourvu aux réparations et entretiens des églises et presbytères, aux termes de la loi du 5 novembre, que tous les projets présentés supposent que la nation doit se charger des réparations, constructions, entretien de l'église et autres frais du culte, sur lequel il n'a pas été définitivement statué, qu'il existe actuellement un presbytère et une maison d'école qui, quoique moins rapprochés de l'église des religieux, peuvent néanmoins être conservés sans nuire au service public ; que, d'après le vœu du conseil général de la commune, les habitants sont dans l'impuissance de supporter eux-mêmes les dépenses d'acquisition ou de construction de nouveaux bâtiments. Nous avons, au nom de la nation, et sous le bon plaisir du Corps législatif et du Roi, accepté l'échange proposé des deux églises, et envoyé la commune d'Hautvillers en possession de celle de la ci-devant abbaye d'Hautvillers, qui deviendra paroisse. En conséquence, autorisons le directoire du district d'Épernay à nommer un ou deux commissaires pour consommer ledit échange et livrer à la commune les douze verges de terrain nécessaires au passage (1), pour communiquer du village à l'église, suivant les lignes de démarquation tracées par l'expert, et disons qu'il n'y a lieu à suspendre la vente de l'auberge de la Croix-de-Fer, ni à autoriser la commune à en faire l'acquisition.

---

(1) Ce passage formé dans le jardin et dans le cimetière de l'abbaye a pris le nom de : rue de l'Église ou de l'Abbaye.

Autorisons pareillement lesdits commissaires à livrer les vingt-cinq verges de terrain, réservé pour servir de cimetière, à la charge, par la commune, de prendre l'obligation expresse de fermer, à ses frais, de murs à hauteur de coutume, les portions de jardins aboutissant de chaque côté du passage ; et délaissons à la commune de délibérer, et, s'il y a lieu, de bâtir, sur ledit emplacement, une maison d'école, auquel cas celle actuellement existante serait vendue pour subvenir aux frais de construction.

Déclarons que, dans l'échange des deux églises, ne sont pas comprises les cloches actuellement existantes dans le clocher de l'abbaye, que, par experts à ce connaissant, le poids de celles de l'église paroissiale sera constaté, et qu'il sera délivré, à la fabrique et à la commune, des cloches de ladite abbaye, jusqu'à concurrence du poids effectif de celles de la paroisse, sauf à liquider l'excédant ou le déficit et à s'en tenir compte réciproquement, et au prix qui en sera fixé par l'expert. Réservons également le tabernacle, les six grands chandeliers de cuivre, l'aigle, les orgues, les tableaux et les autres effets mobiliers qui se trouvent dans l'église de ladite abbaye, dont les commissaires dresseront inventaire, et cependant, les autorisons à en laisser l'usage provisoire aux habitants, jusqu'à la vente, sous l'obligation personnelle que prendront le curé, marguilliers et les officiers municipaux de remettre lesdits effets, ou d'en payer la valeur à la caisse du district, d'après l'estimation faite par l'expert à la somme de 3,000 livres.

Prenant en considération le dénuement absolu d'ornements nécessaires à la décence du culte, permettons auxdits commissaires à remettre, sous la même obligation, *solides* fabriciens et municipaux, un ornement blanc, un rouge, un noir, dont le prix sera également constaté par expert pour en payer la valeur, ou représenter lesdits ornements, dans le cas où l'Assemblée nationale ne jugerait pas à propos d'en faire l'abandon.

Et seront, lesdites reconnaissances et obligations, transcrites avant la prise de possession de ladite église, et la commune d'Hautvillers tenue de payer au sieur Lelouvier la somme de 90 livres, à laquelle nous avons taxé les dix-huit jours de vacation par lui employés à la rédaction des procès-verbaux et autres opérations qui lui ont été prescrites par le district.

Délivré à Châlons, le 27 mai 1791.

Signé : JEANNET ; PLACET ; VALLIN ;
L. GROSJEAN ; LEFEBVRE.

(On trouve, à la date du 16 août 1792, un décret prononçant la confiscation des immeubles des fabriques des églises. A la date du 17 août, confiscation des couvents et de leurs dépendances. Un décret de la Convention, du 1er février 1793, autorise les communes à convertir leurs cloches en canons.)

Suit le procès-verbal de mise en possession.

Cejourdhuy dimanche 29 mai 1791. Nous, François-Joseph Blatre, président; Jean-Baptiste Coltier, administrateur; Louis-Sébastien Morel, procureur-syndic, et François Arnoult, secrétaire du district d'Épernay, conformément et pour l'exécution des délibérés du département de la Marne, du 12 mars et 17 mai 1791, nous nous sommes transportés à Hautvillers, chef-lieu d'un des cantons du district, à l'effet de faire la délivrance à la commune : 1° Des châsses et reliques que contenait l'église des ci-devant Bénédictins. 2° Pour consommer l'échange consenti par le délibéré du 27 du courant, de l'église desdits Bénédictins avec celle de la paroisse. 3° Et pour faire remise provisoire à la commune dudit lieu, des effets mobiliers et ornements énoncés audit délibéré.

Étant arrivés au bas de la montagne, nous y avons trouvé un détachement de la garde nationale qui nous attendait, et qui nous a conduits à l'entrée dudit lieu, où la municipalité et les notables s'étant joints à nous, nous nous sommes rendus à l'église de la ci-devant abbaye; la commune nous ayant exprimé le vœu de se mettre à l'instant en possession de ladite église et d'y faire célébrer la messe paroissiale, nous y avons accédé; en conséquence, M. le curé de la paroisse, assisté de son clergé, en notre présence, de celle de la municipalité et de tous les paroissiens, a été processionnellement prendre, de l'ancienne église, le Saint-Sacrement et le ciboire, et l'a transporté à la nouvelle, avec la même cérémonie et également escorté d'un détachement de la garde nationale. Ce fait, la messe a été célébrée, le *Te Deum* chanté en actions de grâces ; nous nous sommes ensuite retirés à la sacristie et là, au nom de la nation, de la loi et du Roi, nous avons abandonné, à la commune d'Hautvillers, l'église des ci-devant Bénédictins, pour en jouir en toute propriété, ainsi que des châsses et des reliques, et à elle délivrés par le délibéré du département, du 12 mars dernier, à la charge de se conformer, pour l'ouverture du passage qui doit conduire à ladite église, et pour la construction des murs de séparation, l'ouverture et suppression des portes et fenêtres de communication, au délibéré dudit jour 27 mai, présent mois, comme aussi à la charge de donner en échange l'église ancienne de la paroisse, pour être vendue au profit de la nation.

Ensuite, nous avons remis au conseil général de la commune, le tabernacle, les six grands chandeliers de cuivre, l'aigle, les orgues, les tableaux, un ornement blanc, un rouge et un noir, pour en jouir *provisoirement* seulement, et à la charge de les représenter ou d'en payer le prix à dire d'expert, ainsi qu'il sera décrété par l'Assemblée nationale, d'après l'une des dispositions du délibéré dudit jour, 27 courant. Et, à l'égard des cloches, il a été réservé à y statuer, attendu l'impossibilité actuelle de connaître le poids de celle de la ci-devant abbaye et de celles de l'église paroissiale.

Disons, au surplus, que pour le terrain servant de passage à l'église et du cimetière, il sera procédé au bornage et à la limitation par le sieur Lelouvier, qui a dressé le plan et la distribution des terrains énoncés en son procès-verbal, rapporté, et en cas de difficulté pour être, sur avis du directoire et par le département, délibéré ce qu'il appartiendra.

Signé : LALLEMENT; LÉCAILLON, *maire;* DAVAUX, *curé;* Nicolas BERRURIER; LANDRAGIN; GOBLET; GERBEAUX; LE CACHEUR; VILLANFIN; BAUTIER, Charles; François VAUTRIN; LASNIER; François CORDILLIER; PIERROT, dit Cuile; Pierre MARTIN; LAURENT-HANIN; GODARD; RITTIER; Jean-Baptiste MAQUART; PRUD'HOMME, Michel, *secrétaire;* J. BLANC; COLTIER; MOREL; ARNOULT.

(Extrait des *Archives* de la mairie d'Hautvillers.)

Voilà donc les pauvres religieux dépossédés de leur belle église; il est vrai que la plupart étaient partis. Tout ce qui avait servi dans leurs belles cérémonies n'existait pour ainsi dire plus; dès le 17 mai 1790, ils avaient été priés, en attendant qu'on la leur prenne de force, d'envoyer à l'Assemblée nationale leur argenterie, à valoir sur leurs contributions patriotiques; un bénitier en argent, deux burettes, un bassin, estimés 500 livres;

ce n'était pas tout, assurément, car, récapitulation faite, cloches, tabernacle en laiton, lutrin en cuivre, mobilier, en général tout ce qui a été enlevé, fut estimé 200,000 livres.

Toutes ces argenteries, au moins pour celles qui ne furent pas volées autrement, furent converties en monnaie. Un décret du 10 septembre 1792 l'avait ainsi ordonné. Un autre décret du 8 juin 1793 ordonnait la vente de tous les autres ornements des églises. On se demande si, dans cette grande Révolution, tout ce qui a été pris aux abbayes et aux autres églises du royaume a enrichi le pays? La réponse est facile.

Ancienne église.

Le sort de l'ancienne église était fixé, elle devait être vendue, elle le fut en effet. A quelle époque remontait cette église? Nous avons déjà avoué notre ignorance sur ce point. On suppose que Hautvillers existait comme village au vi[e] siècle, ou au moins avait quelques habitations éparses qui se groupèrent au moment de la construction du monastère. L'église n'était pas aussi ancienne; d'après les données que nous avons de sa construction, elle ne remontait pas au-delà du ixe ou xe siècle. Était-ce la première qui fût bâtie pour la paroisse? Rien ne nous l'indique. Elle était très petite; cela se conçoit, car, au moment où elle a été construite, Hautvillers n'était encore composé que d'un très petit nombre d'habitants. Cette église était pauvre, les pierres étaient brutes.

Dans une liasse de Châlons, on trouve une note qui constate que la vieille église de la paroisse, située sur la place, avait un plancher pour voûte, pavée en briques, couverture en tuiles, partie en ardoises, et que 8,600 livres étaient nécessaires pour la réparer. (1,000 habitants en 1790.)

Il est bien regrettable que nous ne trouvions nulle part de plus amples détails sur la construction de cette église et de son mobilier. Il y a encore actuellement, dans le comble de l'église de l'ancienne abbaye, un Christ en bois, sans bras, qui, autrefois, était placé au-devant du chœur de l'église paroissiale; il était placé de manière à dominer l'assemblée, comme on en voit encore dans certaines églises. Après la Révolution, ce Christ a demeuré longtemps chez un nommé Pognot, qui demeurait au fond de la rue de Bacchus, aussi l'appelait-on : *Le Christ du père Pognot*. Le sieur Pognot ayant encore pu soustraire au bûcher révolutionnaire une statue de saint Syndulphe, il avait fait pratiquer, dans le mur de sa cour, une niche dans laquelle il avait placé ce saint. On ne sait ce que cette statue est devenue; on suppose que, rendue à l'église actuelle, elle sera tombée de vétusté. Ce digne homme avait une si grande dévotion à saint Syndulphe, que tous les enfants qui naquirent de lui portèrent ce nom ; il le donnait même à ceux de sa famille dont il était le parrain. Saint Syndulphe a toujours été le patron d'Hautvillers.

Ce détail nous amène à dire un mot de quelques anciennes familles. Parmi les plus anciennes et les plus remarquables familles d'Hautvillers, nous trouvons les Husson, les Lécaillon, les Le Cacheur; il n'existe plus, à Hautvillers, d'habitants qui portent le nom de ces deux dernières. Déjà, en 1522, nous trouvons les noms de Étienne Lefébure, Simon, J. Pierrot, Étienne Anceau, Noël, Villenfin, Godard, Gillet, Maquart, Bernard et Vaultrain, dont les descendants existent encore.

Après l'incendie de 1562, les religieux, faisant rebâtir leur église, ont fait venir de Château-Thierry un menuisier nommé Pognot, qui se fixa à Hautvillers ; ses descendants y sont encore en assez grand nombre. C'est là l'origine de la famille des Pognot.

D'après les renseignements pris dans les archives de la commune, le portail de l'ancienne église aurait été tourné presque en face la maison commune actuelle. L'abside aurait donc été du côté de l'est, comme cela se pratiquait le plus souvent autrefois. Une petite porte latérale, vis-à-vis la Grande-Rue, et une autre du côté opposé; ces portes en bois existent encore : l'une ferme l'ouverture d'une maison sur la place publique, appartenant à Mme veuve Villenfin ; sa construction, ses ferrements dénotent bien une ancienne porte d'église; l'autre est aussi adaptée à une ouverture d'une maison de la cour, dite cour Villenfin de la rue d'En-Bas.

Un nommé Lallement et consorts ont acheté une grande partie des matériaux de la vieille église, avec lesquels ledit Lallement se fit construire une maison. C'est celle qui sert aujourd'hui de maison d'école, de mairie, pour la moitié, car l'autre moitié a été achetée par un nommé Couronne-Baudoin, négociant en vins. D'autres matériaux, provenant toujours de la même église, ont servi à construire d'autres maisons environnantes, et surtout un aqueduc souterrain qui traverse le village du haut en bas.

Un calice, un ciboire, sont les seuls objets qui ont été laissés pour l'usage du culte. Ce calice, qui était des plus simples, a été échangé seulement en 1834, contre un autre à peu près de même forme; c'est celui qui existe encore aujourd'hui, il est en cuivre doré. Le ciboire n'a été échangé qu'en 1860; il était tellement usé que le couvercle ne pouvait plus tenir sur la coupe. Il y a encore actuellement, devant la porte de la veuve Locret, une pierre qui sert de banc et qui, autrefois, était une marche de l'église; cette pierre, comme souvenir, fut achetée en 1827 pour une pièce de vin de 1826, avec d'autres pierres de peu de valeur. Les bornes rondes, qui se trouvent près de la porte et du ruisseau qui longe le jardin de M. Alphonse Millat, viennent encore de l'ancienne église; elles ont été retaillées. Une pierre ronde, servant de socle, se voit encore auprès de la porte de la cour commune; c'était cette pierre qui recevait une croix appelée la Croix de la place. Combien, avons-nous dit, n'est-il pas regrettable que n'ayons ni plan, ni renseignements positifs sur la construction de cette église.

L'ancienne église paroissiale n'avait de voûté que le sanctuaire et le chœur, sans pouvoir dire de quel style; la nef et les bas côtés n'avaient que de mauvais planchers. Quatorze poutres étaient apparentes au-dessus de la nef principale; elles avaient vingt-quatre pieds (1) de longueur, ce qui donne une idée de la largeur de cette nef, qui avait elle-même environ cinquante pieds de longueur; elle était en ardoises, tandis que les basses nefs étaient en tuiles. Il y avait quatorze croisées dans les bas côtés. Le clocher principal était en ardoises et le petit clocher aussi. Un perron se trouvait en devant de la porte collatérale, au midi; il gênait le passage des voitures; aussi devait-on le démolir si ladite église avait été réparée, suivant le devis qui en avait été fait et qui se montait à 8,599 livres 1 sol 11 deniers. Ce devis avait été dressé par un nommé Lelouvier aîné, le 19 avril 1791. Il y avait, dans cette église, trois autels en bois, des lambris autour de l'abside, six stalles et deux bancs fermés, avec boiseries derrière; une porte principale au portail, trois autres petites portes dont deux avec tambours. Une grille de

---

(1) Le pied de 12 pouces vaut 0 m. 325.

communion de dix-sept pieds de longueur sur trente et un pouces de hauteur; un lutrin en fer.

L'emplacement de cette église et de la sacristie comprenait onze verges, cinq primes à la mesure du roy.

L'estimation totale de l'église paroissiale devant être démolie fut de 2,163 livres 9 sols 10 deniers. (23 avril 1791.)

Les adjudicataires de la vieille église furent Jacques-François Rittier, ancien régisseur des biens de M. l'abbé d'Hautvillers; Antoine Pierre, dit Lallement-Mennesson; Jean-Baptiste Locret et Pierre-Étienne Dubois; ce dernier demeurait à Reims et à Hautvillers.

Après l'acquisition, un couvreur entreprit de démolir les toits, etc.; d'autres, les murs, et, pour cet effet, des marchés furent passés entre les parties. En voici un qui nous est tombé sous la main :

« Nous, soussignés, Antoine Pierre, dit Lallement-Mennesson, marchand à Hautvillers, tant en mon nom qu'en celuy de mes cho-acquéreurs de la cy-devant église d'Hautvillers, d'une part; et Jean Saint-Martin, marchand couvreur, demeurant à Épernay, d'autre part, sommes convenus de ce qui suit, sçavoir : que moy, Saint-Martin, m'oblige de découvrire laditte église en ardoise seulement, de les descendre dans laditte église dans l'endroit qu'il sera indiqué, de séparer toutes les mauvaises, de descendre aussy les croix, les plombs, les ferrements, de même que les planches et voly de la couverture, le tout, moyennant quarante sols du mil d'ardoises qui se trouveront bonnes et en état de servire, c'est-à-dire des ardoises entiers, et à l'égard des autres qui ne serait pas entiers seront mise à part, mais ne seront pas conté dans le prix cy-dessus fixée. Il ne sera non plus rien payé pour les croix, ferrements, planche et voly que ledit sieur Martin est obligé de descendre gratis, comme aussy découvrire le petit cloché également gratis.

Convenu que ledit Saint-Martin commencera lundy prochain à découvrire le gros cloché et le chœur et y travaillera sans interruption, de manière que le tout soit fait au premier mars prochain. Le payement se fera aussitôt l'ouvrage fini; d'autre part, ainsy moy, Lallement, je m'oblige.

Fait double entre nous, à Hautvillers, le trois janvier mil sept cent quatre-vingt-douze.

Aprove l'écriture cy-dessus,

 SAINT-MARTIN,
  couvreur.   LALLEMENT-MENNESSON.

Conventions entre les adjudicataires de la vieille église d'Hautvillers.

Nous, Jacques-François Rittier, Antoine Pierre, dit Lallement-Mennesson, Jean-Baptiste Locret, tous demeurant à Hautvillers, et Pierre-Etienne Dubois, demeurant à Reims, tous adjudicataires de l'église cy-devant paroissiale d'Hautvillers, avons reconnu, sur le rapport et d'après les états annexés au présent, ce qui suit, çavoir :

1° Que les plafonds de la nef et des bas côtés ont été vendus au sieur Syndulphe Pognot, avec les planches, solives, etc., la somme de cent livres.

2° Que les pavés de laditte église ont été vendus au même pour vingt-quatre livres.

3° Que les vitraux ont été vendus au sieur X,, pour trente livres.

4° Que des blocs de bois ont aussi été vendus moyennant trois livres.

Sommes convenus, en outre :

1° De vendre les trois autels qui sont dans la susditte église, la chaire à prêcher, les stalles, lambris au-dessus desdittes, celui du chœur, une grande croisée à petit plomb, une petite armoire et les lattes et contre-lattes.

2° De réserver, pour être partagés en portions égales entre chacun des adjudicataires susnommés, les plombs, fer, tuilles, ardoises, blocailles, pierres de taille et bois de charpente; quant aux décombres, il n'en sera point fait de partage, mais sera libre à chacun d'en enlever.

3° Que les blocailles seront entoisées au fur et à mesure, et qu'il sera, néanmoins, libre à chacun d'en enlever en donnant un reçu au maître des ouvrages dénommé cy-après.

4° Que les pierres de taille seront lotées et partagées et que, lorsqu'il y en aura une certaine quantité de descendues, il sera libre, à celui qui en aurait besoin, d'en demander partage ou de prendre des arrangements pour en prendre une certaine quantité, en donnant un reçu.

5° Que M. Lallement-Mennesson est prié de prendre le soin de la direction des travaux et de la tenue des comptes.

6° Que tous les marchés faits jusqu'à ce jour pour la descente des charpentes, démolitions et pour découvrir seront exécutés, suivant leur forme et teneur, M. Lallement chargé du payement des sommes convenues pour ces objets, pourquoi il lui sera remis une somme de trois cents livres. Ledit sieur sera, en outre, autorisé à toucher les sommes qui proviendraient des objets vendus, et à en donner quittance.

7° Que les sommes nécessaires pour le payement du premier à-compte des échéances suivantes seront aussi remises à mon dit sieur Lallement, qui remettra une copie de la quittance à chaque intéressé.

Fait entre nous, sous nos seings privés, à Hautvillers, le 20 janvier 1792.

P. DUBOIS ; RITTIER.

Pour opérer la démolition de ladite église, Jean-Baptiste Pierrot, dit *Stabat*, François Dabit et Jean-Baptiste Petit s'engagèrent auprès des adjudicataires et convinrent que tout serait terminé dans l'espace de cinq mois.

Le prix était de trois livres par chaque toise cube de pierres, blocailles ou pierres de taille, qui n'excéderaient pas un pied carré. Le déblaiement des décombres, et de tout ce qui pourrait encombrer les passages, était à la charge des adjudicataires.

Pauvre église, elle eut le sort de la ville de Jérusalem, il n'en est pas resté pierre sur pierre, c'est à peine si l'on remarque qu'en cet endroit, devenu place publique, un temple avait été élevé à la gloire de Celui qui a créé le monde.

Vente des biens de l'abbaye.

D'après les lois du 20 novembre 1789 et du 2 juillet 1790, qui prescrivaient la vente des biens du clergé ; aussi, d'après le décret du 10 décembre 1790, qui mettait en vente pour quatre millions des biens ecclésiastiques, les propriétés de l'abbaye furent vendues, non pas en une seule fois, car nous remarquons que cette vente dura même jusqu'en 1794. Elle avait commencé vers le mois de mars 1791. A cette époque, comme en 1792 et 1794, le sieur Rittier, ancien régisseur de l'abbaye, achetait différentes pièces de vignes dépendantes, comme il est dit dans les procès-verbaux d'adjudication, de la cy-devant abbaye d'Hautvillers ou de la cure du même lieu.

Nous n'avons pas les noms de tous les acquéreurs des biens

de l'abbaye, seulement de quelques-uns, ni le prix réel des acquisitions. Les municipalités furent d'abord obligées de se rendre adjudicataires des biens du clergé, devenus biens nationaux, situés sur leurs territoires, avec charge de les remettre en vente aux conditions suivantes : Les biens étaient divisés en trois classes ; le prix des biens de la première classe devait être de vingt-deux fois le revenu, celui des biens de la deuxième classe vingt fois le revenu, et celui des biens de la troisième classe, treize fois le revenu.

Les principaux acquéreurs des bâtiments et des jardins de l'abbaye furent les citoyens Jean Lefèvre, de Cumières; Jean-Baptiste Bausseron, de Cormoyeux ; Rittier, Locret, Malo, Stimbarcq, Lalondre, Corbon, d'Hautvillers ; Pommelet, Ouy, Poitevin, de Cumières. Bientôt quelques-uns de ces acquéreurs furent obligés de revendre leurs propriétés ; un nommé Dubois, propriétaire, habitant alternativement Reims et Saint-Thierry, acheta une grande partie des bâtiments et des jardins de l'ancienne abbaye ; plusieurs autres particuliers trouvèrent de quoi se loger dans de petits locaux séparés par convention, de sorte qu'on a compté jusqu'à vingt ménages qui possédaient, dans cet ancien monastère, un asile plus ou moins à leur convenance. Petit à petit, ces bâtiments furent démolis, tombant en ruines, faute d'entretien ; M. Chandon-Moët, en plusieurs fois, acheta presque toute la totalité, et aujourd'hui M. Paul Chandon de Briailles, aussi après plusieurs acquisitions, possède pour ainsi dire toute l'abbaye. Un plan, daté du 19 avril 1777, exécuté par dom Laurent Dumay, religieux du monastère, et copié très fidèlement par M. F. Lebègue (1), donne une idée bien exacte de ce qu'était l'abbaye une douzaine d'années avant la Révolution. C'est toujours avec regret que nous n'avons pu trouver des plans plus anciens de ce monastère.

Vente de quelques dépouilles des prés de l'abbaye.

De part le roy, on fait à savoir qu'en exécution de l'arrêt du grand conseil du dix-sept avril mil sept cent quatre-vingt-huit, rendu entre Mgr Alphonse-Hubert de Lattier de Bayane, prélat romain et auditeur de Rote pour la France, abbé commendataire de l'abbaye royale de Saint-Pierre-d'Hautvillers, d'une

---

(1) Régisseur du domaine de M. Chandon de Briailles, à Hautvillers.

part, et Messieurs les prieur et religieux de laditte abbaye, d'autre part.

Et en vertu des décrets de l'Assemblée nationale des quatorze et vingt avril mil sept cent quatre-vingt-dix, sanctionnés par Sa Majesté, le vingt-deux dudit mois, duement registré et publié pour s'y conformer, à l'article neuf desdits décrets. Qu'il sera procédé à la vente aux plus offrants et derniers enchérisseurs, de la tonte et dépouille des prés dépendants des menses abbatiale et conventuelle de laditte abbaye, ainsy qu'à la vente des dixmes en grains et foins de toutes espèces des terroirs d'Hautvillers, Dizy et triège de Cumières, ainsy qu'il sera cy-après expliqué pour la présente année et récolte prochaine, en conséquence et pour y parvenir mondit seigneur abbé et mes dits sieurs religieux, auraient fait publier et afficher dans les lieux d'Hautvillers, Cumières, Dizy, Ay et Épernay, ainsi qu'il appert des procès-verbaux controllés à Cumières, le vingt mai, qu'il serait procédé pardevant notaires à laditte adjudication, le jeudy feste de Saint-Jean-Baptiste, vingt-quatre juin, en présente année, deux heures après midy, en la maison abbatiale dudit lieu, aux charges, clauses et conditions cy-après qui ont été arretées entre M. Jacques-François Rittier, fondé de la procuration générale et spéciale de mon dit seigneur abbé, pour la régie et administration de laditte abbaye, MM. les prieur et religieux d'icelle, savoir :

La tonte et dépouille des prés, dépendant desdittes menses abbatiale et conventuelle, sera faite en total ou par partie pour la présente année et récolte prochaine, seulement à charge par les adjudicataires de les faucher à faux courantes et les tenir nets et de payer le prix de la vente le jour de Saint-Martin, présente année mil sept cent quatre-vingt-dix, ès-mains dudit sieur Rittier, audit nom qui en comptera à qui il appartiendra ; lesdits prés sont francs de dixmes.

Prés de la mense abbatiale.

Une pièce, sise en la prairie d'Hautvillers, lieudit Pré-Gariot ou Garot, proche le Moulin-de-Bras, contenant huit arpents et demy environ.

Une pièce, sise en la prairie de Dizy, lieudit le Pré-de-la-Perche, contenant environ six arpents.

Prés de la mense conventuelle.

Une pièce, en la prairie d'Hautvillers, lieudit la Maréchaude, partie en sainfoin et trèfle et partie en savart, le tout contenant trois arpents trente-huit verges, tenant au sieur Guérin, d'autre à MM. de Saint-Eulien et de Sauville et autres, du couchant aux dames religieuses d'Épernay et autres, d'autre à.....

Une pièce, lieudit le Pré-Gariot, contenant vingt-sept verges quatorze pieds, tenant vers orient aux héritiers Jean Ouy, du midy à..... du nord au seigneur abbé.

Une pièce, lieudit la Margueritte ou Usaine, contenant deux arpents quatre-vingt-dix-huit verges deux pieds, tenant du levant à M. Héloin, du midy à M. Lécaillon et autres.

Une pièce, lieudit le Pré-de-la-Pelle ou du Port, contenant cinq arpents douze verges quatre pieds, tenant vers orient à M. Labeste et à la pièce précédente, du midy à la rivière.

Une pièce, appelée Pré-de-la-Queue-de-la-Pelle ou Formette, contenant quatre arpents soixante-deux verges dix-huit pieds, tenant vers le levant à M. Lécaillon, MM. les chapelains et la pièce précédente, du midy à la rivière et à M. de Sauville.

Une pièce, lieudit la Tête-à-l'Ane, contenant trente-cinq verges, tenant vers orient au seigneur abbé, du midy à M. Hugé.

Une pièce, appelée Pré-du-Taureau, contenant trois arpents quatre-vingt-dix-huit verges, tenant vers orient aux dames religieuses d'Épernay, d'autre à la rivière.

Et une pièce de pré, située en la prairie d'Ay, appelée le Grand-Breuil, contenant au total dix-huit arpents trente verges seize pieds, divisée en neuf coupons, dont huit de deux arpents et le neuvième de deux arpents trente verges, tenant la totalité d'un côté à M. Regnault et au Petit-Breuil, du midy à M. Chauffour, du couchant aux Grandes-Herbes, d'autres au Léon d'Ay. Toutes les pièces comme elles se comportent, sans verges ni arpentes. Les adjudicataires de la dépouille desdits prez payeront sans diminution les gardes messiers, suivant l'usage.

Dixmes.

Les dixmes en grains de toutes espèces, foin, sainfoin, luzerne, trèfle, dravière, chanvres, etc., des terrains et prairies d'Hautvillers, Dizy et triage de Cumières, se perçoit à la treizième avec droit de surnuméraire sur tous les héritages, excepté la dixme novale du terroir de Dizy qui appartient à M. le curé dudit lieu, sur les héritages y sujets et aux exceptions cy après.

Les adjudicataires percevront lesdittes dixmes suivant l'usage, à raison du treizième, avec droit de surnuméraire comme dit est, excepté sur les terres et prez dépendants de laditte abbaye, soit de la mense abbatiale ou conventuelle qui en sont exemptes; de même que les terres et prés des cures d'Hautvillers et Dizy, les terres et prés de la ferme de la Grange à Dizy, et le pré appelé la Pâture, proche le ruisseau de Champillon, en sont aussy exemptés, suivant les baux passés aux sieurs Hutin et Lallement, devant Le Cacheur, notaire à Hautvillers, ainsy les adjudicataires ne pourront demander ny prétendre de dixmes sur toutes lesdittes terres et prés cy-dessus exceptés ; quant aux autres pièces dépendant de la ferme de la Grange à Dizy, ils sont assujétis au payement de la dixme, les adjudicataires la percevront telle que de raison.

Les adjudicataires des dixmes en foin et grains du terroir de Dizy, seront tenus de payer sans diminution du prix de leur adjudication : le préciput en grain dû à M. le curé de Dizy à la décharge de laditte abbaye, consistant en soixante-douze boisseaux de froment, cent quatre boisseaux d'avoine que ledit sieur curé a droit de prendre et percevoir sur lesdittes dixmes, et vingt livres en argent.

Les adjudicataires des susdittes dixmes payeront le prix de leur adjudication, en argent, au jour de la fête de Saint-Martin, onze novembre prochain, ès-mains dudit sieur Rittier, qui en comptera à qui il appartiendra.

Indépendamment des charges, clauses et conditions cy-devant, les adjudicataires seront tenus, chacun en droit, soit de poursuivre en première instance jusqu'à sentence définitive, à leurs frais, les procès qui pourroient survenir relativement à leur exploitation pour la conservation des droits de laditte abbaye, sauf en cas d'appel à estre poursuivis par qui il appartiendra.

Les adjudicataires seront tenus de payer comptant, au moment de l'adjudication, le sol pour livre d'ycelle sans diminution du principal, ès-mains dudit sieur Rittier. Payeront, en outre, les adjudicataires, chacun en droit, soit les frais de cédulles, affiches, appositions et distribution d'icelle, procès-verbaux de publication, voyage, controlle, vacation à l'adjudication et deux expéditions, dont l'une en parchemin, l'autre en papier, pour lesdits sieur abbé et religieux, tous lesquels droits seront payés comptant ès-mains de Le Cacheur, notaire, sans diminution du prix.

Les adjudicataires seront tenus de donner bonne et suffisante caution et certificateur d'icelle, s'ils en sont requis, soit au moment de l'adjudication, ou dans tel autre délai que mes dits sieur abbé et religieux voudront l'exiger, lesquelles cautions et certificateurs s'obligeront solidairement au payement et à l'exécution de toutes les charges, clauses et conditions de la présente cédulle et en fourniront acte en bonne forme à leurs frais.

Ne pourront, les adjudicataires, prétendre ny demander aucune diminution pour quelque cause que ce soit, prévuë ou imprévue, sans laquelle clause exclusive de toute réduction, laditte vente ne seroit faite faisant ycelle partie essentielle de laditte vente.

Sous toutes lesquelles clauses, charges, réserves et conditions laditte vente et adjudication se fera comme dit, le jeudy vingt-quatre juin mil sept cent quatre-vingt-dix, deux heures de relevée, en la maison abbatiale d'Hautvillers, où toutes personnes solvables seront reçues à enchérir.

L'adjudicataire des dixmes en foin d'Hautvillers et Dizy pourrait remettre, si bon lui semble, la récolte dans les granges et greniers de l'abbatiale, pourvu qu'il rende les places nettes, au premier may prochain, sans aucune redevance.

Le tout a été arrêté par mon dit sieur Rittier, audit nom, et mesdits sieurs prieur, religieux d'Hautvillers, comparant par le Révérend Père dom Mathias Manuel, prieur, et les Révérends Pères dom Étienne Menestré, sous-prieur, dom Michel George, dom Pierre Le Maire et dom Nicolas Marion, qui ont signé avec ledit sieur Rittier et Malo et Le Cacheur, notaires, en la minute.

Et ledit jour, vingt-quatre juin mil sept cent quatre-vingt-dix, deux heures de relevée, après avoir fait annoncer de nouveau laditte vente et adjudication, nous, Antoine Le Cacheur et Claude-Gervais Malo, notaires royaux, en Vitry et Vermandois, résidant à Hautvillers, soussignés, en conséquence de la cédulle et arrêtés cy-dessus et des autres parts, nous nous sommes transportés en l'hôtel abbatial d'Hautvillers, à l'effet de procéder aux publications, ventes et adjudications pour la présente année et récolte prochaine de la dépouille des prés énoncés en la cédule et des dixmes en grains et foin, etc., où étant à la réquisition de M. Jacques-François Rittier, au nom et comme fondé de la procuration générale de Mgr Alphonse-Hubert de Lattier de Bayane, prélat romain, auditeur de Rote pour la France, abbé commendataire de l'abbaye royale de Saint-Pierre-d'Hautvillers.

Et de Messieurs les prieur et religieux comparants par les Révérends Pères dom Mathias Manuel, prieur, et dom Étienne Menestré, sous-prieur, après lecture faite à haute voye de ladite cédulle et cahier des charges aux assistans, par Le Cacheur, l'un des notoires, à ce que personnes n'en ignorent, a été procédé à l'adjudication, comme il suit :

La cinquième pièce de prés, portée en la cédulle, appelée Prez-de-la-Queue-de-la-Pelle ou Formette, contenant quatre arpents soixante-deux verges, a été publiée et délivrée par dernière enchère, à vingt livres l'arpent, à Léon Grimblot, meunier du moulin à vent, demeurant à Hautvillers, ce acceptant et aux charges de la cédulle et a signé en la minutte, controllée à Cumières, le trois juillet mil sept cent quatre-vingt-dix, par Folliet, qui a reçu quinze sols.

La totalité des prés, autres que celui cy-dessus délivré au sieur Grimblot, compris la première pièce, lieudit Pré-Gariot, de huit arpents et demy, ont été publiés au total et délivrés après plusieurs publications, le tout à la somme de mille cinquante livres, au sieur Pierre-Louis Hutin, laboureur, demeurant à la ferme de la Grange, paroisse de Dizy, et au sieur Antoine Pierre, dit Lallement-Mennesson, marchand, demeurant à Hautvillers, et acceptant et aux charges, clauses et conditions de la cédulle qu'ils ont dit bien savoir lecture faite, laquelle somme de mille cinquante livres, les adjudicataires s'obligent solidairement de payer, aux termes de la cédulle, outre le sol pour livres et autres charges, et ont signé avec lesdits sieur Rittier et prieur, en la minutte controllée à Cumières, le trois juillet mil sept cent quatre-vingt-dix, par Folliet, qui a reçu dix-huit livres.

Les dixmes des grains, foin, etc., des terroirs d'Hautvillers et de Dizy, ainsy qu'il est expliqué en la cédule, ont été publiés et délivrés par dernières enchères, aux charges, clauses et conditions portées par la cédulle, à la somme de cinq cent trente livres audit sieur Rittier, ce acceptant du consentement desdits sieurs prieur et sous-prieur, et ont signé avec nous notoire, ainsy signé en la minutte, Rittier, dom Manuel, prieur, dom Et. Menestré, Malo et Le Cacheur.

Controllée à Cumières, le trois juillet mil sept cent quatre-vingt-dix, par Folliet, qui a reçu quinze livres, attendu le préciput (1) de M. le curé de Dizy, expliqué en la cédulle cy-devant.

La minutte est restée à Le Cacheur, notoire, soussigné.

LE CACHEUR.

Scellé, collationné et tabellionné.

On lit en marge de l'expédition que nous venons de rapporter : « La présente expédition n'a point été brûlée comme les autres où il est question des droits féodaux, attendu que le prix y mentionné est encore dû par les citoyens Lallement et Hutin, pour ce qui les concerne, laquelle somme de 1,050 livres appartient à la nation, seul motif pour lequel la présente est restée en la possession de moi, Rittier, qui la déposera au district incessamment. »

---

(1) Préciput est le droit qu'avait en certains cas le curé du lieu, de lever au préalable une certaine portion de dîmes sur un tout ; c'était un décimateur avantagé parmi d'autres co-partageants.

Spécimen de vente des biens immeubles de l'abbaye d'Hautvillers

(No 433 des minutes de la vente.)

LA LOI ET LE ROI

DÉPARTEMENT DE LA MARNE

DISTRICT   MUNICIPALITÉ
D'ÉPERNAY   D'HAUTVILLERS

*Procès-verbal d'enchères et adjudications
de domaines nationaux.*

De par la nation, la loi et le Roi.

Cejourd'huy, douzième jour du mois de may 1791, en vertu des décrets de l'Assemblée nationale des 2 novembre, 19 et 21 décembre 1789, 17 mars, 14 mai, 25, 26 et 29 juin, et 6 août 1790, sanctionnés par le Roi, le 3 novembre, etc., pour la vente des domaines nationaux, et à la requête de M. le procureur, pardevant nous, François-Joseph Blanc, Louis-Artus Gobert et Jean-Baptiste Coltier, administrateurs composant le directoire du district d'Épernay, réunis au lieu ordinaire de ses séances, heure de huit avant midi, sur le billet de publication par nous arrêté le deux du mois de may, qui a été lu ès-prône de l'église paroissiale d'Hautvillers, et à l'issue de la messe paroissiale au-devant de la principale porte de ladite église, et affiché en placards imprimés dans les lieux accoutumés, tant aux endroits de la situation des biens qu'en cette ville d'Épernay, suivant le certificat délivré par....., et après avoir averti la municipalité d'Hautvillers d'envoyer commission pour être présents à la réception des enchères et à l'adjudication qui doit suivre, il a été en..... desdits commissaires, et sur les offres de la somme de quatorze cent trente-deux livres dix-huit sols neuf deniers, qui ont été faites par M. le procureur général syndic, conformément à l'évaluation et liquidation faites d'après....., il a été procédé à la réception des enchères sur les biens nationaux dont la déclaration suit :

Deux petites maisons tenant ensemble, près de l'auberge de la Croix-de-Fer (1), au-dessous desquelles se trouvent les caves de la Croix-de-Fer, et qui, par conséquent, ne font pas partie de la présente adjudication ; une portion de jardin pour chaque maison, à prendre dans celui de la maison conventuelle, à la charge, par l'adjudicataire, de la faire fermer de mur en mitoyenneté, avec les adjudicataires de ladite maison conventuelle et autres et ce, suivant le tracé qui en est fait actuellement sur le terrain, *scins* à Hautvillers, pour être, les biens cy-dessus détaillés, vendus et adjugés aux charges, clauses et conditions suivantes......, suivant les charges de l'adjudication. (Inutile de les rapporter.)

Lecture faite des charges susdites, après plusieurs publications des héritages et biens cy-devant détaillés sur la mise à prix de la susdite somme de quatorze cent trente-deux livres dix-huit sols neuf deniers, faite par ledit sieur procureur général syndic. Et ne s'étant trouvé aucune personne pour surenchérir, nous avons, audit sieur procureur général syndic, ce requérant, et après avoir ouï le procureur syndic, adjugé lesdits biens pour la somme de quatorze cent trente-deux livres dix-huit sols neuf deniers, sauf le délai de quinzaine fixé au vingt-huitième jour du mois de may que nous avons indiqué pour l'adjudication définitive.

Signé : J. BLANC; GOBERT; COLTIER; MOREL
et ARNOULT.

Et le vingt-huitième jour du mois de may audit an 1791, heure de onze avant midi, pardevant nous, administrateurs susdits, après nouvelles affiches apposées sur la dernière enchère de la somme de quatorze cent trente-deux livres dix-huit sous neuf deniers, et que les publications ont été réitérées, partout où besoin a été, et notamment au prône et à l'issue de la messe paroissiale du lieu cy-devant désigné, le dimanche, jour du mois de..... avec énonciation qu'il seroit, aujourd'huy et heure présente, procédé à l'adjudication définitive des biens nationaux cy-devant détaillés en la forme prescrite par les décrets et

---

(1) Propriété de MM. Simon, maire d'Hautvillers, Michel et Émile Bautier.

instruction de l'Assemblée nationale duement sanctionnés, il a été, à la requête de M. le procureur général syndic du département, poursuite et diligence de M. le procureur syndic, procédé à la dernière réception d'enchères desdits biens à vendre, sur la dernière mise de la somme de quatorze cent trente-deux livres dix-huit sols neuf deniers, faite par le sieur procureur général syndic, suivant notre procès-verbal du douze du présent mois, sur laquelle enchère le sieur Geoffroy, de Cumières, a mis quinze cents livres.

Et enfin, ce requérant, ledit Geoffroy, dernier enchérisseur, avons, du consentement du procureur syndic, fait allumer la bougie destinée à déterminer l'adjudication définitive, laquelle bougie a été placée à la vue de tous les assistants, sous un vase de verre, pour que l'extinction ne puisse en être précipitée, sur lequel feu le sieur J. Lallement, d'Hautvillers, a mis, sur le second feu, dix-sept cent vingt-cinq livres ; sur le troisième feu......, et ce feu s'étant éteint sous le vase sans que personne ait fait aucune enchère pendant sa durée, nous avons adjugé définitivement les biens nationaux cy-devant détaillés au sieur Jean-Claude Lallement-Lejeune, demeurant à Hautvillers, moyennant la somme de dix-sept cent vingt-cinq livres, en payant par lui comptant, dans le mois de la date des présentes, entre les mains du trésorier du district, lequel payement effectué, il entrera en possession réelle desdits biens comme propriétaire incommutable, aux charges et clauses de la cédule.

Accepté et signé après lecture faite.

        Signé : LALLEMENT ; J. BLANC ; COLTIER ; GILBERT ; MOREL et ARNOULT.

Enregistré au bureau d'Épernay, le 5 juin 1791, par et signé Parchappe, qui a reçu 15 sols.

        Pour ampliation,
            ARNOULT.

Une pièce de 15 verges de vigne, située aux Beury, provenant de la cure d'Hautvillers, a été aussi vendue dans les mêmes formes à M. Le Cacheur, père, la somme de 115 livres, tenant du levant à une sente, du couchant à François-Quentin Gillet, du midy à Toussaint Payen et Jacques Prud'homme. Combien d'autres propriétés ont été vendues de même ! ! !

Délibération des notables à l'occasion du Pèlerinage d'Hautvillers.

(1791)

Les notables d'Hautvillers, assemblés en conseil général, exposent qu'il est intéressant, pour les habitants, de conserver le concours des pèlerins, et qu'alors on fera annoncer à son de caisse, dans les villages voisins, que des avis imprimés seront distribués pour faire connaître que les reliques seront exposées, comme de coutume, à la vénération publique, et que les pèlerins trouveront aide, secours et hospitalité dans la commune d'Hautvillers.

Hélas! ces paroles n'étaient ni plus ni moins qu'une réclame ; le prestige des pèlerinages n'existait plus, les bons religieux n'étaient plus là pour leur donner une solennité convenable.

Le bureau de fabrique, réuni le 22 mai 1791, n'était pas moins expressif que l'assemblée des notables, pour la conservation du pèlerinage, et, par-là même, des saintes reliques. Voici un acte relatif à ce sujet :

« Cejourd'huy, vingt-deux mai mil sept cent quatre-vingt-onze, fin des vêpres de la paroisse, le bureau de la fabrique d'Hautvillers, composé de MM. Jean Davaux, prêtre-curé, de François Landragin, marguillier en charge de l'œuvre de la fabrique de Saint-Syndulphe d'Hautvillers, et des sieurs Jean-Baptiste Lécaillon, Syndulphe Pognot, Jean-Baptiste Villenfin, Nicolas Berrurier, Michel Berrurier, Pierre Auger, Jean-Pierre Gilbert, François-Joseph-Pierre Lallement, Jean-Baptiste Lagnier, Jean-Louis Bautier, tous anciens marguilliers de la fabrique, ledit bureau présidé par ledit sieur Davaux.

« Ledit sieur Landragin a exposé qu'il est intéressant pour la fabrique de conserver le concours des étrangers et pèlerins que la dévotion à sainte Hélène attire annuellement en ce lieu, aux fêtes de la Pentecôte et dans le cours de l'année ; que le directoire du département, ayant accordé provisoirement les châsses et reliques qui étaient en dépôt en l'église de l'abbaye ; que l'effigie de sainte Hélène en argent ayant été, aux termes des décrets de l'Assemblée nationale, envoyée à la Monnaie de Paris (1), il

---

(1) Statue de sainte Hélène, haute de 0 m. 80 c. en argent massif, celle qu'on portait dans les processions ; qu'est-elle devenue ? Oh ! malheur !!!

est également intéressant d'en faire sculpter une autre, sur laquelle il sera appliqué une feuille d'argent, par imitation de l'ancienne ; de faire annoncer le plus généralement possible, par des avis imprimés, que le lendemain de la Pentecôte, annuellement, lesdites reliques seront exposées à l'ordinaire à la vénération publique ; en conséquence, autoriser le marguillier en charge, ou autre, de faire l'avance de ces différents ouvrages, comme et faire sculpter l'effigie de sainte Hélène et la faire souffler en argent. Sur quoi, le bureau de fabrique, composé comme ci-dessus, délibérant, ledit sieur Landragin est et demeure autorisé à faire faire les imprimés et avis dont est ci-dessus parlé et à en payer le prix, comme aussi de faire sculpter l'effigie de sainte Hélène, la faire souffler en argent et à en payer également le prix.

« Ledit sieur Landragin a de nouveau exposé que le *day* qui sert aux processions de la Fête-Dieu est trop petit et très mauvais, qu'il conviendrait également à l'autoriser de faire l'achat d'un autre, ce à quoi le bureau de fabrique a également consenti et autorisé ledit sieur Landragin à en faire l'emplette.

« Fait à Hautvillers, aux jour et an que dessus.

« DAVAUX, *curé ;* LÉCAILLON ; N. BERRURIER ;
AUGER ; BAUTIER ; POGNOT ; VILLENFIN ;
LAGNIER ; GILBERT ; BERRURIER. »

Les foires d'Hautvillers, qui concordaient avec le jour des pèlerinages du lundi de la Pentecôte et le 18 du mois d'août, devaient être changées d'après le calendrier républicain, et une décision de la municipalité devait les fixer, la première au 15 fructidor, et la seconde au 5 prairial, comme nous le verrons bientôt.

Le bureau de la fabrique d'Hautvillers qui, réuni en séance le 22 mai 1791, comme nous venons de le voir précédemment, pour délibérer sur les moyens à prendre pour conserver le concours des étrangers et pèlerins, que la dévotion à sainte Hélène attirait annuellement à Hautvillers, a dû, lui aussi, changer forcément le jour des pèlerinages principaux à sainte Hélène. Après 1792, il n'y avait plus ni lundi de la Pentecôte, ni 18 août ; l'arrêté du directoire exécutif du 14 germinal an VI (3 avril 1798), exigeait la stricte exécution du calendrier républicain. Probablement que les jours des foires ont été aussi les jours de pèlerinages, si toutefois dans ces années qui suivirent ces scènes sacrilèges de 1793, dans lesquelles les châsses furent brisées et les reliques en grande partie dispersées, on osait encore venir à Hautvillers témoigner, par un souvenir pieux, sa dévotion à la grande sainte Hélène. Heureusement qu'après le retour à l'ère vulgaire, premier janvier 1806, nos anciens pèlerinages ont repris leurs époques habituelles du lendemain de la Pentecôte et du 18 août.

Le calendrier français républicain fut supprimé par un sénatus-consulte du 22 fructidor an XIII (9 septembre 1805), et le 10 nivôse an XIV (31 décembre 1805) a été le dernier jour compté selon le style républicain.

Après l'incendie du monastère, en 1562, lorsque les religieux furent définitivement réinstallés et que les pèlerinages reprirent leur importance, on établit deux foires à Hautvillers; c'était pour subvenir aux besoins des nombreux pèlerins qui s'y rendaient deux fois l'année, et en souvenir du marché qu'Étienne de Champagne avait institué en 1095, lequel se tenait tous les vendredis de chaque semaine. Ce marché avait été supprimé par suite de ravages exercés dans nos contrées, lors de la guerre de la Fronde. Les foires elles-mêmes, après la Révolution, perdirent peu à peu de leur importance ; cependant la municipalité y tenait beaucoup, à cause de l'avantage qui en résultait pour le pays ; aussi crut-elle devoir faire connaître aux communes de l'arrondissement, le changement qu'elle venait de faire du jour de ces réunions à Hautvillers, et engager par-là même les populations environnantes à continuer de rendre ces foires aussi importantes que possible, en y exposant leurs produits ; c'est, du moins, ce qui résulte d'une note annexée à une délibération de la municipalité. Dans un exemplaire des affiches placardées à cet effet, on lit ce qui suit :

LA NATION ET LA LOI

DÉPARTEMENT DE LA MARNE

Extrait du registre de l'administration municipale du canton d'Hautvillers.

Séance publique du 5 prairial an VI, ou 22 mai 1798.

L'administration, conformément à l'arrêté du directoire exécutif du 14 germinal dernier, sur les mesures pour la stricte exécution du calendrier républicain, après avoir entendu le commissaire du directoire exécutif, arrête ce qui suit :

Dans la commune d'Hautvillers, les deux foires qui se tenaient annuellement demeureront fixées, la première au cinq prairial, la deuxième au quinze fructidor ; celle du quinze fructidor aura lieu à cette époque la présente année, et celle du cinq prairial pour l'année prochaine.

En conséquence, il est interdit à tout individu, sous les peines portées par la loi, d'exposer, à l'avenir, en vente, aucunes denrées ou marchandises dans les places et les jours que se tenaient anciennement lesdites foires.

Le présent arrêté sera imprimé et affiché ; il sera proclamé à son de caisse dans toutes les communes de l'arrondissement du canton, et il en sera adressé des exemplaires, tant à l'administration centrale du département, qu'aux administrations municipales dont les communes sont dans l'usage de fréquenter les foires du canton.

Signé au registre : MALO, *président* ; COCTEAU ; LE CACHEUR ; ROUALLET ; P. MICHEL ; ROUSSEAUX ; THOMAS-ARNOULT, *administrateurs.*

LE CACHEUR. En marge : LEBLANC, *commissaire du directoire exécutif.*

Pour ampliation : LE CACHEUR.

Ces foires n'existant plus qu'à l'état de souvenir depuis une vingtaine d'années ; le conseil municipal d'Hautvillers, espérant que les habitants de la commune pourraient plus facilement s'approvisionner, si toutes les semaines il y avait un marché, a pris une délibération (février 1880), approuvée par M. le préfet de la Marne, pour qu'un marché se tienne sur la place publique tous les vendredis de chaque semaine.

Il nous rappelle celui qui existait autrefois. Jusqu'alors, il n'a pas été fréquenté, mais nous espérons qu'avec le temps il prendra plus d'importance.

Nous avons vu que, d'après le décret du 12 novembre 1789, l'inventaire détaillé de toutes les propriétés de tous les titulaires, bénéficiers et supérieurs de maisons religieuses, devait être fait. Cet inventaire fut fait pour notre abbaye comme pour les autres ; peu après se consommait la vente sacrilège de ces belles propriétés, et les religieux quittaient un monastère qui, par une loi spoliatrice, ne leur appartenait plus (1).

Une forêt, située entre Hautvillers et Cormoyeux, dite aujourd'hui réserve de l'État, ne fut pas vendue en même temps que les autres ; ce ne fut qu'un retard de quelques années, et la commune elle-même n'a pu conserver à son profit cette belle réserve qui lui serait aujourd'hui d'une grande ressource.

Les religieux, devant recevoir une pension de l'État en compensation, bien minime toutefois, de la vente de leurs propriétés, et plus ou moins élevée selon leur âge (2), avaient été obligés de désigner le lieu où ils voulaient prendre leur retraite. Quelques-uns restèrent à Hautvillers, d'autres retournèrent dans leur famille, les autres cherchèrent au loin un asile. Une lettre autographe d'un nommé Marion, religieux d'Hautvillers, nous le montre partant pour l'Amérique. Cette lettre est datée de Lorient et adressée à un autre religieux du même monastère, dom Manuel, dernier prieur, retiré d'abord à Châlons-sur-Marne et ensuite à Pierry, chez une dame Gobert.

A bord du navire Lesage, *en relâche à Lorient,*
le 6 novembre 1792.

Mon cher ami,

Ne recevant pas de réponse à la nôtre du 18 du mois d'octobre dernier, nous comptions qu'elle ne vous était point parvenue et nous nous disposions à vous en faire une autre sous couvert chargé, pour qu'elle pût vous parvenir plus sûrement, mais, sur ces entrefaites, un de nos braves officiers est entré chez nous tenant à la main la vôtre du 30 octobre. Il n'est pas besoin de vous dire l'agréable sensation qu'elle a produite dans nos esprits inquiets et ennuyés de notre séjour forcé ici.

Nous avons reçu de M. Tanchy, à qui nous avions fait part de nos malheurs et de notre position, une lettre consolante, et la plus obligeante que l'on puisse écrire ; il nous renvoie à

---

(1) 13 février 1790, un décret de l'Assemblée nationale abolit et supprime les ordres religieux. Et, par un autre décret du 20 mars 1790, la municipalité doit procéder au récollement du mobilier des abbayes.

(2) Décret du 20 juin 1790 qui laisse aux religieux la faculté de renoncer à la vie commune, moyennant pension.

M. Fouché, notre capitaine, pour toutes les choses dont nous aurons besoin, et mande en même temps à cet honnête homme son ami, de nous fournir tout ce qui sera nécessaire en argent, et que, sur notre mandat, il lui remboursera ce qu'il nous aura avancé. M. Fouché, qui nous avait déjà étayés de son crédit, nous a fait part de la lettre du papa Tanchy, et nous a assuré qu'il se porterait avec le plus grand plaisir à faire pour nous ce que lui demandait son ami, et, pas plus tard qu'aujourd'hui, à neuf heures du matin, il nous a compté deux cents francs. En réfléchissant depuis, j'ai bien pensé que les objets que je vous demandais ne pourraient m'être rendus pour notre départ, je craignais, en conséquence, que vous ne fussiez trop exact à me les faire expédier, mais vous y avez réfléchi, et avez très bien pensé de remettre cet envoi à un autre temps.

Nous n'avons point de compliment à vous faire sur votre vendange ; voilà bien des contrariétés à la fois. Il faut espérer que la Providence nous ménage quelque chose de plus consolant pour l'année prochaine ; vous pouvez compter que nos premiers soins, à notre arrivée à notre destination, seront de vous faire passer des secours.

Quant à la vente de mes meubles, je ne me soucierais point d'y comprendre mon lit bleu, attendu que j'ignore si nous resterons en Amérique, cependant, s'il fait plaisir à M. Gillet (1), vous pourriez le lui céder pour deux cent dix livres et rien de moins, car à tout autre qu'à lui je ne l'abandonnerais pas pour deux cent quarante livres. Vous voudrez bien lui dire aussi, ainsi qu'à sa respectable et bonne mère, mille choses honnêtes de ma part.

Les réparations de notre bâtiment vont grand train, nos officiers calculent déjà qu'elles seront finies dans les premiers jours de décembre, et que nous pourrons mettre à la voile du 5 au 10 ; aussi, vers cette époque, si vous sentez souffler les vents du nord ou nord-est, vous pourrez conclure que nous allons encore une fois affronter les perfides gentillesses de la mer. Au reste, nous vous en instruirons au moment de notre départ. Il nous tarde bien que ce moment arrive ; le bois, la vie et les loyers sont ici d'un prix excessif ; ce qui cause cette cherté, c'est le grand nombre d'étrangers qui sont venus ici à

---

(1) Pierre Gillet, époux de Marie-Thérèse Pierrot.

la vente des marchandises de la compagnie des Indes, qui dure trois mois.

M. Toussaint se joint à moi pour vous prier de recevoir nos assurances de la plus sincère amitié, et de vous faire nos compliments d'avoir pris le parti de vous retirer auprès de nos généreuses amies (les dames Gobert). Soutenez-les dans les petites contrariétés qu'elles pourraient quelquefois éprouver, inspirez-leur de la confiance pour l'avenir et éloignez surtout d'elles toutes les inquiétudes qu'elles pourraient concevoir sur notre compte ; nous n'aspirons qu'au moment de nous remettre en mer, et nous nous embarquerons une seconde fois avec autant de confiance qu'à la première. Les femmes passagères, qui ont partagé notre danger, montrent beaucoup plus de courage que certains hommes, car elles aspirent toutes après l'instant de notre embarquement, et quatre de nos hommes, dont deux se vantaient, avant notre naufrage, d'avoir fait des courses en mer comme commandants de corsaires, ont pourtant eu une si belle peur, qu'ils aiment mieux perdre leur passage que de se rembarquer. Un troisième est devenu fou et ne veut plus partir, son épouse est dans le plus grand embarras, cependant elle va remettre son mari en main de sa famille et ensuite partir avec nous. Le quatrième est un ancien commis aux aides, fort aimable et fort amusant ; il nous a dit que la mer ne plaisantait point et que de sa vie il ne reverrait plus cette gredine-là, aussi est-il parti bon train le lendemain de notre descente, après avoir sacrifié, comme les autres, son passage ; nos passagers déserteurs seront remplacés, et alors nous serons toujours en même nombre ; c'est une bien petite indemnité pour l'armateur à qui il en coûte, pour remettre notre bâtiment en bon état, environ 60,000 livres.

Nous vous prions d'être, auprès de Mme Gobert et Mesdemoiselles nos amies, l'interprète de nos sentiments, et de leur dire de notre part les choses les plus affectueuses que vous pourrez.

Mon cher ami,
Votre très humble et obéissant serviteur.
MARION.

Il aurait été très intéressant d'avoir des détails circonstanciés de ce naufrage, qui eut lieu le premier jour de l'embarquement, et qui a forcé le pilote de ramener son navire au port, après avoir subi des avaries considérables.

Autre lettre adressée par le même M. Marion, à M⸱ᵐᵉ veuve Gobert, rue Saint-Alpin, à Châlons.

A bord du navire Lesage, *en relâche à Lorient,
le 30 novembre 1792.*

Nos chères et bonnes amies,

A l'époque où nous vous écrivions notre dernière, nous avions déjà reçu des nouvelles très alarmantes sur la colonie, par le frère d'un de nos passagers qui nous apprenait, par une première lettre, que toute la plaine du Cap, ainsi que toute la colonie, étaient menacées d'une insurrection générale, et plus cruelle que toutes celles qui avaient déjà eu lieu ; une seconde lettre du même, du 15 septembre, nous annonce que l'insurrection est à son comble dans la plaine du Cap, que les Caïes Saint-Louis sont totalement ruinées, et tous les blancs égorgés, et qu'il n'en restera pas un dans l'île, si les troupes que l'on attend de jour à autre, n'arrivent incessamment. Nous n'avons pas jugé à propos de vous instruire dans le temps de ces événements, nous avons pensé que les troupes ne devaient pas tarder à débarquer et que leur arrivée dans cette malheureuse colonie nous procurerait des nouvelles plus consolantes, et, Dieu merci, nous n'avons point été trompés dans nos espérances. Une frégate et deux navires Nantais, qui étaient du convoi, sont venus relâcher à la rade de Lorient. Elles ont dépêché leur chaloupe en cette ville pour y annoncer officiellement que les huit cents hommes de troupe étaient arrivés le 24 au Cap, avec leur convoi, plus deux mille hommes qui étaient destinés pour la Martinique et que l'on a pas voulu y recevoir. Ainsi, les forces, nouvellement arrivées à Saint-Domingue, sont au moins de dix mille hommes. Ces bâtiments assuraient que nos forces étaient plus que suffisantes pour rétablir l'ordre et la sûreté publique. La frégate en question avait à son bord M. de Blanchelande, qu'elle ramenait en France, comme prisonnier. (Philibert-François Rouxel de Blanchelande, nommé gouverneur de Saint-Domingue par Louis XVI, fut condamné à mort par le tribunal révolutionnaire, le 11 avril 1793. Comme pour bien d'autres, qui subirent la même peine, il serait difficile de dire de quoi il s'était rendu coupable.)

Toutefois, ce général remis à terre a trouvé le moyen de

s'échapper des mains de ses surveillants, mais des nouvelles, arrivées hier ici, assurent qu'il vient d'être arrêté à la Rochelle. Il paraît que tous les américains sont persuadés (faussement) qu'il est l'auteur de tous les malheurs qui ont dévasté Saint-Domingue. Toutes les nouvelles, que l'on reçoit actuellement de ce pays, nous font espérer que nous trouverons à notre arrivée, la tranquillité, l'activité rétablie dans les ateliers.

Nous vous donnons pour nouvelles certaines que les sucres et cotons baissent un peu de leur prix, et que le café est tombé à vingt sous la livre. Nous attribuons cette baisse à l'arrivée des troupes à la colonie et à la grande quantité de ces marchandises, qui sont en magasin à Nantes et à Bordeaux ; plus de vingt négociants nous ont assuré, pendant notre séjour à Nantes, qu'il y avait dans les magasins de cette ville plus de douze millions de café et plus de trente millions à Bordeaux.

Les réparations de notre navire avancent et cependant nous prévoyons ne pouvoir mettre à la voile que du cinq au dix du mois prochain, il nous tarde bien de voir arriver ce moment. A l'ennui près, nous nous portons très bien. Notre frère Toussaint prend de l'embonpoint, et son ventre prend de la tournure, si belle et si bonne, qu'il ne peut presque plus boutonner ni gilet ni habit.

Nous écrivons à notre ami Manuel par le même ordinaire....

Nous sommes, avec les sentiments de la plus respectueuse amitié,

Chères et bonnes amies,

Votre très humble serviteur,

MARION.

P.-S. — Nous ne vous écrirons plus qu'au moment de notre départ, et nous attendons encore une lettre de vous d'ici au 5 du mois prochain, dussiez-vous écrire vous-même. Nos compliments, je vous prie, à M. Gobert. Vous devez avoir reçu de nous un aperçu de notre route et de notre dépense, depuis Châlons jusqu'à notre embarquement. Cet aperçu est erroné, nous l'avons rectifié dans nos moments de loisir.

Voilà donc comment de bons religieux étaient, dans ces temps mauvais, bien souvent obligés de s'expatrier pour aller chercher la tranquillité dans des pays lointains.

Une de ces lettres, adressée à dom Manuel, prieur de l'abbaye, nous le montre donc comme dernier supérieur de cette communauté. Ce que nous pourrions donner ici sur ce personnage, serait moins une biographie régulière qu'une suite de notes assez incomplètes, recueillies çà et là comme par effet du hasard. Scrupuleusement, néanmoins, et pour rendre à chacun ce qui lui est dû, nous devons consigner ici la somme la plus grande de ces renseignements qui nous sont parvenus par la bienveillance éclairée de M. Peudefer, ex-pharmacien, que possédait naguère la ville d'Épernay. Mort neveu des demoiselles Gobert, chez lesquelles dom Mathias s'était retiré, à Pierry, il pouvait en cette qualité connaître, mieux que tout autre, les incidents divers de la vie de notre Bénédictin, religieux d'Hautvillers.

Dom Mathias Manuel était né à Montier-en-Der (Haute-Marne). Était-il parent de dom Grossard, ou était-ce une simple connaissance de ce religieux? ce qui pourrait bien être, puisque ce dernier, lui aussi, tirait son origine de ces pays du Der. On sait qu'il y avait là une célèbre abbaye de Bénédictins, fondée par saint Berchaire, premier abbé d'Hautvillers, et illustrée à plus d'une époque de son existence. Selon toute apparence, on peut donc présumer que ce fut le voisinage de ce monastère et le désir d'embrasser la vie qu'on y suivait, qui inspirèrent au jeune Manuel les premières idées d'entrer en religion. Quoi qu'il en soit, sans vouloir aucunement préciser ni l'année de sa profession, ni les premiers événements de sa vie, autant d'articles échappés à nos investigations, nous le retrouvons à Hautvillers, exerçant les fonctions de prieur, à l'époque où éclata cette Révolution qui ravagea tout, qui trancha tout, la vigne de l'Église comme le patrimoine de l'État, les têtes des citoyens comme celle d'un monarque chéri. Chassé de son monastère par les événements que tout le monde connaît, notre prieur se retira à Châlons-sur-Marne ; c'est là qu'il passa l'époque si orageuse de la Terreur ; il vivait caché dans la maison d'une dame Gobert, rue Saint-Alpin. Quand les temps redevinrent moins hostiles au clergé, dom Manuel se retira à Pierry avec la même famille qui l'avait si généreusement abrité aux jours mauvais; mais ses ressources pécuniaires étaient extraordinairement minimes; en homme qui avait du talent et du savoir, dom Manuel crut avoir trouvé un moyen très légitime de vivre honorablement en montant un petit pensionnat à Pierry, et, paraît-il, cet établissement eut une certaine vogue justement acquise, car si la science du disciple est le plus juste éloge du maître, il suffit de dire que dom Manuel eut l'honneur d'instruire les MM. Paris, d'Avenay, archéologues renommés de l'époque, et dont les descendants sont si remarquables par leur savoir. Dom Manuel conserva son pensionnat jusqu'en 1817. Arrivé aux portes d'une vieillesse assez rare de nos jours, dom Manuel eut le malheur de voir s'affaiblir ses facultés intellectuelles ; n'était-ce pas là comme les conséquences tardives de la révolution morale, qu'avait excitée chez lui une révolution politique trop réelle ? Dom Manuel mourut le 30 décembre 1834, à Pierry. Il était âgé de quatre-vingt-six ans.

Un mot sur les qualités morales de cet homme recommandable.

Dom Manuel, nous l'avons dit, avait un savoir étendu, ce qui ne l'empêcha pas d'être d'une politesse exquise, d'une conversation fine et spirituelle, d'une humeur qu'on pourrait dire joyeuse. Aux talents d'un homme d'étude, aux qualités d'un français qui aime et qui connaît la société, dom Manuel joignit les vertus qui font le bon chrétien et le bon prêtre. Sa charité surtout était admirable, elle était la personnification de cette maxime évangélique :

Tu autem faciente eleemosynam, nesciat sinistra tua quid faciat dextera tua. (Saint Mathieu, ch. vi, ÿ 3.)

« Lorsque vous faites l'aumône, faites-là de manière que votre main gauche ne sache pas ce que fait votre main droite. »

Dom Jean-Baptiste Rousseaux, un des derniers religieux de l'abbaye, déclara qu'il voulait rester à Hautvillers, sa pension était de 900 livres. On remarque que cet homme était d'une grande taille, 5 pieds 5 pouces 1/2 (1 m. 773). Après avoir habité Hautvillers quelque temps, il se retira à Cormoyeux, où de bons habitants l'ont caché pendant la tourmente. Quelque temps après il alla à Saint-Quentin où il exerça le ministère, après avoir prêté le serment à la Constitution, puis revint à Cormoyeux, où il avait acquis une assez belle propriété avant son départ. Il mourut à Paris. Des habitants d'Hautvillers, qui existent encore, l'ont bien connu.

Nous avons encore à parler d'un homme important, dom

Grossard, dernier procureur de l'abbaye. Comme beaucoup d'intéressants détails se rapportent à la vie de ce religieux, détails qui se rattachent eux-mêmes aux temps actuels où nous en sommes arrivés dans notre histoire, nous devrions, ce semble, mettre en relief tout ce que nous avons à dire sur ce personnage, mais les faits qui ont eu lieu à Hautvillers, sous la Révolution, méritent évidemment la première place, et nous la leur donnons.

A cette époque, le religieux qu'on avait chassé de son abbaye ne pouvait circuler dans le royaume sans être muni de pièces émanant de la municipalité du lieu d'où il sortait, et de l'endroit où d'abord il avait déclaré vouloir demeurer après sa sortie du monastère.

M. Germon, originaire d'Épernay et propriétaire à Hautvillers, avait un fils, qui fut religieux de Saint-Jacques de Provins, qui vint terminer ses jours à Hautvillers. Plusieurs vieillards s'en souviennent et disent qu'en plaisantant, à cause de sa grande taille et de son ancienne condition, ils ne l'appelaient jamais autrement que : le grand défroqué. Il avait, en effet, prêté le serment à la Constitution.

Il a donc fallu pour ce religieux : 1° Sa déclaration par laquelle il faisait connaître qu'en sortant de son couvent il avait l'intention de fixer sa résidence à Sourdun. 2° Sa prestation de serment dans cette même commune. 3° Un certificat de la municipalité pour prouver sa résidence audit lieu et pour s'en servir au besoin. 4° Un passeport en règle lorsque le gardé à vue avait l'intention de voyager.

Il est à noter qu'il en fut de même pour tous les religieux d'Hautvillers et du royaume, c'est pourquoi nous donnons copie de ces pièces.

DÉPARTEMENT DE SEINE-ET-MARNE

DISTRICT DE PROVINS

Je soussigné, secrétaire greffier du district de Provins, département de Seine-et-Marne, certifie et atteste à tous qu'il appartiendra, que M. Adam-Remy Germon, religieux profès de l'abbaye de Saint-Jacques de cette ville, y demeurant, conformément à l'article 11 des lettres patentes du 19 février 1790, sur le décret de l'Assemblée nationale du 13 du même mois, a fait parvenir et enregistrer la déclaration, ordonnée par ledit décret, suivant laquelle il sort de ladite maison religieuse de Saint-Jacques, pour aller faire sa résidence à Sourdun.

En foi de quoi, je lui ai délivré le présent certificat.

A Provins, le 1er août 1791.

CAILLÉ.

Extrait du registre des délibérations de la municipalité de la paroisse de Sourdun, pour l'année 1791.

Prestation de serment fait par M. Adam-Remy Germon, prêtre, vicaire de Sourdun.

Cejourd'huy, 27 novembre 1791, Adam-Remy Germon, prêtre, choisi et nommé vicaire par M. le prieur, curé de cette paroisse, pour l'aider dans ses fonctions pastorales, aux termes du décret sur la constitution civile du clergé, nous ayant requis de recevoir son serment civique, auquel il est astreint par l'article deuxième du décret du 27 novembre 1790, avant d'entrer en fonctions comme fonctionnaire public ecclésiastique, nous maire, officiers municipaux et notables de cette paroisse, réunis et convoqués dans l'église en présence de tout le peuple, avons reçu le serment dudit sieur Adam-Remy Germon, dans la forme décrétée ainsy qu'il suit :

Je jure de remplir exactement mes devoirs, d'être fidèle à la nation, à la loy et au Roy, de maintenir de tout mon pouvoir la Constitution du royaume, décrétée par l'Assemblée nationale et acceptée par le Roy. De laquelle prestation de serment ledit sieur Germon nous a demandé acte que nous lui avons octroyé et que nous avons signé enfin :

GERMON; François HERBELIN, *maire*; Michel SENARD, *procureur*; PRUD'HOMME; ROBLIN; N. CALOS; Claude ROBLIN; Louis CHARLU; Jean PRUD'HOMME; François-Louis SENARD; L'ANGE; LECLERC; CHARPENTIER; Étienne LECLERC; SIRET, *prieur, curé de la paroisse*; et OZÉRÉ, *greffier*.

Collationné à l'original et délivré par moi greffier soussigné, à Sourdun, le 30 novembre 1791.

OZÉRÉ, *s. gr.*

Certificat de résidence pour un citoyen non prévenu d'émigration.

MUNICIPALITÉ DE SOURDUN

DISTRICT DE PROVINS. — DÉPARTEMENT DE SEINE-ET-MARNE

Nous soussignés, maire, officiers municipaux, membres du conseil général de la commune de Sourdun, chef-lieu de canton du département de Seine-et-Marne, certifions à tous qu'il appartiendra, que le citoyen Adam-Remy Germon, âgé de 26 ans environ, taille de 5 pieds 11 pouces (1 m. 9221), cheveux et sourcils roux, yeux bleus, bouche médiocre, nez effilé, menton rond, front médiocrement haut, visage long, est actuellement et habituellement domicilié et résident en cette commune de Sourdun, depuis longues années jusqu'à ce jour, sans interruption, en foi de quoi nous lui avons délivré le présent certificat de résidence sur l'attestation des citoyens Jean Laurier et Nicolas Fortin, tous deux demeurant en cette commune, qui ont signé avec nous, et ledit certifié après que ledit certificat a été affiché pendant trois jours consécutifs, aux termes de la loi.

Fait en la maison commune de Sourdun, le 29 du premier mois de l'an deuxième de la République française, une et indivisible.

LAURIER; Nicolas FORTIN; ROBLIN, *maire;*
GERMON; SENARD; PRUD'HOMME.

Tous les certificats que nous venons de rapporter étaient nécessaires à l'ex-religieux qui voulait voyager; de plus, un passeport lui était indispensable.

CHEF-LIEU DE CANTON

COMMUNE DU SOURDUN

DÉPARTEMENT DE SEINE-ET-MARNE

Séance permanente du 18 juillet 1793.

Nous, soussignés, maire, officiers municipaux et membres du conseil général de la commune de Sourdun, certifions que le citoyen Adam-Remy Germon, prêtre-vicaire de cette paroisse, âgé de vingt-six ans environ, taille de cinq pieds onze pouces, cheveux et sourcils roux, yeux bleus, bouche médiocre, nez effilé, menton rond, front médiocrement haut, visage long, nous a déclaré qu'il était dans l'intention de voyager dans l'intérieur de la République, et notamment de se rendre à Épernay et environs, pour vaquer à des affaires de famille; en conséquence, nous lui avons délivré le présent passeport, attestant qu'il est bon citoyen, qu'il n'a jamais donné des preuves que du plus pur civisme, depuis deux ans qu'il réside au milieu de nous, et prions tous les Français de le laisser aller et venir librement.

Délivré à la maison commune de Sourdun, le dix-huit juillet mil sept cent quatre-vingt-treize, l'an II de la République française.

ROBLIN, *maire;* OZERÉ, *secrétaire;* PRUDHOMME, *prêtre de la commune;* SENARD; OFFICIET; BLANDIN; PÉROT; SIRET, *notaire.*

Vu et certiffié par nous, administrateurs et procureur syndic du district de Provins, les signatures cy-dessus, ce 20 juillet 1793, la IIe de la République française, une et indivisible.

GARNIER; GESONA; LANU.

Quelques années après l'arrivée de M. Germon dans sa famille à Épernay, et avant de se fixer à Hautvillers pour y faire valoir par lui-même quelques pièces de vignes qu'il y possédait, cet ancien religieux avait essayé de faire valoir, auprès du gouvernement de la République, quelques droits qu'il prétendait avoir au sujet de sa pension. L'agent de la commune d'Épernay lui adressa, à cette occasion, la lettre qui suit :

Épernay, le 6 frimaire, an VIe de la République.

L'agent de la commune d'Épernay au citoyen Germon,

Vous voudriez bien, citoyen, vous rendre à la maison commune, le huit de ce mois, deux heures de relevée, pour me dire votre nom, votre âge, vos infirmités, si vous en avez, la justification de serment par vous prêté à différentes époques, les lieux où vous avez résidé depuis la Révolution, et sy vous y avez exercé des fonctions du culte, si vous avez rétracté ou modifié aucuns de ces serments, ou si vous avez fait quelques protestations.

Salut et fraternité.

« VULLERY.

Au citoyen Germon, ex-prêtre, à Épernay.

Faits relatifs à la Révolution.

Elle était donc arrivée, cette République si funeste à la France et à l'esprit religieux ; jusqu'alors ce n'étaient que cris de liberté, de fraternité ; chacun devait, désormais, jouir plus que ne le promettait même le bon Henri IV ; mais bientôt, à toutes ces promesses, à toutes ces espérances, vont succéder des malheurs de toutes sortes, des scènes d'horreur, des profanations sacrilèges, Dieu lui-même outragé jusque dans son temple.

La République fut proclamée le 22 septembre 1792 et finit le 18 mai 1804. Devant dater certains faits d'après l'expression du temps, il n'est pas inutile de donner ici le système chronologique de l'époque.

La République française, disons-nous, fut proclamée le 22 septembre 1792. Ce ne fut que le 5 octobre 1793 que la Convention nationale abolit l'ère vulgaire pour les usages civils. Le 25 du même mois, elle data son procès-verbal du 4 brumaire an II. Le nouveau calendrier fut régularisé par un décret daté du 4 frimaire an II (24 novembre 1793), et, dès lors, on employa les dénominations de vendémiaire, brumaire, etc. Ce calendrier français fut supprimé par un sénatus-consulte du 22 fructidor an XIII (9 septembre 1805), et le 10 nivôse an XIX (30 décembre 1805), a été le dernier jour compté selon le style républicain. On reprit, le lendemain, l'ère vulgaire (1ᵉʳ janvier 1806).

1ᵉʳ mois, Vendémiaire (vendanges), correspondait du 22 septembre jusqu'au 22 octobre, pour certaines années.

2ᵉ mois, Brumaire (brume), du 23 octobre au 21 novembre, pour certaines années.

3ᵉ mois, Frimaire (frimas), du 21 novembre au 20 décembre, pour certaines années.

4e mois, Nivôse (neige), du 20 décembre au 20 janvier, pour certaines années.

5e mois, Pluviose (pluie), du 20 janvier au 19 février, pour certaines années.

6e mois, Ventôse (vent), du 19 février au 20 mars, pour certaines années.

7e mois, Germinal (germination), du 21 mars au 19 avril, pour certaines années.

8e mois, Floréal (fleurs), du 20 avril au 20 mai, pour certaines années.

9e mois, Prairial (prairies), du 20 mai au 19 juin, pour certaines années.

10e mois, Messidor (moissons), du 19 juin au 18 juillet, peur certaines années.

11e mois, Thermidor (chaleurs), du 19 juillet au 17 août, pour certaines années.

12e mois, Fructidor (fruits), du 18 août au 16 septembre, pour certaines années.

L'an Ier avait donc commencé en 1792.

Dans cette République, qui promettait tant de bonheur, il fallait, néanmoins, s'armer pour marcher à l'ennemi au premier cri d'alarme, ce qui prouve que la sécurité n'existait pas.

Le 17 novembre 1792, en exécution de la loi du 3 août dernier, la municipalité procède, par adjudication et au rabais, pour la fabrication de cent piques, à des conditions énoncées dans la délibération. Le sieur Pierre Lemaire, serrurier, en concurrence avec le sieur Goubron, maréchal-ferrant, a abaissé le prix de ces cent piques à la somme de 500 livres. Ces piques furent envoyées au district d'Épernay, pour s'en servir au besoin.

Pierre Lemaire s'était montré très exalté au moment des scènes sacrilèges à Hautvillers; il était le plus ardent pour déplacer et porter les saints de l'Église pour les brûler. Plein de remords, il parut faire pénitence dans les dernières années de sa vie; espérons que Dieu lui a fait miséricorde.

Les archives de la commune nous disent encore qu'en 1793 on a été jusqu'à prendre les cordes des cloches pour s'en servir au besoin dans la marine.

*5 avril. — Lettre des membres du directoire d'Épernay
à la municipalité d'Hautvillers.*

En exécution de l'arrêté du comité du salut public que nous avons reçu hier, nous vous requérons, citoyens, d'envoyer dans dix jours pour délai, au magasin militaire d'Épernay, toutes les cordes des cloches descendues de votre ancienne église, pour nous les faire transporter au port de mer qui nous sera indiqué. Point de retard, point d'insouciance dans l'exécution de la présente réquisition.

Voilà ce qui s'appelle requérir ! ! !

Le citoyen maire Sogny, fatigué de ses pénibles fonctions, donne sa démission. Nous la transcrivons telle que nous l'avons trouvée en en conservant l'orthographe :

« Cejourduy vingt-huit may mille sept cent quatre-vingt-traize, deuxième de la République françoisse du matin, moy, Nicolas Sogny, maire municipale, ayant convoquer les oficiers municipaux et le conseils de la commune d'Hautvilliers, chef-lieu du canton, à léfet de leurs déclarer que j'aytoit dans l'instantion de donner mas démition de la place de maire, vue les grants travaux quils surviene journelement qui surpace mes force et lumière pour remplire les fonction et la place de maire, auxcun des membres ne cétant présenté en la maison comune, où était seulement le procureur de la commune et le secretair, j'ay écrit moi-même la presante demition que je fait de ladite place de maire, que je prie les citoyens de cette commune convoquer à cette éfet daccepter et ay signé.

« SOGNY. »

Les opinions du citoyen Sogny, maire en 1793, n'étant pas goûtées par quelques citoyens moins méchants que lui, il se trouve forcé de donner sa démission, qui est acceptée (28 mai 1793). Il avait succédé à M. Jean-Baptiste Lécaillon, chirurgien ; ce dernier méritait l'estime de tous, à tous égards. M. Lécaillon, nommé maire de nouveau, ne voulant pas accepter cette charge, le citoyen Sogny a été heureux de continuer à remplir les fonctions de premier magistrat de la commune, jusqu'au 1er thermidor de l'an III.

11 juin 1793. — Formation d'un registre pour inscrire les citoyens qui se dévoueraient au service de la patrie, pour aller combattre les rebelles de la Vendée.

18 octobre 1793. — Un décret a paru ; la municipalité fait lire ce décret qui enjoint aux femmes de porter la cocarde tricolore, ce que plusieurs ont fait et aussi plusieurs ont refusé.

En vertu de la liberté nouvellement acquise, et d'un arrêté municipal, désormais l'ouvrier, plus ou moins intelligent ou plus ou moins ardent au travail, sera soumis à l'arrêté municipal, qui fixe la journée de travail ainsi qu'il suit : journée d'hyver, sans nourriture, 18 sous ; avec nourriture, 9 sous. Façon d'un arpent de vigne, 90 livres. La République sous laquelle nous vivons aujourd'hui est moins rigoureuse.

1793. — Le procureur de la commune fait observer qu'il y a encore des fleurs de lys ou des écussons qui sont encore des signes de la féodalité ; ordre est donné de faire tout disparaître. Heureusement que le reste de nos belles stalles, aussi bien que le fronton de la porte principale du monastère, ont été respectés pour le moment. Les armes du couvent, qui étaient les clefs de saint Pierre mises en croix, ne pouvaient pas grandement nuire aux grands principes de liberté et franchises de 1789, pas plus que les armes de l'abbé et les fleurs de lys éparses dans différents endroits de l'église, mais il fallait respecter le sentiment de haine qu'avaient pour ces objets la plupart des citoyens ; elles furent abattues.

On peut dire avec raison que l'année 1793 fut malheureuse sous tous les rapports, non-seulement par ses horreurs, ses massacres, mais encore par la cherté des vivres. Depuis longtemps avant la Révolution, le marché au blé, à Ay, était pour Ay, Hautvillers, Dizy, Saint-Imoges, Bisseuil, Mareuil, Mutigny. Il fallait 700 boisseaux au minimum pour l'approvisionnement du marché. Les communes de Vauchamps, de Fromentières (canton de Montmirail), étaient désignées par le district d'Épernay, duquel toutes les communes à approvisionner dépendaient, pour fournir le marché d'Ay. En 1793, la disette fut si grande qu'il fallut désigner des membres du conseil municipal, accompagnés de gendarmes, pour aller chez les cultivateurs les forcer à amener des grains au marché ; il n'y en arrivait souvent que 30 à 40 boisseaux. On ne pouvait distribuer qu'un demi-boisseau et même qu'un quart par chaque famille, et toutes n'en avaient pas. La foule attendait toujours avec anxiété des arrivages qui n'arrivaient pas ; la municipalité, dans ces circonstances, avait grand'peine à maintenir l'ordre; les gens d'Hautvillers, a-t-on remarqué, se sont souvent distingués parmi les plus mutins; il est vrai que ventre affamé n'a pas d'oreilles. (Note de M. Nitot, ancien maire d'Ay.

Profanation des châsses et des reliques.

Nous l'avons vu au moment de l'échange de l'ancienne église contre l'église conventuelle. C'était beau, sans doute, cet enthousiasme d'une population qu'émouvait encore le sentiment de la foi, d'une population qui, avec pompe et allégresse, réinstallait son culte et son Dieu, dans un temple naguère condamné aux ruines. Pourquoi donc, à un spectacle si consolant, faut-il opposer des scènes de profanations hideuses et révoltantes? Pourquoi sommes-nous réduits à rappeler une de ces orgies sacrilèges qui, alors, tant de fois souillèrent nos sanctuaires et parurent être comme le dernier cri d'une religion mourante? Hélas! quel genre d'horreur n'est point capable d'inventer une impiété en délire ? Quel changement, quel progrès dans le mal ne fait pas cette hideuse Révolution ? Entendez-vous les féroces hurlements que poussent ces monstres à faces humaines? Entendez-vous cette cloche dont le tintement saccadé, convulsif comme la main qui l'agite, court glacer d'effroi le fidèle qui prie encore? C'est une des nombreuses agonies du christianisme; Hautvillers, lui aussi, comme bien d'autres endroits, va célébrer ses funérailles.

Déjà cette pauvre paroisse voit circuler dans ses rues tout ce que sa population recèle d'êtres impies et sans honneur ; vite ce groupe immonde se précipite vers l'église, enfonce les portes et se rue contre l'autel. Aux frémissements d'un orgue violenté par des mains révolutionnaires, le sanctuaire est livré à la dévastation, les saints voués à l'insulte, et le Dieu outragé souffre en silence, et ces bienheureux si patients pendant leur vie, si puissants après leur mort, ils se taisent; l'heure de la vengeance n'est pas venue; mais suivons les sacrilèges spoliateurs; où vont-ils avec leur proie, avec ces châsses, dépositaires des restes augustes et vénérés ? Attendez, voilà qu'ils s'arrêtent, et c'est au lieu même où naguère s'élevait l'église paroissiale, où, les malheureux, ils avaient reçu, pour la plupart, le sain baptême ; où le Dieu du ciel et de la terre les avait nourris de sa chair sacrée ; c'était là, où tout devait être profané, tout, jusqu'à la poussière du temple qui n'existait plus (1). Alors commença une ronde infernale, et cette ronde se fait autour des châsses qu'on brise à coup de massues, autour des reliques saintes qu'on livre à une boueuse ignominie. Les unes, donc, furent brisées, d'autres brûlées dans un bûcher allumé pour cette sacrilège profanation (2).

Des fragments de ces reliques saintes furent recueillis secrètement par des âmes pieuses, car il y en avait encore ; elles furent, depuis, conservées dans l'église, soit dans les châsses qu'on a fait faire après la tourmente, soit dans un coffret. D'après ces restes, on peut juger combien l'abbaye d'Hautvillers possédait de ces précieuses reliques ; on y trouve des fragments d'os brûlés, d'autres brisés, des petits sachets renfermant des étoffes de toutes sortes, de poussière, etc. Jusqu'à la réouverture des églises, nous ne savons pas si ces reliques, échappées des mains des barbares, car on peut ainsi les appeler, sont demeurées chez des particuliers qui les ont religieusement conservées, ou si elles ont été cachées dans l'église ; ce que nous savons de l'époque de l'enlèvement de ces précieux restes pour les profaner, c'est qu'un médecin qui se trouvait présent, et que plusieurs nous ont assuré être M. Lécaillon, médecin d'Hautvillers, cacha sous son habit les reliques de saint Syndulphe, les donna à sa femme pieuse en lui disant : *Tiens, en voilà un qu'ils n'auront pas.* Ces reliques, conservées par cette dame, furent rendues plus tard à M. Menu, curé de la paroisse, qui lui-même, en 1826, les donna à l'archevêché, à la demande des habitants d'Aussonce. Nous avons vu, dans le cours de cet ouvrage, que saint Syndulphe avait été curé à Aussonce, et que les habitants de cette paroisse ont toujours eu pour lui une bien grande vénération. Ces reliques étaient enfermées dans un tube de verre et on les vénérait à Hautvillers en les baisant en pas-

---

(1) L'ancienne église de la paroisse était déjà démolie.

(2) Cette scène sacrilège se passait le 23 novembre 1793, quelques heures avant la destruction des minutes des notaires et autres papiers importants. Dom Grossard était venu déjà depuis le mois de janvier précédent enlever furtivement et heureusement les reliques de sainte Hélène et quelques autres précieuses, mais il en avait laissé encore un très grand nombre qui furent ainsi profanées.

sant devant le prêtre qui les tenait, comme quand on va à
l'offrande. Une inscription en parchemin et en écriture gothique
se trouvait dans ce tube; on y lisait :

OS MAGNUM BRACHII SANCTI SYNDULPHI

« Grand os du bras de saint Syndulphe. »

Cette dame, est-il dit, habitait Hautvillers; son mari était
mort deux ans auparavant qu'elle ne donnât ces reliques à
M. Menu.

Quelle que fut la rage des sans-culottes, ils ne purent
l'assouvir contre les reliques de sainte Hélène. Dom Grossard et
dom Gauthier avaient été assez heureux pour les enlever secrètement avant la violation des châsses. Tout le matériel de
l'église fut enlevé. Déjà on avait expédié à la Monnaie plusieurs
objets précieux de l'église abbatiale, comme nous l'avons vu;
aujourd'hui, c'est une statue de sainte Hélène qu'on enlève,
haute de 80 centimètres et en argent massif, plus un ostensoir
en or. Nous ne craignons pas de rappeler de nouveau ce fait, il
est toujours, ce semble, palpitant d'actualité. Cette statue est
ainsi décrite dans l'inventaire de l'abbaye, de 1726 : « Une
statue d'argent de sainte Hélène, tenant une grande croix
d'argent d'une main et de l'autre trois clous d'argent; la sainte
est couronnée. Plus, le piédestal d'ébène, couvert de lames
d'argent ciselées. (Papier de Saint-Leu.) » De son côté, l'inventaire de 1677 la signale ainsi : « Une grande image d'argent
représentant sainte Hélène, qui coûte 1,400 livres. (Papiers de
M. Lambert, curé de Saint-Jean, de Châlons.) »

Quatorze cent livres, en 1677, équivaudraient aujourd'hui à
plusieurs milliers de francs. Cette statue avait été achetée par
les religieux, en 1662.

Une partie des tableaux sont restés, mais ils portent des
traces du glaive des vandales; on a évalué, avons-nous dit, à
200,000 livres tout ce qui a été enlevé ou détruit. Pour ces
misérables, nous n'avons pas cherché à connaître leurs noms,
mais il y en a dont les actions sont, pour ainsi dire, passées à la
postérité, et qu'on ne nomme qu'avec mépris.

On dit qu'un nommé Sogny, maire, s'est malheureusement
distingué dans ces orgies sacrilèges; on rapporte qu'au moment de la profanation des reliques sur la place publique, il
aurait brûlé un Christ avec d'autres objets sacrés. On sait, d'ail-

leurs, que la justice divine ne s'est pas fait attendre pour punir ces malheureux qui sont tous morts d'une mort affreuse et souvent tragique. Nous en avons connu un dans un village près de Fismes, à Arcy-le-Ponsart, qui, à l'époque où l'on ne craignait pas de profaner les lieux saints, avait fait des ordures dans un bénitier ; le malheureux est mort affreusement, dans des douleurs atroces, et constamment sali, pendant des années, par ses propres ordures qu'il ne pouvait retenir. C'est bien le cas de dire : « O homme, que tu es petit auprès du souverain Maître ! » Quel changement s'était opéré dans les esprits ? Les habitants d'Hautvillers, eux-mêmes, avaient pourtant encore, quelques années auparavant, de la vénération pour ces saintes reliques ; car, si en 1793 ils les brisaient à coup de massue, en 1791 ils offraient leur concours pour attirer les pèlerins à venir honorer, à Hautvillers, ces précieux restes des saints.

Si, il y a une vingtaine d'années, nous avions pensé devoir plus tard nous occuper de l'histoire d'Hautvillers, nous aurions pu interroger plusieurs vieillards qui, aujourd'hui, n'existent plus, et qui avaient été témoins de bien des scènes lamentables de cette époque révolutionnaire. Une nommée Marie-Jeanne Hanin, épouse Gaudron, nous disait un jour, avec beaucoup de naïveté, en nous montrant l'endroit où étaient les fonts baptismaux de l'ancienne église du village : « C'est là où j'ai été baptisée ; c'est là où j'assistais à la messe ; tout le monde y allait ; et puis j'ai vu, à la Révolution, danser dans l'église des religieux ; moi, j'étais jeune fille, mais je n'ai pas voulu faire comme les autres, je sentais que ce n'était pas bien ; et puis encore, j'ai vu Mlle Le Cacheur, fille du notaire du pays, qu'on avait nommée déesse de la Raison, avec une autre de Reims ; elle était montée sur l'autel avec plusieurs demoiselles habillées en blanc et en rouge. Pendant qu'on faisait des discours, il y a un vaurien qui, avec une grande pique, a déchiré tout à fait un beau grand tableau, parce qu'il y avait dessus un saint qui prêchait. Le plus mauvais de tous, c'était Sogny ; les autres ont encore des parents dans le pays, sans cela je dirais leurs noms. Je tremble encore quand j'y pense ; je les ai vus tous, ces scélérats-là, quand ils ont brisé les châsses sur la place, et brûlé tous les papiers qu'ils ont pu avoir chez les notaires et chez les particuliers. Tous ceux que j'ai vus faire les plus grandes méchancetés contre la religion, sont morts malheureusement. Il y en a un qui est mort avec des douleurs d'entrailles, on l'entendait crier de chez nous. Un autre était tellement rempli de vermine que personne ne voulait l'approcher. Un s'est pendu, parce qu'on l'appelait : le mangeur de saints ; il avait dit qu'il fallait qu'il mange tous les saints de l'Église, l'un après l'autre ; il voulait dire les briser. Il y en a un qui a été écrasé sous une voiture, un dimanche, quelque temps après ; il avait dit, en regardant un Christ : je te f... en bas ; tout le monde s'en souvenait et on n'a pas manqué de dire que c'était le Christ qui le punissait. Celle qui avait été déesse de la Raison n'était pas coupable à ce moment-là, elle agissait d'après l'ordre de ses parents, cependant on a remarqué qu'elle tenait des propos révolutionnaires à ses camarades ; plus tard, elle s'est mariée avec un digne homme, M. Didron ; comme elle se prenait de vin, un jour, étant ivre, elle alla se coucher dans son jardin sous une gouttière ; la pluie étant venue, l'eau lui tombait sur la figure : elle fut trouvée glacée et sans vie. »

Que de choses intéressantes, qui n'ont pas été écrites, ne saurions-nous pas sur ces malheurs du temps, si ces bons vieillards étaient encore vivants pour nous les raconter ?

Minutes des notaires et autres papiers brûlés.

Il ne s'agit plus, maintenant, de vendre ce qui appartient aux religieux ; il faut quelque chose de plus, il faut anéantir tout ce qui a été confié au papier et qui pouvait être de la plus grande utilité pour les âges futurs : brûler, détruire, profaner, voilà ce que veut la liberté d'alors. Aussi, lisons-nous dans les *Archives d'Hautvillers* :

« L'an second de la République, le dernier jour de la demi décade du second mois, les citoyens Gervais Malo et Antoine Le Cacheur, notaires, en exécution du décret du 7 juillet 1793, ont réuni différentes liasses, minutes des actes qui se sont trouvés dans leurs études, relatifs aux droits des censives féodaux, dixmes et autres droits seigneuriaux supprimés, pour être brûlés. De plus, un commissaire s'est transporté chez les citoyens pour retirer, de leurs mains, tous les titres, papiers, concernant les lods et ventes et autres droits féodaux, afin d'être aussi brûlés. »

Acte de l'exécution dudit décret.

L'an second de la République, une et indivisible, le trois frimaire (23 novembre 1793), après invitation faite aux membres composant le conseil général de la commune, le comité de surveillance et de la justice de paix, les officiers municipaux de ladite commune d'Hautvillers, se sont transportés, à deux heures de l'après-midi, en la maison commune, où tous les invités s'y étant rendus, il a été opposé qu'il allait être procédé à l'exécution de l'article 6 de la loi du 17 juillet dernier, qui ordonne que les titres constitutifs et recognitifs des droits supprimés par ladite loi, et autres antérieurs, seront brûlés ; en conséquence, tous ceux qui ont été déposés en la maison commune ont été mis dans plusieurs paniers et portés sur la place de la Liberté, précédés et suivis de tous les membres desdites autorités, et après un discours relatif à la circonstance, tous ces papiers ont été mis sur un bûcher préparé à cet effet et brûlés en présence de tous les citoyens de ladite commune et autres, qui s'y sont rassemblés, aux cris de : Vive la République ! et les cendres ont été jetées au vent.

De tout quoi il a été dressé procès-verbal.

SOGNY, *maire*; HUBERT; DAVAUX, *curé et officier public*; Nicolas TIEFNAT; LE CACHEUR, *président du comité*; F. VAUTRIN; LAMOTTE; GIRARDIN, de Cumières; LALLEMENT; MARTIN, de Dizy; MALO, *membre du comité de surveillance*; FORZY-HÉMEY; POGNOT; COCHUT; PRUD'HOMME, *procureur de la commune*; BAUTIER; Jacques LEJEUNE; GUIGNOLET; VIGNON, de Champillon; MALO; RITTIER, *juge de paix*.

La décade reconnue pour le jour du repos et formation d'une société populaire

(30 novembre 1793)

Le 9 frimaire, même année, le conseil général de la commune et le comité de surveillance d'Hautvillers, réunis en la maison commune, il a été délibéré sur les objets qui suivent : Le peuple Français, subjugué depuis tant de siècles par le prestige d'une illusion, que la force et le fanatisme ont entretenue, vient d'ouvrir les yeux à la vérité et s'empresse de toute part de faire céder l'erreur à la raison. Les ministres de tous les cultes sont les premiers à reconnaître que le règne de leur doctrine astucieuse est expiré, et se dépouillent à l'envi des titres qui les autorisaient à tenir les citoyens de tous états dans la dépendance sacerdotale. La commune d'Hautvillers, dans toutes les circonstances où il a été question de prouver son patriotisme, n'a jamais été en retard ; l'impulsion générale est pour elle une loi sacrée qui ne lui permet pas de différer à donner aux autres communes de son canton, l'exemple aux adhésions formelles, à toutes les réformes salutaires qu'opère journellement la sagesse de nos représentants. En conséquence, il a été aussitôt arrêté que proposé, entre tous les membres présents des autorités réunies, que demain tous les citoyens et citoyennes de la commune seraient invités à reconnaître la décade pour le véritable jour du repos. A proscrire à toujours les jours de dimanches et fêtes, reconnus par le culte catholique, et fermer l'église où se réunissent les sectaires de cette religion pour y célébrer leur culte. A ne reconnaître d'autre culte, à l'avenir, que celui de la Raison, de la Liberté et de l'Égalité. Que le bâtiment fermé, comme église, soit ouvert à l'instant comme temple de la Raison, et qu'il soit désormais consacré à célébrer les fêtes nationales, qui vont être instituées par la Convention, et à y donner, à tous les citoyens, des instructions capables de changer en morale saine et conforme à leur régénération, les préjugés religieux qui les tenaient asservis à leurs despotes. Qu'il soit célébré, dès demain, à cette occasion, une fête dans le temple de la Raison, d'après le projet qui sera adopté par l'Assemblée.

Il a été arrêté, en outre, qu'il serait formé dans la commune d'Hautvillers une société populaire, à l'instar de celles qui sont dans les communes où il en existe. Que cette société sera, dès à l'instant, composée des citoyens ci-après nommés, savoir : Antoine Le Cacheur; Jacques-Louis Forzy; Pierre Auger; Jean-Louis Bautier; Claude-Gervais Malo; Remy Cochut; Jean-Baptiste-Jacques Lejeune ; Michel Berrurier ; François Landragin ; Syndulphe Pognot; Thomas Michel et Jean-Pierre Gillet, tous membres du comité de surveillance, et de Jean-Claude Lallement, suppléant. Des citoyens : Nicolas Sogny, maire; Louis-Vincent Pierrot, François Vautrin, Jean-Remy Hubert, officiers municipaux; Jacques Prud'homme, procureur de la commune; Thomas-Antoine Le Cacheur, secrétaire de la municipalité; Nicolas Thieffenat et Pierre-François Bernard, et autres officiers municipaux. — Jean-Pierre Gimonet; Nicolas-Joseph Guignolet; François Leroy; Jean-Baptiste Liénard; Jean-Baptiste Roux; Charles-Nicolas Lamotte (Lamotte, pour de Lamotte, la particule *de*, qui le mettait au rang des nobles, ne devait plus paraître); François Logette; J. Davaux, curé; Pierre Chayoux; Jean-Baptiste Martin, tous notables; de Jacques Malo; François Nicolas, instituteur; Remy Hubert; Sébastien Rittier; Joseph Piéton; Joseph Roux; Michel Pierrot.

Que la première séance de ladite société sera tenue demain, dix heures du matin, dans le temple de la Raison. Que tous les citoyens et citoyennes de la commune seront expressément invités à s'y rassembler et à y assister, qu'il leur sera fait lecture de la présente délibération. Que ceux qui désireront s'y faire inscrire, seront admis d'après les formalités usitées en d'autres sociétés. Que les citoyens ci-devant inscrits étant, ou membres des différentes autorités présentes, ou reçus en leur présence et d'après les interpellations faites à tous les assistants de présenter les motifs qui pourraient les faire exclure, ils sont dès à présents reconnus comme membres de ladite société populaire, et exempts de tout autre certificat de civisme. Que le serment de tous les membres sera prêté entre les mains du président, dès demain, aussitôt son élection ; enfin, que copie de ladite délibération sera envoyée aux municipalités voisines du canton, avec invitation à seconder les vues populaires de cette assemblée, et ont tous les membres ci-dessus signé.

LE CACHEUR, *président du comité* ; PRUD'HOMME, *procureur de la République* ; SOGNY, *maire* ; LAMOTTE et autres.

Croirait-on que l'on puisse voir de telles abominations chez un peuple qui se vante d'être civilisé ? Où était alors le sentiment chrétien ? Où était donc le simple bon sens dans ce culte de la Raison ? Que de petitesses dans l'homme abandonné à lui-même ? Que de méchancetés dans ce même homme qui n'a plus l'amour de Dieu et de ses semblables ? Car, on ne dira pas que cette fraternité était vraie dans ses actes, elle ne recélait que le mensonge et l'erreur, l'orgueil avec toutes ses filles. Mais, attendez, vous allez voir la scène du lendemain.

L'Église devient le temple de la Raison. — Prestation de serment.

Le 10 frimaire (30 novembre 1793), décady, an second de la République une et indivisible, deux heures après midi, le conseil général de la commune, le comité de surveillance et la société républicaine d'Hautvillers, réunis en la maison commune pour la célébration de la fête nationale, arrêtée pour cause du changement de la ci-devant église en un temple de la Raison, le cortège est parti dans l'ordre suivant : Un détachement de la garde nationale, précédée du tambour ; le conseil général de la commune. La citoyenne épouse de citoyen Drouet Nicolas, de Reims, représentant la déesse de la Raison, ornée d'une pique et d'un bonnet de la liberté, et d'autres emblèmes de l'égalité. Autour d'elle, en l'accompagnant, les citoyennes :

Antoinette Le Cacheur, seize ans, qui fut aussi déesse de la Raison (1).
Scholastique Gerbeaux, vingt-cinq ans.
Sophie Le Cacheur.
Louise Maquart, vingt-quatre ans.

Victoire Bernard, le jeune.
Marie-Claude Payen.
Anne Lemaire.
Thérèse Gerbeaux.
Marguerite Cousin.
Victoire Bernard, l'aîné.
Scholastique Prud'homme.
Marie-Prine Fourché.

(1) Marie-Jeanne-Louise-Antoinette Le Cacheur était fille de Antoine Le Cacheur, notaire à Hautvillers, et de Marie-Josèphe Billard.

Toutes vêtues de blanc et ornées de rubans tricolores, et filles de citoyens de la même commune ; les membres de la société républicaine d'Hautvillers et un détachement de la garde nationale d'Hautvillers fermant la marche. Le cortège, mis en marche aux cris réitérés de : Vive la République ! est arrivé et entré dans le temple de la Raison aux bruits des orgues, qui ont substitué à leur son ordinaire, la musique de la liberté. La déesse est allée se placer dans un fauteuil posé sur l'autel de la Raison, et les jeunes nymphes, à côté et autour d'elle ; les autorités constituées se sont rangées en cercle, ainsi que les citoyens Vallin, président, Bocquet, administrateur, et Arnoult, secrétaire du district d'Épernay, invités et présents à la cérémonie.

Elle a été ouverte par un discours prononcé par le citoyen Jacques Malo, président de la société républicaine, qui a développé avec énergie les effets funestes de la différence des sectes et opinions religieuses, et la nécessité de reconnaître enfin, pour point de réunion de tous les sentiments, la nature comme le véritable Être suprême, et dont toutes les œuvres et les inspirations sont seules capables de faire cesser cette incertitude qui a fait, jusqu'à présent, le malheur des peuples et le tourment de leur conscience.

La déesse de la Raison a ensuite entonné l'hymne de la Liberté, qui a été suivi et accompagné des orgues et répété en chœur par tous les citoyens. Le citoyen Arnoult, secrétaire du district d'Épernay, a ensuite, par un bref discours, applaudi au patriotisme de l'assemblée, et retracé, aux membres des autorités constituées, le moyen de mettre à profit les heureuses dispositions de tous les assistants. Le cortège étant prêt à se remettre en marche, il a été proposé de se livrer aux divertissements qui doivent terminer une fête, ce qui a eu lieu par des danses et réjouissances dans le temple de la Raison, et qui ont été ouvertes par les administrateurs du district et autres membres desdites autorités constituées (1).

De tout quoi il a été dressé procès-verbal par les soussignés. (Suivent les signatures.)

---

(1) Il ne faut pas le perdre de vue, on a dansé dans notre église. Allons-y prier pour réparer ce scandale.

Et, à l'instant, le président de la société républicaine a prêté, entre les mains des présidents de la municipalité et du comité de surveillance, et les membres de ladite société ont prêté, aussi entre ses mains, le serment par lequel ils ont juré de *deffendre*, au prix de leur vie, l'unité et l'indivisibilité de la République française, de maintenir la liberté et l'égalité de tout leur pouvoir, et de poursuivre tous les ennemis intérieurs de la chose publique, de déclarer une guerre ouverte aux agitateurs secrets qui ne travaillaient qu'à fomenter le trouble, à ceux qui se montrent ennemis des propriétés et des personnes, à ceux enfin qui s'efforceront de rétablir l'ancien régime, tout monstrueux qu'il était.

LE CACHEUR ; SOGNY, *maire* ; MALO ;
FORZY-HÉMEY, *secrétaire*.

La voilà donc établie cette danse infernale, dans la maison du Dieu encore vivant, et que la République nouvelle ne pouvait pas faire mourir. On frémit d'horreur en lisant de semblables forfaits.

Nous voyons à la tête des nymphes, Antoinette Le Cacheur, qui devint, un peu plus tard, l'épouse de Chrysostôme Didron, percepteur, et qui, aussi, dans une de ces fêtes civiques, fut, comme nous l'avons dit plus haut, placée sur l'autel comme déesse de la Raison ; nous aimons à le croire, ses parents, plutôt qu'elle, étaient coupables de ce sacrilège.

Nous allons bientôt assister à une autre séance non moins burlesque, ou tout au moins aussi ridicule : il s'agit de la plantation d'un arbre de la liberté, arbres qui, partout, ont eu le sort de l'arbre dont il est parlé dans l'Évangile : « Tout arbre qui ne porte pas de fruits sera coupé et jeté au feu. (Saint Mathieu, ch. vii.) » Ils ont dû, au moins pour la plupart, mourir sur place.

Plantation d'un arbre de la liberté. — Réjouissances publiques

L'an second de la République (1794), une et indivisible, le décady, 30 ventôse (20 mars), après midi, sur la réquisition de l'agent national et après convocations de tous les membres de toutes les autorités constituées, et invitation faite à la société populaire, la municipalité et l'agent national se sont rendus au temple de la Raison, et de là sont tous partis en ordre pour aller sur la place de la Liberté, et là, il a été, par un membre de la société populaire, prononcé un discours relatif à la circonstance, c'est-à-dire à la plantation d'un chêne vif du taillis, d'un âge et demi à deux âges; et après le chant de quelques chansons patriotiques, et un rondeau autour de l'arbre par les citoyens de tout âge et de tout sexe, la municipalité a été reconduite à la maison commune après la lecture et la signature du présent procès-verbal, en exécution de la loi du 3 pluviose.

Nicolas TIEFNAT, *président;* François LEROY; Jean-Baptiste ROUX; PRUD'HOMME, *agent national;* LE CACHEUR.

Un autre spectacle va s'offrir à nos yeux, et ce n'est pas malheureusement le dernier; le dimanche est supprimé, il ne faut plus parler des fêtes religieuses, c'est du fanatisme; mais, néanmoins, il faut se réjouir, et des jours pour cela seront assignés, le calendrier républicain nous les fera connaître.

Cejourd'huy, vingt prairial (8 juin 1794), an second de la République française, une et indivisible, les présidents, officiers municipaux et membres du conseil général de la commune d'Hautvillers, assemblés en la maison commune où se sont trouvés les corps constitués de cette commune après l'invitation, la fête à l'Être suprême ayant été annoncée, indiquée pour quatre heures de relevée, les citoyens et citoyennes ayant été réunis, tous se sont rendus sur la place de la Liberté, précédés de la garde nationale, sur laquelle place, proche l'arbre sacré de la liberté, était placé un autel entouré de branches de chêne, où étant, il a été fait un discours à la circonstance analogue à la fête, par le citoyen juge de paix (1), auquel il a été répondu par l'agent national, ensuite il a été chanté divers hymnes dédiés à l'Être suprême, et patriotiques, aux cris répétés de : Vive la République! d'après quoi le cortège s'est rendu au temple où il a été récité un discours analogue à l'établissement des fêtes décadères, et chanté plusieurs hymnes suivis de mille fois

---

(1) M. Rittier, ancien régisseur de M. de Bayane.

répétés : Vive la République ! et nous nous sommes rendus à la maison commune, où il a été dressé le procès-verbal qui a été signé par tous les citoyens, juge de paix, président du comité de surveillance, président de la société populaire, président, officiers municipaux, agent national et membres du conseil de la commune ainsi que le secrétaire (1).

Suivent les signatures :

RITTIER, *juge de paix ;* HUBERT ; BERNARD ; Nicolas TIEFNAT ; PRUD'HOMME, *agent national ;* LEMAIRE, *président de la société populaire ;* FORZY-HÉMEY, *président du comité de surveillance ;* LE CACHEUR.

Un autre sujet de réjouissance est offert aux républicains d'Hautvillers, il s'agit de fêter le succès des armées françaises :

Cejourd'huy, quinze messidor (3 juillet 1794), an second de la République, une et indivisible et impérissable, les officiers municipaux de la commune d'Hautvillers assemblés à la maison commune sur l'invitation de l'agent national, où se sont trouvés les corps constitués de cette commune après pareille invitation ; la fête, en réjouissance du grand succès de nos armées, ayant été indiquée et annoncée ce matin, au son de la caisse, pour sept heures du soir, les citoyens et citoyennes s'étant réunis devant la maison commune, tous se sont rendus sur la place de la Liberté où il y avait été préparé un tas de bois, sarment et bruyères apportés par les citoyens, où étant, il a été prononcé, par le citoyen Jacques Malo, greffier de la justice de paix du canton d'Hautvillers, un discours patriotique analogue à la fête, auquel il a été répondu par des cris répétés de : Vive la République ! Vivent les braves défenseurs de la Patrie ! Ensuite, le tas de bois en forme de pyramide a été allumé par le citoyen Bernard, officier municipal, et il a été chanté l'hymne en action de grâce à l'Être suprême, et plusieurs chansons patriotiques analogues aux actions héroïques de nos braves défenseurs, et les cendres provenant de bois et bruyères ont été par acclama-

---

(1) Toutes ces scènes, nous les avons copiées littéralement dans les archives de la mairie d'Hautvillers.

tions destinées et recueillies par l'agent national, pour être employées à la fabrication du salpêtre, et exterminer le reste des esclaves et tyrans coalisés (1).

De tout quoi il a été dressé le présent procès-verbal signé par les citoyens juge de paix, président du comité de surveillance de la société populaire, officiers municipaux, agent national et secrétaire.

Suivent les signatures :

> RITTIER, *juge de paix*; HUBERT; BERNARD; Nicolas TIEFNAT; PRUD'HOMME, *agent national*; LEMAIRE, *président de la société populaire*; FORZY-HÉMEY, *président du comité de surveillance*; LE CACHEUR.

Distribution du catéchisme républicain.

Les citoyens de la commune d'Hautvillers étaient animés de trop bons sentiments à l'égard d'une République qui leur fournissait l'occasion de se réunir en fêtes, pour ne pas faire des progrès dans le désordre et dans l'impiété. Afin de bannir toute idée religieuse, il faut aux enfants un catéchisme républicain qui leur fera connaître soi-disant les droits de l'homme et la souveraineté du peuple, en ôtant celle de Dieu. Il est même étonnant que le mot catéchisme eût été conservé, cela se sentait encore, comme on le dirait aujourd'hui, du cléricalisme; enfin, nous allons voir ces Messieurs à l'œuvre, et nous verrons surtout le bien qui en sortira :

Cejourd'huy, dix fructidor (27 août 1794), de l'an second de la République française, une et indivisible, nous maire, officiers municipaux, agent national de la commune d'Hautvillers, accompagnés du secrétaire, nous nous sommes rendus au temple de l'Être suprême, où se sont trouvés, après invitation au son de la caisse, les corps constitués de cette commune, les

---

(1) Si ce n'était pas aussi triste, on pourrait dire que c'est au moins insensé. On se demande combien il a fallu de voitures pour conduire ce tas de cendres à la salpêtrière.

citoyens et citoyennes, ainsi que les instituteurs et institutrices et enfants des deux sexes, à l'effet de distribuer des exemplaires du catéchisme républicain et de l'acte constitutionnel, livres élémentaires des droits sacrés de l'homme et des principes de la souveraineté du peuple Français, pour servir de base à la première éducation des enfants, d'après la loi du 29 frimaire dernier. Ces livres, au nombre de cinquante-quatre de chaque espèce, suivant la lettre des citoyens administrateurs du district d'Épernay, du 16 thermidor dernier, ont été distribués sous les yeux du peuple aux enfants ci-après nommés :

GARÇONS

Nicolas Quénardelle.
Thomas Poitevin.
François Coulon.
Pierre Pillon.
Jean-Baptiste Vautrin.
Pierre-Christophe Saint-Denys.
Alexis Tonnelier.
Jean-Louis Tailleur.
Nicolas Logette.
Jean-François Fouréur.
Jean-Baptiste Hanin.
Jean-Baptiste Landragin.
Thomas Cuchet.
Nicolas Prévot.
Syndulphe Martin.
Claude Godart.
Louis-Victor Bondon.
François-Augustin Malo.
Jean-Baptiste-Remi Dumoutier.
Jean-Baptiste Godard.
Victor Prévot.
Victor Tonnelier.
Nicolas Marlier.
Jean-Baptiste Jacquet.
Jérôme Pérotin.
Pierre Thieffenat.
Victor Boucher.
Victor Barte.
Charles Villanfin.
François Piéton.
Jean-Pierre Quénardelle.
Jean-Baptiste Chardron.

FILLES

Claire Minard.
Marie-Pauline Thieffenat.
Thérèse Paré.
Marie-Louise Villanfin.
Marie-Hélène Brodier.
Marie-Louise Bouquillon.
Françoise Martin.
Françoise Landragin.
Louise Roux.
Marie-Hélène Demars.
Antoinette Bédet.
Augustine Minard.
Élisabeth Pérotin.
Marie-Hélène Landragin.
Scolastique Cordelier.
Marie-Louise Gimonet.
Marie-Josèphe Dumoutier.
Marie-Louise Normand.

Béatrix Barte.
Marie-Justine Normand.
Marie-Hélène Boyer.
Élisabeth Bayot.

Arrêté le jour et an susdits.

SOGNY, *maire;* PRUD'HOMME, *agent national;*
Louis-Vincent PIERROT; Nicolas TIEFNAT;
HUBERT; LE CACHEUR.

Il y en a plusieurs, parmi les enfants sus-nommés, qui vivaient encore il y a quelques années ; parmi eux, quelques-uns avaient malheureusement trop bien saisi l'esprit du catéchisme qui leur avait été appris, et sont morts sans foi, sans croyance ; excusons-les d'avoir vécu dans ces temps de malheurs et de désolations ; d'autres, bien élevés sans doute, et ne suivant qu'à regret leurs frères égarés, étaient revenus à la foi de leurs pères : le catéchisme républicain n'avait été pour eux qu'un livre abominable, fruit de cerveaux malades, et, se souvenant du vrai Dieu, ils ont reçu de lui, nous l'espérons, la récompense de leurs bonnes actions.

Les fêtes se passent et ces fêtes, qui ne sont ni plus ni moins que diaboliques, ne satisfont pas le cœur. Un sentiment de foi reparaît, on se souvient qu'il y a plus de bonheur à servir Dieu qu'à porter le bonnet rouge ou à danser dans la maison du Seigneur, voire même quand le citoyen Sogny, maire, ouvre le bal ; voilà que des citoyennes *osées* vont aller, de leur propre mouvement, demander pardon à Dieu, dans son temple, de tant de profanations et de sacrilèges ; l'autorité républicaine s'en fâchera, mais peu importe. Aussi, voici le procès-verbal de l'affaire :

Des citoyennes vont prier dans l'église. Procès à ce sujet.

Cejourd'huy vingt-cinq ventôse (15 mars 1795) de l'an III de la République, une et indivisible, nous, maire et officiers municipaux de la commune d'Hautvillers, sur la dénonciation à nous faite par l'agent national que le jour d'hier, entre sept ou huit heures du soir, plusieurs citoyennes de cette commune se seraient transportées et réunies dans la rue et devant sa porte, et lui ont demandé la clef du temple de l'Être suprême ; il leur a répondu qu'il ne l'avait pas, et alors elles se sont transportées au nombre d'environ trente chez le citoyen Sogny, maire, et lui ont demandé ladite clef, disant que c'était pour aller préparer le temple, disant aussi que c'était pour y aller célébrer le culte ; ledit citoyen leur a répondu qu'il n'avait pas cette clef et que, quand bien même il l'aurait, il ne pourrait la leur remettre que par la décision de l'assemblée générale de la commune, et qu'après, de plus, avoir examiné de nouveau la loi sur l'exercice des cultes du trois ventôse présent mois, publiée en cette commune le vingt-deux. Lesdites citoyennes ont demandé une réunion de l'assemblée ; ledit Sogny leur a dit qu'il ferait convoquer l'assemblée pour sept heures du matin, et, sans attendre ladite convocation, les citoyennes se sont rendues, sur le moment, chez le citoyen Cochut, archiviste de la société populaire, auquel elles ont demandé la clef du temple, se servant du prétexte que le citoyen maire leur en avait donné la permission de la lui demander, et, sur leur parole, ledit citoyen Cochut leur a remis ladite clef, et nous avons appris que cejourdhuy, entre neuf à dix heures du matin, étant en séance à la maison commune, et ayant été instruits qu'il se faisait un rassemblement dans le temple, lequel avait été convoqué par le son de la cloche ; sur-le-champ, nous nous y sommes transportés et nous y avons trouvé un grand nombre de citoyens et de citoyennes de tout âge, lesquels chantaient l'office du culte catholique et, après l'office fini, le citoyen agent national est monté à la tribune, où il leur a réitéré la lecture de la loi, et puis, ensuite, il les a interpellés de déclarer par quel ordre ils s'étaient introduits dans le temple, et que c'était contrevenir à l'article 3 et autres dispositions de ladite loi, auquel ils ont répondu, de vive voix et par acclamation, que c'était le vœu général de tout le peuple, sur quoi la municipalité leur a déclaré qu'elle ne pouvait se dispenser d'en dresser procès-verbal pour être statué, par les autorités supérieures, ce qu'il appartiendra, et nous nous sommes rendus à la maison commune, où nous avons rédigé le présent, dont expédition sera envoyée à l'administration du district, et avons signé.

SOGNY, *maire* ; François LEROY ; PRUD'HOMME, *agent national* ; Nicolas TIEFNAT ; LE CACHEUR, *secrétaire*.

Qu'en est-il advenu de cette contravention à la loi? Les archives ne nous ont rien laissé à ce sujet. Ce cas était pendable, surtout en temps d'une liberté qui permettait de tout faire, hors le bien, et excepté d'être libre. On est toujours de plus en plus étonné de voir un peuple qui se flatte de faire des progrès dans la lumière et qui s'enfonce de plus en plus dans les ténèbres. Peu importe la menace de l'agent national et consorts, le peuple veut un culte; il veut, de plus, un ministre, et quel qu'il soit, il lui faut des cérémonies religieuses présidées par un prêtre; le sentiment de la foi ne s'éteint pas tout à coup dans le cœur de l'homme, il vient un moment où il se dit : « Je ne puis pas vivre sans Dieu, et je veux lui prouver que je crois en lui. » En voici une preuve :

« Cejourd'huy trois messidor (21 juin 1795), an III de la République une et indivisible, s'est présenté, en la maison commune, devant les officiers municipaux et membres du conseil de la commune d'Hautvillers, le citoyen Jean Davaux, prêtre du culte catholique, lequel a déclaré que, requis par les citoyens de cette commune pour le service de leur culte, il consent de remplir le ministère en ladite commune et se soumet à l'exécution des lois de la République, ainsi qu'il l'a fait jusqu'à présent, dont il a requit acte à lui octroyé pour l'exécution de la loi du onze prairial dernier, et a signé avec nous.

« DAVAUX.
« SOGNY, *maire;* PRUD'HOMME, *agent national;* TIEFNAT; Louis-Vincent PIERROT; GUIGNOLET; HUBERT; François LOGETTE; LE CACHEUR, *secrétaire.* »

En quoi consistait ce ministère du curé Davaux? Nous nous le demandons; les églises étaient fermées ou au moins les exercices du culte ne pouvaient s'y faire régulièrement.

La Terreur commençait à tirer un peu le rideau sur son hideux cortège, mais les lois impies n'en produisaient pas moins leurs effets désastreux pour la société; le divorce était permis, il y avait déjà, en ce temps-là, des Naquet à l'Assemblée nationale (1).

---

(1) Le 30 août 1792, l'Assemblée nationale avait décrété le divorce. Le 12 novembre 1792, par suite de la loi du 27 octobre 1791, qui détermine le mode de constater l'état-civil des citoyens, le sieur Davaux remet à la commune le registre des actes de naissances.

Certains citoyens d'Hautvillers en ont profité ; c'est ainsi qu'en 1795, Pierre-Remy Demars, né le 17 juillet 1770, fils de Remy Demars, a épousé Marie-Anne Hubert ; il divorça et épousa Marie-Josèphe Thieffenat, fille de Jean-Baptiste Thieffenat et de Marie-Hélène Poitevin, en l'année 1796.

En 1799, Remi Buvillon se divorce d'avec Marie-Jeanne Bourdilla, âgée de 48 ans, veuve de Pierre-Rémy Anceau, en premières noces, et en secondes noces de Jean-Pierre Bondon ; deux hommes d'abord, et divorcer d'avec le troisième, ne devait pourtant pas être chose agréable pour Marie-Jeanne Bourdilla.

En 1800, Remy-Marc Girardin, âgé de 22 ans, divorce d'avec Marie-Victoire Barbaran, âgée de 26 ans, fille de Nicolas Barbaran, cordonnier. Ce Girardin s'est remarié l'année suivante avec Marie-Martine Gaillot, de La Neuville-aux-Larris. Marie-Victoire Barbaran, délaissée, n'a pas voulu convoler en secondes noces.

Il paraît que tous ces chefs-d'œuvre de moralité chrétienne se faisaient dans la maison commune, qui servait de lieu de réunion pour diverses assemblées. Le citoyen Davaux, curé et en même temps officier de l'état-civil, mariait sous ce dernier titre seulement, puisque les églises étaient encore fermées et que le libre exercice du culte catholique n'avait pas lieu, si ce n'est dans quelques locaux particuliers et d'une manière bien imparfaite.

Quand des jours moins orageux reparurent pour la France, quand la divine Providence eût confié à Napoléon Ier la mission de relever l'autel de ses ruines et d'y rappeler les sacrificateurs exilés, ceux-là qui avaient refusé le serment impie et anticatholique, Hautvillers se hâta de rouvrir son église (1), mais quel désert ! ! !

Il fallut bien du temps pour faire oublier quelques jours de dévastations. Ce n'était qu'en tremblant que l'on devait pénétrer dans cette enceinte autrefois sacrée, aujourd'hui profanée.

---

(1) Les habitants d'Hautvillers n'étaient pas plus méchants ni plus impies que les habitants des localités voisines, et, malheureusement, de bien d'autres encore ; s'ils s'étaient montrés ennemis acharnés de tout ce qui tenait à la religion, ils avaient, néanmoins, encore des sentiments chrétiens et, pour eux, leurs impiétés n'étaient que le fruit d'une exaltation frénétique dont ils n'étaient pas les premiers agents.

Dieu est bon, il a encore voulu se produire sur cet autel à jamais mémorable, témoin de scènes tantôt si édifiantes, tantôt sacrilèges. Que de remords pour ces féroces révolutionnaires qui, quelques années auparavant, brûlaient les images et les saintes reliques; quelle joie aussi, pour ceux qui, n'ayant jamais abandonné leur foi, retrouvaient leur Dieu et les sacrifices offerts pour sa gloire !!!

Il est triste de revenir sur ces scènes de sauvagerie, mais cependant on ne peut passer sous silence ce qu'ont raconté tant de fois les descendants de ceux qui furent victimes de la brutalité de ces forcenés. Marie-Josèphe Lecour, femme de Jérôme Godart, mère de Jean-François Godart, père de Joséphine Godart, femme Noël, voyant qu'un Christ allait être jeté dans le feu avec d'autres objets religieux : « donnez-le moi, dit-elle, je vous donne en place tout le bois qui se trouve dans mon grenier. » C'en fut assez pour qu'un de ces brigands lui lançât un coup dans la poitrine, coup dont elle mourut quelques jours après; n'est-ce pas là un vrai martyre? Aimons à croire que Dieu lui a tenu compte de son courage.

Croix que l'on remarque sur le terroir d'Hautvillers.

Hautvillers qui, dans un moment d'exaltation révolutionnaire, avait profané, brisé, brûlé même ce qu'il y avait de plus sacré, après avoir aussi détruit les innocentes fleurs de lys qui se trouvaient dans l'église, comme dernier signe de la féodalité, avait cependant jusqu'alors respecté les croix élevées sur le terroir; c'est pourquoi nous en dirons un mot pour l'édification du lecteur.

L'usage de planter des croix sur les grands chemins est venu de ce que le droit d'asile y était attaché aussi bien qu'aux églises et aux autels. Ainsi l'ordonne le concile de Clermont, tenu l'an 1095, canon 29. Avant cette époque, les croix plantées sur le bord des grands chemins étaient assez rares. Une circonstance solennelle nous rappelle l'érection de la croix Sainte-Hélène, en bas de la montagne d'Hautvillers. Nous avons relaté, page 300 du premier volume de cette histoire, qu'en 1048, une translation des reliques de sainte Hélène avait eu lieu en un lieudit les Brouilles, et que l'emplacement de cette translation avait pris depuis le nom de Corps-Saints.

Nous lisons, dans les *Archives d'Hautvillers*, à la bibliothèque nationale, manuscrits fonds latin *(Monasticum Benedictum)*, vol. 12,658 :

Anno Domini millesimo quadragesimo octavo, ad pratum apud matronam, vulgo tunc. *Les Brouilles* (Dissidia) deinde *Corps-Saints* (Corpora-Sancta) dictum, reliquiæ beatæ Helenæ translatæ fuerunt. Hic, rediens constitit processio, et ad perpetuam rei memoriam, sub titulo sanctæ Helenæ, crux erecta est.	En l'an 1048, une translation des reliques de la bienheureuse sainte Hélène a été faite en un pré près de la Marne, appelé les *Brouilles*, qui depuis a pris le nom de *Corps-Saints*. Au retour, la procession fit ici une station, et, pour en perpétuer le souvenir, une croix dite de Sainte-Hélène y a été érigée.
Renovavit anno Christi 1880, P. Chandon de Briailles.	L'érection d'une croix nouvelle, en remplacement de l'ancienne, est due à la munificence de M. Paul Chandon de Briailles, en l'année 1880.

Il y aurait donc plus de huit cents ans que le signe auguste de notre rédemption aurait été placé à cet endroit, et, dans les plus anciennes archives d'Hautvillers qu'on puisse rencontrer, il est bien souvent parlé de la croix Sainte-Hélène. Ce signe auguste, tout en rappelant le sacrifice de la Croix, ne devait-il pas dire aussi aux pieux pèlerins qui se préparaient à gravir la montagne pour arriver au temple du Seigneur, qui, de là, s'offrait déjà à leurs regards, que là, en effet, se trouvait l'objet de leur vénération et de leur démarche, c'est-à-dire les reliques de la bienheureuse sainte Hélène.

Nous trouvons, à la limite du terroir d'Hautvillers et de celui de Cumières, au lieudit les Noëls, une croix appelée la Croix Saint-Jean et encore du nom de Croix Bidet ; nous ne connaissons pas la date de son érection ; les anciens disent l'avoir toujours vue en cet endroit.

Il y avait la croix Saint-Syndulphe au coin du jard ; elle existait encore en 1836 ; elle tomba de vétusté. On suppose qu'elle fut plantée en mémoire d'une translation des reliques de saint Syndulphe, en 1518.

Nouvelle Croix de S.te Hélène due à la Munificence de M.r P. Chandon de Briailles.
·1880·

La croix Saint-Vincent, au milieu des vignes, en allant d'Hautvillers à Saint-Imoges, passant par les prés Jaumés; elle fut plantée en 1801. Les propriétaires de la vigne sur laquelle elle repose aiment à l'entretenir.

La croix Vita, au chemin de la Barbarie, en descendant à Dizy; on ne sait pas au juste depuis quelle époque elle n'existe plus; elle avait été plantée par suite d'un accident. En 1755, il existait à Hautvillers un vigneron du nom de Vita; il était le petit-fils de celui qui avait été écrasé sous une voiture, à cet endroit.

La croix de Fer était une croix placée au milieu de la rue, formant la patte d'oie, c'est-à-dire au commencement de celle qui conduit à Cumières, en quittant la grande rue ou route d'Épernay à Fismes, en face, aujourd'hui, le café Saint-Nivard. Elle fut déplacée en 1757, pour être adossée au mur de la maison appelée l'auberge de la Croix-de-Fer, ce que déjà nous avons dit page 131 de ce volume. Elle subsista jusqu'à ce que M. Coutier, médecin d'Hautvillers, propriétaire de ladite maison, l'eût ôtée pour cause d'agrandissement de sa propriété.

La croix de la Place. A quelques pas de la place qu'occupait l'ancienne église, contre le mur de la première maison de la rue d'En-Haut, se voit encore une pierre circulaire, qui indique l'endroit où était cette croix; elle fut détruite à la Révolution, au moment où les châsses furent brisées, et brûlée avec bien d'autres objets précieux et sacrés.

La croix Saint-Joseph fut plantée par M. l'abbé Manceaux, curé d'Hautvillers, le jour de Saint-Joseph 1868. Elle est en haut de la montagne, sur un terrain communal, au bord de la route qui conduit à Nanteuil-la-Fosse.

La croix Lourdet, élevée sur un rocher, dans le sentier qui monte au bois de Romery. Elle rappelle que le nommé Lourdet, Pierre-Marie, maître maçon, âgé de 57 ans, voulant faire sauter une partie de ce rocher par le moyen d'une mine, fut atteint, par la décharge, en pleine figure. Sa tête fut ouverte et plusieurs parties en furent projetées à une assez grande distance aux environs. La mort fut instantanée. Cet accident arriva le 22 janvier 1870, lorsque toute la population fêtait saint Vincent. Cette mort si funeste jeta la consternation dans le pays et toutes les réjouissances cessèrent tout à coup, preuve de l'estime que l'on avait pour celui qui venait de périr ainsi.

La croix Flageux; cette croix était plantée lieudit les Maladries ou Noyer-de-l'Orme, sur le chemin qui se prolonge de la croix Sainte-Hélène en allant sur celui des Chaillois. Autrefois, les processions des Rogations se faisaient par ces endroits, on s'arrêtait à la croix Flageux en y chantant : « *O Crux ave.* » Cette croix étant tombée bien avant la Révolution, elle ne fut pas remplacée.

DOM GROSSARD

DERNIER PROCUREUR DE L'ABBAYE

Dom Grossard est un de ces nombreux personnages pour qui l'histoire eût été muette, si une Révolution ne fût venue bouleverser la France et anéantir nos institutions monastiques. N'allez pas croire, pourtant, qu'il joua un grand rôle dans ces derniers temps de l'existence de l'abbaye ; pour plus d'une raison, il se tint en dehors du mouvement révolutionnaire ; il sut garder sa foi et sauver les reliques de sainte Hélène, c'était déjà beaucoup. Puis, il fut assez adroit pour échapper aux coups d'une hache qui coupa bien des têtes, et des plus nobles et des plus vertueuses. On pourrait dire qu'à l'époque où éclata la Révolution, il n'y avait guère, en France, que deux classes d'individus : les uns qui s'en sauvaient, les autres qui couraient après ; dom Grossard fut du nombre des premiers. Après sa sortie de l'abbaye, il resta quelques mois dans la commune, comme simple prêtre, et partit pour Montier-en-Der, son pays natal, le 11 juin 1791.

Mû, toutefois, d'une pieuse dévotion à sainte Hélène, il prévint la dévastation des églises et sut, en janvier 1792, accompagné de dom Gauthier, religieux bénédictin de son ordre, mais d'un autre monastère, soustraire furtivement, pendant la nuit, les reliques de notre sainte Impératrice, avant la violation des châsses. On ignore où il les cacha pendant les temps mauvais qui suivirent ; mais, quand des jours plus sereins commencèrent à reluire sur notre pauvre France, dom Grossard se trouvait heureux de posséder ce que l'abbaye d'Hautvillers avait eu de plus précieux.

Chargé de ces reliques, vénérées à Hautvillers depuis tant de siècles, dom Grossard partit de suite pour son lieu de résidence, et là il sut se cacher de manière à n'être point découvert, aussi bien que son précieux trésor (1). Ce ne fut qu'après que dom Grossard ne fut plus sous l'inspiration de la crainte, qu'il se fit un grand plaisir de montrer ces reliques à ceux qui voulaient les visiter pour les honorer.

Sans doute, dernier procureur d'une abbaye qui venait de passer dans des mains étrangères, on comprend que dom Grossard eût désiré y terminer ses jours, ou du moins y vivre encore quelque temps, car, que de souvenirs chers à son âme et à son cœur ! N'était-ce pas là que, jeune encore, il avait dit du fond de son cœur, au pied des autels : « *Hœc requies mea in sœculum sœculi ; hic habitabo quoniam elegi eam. Ps.* 131, v... C'est là pour toujours le lieu de mon repos ; c'est là que j'habiterai, parce que je l'ai choisi. »

Il paraît que la Providence voulut qu'il rendît encore quelques services à l'Église, car il n'avait encore alors que cinquante-quatre ans. Il partit pour Gigny-aux-Bois (2) (Marne), dont il avait été nommé desservant ; de là il passa, en 1818, à Planrupt (Haute-Marne), puis à Montier-en-Der, son pays de prédilection.

La Révolution l'avait donc créé dépositaire des reliques de sainte Hélène, c'est-à-dire qu'il les avait sauvées de la profanation ; il les emporta dans ses différentes courses ; c'était dans son esprit comme le plus précieux souvenir d'Hautvillers, qu'il aimait encore, et où, paraît-il, il aurait désiré exercer le saint ministère. Mgr de Talleyrand, archevêque de Reims, et, plus tard, de Paris, avait demandé avec instance, à dom Grossard, les reliques de sainte Hélène, mais il ne voulut pas accéder à son désir. Le 1er octobre 1820, deux chevaliers du Saint-Sépulcre, de Paris, après une longue négociation, obtinrent de lui ce corps précieux qu'il avait fait placer derrière le maître-autel de Montier-en-Der. Il fut pour cela nommé chevalier de

---

(1) Pour ce qui regarde sa propre personne, le contraire paraît être prouvé par une lettre de M. le curé de Planrupt à M. Alphonse Souillé, de Cumières. Nous la rapporterons en son temps.

(2) Dom Grossard arriva à Gigny-aux-Bois, le 29 mai 1803, il en sortit pour desservir Planrupt, le 31 octobre 1818.

l'ordre. Si le récit de dom Grossard lui-même peut ici faire foi, les circonstances de cette restitution auraient été bien moins difficultueuses. Aux termes d'une de ses lettres, déjà en 1814 il eût écrit à Mgr de Talleyrand, archevêque de Paris, en sa qualité d'ancien abbé commendataire d'Hautvillers, pour le consulter aux fins de savoir s'il était opportun de replacer les reliques là où la Révolution les avait trouvées.

La réponse aurait été que cette restitution eût été convenable à une époque où les religieux faisaient, en leur église, un office public, mais que cette église d'Hautvillers étant devenue simple église de village, ne répondant plus à l'importance d'une aussi précieuse relique, il fallait en confier le dépôt à une église plus considérable et plus fréquentée. M. Menu, curé d'Hautvillers, avait reçu la même réponse. Ce serait ainsi que, dix ans plus tard, deux chevaliers de l'ordre du Saint-Sépulcre seraient allés la chercher à Montier-en-Der. Quoi qu'il en soit, dom Grossard fut nommé grand-officier de l'ordre du Saint-Sépulcre de Jérusalem, le 29 mars 1820. (L'ordre royal et archiconfrérie du Saint-Sépulcre de Jérusalem, rétabli en 1815 par Louis XVIII, avait été fondé par sainte Hélène, mère de Constantin, en 313. Il n'est pas étonnant que cet ordre désirait posséder ses précieuses reliques.)

A la suite d'une procession solennelle, où figuraient plus de cinq cents chevaliers, trente cordons bleus et une infinité de personnages de distinction, l'archevêque lui-même officiant, la relique sainte fut déposée dans une châsse magnifique et placée derrière le maître-autel de l'église de Saint-Leu, à Paris. Le procès-verbal, pour constater l'authenticité de cette translation, n'avait pas moins de six pages in-folio ; il y est fait mention de plusieurs titres fournis par dom Grossard, qui en a consigné le détail dans sa lettre que nous verrons plus loin. Dom Grossard, une fois dépouillé de sa relique, a vécu, comme toujours, en bon prêtre ; il conservait encore quelques reliques précieuses, qu'il confia, à son départ de Gigny-aux-Bois, à son successeur M. l'abbé Musquin, curé de cette paroisse. Celui-ci, à sa mort, en fit don à une de ses nièces, la veuve de M. Delacour, huissier à Vitry-le-François. Cette dame, à son tour, les mit entre les mains de M. Lambert, aujourd'hui curé de Saint-Jean, à Châlons, avec les papiers que dom Grossard, à sa mort, laissa aussi à son ami.

La principale relique laissée par dom Grossard est une

partie notable du suaire qui aurait enveloppé le corps de sainte Hélène. Reconnue authentiquement, Mgr Meignan, évêque de Châlons, la fit placer dans une magnifique châsse, et dans une procession qui eut lieu dans la ville au mois de mai 1875, cette relique y fut portée solennellement.

Nous avons parcouru tous les papiers que dom Grossard a laissés à sa mort, à son confrère et ami, M. l'abbé Musquin, curé de Gigny-aux-Bois, et qui sont chez M. le curé de Saint-Jean de Châlons ; nous y avons trouvé plusieurs documents qui ont servi à la rédaction de notre ouvrage.

Dom Grossard n'avait pas encore, dans ses derniers temps, oublié sa chère église d'Hautvillers; aussi voulut-il, par une dernière disposition qui montre sa foi, enrichir cette église par une fondation dont nous rapporterons la teneur. Il est toujours connu dans la paroisse, attendu que les messes qui sont dites à son intention sont annoncées au prône.

Dom Grossard mourut à Montier-en-Der, le 11 septembre 1825, âgé de 76 ans.

Reconnaissance du testament de dom Grossard, ex-religieux bénédictin de la ci-devant abbaye d'Hautvillers.

Pardevant maître Maireau, notaire à la résidence de Montier-en-Der, chef-lieu de canton, soussigné, en présence de Louis-Alexandre Vallet, marchand, et Antoine Arnoult-Maisons, horloger, tous deux demeurant audit Montier-en-Der, témoins instrumentaires requis conformément à la loi.

Est comparu M. Louis Chrétien, négociant, demeurant à Vitry-le-François, département de la Marne, étant cejourd'hui à Montier-en-Der, légataire universel de feu M. Jean-Baptiste Grossard, ex-bénédictin de la ci-devant abbaye d'Hautvillers, desservant de la paroisse de Planrupt, décédé à Montier-en-Der, le onze septembre, et ce aux termes de son testament olographe, audit Montier-en-Der, du trente mars mil huit cent vingt-cinq, portant en bas la mention suivante : enregistré à Montier-en-Der, le treize septembre 1825, folio 1157, etc. Ledit testament ayant été ouvert par M. Simmonet, juge au tribunal civil de première instance de l'arrondissement de Vitry, en l'absence de M. le président, lequel en a constaté l'état et ordonné le dépôt au rang des minutes dudit M. Maireau. Le tout, suivant son ordonnance du douze septembre, enregistré, duquel legs universel M. Chrétien a été envoyé en possession, par ordonnance de M. Simmonet père, juge suppléant près ledit tribunal de Vassy, en l'absence de M. le président, ladite ordonnance en date du 22 septembre dernier, enregistrée ;

Lequel, dans la vue de remplir les dernières volontés de feu M. Grossard, qu'il déclare parfaitement avoir bien connu, a, par ces présentes, fait donation entre vif, pur et simple, irrévocable et en la manière la plus conforme, et en la meilleure forme que donation puisse être faite pour valoir, à la fabrique d'Hautvillers, canton d'Ay, arrondissement de Reims, département de la Marne, sauf, au trésorier de ladite fabrique à se faire autoriser à accepter la présente donation dans les formes légales ;

De la somme de six cents francs que M. Chrétien s'oblige de verser entre les mains dudit trésorier, et en bonnes espèces sonnantes, ayant cours le jour même où il lui sera représenté l'expédition authentique de l'acceptation des présentes.

Cette donation est ainsi faite par M. Chrétien, au nom de feu M. Grossard, à la charge par ladite fabrique :

1º De placer ce capital de six cents francs de la manière la plus solide et la plus avantageuse.

2º De faire une fondation de douze messes basses par an, lesquelles seront annoncées au prône de la messe paroissiale, et dites de mois en mois. La première sera pour le feu roi Louis XVI, la reine son épouse et Mme Élisabeth. La seconde pour les archevêques et évêques, pasteurs, prêtres, séculiers, religieux, religieuses qui ont péri victimes de la Révolution. La troisième, pour les personnes laïques des deux sexes qui ont également péri victimes de la Révolution. La quatrième, pour les défunts et défuntes qui sont morts dans la grâce de Dieu, et sont dans le purgatoire. La cinquième, pour tous les défunts et défuntes de la paroisse d'Hautvillers. La sixième, pour tous les religieux Bénédictins. Les septième, huitième, neuvième, dixième et onzième, pour le repos de l'âme dudit feu M. Grossard, de ses père et mère, frères et sœurs et autres parents. La douzième et dernière pour la paix et la prospérité du royaume et pour le maintien de la religion catholique, apostolique et romaine.

3º D'employer, tous les ans, six francs sur le revenu dudit capital de six cents francs, à acheter quelques bons livres d'instructions, qui seront distribués, chaque année, le premier jour de l'an, aux jeunes garçons les plus zélés et les plus vertueux de l'école de la paroisse d'Hautvillers. Cette distribution sera faite par M. le curé de cette paroisse, qui s'en entendra avec le trésorier de la fabrique.

Les frais et droits auxquels ces présentes donneront lieu seront supportés par M. Chrétien, qui s'oblige à les acquitter audit M. Maireau. La présente donation est ainsi faite par M. Chrétien, parce que telles étaient les dernières volontés de feu M. Grossard.

Fait et passé à Montier-en-Der, en l'étude, l'an 1825, le 24 octobre, et M. Chrétien a signé avec nous, notaire et témoins après lecture faite.

Nous avons extrait ce qui précède du registre des délibérations de la fabrique d'Hautvillers, et qu'a écrit M. le curé Menu, le 7 juillet 1826, sur la copie de l'original qui lui avait été présentée.

Cette donation est inscrite au tableau de fondations, affiché dans la sacristie d'Hautvillers. Les charges et les conditions sont scrupuleusement remplies.

Lettre de dom Grossard, dernier procureur de l'abbaye d'Hautvillers, à M. d'Herbès, d'Ay (1).

Montier-en-Der, le 25 octobre 1821.

Monsieur,

Au moment que j'ai reçu votre lettre, par laquelle vous me demandez des renseignements au sujet de l'abbaye d'Hautvillers, j'étais occupé à transcrire quelque chose d'important pour l'ordre royal et archiconfrérie du Saint-Sépulcre de Jérusalem, rétabli en 1815 par Louis XVIII, et qui avait été fondé par sainte Hélène, mère de l'empereur Constantin, premier prince chrétien,

---

(1) M. d'Herbès, d'Ay, était un étymologiste distingué, ami de dom Grossard.

313, laquelle était en dépôt à Hautvillers, depuis 844 (1), et que j'ai eu le bonheur de sauver du vandalisme révolutionnaire, car, si je n'avais pas sauvé ce précieux monument, que deux chevaliers dudit ordre, fondés de pouvoir de MM. les chevaliers, sont venus chercher à Montier-en-Der, le 1er août 1820, elle aurait été profanée comme l'ont été toutes les autres reliques dans une fête civique, profane, irréligieuse et impie; on a porté les châsses sur l'emplacement de l'ancienne église d'Hautvillers, où elles ont été profanées et brisées à coups de massue, au milieu, je ne dis pas de cris, mais de hurlements d'une populace effrénée et qui était bien digne de ces temps-là.

Il y a six ans que j'ai eu l'honneur d'écrire à Mgr l'archevêque de Paris, comme ayant été abbé d'Hautvillers, s'il fallait la replacer où elle était; il m'a répondu que c'était bon de notre temps, où il y avait un office public, mais que notre église étant devenue simple église de village, elle n'y convenait plus, qu'il fallait qu'elle soit dans une grande église (2).

Elle est donc aujourd'hui dans celle de Saint-Leu, à Paris, dite du Saint-Sépulcre, dans une superbe châsse que MM. les chevaliers ont fait faire à grands frais. L'inauguration en a été faite le 29 novembre dernier (1820), après un procès-verbal qui en a été dressé pour en constater l'authenticité à six pages in-folio, non compris un autre, qui a été fait de son transport de Montier-en-Der à Paris, et qui fait mention de tous les titres que j'ai donnés pour en prouver l'authenticité, qui a aussi six pages in-folio, qui sont :

1º Un manuscrit in-folio de la translation de Saint-Pierre et de Saint-Marcellin, de Rome à Hautvillers; cette histoire a été faite par Almannus, religieux d'Hautvillers et historien célèbre, à la prière d'Hincmar, archevêque de Reims; de Halduin, abbé, et ses religieux.

2º Un manuscrit de 1048 des faits miraculeux; ce manuscrit dit entre autres choses que la Champagne, surtout, était affligée d'une si grande stérilité et disette, que les hommes mouraient comme

---

(1) Date incertaine.

(2) Dom Grossard oublie de dire qu'en 1811, 29 septembre, M. Davaux, curé d'Hautvillers, écrivait à l'évêque de Meaux, pour réclamer son autorité auprès de dom Grossard, afin que celui-ci restituât à Hautvillers les reliques de sainte Hélène; un vicaire général de Meaux écrivit à ce sujet à dom Grossard, qui n'en fit rien.

s'ils eussent été attaqués de la peste ; qu'en conséquence, l'archevêque de Reims ordonna de porter en procession toutes les châsses de l'abbaye d'Hautvillers, et c'est de là que tous les ans, jusqu'à la Révolution, on faisait, à Hautvillers, le lendemain de la Pentecôte, la procession de toutes les reliques de l'abbaye ; il y est encore dit qu'il s'est trouvé un peuple innombrable à cette procession, surtout de la Lorraine, et que, pour se reposer, on avait dressé des tables pour y déposer les reliques sur une pièce de terre proche les Brouilles, qui a porté depuis le nom de Corps-Saints, et que, pendant un sermon que fit un chanoine de Reims, une personne percluse de tous ses membres, depuis longues années, qu'on fit passer sous la châsse de sainte Hélène, fut aussitôt guérie, ce qui interrompit le prédicateur. C'est en revenant qu'on s'est arrêté là où depuis il y a eu une croix qu'on appelle la croix Sainte-Hélène.

3° Un in-4° en parchemin, de 1080, constatant la translation, de sainte Hélène à Hautvillers, d'une nouvelle châsse en une autre ; l'abbé Notcherus en a fait lui-même l'histoire comme témoin, elle contient plusieurs chapitres de choses très curieuses.

4° Un gros manuscrit de 1282, contenant les vies de cent-trente saints, dont on faisait la fête à l'abbaye d'Hautvillers, dès le moment de sa fondation, et qui fait mention de la vie de sainte Hélène, de sa translation à Hautvillers, du 7 février 844, et de sa fête au 18 août (1).

5° D'un procès-verbal du 7 mai 1410, constatant une nouvelle translation du corps de sainte Hélène, par Simon, de Cramant, archevêque de Reims, dans une très belle châsse que l'abbé Royer, dernier abbé régulier, natif d'Aigny-sur-Marne, avait fait faire à grands frais, et celle qui a été brisée à la Révolution par les sans-culottes d'Hautvillers ; cette châsse n'était plus aussi riche, ayant été dépouillée en 1492, comme il a été constaté par un procès-verbal signé de beaucoup d'habitants d'Hautvillers et déposé dans les archives d'Épernay ; ledit procès-verbal fait mention surtout d'une vierge d'or massif, estimée 300 écus d'or ; ce vol a été fait pendant la nuit des fêtes de la Pentecôte.

---

(1) Ce manuscrit de 1282 n'était pas celui d'Almanne, puisque celui-ci est mort vers 882. C'était une copie que l'abbé d'Hautvillers, Thomas de Morémont, avait fait faire.

6° Un autre procès-verbal, du 24 juillet 1644, constatant la visite de la châsse de Sainte-Hélène, par M. Duchemin, protonotaire apostolique, docteur de Sorbonne et curé d'Hautvillers, en présence du prieur, des religieux, constatant qu'un os, dit : *fémur*, a été scié pour être envoyé à Monseigneur l'archevêque de Reims, et qui fait encore mention de différents écrits qui étaient dans ladite châsse, en outre un procès-verbal de 1100, signé de l'abbé et de quarante religieux. (Il faut vous dire, Monsieur, que sainte Hélène est en chair et en os, embaumée et enveloppée dans plusieurs suaires, comme en fait mention surtout le procès-verbal du 7 mai 1410.)

7° Le nécrologe des décès de tous les abbés et religieux morts depuis la fondation de l'abbaye (1).

8° Du martyrologe d'Usuard, du xe siècle, écrit en latin et sur velin, comme le sont tous les actes et histoires que j'ai donnés aux deux députés, pour prouver l'authenticité de sainte Hélène.

9° Plusieurs bulles des papes à l'appui.

10° Un couteau avec lequel on coupait de sa chair. Henri IV, en 1602, en a demandé des reliques pour l'église de Sainte-Croix d'Orléans, qu'il faisait rétablir.

Causons à présent d'autres choses, c'est-à-dire sur ce que vous désirez savoir Je vous dirai donc, Monsieur, que l'abbaye d'Hautvillers a été fondée en 661 (2) par saint Nivard, archevêque de Reims, et qu'il y a mis son filleul, saint Berchaire, pour premier abbé, lequel a quitté ladite abbaye pour fonder, dans la forêt du Der, celle de Montier-en-Der; et, pour vous donner une connaissance de la fondation d'Hautvillers, comme de toutes celles du diocèse de Reims et des évêchés qui dépendent de cette métropole, il vous faudrait consulter : 1° le *Gallia Christiana*, dans le volume concernant cette métropole, où vous trouverez bien des renseignements. 2° L'*Histoire de Reims*, par Flodoard. 3° L'*Histoire* de la même métropole, en plusieurs volumes, par Marlot, ancien prieur de Saint-Nicaise de Reims. 4° Les *Chroniques générales de l'ordre de Saint-Benoît*, en six volumes in-folio ; vous trouverez au deuxième volume, à

---

(1) Combien ce manuscrit serait précieux pour nous ? Que de recherches infructueuses nous aurait-il évitées ?

(2) Date incertaine, au moins pour quelques années.

la page 381, la fondation d'Hautvillers, où tout est bien détaillé ; si j'étais votre voisin et proche d'une ville qui ait une bibliothèque, où l'on pourrait trouver tous ces ouvrages, je vous aiderais volontiers dans les recherches, parce que je sais où cela est.

Si je n'avais pas eu le malheur de revenir dans ma patrie, je vous donnerais bien d'autres renseignements, mais au moment de mon arrestation, qui a eu lieu comme ne voulant pas signer des actes arbitraires qui répugnaient à ma conscience, étant un des officiers municipaux bien malgré moi, les Jacobins forcenés de Montier-en-Der m'ont brûlé et déchiré presque tous mes papiers, en outre un manuscrit où, depuis plus de trois cents ans, on y écrivait les choses les plus marquantes du pays ; ils m'ont même déchiré l'*Histoire*, en latin, de l'abbaye d'Hautvillers, mais je l'ai récupérée presque dans son entier, et c'est une espèce de miracle que tout ce que j'ai donné, pour prouver l'authenticité de sainte Hélène, n'ait pas été brûlé ni déchiré, mais tous mes beaux tableaux ont été coupés à coups de sabre.

Je vous dirai, Monsieur, que si, après les ouvrages que je viens d'avoir l'honneur de vous citer, vous n'avez pas tout ce que vous désirez, c'est que l'abbaye d'Hautvillers, non compris le malheur de sa destruction, en a éprouvé bien d'autres auparavant ; elle a été ravagée, pillée, saccagée par les Normands ; en deuxième lieu, elle a été brûlée en 1098.

Voici ce qui est dit de cet incendie : *Anno Domini 1098, cum incendio consumptum fuisset magna ex parte monasterium nostrum, ob servatam ecclesiam nostram novam quæ non multo ante dedicata fuerat a Domino papa Leone IX et restauratam monasterium sumptibus fortissimi ducis Guidonis Trimoliensis,* Rogati *abbatis nostri et ordinis, sancti Benedicti pii defensoris reducis ab expugnatione sanctæ Jerusalem, qui navigarat in auxilio Gotfridi ducis, Dominus noster abbas ut singulis sabbatis gratiæ Deo redderentur, hanc Deiparæ virginis effigiem in oratorio novitiorum posuit anno MC* (1).

---

(1) Nous avons fait voir, page 372 du tome premier de cet ouvrage, que le récit de cet incendie de 1098 était une erreur. Dom Marlot (tome II, page 579) rapporte ce texte, non pas pour dire qu'en cette année l'abbaye d'Hautvillers a été brûlée, mais celle de Saint-Remi de Reims, et, en effet, tout s'y rapporte.

En 1440 (1), toute l'abbaye fut encore brûlée ; il y a eu, à ce sujet, une charte de Charles VII, qui relève les religieux d'Hautvillers de prescription pour les biens dont ils jouissaient ; sentence du bailliage de Vermandois, en 1447, qui met ladite charte à exécution après vérification faite par enquête des incendies de l'abbaye à Hautvillers, pillages et pertes des titres ; arrêt du parlement de Paris, en 1472, en confirmation de ladite sentence de Vermandois et enregistrement de la charte susdite ; il maintient les religieux et abbés dans la possession de tous les biens et droits dont ils jouissaient sans être astreints à produire des titres (2). En 1562, à peine l'église et le monastère avaient été rebâtis que, sous l'abbé Royer, les Calvinistes ont brûlé l'église et le monastère, les religieux ont eu assez de peine de sauver les reliques qui étaient l'objet de leur fureur, comme elles l'ont été pour nos réformateurs Jacobins.

Catherine de Médicis, épouse de Henri II, a un peu contribué à réparer l'église dont toute la charpente est en bois de châtaignier. Après ce petit exposé, ne soyez point surpris si je ne puis vous donner de plus amples détails sur l'abbaye d'Hautvillers. De plus, la commende a fait beaucoup de mal aux maisons religieuses ; les agents des abbés commendataires ont pris bien des titres dans nos archives, tous ceux que j'avais donnés pour le grand procès que nous avions avec notre dernier abbé, et ceux dont j'ai encore un récépissé du dernier régisseur, ont été brûlés avec les minutes des notaires d'Hautvillers, dans une fête civique (3) pour tout ce qui concernait l'abbaye. Je me rappelle d'avoir donné dans le temps à M. Lallement-Mennesson, à Hautvillers (4), un extrait écrit de ma main, du terrier à Hautvillers,

---

(1) Dom Grossard ici est en contradiction avec tous les auteurs qui placent cet incendie en 1450.

(2) Pendant bien des années, avant l'incendie de 1450, l'abbaye avait souffert toutes sortes de vexations de la part des ennemis, elle avait été pillée, ses titres déchirés, perdus. C'est alors que Jean le Piat, abbé d'Hautvillers, fit mettre son abbaye sous la protection du roi très chrétien. La charte, donnée à cette occasion, serait de 1447 ou de 1448, au dire du catalogue manuscrit d'Hautvillers. C'est probablement de cette charte dont veut parler dom Grossard ; mais une bulle, plus en rapport avec l'incendie dont l'abbaye a été victime, est celle de Nicolas V, datée du 31 mars 1451, par laquelle ce pape accorde des indulgences à ceux qui viendront en aide à la reconstruction de l'église du monastère incendié.

(3) L'an second de la République, le 3 frimaire (23 novembre 1793).

(4) Père de M. Lallement-Clément, aujourd'hui Lallement-Geoffroy, habitant Oiry. Cet extrait n'a jamais été retrouvé.

où il y a beaucoup de choses. Si ses enfants l'ont encore, vous pourriez le consulter. Je me rappelle encore, qu'un jour, causant avec Mme Pierrot-Auger, d'Épernay, de sainte Hélène, une dame religieuse Ursuline d'Épernay, qui était présente, nous dit qu'elle avait un manuscrit in-folio, contenant bien des faits arrivés depuis la fondation de leur maison d'Épernay, et notamment d'un insigne miracle opéré sur une religieuse, par sainte Hélène, dans le moment que les châsses d'Hautvillers étaient réfugiées dans leur monastère (1655), à cause des guerres (1); elle le fut chercher et nous montra ce dont nous nous entretenions; comme Mme Pierrot est morte, je crois que la religieuse s'est retirée à Ay ou à Reims.

M. Bigot, ex-juge de paix, auquel je vous prie de dire mille choses honnêtes de ma part, ainsi qu'à Monsieur son frère, pourra vous dire ce qu'est devenue cette religieuse, si elle s'appelait Ivernel, ou si elle demeurait chez un nommé Ivernel, parce que je lui ai parlé de cette religieuse.

Je ne puis vous donner aucun renseignement sur le château Gaillard de Dizy, si ce n'est qu'il ne soit la ferme des Urselines, régie par MM. Auger et Perrier, d'Épernay; elle venait d'une famille calviniste, qui l'a vendue à la révocation de l'édit de Nantes. Quant à la Grange à Dizy, c'était une ferme considérable que nous faisions valoir par nous-mêmes, du temps de nos abbés réguliers; elle a été brûlée totalement en 1310, un vendredi après l'Assomption de la Sainte Vierge, par la fermentation des foins remis par trop secs. On n'a pu rien sauver; chevaux, bœufs, brebis, récolte, tout est devenu la proie des flammes.

Si le sieur Hutin, qui a eu cette grande ferme, était de ce monde, il vous dirait qu'en faisant creuser sous la porte d'entrée de cette ferme, les ouvriers y ont trouvé des bœufs brûlés et environnés de charbons; c'est comme moi, en faisant creuser pour faire une cave à l'entrée de la porte actuelle de l'église (2), les ouvriers, à huit pieds de profondeur, ont trouvé une quantité de tombeaux renfermant des corps de six pieds, dont les

---

(1) D'après les renseignements positifs que nous avons sur la guérison miraculeuse de cette religieuse, les châsses étaient remises à Hautvillers et n'étaient plus à Épernay à cette époque.

(2) Caves qui sont sous les habitations des vignerons de M. Chandon de Briailles, en avant du portail de l'église.

ossements étaient d'une grosseur énorme ; malgré les précautions que j'avais fait prendre pour ne point briser ces os, un ouvrier a cassé une tête dont le crâne avait plus de deux lignes d'épaisseur, et toutes les mâchoires avaient toutes leurs dents aussi saines et aussi blanches que neige. Voilà ce que je puis vous assurer, et j'ai été si étonné, ainsi que mes confrères, que j'ai prié M. Lécaillon, notre chirurgien, de venir voir tous ces ossements qui l'ont on ne peut plus étonné sur la grosseur des têtes, des mâchoires avec leurs dents ; on a encore trouvé des gros morceaux de métal de cloches pleins de vert-de-gris, j'ai voulu savoir d'où cela devenait ; j'ai consulté nos archives et j'ai trouvé que c'était du métal des cloches qui avaient été fondues par l'incendie des Calvinistes, et qui passaient pour les plus belles et les plus harmonieuses de la Champagne. Le clocher était à côté du portail de l'église et la porte, qui est bouchée pour y aller est encore existante. Devant la porte d'entrée de la maison, il y avait une belle promenade d'ormes et de tilleuls qui conduisait à la tuilerie et à la chapelle de Saint-Nivard, que M. Malo (1), à qui je vous prie de dire bien des choses honnêtes de ma part, ainsi qu'à sa famille, a fait démolir pour y bâtir une maison ; en faisant embellir cette promenade, on y a trouvé beaucoup de têtes et d'ossements : c'était jadis le cimetière de l'hôpital où on logeait les pèlerins de Sainte-Hélène et qui a subi le même sort que la maison, et celui de la paroisse était où il est aujourd'hui, et remis depuis la Révolution à côté de l'église conventuelle, que bien mal avisés ont pris les habitants qui n'auront jamais le moyen d'entretenir ce vaisseau, et je vous dirai que pour aller à l'église on a fait démolir un gros mur (2), et qu'il s'est trouvé une grande quantité d'ossements humains, qu'on n'a pas eu le cœur de mettre dans une fosse, que les voitures en passant les brisaient, ce que voyant, en retournant pour la première fois depuis ma sortie à Hautvillers, j'en ai témoigné un grand mécontentement au curé Davaux, et je ne sais ce qu'il a fait de ces ossements ; c'est comme ceux des reliques qui étaient dans une mauvaise boîte et non couverte et qui sont restés à la merci du monde pendant

---

(1) C'est le père de Laurent-Xavier Malo, notaire. Il s'appelait Claude Gervais.
(2) Ce gros mur était la continuation de celui qui soutient les terres du jardin du presbytère, avant qu'il n'y eût là un passage pour aller à l'église, passage qui s'ouvrit lorsque la commune eut pris possession de l'église des religieux.

plus de cinq ans, et le curé actuel, si c'est M. Menu, a eu plus de cœur que son prédécesseur, les a fait mettre dans une châsse décente que je savais être entre les mains d'un nommé Missaë, ex-bénédictin, et dont je lui ai offert 300 livres pour y mettre sainte Hélène (1). En sortant d'Hautvillers, pour aller à Cumières, il y a un trou, dit : la Sablonière, où tout le monde va prendre du sable pour former des magasins pour les vignes, on a trouvé à cent pieds de profondeur, des saules pétrifiés que j'ai pris et laissés à la maison quand j'en suis sorti.

En faisant raccommoder un chemin qui commence à une vigne dite Saint-Nivard, d'un côté, et une autre dite du Pavé, lequel chemin conduit à un dépôt d'eau pour la maison, et qui est un ouvrage, si on ne l'a pas détruit, et à une autre vigne dite le Mont-Marie, où s'est faite la cérémonie de la translation de sainte Hélène, en 1095, à cause de la grande quantité de monde que ne pouvait contenir l'église (2), on a trouvé deux superbes pierres en forme de tombe, j'ai cru, pour un moment, que c'était le tombeau du fameux Gothescalc, moine d'Orbais, que Hincmar, archevêque de Reims, avait fait mettre en prison, à cause de ses sentiments qu'il croyait hétérodoxes, mais, par l'inspection, on s'est aperçu que ces deux pierres avaient servi, et je les avais fait placer dans la cave que je faisais faire, et dont on venait de mettre la clef à la voûte, lorsqu'on me mit en main la gazette qui annonçait la suppression de toutes les maisons religieuses (3), et, dès ce moment, je fis discontinuer toute espèce d'ouvrage, et je ne sais ce que sont devenues ces deux pierres, comme d'une grosse ronde adossée contre un pilier bûtant, sur laquelle j'allais faire poser une croix de fer provenant d'un clocher démoli de l'abbaye de Chartreuse, qui était sur ce clocher depuis sa fondation, qui datait de 600, on n'a jamais pu deviner si cette croix était de fer battu ou coulé, comme la pierre qui devait servir de piédestal, si elle était coulée ou non, comme j'en ai vu autrefois à Metz, et dont le grain était extrêmement fin ; j'avais fait présent de cette croix à

---

(1) Cette châsse est en chêne sculpté, style Louis XV. Elle avait alors des ornementations qu'elle n'a plus maintenant.

(2) Dom Grossard se trompe quand il dit que la cérémonie se fit au-dessus d'Hautvillers, au Mont-Marie (au-dessus des Buttes); l'endroit choisi pour cette solennité fut ce qu'on appelle encore aujourd'hui les Montécuelles. (V. t. I, p. 309.)

(3) Décret de l'Assemblée nationale du 13 février 1790.

la commune d'Hautvillers, à la Révolution ; qu'est-elle devenue ? Je nen sais rien. Elle avait au moins douze pieds de hauteur.

Pour le château de Germaine, celui de Montflambert et de Vernet, leurs antiquités, fortifications, par qui occupés et quand ils ont été détruits, je n'ai jamais rien vu dans nos archives, ni entendu parler de ces châteaux. Pour la maison Blanche, qui était, dit-on, un moulin de Charles-Fontaine, dit Prieuré-de-la-Fontaine-du-Chopitet, origine de la procession qu'on y faisait annuellement.

Quant à Bœuf, jamais il n'a été une abbaye ; c'était une ferme ruinée par les guerres, dépendante de notre abbaye ; de ce qui en restait, c'était environ trente arpents de terres et quatre arpents de prés, et un bois dit le bois de Bœuf, à l'entrée duquel il y avait deux gros chênes de plus de quatre cents ans, que nous appelions les portes de Bœuf ; ils étaient encore existants à la Révolution (1). La Malmaison, à ce que je puis me rappeler, était, où est encore, entre Champillon et la Neuville-en-Beauvais ; je n'ai rien vu de cela dans nos archives, sinon que par des dires populaires, que c'était autrefois une ville ruinée par les guerres, mais sans preuve.

Quant à Champillon, vous ne m'en demandez rien : c'était autrefois une grosse métairie dépendante de l'aumônerie office claustral d'Hautvillers ; la chapelle, qui est aujourd'hui l'église paroissiale, servait à l'aumônier, qui y disait la messe lorsqu'il résidait dans son office. Ayant été brûlée par les guerres du xvie siècle, toutes les terres ont été vendues et on y a bâti des maisons ; voilà comme s'est formé le village (2). Il y avait, devant cette chapelle, un gros orme qui avait 21 pieds de tour, et ses branches 30 pieds d'étendue et 7 pieds de tour ; il a été vendu à un nommé Dubuisson d'Ay, 150 livres, qui ont été employées à acheter des vases sacrés pour l'église de Champillon, qui avaient été volés de mon temps et de M. Fissier, curé. Sur ce petit ruisseau, qui passe à Dizy, il y avait un moulin que j'ai fait démolir

---

(1) La ferme de Bœuf fut réunie à Germaine en 1826. Divisés à cette époque, les principaux propriétaires de Bœuf étaient M. d'Alaincourt, pour un revenu de 1,125 francs 90, M. Prestat, à Paris, pour un revenu de 881 francs 29 ; le reste était acquis au gouvernement, qui ne payait pas d'impôt, et affecté aux biens formant dotation de la Légion d'honneur, en 1808.

(2) Ici, dom Grossard commet une erreur que nous avons signalée tome II, page 59.

parce qu'il coûtait plus d'entretien à l'aumônerie qu'il ne valait. La dernière fois qu'il avait été reconstruit à neuf, il avait coûté dix mille francs. Le mur, qui soutenait le hollandage, avait dix pieds de large et était très profond, parce qu'il devait soutenir une grosse chute d'eau venant du haut du village. Un jour, qu'il fit un orage terrible, il y eut une si grande quantité d'eau qu'elle se fit un passage au-dessus de ce fameux mur, et qu'il fut impossible de faire tourner le moulin, à moins de refaire le mur à neuf. Comme ce moulin ne rapportait que 120 livres, et encore mal payées, je fis démolir tout à fait le moulin, et ses dépendances je les ai louées plus cher.

Nous n'avons rien dit des vignes; parlons-en donc un peu. Il y avait, dans nos archives, un plan de toutes les vignes plantées sur le territoire d'Hautvillers, en 1636, qui en dénotait environ cent arpents. Les Côtes-à-Bras, qui produisaient, de notre temps, de si bon vin, n'étaient que des buissons. Les vignes, qui sont du côté du bois, n'étaient que des mergers, des tas de pierres; ce qu'il y avait de vignes était à la maison, aux différents prieurés et offices claustraux. Il n'y avait que quatre-vingts feux à Hautvillers (1). Le village, pendant les guerres de religion, pendant le XVIe siècle, était comme abandonné; les religieux ont été absents pendant quarante ans, s'étant retirés dans leur petit couvent qu'ils avaient à Reims. De quarante qu'ils étaient, ils sont seulement revenus au nombre de sept (2).

L'emplacement de la maison et de l'église n'était que des ronces et des épines. La maison abbatiale, ainsi que la grande chapelle qui y était contiguë avaient été épargnées, à la prière d'un soldat calviniste qui était parent de l'abbé. Les religieux s'y sont retirés et ont fait reconstruire leur maison comme ils ont pu.

Vous savez, Monsieur, que c'est le fameux dom Pérignon, qui a été procureur d'Hautvillers pendant quarante ans, qui est mort en 1715, et qui a trouvé le secret de faire le vin blanc mousseux et le moyen de l'éclaircir sans être obligé de dépoter les bouteilles, comme cela se pratique chez nos gros marchands

---

(1) Si, en 1636, il n'y avait que 80 feux à Hautvillers, la population a dû considérablement augmenter dans les siècles suivants.

(2) Nous avons donné, à cet égard, des détails plus circonstanciés et plus précis (tome II, page 95).

de vin, plutôt deux fois qu'une, et nos religieux, jamais avant lui, ne savaient faire que du vin paillé ou gris. Pour mettre le vin en bouteille, au lieu de bouchons de liège on ne se servait que de chanvre et on imbibait dans l'huile cette espèce de bouchon. C'était dans le mariage de nos vins que consistait leur bonté, et ce dom Pérignon, sur la fin de ses jours, était aveugle; il avait instruit, dans son secret de coller les vins, un frère Philippe, qui a été cinquante ans à la tête des vins d'Hautvillers, et qui était si considéré de Mgr Le Tellier, archevêque de Reims, que, quand ce frère allait à Reims, ce bon archevêque le faisait mettre à table avec lui.

Quand la vendange approchait, dom Pérignon disait à un frère : « Allez me chercher des raisins des Prières, des Côtes-à-Bras, des Barillets, des Quartiers, du clos Sainte-Hélène, etc. » Sans lui dire quels étaient ces raisins, il le lui disait et disait en même temps : « Il faut marier le raisin de telle vigne avec celui de telle autre, » et ne se trompait pas. A ce frère Philippe a succédé un nommé André Lemaire, qui a été près de quarante ans à la tête des celliers d'Hautvillers, c'est-à-dire jusqu'à la Révolution. Il n'a pas voulu me suivre ; il est mort malheureux, à ce qu'on m'a dit, à Hautvillers, chez un neveu qui, après lui avoir pris le peu qu'il avait, l'a rendu malheureux, et le pauvre frère serait mort de chagrin (1). Voilà à peu près le sort qu'ont eu tous les religieux qui ont eu le malheur de se retirer chez leurs parents. Je puis vous en parler savamment. Ce frère ayant fait une grande maladie, croyant mourir, m'a confié le secret de clarifier les vins, car ni prieur, ni procureur, ni religieux ne l'ont jamais su. Je vous déclare, Monsieur, que jamais nous ne mettions de sucre dans nos vins, ce que vous pouvez attester quand vous vous trouverez dans des compagnies où on en parlera. M. Moët, qui est un des gros bonnets de la Champagne, depuis 1794, car je lui ai vendu bien des petits paniers, ne vous dira pas que je faisais mettre du sucre dans nos vins. J'en fais usage, à présent, sur des vins blancs qu'on recueille dans quelques-uns des vignobles de la contrée ; il y a à s'y tromper ; comme de dépoter, cela coûte beaucoup. Je suis on ne peut pas

---

(1) Ce neveu, nommé Lemaire, demeurait dans la grande rue, cour Buffotot, dans une maison qui est aujourd'hui une dépendance de la maison de M. De Barry.

plus surpris qu'aucun marchand de vin n'ait fait encore aucune démarche pour savoir ce secret de coller les vins, sans dépoter les bouteilles, une fois qu'ils y sont mis. On commence déjà, dans nos environs, à faire les vins à la manière de Champagne ; on se trouve très bien de la manière que j'en donne (1).

Si vous prévoyez, Monsieur, que je puisse vous donner quelques éclaircissements sur vos louables entreprises, je vous prie de ne me pas épargner (2) ; si la saison n'eût pas été si avancée, mon intention était d'aller voir mon ancien prieur, qui demeure à Pierry et, de là, à Hautvillers ; à l'âge où je suis de 73 ans, je ne puis plus entreprendre ce voyage cette année, j'aurais pris avec moi quelques papiers échappés aux destructeurs de l'antiquité ; si Dieu me donne des jours l'année prochaine, je m'y prendrai de bonne heure et je vous les ferai voir. Si vos moments vous permettaient de venir avec M. Malo, à Montier-en-Der, j'ai des lits à votre service.

Vous voudrez bien, Monsieur, excuser les fautes d'inexactitudes de cette lettre à laquelle je me suis repris bien des fois.

J'ai l'honneur d'être,
          Monsieur,
              votre très humble et obéissant serviteur.

                Signé : GROSSARD,

Curé desservant de Planrupt et Frampas,
Grand-officier de l'ordre royal et archiconfrérie
du Saint-Sépulcre, de Jérusalem.

(L'original de cette lettre était chez M. d'Herbès, à Ay.)

Les uns ont cru que dom Grossard, pour clarifier son vin, ne le dégorgeait pas, d'après la méthode d'aujourd'hui ; les autres ont dit qu'il suivait l'ancienne méthode et qu'il dépotait ou transvasait seulement ; peu importe les moyens qu'il em-

---

(1) Le procédé pouvait être bon, mais n'a jamais su donner aux vins du Der le bouquet ni la finesse de notre vin de Champagne.
(2) M. d'Herbès, d'Ay, à qui cette lettre était adressée, avait entrepris sur Hautvillers, une monographie qui n'a jamais paru.

ployait, et avant lui les successeurs de dom Pérignon, il est constant qu'ils avaient trouvé le secret de faire du bon vin.

Quant à son secret, qui venait de dom Pérignon, voici ce que nous lisons dans le mémoire de Bidet, officier du roi et possesseur d'un vendangeoir à Ay : « Jamais homme, dit-il, n'a été plus habile à faire le vin ; c'est lui qui a mis en grande réputation le vin de cette abbaye ; une personne, assez digne de foi, a prétendu que ce Père lui avait confié son secret peu de jours avant sa mort ; quelque peine qu'on ait à le croire, on donne ici ce secret tel que cette personne dit l'avoir écrit sous ce religieux lorsqu'il était sur sa fin.

« Dans environ une chopine de vin, il faut faire dissoudre une livre de sucre candi, y jeter cinq à six pêches séparées de leur noyau, pour environ quatre sols de canelle pulvérisée, une noix muscade aussi en poudre ; après que le tout est bien mêlé et dissous, on ajoute un demi-septier de bonne eau-de-vie brûlée, on passe la colature à travers un linge fin et bien net, on jette la liqueur, non le marc, dans la pièce de vin, ce qui le rend délicat et friand. »

Cependant dom Grossard, dans sa lettre à M. d'Herbès, d'Ay, dit positivement : « Je vous déclare que jamais nous ne mettons de sucre dans nos vins, ce que vous pouvez attester quand vous vous trouverez dans des compagnies où on en parlera (1). »

« Le secret, dit M. Salle, consistait surtout à faire des coupages avec intelligence, comme on le pratique maintenant. Quant au sucre, ne peut-on pas mettre en doute la véracité du Père Grossard, en se rappelant que cette addition du sucre, qui se fait partout aujourd'hui, était niée, il y a cinquante ans, par tout le monde. »

Nous ne sommes pas compétents pour nier ce qu'avance M. Salle, mais nous croyons qu'à part la liqueur qu'on emploie pour les vins mousseux, les négociants d'aujourd'hui ne mettent pas de sucre dans leurs vins pour les améliorer. De l'alcool pour les fortifier, c'est possible, mais du sucre proprement dit, jamais.

---

(1) Quand dom Grossard, pour composer sa liqueur, fait dissoudre une livre de sucre candi, il n'entend pas mettre du sucre en grande quantité, comme on le supposait, pour donner à son vin une qualité quelconque.

Dom Grossard a trop bien mérité de toutes manières, auprès de ses concitoyens comme auprès de Dieu, pour que nous ne relations pas ici tout ce que nous avons pu recueillir concernant cet ancien religieux.

M. Alphonse Soullié, de Cumières, ancien juge de paix, désirant avoir des renseignements sur dom Grossard, avait écrit à M. le curé de Frampas, qui lui fit la réponse que voici :

Planrupt, le 17 juillet 1867.

Monsieur,

Je réponds pour mon confrère de Frampas, regrettant de ne pouvoir donner que des réponses bien incomplètes à vos demandes. Dom Jean-Baptiste Grossard, né à Montier-en-Der, le 27 février 1749, d'un ancien maître d'école, fut reçu religieux dans l'abbaye de Saint-Viton, autrement Saint-Vannes de Verdun (Meuse), maison mère et congrégation réformée par Clément VIII, en 1604. Sa profession eut lieu le 23 février 1768. Transféré à l'abbaye d'Hautvillers, dom Grossard en était procureur quand la Révolution expulsa les religieux, en 1790. Il revint alors à Montier-en-Der, son pays natal, où il demeurait dans sa propre maison, d'où il fut tiré et conduit dans la prison de Joinville, mais il y resta peu de temps, parce que, ayant trouvé un sac de blé dans ses effets, on lui en demanda la destination ; il répondit que c'était un blé étranger qui se plantait en mai et donnait, la même année, une belle récolte. Le peuple dit alors qu'il ne convenait pas de retenir en prison un homme utile au pays, qui s'occupait de l'amélioration de la culture, et on le renvoya.

De retour à Montier-en-Der, il demeura caché, gardant soigneusement les reliques de sainte Hélène, impératrice, dont le corps entier était à Hautvillers, en chair et en os. Après la Révolution et la Restauration, il laissa, de cette précieuse relique, le chef à Montier-en-Der (1), et envoya le reste du corps à la duchesse d'Angoulême, qui le fit déposer dans l'église de Saint-Séverin, à Paris. Dom Grossard reçut, en

---

(1) Cette assertion n'est rien moins que vraie ; dom Grossard n'a pas emporté le chef de sainte Hélène, attendu qu'il n'était pas à Hautvillers. Nous l'avons prouvé plusieurs fois. Le chef de sainte Hélène était à Montier-en-Der depuis longtemps.

reconnaissance, la croix et le titre de grand-commandeur de l'ordre royal des chevaliers du Saint-Sépulcre de Jérusalem.

Il accepta le titre de curé de Gigny-aux-Bois, dans le canton de Saint-Remy-en-Bouzemont (Marne), d'où il revint à Montier-en-Der, où il resta toujours, quoique nommé curé de Planrupt et de Frampas, qu'il desservait très régulièrement ; son pays natal était éloigné de ces paroisses de 4 kilomètres. Il fut curé de ces paroisses depuis 1818, après la mort de dom Cazin, jusqu'à sa mort, arrivée à Montier-en-Der, le 11 septembre 1825. Il ne laissa pas d'héritier, son unique sœur étant morte avant lui sans enfants ; il n'avait que des cousins assez éloignés, qui ne reçurent rien de lui, à ce que je crois. Il est enterré, suivant sa demande, dans le cimetière de Planrupt, où l'on voit sa tombe. Il avait établi, pour légataire universel, M. Louis Chrétien, de Vitry-le-François, qui, selon les intentions du défunt, fit une fondation de messes à Gigny-aux-Bois, sa première paroisse, et à Planrupt, et laissa sa bibliothèque à la fabrique de Planrupt ; mais il n'y a rien, dans cette bibliothèque, qui puisse vous donner des renseignements sur l'abbaye d'Hautvillers.

Tous ses sermons et ses autres manuscrits sont perdus (car il paraît qu'il en avait, d'après ce que j'ai ouï dire), soit qu'il les ait prêtés ou donnés, ou que l'on s'en soit emparé après sa mort, ce qui serait plus probable, pendant qu'ils étaient sous la surveillance de M. Maireau, notaire, dont la veuve est encore à Montier-en-Der (1). J'aurais bien désiré moi-même me procurer ces précieux manuscrits, mais mes recherches ont été infructueuses.

Agréez, Monsieur le juge de paix, le profond respect de votre très humble et obéissant serviteur.

M. J. H. ONIOS,
Curé de Planrupt.

Dom Grossard, d'après son propre témoignage, avait donc emporté, à Montier-en-Der, les reliques de sainte Hélène ; mais

---

(1). Ces sermons et autres papiers avaient été laissés à M. l'abbé Musquin ; nous avons fait connaître comment ils étaient parvenus chez M. le curé de Saint-Jean de Châlons. Les sermons de Dom Grossard, que nous avons lus, étaient à instar de ceux du père Lejeune, on ne pourrait plus parler ainsi aujourd'hui.

là, comme il le dit lui-même, contraint par ses compatriotes de remplir certaines fonctions municipales qui répugnaient à sa conscience, et qui l'ont exposé à des tracasseries telles qu'il se vit subitement traîné en prison à Joinville, d'où il ne sortit que grâce à une plaisanterie, il avait compris que, dans des conjonctures si critiques, le corps de sainte Hélène ne serait en sûreté ni chez lui, ni dans l'église de Montier-en-Der, où il l'avait d'abord déposé.

« Aussi, dit l'abbé Bouillevaux *(Les Moines du Der,* p. 238), il prit le sage parti de confier ce rare trésor aux soins du curé de Ceffonds, paroisse qui confine à celle de Montier-en-Der, et où les affaires se passaient sans doute plus pacifiquement qu'ailleurs, en ces premiers temps, du moins, de la Terreur. » Quand la Révolution eut atteint son plus effroyable développement, M. Mongeoie, curé de Ceffonds, fut mis en prison, et les restes de la bienheureuse Impératrice coururent grand risque d'être profanés; alors, au péril de sa vie, surveillé qu'il était par les révolutionnaires, Remy Buvry, zélé catholique de Ceffonds, alla de nuit chercher la précieuse relique et la transporta dans sa maison, où elle resta jusqu'à la fin de la tourmente.

Le corps de sainte Hélène fut ensuite rendu à dom Grossard, qui, comme nous l'avons vu, fut nommé, en 1802, curé de Gigny-aux-Bois, paroisse de l'ancien diocèse de Troyes, alors de celui de Meaux et aujourd'hui de Châlons-sur-Marne. Il vint s'installer dans l'ancien château des De Vavray et de Chieza de Servignasco, converti en presbytère, avec l'insigne relique de la bienheureuse Hélène, qu'il déposa dans un cabinet ouvrant sur l'ancienne salle à manger féodale, et devenu modeste oratoire.

Durant les seize années du pastorat de dom Grossard à Gigny-aux-Bois, le bon religieux se plaisait à montrer, en diverses circonstances, ou comme encouragement à la piété, le saint corps de l'auguste impératrice. Certains de ses paroissiens ou de ses élèves, car dom Grossard avait un pensionnat très fréquenté, avaient parfois la permission de le toucher, d'en emporter quelques parcelles de la chair momifiée, et nous tenons, de la bouche d'un de ses élèves privilégiés, originaire d'Hautvillers, où il est encore bien connu, aujourd'hui habitant de Oiry, M. Pierre Lallement-Geoffroy, qu'il fut un jour chargé lui-même, à l'aide du couteau traditionnel, de couper de la chair embaumée de la sainte, pour la remettre au curé-doyen de

Saint-Remy-en-Bouzemont, M. l'abbé Petit, qui désirait en posséder. Ces reliques auraient certainement été plus vénérées à Hautvillers, si dom Grossard les eût rendues, comme on le pressait de le faire. Il y eut, en 1811, une discussion assez grave entre lui, la municipalité et le curé d'Hautvillers, au sujet de la détention des reliques de sainte Hélène par cet ancien religieux. M. Davaux, curé de la paroisse, avait tenu, au sujet de dom Grossard, des propos peut-être un peu injurieux; celui-ci répondit en écrivant à M. Forzy-Hémey, alors maire de la commune, en lui faisant part de son mécontentement et en se justifiant de l'enlèvement des reliques de sainte Hélène. Dom Grossard avait posé certaines conditions pour la restitution de ces reliques; on ne voulut pas y souscrire et, quelques années après, il les donnait aux chevaliers du Saint-Sépulcre à Paris. M. Menu, successeur de M. Davaux, s'adressa, mais inutilement, à Mgr l'archevêque de la capitale; le précieux dépôt demeura loin du sanctuaire d'Hautvillers, jusqu'à ce qu'une partie notable lui fut rendue, en 1827, comme nous le verrons.

Comme témoignage de son séjour à Gigny, on voit, de sainte Hélène, aujourd'hui encore, dans l'église de ce village, une statuette en bois, sculptée aux frais de dom Grossard, représentant la sainte Impératrice, la croix du Sauveur à la main gauche, et soutenant, de la droite la sainte couronne d'épines qu'elle contemple avec amour. Une cavité circulaire, pratiquée en forme de reliquaire dans le socle de cette statuette, était destinée à recevoir une portion de la riche étoffe brodée, dite suaire de sainte Hélène, que dom Grossard avait confié, dans ce but, à M. l'abbé Musquin, son successeur immédiat. Cet objet, non moins précieux sous le rapport archéologique que vénérable aux yeux de la piété, a été emporté à Vitry-le-François, en 1874, avec le mobilier de M. Musquin qui, probablement, contenait encore bien des choses précieuses provenant de dom Grossard. M. Musquin décéda dans cette ville, le 2 août 1874, chez une de ses nièces, Mme Delacour, qu'il institua sa légataire universelle. Depuis, sur les instances et réclamations de l'évêché de Châlons, Mme veuve Delacour se décida à se dessaisir de ce suaire et de tous les papiers de dom Grossard, en faveur d'un ancien vicaire de Vitry-le-François, M. Lambert, devenu curé de la paroisse de Saint-Jean de Châlons. C'est là, dans cette église de Saint-Jean, que se voit la majeure partie du suaire de sainte Hélène, dans un magnifique reliquaire inauguré le 17 mai 1875, par une solennelle procession dans les rues de la ville.

D'autres reliques minimes avaient été enlevées de l'église d'Hautvillers par dom Grossard, lors de l'enlèvement de la relique insigne de sainte Hélène. Avant son départ de Gigny, en 1818, pour aller desservir Planrupt et Frampas, l'ex-procureur des moines d'Hautvillers avait déposé, au-dessus d'une armoire de la sacristie, une sorte de reliquaire en bois, renfermant ces reliques. Avait-il l'intention de les reprendre dans la suite ? Voulait-il les laisser à la vénération de son successeur ? Nous l'ignorons. Chose lamentable, ces restes précieux qui, durant de longs siècles, avec tant d'autres, avaient eu le secret d'attirer la foule des pèlerins à Hautvillers, à cette heure indignement relégués au-dessus d'un bahut, dans la poussière et les araignées, se trouvaient négligés à ce point que les sauver d'une telle ignominie fut conseillé à un enfant du pays, élève du sanctuaire, devenu prêtre, M. l'abbé Barré, chanoine de Châlons, comme une œuvre pie, qui le rend dépositaire, aujourd'hui encore, de vingt-trois reliques, dont il a bien voulu nous donner la liste avec une parcelle de quelques-unes de ces reliques, que nous déposerons dans une des châsses que nous avons encore à Hautvillers : 1° *De pane Domini.* 2° *De Sudario.* B. M. M. de Dieu. 3° *De carne sanctæ Helenæ corporis.*

M. l'abbé Barré, ancien curé de Plivot, a des preuves authentiques de la véracité de toutes ces reliques, telles qu'on pouvait les avoir à Hautvillers, étiquetées par dom Grossard lui-même, qui y a joint les billets, la plupart en parchemin, dont elles étaient accompagnées ; pour nous, il n'y a aucun doute que ces saintes reliques ne méritent la vénération des fidèles. Nous aimons à croire que M. l'abbé Barré, à sa mort, les léguera à l'évêché, qui déjà lui a demandé un travail sur ces reliques.

Il possède une relique :
1° De la couronne d'Épines de N.-S.
2° *De pane Domini.*
3° *De sudario B. M. V.*
4° De saint Jacques, apôtre.
5° De saint Barthélemy, apôtre.
6° De saint Paul, apôtre.
7° De saint Étienne, proto-martyr.
8° De saint Laurent, diacre et martyr.
9° De saint Sévère, martyr.
10° De sainte Cécile, vierge et martyre.
11° De saint Berchaire, martyr.

12° De saint Agathe, vierge et martyre.
13° De saint Cyrien, diacre et martyr.
14° De saint Thomas Becket, martyr.
15° De saint Vincent, martyr.
16° Du corps de sainte Hélène.
17° D'un martyr de la légion Thébaine.
18° De saint Nivard.
19° De sainte Geneviève, de Paris.
20° De saint Amand, archevêque de Reims.
21° De saint Éloi, évêque de Noyon.
22° De sainte Fare, fondatrice de Faremoutier.
23° De sainte Scholastique, sœur de saint Benoît.

Toutes ces reliques viennent de l'abbaye d'Hautvillers (1).

Il ne faut pas nous étonner si autrefois les communautés religieuses possédaient tant et de si précieuses reliques; chez elles, il y eut des saints canonisés dont elles honoraient les restes avec tant de piété!!! Puis, les rapports que les monastères avaient entre eux, avec Rome même ; tous ces avantages leur procuraient le moyen d'obtenir ce que d'autres personnes, même pieuses, auraient cherché en vain.

Nous avons relaté une relique : *de pane Domini*. On se demande si ce pain vient d'une des cènes de Notre-Seigneur ou bien de la multiplication qu'il fit des pains, sur la montagne ? Rien ne l'indique.

Il peut très bien se faire que les disciples du Sauveur, étonnés, pleins d'admiration, à la suite de cet insigne miracle, aient conservé de ce pain miraculeux et qu'avec raison on l'ait considéré et vénéré comme une véritable relique.

Pour ne pas quitter le sujet qui nous occupe, nous anticipons sur les dates et nous arrivons, aux années 1820 et 1827, à des faits plus importants pour notre Église et propres à ranimer la piété des fidèles. Il s'agit du retour d'une insigne relique détachée du corps de sainte Hélène, donnée à Paris aux chevaliers de l'ordre royal du Saint-Sépulcre de Jérusalem, par dom Grossard, en 1820.

---

(1) Dom Grossard, en enlevant le corps de sainte Hélène, avait visité les autres châsses et pris une partie minime des autres reliques qui lui étaient tombées sous la main. Ce qu'il a laissé a été profané comme on l'a vu,

Voici d'abord le procès-verbal de la réception des reliques de sainte Hélène à Paris, le 18 novembre 1820 :

Hyacinthe-Louis de Quélen, par la miséricorde divine et la grâce du Saint Siège apostolique, archevêque de Paris, pair de France, etc.

A tous ceux qui ces présentes lettres verront, salut et bénédiction en Notre-Seigneur Jésus-Christ,

Certifions, à qui il appartiendra, que, ci-après, est la copie exacte du procès-verbal des reliques de sainte Hélène, ainsi qu'il suit :

Alexandre - Angélique de Talleyrand - Périgord, cardinal-prêtre de la sainte Église romaine, par la miséricorde divine et la grâce du Saint Siège, apostolique, archevêque de Paris, duc et pair de France, commandeur de l'ordre royal du Saint-Esprit, primicier du chapitre royal de Saint-Denys, etc., etc. A tous ceux qui ces présentes verront, salut et bénédiction en Notre-Seigneur Jésus-Christ.

Nous déclarons et attestons que plusieurs personnes recommandables, s'annonçant comme députés de MM. les chevaliers des ordres royal, militaire et hospitalier et archiconfrérie du Saint-Sépulcre de Jérusalem, se sont présentés devant nous à l'effet de nous demander qu'il nous plût de vérifier la précieuse relique (le tronc du corps de sainte Hélène, mère de l'empereur Constantin), dont lesdits ordre et archiconfrérie sont en possession, et, vérification faite, d'en prononcer, s'il y a lieu, et déclarer l'authenticité par un acte émané de nous, s'offrant de nous remettre et nous présentant, en effet, les écrits et les pièces qui peuvent la constater.

Que, voulant acquiescer à ladite demande, nous avons fait remettre, au secrétariat de notre archevêché, les actes, documents et papiers à nous offerts par lesdits sieurs députés, ainsi que la boîte dans laquelle était renfermée ladite précieuse relique, qu'ils avaient fait apporter, et nous avons nommé une commission formée de trois membres du chapitre de notre Église métropolitaine, que nous avons chargés d'examiner avec la plus stricte attention, non-seulement les pièces et écrits cy-dessus mentionnés, mais aussi la boîte qui renferme ladite relique et la relique elle-même, et de nous en faire un rapport exact et circonstancié.

Que le travail de ladite commission étant achevé, le rapport qui nous en a été fait établit ce qui suit : les pièces produites pour constater l'authenticité de la relique de sainte Hélène, sont :

Premièrement, un procès-verbal du 1er août de la présente année, qui porte que M. Jean de Guérin, comte de Brulart, et Antoine-Louis-Hyacinthe Fiefvet de Sauville, tous deux chevaliers desdits ordre royal et archiconfrérie du Saint-Sépulcre de Jérusalem, et fondés de pouvoir de M. le comte de Tilly, lieutenant général, chevalier de Saint-Louis et autres ordres, gouverneur et administrateur général desdits ordre et archiconfrérie, à l'effet de se rendre auprès de dom Grossard, religieux bénédictin, ex-procureur de l'ancienne abbaye royale d'Hautvillers, diocèse de Rheims, aujourd'hui de Meaux, domicilié à Montier-en-Der, même diocèse, et de lui demander la remise de la relique de sainte Hélène.

Que lesdits sieurs chevaliers, fondés de pouvoirs, se sont transportés à Montier-en-Der, lieu du domicile de dom Grossard, chez qui se trouvaient alors les sieurs Jean-Baptiste Drioux, curé dudit lieu, et Louis-Alexis Montjoie, curé desservant de Ceffonds, et l'ont prié, au nom de leurs commettants, de se dessaisir, en faveur desdits ordres et archiconfrérie, de la relique de sainte Hélène et des pièces y relatives, l'invitant à leur déclarer, sous la foi du serment, comment cette précieuse relique se trouvait entre ses mains.

Que ledit dom Grossard, acquiesçant à leur demande, leur a d'abord déclaré, sous la foi du serment, que cette relique, dont il est possesseur, est bien celle qui a été déposée dans l'église de l'abbaye royale d'Hautvillers, en 844, et qui a été constamment vénérée par les fidèles; que, prévoyant le pillage des églises et la profanation inévitable des reliques y déposées, qui ont eu lieu, en effet, par suite de la Révolution, il s'était déterminé à l'enlever, conjointement avec dom Antoine Gautier, religieux bénédictin de Montier-en-Der, actuellement curé de Loizy-en-Brie, diocèse de Meaux; qu'en conséquence, dans la nuit du 8 au 9 mars 1791, ils s'étaient introduits dans l'église de l'abbaye royale d'Hautvillers, et qu'avec les plus grandes précautions ils avaient enlevé ladite relique et les papiers qui étaient renfermés dans la châsse (1) et avaient transporté le

---

(1) Ils laissèrent la châsse à la rapacité des révolutionnaires; cette châsse était en cuivre doré; de très beaux reliefs représentaient les scènes principales

tout à Montier-en-Der ; que, depuis, nommé à la cure de Gigny-aux-Bois, diocèse de Meaux, dom Grossard avait toujours conservé ces objets près de lui, jusqu'au moment où, nommé à la cure de Planrupt, près de Montier-en-Der, il avait invité M. Drioux, curé dudit lieu, à se transporter à Gigny pour en recevoir le dépôt, qu'il lui remit en effet, et que ledit sieur Drioux l'avait déposé au sacraire ou sacristie de Montier-en-Der, qu'enfin, à l'appui de cette déclaration, dom Grossard a remis une lettre à dom Gautier, servant à constater le fait du premier enlèvement de la précieuse relique. (Cette lettre n'a pas été trouvée, mais, à sa place, une lettre de dom Manuel, dernier prieur de l'abbaye d'Hautvillers.)

Cette première, cotée A, est duement scellée et signée Drioux, Mongeoie, Guérin, comte de Brulart, Jean-Baptiste Grossart, Fiefvet de Sauville.

Deuxièmement, un procès-verbal daté du 4 août de la présente année, qui constate : 1° le compte-rendu en assemblée extraordinaire, composée de M. le comte de Tilly, gouverneur et administrateur général de l'ordre et archiconfrérie de l'ordre du Saint-Sépulcre de Jérusalem, et de MM. les chevaliers, officiers desdits ordre et archiconfrérie, par M. le chevalier Fiefvet de Sauville, l'un des fondés de pouvoirs ci-dessus nommés (voyez la pièce cotée A), de la manière dont lui et M. le comte Guérin de Brulart étaient parvenus à remplir la mission dont ils avaient été chargés. 2° La présentation faite en la même assemblée, par ledit sieur Fiefvet de Sauville, d'une caisse de bois blanc de la forme d'un carré long, bien fermée et liée, et scellée de son sceau en plusieurs endroits. 3° L'ouverture de ladite caisse faite en la même assemblée, ouverture qui a donné lieu à reconnaître que la précieuse relique était dans le même état que celui décrit au procès-verbal du 1er août. (Pièce cotée A.)

Ledit procès-verbal, coté B, est dûment signé par les membres composant ladite assemblée, et scellé du sceau de l'ordre royal et archiconfrérie du Saint-Sépulcre.

Troisièmement, un procès-verbal de visite de la châsse de sainte Hélène, faite le 24 juillet 1644, par M. François Duchemin,

---

de la vie de sainte Hélène. Mais la châsse avait perdu, depuis la fin du xve siècle, ses principales richesses, par le vol des figurines qui l'ornaient. Elle fut brisée, comme les autres, à coup de massue, sur la place publique d'Hautvillers.

docteur en droit, notaire apostolique et assermenté, dûment immatriculé sur les registres de l'archevêché et du présidial de Reims, et curé d'Hautvillers, audit diocèse, par lequel il constate : 1° que ledit jour, 24 juillet, s'étant transporté en l'église du monastère de Saint-Pierre, ordre de Saint-Benoît, audit Hautvillers, à l'issue des Complies, les vénérables prieur et religieux de ladite abbaye, tous dénommés audit acte, revêtus de l'habit de chœur, ont, en sa présence et avec le respect et la décence convenables, ouvert la châsse placée sur le maître-autel de ladite église et qu'ils y ont trouvé le tronc du corps de sainte Hélène, embaumé d'aloès et autres aromates, et enveloppé de linges et d'étoffes de soie, et, au milieu du corps, un os dit le fémur, ainsi qu'on a pu raisonnablement en juger par l'inspection. 2° Que dom Bernard de Bras, prieur dudit monastère, a scié une partie dudit os, pour être donnée à Mgr l'archevêque de Rheims, en considération de sa dévotion particulière envers sainte Hélène. 3° Que ledit dom prieur a requis dudit M. Duchemin, notaire, acte de ce que ci-dessus, demandant, au surplus, que cet acte contînt ce qui est écrit sur trois banderolles de parchemin, renfermées dans ladite châsse. 4° Qu'enfin, lesdites banderolles contiennent les écrits suivants en lettres gothiques, la première : *Corpus sanctæ Helenæ reginæ matris Constantini imperatoris, sine capite.* La deuxième : *Dom Huga, abbas, Walterius, prior,* et autres noms ; puis, *anno incarnati Verbi 1120, regnante Ludovico, filio Philippi,* et au dos : *Joannes de Monspoix, prior,* et autres noms, et la date de 1602, et enfin : *Per me secretarium Domini, archiepiscopi.* P. Debec. La troisième : *Ego peccator Rodfridus clementiam tuam deprecor, o gloriosa imperatrix Helena, ut in die magni judicii mihi misero subvenias.*

Quatrièmement, un acte qui constate que, le 7 mai 1410, la première année du pontificat d'Alexandre V, Mgr Simon de Cramand, archevêque de Rheims, a transféré le tronc du corps de sainte Hélène, de la châsse dans laquelle il était renfermé, placée au maître-autel de l'église d'Hautvillers, audit diocèse, dans une châsse d'argent que le vénérable Jean, abbé dudit monastère, avait fait préparer pour l'y recevoir. Le prélat y déclare préalablement que ladite précieuse relique a été transférée de la basilique des saints Marcellin et Pierre, à Rome, vers l'an 844, par le moine Teutgise, à celle de ladite abbaye d'Hautvillers, et l'atteste d'après des actes de ses prédécesseurs et des anciennes histoires. Il déclare ensuite qu'il a fait cette translation avec la décence et le respect convenables, en présence de témoins appelés d'office, des religieux dudit monastère, de plusieurs chanoines de son église métropolitaine, et d'une grande réunion de fidèles, et que, par honneur et révérence spéciale, et pour l'avantage spirituel des fidèles, il accorde, chaque année et à toujours, quarante jours d'indulgences à chacun d'entre eux qui, à chacune des fêtes de l'Invention et de l'Exaltation de la Sainte-Croix et des fêtes de Sainte-Hélène, aux mois de février et d'août, visiteront dévotement et en état de grâce l'église de ladite abbaye d'Hautvillers. Cet acte et le précédent (troisième pièce cotée C), faits doubles en minute sur parchemin, et copiés sur papier ordinaire, sont duement signés sur la minute par tous ceux dont les signatures étaient nécessaires.

Cinquièmement, une bulle du pape Urbain VIII, datée du 22 mars 1634, qui accorde, pour sept ans, une indulgence plénière, chaque année, le jour de la troisième fête de la Pentecôte, aux fidèles qui, duement préparés, visiteront l'église du monastère des religieux bénédictins d'Hautvillers, diocèse de Rheims, et l'autel de Sainte-Hélène, et y feront les prières accoutumées pour gagner les indulgences. Ladite bulle visée par Mgr l'archevêque de Rheims, le 16 mai 1634.

Sixièmement, une autre bulle du pape Innocent X, datée du 11 juillet 1647, qui accorde, pour sept ans, une indulgence plénière chaque année, le jour de la fête de Sainte-Hélène, aux fidèles de l'un et l'autre sexe, qui, duement préparés, visiteront l'église de l'abbaye de Saint-Pierre-d'Hautvillers, et y feront les prières accoutumées pour gagner les indulgences. Ladite bulle visée à l'archevêché le 16 août 1647.

Septièmement, une autre bulle du même pape Innocent X, datée du 3 octobre 1647, qui accorde, pour sept ans, un autel privilégié dans l'église de l'abbaye d'Hautvillers, ordre de Saint-Benoît, diocèse de Rheims, et désigne l'autel de Sainte-Hélène, à certaines conditions y exprimées.

Les trois pièces cotées D, E et F, faites doubles en minute sur parchemin, et en copie sur papier, sont duement signées sur les minutes respectives.

Huitièmement, les monuments historiques que chacun peut consulter, tels que l'ouvrage des Bollandistes *(a)* ; le volume du *Gallia Christiana,* relatif à l'Église métropolitaine de Rheims *(b),* et ce qui est dit de sainte Hélène dans les *Vies des Pères, etc.,* d'Alban Butler, traduites par Godescart, au 18 août, tome VII, pages 284 et suivantes, édition de 1811.

Neuvièmement, enfin, la déclaration faite par dom Grossard, sous la foi du serment, et relatée dans la pièce cotée A, qu'il possède l'*Histoire de la translation du corps de sainte Hélène, de Rome à Hautvillers*, écrite sur un in-folio en parchemin, à la prière de Hincmar, archevêque de Rheims, et un in-4° aussi en parchemin, constatant la translation de cette précieuse relique d'une châsse dans une autre, en 1095. De sorte que, depuis le fait de la translation de cette précieuse relique, de l'église des saints Marcellin et Pierre, martyrs, à Rome, à celle de l'abbaye de Saint-Pierre-d'Hautvillers, diocèse de Rheims, jusqu'au mois de mars 1791, sa conservation dans l'église d'Hautvillers, les hommages qui lui ont été rendus par les fidèles, les faveurs spirituelles accordées par trois souverains pontifes, en considération de cette précieuse relique, ensuite les soins pour la soustraire aux profanations nées de la Révolution et la conserver intacte, enfin la remise qui en a été faite aux sieurs chevaliers, députés de l'ordre et archiconfrérie du Saint-Sépulcre de Jérusalem, par la personne même qui a pris ces soins, tout est attesté, tout se suit et s'enchaîne sans interruption, sans lacune.

Tel est le rapport à nous fait par la commission à laquelle nous en avions confié le soin.

Ouï le rapport et vu les pièces y mentionnées, nous nous sommes fait représenter la caisse qui contenait la précieuse relique et la châsse destinée à la renfermer.

Cette caisse, faite de bois blanc, de la forme d'un carré long, était bien liée solidement, fermée et scellée en plusieurs endroits du sceau des ordre et archiconfrérie des chevaliers du Saint-Sépulcre de Jérusalem.

Les sceaux apposés sur ladite caisse, ayant été rompus, et la sainte relique en ayant été tirée, l'examen que nous en avons fait nous a convaincu qu'elle est entièrement conforme à la description qui en est faite au procès-verbal du premier août (pièce cotée A). Quant à la châsse, dont la description sera faite à la suite du présent acte, nous l'avons trouvée très décente et convenable, sous tous les rapports, à sa destination.

En conséquence,

Tout considéré et mûrement examiné, le saint nom de Dieu invoqué, nous avons reconnu et reconnaissons ladite relique, (le tronc du corps de sainte Hélène, mère du grand Constantin) pour authentique, et nous l'avons déclarée et la déclarons telle par ces présentes, nous ordonnons, en outre, ce qui suit :

Premièrement, le présent acte, ainsi que toutes les pièces qui ont été produites pour constater l'authenticité de ladite précieuse relique et une liasse de procès-verbaux d'informations de la vérité de plusieurs guérisons miraculeuses, obtenues par l'intercession de sainte Hélène, dans le diocèse de Rheims, seront renfermés dans la châsse.

Deuxièmement, ladite châsse, bien fermée, sera scellée de notre sceau, apposé partout où il sera nécessaire.

Troisièmement, conformément au désir de MM. les chevaliers des ordre et archiconfrérie du Saint-Sépulcre de Jérusalem, il sera fait plusieurs copies du présent acte, et lesdites copies seront certifiées conformes, à la minute, par l'un des secrétaires de notre archevêché.

Enfin, nous permettons que ladite sainte relique soit exposée à la vénération des fidèles, dans la chapelle pratiquée au-dessous du maître-autel de Saint-Leu, à Paris, anciennement dite l'église collégiale du Sépulcre, selon le vœu desdits sieurs chevaliers des ordre royal et archiconfrérie du Saint-Sépulcre de Jérusalem, et qu'elle y soit placée hors de toute atteinte.

Donné à Paris, en notre palais archiépiscopal, sous notre seing, le sceau de nos armes et le contre-seing du secrétaire de notre archevêché, le dix-huit novembre mil huit cent vingt.

Signé : † A. Cardinal DE PÉRIGORD.

Par mandement de Son Éminence,
Signé : BUÉE, *ch. secr.*

(Place du sceau)

Pour obtenir la sainte et précieuse relique de sainte Hélène, les délégués de l'ordre firent valoir toutes sortes de raisons de convenance, et s'appuyèrent sur le titre d'institutrice de leur ordre dont ils honoraient sainte Hélène. On prétendait qu'en 313, à la demande d'Hélène, Constantin avait fondé l'ordre par l'érection en hospitaliers des gardiens du Saint-Sépulcre. Du reste, ajoutaient-ils, la relique serait exposée à la vénération des fidèles, en une église de Paris, celle de Saint-Leu, où l'association avait son siège, dans la chapelle souterraine du chœur qu'elle avait fait construire en 1780, après la suppression de son hospice. *(Notice historique de l'église et de la paroisse de Saint-Leu-Saint-Gilles*, par l'abbé Vacher, premier vicaire de Saint-Leu. Paris. Hiver 1843.) Dom Grossard céda à ces puissantes sollicitations, ce qui sera toujours regretté par l'église d'Hautvillers, qui, ayant possédé cette précieuse relique pendant près de mille ans et où tant de miracles s'étaient opérés par l'intercession de cette grande sainte, avait plus de droit de la reconquérir que l'église de Saint-Leu.

L'inauguration de la relique se fit à Paris, le 29 novembre de la même année 1820, et la relique, placée au-dessus de l'autel, dans une châsse de bois doré en forme de tombeau, fut donnée ensuite définitivement à l'église par les chevaliers à l'extinction de leur confrérie.

Toutes ces pièces, procès-verbaux et autres, au lieu d'être toutes placées dans la châsse proprement dite de Sainte-Hélène, à Saint-Leu de Paris, étaient conservées en partie dans les archives de ladite église ; mais, à l'époque de la Commune, mars 1871, *elles furent malheureusement brûlées.*

Voici ce que rapporte, sur ce sujet, M. le chanoine Lucot, de Châlons, dans sa brochure sur sainte Hélène :

« Quand la Commune de 1871 vint à souiller Saint-Leu, la châsse de Sainte-Hélène fut ouverte par les hommes de la Commune, et le procès-verbal placé dans la châsse disparut avec tous les autres authentiques. Ainsi furent supprimées toutes les pièces officielles qui attestaient l'authenticité des reliques des saints vénérés à Saint-Leu. La spoliation savante précédait le brigandage vulgaire, qu'au besoin elle devait suppléer. Mais Dieu veillait sur les restes précieux de notre sainte.

« Tandis qu'à l'intérieur de Saint-Leu, les images des saints étaient jetées à bas et brisées aux acclamations d'une foule impie, et que, du boulevard extérieur (le boulevard Sébastopol), des femmes tiraient à boulets sur le chevet de l'église, point de mire de leur batterie qui dominait la barricade voisine, la relique était transportée, par l'initiative d'un sergent fédéré, à la sacristie de Saint-Leu, où étaient venus s'amonceler pêle-mêle les reliques profanées de l'église et les ornements sacerdotaux lacérés. Aussitôt que le corps de sainte Hélène y fut déposé, le sergent, sans qu'on ait su le motif de sa conduite, peut-être sans qu'il l'ait su lui-même, se tourna résolu contre l'affreuse canaille dont il était suivi, et menaça de mort celui qui oserait toucher à l'objet qu'il montrait : c'était la relique de notre sainte. Personne n'avança, la relique était sauvée. L'ordre rétabli, le secrétaire de l'archevêché put constater, en présence du clergé de Saint-Leu, que les sceaux apposés par Mgr Sibour, lors de sa visite, étaient restés intacts, et que la relique n'avait point été violée. (Procès-verbal de M. l'abbé Schœpfer, secrétaire de l'archevêché de Paris, du 11 janvier 1872 (latin), archives de Saint-Leu.) Mais un anneau important manquait à la chaîne des témoignages, avec le procès-verbal disparu. Heureusement, il s'est retrouvé dans les papiers gardés par dom Grossard, et possédés aujourd'hui par M. Lambert, curé de Saint-Jean de Châlons. »

Dom Grossard, en donnant la précieuse relique du corps de sainte Hélène aux chevaliers du Saint-Sépulcre, avait demandé le double du procès-verbal, qui avait été dressé alors ; procès-verbal, que l'église d'Hautvillers possède elle-même depuis qu'elle a pu obtenir, en 1827, une relique insigne provenant du corps de sainte Hélène, déposé dans ladite église de Saint-Leu.

Description de la châsse de Sainte-Hélène déposée dans l'église de Saint-Leu, à Paris.

La châsse qui renferme le corps de sainte Hélène, dite à tombeau ou en forme de sarcophage, et d'ailleurs très décente, est construite selon des dimensions analogues au volume de la précieuse relique.

Elle se compose de deux parties, l'une inférieure, qui est comme le corps, l'autre supérieure, qui peut en être séparée et en forme le chapiteau ou couvercle.

Ses faces antérieures et latérales sont fermées par des glaces. La face postérieure est de bois peint en jaune. Deux palmes forment le décor de la devanture du bas, et sur le haut, cinq croix forment griffes au-dessus de la glace.

Elle est complètement dorée à l'extérieur et revêtue d'une étoffe de soie cramoisie dans son intérieur.

La partie supérieure du chapiteau est surmontée d'une croix fixée sur un globe, accompagnée de deux statues de sept pouces de haut, l'une à droite, représentant saint Louis, l'autre, à gauche, représentant un chevalier du Saint-Sépulcre de Jérusalem.

La précieuse relique repose sur un coussin recouvert de velours cramoisi, orné de galons et de franges d'or.

L'inscription en caractères noirs, placée au haut de la partie antérieure, porte ces mots :

CORPUS SANCTÆ HELENÆ,

MATRIS CONSTANTINI MAGNI IMPERATORIS

Signé : BUÉE, *ch. secr.*

Une relique insigne de sainte Hélène est rendue à Hautvillers.
(1827).

Depuis la Révolution, les habitants d'Hautvillers qui avaient conservé de la vénération pour les reliques de sainte Hélène, aussi bien que ceux qui avaient l'habitude d'y venir en pèlerinage, ne pouvaient réellement pas les honorer, puisque depuis que dom Grossard les avait enlevées, comme nous l'avons vu, et les avait données aux chevaliers des ordre et archiconfrérie de l'ordre du Saint-Sépulcre de Jérusalem, l'église d'Hautvillers n'avait à offrir à la piété des fidèles que des reliques échappées au vandalisme révolutionnaire. Sainte Hélène, qui avait été honorée à Hautvillers depuis près de mille ans, ne pouvait y être oubliée, et c'est avec la plus grande joie que ses reliques y furent reçues, après trente-six ans d'absence, c'est-à-dire de 1791 à 1827.

Procès-verbal de la relique de sainte Hélène donnée à Mgr l'archevêque de Reims, par Mgr l'archevêque de Paris, pour Hautvillers.

Monseigneur l'archevêque de Reims nous ayant exprimé le désir d'obtenir, pour l'église de l'ancienne abbaye d'Hautvillers, aujourd'hui église paroissiale de son diocèse, une portion des reliques de sainte Hélène, qui y étaient autrefois conservées, empressé de satisfaire au vœu de Son Éminence, nous lui avons demandé qu'il voulût bien nous désigner un ecclésiastique qui, en qualité de son commissaire, pût assister à l'ouverture de la châsse de Sainte-Hélène et à l'extraction d'une partie des reliques qui seraient faites par notre autorité. Et mondit seigneur archevêque de Rheims ayant nommé, à cet effet, M. l'abbé André-Nicolas-Félix Godinot-Desfontaines, chapelain ordinaire du roi, secrétaire général de ses aumônes, chanoine de l'église métropolitaine de Paris et vicaire général du diocèse de Rheims, comme il conste par l'acte qu'il nous a présenté, nous avons chargé M. Jean-François-Joseph Jalabert, vicaire général du diocèse de Paris, archidiacre de Notre-Dame, et M. François-Marie Tresvaux, chanoine de l'église de Paris et secrétaire de l'archevêché, de se transporter en l'église paroissiale de Saint-Leu de la ville de Paris, où est déposée la châsse contenant les reliques de sainte Hélène, afin de procéder à l'ouverture de ladite châsse, en présence de mondit sieur abbé Godinot-Desfontaines, faisant et agissant pour Mgr l'archevêque de Rheims, de M. Gilbert-Jacques Martinon de Préneuf, curé de Saint-Leu, et de MM. Pierre-Marie Baron Lainé, Nicolas-Victor de Saint-Allais, Jean-Pierre-Joseph-Vincent Bonneau, tous membres de l'archiconfrérie du Saint-Sépulcre, à ce expressément députés par elle.

« Le 14 décembre 1826, à deux heures de l'après-midi, toutes les personnes ci-dessus désignées s'étant réunies dans la salle des délibérations de la fabrique, attenante à l'église Saint-Leu, la châsse de Sainte-Hélène y a été apportée, les sceaux ont été reconnus et levés par notre vicaire général, archidiacre de Notre-Dame, qui a extrait une portion des reliques dont il a été fait trois parts. La première, et la plus considérable, a été remise, sous notre sceau, à M. l'abbé Godinot-Desfontaines, pour être offerte à son Éminence Mgr le cardinal archevêque de Rheims; une seconde a été retenue par M. l'abbé Jalabert, pour être donnée à Mgr le cardinal de Clermont-Tonnerre, archevêque de Toulouse, qui nous avait témoigné aussi le désir d'en enrichir une des paroisses de son diocèse; une troisième part, enfin, a été retirée pour être conservée dans notre église métropolitaine.

« La relique a été de nouveau renfermée dans la châsse, laquelle a été scellée de notre sceau, ainsi que de celui de l'archiconfrérie du Saint-Sépulcre, et replacée au lieu où elle demeure exposée à la vénération des fidèles.

« En foi de quoi nous avons ordonné d'expédier les présentes.

« Donné à Paris, en notre palais archiépiscopal, sous notre seing et le sceau de nos armes, et le contre-seing du secrétaire de notre archevêché, le six mars mil huit cent vingt-sept.

« † HYACINTHE,
« *Archevêque de Paris.* »

Par mandement de Monseigneur l'archevêque de Paris,
TRESVAUX (1),
Chanoine secrétaire.

Ayant reçu, de Mgr l'archevêque de Paris, cette précieuse relique, avec le procès-verbal de son authenticité, Son Éminence Mgr le cardinal de Latil envoya, quelques mois après, à Hautvillers, un de ses chanoines, pour y apporter ce précieux trésor, avec le procès-verbal qui suit, signé de sa propre main :

« Nous, Jean-Baptiste-Marie-Anne-Antoine de Latil, cardinal, prêtre de la Sainte Église romaine, par la miséricorde divine et la grâce du Saint Siège apostolique, archevêque de de Rheims, légat-né du Saint Siège, primat de la Gaule Belgique, duc et pair de France, commandeur de l'ordre royal du Saint-Esprit, etc., etc.,

« Ayant reçu de Mgr Hyacinthe-Louis de Quelen, archevêque de Paris, une boëte en carton munie de son sceau et renfermant une partie du corps de sainte Hélène, dont l'authenticité a été reconnue par feu son Éminence Mgr Alexandre-Angélique Talleyrand de Périgord, cardinal, archevêque de Paris, ainsi qu'il conste par l'acte solennel ci-dessus, avons déposé ladite boëte en carton dans une autre boëte préparée pour la recevoir, laquelle boëte est de ferblanc, peinte en couleur verte, fermée d'un verre blanc, à chacune des extrémités. Après avoir muni de notre sceau ladite boëte, nous l'avons remise à maître Claude-Joseph Maquart, prêtre chanoine de

---

(1) Il est à remarquer que la demande de cette relique avait été faite en 1826, qu'en effet elle a été extraite du corps de sainte Hélène, en cette même année, mais qu'elle n'a été envoyée à Reims qu'en 1827, au mois de mars, comme le constate le procès-verbal.

notre église métropolitaine et promoteur de notre diocèse, pour être, par lui, déposée, avec les présentes pièces authentiques, dans la châsse plus ornée et plus décente, préparée à cet effet par la fabrique de l'église d'Hautvillers, de notre diocèse. En foi de quoi nous avons ordonné d'expédier les présentes.

« Donné à Reims, sous notre seing, le sceau de nos armes et le contre-seing de notre secrétaire, l'an mil huit cent vingt-sept, le dix-sept du mois d'août.

« † J.-B. Cardinal De LATIL,
« *Archevêque de Reims.* »

Par mandement,

GROS,
Chanoine, secrétaire de l'archevêché.

Dès le lendemain, M. Maquart, chanoine de Son Éminence l'archevêque, député par elle, arrivait à Hautvillers pour déposer, dans une nouvelle châsse, les reliques de sainte Hélène, dont il était l'heureux dépositaire.

A cette occasion, un procès-verbal fut dressé et signé par les autorités ecclésiastiques et civiles ; nous le rapportons tel que nous l'avons trouvé sur une copie faite sur l'original qui, dit-on, a été déposé dans les archives de la fabrique, mais qui a disparu.

Procès-verbal de la translation des reliques de sainte Hélène dans la châsse actuelle.

(18 août 1827.)

L'an 1827, le 18 août, nous, Claude-Joseph Maquart, prêtre, chanoine de l'église métropolitaine de Reims et promoteur du diocèse de Reims, en vertu de la commission à nous donnée par Son Éminence Mgr le cardinal de Latil, archevêque de Reims, en présence des autorités ecclésiastiques et civiles, qui ont signé avec nous, et d'une multitude de fidèles assemblés, avons, avec les solennités accoutumées, déposé une boîte en ferblanc, peinte en couleur verte, fermée d'un verre blanc à chacune de ses extrémités et munie du sceau de Son Éminence Mgr le cardinal de Latil, archevêque de Reims, renfermant une partie du corps de sainte Hélène, dans une châsse aussi en ferblanc, longue de trois pieds un pouce, large d'un pied et demi, haute d'un pied et demi, recouverte d'un dôme aussi en ferblanc, peint en bleu lapis, orné de six vitraux, quatre latéraux et deux aux extrémités, et avons fermé ladite châsse en la munissant du sceau de Son Éminence Mgr le cardinal, en cire rouge et ruban violet.

Fait à Hautvillers, les jours, mois et an que dessus.

C.-J. MAQUART, *chanoine de la métropole de Reims;* MENU, *curé;* LALLEMENT, *adjoint;* CLÉMENT; CHÉRUY; MANUEL, *ci-devant prieur d'Hautvillers;* GERMON; AUGER; LEFÈVRE; COCHUT; MAQUART; BESSERAT; BOUQUIGNAND, *curé de Châtillon;* BAUTIER; G. SAUVIGNIER; LAUTHIER, *curé de Cuchery;* PIÉTREMENT; TRUBERT, *desservant d'Avenay;* BERTIN; MATHIEU, *curé de Fleury-la-Rivière;* LEFÈVRE, *curé de Chamery;* BERRURIER; N. MARTEAU, *curé de Pourcy;* DUCHESNE, *curé de Dizy;* GOBERT; CHEMIN, GODARD; FÉRET, *officier en retraite;* RÉGAUX; J. PHILIPPOT, *institutrice;* ROUX; REGAUX fils; MAQUART; SIMON; BERRURIER; ÉPATIN; Jean-Pierre PETIT.

Nous ferons remarquer, à ceux qui auraient l'intention de visiter la châsse qui contient actuellement les reliques de sainte Hélène, et dont il vient d'être parlé dans le procès-verbal ci-dessus, qu'il y a une petite erreur dans la rédaction de ce procès. Le rédacteur a pris le reliquaire, qui contient en réalité les reliques, pour la grande châsse qui contient elle-même ce reliquaire. Quand il dit : « Avons fermé ladite châsse en la munissant du sceau de Son Excellence..., » il veut parler de la grande, qui n'est nullement scellée, et, quand il ajoute : « En cire rouge et ruban violet, » il s'agit toujours du petit coffret qui contient la relique et non de la grande châsse. En effet, cette petite châsse ou reliquaire est environnée d'un ruban violet et scellée du sceau de l'archevêché, en cire rouge. Du reste, tout s'est passé comme il a été dit; plusieurs témoins oculaires et signataires dudit procès-verbal nous l'ont assuré. Ils affirment, de plus, que le souvenir de cette cérémonie est bien avant gravé dans leur mémoire.

Mgr Meignan, évêque de Châlons, heureux d'avoir en sa possession le suaire de sainte Hélène, que dom Grossard lui-même avait possédé, témoigna le désir d'avoir aussi une relique tirée du corps de cette bienheureuse Impératrice. Il désigna, à cet effet, M. l'abbé Lucot, à cette époque chanoine honoraire, aujourd'hui archiprêtre de la cathédrale, et M. Lambert, curé de Saint-Jean de Châlons.

Nous laissons parler M. l'abbé Lucot, dans la relation qu'il fit lui-même de sa mission :

« Délégué, vers la fin d'octobre 1875, par Mgr Meignan, auprès de Son Éminence le cardinal Guibert, archevêque de Paris, à l'effet d'obtenir une portion des reliques de sainte Hélène, pour Saint-Jean de Châlons, j'ai été témoin de la reconnaissance de ce saint corps, faite le 27 octobre, dans la grande salle des réceptions, à l'archevêché de Paris. Je ne saurais dire avec quelle attention et quel soin religieux cet acte important a été accompli. Mgr Richard, archevêque de Larisse et coadjuteur de Mgr de Paris, chargé, par Son Éminence, de cette mission, s'était adjoint M. le docteur Vignolo, de la faculté de Paris, M. Largentier, curé de Saint-Leu, son propre secrétaire, et le délégué de Mgr Meignan. La plus grande partie de la journée fut consacrée à l'examen de la relique et à la rédaction des procès-verbaux de reconnaissance. Le soir, à sept heures, quand tout fut fini, Son Éminence fut avertie que le corps de sainte Hélène allait être remis dans ses enveloppes et scellé de nouveau; Elle s'empressa de descendre de ses appartements pour vénérer à genoux, avec les membres de la commission, dans l'attitude d'un profond respect, les précieuses reliques, et pour prier dévotement cette grande sainte, que les Pères et les Conciles ont saluée de leur admiration et de leur reconnaissance, comme ayant donné à l'Église Constantin et la Croix. (Un siècle après sainte Hélène, les Pères du Concile œcuménique de Chalcédoine n'ont pas cru pouvoir décerner un plus bel hommage à la mémoire de la grande Impératrice sainte Pulchérie, qu'en l'acclamant : « La pieuse, l'orthodoxe, la nouvelle Hélène. *(Brev. Rom.,* 7 juillet, Sainte Pulchérie, *inter officia pro aliquibus locis.)* »

L'examen attentif du corps a donné lieu à d'intéressantes remarques. Elles ont été consignées, en grande partie, dans les deux procès-verbaux, rédigés l'un par Mgr le coadjuteur, l'autre par le médecin, membre de la commission.

« D'après le procès-verbal de M. le docteur Vignolo, dit Mgr Richard, dans son acte, la châsse de l'église Saint-Leu renferme le tronc presque entier du corps de sainte Hélène, dépourvu de la tête et des membres, fortement comprimé et aplati dans le sens bi-latéral. Ce corps, primitivement embaumé, est complètement momifié. (Aringhi, dans sa *Rome souterraine*, mentionne cette circonstance : « *Sepulta est (Helena) cum aromatibus, via Luvicana, ubi dicitur inter Duas Lauros... (Romæ subterranneæ*, livre IV, chapitre IX, *Apud Bolland., 18 aug.*, § *13.)* Des enveloppes multiples de linge et de soie, toutes d'un tissu très fin, adhèrent au corps. J'ai compté jusqu'à quatorze de ces enveloppes superposées et s'alternant plus ou moins régulièrement : soie, lin; soie, lin; lin, soie, etc. Qui sait si ces enveloppes ne furent pas appliquées après chacune des translations des reliques de cette sainte ? La dernière enveloppe ne paraissant peut-être plus assez décente, on s'empressait de recouvrir ces précieux restes d'une nouvelle plus convenable; c'est ainsi que fut probablement placé le suaire dont nous parlerons encore bientôt. Ces enveloppes sont agglutinées par les substances résineuses qui ont servi à l'embaumement (1). On distingue, enfermés dans le tronc, deux os qui paraissent être une partie du fémur, par leur forme et leur volume, et un troisième os long et grêle qui, autant qu'on peut en juger, est probablement un péroné.

« L'état du corps, conservé dans la châsse de l'église Saint-Leu, correspond parfaitement à la description donnée par les Bollandistes, au 18ᵉ jour du mois d'Août (fête de Sainte-Hélène). Dans la partie de leur commentaire sur sainte Hélène, qui a pour titre : *Gloria posthuma e variis corporis translationibus,* les Bollandistes écrivent, d'après les renseignements que leur avait envoyés dom Rupert Regnault, moine et sacristain du monastère d'Hautvillers : « *Beatæ Helenæ corpus integrum non est apud Altivillarense Cænobium. Desunt enim caput, brachia et pedes, quæ forsan Venetiis asservantur (licet quidam asserant*

---

(1) Peut-être ne sont-elles que les bandelettes multiples qui ont servi au moment de l'embaumement de la sainte, car, déjà à cette époque, les Romains imitaient les Égyptiens dans ce qu'ils faisaient pour leurs momies

caput Trevirenses possidere). Crura inter corporis truncum recondita sunt : Corpus est incorruptum, ut pote aloe et balsamo delibutum et holoserico obtectum velamine. (Boll., Loco citato, § III, n° 27.) »

Dom Rupert Regnault, moine et sacristain d'Hautvillers, avait adressé de premiers renseignements sur sainte Hélène, au Père Papebroch, en mai 1649.

En 1668, il envoyait au même Père un cahier de récits des miracles opérés par l'intercession de la sainte. On y voit avec quelle maturité les Bénédictins d'Hautvillers procédaient avant de publier les miracles. Le Père Pinius appelle dom Regnault « notre vaillant collaborateur dans la révélation de la puissance de sainte Hélène », *Strenuissimus noster adjutor*. Il loue le zèle de ce bon religieux à le pourvoir de documents sur sainte Hélène : *Nunquam satis laudandus ob indefessum laborem quo facta ad illud usque tempus (1668) miracula huc misit, ut operi nostro inseri deinde possent*. Il l'appelle encore *Studiosissimus ac laboriosissimus rerum Heleniarum collector*. Le Père Regnault mourut en 1668.

Les procès-verbaux des miracles, envoyés par ce religieux, confirment un fait que j'ai déjà signalé : sainte Hélène était particulièrement invoquée contre les démons, dans les cas de maléfices, de possession et d'épilepsie. Ne serait-ce pas à cause de la Croix de Notre Seigneur, dont Hélène a propagé le culte, et auquel son propre culte se trouve, par le fait, étroitement uni : *Per signum Crucis*, dit l'Église, *de inimicis nostris libera nos, Deus noster*. (*Brev. romain*, 3 mai, *Invention de la Croix*, Ant. des Vêpres.)

Le Père Cahier, dans ses *Caractéristiques*, verbo *Croix*, page 285, dit qu'on invoque aussi sainte Hélène pour retrouver les choses perdues, parce qu'elle-même a retrouvé la Croix du Sauveur.

En 1644, le 26 juillet, à l'abbaye même, un des fémurs de sainte Hélène avait été scié en faveur de messire Léonore d'Estampes, archevêque de Reims. C'est de ce fémur que M. le docteur Vignolo, le 27 octobre 1875, détacha, avec la scie, un nouvel anneau ; ensuite il coupa, dans la partie inférieure du corps, un fragment considérable composé de chair et d'ossements desséchés, agglutinés avec leurs enveloppes, pour, le tout, être donné à Mgr l'évêque de Châlons. L'église de Saint-

Jean de Châlons possède actuellement ces deux fragments, avec une partie du suaire ou sindon dont nous avons déjà parlé, et dont nous allons donner la description.

Le suaire de sainte Hélène, comme on l'appelle, est un tissu de lin filé au fuseau, d'un grain assez ordinaire, brodé en un point qui est une sorte de demi-chaînette. A divers endroits, le tissu est usé par le temps, et les fils de la broderie sont rompus. Le suaire de sainte Hélène est encore tout imprégné des substances balsamiques qui ont servi à embaumer le corps.

L'étoffe et la broderie du suaire sont évidemment indigènes. Il ne faut pas chercher à leur trouver des analogies avec des étoffes orientales ayant eu la même destination, tel que le *suaire de saint Lazare*, étoffe arabe du commencement du onzième siècle, qui forme la principale rareté du trésor de la cathédrale d'Autun (1), ou les étoffes de soie trouvées à Aix-la-Chapelle, dans le tombeau de Charlemagne.

Une copie très exacte du fragment de Châlons, dont le dessin accompagne le présent travail, a été faite sur l'original, et de grandeur naturelle, par une religieuse du couvent de la congrégation de Notre-Dame de Châlons (2); ce fragment formait la partie droite et inférieure du suaire. Il mesure 92 centimètres de largeur sur 80 centimètres de hauteur. Le morceau de Montier-en-Der, celui que dom Grossard donna à cette église, en 1820, comme nous l'avons déjà mentionné, est une bande de 52 centimètres de largeur sur 1 mètre 40 de hauteur, levée sur le côté gauche du suaire, dont il complète la largeur, qui était de 1 mètre 44 centimètres. Quant à la hauteur, la réunion des deux morceaux ne peut la donner, attendu que celui de Montier-en-Der ne part que de la seconde rangée d'animaux du bas, et qu'il se termine avant la bordure du haut. Les deux morceaux réunis offrent à peine une moitié du suaire ; qu'est

---

(1) Cette pièce d'étoffe, dont Humbert de Baugé, évêque d'Autun, enveloppa le corps de Saint Lazare en 1147, est une écharpe de soie d'un bleu violacé, couverte d'ornements brodés en fils d'or et en fils de soie de diverses couleurs. *Du culte de Saint Lazare à Autun*, mémoire de l'abbé Devoucoux, président de la Société Éduenne (Autun, 1856), note de la page 117. — *Mémoires de la Société Éduenne*, vol. de 1860-1862, p. 41 ; vol. de 1872 : *Notice sur Mgr Devoucoux, évêque d'Évreux*.

(2) Cette copie, très ressemblante, a été réduite au quart de sa grandeur par M. Caillet, lithographe de la maison Barbat, de Châlons. Dans le dessin que nous publions, le genre du point a été, autant que possible, imité, et l'on y a reproduit la teinte actuelle de l'étoffe que le temps a jaunie.

devenue l'autre ? Dom Grossard, qui aimait à montrer les reliques qu'il possédait, a pu, comme il l'a fait des reliques du corps de sainte Hélène, donner à ses connaissances des fragments du suaire, et n'en laisser que la moitié, qui nous est restée tant à Saint-Jean de Châlons qu'à Montier-en-Der.

Trésor de l'église de Montier-en-Der. Il renferme encore aujourd'hui, outre le corps de saint Berchaire, martyr, son premier abbé, presque toutes les reliques de l'ancienne abbaye de Montier-en-Der, mentionnées dans un ancien catalogue qu'on possède aussi. En 1791, le conseil municipal de Montier-en-Der demanda aux administrateurs du district de Saint-Dizier l'autorisation d'extraire les reliques des reliquaires d'argent qu'on était obligé de sacrifier; le conseil l'obtint. Elles furent placées d'abord, par les soins de la municipalité, dans des reliquaires de bois doré. Cependant, le 12 mai 1794, ces reliques durent e nêtre de nouveau tirées pour échapper à la profanation : elles furent réunies dans une grande châsse de bois et enterrées au cimetière sous le corps d'une fille noyée. Les reliquaires de bois furent jetés dans le fourneau à salpêtre établi dans l'église abbatiale, que la Révolution avait transformée en temple de la Raison. Les reliques furent déterrées le 16 octobre 1800, et, le 23 octobre 1829, Mgr Aragonnès d'Orcet, évêque de Langres, par son acte de reconnaissance, en permit l'exposition publique, se fondant sur la possession immémoriale, paisible et notoire, dont jouissait leur culte, sur l'honneur qu'on leur avait toujours rendu, sur les efforts faits par les autorités civiles pour les sauver du brigandage révolutionnaire, enfin sur leur conservation certaine, malgré la perte des titres *(Archives de l'église de Montier-en-Der).* La tête de sainte Hélène faisait partie de ces reliques.

Étudions maintenant le dessin de cette précieuse relique; les motifs en sont de deux sortes : motifs principaux, motifs accessoires.

Les principaux sont des lions (peut-être des léopards) et des aigles, comme le Moyen-Age représentait ces animaux. Ils sont rangés symétriquement. A la première ligne, les animaux sont opposés et se regardent; à la deuxième et à la troisième, ils se suivent et s'alternent. Quoiqu'ils soient tous debout et de profil, ils ne laissent pas d'attirer le regard par la singulière variété de leur attitude. De la bouche de plusieurs des quadrupèdes, s'échappent des feuillages. Les animaux, lions et aigles, sont tous inscrits dans des médaillons circulaires tracés par des lignes qui se croisent et s'entrelacent sur des rangées parallèles. Les vides ou intervalles, qui séparent les médaillons, sont remplis par des ornements de fantaisie; ce sont des festons trilobés, groupés en quatre feuilles portant au centre un double losange. Le tout est encadré de zig-zags formés par des dents de scie, entre lesquelles et dans lesquelles se placent ou des fleurons arrondis, ou des ornements triangulaires aux lignes crénelées. Cette composition est imposante et largement conçue, quoique l'exécution en soit assurément fort simple. Les motifs en ont été choisis avec une entente parfaite de la destination de l'objet. La puissance et la majesté de Constantin, cet empereur qui tint sous son sceptre l'univers entier, selon le mot de saint Augustin (1), et qui, par la Croix, fut toujours vainqueur, puissance et majesté dont l'éclat a rejailli sur sa bienheureuse mère, pouvaient-elles être mieux symbolisées que par le lion, le roi des animaux, et l'aigle, le dominateur des airs ? Ces motifs, en se popularisant, ont été longtemps pour l'art un thème favori. On les retrouve, du huitième au douzième siècle, dans les soieries des fabriques arabes. L'orfroi d'une chasuble de la cathédrale de Ratisbonne, dite du saint pontife Wolfgang, mort évêque de Ratisbonne en 994, rappelle ces motifs : un oiseau (un aigle peut-être) et une sorte de léopard, placés dans des rinceaux arrondis en médaillons, mordent le feuillage de l'enroulement. *(Mélanges d'Archéologie, etc.,* des PP. Cahier et Martin, in-f°, tome II (texte), pages 245-247, et tome II (atlas), planche 15. (Paris, Poussielgue, 1851.) A leur tour, l'ivoire et le bronze se sont, vers la même époque, approprié ce genre de décoration. Le tau d'ivoire, ou bâton potencé, du neuvième au dixième siècle, conservé au musée de Rouen, présente dans sa ciselure un lion agencé comme le nôtre; mais les festons qui lui sortent de la bouche et le fleuron de la queue sont plus soignés que dans notre suaire. *(Mélanges d'Archéologie,* tome IV (texte), pages

---

(1) Diù imperavit, universum orbem Romanum unus Augustus tenuit et defendit : *in administrandis et gerendis bellis victoriosissimus* fuit ; in tyrannis opprimendis per omnia prosperatus est ; grandævus... filios imperantes reliquit. (Saint Augustin, *De civitate dei*, L. V, c. 25). D. Bernard de Varennes l'a cité à la fin de son *Histoire de Constantin* parmi les Pères qui ont décerné des éloges à ce prince.

174-176. (Paris, 1856.) Je pourrais encore apporter, comme terme de comparaison avec nos lions, ceux qui sont dessinés sur un fragment d'*étoffes à compas*, du douzième siècle, conservé à la cathédrale de Troyes (Viollet-le-Duc, *Dictionnaire du mobilier, etc.*, tome IV, page 112, verbo *Manteau* (texte et planche), et les trois animaux qui se dressent aux angles d'un beau chandelier du onzième siècle, que possède un savant antiquaire de Paris, M. Victor Gay. Ces derniers ont la forme des nôtres, et de leur bouche s'échappent aussi des feuillages. Mais, après le douzième siècle, les motifs de notre suaire se rencontrent encore plus d'une fois ; longtemps ils restent en faveur. Ainsi, nous apercevons le lion et l'aigle alternés, comme dans notre broderie, sur la soierie du pourpoint du comte de Blois, tué en 1364, à la bataille d'Auray. Les PP. Cahier et Martin nous en ont donné dans leurs *Mélanges d'Archéologie*, tome III (texte), page 147, et tome III (atlas), planche 27 (Paris, 1853), une bonne représentation en chromolithographie ; mais, par le dessin, ces animaux s'éloignent singulièrement des nôtres, si toutefois la copie réduite que le Père Martin a donnée de l'original en a retenu fidèlement les formes. A la Sainte-Chapelle de Paris, le peintre chargé des restaurations a très heureusement reproduit en polychromie rehaussée d'or, dans les arcatures de la nef basse, ces mêmes motifs d'ornementation : lions et aigles alternés et inscrits dans des médaillons, comme au pourpoint du comte de Blois.

Quant à l'ornementation accessoire de notre suaire, elle sent très bien le Moyen-Age, au moins dans ses détails. Si l'on veut bien considérer les feuillages à cinq lobes de notre broderie, ces feuillages symétriquement placés dans la bordure et dans l'intervalle laissé par les médaillons, et qu'on en compare la forme avec les dessins des grisailles de deux églises cisterciennes du Limousin, Bonlieu (Creuse) et Aubazine (Corrèze), on sera frappé de la similitude des types. Or, l'époque de l'exécution des vitraux de ces deux églises est connue : on peut presque en fixer la date ; elle se place entre 1140 et 1143. (*Annales archéologiques*, tome X, *Origine de la peinture sur verre* (texte et planches) ; article de M. l'abbé Texier.) Nous sommes donc autorisé à assigner une date commune à ces compositions diverses. Si, maintenant, délaissant les détails de notre broderie, nous en étudions l'ensemble, l'agencement de cette composition va rencontrer plus d'une analogie dans les monuments du passé. Attentivement considéré, notre suaire fait penser à l'orfroi de la chasuble conservée à Eichstädt et dite de saint Willibald, premier évêque de cette ville, au vɪɪɪe siècle. On trouve, sur cet antique ornement, des entrelacs qui rappellent beaucoup les nôtres. *(Mélanges d'Archéologie,* par les Pères Cahier et Martin, in-f°, tome ɪɪ (texte), pages 245-250, et tome ɪɪ (atlas), planche 17. (Paris, Poussielgue, 1851.)

Mais rien, selon moi, ne ressemble à notre suaire, envisagé dans son ensemble, comme le pavé-mosaïque de Sour, qui fait partie d'un des musées du Louvre. Il y a là un rapprochement qui s'impose : notre suaire porte un éclatant reflet de cette grande composition. Quand M. Renan accomplit, en 1861, avec les fonds de la cassette impériale, son voyage en Phénicie, d'où il nous rapporta le roman dit la *Vie de Jésus,* il fit, tout près de Sour, l'ancienne Tyr des Phéniciens (Voyez *Annales archéologiques,* tome xxɪɪɪ et xxɪv, quatre articles, accompagnés de dessins, où M. Julien Durand a décrit la Mosaïque de Sour. — *Journal général de l'instruction publique,* 10 et 24 décembre 1862), une découverte d'une valeur autrement sérieuse. La *Vie de Jésus* fit pitié à la science, en France, en Allemagne, partout; mais l'art applaudit à la découverte de Sour. C'était la riche mosaïque d'une église byzantine supprimée, dédiée au martyr saint Christophe, et, depuis lors, totalement oubliée. La mosaïque est presque entière ; elle présente, entrelacés comme les nôtres, une longue suite de médaillons, où revit la création tout entière ; où saisons, mois et vents personnifiés, animaux, plantes et fleurs semblent chanter une hymne au Seigneur ; c'est, en mosaïque, le cantique des trois enfants : *Benedicite omnia opera Domini Domino!* A considérer cette suite de médaillons et leur ensemble grandiose, on croirait que ce poëme a inspiré notre suaire. Le savant M. de Rossi attribue la partie principale de la Mosaïque de Sour à l'époque constantinienne, c'est-à-dire au quatrième siècle. Évidemment, donc, les types de notre broderie sont anciens. M. Victor Gay me le disait : « Votre suaire fait penser aux mosaïques des anciennes basiliques de Rome. Néanmoins, par ses détails, par la forme des animaux, par le genre des ornements accessoires, le suaire lui a semblé d'une origine plus moderne. » On y chercherait en vain cette correction de dessin si remarquable dans la mosaïque grecque de Sour ; tel est aussi le sentiment d'autres savants archéologues à qui je l'ai soumis. M. de Longpérier de l'Institut, M. de Linas, si versé

dans l'étude des anciennes étoffes, M. Edouard Didron, archéologue distingué, fils adoptif du célèbre archéologue Adolphe-Joseph-Emmanuel Didron, se sont accordés à y voir un travail roman du xɪe au xɪɪe siècle, avec des inspirations byzantines. Les principaux membres du congrès archéologique tenu à Châlons, au mois d'août 1875, se sont prononcés dans ce sens. Au Moyen-Age, en effet, les travaux à l'aiguille empruntaient leurs dessins aux tissus des grandes fabriques d'Asie, de Byzance et de Sicile; les mosaïques donnaient, de leur côté, des types que l'art de la broderie aimait à reproduire.

Si notre suaire ne remonte pas plus haut que ne le pensent les savants auxquels il a été soumis, nous pouvons, du moins, selon toute vraisemblance, lui assigner la date du 28 octobre 1095 (Bollandistes, 18 août, sainte Hélène; *Gloria posthuma, e variis Corporis translationibus*, § 5); c'est celle des plus solennelles translations des reliques de notre sainte Impératrice.

Sainte Hélène, selon plusieurs auteurs, serait morte en 328. Lorsqu'elle se vit sur le point de sortir de ce monde, elle entretint son fils des moyens de gouverner l'Empire d'une manière conforme à la loi divine. Constantin lui tenait la main lorsqu'elle expira; avant de rendre le dernier soupir, elle donna sa bénédiction à son cher fils. Les uns disent qu'elle était à Rome à son dernier moment; d'autres veulent que ce fût à Nicomédie, et que de là ses restes furent transportés à Rome, avec la plus grande pompe.

S'il en est ainsi, depuis la translation du corps de sainte Hélène, de l'Orient à Rome, on en compte neuf autres, y compris celle du 18 novembre 1820, à Saint-Leu de Paris.

La première, de Nicomédie à Rome, en 328 (tome ɪ, page 219).

La seconde, vers 841, de Rome à Hautvillers (tome ɪ, pages 202-231).

La troisième, en 1095 (tome ɪ, page 306).

La quatrième, en 1120 (tome ɪ, page 381).

La cinquième, en 1238 (tome ɪ, page 447).

La sixième, en 1410 (tome ɪ, page 532).

La septième, en 1602 (tome ɪɪ, page 196).

La huitième, en 1644 (tome ɪɪ, page 330).

La neuvième, en 1820.

La dixième, en 1826.

La onzième, en 1875.

Ces deux dernières ne sont pas des translations proprement dites, mais bien des reconnaissances authentiques des reliques de sainte Hélène, par l'ouverture de la châsse et extractions de ces mêmes reliques.

Dans la translation des reliques des saints, comme dans la sépulture des grands personnages, les corps étaient entourés d'étoffes dont la richesse répondait à la dignité des morts et aux ressources de ceux qui voulaient leur rendre honneur. Comme nous avons pu le constater à la reconnaissance de la relique de sainte Hélène, dont nous fûmes témoin, l'usage traditionnel avait été, dès le principe, incontestablement observé : les enveloppes de soie et de lin fin, qui adhèrent encore à son tronc embaumé, l'attestent suffisamment. Et nous ne pouvons douter que, dans la translation de 1095, célèbre entre toutes, la piété des princes présents ne se soit exprimée en renouvelant avec magnificence plusieurs des enveloppes du saint corps. De riches tissus ont donc certainement accompagné ces restes vénérables ; les trois étoffes précieuses que mentionne le Père Arthur Martin, (*Mélanges d'Archéologie*, tome III (texte), pages 142 et 143, et tome III (atlas), planches 14 et 15 (Paris, 1853), comme appartenant au comte de l'Escalopier, et provenant de l'église Saint-Leu, n'auraient-elles pas été de ce nombre? Le Père Martin semble insinuer, mais par confusion, qu'elles enveloppaient la tête de sainte Hélène : Saint-Leu n'a jamais possédé ce chef vénérable, et le tronc de la sainte ne lui fut donné qu'en 1823, après la suppression de l'ordre français du Saint-Sépulcre. (*Notice historique de l'église et de la paroisse de Saint-Leu-Saint-Gilles*, etc., par l'abbé Vacher, premier vicaire de Saint-Leu, in-8° (Paris, Hivert, 1843) : § 6, *Chapelle du Tombeau*, et § 15, *Église et couvent du Saint-Sépulcre*.

En 1823, l'ordre royal des chevaliers du Saint-Sépulcre fut indirectement supprimé par une ordonnance qui défendait de porter toute décoration non autorisée légalement.

Cependant, il existe encore un ordre dit du *Saint-Sépulcre*, dont les brevets sont donnés par le patriarche latin de Jérusalem, grand-maître de l'ordre. Mais cet ordre ne doit point être confondu avec l'ancien ordre français, ou *Archiconfrérie royale du Saint-Sépulcre de Jérusalem*, fondé par saint Louis, en 1254, et transféré ensuite par Louis X dans l'église des Cordeliers de Paris. Il suffit de lire les brevets et de regarder les décorations de ces deux ordres pour en être convaincu.

Voir l'*Exposé pour l'Archiconfrérie royale du Saint-Sépulcre. de-Jérusalem,* par le comte de Lucotte (in-8°, Paris, 1824).

Quoi qu'il en soit, le suaire que nous avons décrit n'était pas indigne de sa destination, tant par le choix des attributs de la puissance impériale dont il est historié, que par le mouvement et la vie de ces attributs, et l'heureuse combinaison des ornements qui le complètent.

Une relique de sainte Hélène à Hautvillers.

Un ouvrage qui a pour titre : *Sainte Hélène, mère de l'empereur Constantin, etc.,* par M. l'abbé Lucot, chanoine de Châlons, ouvrage dont nous venons de rapporter plusieurs extraits, a mérité à son auteur une lettre de félicitations de la part de Mgr l'archevêque de Reims, lettre que cite le *Bulletin du diocèse,* du 9 septembre 1876.

Quand Son Excellence reçut l'ouvrage de M. l'abbé Lucot, elle était à Lourdes, lieu cher à son cœur et à sa piété pour Marie. Voici la lettre de Son Excellence :

Lourdes, 5 juillet 1876.

Monsieur le Chanoine,

Au milieu des joies de nos incomparables fêtes de Notre-Dame de Lourdes, j'ai étudié avec un grand profit votre belle *Notice sur sainte Hélène, mère de l'empereur Constantin.* Impossible de résumer d'une manière plus précise, mais en même temps plus correcte et plus digne, la vie de la sainte, l'histoire de son culte et celle de ses précieuses reliques.

Le diocèse de Reims est plus que tout autre intéressé à une telle publication. *Nous ne possédons plus à Hautvillers les ossements de sainte Hélène, mais son souvenir y est toujours vivant,* comme l'atteste l'affluence des pèlerins plusieurs fois renouvelée chaque année. J'ai eu la consolation de m'agenouiller, le 16 mai 1875 (1), au pied de l'autel consacré à sainte Hélène, et j'ai constaté que, par les inscriptions, les tableaux, les monu-

---

(1) Monseigneur en tournée pastorale.

ments de tout genre, la vaste abbatiale, devenue l'église paroissiale, est encore entièrement remplie de sa mémoire.

Votre savante et pieuse *Notice*, Monsieur le Chanoine, sera lue avec intérêt et avec fruit par ceux qui aiment, parmi nous, l'hagiographie locale.

Elle fera mieux encore, en ravivant la piété envers une grande sainte, l'une des plus glorieuses protectrices de notre archidiocèse.

Je bénis donc de grand cœur le vénérable auteur et son livre, auquel je prédis le plus heureux et le plus utile avenir.

Agréez, Monsieur le chanoine, l'assurance de mes sentiments d'affectueux respect,

† B. M.,
Archevêque de Reims.

Cet ouvrage, malgré son véritable mérite, a mis Son Excellence dans l'erreur ; l'auteur lui-même a cru que le corps de sainte Hélène était tout entier à Paris, et que les pèlerins qui venaient à Hautvillers pour honorer les précieux restes de cette grande sainte, n'en pouvaient avoir qu'un pieux souvenir.

Émus de cette erreur, nous nous sommes empressés de réclamer auprès de Mgr l'archevêque, en lui faisant connaître que, depuis 1827, nous possédions des reliques de notre sainte Hélène, qui nous avaient été rendues de Paris, à la demande de Mgr de Latil, comme l'attestent les procès-verbaux de l'époque, non pas que le corps entier soit en notre possession, mais bien une partie notable, une relique insigne. C'est à cette occasion, qu'à la demande de Son Excellence nous avons porté ces reliques au palais archiépiscopal, pour être reconnues par Mgr l'archevêque de Reims lui-même, et en dresser un procès-verbal dont nous donnons copie plus loin. M. l'abbé Lucot lui-même, appelé de Châlons à Reims, a pu se convaincre du *Trésor* que nous possédons. C'est donc à juste titre que les pèlerins, qui viennent dans le sanctuaire d'Hautvillers, peuvent y honorer les restes d'une sainte qui y fut toujours en si grand honneur, pendant plus de mille ans.

Procès-verbal de la reconnaissance des reliques de sainte Hélène, mère du Grand Constantin, déposées en l'église d'Hautvillers, doyenné d'Ay, de notre diocèse.

L'an de grâce mil huit cent soixante-dix-sept, le mardi trente janvier, au nom et sur l'ordre d'excellentissime et révérendissime père en Dieu, Mgr Benoît-Marie Langénieux, archevêque de Reims, nous, soussignés, Jean-Baptiste Manceaux, curé d'Hautvillers et Jean-Auguste Bussenot, chanoine honoraire, secrétaire de l'archevêché de Reims, avons procédé à l'invention des reliques de sainte Hélène, transportées de l'église d'Hautvillers, au secrétariat de l'archevêché de Reims. Nous avons fait l'ouverture d'un reliquaire en ferblanc, et d'un second en carton et bois, renfermé dans le premier, comme il est dit dans les procès-verbaux de Mgr de Latil. Nous avons brisé les sceaux de Mgr de Latil, au nombre de six, apposés sur le reliquaire en ferblanc; après l'ouverture de ce reliquaire, nous avons extrait le reliquaire en carton et bois, nous avons également rompu les six cachets de Mgr de Quélen, apposés sur ce reliquaire; nous avons immédiatement ouvert ce coffret, où nous avons trouvé une étoffe de soie enveloppée de ouate, laquelle étoffe nous a paru être un reste de suaire d'une date déjà ancienne. Cette étoffe entourait une portion considérable de reliques de sainte Hélène, que nous avions alors sous les yeux. Après avoir vénéré dévotement ces précieuses reliques, et les avoir levées respectueusement du reliquaire, nous en avons fait un examen attentif.

Ces restes précieux forment un tout momifié avec les bandelettes et les aromates dont ils sont enveloppés. On reconnaît manifestement qu'ils sont une portion considérable enlevée par un instrument tranchant à un corps plus volumineux. Cette relique est oblongue, et présente une ligne droite d'un côté et une ligne courbe de l'autre, et offre ainsi un arc de circonférence. Elle a, dans sa longueur, trente-six centimètres; dans sa largeur, au sommet de l'arc, huit centimètres, et, dans son épaisseur, cinq centimètres; sa couleur est brun foncé. L'odorat est saisi par un parfum encore très prononcé des aromates.

Nous avons présenté avec respect cette relique à la vénération de Mgr l'archevêque et à celle de MM. les vicaires généraux. Nous l'avons également présentée à l'examen de M. le docteur Decès père, qui a déclaré reconnaître en elle des restes humains très anciens, embaumés selon la coutume des Orientaux, avec l'aloès et autres aromates, et parfaitement conservés ; il reconnaît aussi que cette portion avait été évidemment enlevée, dans une époque peu éloignée, d'une partie plus considérable, avec un instrument tranchant.

Monseigneur a ordonné que ces saintes reliques seraient de nouveau renfermées dans les anciens reliquaires, qu'un acte de reconnaissance serait dressé et signé, qu'une copie en serait déposée dans le reliquaire de carton-bois et une copie délivrée à la fabrique d'Hautvillers, et enfin que les reliquaires seraient soigneusement munis du sceau de Son Excellence.

En conséquence, nous avons rédigé le présent procès-verbal, signé par Mgr l'archevêque, MM. les vicaires généraux et par nous. Et, après avoir déposé pieusement les restes vénérables de sainte Hélène dans le reliquaire, nous y avons déposé une copie dudit procès-verbal, comme il nous était ordonné de le faire.

Fait à Reims, au palais archiépiscopal, les jours, mois et an que dessus.

† BENOIT-MARIE, *archevêque de Reims;*
JUILLET, TOURNEUR, BUTOT, *vicaires généraux;*
BUSSENOT, *chanoine, secrétaire général;*
MANCEAUX, *curé d'Hautvillers.*

Cette précieuse relique ayant été ainsi reconnue, comme le constate ledit procès-verbal, elle fut rendue à sa première destination, c'est-à-dire à Hautvillers, qui la conserve dans une châsse nouvellement restaurée et confiée aux soins de M. l'abbé Manceaux, curé actuel de la paroisse, de MM. les membres du conseil de fabrique, gardiens-nés des objets religieux et du mobilier de l'église, et qui étaient, à cette époque : MM. Paul Chandon de Briailles, président; Simon-George, maire de la commune ; Lefèvre-Pintrel, adjoint; Lagille, trésorier; Delvincourt et Miltat, Jean-Baptiste, membres dudit conseil.

Ruines de la Chapelle de St Nivard & fontaine de Ste Helene.

Processions des pèlerinages.

Aussitôt la réouverture des églises, d'après le Concordat de 1801, les pèlerins, qui avaient le souvenir de sainte Hélène, soit par le récit de leurs parents, soit parce qu'eux-mêmes, autrefois, étaient venus à Hautvillers et en avaient reçu quelques faveurs, vinrent de nouveau pour honorer cette sainte dans cette église, si chère à leur cœur. Il est vrai que les précieuses reliques n'y étaient plus, mais c'était toujours l'église de Sainte-Hélène, comme ils l'appelaient; cela leur suffisait. A partir de 1827, quand une partie de ces reliques furent rendues à Hautvillers, le nombre des pèlerins s'est multiplié chaque année.

Aujourd'hui se font encore à Hautvillers deux processions remarquables. Les malheurs de notre patrie, le bouleversement dans les idées, l'athéisme professé en haut lieu, l'impiété à l'ordre du jour ne paraissent pas avoir diminué la foi d'une grande partie de nos populations de la Champagne et de la Brie ; un grand nombre de pèlerins de cette dernière province se font un devoir de venir, chaque année, honorer sainte Hélène à Hautvillers.

Ces deux processions se font, comme autrefois, le lendemain de la Pentecôte et le 18 août, invariablement. On y porte pompeusement la châsse de notre bienheureuse Impératrice et une statue qui la représente, faite sur le modèle de celle en argent massif, qui a été envoyée à la Monnaie, à l'époque de la Révolution, statue qui, elle-même, rappelait le souvenir d'une autre en or massif, volée en 1492 ; on y porte encore une châsse renfermant des reliques de plusieurs saints, trouvées éparses et ramassées en 1793, après la profanation et la destruction des quatorze châsses que possédait l'église de l'abbaye.

Cette procession se fait dans les rues d'Hautvillers, à travers les flots abondants d'une population accourue de tous les environs, et même de très loin. Pour donner à ces processions plus de solennités possibles, il y a vingt ans d'ici, encore sous le gouvernement impérial de Napoléon III, les autorités civiles ne manquaient pas de se concerter avec l'autorité religieuse, et une compagnie de pompiers, musique en tête, ouvrait la marche. Le relâchement en fait de religion, les événements qui ont surgi depuis quelques années, l'arrivée de la République, ont fait mettre dans l'oubli, dans ces belles cérémonies, le concours de ces deux corps, de musique et de pompiers. Le pèlerinage n'en est pas moins heureusement fréquenté. Des pèlerins de la Brie, avons-nous dit, y viennent en grand nombre, de Meaux, de Coulommiers, de Rebais, etc. Ils ont particulièrement une grande dévotion à sainte Hélène, pour la conservation de leurs bestiaux et de leurs moissons. Mais on remarque surtout, dans ces pèlerinages, la confiance qu'ont les mères de famille en sainte Hélène, pour que cette bienheureuse protège leurs enfants, qu'elle leur conserve une santé précieuse, ou qu'elle la leur rende quand ils l'ont perdue par la maladie. Sainte Hélène était mère, c'est dire que, mieux que personne, elle comprend les besoins d'une mère, et qu'elle exauce, en effet, celles qui mettent en elle leur confiance, quand Celui en qui réside la puissance le juge à propos.

Après la procession et la messe chantée solennellement, en présence, le plus souvent, d'un grand nombre de prêtres des environs, ces ecclésiastiques disent, pendant quelquefois plus de deux heures, des évangiles sur les enfants que présentent leurs mères, désireuses de voir leurs prières exaucées, et qui aussi font bénir du linge dont elles se servent pendant la neuvaine, soit pour elles-mêmes, soit, le plus souvent, pour leurs petits anges qu'elles aiment si tendrement. Elles ne manquent pas non plus de leur faire baiser les châsses avec dévotion, et de leur faire boire de l'eau de la fontaine de Sainte-Hélène, qui se trouve à côté de la maison dite de Saint-Nivard, où, autrefois, il y avait une chapelle bâtie par ce saint et détruite en 1798. A côté se trouve la fontaine de Saint-Nivard, qu'on a toujours regardée comme miraculeuse, aussi bien que celle de Sainte-Hélène. Nous en avons parlé.

Boire de l'eau de l'une ou de l'autre fontaine est un acte pieux, car ne peut-on pas dire que toutes les eaux de cette sainte montagne n'aient été sanctifiées par la présence du saint fondateur de l'abbaye d'Hautvillers. C'est là qu'il a prié bien souvent, c'est là qu'il a rendu sa belle âme à son Créateur, c'est là qu'il a fait d'éclatants miracles. Lieu vénéré, et c'est donc bien avec raison que les pieux pèlerins mettent leur confiance dans ces eaux dites de Sainte-Hélène et de Saint-Nivard.

Il est regrettable, à plus d'un titre, que le lendemain de la Pentecôte, à la suite du pèlerinage, il ait des danses auxquelles se livrent les jeunes gens du pays et ceux des environs. Cette fête, qui est considérée comme fête patronale du pays, ne peut autoriser ni excuser ce dangereux divertissement des danses de plus en plus immorales.

Le patron de la paroisse est saint Syndulphe ; on sait que presque partout on choisit le jour du patron pour faire la fête du pays. On a jugé probablement que le jour de la Pentecôte et les jours qui suivent donnaient plus de loisirs aux familles pour se réunir, que le jour de Saint-Syndulphe, qui tombe dans le mois d'octobre, temps où, bien souvent, les vendanges ne sont pas terminées. Aussi, cette coïncidence des réunions de familles avec la foule des pèlerins donne à Hautvillers, ces jours-là, un mouvement de va et vient inaccoutumé.

Un auteur moderne, M. Chalette, dans son *Annuaire de la Marne, 1837,* a dit que ce qui attirait le plus de monde aux *pèlerinages* d'Hautvillers, étaient les danses qui les terminaient. Cette assertion est fausse, car les pèlerins sont partis à l'heure où commencent les danses, et, le 18 août, où le pèlerinage est encore plus remarquable par l'affluence des pèlerins, il n'y a pas de bal le soir.

Il fut un temps, comme nous l'avons fait remarquer, que deux foires importantes se tenaient à Hautvillers les jours de pèlerinages ; elles n'existent plus que dans les almanachs, qui les indiquent comme se tenant le lundi de la Pentecôte et le 18 août ; mais on y trouve, néanmoins, en abondance, ces jours là, des comestibles pour les besoins des pèlerins, des objets de piété, des marchands de jouets d'enfants et des jeux de toutes sortes. Autrefois, il se débitait dans ces foires plus de cent pièces de vin. C'était aussi un jour de réunion pour les ouvriers maçons, (le lundi de la Pentecôte), qui se louaient pour l'année, ou au moins pour la bonne saison, chez des patrons des environs, venus pour cette occasion. Cette coutume est aussi tombée en désuétude.

STATISTIQUE DE L'ÉGLISE D'HAUTVILLERS

Ayant parlé, dans différents endroits de cet ouvrage, de tout ce qui tient à l'église de l'ancien monastère, actuellement église paroissiale, nous nous bornerons, pour cette statistique, à quelques détails seulement.

L'église est peu riche en architecture; cependant on y distingue, d'une manière très positive, trois sortes de styles : le style roman bysantin, tertiaire ou de transition du xie ou du xiie siècle, le style ogival primitif du xiie au xiiie siècle, et le style ogival tertiaire ou flamboyant du xive au xve siècle. D'après les différents styles qu'on remarque dans l'édifice, il serait difficile de fixer l'époque de sa construction; on pourrait dire, de son ensemble, que c'est une reconstruction où l'on a conservé quelque chose de toutes les époques.

Après la catastrophe de 1562, l'église paraît avoir été fondue presque entièrement; les gros murs seulement, contre lesquels sont les stalles, et encore à une certaine hauteur, sont restés; mais tout le reste, à partir de la base des piliers à un mètre de hauteur, tout a été retenu; et, si l'on voit des parties qui semblent remonter à une époque qui précède cet incendie, c'est que les anciens matériaux ont servi pour construire ce que l'on remarque comme appartenant à une époque antérieure, mais qui, en réalité, n'est que de la fin du xvie siècle.

Nous avons trouvé du célèbre archéologue Didron une note sur l'église de l'abbaye d'Hautvillers, nous la reproduisons scrupuleusement :

« L'église ancienne abbatiale est l'une des plus longues et des plus hautes du département. Elle a trois nefs et pas de croisée. Les latéraux s'arrêtent à un chevet droit, contre lequel est un autel secondaire; la grande nef se termine par un chevet circulaire à pans, près duquel est l'autel principal. Dans le clocher adossé au côté sud du chœur, il y a quelques parties romanes, mais l'ensemble du monument date du xvie siècle gothique et a été remanié considérablement à la fin du xviie siècle.

« Des sculptures en pierre ornent les chapiteaux et représen-

Chapiteaux de l'Église d'Hautvillers

Chapiteaux de l'Eglise d'Hautvillers

tent des objets grotesques ou fantastiques : une tête encapuchonnée et à longues oreilles ; une face d'idiot relevant avec la langue sa lèvre inférieure ; un oiseau à queue de lézard et pattes de carnassier ; une hure de sanglier ; deux reptiles à pattes entrelacées ; un animal à tête de crapaud et pattes de chien ; une hure à boutoir crochu et oreilles d'homme ; des animaux entrelacés à pattes de carnassier, et dont l'un a des ailes de chauve-souris ; une tête de vieillard vomissant des rinceaux ; des figures jeunes ou d'âge moyen, coiffées d'une casquette ; un jeune homme à oreilles de chien ; deux jeunes femmes ayant sur la tête un mouchoir qui revient sous le menton, comme le pratiquent encore les vignerons du pays ; des feuilles de vigne et de chêne ; des feuilles de chou frisé. Toute cette sculpture est grasse, mais ronde, molle et odieusement empâtée d'un épais badigeon(1). L'orgue est contre le mur occidental ; la chaire, contre un pilier de la nef, au côté nord ; les stalles occupent, sur deux rangées, une partie de la nef elle-même. Cet orgue, cette chaire et ces stalles sont en bois, sculptés d'une manière remarquable, et la chaire porte le chiffre de saint Pierre (S. P.), dont les stalles offrent le buste en relief. Les personnages sculptés sur les stalles sont d'un style médiocre, mais l'ornementation en est très remarquable, élégante et ferme. »

Les chapiteaux sont, en effet, magnifiquement sculptés, aussi bien que la base des piliers ; ils remontent certainement au XIIe ou XIIIe siècle ; ces chapiteaux ont été replacés sur des piliers reconstruits en pierres tendres, comme on les a trouvés dans les décombres, après l'incendie ; les uns sont fendus, les autres mutilés et tous d'un style qui ne trompe pas l'archéologue. Les fenêtres sont de styles différents ; toutes les fenêtres supérieures de la grande nef et les fenêtres des nefs latérales sont en plein cintré ; deux plus anciennes dans la grande nef sont en style flamboyant ; il reste encore, au milieu de l'une d'elles, en verre peint, le monogramme du Christ, S.-H. Le réseau qui remplit le tympan de ces fenêtres est formé de lignes ondulées, présentant des flammes droites ou renversées. Les fenêtres de l'abside, au nombre de quatre, une

---

(1) Ce badigeon a été ôté et, aujourd'hui, ces chapiteaux offrent une netteté de sculpture qui a son prix.

cinquième murée quand le clocher fut rapporté contre elle, sont toutes du style ogival, à meneaux terminés en cintre ou en ogive; le réseau est rempli soit de rosaces, soit de fleurs à quatre feuilles, à lobs arrondis. On lit, à l'extérieur de l'église, sur le haut d'une de ces fenêtres, la date de 1647.

La porte du clocher, ainsi que celle de la sacristie, qui sont du XVIIe siècle, ont leurs pilastres appuyés sur de longues et larges tables d'autel en pierres qui, très probablement, servaient aux autels de l'église avant l'incendie des Calvinistes. Les arcades ogivales au nombre de six, qui séparent la grande nef des nefs latérales, ont une hauteur de six mètres, et leur entre-colonnement quatre mètres quarante centimètres. Les chapiteaux, dont nous avons parlé plus haut, sur lesquels reposaient les arceaux de l'ancienne voûte, sont couverts de figures en bas-reliefs, représentant des monstres, des griffons, des serpents entrelacés et d'autres chimères. On y remarque aussi des figures humaines, des figures grimaçantes, le tout entrelacé dans des herbages ou des arbustes rampants.

Le plafond des nefs latérales offre une surface plane; celui de la grande nef imite une voûte dans toute sa longueur. La hauteur des basses-nefs est de 5 m. 70. La hauteur de la grande nef est de 14 m. 75. La longueur de l'église est de 49 m. 60 et sa largeur, compris les nefs latérales, est de 17 m. 30.

L'église est différemment pavée dans toute son étendue : le sanctuaire est en marbre et date de 1691; le chœur est en petites dalles carrées de 0 m. 33 de côté; on y trouve, vers le milieu du chœur, la date de 1698; le reste de l'église, au moins en grande partie, est en mauvais pavés de Ludes; la grande nef vient d'être récemment pavée en dalles, pierre de Courville. La nef de la chapelle de la Sainte-Vierge est en petits pavés hexagones qui proviennent d'anciens carrelages; une partie aussi vient d'être refaite par des dalles en pierre.

En 1816, 25 octobre, l'église menaçant ruine du côté du midi, le conseil municipal a demandé à emprunter une somme de mille francs, pour réparer la couverture des bas-côtés et mettre des tirans en fer, tels que nous les voyons encore dans l'intérieur de l'église. En 1843, toute la charpente de l'église a été moisée; cette réparation, dans laquelle il est entré beaucoup de bois, a coûté près de 8,000 francs. Une date, incrustée dans la charpente, indique 1848; c'est une erreur, c'est 1843. En 1848, on a bouché des trous au plafond; les ouvriers auront profité de cette circonstance pour inscrire une date qui ne donne pas une indication vraie. En 1854, les plafonds des bas-côtés étant mauvais, ils ont été refaits; on a badigeonné, en partie, le plafond de la grande nef et des murs latéraux. On refait aussi le tambour de la porte, avec la double porte qui s'y trouve. Des réparations ont été faites également à la noue du toit du bas-côté de la chapelle de la Sainte-Vierge, ainsi que des réparations en marbre aux degrés de l'autel, le tout, pour une somme de 2,284 francs 94. Cette noue ou chaîneau, dont nous venons de parler, quoique en plomb avait été établie dans de très mauvaises conditions; trop étroite, à la fonte des neige, les eaux pénétrant sous les feuilles de plomb, imbibaient le plafond, au point de le faire tomber quelquefois en grande partie. Une noue beaucoup plus large a été faite en 1873, et produit un meilleur résultat.

Nous avons suffisamment parlé du clocher, dans le cours de cet ouvrage, sans que nous nous croyons obligés d'y revenir. Nous dirons seulement ici qu'il représente une tour quadrangulaire ne présentant que trois faces, la quatrième étant formée par le mur de l'église contre lequel ce clocher est adossé. On sait qu'il fut rapporté là en 1664. On y remarque six ouvertures, deux sur chaque face; les trois ouvertures supérieures sont en plein cintre; les trois inférieures présentent des ogives dans un plein cintre; entre ces deux ogives, il existe une colonne surmontée d'un chapiteau orné de feuillages recourbés en volutes et en crochets. Sur cette tour, surmontée d'un étage en 1700, existe une pyramide en bois couverte en ardoises, laquelle est encore surmontée d'une coupole d'assez bon goût, qui se termine elle-même par une autre coupole surmontée d'une croix.

Le style du clocher est tout à fait du XVIe siècle. On y remarque très bien des restes de constructions, de plafonds, de chambres adossées à ce clocher. C'étaient des habitations à l'usage des religieux. La plupart des bois de sa charpente sont en châtaignier, ainsi que ceux du grand comble de l'église. Il paraît que la forêt des Luys fournissait beaucoup de cette essence de bois, mais surtout les bords de la Marne, depuis Damery jusque Ay. On retrouve encore, dans des temps de grandes sécheresses, quand la Marne est basse, des culées de ces mêmes arbres.

La sacristie est vaste et élevée. Avant la Révolution, elle était beaucoup plus grande; une partie du presbytère a été prise dans cette même sacristie. Un petit local était situé en devant, premières places aujourd'hui du presbytère ; ce petit local servait à loger le frère sacristain ; c'est dans cet endroit aussi qu'on lessivait le linge de l'église. La sacristie n'a plus que deux fenêtres du style flamboyant ; une troisième a été bouchée et, dans son étendue, on a pratiqué une autre fenêtre pour l'usage du presbytère. Ces fenêtres ont 4 mètres de hauteur sur 1 mètre 80 de largeur. La sacristie a 5 mètres de hauteur, 6 mètres de largeur et 6 mètres 25 de longueur.

Le pied des fonts baptismaux était une colonne cannelée, mais retaillée uniformément, c'est une pierre du pays ; la partie supérieure des fonts, d'une forme ovale, est une pierre de marbre dans laquelle est un vase d'airain, qui sert à conserver l'eau baptismale.

Un retable assez remarquable a été placé par les religieux, derrière l'autel, en 1691. On remarque qu'entre les colonnes en marbre qui soutiennent le fronton de ce retable, il y avait deux grandes statues en pierre, de saint Pierre et de saint Paul. Ces statues ont été détruites à la Révolution. Au milieu, dans une niche pratiquée exprès dans l'épaisseur du mur, une magnifique statue de sainte Hélène, que la fureur des Vandales a épargnée. On avait eu la malheureuse idée de couvrir le fini de ce chef-d'œuvre par un affreux badigeon, qui fut enlevé, en 1854, par les soins de M. Chandon de Briailles.

En 1834, les deux anges adorateurs, sur le grand autel, furent redorés pour la somme de 200 francs, et les écussons du retable, pour 175 francs. Ces deux anges sont remarquables par la pose qu'a su leur donner l'artiste qui les a sculptés.

Un *ex-voto*, que nous ne devons pas omettre de signaler, vient d'être offert à l'église d'Hautvillers, par M. V. Auban-Moët-Romont, d'Épernay. C'est une statue en marbre de Carrare, haute d'un mètre trente-cinq centimètres. Elle est due au ciseau de Tabacchi, directeur de l'Académie des Beaux-Arts, de Turin, commandeur de la Couronne d'Italie, et représente saint Jean-Baptiste prêchant dans le désert.

Voici à quelle occasion ce chef-d'œuvre, d'un rare mérite, est venu enrichir l'ancienne église de l'abbaye d'Hautvillers :

« M. Jean-Baptiste Chandon de Briailles (1), dernier enfant

---

(1) Agé de neuf ans.

Portail de l'Église d'Hautvillers.

de M. Paul Chandon de Briailles et de Mme Marie de Mordant de Massiac; filleul de M. et de Mme V. Auban-Moët-Romont, qui, privés d'enfants, ont reporté sur lui toute leur affection. Cet enfant tomba dangereusement malade au mois de novembre 1878. Trois fois, dans l'espace de trois mois que cet enfant chéri fut retenu sur son lit de douleur, la mort semblait l'avoir arraché à la tendresse de ses parents qui, trois fois en pleurs, se retirèrent dans leurs appartements pour donner un libre cours à leurs sanglots, convaincus qu'une nouvelle épreuve les attendait dans la privation de cet enfant si tendrement aimé. C'est dans une de ces angoisses qu'on ne peut décrire, que M. V. Auban-Moët-Romont, tombant à genoux, fit vœu de donner à l'église d'Hautvillers, une statue de saint Jean-Baptiste, patron de l'enfant, si Dieu, par l'intercession de ce saint précurseur, lui rendait la vie, car, pour tous, son dernier moment était arrivé. Le vœu fut exaucé, ce Benjamin ne devait pas mourir; le Seigneur avait entendu les ferventes prières de tous pour lui demander la conservation de cet ange, dont la résignation tenait, en effet, de la nature des esprits célestes. Pourquoi ne verrions-nous pas aussi, dans cet événement, qu'on peut appeler miraculeux, l'intercession de la bienheureuse sainte Hélène, dont une portion des reliques sont, dans la maison même de cette pieuse famille, entre les mains de Mlle Hélène Chandon de Briailles??? Est-ce que la Très Sainte Vierge, de son côté, aurait pu être sourde aux supplications qui lui furent adressées de toutes parts en faveur de ce pauvre moribond ? Contre tout espoir, l'enfant a recouvré la santé, toute la famille en a remercié le Ciel, M. V. Auban-Moët-Romont a accompli son vœu; Dieu en soit béni ! »

Mobilier de l'église.

Le mobilier de l'église est aussi complet et aussi convenable que possible. A part l'orgue dont nous avons parlé, la chaire à prêcher, les stalles et les trois anciens autels, il ne reste plus des religieux que les six chandeliers en bronze qui garnissent le grand autel; ils datent de 1664 ; ils ont d'abord été argentés, puis dorés depuis quelques années seulement.

Les ornements sont en nombre suffisant et en rapport avec les solennités. Un, en drap d'or, a été donné à l'église d'Hautvillers par Sa Majesté l'Impératrice, en 1869. Un magnifique ostensoir en bronze doré a été donné par M. Chandon de Briailles, à l'occasion du baptême des cloches, en 1861. Un tapis superbe, don de Mme Chandon-Moët, dans la même circonstance. Un calice en vermeil donné par M. Émile Malo, aussi à l'occasion du baptême de ces cloches.

Nous ne dirons rien des magnifiques stalles et des boiseries non moins belles qui ornent le sanctuaire et le chœur de l'église; nous en avons parlé longuement.

Il y a, dans l'église, trois autels : le premier ou maître-autel est en marbre de couleurs différentes et des plus fins; d'une forme ovale présentant une ligne courbe sur le devant, sa longueur est de quatre mètres. Aux angles de cet autel et au milieu contre la corniche de la table, se trouvent des têtes d'anges, avec ailes déployées, en marbre blanc, d'un fini qui, à première vue, flatte l'œil de celui qui les examine. Au milieu du tombeau, au devant, est un agneau pascal aussi en marbre blanc, non moins bien sculpté. D'énormes morceaux de marbre taillés en volute terminent le bout des gradins, aussi en marbre, sur lesquels se trouvent les chandeliers et le tabernacle. Les trois marches et le palier sont de même d'un marbre choisi.

L'autel de la Sainte-Vierge est en bois sculpté avec colonnes et chapiteaux Corinthiens; il a la forme d'un sarcophage et ne manque pas d'élégance. L'autel de Sainte-Hélène est d'un style tout particulier. Les colonnes qui le surmontent sont ornementées de grappes de raisins et de feuilles diverses. Le fronton représente le Père Éternel enveloppé de nuages, tenant dans sa main la boule du monde.

Tous ces autels, comme les portes du clocher et de la sacristie, celle du sacraire et le sacraire lui-même, lieu où l'on déposait les châsses, datent de la fin du xvie siècle ou du commencement du xviie siècle. Nous avons donné des dates précises.

Tous les autels sont garnis de chandeliers et de croix en rapport avec leur genre de construction.

Le tabernacle de l'église abbatiale, qui avait été désigné comme devant faire partie du mobilier laissé dans l'église des religieux, a été enlevé avec d'autres objets de la même église, pour être transporté à Paris. Il paraît avoir flatté la convoitise des agents délégués du directoire. Ce tabernacle était en laiton ciselé avec art; on ne sait ce qu'il est devenu. Ce tabernacle a été remplacé par celui de la vieille église démolie; il est en bois d'une forme des plus simples. Il fut remplacé lui-même en 1863 par un autre d'un style plus convenable. Ayant été redoré, cet ancien tabernacle a été de nouveau placé sur un autel élevé à saint Joseph, en 1875, auprès des fonts baptismaux, où il est encore.

L'église possède une croix reliquaire en cuivre doré, dans laquelle se trouve une relique de la vraie croix. Deux châsses, dont l'une date de 1815 et l'autre de 1816; cette dernière, qui renferme les reliques de sainte Hélène, a été restaurée dernièrement.

L'église a acquis, depuis quelques années, un lustre en bronze doré placé dans la grande nef, du prix de 300 francs. Un autel, nouvellement construit, est dédié à saint Joseph; une statue du même saint se trouve placée au milieu. Cet autel, dans sa simplicité, ne laisse pas d'être remarquable.

Le Chemin de Croix laisse à désirer; il est regrettable que les ressources de la fabrique ne lui permettent pas de le remplacer. Des tentures noires pour les enterrements, avec chasubles, tuniques, etc., du prix de 1,500 francs, ont été données à l'église par Mme veuve Savoye, en 1872. Cette dame a encore donné, depuis, un petit lustre devant l'autel de la Sainte-Vierge, avec un ornement complet tapissé en soie (1878).

Une paire de candélabres a été donnée en 1876, par M. Martin, capitaine retraité, né à Hautvillers, avec deux statues en métal anglais représentant saint Joseph et la Sainte Vierge. Une magnifique écharpe de bénédiction avec un tapis pour le grand autel ont été donnés en 1879, par Mlle Octavie Monceau, ancienne institutrice.

On remarque, près des fonts baptismaux, un vitrail, le seul qui soit dans l'église, sortant des ateliers de M. Durieux, peintre verrier à Reims, représentant le Sacré Cœur de Jésus et saint Joseph.

Deux médaillons dans le bas de ce vitrail représentent les donatrices que nous ne craignons pas de nommer; dans le premier, on remarque deux institutrices avec plusieurs enfants en prière devant une statue de saint Joseph. Ce sont Mlles Aséline Monceau et sa sœur Octavie Monceau. Dans le second, l'artiste a représenté Mlle Manceaux, sœur de M. le curé, sur son lit de douleur, et visitée par la Très Sainte Vierge, qui vint la consoler au moment de sa mort.

Si l'église d'Hautvillers a un mobilier, on peut dire en aussi bon état et si complet, elle le doit en partie à la commune qui vote une subvention de 400 francs chaque année pour subvenir à ses besoins, aux dons particuliers des personnes que nous avons nommées, mais plus particulièrement à la générosité de M. Chandon de Briailles, qui, depuis plus de vingt ans, vient tous les ans combler le déficit du budget de la fabrique, qui n'est jamais moins de deux cents francs. Heureuse la paroisse dont le conseil de fabrique a à sa tête un président aussi généreux et pour laquelle aussi le conseil municipal est animé de si bonnes dispositions.

Nous faisons des vœux pour que des règlements nouveaux dans le mode d'administration des fabriques ne viennent pas changer cet état de choses qui nous est si avantageux.

FAITS DIVERS

1804. — Depuis longtemps, il y avait rivalité entre la jeunesse de Cumières et celle d'Hautvillers ; entre autres jours, celui du mardi gras était celui où il était convenu de mesurer ses forces. Le lieu de la réunion était souvent la cave Thomas, située sur le terroir d'Hautvillers, en regard de Cumières. La lutte avait quelquefois des suites très graves et, pour remédier à cette coutume regrettable, M. le maire d'Hautvillers, qui était alors M. Forzy, homme des plus recommandables, prit, dans l'intérêt de ses concitoyens, un arrêté par lequel toute réunion de ce genre était défendue, sous peine encourue de par la loi.

Copie de cet arrêté a été donnée à M. le maire de Cumières et, depuis, il n'y a eu réellement que des simulacres de bataille, mais qui rappelaient ce qui se passait autrefois. La coutume était tellement ancrée dans l'esprit des jeunes gens, qu'elle a passé dans les générations suivantes, de sorte que, depuis et encore maintenant, pour en perpétuer le souvenir, les enfants d'Hautvillers, armés de bâtons, de sabres de bois, font semblant d'aller à la rencontre de ceux de Cumières, qui, de leur côté, en font autant. Ils reviennent, le plus souvent, sans coup férir, et quand ils ne se sont pas rencontrés, ils sont heureux et fiers de dire en rentrant, de part et d'autre : « Ils ont bien fait de ne pas se montrer !!! »

Invasion de 1814.

Depuis le mois de janvier 1814, les Russes passaient déjà à Hautvillers comme dans les environs ; le 22 mars, 60 hommes d'infanterie réquisitionnèrent, pour être fournis à l'instant, 1,000 pains de douze livres, 8 vaches, de la viande salée, 15 pièces de vin, 300 boisseaux d'avoine, 500 bottes de foin. Attendu l'impossibilité de livrer les choses demandées, le pillage eut lieu ; pain, vin en cercles et en bouteilles, eau-de-vie, porc salé, draps, serviettes, chemises, habits de toutes sortes, tout ce qu'ils ont pu trouver est devenu leur proie. De plus, un cheval à M. Gratien Pierrot, un à M. Lallement-Mennesson, un à M. Vautrin, un à M. Germon, un à M. Le Cacheur-Lanier, deux vaches, un bouveau, ont été enlevés. Ils ont foncé les portes des habitations fermées et ont même déshabillé quelques personnes. Le même jour sont arrivés six à sept cents hommes de cavalerie qui ont recommencé le pillage et ont fait main basse sur tout ce qui restait du premier pillage. Cette année fut plus onéreuse pour Hautvillers que celle de 1815. Outre les pillages que nous venons de mentionner et ce que les Russes ont enlevé d'animaux, la commune a encore fourni, du 29 janvier au 5 mars : pain, 10,470 livres ; vaches, 6 ; moutons, 11 ; vin en pièces, 20 ; vin blanc en bouteilles, 250 ; eau-de-vie en bouteilles, 1,456 ; foin, 6,522 bottes ; paille, 2,450 bottes ; avoine, 1,482 boisseaux ; volailles, 43 ; chevaux pris et perdus, 9 ; voitures, 4 ; lard salé, 100 livres ; bois, 37 anneaux ; tabac, 3 kilos. Nous remarquons, d'après des notes prises dans les archives de la commune, que les réquisitions faites du 5 mars 1814 au 2 mai de la même année, ont été dans les mêmes proportions que celles rapportées ci-dessus.

*Observations du maire d'Hautvillers sur le pillage du
22 mars 1814, par soixante fantassins et six à sept cents
hussards russes.*

Le maire d'Hautvillers a l'honneur d'observer à MM. les commissaires et contrôleur des contributions que, dans les différents pillages qui ont eu lieu dans la commune, mais notamment dans celui du 23 mars présente année, lequel a été exécuté par soixante hommes d'infanterie qui sont venus préparer les voies à six ou sept cents hommes de cavalerie, qui, depuis six heures du matin jusqu'à huit heures du soir ont été occupés à chercher et à enlever tout ce qui pouvait leur convenir, il est impossible d'asseoir une évaluation bien juste, parce que, d'un côté, les perdants peuvent être soupçonnés de grossir les pertes, et, de l'autre, les estimants n'ayant rien de certain, dans la crainte d'être trompés, se trouvent naturellement portés à les affaiblir, pourquoi le soussigné prie ces messieurs de vouloir bien, dans leur procès-verbal, peindre la commune comme réduite dans la détresse la plus grande, pour avoir été généralement privée de toutes les provisions en grains, pain, vin, viandes salées, légumes et tous autres comestibles, dépouillée de la plus grande partie de ses habillements, ravagée dans ses meubles, ce qui met la presque totalité des habitants dans l'impossibilité de payer leurs contributions, les uns à cause de leurs pertes, les autres étant entièrement privés d'ouvrage, les gens aisés n'ayant plus le moyen de leur en donner, Sa Majesté ne pouvant venir au secours des malheureux autant qu'ils le désireraient, le nombre étant grand, le maire d'Hautvillers estime que la commune est une de celles du département qui a le plus de droit de diminution de contributions pendant quelques années, et il espère que MM. les commissaires et contrôleur voudront bien solliciter pour elle, dans les proportions du dénuement dans lequel elle se trouve.

Il observe encore qu'il a été pris, dans la commune, quantité de chevaux et voitures, ainsi qu'on pourra le voir par les mémoires de différents particuliers, mais qu'il réclame spécialement pour deux habitants, pères de nombreuses familles : le premier, Remi-Marc Girardin, et le deuxième, Mathieu Philippot, qui, tous deux, ont perdu leurs voitures attelées de deux chevaux qui étaient leur seule et unique ressource pour faire vivre leur famille. Le soussigné pense donc qu'il est de toute justice d'accorder à ces deux particuliers, en sus d'une diminution de contributions, une indemnité qui puisse au moins les mettre en état de continuer leurs travaux.

Ont signé la délibération : COCHUT ; GILLET ; COUTIER ; POISSON ; FORZY-HÉMEY ; LAMBERT ; GERMON ; LAGNIER ; SAUVIGNIER.

Hautvillers, le 3 août 1814.

L'an 1814, le 3 août, nous, Jacques-François Bigot, commissaire nommé par M. le préfet, Jean-Baptiste Roger, expert, Hippolyte Ostomme, contrôleur des contributions, certifions nous être transportés à Hautvillers chez M. le maire pour faire l'expertise des pertes occasionnées par les événements de la guerre de 1814, où étant il nous a remis les déclarations de différents particuliers et, d'après leur examen et surtout l'exposé fait par le maire que le pillage a été général, que, par conséquent, les pertes éprouvées par chaque habitant ne peuvent être que proportionnées à leurs facultés, que, d'ailleurs, il est impossible de s'en rapporter entièrement aux déclarations, parce que cela fournit trop à l'arbitraire, que l'on ne peut ajouter foi à l'une plutôt qu'à l'autre, pourquoi, après nous être convaincus que réellement les faits sont vrais et que réellement les habitants sont dans la détresse, par suite des pillages qui ont eu lieu dans la commune, notamment celui du 22 mars dernier, qui, préparé par soixante hommes d'infanterie, a été exécuté par six cents hommes au moins de cavalerie, qui, depuis dix heures du matin jusqu'à dix heures du soir, ont été occupés à chercher et à enlever tout ce qui pouvait leur convenir dans la presque totalité des maisons, nous estimons donc, comme nous paraissant le parti le plus juste et le plus convenable à prendre, qu'il y ait lieu de faire, à la commune d'Hautvillers, une année de remise de la totalité des contributions foncières, mobilières, portes et fenêtres, et attendu que le gouvernement ayant besoin de fonds la même année, nous pensons que la remise doit être accordée en trois ans, tiers par tiers de contributions, et le maire d'Hautvillers estime que cette mesure est d'autant plus juste, que l'année dernière la commune a été grêlée et que les procès-verbaux ayant été dressés trop tard, les habitants avaient été privés des remises auxquelles ils avaient droit.

Le passage des troupes étrangères en octobre et en novembre 1815 a occasionné, à la commune d'Hautvillers, une dépense de 3,768 francs 66, sans compter le beurre, le café, le tabac, le vin rouge et blanc mousseux, ce qui a été estimé 3,000 francs, sur lesquels elle a reçu, de M. le sous-préfet, une somme de 300 francs.

La commune d'Hautvillers a été réquisitionnée, par des communes voisines légalement autorisées, à l'occasion du passage des troupes étrangères, du 12 avril au 12 décembre 1815, pour une somme de 8,055 francs. La même commune a dépensé, pour la nourriture et le séjour de ces mêmes troupes, du 8 juillet au 15 septembre, la somme de 11,192 francs, et, du 22 octobre au 9 novembre, la somme de 4,468 francs. Il a été pris, brisé ou perdu, pour une somme de 5,200 francs. Au 15 juillet 1816, la commune devait encore, à plusieurs fournisseurs des réquisitions, la somme de 5,205 francs 13, pour le paiement de laquelle le conseil demande un secours au gouvernement.

Invasion de 1870.

Nous ne nous occupons pas de savoir quelle fut la cause de la guerre de la France avec la Prusse, nous constatons seulement que les Prussiens, au nombre de 2,500, sont arrivés à Hautvillers, le 8 septembre 1870. Malgré la perte immense que la France a faite dans cette guerre, malgré les dégâts qu'elle a occasionnés dans l'étendue du territoire français; Hautvillers, en dehors de ses réquisitions, n'a pour ainsi dire pas souffert; aucune action avec l'ennemi n'a eu lieu dans ses environs, sa présence seulement pesait sur les habitants. Le 15 octobre, toutes les armes trouvées dans le pays furent détruites par les Prussiens, qui craignaient toujours que les habitants des campagnes ne s'en servissent contre eux.

Le 3 janvier 1871 une bande de soi-disant francs-tireurs, qui méritaient un autre titre moins louable que celui de défenseurs de la patrie, sont arrivés le soir à Hautvillers, avec une voiture chargée de vin de Champagne qu'ils avaient prise dans les environs. Ce vin fut gaspillé et vendu à très bas prix. Saisis d'une panique, ces prétendus braves se sont enfuis, emportant le fruit de leur rapine. Deux jours après, instruits de ce fait, les Prussiens qui, d'ailleurs, ne ménageaient pas les francs-tireurs, sont arrivés à Hautvillers dès deux heures du matin, et ont fait sortir du lit les bons habitants qui reposaient tranquillement ; alors, ils opérèrent une perquisition en règle, menaçant de mort celui qui recélerait un de ces bandits ; heureusement ils n'en trouvèrent aucun.

Le 13 septembre 1870, un nommé Allart, ex-huissier, se plut à dire qu'il avait donné aux Prussiens la liste des notables d'Hautvillers, de la somme que chacun pouvait donner comme indemnité ou en cas de réquisition. Les habitants exaspérés, une émeute eut lieu ; l'individu, poursuivi, fut obligé de se cacher dans un égout, puis de fuir en Belgique ; on l'aurait écharpé s'il eût été trouvé.

Les réquisitions en nature, argent, pertes de chevaux, équipages, etc., s'élèvent à la somme de 14,771 francs 66 centimes.

Extrait du budget de la commune, des années 1871, 1872 et 1873.

1871. —	Intérêts dûs pour les réquisitions allemandes, ci....................	1.400 f.	» c.
	Paiement des réquisitions en nature....................	3.296	84
1872. —	Entretien du poste de Germaine..	420	» »
	Acquit d'un mémoire pour fourniture de houille aux Prussiens	397	10
	Acquit de différents mémoires pour réquisitions en nature...	25	» »
	Remboursement de l'emprunt contracté pendant la guerre..	22.022	29
1873. —	Paiement de réquisitions en nature....................	2.444	70
	Fourniture de planches à la garnison allemande.............	91	82
	Remboursement d'avances faites à la commune pour réquisitions.	7.184	52
	Total à reporter......	37.282 f.	27 c.

REPORT. . . . . 37.282 f. 27 c.

A RETRANCHER

Dédommagement aux victimes de la guerre,
ci. . . . . 3.607 f. 20 c.
   Remboursement par l'État 18.563 60
   Bons de liquidations,. . . .   329 80

TOTAL *à retrancher*. 22.510 f. 61 c.   22.510 61

RESTE. . . . . 14.771 f. 66 c.

1816. — L'année avait été tellement mauvaise par le manque de récolte et par les suites de l'invasion, qu'on remarqua, à Hautvillers, une multitude de pauvres manquant réellement du nécessaire ; le 25 août, une messe devant être chantée en l'honneur de saint Louis, on résolut de faire une quête pour les malheureux ; elle produisit 120 francs, qui, sur-le-champ, ont été distribués aux plus nécessiteux ; les secours, d'ailleurs, ont été aussi abondants que possible, et, sous ce rapport, on peut dire, à la louange de la commune d'Hautvillers, qu'elle s'est toujours montrée charitable envers ses pauvres.

Le pain manquant partout, une quarantaine d'individus de la Poterne, de Grandpré, de Belval, de Fleury-la-Rivière, sont venus piller la ferme de la Briqueterie qui appartenait à M. Poisson ; le maire et plusieurs habitants s'y sont transportés et ont dispersé la bande. Mancier, de la Poterne ; Rénette, de Grandpré ; Cordèle, tailleur à Belval, ont été reconnus comme les plus exaltés et les plus méchants.

Prières publiques à l'occasion de l'anniversaire du retour des Bourbons en France et du mariage du duc de Berry avec la princesse Charlotte des Deux-Siciles.

(Mai 1816.)

Le peuple adopte facilement l'opinion, bonne ou mauvaise, de ceux qui l'emportent dans les affaires du gouvernement ; nous en avons de tristes preuves dans les actes des habitants d'Hautvillers, en particulier à l'époque de la Révolution. Arrive la Restauration, sans faire un retour en arrière, sans peut-être regretter les scènes soi-disant patriotiques mais abominables et sacrilèges, les voilà qui sont dans l'ivresse de la joie au retour des Bourbons et qu'ils manifestent leurs sentiments, cette fois dignes et consolants, en faisant une fête patriotique d'un autre genre. Nous aimons à croire qu'en effet cette manifestation était sincère, car, réellement, ils se trouvaient plus heureux que sous la Terreur. Il est vrai que, dans les années 1816 et 1817, la cherté des vivres, les conséquences de l'invasion et des guerres qui avaient désolé la France, le peuple souffrait de privations de toutes sortes, mais au moins il était dans la légitimité, dans le droit, ce qui allège toujours de beaucoup la souffrance du temps, lorsqu'elle nous vient de Dieu. Voici un spécimen de ce que nous venons d'avancer :

« L'an mil huit cent seize, à neuf heures du matin, les maire, adjoint et membres du conseil municipal d'Hautvillers étant réunis au lieu ordinaire de leurs séances, M. le maire a pris la parole et a dit : « Messieurs, M. le curé de cette paroisse m'ayant communiqué un mandement de Mgr l'évêque de Meaux qui ordonne des prières publiques à l'occasion de l'anniversaire du retour de notre auguste monarque dans ses États, et du mariage de Son Altesse Royale le duc de Berry avec la princesse Charlotte des Deux-Siciles, j'ai cru entrer dans vos vues en vous invitant à venir joindre vos prières, non-seulement a celles de toute la commune, mais encore à celles que la France entière va offrir en ce jour, en reconnaissance de si heureux événements. Convaincu, Messieurs, qu'ajouter à cette cérémonie tout ce que la localité nous permettra de faire pour la rendre plus touchante et plus imposante, ce serait également prévenir vos vœux, j'en ai dressé un plan dont je vais vous donner communication, mais avant, je crois devoir vous observer que MM. les chevaliers du Jeu-de-l'Arc de cette commune m'ont prévenu qu'ayant eu connaissance du mandement de Mgr l'évêque, ils avaient choisi ce jour pour faire bénir leur drapeau, que, sur leur demande de se joindre aux autorités de la commune, j'ai pensé que cela ne pouvait que vous être agréable et j'y ai acquiescé. » La lecture de cet exposé étant à peine terminée, la salle a retenti de toutes parts des cris de : « Vive le Roi! Vivent les Bourbons! » et le plan qui suit a été adopté à l'unanimité. En conséquence, le programme de la fête fut à l'instant publié dans toutes les rues, et des ordres donnés pour son exécution. A dix heures, les chevaliers du Jeu-d'Arc, ayant à leur tête leurs officiers, et précédés de leurs tambours, se rendirent à la maison commune, où se trouvaient réunis tous les fonctionnaires publics et une foule des principaux habitants ; de là, on partit pour se rendre à l'église, où étaient disposées des places pour recevoir les différents corps. La messe fut célébrée avec toute la pompe possible ; à l'offertoire, la bénédiction du drapeau eut lieu, et M. le curé prononça, à cette occasion, un discours dans lequel il rappela aux chevaliers du Jeu-d'Arc combien les emblèmes de ce drapeau devaient leur être chers, et les obligations de les conserver et de les défendre pour le service de leur Roi. La messe fut suivie des prières ordonnées par Mgr l'évêque et d'un *Te Deum* solennel, après quoi le cortège se rendit dans le même ordre à la mairie, d'où l'on se sépara. A deux heures après midi, il y eut une réunion générale chez M. le maire et dans le même ordre que dans la matinée; le buste de Sa Majesté Louis le Désiré, porté par un enfant en habit de chœur et accompagné de quatre jeunes vierges vêtues de robes blanches, fut promené en triomphe dans la commune aux cris non interrompus de : « Vive le Roi ! Vivent les Bourbons ! » Arrivé sur la place publique, en avant de la maison commune, M. l'adjoint, dans un discours pathétique, retraça tous les avantages que la France doit recueillir du retour d'un si bon Roi et d'une alliance aussi brillante formée des membres de sa famille. « L'arc-en-ciel, a-t-il dit entre autres choses, fut donné par Dieu au genre humain en signe de réconciliation ; hé bien, qui pourrait s'empêcher de reconnaître que Dieu vient de renouveler son alliance avec la France et lui accorder toute sa protection en lui rendant Louis XVIII, dont les traits chéris sont maintenant sous nos yeux. » De là, on se rendit à la maison commune, où le buste de Sa Majesté fut placé dans le lieu le plus apparent. Enfin, M. le maire, ayant détaché un portrait encadré du Roi, qui se trouvait en la maison commune, en fit présent à MM. les chevaliers du Jeu-d'Arc. « Conservez à jamais, a-t-il dit en le remettant à leur chef, le gage précieux que je suis chargé de vous offrir de la part de la commune, et en signe de reconnaissance de l'attachement que vous venez de montrer à la cause sacrée de nos souverains légitimes, que, conservé aussi précieusement que votre drapeau, il vous rappelle sans cesse, et par suite à nos descendants, que sous cet étendard seul la France peut être heureuse. » Le chef, ayant reçu avec attendrissement cette image chérie, la présenta aux officiers et, après avoir remercié M. le maire, la placèrent sous le drapeau et la portèrent en triomphe. A l'instant toute l'assemblée se sépara aux cris mille fois répétés de : « Vive le Roi ! Vivent les Bourbons ! »

Le reste de la journée fut consacré, dans des réunions de famille, au plaisir que donnait un si beau jour, où des toasts furent portés au bonheur et à la prespérité de notre souverain Roi et de son auguste famille ; MM. le maire, adjoint et membres du conseil municipal, voulant perpétuer le souvenir d'une fête aussi conforme aux sentiments dont ils sont animés, ont arrêté, à l'unanimité, que le présent serait inscrit sur le registre des délibérations et ont signé ledit jour et an.

CHÉRUY, *maire* ; COCHUT, *adjoint* ; LAGNIER ;
COCHUT ; GILLET ; COUTIER, *médecin* ;
LAMBERT.

M. le sous-préfet de Reims, ayant reçu avis de cette belle fête, en a félicité M. le maire, par une lettre datée de la sous-préfecture, 16 mai 1816, et lui a demandé en même temps un rapport sur les motifs et l'époque de l'institution du Jeu-d'Arc, dont il ignorait l'existence.

Nous ne savons pas ce que M. le maire d'Hautvillers a répondu à M. le sous-préfet de Reims pour satisfaire à sa demande ; sa réponse aurait pu nous préciser l'époque de l'institution du Jeu-d'Arc à Hautvillers. On sait que le tir à l'arbalète remonte bien haut, sans parler du *manubalista* des Romains, arme avec laquelle ils lançaient des flèches et des pierres. Nous dirons qu'en France il n'a été question de cette arme que sous Louis Le Gros ; plus tard, à la fin du règne de Philippe Auguste, il a été formé des corps d'infanterie et de cavalerie armés d'arbalètes.

Louis XI commença, en 1481, à abolir l'usage de l'arc et de la flèche, pour introduire les armes de Suisse, c'est-à-dire la hallebarde, la pique et les larges épées, mais ce n'est qu'à la fin du XVIe siècle, après l'adoption des armes à feu, que l'arbalète a été entièrement abandonnée en Europe. En France, il y avait dans toutes les communes une milice bourgeoise constamment exercée au tir de l'arbalète et qui fournissait au recrutement des corps d'arbalétriers.

Il paraît que la société du Jeu-d'Arc, qui était un souvenir de cette ancienne milice bourgeoise, existait à Hautvillers et ailleurs, depuis longtemps déjà, au moment de la Révolution. Ces diverses sociétés avaient chacune leur organisatisn particulière, leurs statuts, leur drapeau, leur uniforme, leur dicton, voire même leurs secrets. Pendant la belle saison, tous les dimanches, après les offices, les chevaliers du Jeu-d'Arc d'Hautvillers se rendaient à un endroit disposé exprès, lieudit Derrière-les-Murs ; là, il y avait une allée longue d'environ soixante mètres, terminée par un tertre à hauteur d'homme, pour recevoir les flèches qui n'avaient pas atteint le *ponton* ou cible. Le mardi, seconde fête de la Pentecôte de chaque année, on devait abattre le *Papegai*, petit oiseau en carton ou de bois peint, placé au sommet du *ponton*, qui, souvent dans ce cas, n'était qu'une perche de trois ou quatre mètres. Celui dont la flèche avait atteint l'oiseau vers le milieu du corps, avait le titre de *Roi de l'oiseau*. Comme il n'y a pas d'honneur qu'il n'en coûte, le dimanche suivant le *Roi* offrait un gâteau à la compagnie, et, de plus, il était obligé de fournir le *Papegai* qu'on devait tirer l'année suivante. Le dernier *Roi de l'oiseau* que nous connaissions à Hautvillers était un nommé Buvillon. Quand trois années de suite l'oiseau était percé ou abattu par le même, ce chevalier était proclamé *Empereur*.

Il suffisait quelquefois d'une de ces fêtes patriotiques et religieuses pour engager quelques citoyens à faire une bonne œuvre. M. Christophe-Nicolas-Charles De Lamotte, ancien capitaine-major au régiment d'infanterie de La Fère, chevalier de l'ordre royal de Saint-Louis, ayant reçu, dans cette fête dont nous avons parlé précédemment, des honneurs particuliers dus à son rang, promit de s'en souvenir dans son testament ; en conséquence, il légua à la fabrique d'Hautvillers 300 francs sans condition, et à la commune, 1,500 francs pour l'amélioration du sort de l'institutrice. M. De Lamotte est mort à Hautvillers, le 1er septembre 1817. Il était venu s'y réfugier en 1793 ; il était né à Reims en 1734, et était accompagné à Hautvillers de deux de ses sœurs, ex-religieuses, que le malheur des temps avait forcées d'abandonner leur couvent ; l'une s'appelait Françoise-Élisabeth De Lamotte, née à Reims, âgée de 61 ans en 1793 ; l'autre, Suzanne-Élisabeth De Lamotte, née à Reims, âgée de 51 ans.

Est-ce à cause de la vue magnifique que l'on a à Hautvillers, par son site en effet si admirable ? Est-ce à cause de l'honneur qui lui en revient d'avoir possédé une abbaye célèbre où les restes de la mère auguste du grand Constantin y étaient déposés et honorés par tant de si grands personnages qui y sont venus dans cette intention, ou pour toute autre raison ? Ce qu'il y a de certain, c'est que bien des personnes distinguées s'y sont fixées, et que beaucoup d'autres auraient désiré le faire si les logements y avaient été en plus grand nombre et mieux assortis.

Nous avons nommé déjà M. Germon, d'Épernay ; M. De Lamotte, pour les premières années qui ont suivi la Révolution. Ensuite, en 1819, le baron Schmit, Pierre-Henri, colonel de cavalerie, né à Versailles en 1770, son épouse, Thérèse-Aglaée Lebey, son fils et la dame veuve Lebey, sa belle-mère. M. Prosper-Augustin Mennesson, ancien député à la Convention ; M. Auger-Bourgeois, d'Arras ; M. Charles Baudet, ancien négociant de Reims ; M. Albert De Barry, aussi négociant à Reims, sont venus à Hautvillers, pour se reposer de leurs fatigues et y jouir de tout ce que cet endroit peut offrir d'agréable à celui qui l'habite.

Vols dans le presbytère.

1822. — La désolation était dans les campagnes ; des malfaiteurs, des hommes ennemis de leurs semblables allumaient des incendies dans beaucoup d'endroits de l'arrondissement de Reims et dans celui d'Épernay ; c'est alors que, pour s'en préserver, on fut obligé d'organiser des patrouilles de nuit, afin de procurer aux habitants un repos paisible, et rien, sous ce rapport, ne vint le troubler.

Si, en forme d'éphémérides, nous rapportons certains faits passés à Hautvillers, nous dirons qu'en 1824, 16 novembre, des voleurs se sont introduits dans la maison du presbytère. M. Vincent Menu était alors curé ; il avait pour servante Charlotte Drumelle ; un jour qu'il était absent à cause de ses nombreuses paroisses à desservir, sachant probablement qu'il ne devait pas rentrer le soir chez lui, ces malfaiteurs, sans être entendus de la servante, ont enlevé : 6 bonnets de coton, 6 serviettes, 9 livres de fil de chanvre, 5 livres d'étoupe, un chandelier argenté, marqué au pied : « Commune de Venteuil, 1823, et V. M. » Une cuillère et une fourchette en argent, marquées C. D. Jamais on n'a pu rien découvrir, ni les objets volés, ni les auteurs de ce vol.

Un autre vol ou tentative de vol : C'était en 1829, lorsque M. Menu était encore curé d'Hautvillers. Un voleur s'était introduit dans la cave, non pas précisément pour se rendre compte de la quantité de vin que possédait le pasteur, mais bien, supposons-nous, pour savoir quel nouveau goût il pouvait avoir. Malheureusement, il avait été entendu, et comme ce n'était pas la première fois qu'on s'était aperçu qu'un étranger venait soustraire quelques bouteilles dont il se régalait probablement après, descendre vivement à la cave fut l'affaire d'un instant pour le curé, qui guettait depuis longtemps. Notre homme, pris au piège, avait cependant eu le temps de se cacher sous un cuveau, mais l'oiseau était d'une trop grande dimension pour la cage, un bout de son aile passait; lecteurs, jugez du reste. Honteux comme un renard qu'une poule aurait pris, il jura, lui aussi, mais un peu tard, qu'on ne l'y prendrait plus. La clémence du pasteur pardonna au délinquant pris en flagrant délit. Il s'appelait Marniquet, d'Hautvillers ; il a disparu. Heureusement, il n'avait pas de famille dans l'endroit.

Dans les temps antérieurs avant la Révolution, nous ne voyons pas que des vols considérables eurent lieu dans les églises de l'abbaye et de la paroisse d'Hautvillers, excepté celui des statuettes d'or et d'argent enlevées de la châsse de Sainte-Hélène, dans la nuit du 29 au 30 mai 1492 (tome I, page 572.)

Dans le cours de l'année 1814, des voleurs, cachés dans l'église avant que les portes ne fussent fermées, brisèrent les troncs et enlevèrent ce qu'ils contenaient; c'est de cette époque que datent ceux qui sont adaptés aux stalles de l'église. Plusieurs fois depuis on a essayé d'en extraire de l'argent avec un bâton gluant, mais sans résultat.

En cette année 1880, le mercredi d'après la Pentecôte, 19 mai, un voleur matinal a enlevé le tronc placé près des reliques de sainte Hélène. Nous laissons au journal le *Courrier du Nord-Est*, d'Épernay, la narration de ce méfait :

« *Un voleur volé*. — Un vol des plus audacieux, bien que

l'auteur, comme on le verra, n'ait pas profité du fruit de son larcin, a été commis dans l'église d'Hautvillers.

« On sait qu'après la fête de la Pentecôte, les châsses de Sainte-Hélène et de Saint-Nivard restent exposées pendant huit jours au milieu du chœur ; un gros tronc en bois, dans lequel les fidèles déposent leurs offrandes, est mis entre les deux châsses, pendant la journée, et est retiré le soir par M. le curé, qui le rentre à la sacristie.

« Or, mercredi dernier, vers six heures du matin, M. le curé venait de replacer le tronc à sa place et était rentré chez lui après avoir ouvert les portes d'entrée de l'église, pour en donner l'accès aux fidèles, et n'avait constaté la présence de personne à cette heure matinale ; sa domestique, de son côté, a ensuite arrosé, pendant plus d'un quart d'heure, le jardin qui se trouve devant l'église, et dans lequel il faut passer pour y entrer, et elle n'a rien vu. Et cependant, vers sept heures un quart, au moment où M. le curé allait commencer son office, on lui rapporta, à sa grande stupéfaction, le tronc de Sainte-Hélène, que l'on venait de trouver dans les broussailles bordant le chemin du bois de Saint-Nivard. Voici ce qui s'était passé : M. Leclerc, le vigilant garde de la propriété de M. P. Chandon de Briailles, partait vers sept heures pour faire sa tournée habituelle ; en longeant le chemin du bois, il fouillait avec son bâton les broussailles du bord du chemin pour voir s'il n'y avait pas quelques collets tendus, quand tout à coup il heurta un objet résistant qu'il découvrit et reconnut être le tronc de Sainte-Hélène.

« La première idée de l'honorable garde fut de rapporter à M. le curé ce qu'il venait de trouver, afin de se rendre compte de ce qui avait pu se passer.

« Hélas ! ni M. le curé, ni sa domestique n'en savaient pas plus que le garde. On ne peut donc faire que des conjectures ; ce qui est probable, c'est que le tronc a été volé par un individu qui a guetté le moment où personne ne se trouvait à l'église ou aux environs, et que cet individu, prenant le chemin du bois et craignant d'être surpris, aura caché ce tronc dans les broussailles, comptant venir le prendre à la nuit, quand il serait certain de ne pas être vu, et le dévaliser à son aise.

« Quoi qu'il en soit, les calculs de ce misérable ont été heureusement déjoués : il n'a pu jouir de son larcin et il reste avec la conscience chargée d'un crime dont il n'a pas su profiter. »

Les administrateurs de la fabrique, ayant ouvert ce tronc le même jour, y ont trouvé 134 francs.

Extrait du testament de Madame Lécaillon.
(28 juillet 1827.)

D'un acte passé par M. Louis-Laurent-Xavier Malo, notaire royal à la résidence d'Hautvillers, canton d'Ay, arrondissement de Reims, département de la Marne, en présence de quatre témoins, le 28 juillet 1827, enregistré à Ay, le 3 octobre 1828, au droit de 5 francs 50 centimes, et contenant le testament de Claire Bautier, veuve de Jean-Baptiste Lécaillon, décédé officier de santé, ladite dame rentière demeurant à Hautvillers, a été extrait ce qui suit :

« Je déclare, en même temps, avoir donné, en 1811, à la communauté d'Hautvillers, une somme de 1,500 francs, qui, conformément à mes intentions, ont été employés au paiement des fournitures et main-d'œuvre d'un bâtiment construit dans la rue du Pavé, tenant au sieur Martin et à M. Malo, lequel bâtiment était destiné au logement d'une institutrice. J'ai donné cette somme à la commune, à la condition de me payer annuellement, et de mon vivant seulement, à dater du premier octobre de l'année suivante, une rente de 75 francs, qui sera éteinte à mon décès, et à la charge également de faire instruire gratuitement et à perpétuité, par la sœur d'école, deux filles des deux familles Bautier et Lécaillon, les plus indigentes, lesquelles seront désignées par M. le curé d'Hautvillers. Mon but, en faisant cette donation, ayant été de perpétuer, dans la commune, l'institution d'une sœur d'école, s'il arrivait que cette institution fut supprimée à jamais, mesdits légataires auraient le droit de réclamer, à ladite commune, ladite somme de 1,500 francs. Cette donation n'étant pas revêtue des formes légales, puisqu'elle ne repose que sur un acte sous signatures privées, en date du premier décembre 1811, enregistré à Ay, le 6 avril 1815, je la fais par le présent, aux charges que je viens d'exprimer. Je déclare, en outre, que, dans le cas où il n'y aurait pas de fille dans les familles Bautier et Lécaillon, M. le curé d'Hautvillers aura la bonté de choisir deux filles des plus pauvres de la commune. »

Pour extrait, signé : MALO.

Les conditions exprimées par Mme Lécaillon sont fidèlement remplies, mais pas toujours avec facilité pour M. le curé de la paroisse ; tous les descendants de ces deux familles, qui ont des filles en âge de fréquenter les classes, croient, chacun de leur côté, avoir droit aux avantages de ce legs. Pour réussir plus facilement à les mettre d'accord, un arbre ou tableau généalogique a été dressé, d'où l'on peut reconnaître les familles les plus près des souches communes, et les petites filles plus ou moins âgées, car, naturellement, les plus âgées ont plus le droit d'être admises que les plus jeunes. La question d'indigence n'est pas non plus toujours facile à résoudre. Ces difficultés viennent d'être levées par une décision du conseil municipal qui a déclaré vouloir l'école gratuite pour tous. La famille Lécaillon est une des plus anciennes et des plus remarquables du pays.

Mme Lécaillon, par le même testament, daté du 28 juillet 1827, a laissé cent francs à la fabrique, pour deux messes basses : l'une pour le repos de son âme, l'autre pour celle de son époux Jean-Baptiste Lécaillon. Cette fondation est rapportée au tableau de la sacristie d'Hautvillers, et les messes sont dites tous les ans selon l'intention de la testatrice.

Legs de M. Chandon-Moët.

Nous en sommes aux actes de bienfaisance et de legs pieux ; alors, nous ne manquerons pas de rapporter ici ce que nous lisons dans le registre des délibérations du conseil municipal de l'année 1851, session de février :

M. P.-Gabriel Chandon-Moët, propriétaire à Hautvillers, que la mort a enlevé à sa famille et à ses nombreux amis, le 23 juillet 1850, et qui, de son vivant, a fait tant de bien aux pauvres d'Hautvillers, ne les a point oubliés au moment de sa mort ; il a recommandé à Mme Chandon, son épouse, née Moët-Romont, et à MM. Gabriel et Paul Chandon de Briailles, ses enfants, de donner, à la commune d'Hautvillers, une somme de deux mille francs, à la condition que cette somme serait employée en acquisition de rentes sur l'État, et que le produit serait annuellement destiné à secourir les malheureux.

Cette recommandation a été religieusement exécutée ; les

deux mille francs ont été versés dans la caisse communale d'Hautvillers.

Le conseil municipal, tout en exprimant le regret que lui fait éprouver la mort d'un honorable collègue, dont les lumières et les bons avis lui ont été si souvent utiles, estime qu'il y a lieu d'accepter la donation manuelle faite au nom de M. Chandon, par Mᵐᵉ Chandon et MM. Gabriel et Paul Chandon de Briailles, et d'acquérir des rentes sur l'État pour les deux mille francs, à la condition d'employer le produit annuel au soulagement des malheureux de la commune.

Fait et délibéré les jour, mois et an que dessus, et ont, les membres, signé après lecture faite.

    LALLEMENT - CLÉMENT; L. SIMON; CHÉRUY-
      DUCLOS; TROUILLART - LAMBERT; PALLE;
      VILLANFIN; BAUTIER; VILLANFIN; X. MALO.

M. Paul Chandon de Briailles, qui, dans la succession de M. Gabriel Chandon, son père, a eu en partage la propriété d'Hautvillers, a toujours su, depuis, marcher sur les traces de ce digne père. Tous les ans, et chaque fois que le besoin s'en fait sentir, il fait de nombreuses et larges aumônes aux pauvres d'Hautvillers; il n'est pas moins généreux pour l'église : nous l'avons montré. Faire un bon usage de sa fortune sur la terre, c'est en acquérir une autre encore plus précieuse pour l'éternité.

Depuis la Révolution, partie par partie, tant par le père que par le fils, tous les bâtiments et presque tous les jardins de l'ancienne abbaye sont devenus la propriété de MM. Chandon, et aujourd'hui, comme nous l'avons dit plus haut, propriété de M. Chandon de Briailles, qui, par ses goûts artistiques et par ses connaissances archéologiques, aime à conserver ce que les restes de l'antique abbaye de Saint-Pierre-d'Hautvillers ont de remarquable. Il voudrait ne pas voir, par exemple, disparaître, avec le temps, un des quatre côtés du cloître qui existe encore. La maison abbatiale, qu'il aime à entretenir et où il donne si gracieusement l'hospitalité à Nosseigneurs les archevêques en tournées pastorales, aurait reçu des embellissements notables si des perturbations sociales n'étaient venues y mettre obstacle en 1848. Un pavillon d'une certaine élégance y avait été déjà ajouté. Il conserve, avec un soin tout particulier, un magnifique passage allant de l'ancienne chapelle du pieux abbé Jean Royer pour entrer dans le cloître. Une pierre sculptée, trouvée dans les ruines ou anciennes constructions du monastère, une indication quelconque qui puisse y avoir rapport, est toujours pour lui un objet précieux.

Testament d'Augustin Mennesson.

Par son testament olographe en date du premier avril 1807, déposé en l'étude de M⁰ Dabancourt, notaire à Reims, le premier septembre de la même année, Jean-Baptiste-Augustin-Prosper Mennesson, décédé à Hautvillers, le 28 août 1807, laisse à la fabrique dudit Hautvillers la somme de seize cents francs, à la charge de faire chanter, tous les ans, un service avec messe. Le capital a été placé sur l'État. M. Mennesson n'avait que 46 ans quand il est mort. Il était fils de Michel-Henri Mennesson et de Catherine Collardeau, de Château-Porcien (Ardennes). Il avait été député à la Convention nationale et avait voté la mort de Louis XVI. Le regret qu'il en a éprouvé l'a porté à venir faire pénitence de cette faute dans un pays éloigné de celui de sa famille, et qui, par son site, lui offrait néanmoins un délassement agréable.

M. Mennesson habitait la maison qu'a habité longtemps M. Bonvalet, menuisier, et aujourd'hui propriété de M. Pognot-Lénique. On remarquait que cet homme était mélancolique, on le voyait très rarement sortir, son bonheur était de considérer le cours des astres dans les belles nuits d'été ; il était, d'ailleurs, très charitable, ce que remarquaient surtout les pauvres du pays. Il avait toujours quelques bonbons ou quelques friandises à offrir aux enfants, aussi ceux-là l'appelaient-ils, dans leur ingénuité : « Papa Mennesson ».

Un de ses neveux de Reims, homme très chrétien, M. Jules Mennesson, a voulu perpétuer la mémoire du vieil oncle, en faisant placer, sur un des piliers de l'église d'Hautvillers, une pierre de marbre qui porte l'inscription suivante :

A LA MÉMOIRE DE JEAN-BAPTISTE-AUGUSTIN MENNESSON
NÉ A RETHEL, LE 1ᵉʳ AVRIL 1761,
ANCIEN AVOCAT ET DÉPUTÉ A L'ASSEMBLÉE NATIONALE,
DÉCÉDÉ A HAUTVILLERS, LE 26 AOUT 1807.
SES SENTIMENTS RELIGIEUX L'AIDÈRENT A SUPPORTER
SES LONGUES SOUFFRANCES,
ET LES DONS QU'IL FIT A CETTE ÉGLISE LE RECOMMANDENT
AUX PRIÈRES DES HABITANTS.

Nous trouvons, dans les notes de M. Nitot, ancien maire d'Ay, quelques renseignements sur M. Mennesson, que lui a fournis M. Louis Blanchard, aussi d'Ay, et compatriote dudit Mennesson : Jean-Baptiste-Augustin-Prosper Mennesson, dit-il, est né à Château-Porcien, le 1ᵉʳ avril 1761 (1); il fut nommé député à la Convention nationale pour le département des Ardennes. Il vota la mort de Louis XVI, avec l'appel au peuple; il fut un des 46 qui s'opposèrent à la peine capitale et fit un discours énergique à la Convention pour démontrer que le droit de juger un roi n'appartenait qu'au peuple; néanmoins, Mennesson, foncièrement honnête homme, s'est toujours reproché son vote, et l'acte de ce vote, quoique mitigé, l'a poursuivi toute sa vie comme un cauchemar.

Pressentant les événements d'une révolution prochaine avec toutes ses horreurs, il donna sa démission et se retira chez son frère, à Reims. Il fut, depuis, nommé administrateur du département de la Marne. Sa santé étant devenue mauvaise et espérant trouver à Hautvillers un air plus pur, il s'y retira et y mourut dans des sentiments chrétiens, regrettant d'avoir contribué à la mort de son roi. Dans sa retraite, il fit plusieurs ouvrages historiques et de botanique, qui sont :

1º *L'observateur de la Marne*, 1806, in-12.

2º *L'Athéisme dénoncé par lui-même.*

3º *Le Conservateur* ou le *Fondement de la morale*, Épernay, 1806, 5 volumes in-12.

4º *L'Instituteur français*, 1802, un volume in-12.

Testament de M. Henri-Valentin-Augustin Savoye.

Par son testament reçu au mois de novembre 1871, par Mᵉ Marguet, notaire à Reims, M. Savoye a laissé, à la commune d'Hautvillers, une somme de mille francs dont la rente devait

---

(1) L'inscription que fit placer son neveu dans l'église d'Hautvillers porte né à Rethel; c'est une erreur.

servir à payer les fournitures de classe des enfants pauvres de ladite commune. Par ce même testament, M.. Savoye fait des œuvres pies dont il doit lui-même bénéficier dans l'éternité.

M. Henri-Valentin-Augustin Savoye fut un intelligent commerçant en vins de Champagne. Si, par son talent, il a su augmenter sa fortune, on voit, par ses legs, qu'il en fit un bon usage. Il mourut à Hautvillers, le 29 novembre 1871.

Cimetières.

Dom Grossard, dans sa lettre à M. d'Herbès, d'Ay, semble dire que le cimetière de la paroisse avait toujours été où il était à l'époque de la Révolution, c'est-à-dire rue de Bacchus, à droite, au commencement de cette rue, et que, l'église conventuelle étant devenue église de paroisse, le cimetière a été rapproché près de cette église. Dom Grossart n'avait pas le temps de lire toutes les archives du monastère, ou bien, est-ce une distraction de sa part? Ce qu'il y a de certain, c'est qu'autrefois le cimetière de la paroisse était situé dans le jardin de M. Jules Simon-Vincent, à côté du grand bâtiment qu'il y a fait bâtir. Le chemin qui vient de la fontaine communale, au lieu de tourner seulement à droite, traversait encore en ligne droite le jardin de l'abbaye et allait rejoindre le chemin dit du Pavé, presque à l'angle de la porte principale du monastère, passant d'abord par le milieu du cimetière de la paroisse, laissant à droite la maison de l'aumône démolie en 1653.

Les religieux, désirant avoir le terrain de ce cimetière pour agrandir leur jardin, donnèrent en échange, à la commune, un terrain attenant à leur maison rue de Bacchus, laquelle fait face à la rue d'En-Haut, pour l'emplacement d'un nouveau cimetière. Ils ajoutèrent, à cet échange, moitié de la maison appelée maison de la Halle, pour servir de maison d'école des garçons; acte passé chez Dervillers, notaire à Epernay, en 1681. Dès l'année 1680, même avant que cet échange ne fût conclu, mais sur le point de l'être, les religieux avaient fait un marché avec huit individus de la paroisse, pour ôter tous les ossements du cimetière qui allait faire partie de leur jardin. Une difficulté survint, à cause du chemin qui passait par le milieu; pour cette raison, les religieux ne pouvant clore entièrement leur propriété, un arrangement fut fait avec les habitants, et les murs furent bâtis tels que nous les voyons aujourd'hui.

La maison des religieux, dont nous venons de parler, située rue de Bacchus, existait déjà en 1593, car, à cette époque, nous voyons un bail dans lequel elle est appelée : « Maison de la Halle. » Il y avait donc en face, autrefois, une halle, peut-être bâtie elle-même après que le comte Étienne de Champagne eût institué, à Hautvillers, un marché qui s'y tenait tous les vendredis de chaque semaine (1095).

En 1721, on disait encore, dans les actes publics, lieudit la Halle et proche de l'église, d'un bout à la place, d'un autre à la rue de la Vacherotte ou rue d'En-Haut.

En 1784, lorsque la municipalité eut créé une école de filles, la moitié de la maison cédée par les religieux pour une école de garçons, où ils étaient depuis près de cent ans, fut destinée à l'école des filles. La municipalité a dû chercher un autre local, qui, bien souvent, fut changé, pour y placer l'instituteur. En 1817, nous verrons qu'un nommé Dumoutier, qui avait fait bâtir une maison attenant à l'ancienne maison des religieux, sur la place, la vendit à la commune pour y tenir l'école des garçons.

Après cette digression sur les maisons d'école, nous revenons à notre sujet, c'est-à-dire les « cimetières ».

Le cimetière de l'Hôpital ou de l'Aumône, maison où l'on recevait les pèlerins malades, était situé à l'endroit de la plate-forme de Saint-Nivard, en bas au-dessous du fer à cheval, près des tilleuls. Après la Révolution, on abandonna le cimetière de la rue de Bacchus, et les morts furent enterrés dans le terrain nord-est de l'église de l'ancienne abbaye, devenue église paroissiale, ce que déjà nous avons relaté ailleurs.

1861. — Depuis longtemps, surtout depuis que de cruelles épidémies, notamment les choléras de 1832, 1849 et 1854, avaient, pour ainsi dire, décimé la population et rempli le cimetière déjà trop petit pour l'importance du village, plusieurs familles désiraient un cimetière plus étendu, afin qu'on pût aussi y obtenir des concessions à perpétuité et d'autres temporaires. C'était cependant, pour la plupart, à regret que cette demande était faite, car ces familles comprenaient qu'ayant un cimetière au loin, il ne leur serait plus aussi facile de prier sur la tombe de leurs défunts, comme elles le faisaient pieusement en venant à l'office, lorsque le cimetière était contigu à l'église.

Pendant longtemps cette question fut débattue au conseil municipal, tant pour l'emplacement que pour la dépense; elle fut enfin adoptée; un cimetière fut construit, et, le 24 du mois de novembre 1861, la bénédiction en fut faite (1).

Bénédiction du nouveau cimetière.

(24 novembre 1861.)

L'an mil huit cent soixante et un, le vingt-quatre novembre, je, soussigné, Jean-Baptiste Manceaux, curé desservant de la paroisse d'Hautvillers, spécialement désigné par Son Éminence Monseigneur le cardinal archevêque de Reims, par lettre en date du quinze du même mois, pour bénir le cimetière de la paroisse d'Hautvillers, construit récemment aux frais de la commune, ai procédé à cette cérémonie, conformément à ce qui est prescrit dans le rituel, après avoir réservé la partie de l'enceinte qui ne doit pas être bénite et qui est destinée à la sépulture des enfants morts sans baptême et des individus étrangers à la religion catholique ou qui ne veulent pas mourir dans son sein. Cette partie du terrain est située à gauche, au bout du cimetière, du côté du nord.

Le même jour, après avoir obtenu l'autorisation de M. le maire de la commune et de la famille de Parizot, ont été exhumés, de l'ancien cimetière, les restes de Gabriel-Alexandre-Jérôme de Parizot, ancien curé de la paroisse, mort le quatorze novembre 1837. Et, pour honorer sa mémoire, ces restes ont été placés sous la croix monumentale du nouveau cimetière, et, plus tard, dans un caveau qui s'y trouve construit depuis l'année 1876.

Ces deux cérémonies ont eu lieu en présence de MM. Binet, curé de Cumières; Herblot, curé de Dizy; Bruncler, curé de Saint-Imoges; Mouzon, curé de Nanteuil-la-Fosse; Gouilly, curé de Fleury-la-Rivière; Monceau, vicaire d'Épernay; Manceaux, curé d'Hautvillers; en présence du conseil de fabrique, de la

---

(1) Ce cimetière, avec l'acquisition du terrain, a coûté environ 9,000 francs.

compagnie de pompiers et d'un grand nombre des habitants de la paroisse.

Fait à Hautvillers, le 24 novembre 1861.

   Ont signé : X. MALO ; VILLANFIN ; TROUILLART-
    LAMBERT ; DELVINCOURT ; Paul CHANDON
    DE BRIAILLES ; VILLANFIN ; MANCEAUX, et
   tous les prêtres désignés ci-dessus.

Pour clore cet article sur les cimetières, nous dirons qu'en 1876, Jean-Baptiste Manceaux, curé desservant de la paroisse d'Hautvillers, a fait construire, au milieu du cimetière, à ses frais, après avoir acquis le terrain, un caveau destiné à la sépulture des ecclésiastiques qui mourront curés de la paroisse, ou y demeurant après y avoir exercé le saint ministère. Une exception pour lui seulement : c'est qu'il aura le droit d'y être inhumé, peu importe l'endroit où il aura passé les dernières années de sa vie, et quand même il ne serait plus curé de la paroisse.

Pierres tumulaires de l'église de l'abbaye d'Hautvillers.

Mgr Thomas Gousset, archevêque de Reims, dans sa lettre à son clergé, en date du premier février 1844, demandant la transcription des pierres tumulaires des églises de son diocèse, un relevé des inscriptions de ces pierres a été fait par M. l'abbé Duchesne, alors curé d'Hautvillers. Après avoir vérifié nous-même sur les lieux l'exactitude de ce relevé, nous donnons le texte de ces inscriptions, telles qu'elles se voient encore sur la plupart de ces pierres.

En bas des degrés du sanctuaire se trouvent deux pierres en marbre noir ; l'une contient l'épitaphe de dom Pérignon, que nous avons rapportée tome II, page 548 ; l'autre, celle de l'abbé Jean Royer, nous l'avons aussi donnée quand nous avons parlé de ce religieux, tome II, page 42.

Il est à remarquer que toutes les pierres tumulaires ne portent pas une date antérieure à 1527. Nous croyons qu'à l'époque de l'incendie de l'église par les Calvinistes, en 1562, tout le pavé de l'église brisé a dû être renouvelé après cette catastrophe, pour une partie, avec de vieux pavés, et pour une autre partie seulement, en 1698, date qui se trouve sur une des petites dalles en pierre dont le chœur est pavé.

Plusieurs pierres tumulaires n'ont pas été replacées après cet incendie ; nous supposons cependant qu'on n'aura pas négligé celle de dom Royer, inhumé en avant du grand autel ; toutefois, à la mort de dom Pérignon, en 1715, une pierre tumulaire avec son épitaphe a recouvert sa tombe, et alors on a renouvelé celle de Jean Royer, mort 188 ans auparavant. Ces deux pierres, quoique portant des dates de près de deux siècles de différence, ont été placées en même temps, car elles ont été prises dans un seul bloc de marbre scié en deux parties. Les veines de ce marbre se rapportent tellement bien qu'il n'y a pas à s'y tromper. Ce sont comme deux placages que collerait un ébéniste à côté l'un de l'autre. Quelle pierre avait Jean Royer avant celle-ci ? Nous l'ignorons.

Au milieu de la grande nef se trouve celle de dom Ruinart. Les lettres, avons-nous déjà dit, étant effacées sur la grande dalle noire qui recouvre les restes de ce savant religieux, un de ses descendants a fait poser une petite pierre blanche au-dessus de la grande en marbre, avec une inscription gravée en lettres noires (tome III, page 57).

En bas de la nef, au centre des quatre allées, on lisait sur la pierre noire qui y est encore :

CY-GIT MARIE-FRANÇOIS DE RIBEAUPIERRE,
COLONEL AIDE MAJOR AU RÉGIMENT DE LA GARDE DU ROI,
CHEVALIER DE L'ORDRE ROYAL ET MILITAIRE DE SAINT-LOUIS,
QUI, RETOURNANT A SON SERVICE, EST MORT DANS CETTE ABBAYE,
LE 31 JANVIER 1770, AGÉ DE 42 ANS.

REQUIESCAT IN PACE

A côté, en allant vers la chapelle de la Sainte-Vierge :

CI-GIST HONESTE PERSONNE GISLE FECAMP,
BOURGEOIS DE PARIS,
LEQUEL, ÉTANT RETIRÉ EN CE MONASTÈRE,
A VÉCU AVEC PIÉTÉ ET DÉVOTION,
LAQUELLE AYANT SIGNALÉE PAR LA FONDATION DES LITANIES
DE LA SAINTE VIERGE, QUI SE CHANTENT PROCESSIONNELLEMENT
EN CETTE ÉGLISE LES SIX FÊTES DE NOTRE-DAME
DÉCÉDÉ LE 18 SEPTEMBRE 1670.

OBIIT IN DOMINO DOM BERNARD PÉRONNE,
7 NO. 1662.
REQUIESCAT IN PACE.

OBIIT IN DOMINO N.-P.-D. JOSEPHUS VÉZELISE, SUB PRIOR,
22 FEB. ANNO 1700.

OBIIT IN DOMINO PETRUS SORLET,
8 SEPTEMBRIS 1659.
REQUIESCAT IN PACE.

OBIIT IN DOMINO EUSTACHIUS HOMESSIL,
24 MARTII 1719.
REQUIESCAT IN PACE.

OBIIT IN DOMINO D. COLOMBANUS CHAMPAGNE,
SACERDOS PROFESSUS,
5 SEPTEMBRIS 1722.
REQUIESCAT IN PACE.

OBIIT IN DOMINO D. FRANCISCUS LAURENT DIE
12 MAI 1719.

OBIIT IN DOMINO D. FRANCISCUS-ANTONUS COCQUART COM,
18 DEC. 1711.

OBIIT IN DOMINO DOM THOMAS THEVENIN,
13 FEB. 1733.

OBIIT IN DOMINO JOSEPHUS COLLET,
SACERDOS PROFESSUS.....

OBIIT IN DOMINO DOM MEDARDUS GILLET,
ANNO 1690 DIE FEB. R. I. P. C.

OBIIT IN DOMINO F. NICOLAUS COQUET, CONVERSUS,
16 JANV. 1723.

OBIIT IN DOMINO ANSEL. DESBORDES, SACERDOS PROFESSUS,
17 DECEMBRIS 1708.

OBIIT IN DOMINO N.-P.-D. LÉO MERLIN, SACERDOS PROFESSUS,
HUJUS IN USTERII DIE, 3 DECEMBRIS ANNO 1749.
REQUIESCAT IN PACE.

OBIIT IN DOMINO N.-P.-D. NICARDUS VATEL,
1695.
REQUIESCAT IN PACE.

OBIIT IN DOMINO N.-P.-D. IRENŒUS PARADY ŒTATIS SUÆ 97,
PROFESSIONNIS 72, DIE 13 JUIN 1691.
REQUIESCAT IN PACE (1).

OBIIT IN DOMINO R.-P.-D. ELIGIUS LESCUIERS, SACERDOS PROFESSUS,
ŒTAS 77, PROFESSIONIS 51,
MARTII 14, 1776.

OBIIT IN DOMINO JACOBUS BONIEZ, SACERDOS,
20 SEP. 1622.

OBIIT IN DOMINO R.-P.-D. PETRUS LETELLIER, SACERDOS PROFESSUS,
10 OCT. 1593.

OBIIT IN DOMINO D. JOANNIS VIGREROV, SACERDOS PROFESSUS,
18 FEB. 1713.

OBIIT IN DOMINO SEBASTIANUS ROBINET, SACERDOS PROFESSUS,
20 JANV. 1751.

OBIIT IN DOMINO F. VINCENTIUS BIZET, COMM.
11 MARTII 1711.

OBIIT IN DOMINO D. ILDEFONSUS RETELLOIS, SACERDOS PROFESSUS,
8 SEP. 1659.

OBIIT IN DOMINO D. PHILIPPUS LIETARD, SACERDOS,
6 JANVIER 1716.

OBIIT IN DOMINO R.-P.-D. PLACIDUS CLOUET, SACERDOS PROFESSUS,
DIE 1er SEPT. 1744.

---

(1) Quatre-vingt-dix-sept ans d'âge et soixante-douze ans de profession religieuse, prouvent que ne meurent pas toujours jeunes ceux qui passent leur vie dans un couvent, comme l'ont avancé certains philosophes de nos jours.

On voit encore plusieurs autres inscriptions du même style et ayant à peu près les mêmes dates, mais qu'on ne peut lire à cause de l'usure des pierres par le frottement des pieds. Ces pierres sont disséminées dans différentes parties de l'église et placées au milieu du carrelage, sans ornementation ; elles ont à peu près toutes la même forme : environ quarante centimètres de hauteur, sur vingt-cinq à trente de largeur.

Les religieux avaient-ils l'habitude d'enterrer tous leurs frères, profès et prêtres, dans l'intérieur de l'église ? Nous nous le demandons. On retrouve tant d'ossements dans les environs de l'église, qu'on serait porté à croire que ces ossements ne proviennent pas seulement des habitants de Cumières qu'on y apportait, mais encore au moins du personnel de l'abbaye, qui n'entrait pas dans le nombre des religieux de profession. Nous avons été amenés à nous faire cette question, parce que nous avons trouvé sur le devant de l'appui d'une des croisées de l'ancien sacraire, donnant à l'ouest, cette inscription :

DOM VILIAUME

A ÉTÉ ANTÉRÉ LE PRÉMIÉ,

LAN 1781, LE 15 JIUN *(sic)*

Pourquoi dom Wuillaume a-t-il été enterré là le premier ? L'inscription la plus rapprochée de celle-là, à l'intérieur de l'église, est celle de Éligius Lescuiers, 1776 ; jusqu'à 1781 il n'y a pas loin, dom Wuillaume, en effet, pourrait bien être le premier enterré au dehors. Une défense avait-elle été faite aux religieux, de la part du gouvernement, d'enterrer leurs frères dans l'intérieur de leur église ? Nous l'ignorons encore. Cependant, nous savons qu'une déclaration du roi du 10 mars 1776, enregistrée à la cour le 21 mai suivant, défendit d'inhumer dans les églises, que les curés, patrons, hauts justiciers, et encore en y construisant des caveaux. C'est très probablement à cause de cette déclaration qu'il n'y eut plus d'inhumation dans l'église après celle d'Éligius Lescuiers, 14 mars 1776, et que c'est le fossoyeur lui-même qui aura voulu en perpétuer le souvenir par une inscription telle qu'il a su la faire.

Avant la création d'un nouveau cimetière, plusieurs monuments funèbres rappelaient en quelques mots quels étaient ceux dont les corps avaient été déposés en ces endroits. Ces monuments, par suite d'exhumation, ont été transportés au cimetière actuel. Une seule épitaphe reste dans l'ancien, c'est une pierre fixée en tableau à un pilier de l'église. Elle nous rappelle un ancien membre de la municipalité, lors de la Révolution de 1793. La tradition nous a conservé l'estime qu'avaient pour lui ses concitoyens, et c'est ce qu'a tracé en quelques vers un poète du temps, M. Jacques Malo :

M. FORZY-HÉMEY EST MORT EN 1818

C'est là, sous cette croix, que gît M. Forzy,
Bon citoyen, bon père, bon fils, bon mary ;
De toutes ses vertus, une éternelle gloire
Acquittera le tribut qu'on doit à sa mémoire.

Toutes ces pierres tumulaires nous rappellent nécessairement ce champ funèbre ou séjour des morts, le cimetière, en un mot. C'était la coutume autrefois de placer les cimetières autour des églises et, quand les fidèles se rendaient à l'office, ils ne manquaient jamais d'aller s'agenouiller sur la tombe de leurs parents ou de leurs amis ; c'était bien là un acte de la communion des saints, qu'on voit s'accomplir bien plus rarement aujourd'hui, attendu que, sous prétexte de salubrité publique, on éloigne les cimetières le plus possible des habitations. Si les vivants y gagnent, les morts y perdent certainement.

MÉLANGES

Éloge d'Hautvillers ; sa position.

Nous ne redirons pas, à l'imitation de quelques enthousiastes : « Qui n'a pas vu Hautvillers, n'a rien vu » ; c'est bon pour Séville en Espagne ; l'adage a prévalu : « *Qui n'a pas vu Séville, n'a pas vu merveille.* »

L'amour du sol natal excuserait à peine une si effrayante hyperbole ; nous serons seulement justes et nous dirons : « Qui a vu Hautvillers désire encore le voir ». Les maisons, pourtant, à de rares exceptions, n'ont rien qui sente le grandiose, ni le monumental. Aucune statue ne décore sa place publique ;

cependant, depuis peu, l'édilité Hautvilléenne l'a rendue digne du lieu dont elle est l'ornement. Son abbaye, autrefois magnifique, n'est plus qu'une demeure ordinaire, respectée, toutefois, et conservée avec le plus grand soin par son propriétaire.

Son vin rouge, délice autrefois des tables princières, n'a pu aussi survivre aux bons religieux ; Hautvillers, sous ce rapport, n'occupe plus la première place ; ii est vrai que ses vins blancs mousseux remplacent avantageusement ce vin, qui ne paraît plus que dans les caves de quelques propriétaires aisés, qui en font pour les grands jours et lorsqu'ils reçoivent leurs amis.

Quoi donc, alors, peut captiver, à Hautvillers, les vives affections du touriste ? Avez-vous lu l'éloge d'Hautvillers par Almanne (tome I, page 278) ? C'en serait assez ; mais, suivez-moi, amis lecteurs ; ensemble gravissons cette route qui mène au sommet de la colline ; seulement, la défense que faisait autrefois l'ange à la femme de Loth, je vous la fais à vous-même ; ne regardez pas en arrière. Nous avons atteint le point culminant de la montagne ; plongez, maintenant, vos regards dans la profondeur de cet immense horizon qui, devant vous, se déploie à perte de vue. Quelle richesse de perspective ! Figurez-vous un vaste amphithéâtre, revêtu comme d'une immense draperie de pampre vert, ombragé de magnifiques forêts qui en sont la couronne, dominant au loin la plaine, où, comme un long serpent, la Marne promène ses ondes sinueuses. Voyez-vous, à une distance encore assez rapprochée, ces ondulations de vapeur qui se jouent dans les airs, et cette longue suite de voitures qui emportent des centaines de voyageurs dans toutes les directions ! C'est le chemin de fer de Paris qui, suivant la vallée de la Marne, poursuit sa course furibonde jusqu'à Strasbourg, de malheureuse mémoire ; c'est celui de Reims qui, après avoir traversé la rivière, le canal et d'autres aqueducs construits avec tant de génie, cache sa locomotive et ses wagons sous un tunnel de 3,800 mètres, avant d'arriver à la station de Rilly-la-Montagne ; c'est celui de Romilly, qui relie la ligne de Paris à Strasbourg à celle de Mulhouse à Paris : autant de sujets de contemplation pour celui qui visite Hautvillers, car, de toutes parts, on peut apercevoir le départ ou l'arrivée de ces masses roulantes qui arrivent à Épernay ou en sortent, à toute heure du jour et de la nuit. A vos pieds, Hautvillers est là suspendu aux flancs de la colline qui produit son nectar, comme l'enfant à la mamelle où il trouve son lait. A votre droite, c'est le superbe coteau de Cumières qui, légèrement incliné, s'avance et va mourir près des roseaux de la prairie; sur votre gauche et dans un pli de la montagne, voyez-vous ce groupe d'arbres dont les rameaux fraternisent; svelte et légère, la flèche d'une humble chapelle perce timidement le feuillage, mais l'œil l'a surprise. Champillon, petit village, montre-toi; autrefois, il est vrai, tu as été un sujet de longues tracasseries pour nos bons aumôniers d'Hautvillers, seigneurs de ce lieu, mais tes fils ne sont-ils pas toujours les fils du travail et de l'économie ! ! !

Sur la droite encore, suivez le coteau qui forme la pointe du croissant ; c'est là où commence à s'élaborer le pétillant Ay ; mais, au pied de la colline, à l'extrémité d'un hameau, n'apercevez-vous pas quelque chose comme les restes d'un antique monument ? C'est Dizy qui montre au loin sa vieille église ; saluons-la : le respect n'est-il pas dû aux vieillards ? Voyez aussi son magnifique pont de pierres, qui fut commencé en 1771 et terminé en 1774, comme l'indique une pierre à la voussure d'une de ses arcades (1). Détaillerons-nous, maintenant, les mille et une beautés qui se révèlent par les abîmes d'un horizon sans limites ? Chercherons-nous à deviner ou à surprendre les innombrables villages qui, coquettement, se cachent sous la verdure des bosquets, ou se dessinent à peine sous les brumes du lointain ? Non. Nos expressions les plus pompeuses ne seraient rien ; il faut avoir été là, il faut avoir dit soi-même : « J'ai vu ». Et, quand on a vu, on est forcé de dire : « C'est beau, c'est admirable, c'est immense ». Le savant Almanne, cet historien, cet illustre moine, l'avait éprouvé avant nous, quand, en 880, il faisait un si bel éloge d'Hautvillers, où était située son abbaye. Hélas! en promenant nos regards çà et là pour admirer la beauté de cet endroit si délicieux, tout à coup une pensée sombre vient frapper notre esprit; avez-vous aperçu ce vaste enclos environné de murs, qui, en se détachant du village, semble vouloir s'y rapprocher, en forçant chaque année, à le prendre pour demeure, plusieurs de ses habitants, jeunes ou

---

(1) Un ancien pont près de la Marne, pour laisser passer la crue des eaux de l'hiver dans la prairie, existait avant celui que nous voyons maintenant. La chaussée qui conduit à Épernay, trop peu élevée, fut exhaussée en 1768, et c'est à son niveau et même un peu au-dessus que fut construit le nouveau pont.

vieux ? Que disent ces cyprès, ces ifs, tous ces arbres verts, au milieu desquels la silhouette de quelques monuments funèbres se dessine devant nous, souvenirs d'un instant du séjour des humains sur la terre? C'est là que, depuis vingt ans seulement, les restes mortels de parents, d'amis de tout âge, de toute condition, au nombre de 448, ont été confiés à la terre en attendant la résurrection. Ah ! ne les quittons pas sans avoir adressé à Dieu une courte prière en leur faveur : « *Requiescant in pace.* »

La commune d'Hautvillers n'a qu'une place publique, ornementée, depuis peu, par des barrières, des bornes, des murs de soutènement, des arbres. Cette place n'a pas toujours existé, car c'était là que s'élevait l'ancienne église paroissiale, située au centre des habitations. On sait comment elle disparut à l'époque de la Révolution, par suite d'un échange qu'on en fit avec l'église conventuelle.

La place ainsi formée est à peu près le point central de la localité ; c'est là qu'aboutissent les quatre rues principales, dont l'une porte le nom de la rue de Bacchus, une autre nommée Grande-Rue, autrefois rue du Bourg, une troisième, rue d'En-Haut ou de la Vacherotte, et la quatrième rue de la Porte-d'En-Bas. Anciennement le noyau du village était fermé par quatre portes correspondantes aux rues que nous venons d'indiquer. Ces portes, construites en pierres de taille, étaient solides et ne manquaient pas d'une certaine régularité. Aujourd'hui encore on aperçoit les restes de celle qui se trouvait à la partie orientale du village, près du jard, en face de la maison de M. Clovis Bernard. Quant aux autres, leur existence se trouve attestée par des vieillards octogénaires qui se rappellent en avoir vu eux-mêmes les derniers débris. Elles étaient situées au bout de ces quatre rues, là où elles sont bifurquées par d'autres. De nos jours, à part les quelques maisons de Saint-Nivard, de la ferme de la Briqueterie, de deux maisons au Champ-du-Gué, Hautvillers forme un village compact et dont presque toutes les maisons se tiennent. Il n'en était pas de même autrefois ; loin d'être restreinte au corps d'habitation, naturellement limité par l'enceinte des portes, cette communauté avait sous sa dépendance de nombreux écarts assez populeux pour être dits hameaux ; déjà nous les avons nommés. C'étaient les Auges, les Lhuys, les Fotiaux, les Mazures, les Essarts, les Noëls et le Champ-du-Gué ; soit que l'esprit de société commençât à soulever la croûte de sauvagerie naturelle à ces populations isolées, soit plutôt pour échapper aux incursions et autres vexations des gens de guerre qui, parfois, les rançonnaient un peu trop militairement, peu à peu les habitants de ces écarts se prirent de la résolution d'abandonner leurs vieux pénates qui les protégeaient si mal, et vinrent se réunir au chef-lieu du bourg. D'après une tradition orale religieusement conservée par les anciens, ces translations de domicile accusent une date de 250 ans au moins; toutefois, la disparition complète de ces hameaux ne remonte guère qu'à 150 ou 200 ans.

Division politique et administrative.

Service du Trésor public. — Il y a un percepteur communal résidant à Hautvillers. Sa perception embrasse les communes de Cumières, Dizy, Champillon, Germaine, Saint-Imoges, Romery, Cormoyeux et Hautvillers. Les percepteurs qui, depuis la Révolution, se sont succédé à Hautvillers, ont été MM. Didron (Pierre), Jacquotier, Boquet, Camus et Theurel, actuellement en exercice.

Un bureau de poste et de télégraphe vient d'être installé dans la commune. Ces bureaux sont appelés à rendre de grands services aux habitants, en général, et surtout au commerce en particulier. La direction de ces bureaux est confiée à Mlle Marie Brunon, de Paris.

Tabellionnage. — Avant la Révolution, l'abbé d'Hautvillers avait deux notaires, quatre huissiers; aujourd'hui, on en est descendu à l'unité sous ce rapport. M. Pillon, notaire; M. Bouché, huissier.

État judiciaire. — Le bailliage d'Hautvillers se composait, autrefois, d'un bailli, de son lieutenant, d'un procureur fiscal et d'un greffier exerçant, au nom de l'abbé, haute, moyenne et basse justice; il y avait même cinq procureurs en titre. Les audiences se tenaient dans un local appelé *auditoire*, aujourd'hui servant de maison d'école pour les filles.

En 1786, le bailli de la justice d'Hautvillers était Jacques-François Rittier; le lieutenant, Antoine Le Cacheur; François

Arnoult était procureur fiscal ; Michel Berrurier, syndic, et Louis Michel, un des huissiers.

Le registre administratif n'est pas sans intérêt dans notre histoire ; nous avons vu que sous le roi Jean le Bon les religieux conservèrent le droit de justice, qu'ils avaient déjà par une charte de ce prince, datée du 3 novembre 1353, droit qui, dans la suite, fut même augmenté par une meilleure organisation de cette même justice.

A la suite de la ruine du pouvoir royal, au Moyen-Age, la société avait perdu toute unité, et l'autorité sociale se fractionnait en une foule de souverainetés indépendantes. Toutes ces souverainetés s'arrogèrent la plus haute attribution du pouvoir suprême : le droit de rendre la justice. Cependant, la participation au pouvoir judiciaire ne fut pas chez tous au même degré. On distinguait le droit de haute, moyenne et basse justice. L'abbaye d'Hautvillers tenait son pouvoir directement du roi, depuis sa fondation par saint Nivard, et ce pouvoir fut plusieurs fois affirmé, selon les époques et les circonstances.

A l'exception des cas royaux, le droit de haute justice donnait aux seigneurs le pouvoir de connaître de tous les crimes et délits commis dans l'étendue de leur juridiction. Ils pouvaient condamner à toutes les peines déterminées par le droit ou la coutume, même à la peine de mort.

La moyenne justice connaissait des délits qui ne pouvaient être punis que d'une amende dont le taux ne devait pas dépasser un certain chiffre. Elle jugeait aussi les délits contre les droits féodaux des vassaux. Le moyen justicier pouvait encore nommer des tuteurs et curateurs pour les mineurs ; faire apposer les scellés et procéder aux inventaires. Il avait enfin l'inspection des mesures dans toute l'étendue de sa justice.

La basse justice avait des attributions plus restreintes, qu'il nous est inutile de spécifier ici.

L'abbaye d'Hautvillers possédait la totalité du pouvoir judiciaire, le droit de haute, moyenne et basse justice. L'aumônier de Champillon, comme seigneur de ce lieu, avait les mêmes droits que le seigneur abbé d'Hautvillers.

Pour certaines petites localités dépendantes de la seigneurie d'Hautvillers, la justice se composait d'un lieutenant de justice, d'un procureur d'office, d'un greffier et d'un sergent ; ils étaient toujours des habitants de l'endroit. Ils s'appelaient les officiers de la justice du lieu.

Le lieutenant de justice exerçait les fonctions de juge. Le procureur d'office jouait, auprès du lieutenant de justice, le rôle du ministère public que remplissent aujourd'hui les procureurs auprès des tribunaux. Il possédait, en outre, dans la commune, toutes les attributions de police dévolues aux maires dans nos campagnes.

Le sergent remplissait les fonctions d'huissier auprès de la justice locale. La désignation des officiers de justice se faisait par le *maieur* ou maire. Le maire, à cette époque, n'était pas le magistrat connu aujourd'hui sous ce nom, mais le fondé de pouvoir du seigneur, dont il percevait les deniers, et dont il défendait les droits. L'une de ses attributions était de désigner au seigneur les hommes capables d'exercer la justice et de les payer raisonnablement de leurs salaires et gages ; nous avons eu un exemple de ces détails dans le procès entre les religieux d'Hautvillers et messire Jean-Louis de Lantage, de Festigny.

Hautvillers avait une justice plus étendue ; son tribunal était d'une compétence supérieure. Il était composé d'un juge, d'un procureur, d'un greffier ; et de tous ceux qui sont nécessaires pour composer un tribunal de premier ordre.

Le juge prenait le nom de bailli. Il était toujours jurisconsulte, avocat au parlement.

Le procureur ne prenait plus le nom de procureur d'office, mais celui de procureur fiscal ; il était aussi lui-même avocat. Le greffier était quelquefois un des notaires. Le sergent ou huissier avait les capacités voulues pour remplir son office.

Nous avons un exemple frappant de l'exercice de la justice à Hautvillers, dans le procès et la condamnation de deux voleurs de ceps de vigne, en 1750. Nous les avons vu condamner au carcan, etc. (tome III, page 126.)

Au Moyen-Age, on infligeait aux coupables des peines plus ou moins rigoureuses, selon la gravité de leurs fautes. Voici celles que nous trouvons attribuées aux justices seigneuriales : « L'amende, le fouet, la prison ; puis, l'échelle, le pilori, le gibet, trois exécutions tout à fait distinctes. » Le pilori, tel que beaucoup d'entre nous l'ont pu connaître en France et dans les pays du nord, était le poteau tournant ou carcan auquel tout condamné était attaché au moyen de deux ais ou planchettes jointes ensemble, et dans la jonction desquelles étaient pratiqués des trous pour passer le col et les mains du patient ; le carcan proprement dit était une espèce de collier de fer passé au col du patient et fixé par derrière à un poteau planté sur une place. On a souvent confondu l'échelle avec la potence, parce que les criminels condamnés à mort montaient au gibet à l'aide d'une échelle; mais l'instrument du supplice auquel était attribué ce nom avait son affectation spéciale : c'était le supplice intermédiaire entre le pilori et les fourches patibulaires ou gibet. On condamnait à l'échelle pour des crimes qui n'entraînaient point la peine de mort, notamment pour rébellion ou attentat contre l'autorité seigneuriale; en ce cas, le condamné était ridiculement coiffé d'une sorte de mitre en papier, sur laquelle étaient écrits en gros caractères le nom et le délit du patient. C'était habituellement sur la place du marché, devant la halle, qu'était dressée l'échelle et que se trouvaient exposés les condamnés.

Quant aux fourches patibulaires, on appelait ainsi des piliers ou colonnes de pierres qui soutenaient de fortes pièces de bois, auxquelles on attachait les criminels condamnés à être pendus ou étranglés. Ces fourches ou poteaux n'étaient point comme l'échelle, plantés au centre, mais hors de l'enceinte du bourg ou de la ville. Nous ne savons pas, à Hautvillers, où étaient plantées les fourches patibulaires; peut-être les religieux, comme hauts justiciers, ne s'en sont-ils jamais servis, malgré le droit qu'ils en avaient.

Magistrature.

Avant la Révolution, Hautvillers, nous venons de le dire, avait sa justice particulière, et les assemblées étaient présidées autrement qu'elles ne le sont aujourd'hui. On sait aussi que, d'ailleurs, les abbés, seigneurs d'Hautvillers, étant hauts justiciers, avaient alors haute, moyenne et basse justice, et avaient leurs agents qui, en leur nom, siégeaient au tribunal. C'est ainsi même qu'en 1789 nous voyons Jacques-François Rittier réunir en sa personne la qualité de bailli général, juge civil, criminel et de police, des bailliages, gruerie, justice, terres et seigneuries dépendantes de l'abbaye royale de Saint-Pierre-d'Hautvillers.

Voici les noms de ceux que nous avons pu recueillir, employés dans la magistrature :

1597. — Nicolas Lelarge, baillif (1).
1597. — Louis Vautrin, greffier.
1613. — Nicolas Suisse, baillif.
1622. — Claude Vautrin, greffier.
1644. — Barthélemy Droynet, baillif.
1667. — Robert Philipponnat, baillif.
1690. — Pierre Geoffroy, lieutenant du bailliage.
1742. — Lécaillon, procureur fiscal.
1750. — Philippe Collet, baillif.
1756. — Louis Cordelier, sindic.
1757. — Hédoin, procureur fiscal.
1777. — Antoine Le Cacheur, juge et procureur fiscal.
1786. — Antoine Le Cacheur, lieutenant du bailliage.
1786. — Arnoud, François, procureur fiscal.
1788. — Michel Berrurier, sindic.
1789. — Jacques-François Rittier, bailli.

Par suite du décret de décembre 1789, des maires ont été nommés pour remplacer le bailli et ensuite le procureur de la commune. Le maire avait avec lui d'abord cinq conseillers municipaux, et ensuite ce nombre fut plus élevé, selon l'importance de la commune.

1790. — Jean-Baptiste Lécaillon, maire.
1793. — Nicolas Sogny, maire, donne sa démission et exerce néanmoins à la place de M. Lécaillon, renommé, et n'ayant pas accepté.

De 1795 à 1798, M. Forzy-Hémey remplit les fonctions de maire à la place de Sogny, qui avait finalement démissionné.

De 1799 à 1815, Forzy-Hemey, maire.
De 1815 à 1816, Lallement-Mennesson, maire.
De 1816 à 1827, Jean-Baptiste Cheruy, maire.
1827, Besserat-Forzy, maire pendant quelques mois.
De 1827 à 1832, Gabriel Chandon, maire.
De 1832 à 1836, Lallement, Clément, maire.
De 1836 à 1848, Laurent-Xavier Malo, maire.
De 1848 à 1852, le conseil municipal seul.
De 1852 à 1863, Laurent-Xavier Malo, maire.
De 1863 à 1865, Émile Malo, maire.
Depuis 1865, Louis Simon, maire.

(1) On écrivait autrefois : baillif, et plus tard : bailli.

La municipalité, en fonction cette année 1880, est composée ainsi qu'il suit :

M. Simon, Louis, maire (1),

M. Lefèvre-Pintrel, adjoint.

MM. Millat, Alphonse; Locret-Gillet; Lagille-Lefèvre; Comot-Vautrin; Cordonnier; Minard, Gustave; Villenfin-Minard; Pillon; Brochet; Lourdet, Adolphe, conseillers municipaux.

Notaires à Hautvillers.

Hautvillers a eu, dans un temps, une importance bien autre que celle qu'il a aujourd'hui. Il fut autrefois, et pendant plusieurs siècles, la résidence de deux notaires, qui avaient chacun leur étude séparément. Ces deux études se sont fondues en une seule vers l'an VIII de la République, par la suppression de celle de M. Antoine Le Cacheur, dont les minutes vinrent se joindre à celles de M. Claude-Gervais Malo, son confrère. Les plus anciennes minutes remontent à 1634, quoique nous ayons les noms de plusieurs autres notaires qui ont exercé à Hautvillers avant cette époque. Voici les noms de ceux qui nous sont connus :

De 1529 à 1546, Jean Gillet.
De 1529 à 1544, Jean de La Caure.
De 1544 à 1560, Nicolas Dehuz.
De 1545 à 1589, Nicolas Biernois.
De 1550 à 1568, Denys Girardot.
De 1568 à 1614, Jehan Suisse.
De 1590 à 1623, François-Benoît Rigault.
De 1615 à 1649, Nicolas Maquart.
De 1623 à 1629, Pierre Lelarge.
De 1625 à 1630, Jean Vaultrin.
De 1633 à 1688, Jean Husson.
De 1650 à 1662, Pierre Husson.
De 1668 à 1693, Jehan Malbeste.
De 1693 à 1741, Louis Malbeste.
De 1720 à 1730, Jérosme Petit.
De 1726 à 1752, Nicolas Le Cacheur.

---

(1) M. Simon, maire, est depuis 35 ans dans la municipalité en qualité de conseiller municipal, adjoint, et, depuis 15 ans, maire de la commune.

De 1730 à 1767, Jérosme Lefébure.
De 1752 à 1799, Antoine Le Cacheur.
De 1767 à 1788, Jacques Malo.
De 1788 à 1824, Claude-Gervais Malo.
De 1824 à 1863, Laurent-Xavier Malo.
Depuis 1863, Léon Pillon, en exercice.

Nous remarquons qu'il y a eu, depuis longtemps, deux notaires à Hautvillers, et quelquefois même trois ensemble.

Nous avons trouvé différents actes passés devant ces notaires, qui attestent qu'ils exerçaient dans les années que nous leur avons assignées.

A partir de 1799, Claude-Gervais Malo exerçait seul.

Presbytère.

Le logement du curé de la paroisse, on pourrait dire, a été situé dans presque tous les endroits principaux du pays. Du temps de l'ancienne église, tout naturellement le presbytère était attenant ou proche de cet édifice. Avant la Révolution, quand l'église paroissiale existait, le presbytère, placé au chevet de cette église, était la propriété du desservant, mais après la mort du curé Davaux, en 1814, qui, lui aussi, avait sa maison dans l'intérieur du pays, la commune en loua une pour servir de presbytère, jusqu'à ce qu'elle eût disposé d'une partie de la sacristie des anciens religieux pour en faire un logement au desservant.

En 1815, 1816 et 1817, des améliorations, des changements notables ont été faits dans cette partie de la sacristie, qui a servi aussi, pendant quelques années, après la Révolution, de maison d'école. Devenu définitivement presbytère, un petit jardin, pris dans l'ancien cimetière du personnel des religieux et d'une partie des habitants de Cumières, qui dépendaient d'Hautvillers, lui fut attaché.

Depuis une quinzaine d'années, le presbytère a subi de grandes modifications à son avantage. Il est commode, mais froid, à cause de son exposition au nord et tenant à l'église; celle-ci, à cause de sa hauteur, le prive bien souvent des rayons du soleil. Un filet d'eau y a été amené en 1866, par une concession toute personnelle que M. Chandon de Briailles a bien voulu faire au curé actuel.

Liste des curés d'Hautvillers, de 1612 à 1859.

En 1561, Raoul Charron, prebtre d'Hautvillers.

De 1612 à 1623, François Richard.

De 1623 à 1644, Gilles Gillet.

De 1644 à 1648, François Duchemin. (Il était protonotaire apostolique, il figure dans l'acte d'ouverture de la châsse de Sainte-Hélène, en 1644.)

De 1648 à 1651, Charles Villers.

De 1651 à 1667, Thomas Gentillâtre.

De 1667 à 1669, Bournon.

De 1669 à 1683, Créponez.

De 1683 à 1692, Gratien Esnaud. (Il fut inhumé dans l'ancienne église de la paroisse, à l'âge de 51 ans, mort le 5 juin 1692.)

De 1692 à 1694, Mopinot.

De 1694 à 1711, Ponce Hautavoine.

De 1711 à 1721, Chauvet.

De 1721 à 1722, Jean-Baptiste Chèvre.

De 1722 à 1727, Cheurel.

De 1727 à 1777, Deprez, qui avait été vicaire de 1721 à 1727. (Après avoir été vicaire pendant six ans, il fut curé de la paroisse pendant cinquante ans ; il resta donc dans la paroisse pendant cinquante-six ans. Il est mort à l'âge de 81 ans.)

De 1777 à 1787, Nicolas Henry. (Il sortait de la paroisse de Trois-Puits quand il vint à Hautvillers.)

De 1787 à 1814, Jean Davaux. Natif de Termes, il quitta Vaux-les-Mourons, où il était curé, pour venir à Hautvillers. En 1792, il est nommé officier de l'état-civil, et, comme tel, il marie à la commune et non à l'église, qui était fermée. Le 16 janvier 1791 (1), il prête serment à la Constitution, avec un nommé André Lemaire, ex-bénédictin, frère convers, et François Bernard, prêtre et qu'on dit avoir été bénédictin (2).

---

(1) Constitution civile du clergé, 12 juillet 1790, décret du 27 novembre 1790.

(2) C'était dans l'église de la paroisse, en présence des fidèles et de la municipalité. Acte lui a été délivré de cette prestation de serment.

On lit, sur une pierre adhérente à la muraille, au-dessus de la porte d'entrée de l'église :

CY-GIT JEAN DAVAUX,
CURÉ DE CETTE PAROISSE DEPUIS 27 ANS,
DÉCÉDÉ LE 27 AVRIL 1814,
AGÉ DE 81 ANS.

De 1814 à 1831, Vincent Menu. (Il mourut à Cormontreuil, en 1863.)

De 1831 à 1837, Alexandre-Jérôme-Gabriel De Parizot, mort à Hautvillers le 18 novembre 1837, inhumé près de la porte d'entrée actuelle de l'église ; ses restes ont été transportés au nouveau cimetière, en 1861, dans un caveau destiné à la sépulture des ecclésiastiques de la paroisse.

Nicolas Turquin, curé de Cumières, a desservi Hautvillers de novembre 1837 à janvier 1838.

Jean-Louis-Pacifique Muzart, du mois de janvier 1838 au mois de septembre suivant.

De 1838 à 1859, Jean-François Duchesne. Il s'est retiré à Épernay.

Jean-Baptiste Manceaux, actuellement curé d'Hautvillers, depuis le 9 avril 1859.

DE L'INSTRUCTION A HAUTVILLERS

Maisons d'écoles.

C'est une véritable histoire que de faire connaître quels sont les divers locaux qui ont servi de maisons d'écoles, depuis près d'un siècle, à Hautvillers ; il est vrai que ces détails ne peuvent intéresser que les habitants de la localité, mais les autres lecteurs de cette histoire nous les pardonneront.

Dans les temps antérieurs à la Révolution, la commune ne possédait pas de maison d'école proprement dite, une maison en location, tantôt l'une, tantôt l'autre, était affectée à cet usage. A partir de 1812 jusqu'en 1817, l'école des garçons se tint dans une partie de la sacristie qui, bientôt, devait servir de presbytère, et, dans cet intervalle, il y a eu une école mixte pendant un an, de 1815 à 1816, faute d'institutrice.

En 1817, la commune acheta, sur la place publique, une maison pour école de garçons, à un nommé Jean-François Dumoutier.

En 1865, la commune fit l'acquisition d'une autre maison plus spacieuse. L'école et la mairie y sont réunies convenablement. Cette maison fut acquise au prix de 17,000 francs; elle était auparavant la propriété de M. Lallement-Geoffroy.

Depuis longtemps il en était de même pour l'école des filles, c'est-à-dire qu'un local fixe était à trouver. En 1784, lorsqu'on eut établi une école de filles à Hautvillers, MM. les religieux s'étaient empressés de fournir une maison affectée à cet usage; mais, à l'époque de la Révolution, cette maison étant vendue, comme tout ce qui dépendait de l'abbaye, la commune a été obligée de se pourvoir ailleurs. Ce ne fut qu'en 1810 que M. Forzy-Hémey, maire de la commune, fit bâtir pour école de filles une maison rue du Pavé.

Pour cette entreprise, Mme Lécaillon, veuve de l'ancien chirurgien, donna une somme de 1,500 francs en rente viagère, c'est-à-dire que la commune devait lui servir jusqu'à la fin de sa vie une rente de 75 francs chaque année. Son testament rappelle cette condition.

En 1823, après bien des vicissitudes pour y parvenir, une maison d'école fut définitivement achetée, l'école de filles y fut installée; c'est celle qui existe encore aujourd'hui, mais qui demande de sérieuses réparations, si toutefois elle est susceptible de les recevoir.

A cette maison se rattachent bien des souvenirs ; c'est là où se tenaient les audiences de la justice criminelle d'Hautvillers, les assemblées de la commune, voire même la justice de paix, pendant quelques années. On lisait encore, en 1859, écrit en grosses lettres au-dessus de la porte de cette maison, le mot : *Auditoire*.

La commune d'Hautvillers avait l'intention bien arrêtée, au moment de la vente des biens du clergé, d'acheter la maison de l'auditoire ; elle chargea, à cet effet, Michel Berrurier, son procureur, d'en faire pour elle l'acquisition, ce qui eut lieu le 26 juillet 1791 ; mais, ne pouvant acquérir aucune propriété provenant de l'abbaye, le sieur Berrurier en devint seul propriétaire. Il l'avait obtenue pour le prix de 2,600 livres avec les jardins qui faisaient partie de la même propriété. Craignant que ledit Berrurier ne gardât pour lui ce qu'elle convoitait, la commune lui proposa de revendre cette maison, et l'on convint qu'après avoir été remboursé, le surplus du prix de la vente servirait à établir une fontaine sur la place publique. Par amour du bien de ses concitoyens, Berrurier consentit ; mais, doutant de la réalisation du projet avancé, il retint pour lui deux sous pour livre. Ladite maison fut vendue le 24 août 1794, à un nommé Sellier, menuisier, la somme de 7,120 livres, ce qui procura au sieur Berrurier 712 livres de bénéfice ; il avait eu raison, la fontaine ne fut pas construite (1). Persévérant dans son désir, la commune acheta ladite maison à Sellier, le 23 octobre 1823, non-seulement le prix qu'elle lui avait coûté, mais le vendeur exigea, en outre, que la maison bâtie par M. Forzy, aidé de Mme Lécaillon, en 1810, et qui servait de maison d'école de filles, lui fut donnée en surplus du prix de celle qu'il venait de vendre.

De 1810 à 1815, l'école des filles s'est tenue d'abord dans la maison dite du Pavé et cédée plus tard à Sellier. On l'abandonna en 1815 et, pendant deux ans, cette école se tint dans le sacraire ; c'était une place tenant à l'église où, autrefois, les religieux déposaient toutes les châsses de l'abbaye, puis on reprit de nouveau l'ancien local, qu'on conserva jusqu'en 1823, époque où, définitivement, l'école des filles fut installée là où elle est encore actuellement, c'est-à-dire dans l'ancien auditoire, qui a passé des mains de Berrurier dans celles de Sellier et qui, enfin est devenu propriété de la commune.

Déjà nous avons eu l'occasion de dire que, dès l'année 1776, la commune d'Hautvillers avait créé une pension de retraite de 200 livres à un maître d'école, Jean-Remi Barbaran, que son grand âge rendait invalide ; il exerçait depuis 1737. Il ne jouit pas longtemps de cette marque de bienfaisance de la part de la commune, car il mourait le 18 janvier 1777. Bien avant cette époque, l'instruction était donnée aux enfants à Hautvillers, soit par les religieux eux-mêmes, soit par les curés, soit par des maîtres choisis à cet effet ; mais le plus ancien des maîtres d'école qui nous soit connu, est un nommé Thévenin qui

---

(1) Ce prix de 7,120 livres, qui parait très élevé pour la valeur, était payable en assignats ; mais déjà, à cette époque, l'assignat ne valait même plus le tiers de sa valeur nominale. En réalité, Sellier n'avait payé sa maison que 2,600 francs.

exerçait en 1612 et qui a continué jusqu'en 1627. Les enfants des deux sexes recevaient l'instruction dans un même établissement ; la commune, qui y reconnut avec raison certains abus et ne reculant devant aucun sacrifice utile, songea à y mettre un terme.

Ce fut le 30 août 1784 qu'eut lieu l'installation de la première institutrice. Nous verrons qu'en 1815 il y eut à Hautvillers, pour institutrices, deux religieuses de Sainte-Chrétienne, de Metz ; quoiqu'elles ne soient restées que deux ans dans la commune, le nom de sœurs d'école fut tellement dans l'habitude des habitants que toujours, en parlant même des institutrices laïques, on les a appelées : « Sœurs d'école ».

On a vu comment les religieux surent concourir à l'établissement de cette création d'école de filles, en leur procurant un local. Avant la Révolution, les émoluments de l'institutrice n'atteignaient qu'un chiffre bien modeste ; elle n'avait qu'une bien petite rétribution scolaire, souvent mal payée, et un traitement fixe de 200 livres, 120 livres même. Elle était seule ; probablement qu'une des plus grandes et plus savantes élèves l'aidait près des plus petites. Aujourd'hui, elle a une maîtresse adjointe, et si les dépenses du côté de la nourriture, de l'habillement, sont beaucoup plus grandes, les émoluments sont aussi beaucoup plus élevés. L'instruction a aussi plus d'étendue : coudre, marquer, tricoter, broder, des ouvrages d'utilité et d'agrément, sont ajoutés à l'instruction ordinaire de la lecture, de l'écriture et du calcul. Le nombre des élèves chez les institutrices à Hautvillers est de 90 à 100 en hiver, et de 70 à 80 en été. L'établissement d'une institutrice à Hautvillers dut, on le conçoit, faire une large brèche aux émoluments de l'instituteur ; c'était couper en deux la rétribution mensuelle qui était le mode de paiement à cette époque. La commune fit de son mieux pour combler en partie ce déficit. Ce fut, trouve-t-on, un des premiers articles que décida le conseil des notables, lors de sa formation, le 10 octobre 1784. Il arrêta qu'il serait accordé, au *recteur d'école*, un sol par mois par chaque enfant en sus du prix antérieur. La compensation était minime.

Les émoluments des instituteurs d'Hautvillers ne se ressentent plus guère de l'accroc qu'on leur fit alors. Ils ont suivi le cours ascensionnel de l'instruction. L'instituteur a aussi un maître adjoint que la commune paie en particulier. Ils ont, dans leurs deux écoles comme dans les écoles des filles, souvent même un peu moins de 90 à 100 élèves en hiver, et de 70 à 80 en été.

Autrefois, les instituteurs et les institutrices recevaient des parents des enfants quelque peu de vin, au moment de la vendange ; il n'était pas rare de voir l'instituteur remettre dans sa cave trois ou quatre pièces de vin. Le curé avait aussi sa petite part, mais en moindre quantité.

Aujourd'hui, les vins étant d'un prix beaucoup plus élevé, puis, peut-être aussi, la générosité des parents moins grande, cet usage est pour ainsi dire supprimé, et, quand le curé et l'instituteur reçoivent encore quelque chose, c'est toujours de la part de quelques nobles cœurs, pour lesquels les bonnes traditions sont en quelque sorte une loi.

Les classes sont généralement bien fréquentées à Hautvillers ; la plupart des enfants sont studieux, et il n'est pas rare d'en voir, chaque année, recevoir leur certificat d'étude.

Liste des instituteurs qui ont exercé à Hautvillers depuis 1612.

De 1612 à 1627, Thevenin. (On les appelait alors praticiens ou recteurs d'écoles, ou maîtres d'écoles.)

De 1627 à 1644, Villermin.

De 1644 à 1671, Pierre Tremblet.

De 1671 à 1684, Oudart.

De 1684 à 1719, Pierre Bacquenois.

De 1719 à 1737, Pierre Merlin.

De 1737 à 1776, Jean-Remi Barbaran.

De 1776 à 1791, Alexis Lavaire.

De 1791 à 1794, Nicolas François.

En 1794, les habitants, mécontents de leur recteur d'école, ont résolu de lui en substituer un autre ; alors, le 20 frimaire de l'an III, ils firent venir de Ville-en-Tardenois, où il exerçait depuis 15 ans, un enfant du pays, le sieur Louis Hanin, qui n'exerça que quelques mois de l'année 1794. Le sieur Nicolas fit une pétition qui lui réussit ; il fut réintégré dans ses fonctions, alors :

De 1794 à 1800, François Nicolas.

Pierre Bruley, ex-bénédictin de Vertus, exerça en même

temps que François Nicolas, pendant l'année 1800. Au bout de l'année, Nicolas resta seul et Pierre Bruley devint secrétaire de la commune (1).

De 1800 à 1803, François Nicolas.

De 1803 à 1806, Laurent Boitel.

De 1806 à 1833, Jean-Étienne Chemin. Il était né à Pontavert. On lit dans le registre des délibérations de la commune d'Hautvillers que le conseil municipal n'eut pas toujours à se louer de cet instituteur, car, le 4 mai 1820, le conseil décida qu'une semonce sera adressée au sieur Chemin, qui tient mal ses enfants, et que des éloges seront adressés à Mlle Philippot, institutrice. Si cet instituteur a mérité une semonce de la part du conseil, il faut dire que plusieurs ont mérité des éloges qui leur ont été adressés en temps opportun.

De 1833 à 1839, Claude-Antoine Labey, mort le 13 novembre 1839.

De 1839 à 1842, Auguste-Félix Labey, fils du précédent.

De 1842 à 1864, Pierre-Augustin Julliot.

En fontion depuis 1864, Hippolyte Foureur.

Liste des institutrices qui ont exercé à Hautvillers depuis 1784.

Lorsqu'en 1784, une école de filles a été instituée, la première institutrice qui tint cette école fut Mlle Maillard, qui donna sa démission en 1790.

De 1790 à 1792, Marguerite Rousseaux. Elle était de Verzenay.

De 1792 à 1793, Rosalie Malo, fille de Jacques Malo, homme de loi, et de Louise Bernard, d'Hautvillers.

De 1793 à 1801, Marie-Louise Boucton. Elle était organiste en même temps.

---

(1) Pierre Bruley était natif de Baulay (Haute-Saône). Il avait été aussi curé de Villers-aux-Bois, canton de Vertus. Il était venu se fixer à Hautvillers le 30 germinal an II. Après la tourmente, il reprit l'habit ecclésiastique et desservit Champillon pendant quelques années. Il demeurait à l'ermitage de Saint-Nivard.

De 1801 à 1805, Aimée Walton.

De 1805 à 1809, Ursule-Marie-Jeanne Morin, veuve Lelarge, ex-institutrice d'Ay et de Cumières.

Pendant un an l'école des filles fut réunie à celle des garçons, sous la direction de M. Chemin.

De 1810 à 1812, Jeanne Clignet, de Reims.

De 1812 à 1813, Marie-Madeleine-Charlotte Chassay, veuve Dumont, de Luçon (Vendée), ex-institutrice de Sompuis.

De 1813 à 1815, Sœurs Hélène et Françoise, de Sainte-Chrétienne, de Metz.

De 1815 à 1816, l'école des filles fut encore réunie à celle des garçons.

De 1816 à 1817, Céline-Anastasie Compin, femme de Pierre-François Pierrot, plus tard instituteur à Avenay.

De 1817 à 1850, Sophie Philippot. Dans cette dernière année, le maire, M. Malo, expose au conseil que Mlle Philippot ayant exercé comme institutrice pendant 33 ans, avec tout le zèle dont elle était capable, propose qu'une pension de cent cinquante francs lui soit votée, ce qui fut accepté. Elle mourut le 18 janvier 1854.

Elle a eu, pendant une vingtaine d'années, pour sous-maîtresse, Mlle Alexandrine Thorel, de Bayeux (Calvados), décédée à Hautvillers, le 19 mai 1852.

De 1850, 2 décembre, au 1er mai 1876, Marie-Joséphine-Aseline Monceau, et sa sœur Marie-Joséphine-Octavie Monceau, nées à Fleury-la-Rivière, de Jean-Baptiste Monceau, ancien instituteur, officier d'Académie, et de Jeanne-Marguerite Anot.

Aurore-Amélina Foureur, née à Ludes en 1852, en fonction depuis le mois de mai 1876.

Admission de nouvelles institutrices à Hautvillers, en remplacement de Mlle Philippot, démissionnaire.

Session de février 1851.

Le président du conseil a exposé : Mlle Sophie Philippot, qui, depuis plus de trente ans, exerce à Hautvillers la profession d'institutrice communale, désirant se reposer de ses longues fatigues et sa santé ne lui permettant pas, d'ailleurs, de continuer, a donné, déjà depuis longtemps, sa démission, et elle remercie le conseil municipal du concours bienveillant qu'il lui a prêté dans maintes circonstances.

Il s'agit maintenant de pourvoir à son remplacement. Aux termes de la loi de 1850 sur l'enseignement, les institutrices, comme les instituteurs, sont nommés par le conseil municipal et choisis, soit sur une liste d'admissibilité et d'avancement, dressée par le comité académique du département, soit sur la présentation qui est faite par les supérieurs pour les membres des associations religieuses vouées à l'enseignement. Vu la liste d'admissibilité aux fonctions d'institutrices communales dressée par le conseil académique de la Marne, dans ses séances des 20 mars et 26 octobre 1851 ;

Considérant que, sur cette liste, figure Mlle Marie-Joséphine-Aseline Monceau, née à Fleury-la-Rivière, le 19 mars 1830, que cette demoiselle est munie d'un brevet de capacité, sous la date du 20 août 1849, que, depuis environ six mois qu'elle est sous-maîtresse chez Mlle Philippot, on a été à même de remarquer qu'elle est douée des qualités requises pour faire une bonne institutrice, qu'elle ne laisse rien à désirer sous le rapport de la moralité et de la capacité, que les certificats qui lui ont été délivrés par MM. les maires de Châlons et de Fleury inspirent toute confiance, enfin que cette demoiselle est âgée de 21 ans du 19 mars dernier et que ses antécédents sont on ne peut plus favorables, le conseil municipal nomme, à l'unanimité, Mlle Monceau, institutrice communale d'Hautvillers.

Fait et délibéré le jour, mois et an que dessus.

Une sœur de la dénommée, Marie-Joséphine-Octavie Monceau, aussi brevetée, lui fut adjointe. Pendant 25 ans, la commune n'a eu qu'à se louer du choix qu'elle avait fait d'accepter les demoiselles Monceau en qualité d'institutrices, par le zèle qu'elles ont déployé, le dévouement qu'elles ont montré pour l'instruction des enfants. Leur vertu et leur moralité sont demeurées exemplaires. Au moment de leur départ, le conseil municipal, sur la proposition de M. le maire Louis Simon, a voté, au nom de la commune, pour témoigner sa reconnaissance aux demoiselles Monceau, une somme de 200 francs destinée à l'acquisition d'un objet d'art qui leur a été offert et qui sera certainement pour elles un souvenir toujours bien agréable.

Caractère, mœurs des habitants d'Hautvillers.

Renier son pays est toujours un trait de lâcheté ; souvent, c'est chose impossible ; l'habitant d'Hautvillers est champenois, et il en est fier. Il sait pourtant qu'il est un vieux dicton, peu flatteur à son endroit, cent fois jeté à la face des indigènes de la Champagne, et, quoique cette sentence paraisse être passée en proverbe, cela ne prouve pas que quatre-vingt-dix-neuf moutons et un champenois fassent cent..... moutons. Falsifié dans son origine, le champenois en général, et l'habitant d'Hautvillers en particulier, sait donner un démenti formel à ce vieux dicton populaire d'un autre âge ; et, en effet, le champenois n'est pas plus sot qu'un autre. En dépit de la bonhomie proverbiale qu'on lui prête, il calcule ses petites affaires et les mène à bonne fin, avec assez de sagacité pour être rarement la dupe de ceux qui se piquent de plus de finesse et de ruse. Donc, ne craignons pas de dire que nous sommes champenois et habitants d'Hautvillers.

Jaloux de ses droits, nous supposons aussi l'habitant d'Hautvillers assez scrupuleux pour ce qui tient au respect dû à la propriété d'autrui. Il s'emporte et s'apaise avec la même facilité, pourvu qu'on ne mette pas d'huile sur le feu ; il a cela de commun avec beaucoup d'autres. Il a, d'ailleurs, bon cœur, et il est toujours prêt à rendre service, même à ses ennemis, quand l'occasion s'en présente. On lui reproche peut-être un peu de hauteur, pas assez de soumission envers ses supérieurs, se croyant l'égal de tous ; il est vrai que c'est l'esprit du jour ; cependant n'oublions pas ce qu'a dit le Grand Maître : « *Reddite cui tributum, tributum ; cui vectigal, vectigal*. — Rendez le tribut à celui à qui est dû le tribut, et l'honneur à celui à qui est dû l'honneur (Rom. XIII) », car il arrive, de l'oubli de cette maxime, qu'on méprise facilement celui envers lequel on ne devrait avoir que des sentiments de reconnaissance et de respect.

Laborieux par nécessité, l'habitant d'Hautvillers sait braver l'inclémence des saisons ; souvent même, parmi les frimas, on le trouve dans ses vignes, charriant son terreau, soufflant dans ses doigts pour faire niche au vent glacial du nord. Généraralement l'habitant d'Hautvillers se passe volontiers du caprice des petites jouissances de la vie sociale. Cependant, il est loin de refuser le plaisir et l'agrément que peuvent lui offrir certaines réunions.

A Hautvillers, comme dans les environs, la femme n'est vraiment que le compagnon de travail de son mari; elle partage ses fatigues, et sa présence constante aux champs lui fait négliger, malgré elle, cet ordre, cette propreté qu'on trouve dans certains autres endroits où les femmes demeurent constamment à la maison.

La danse qui de tous temps fut mauvaise, qui, pour être devenue presque le seul divertissement de la jeunesse, n'en est pas meilleure aujourd'hui, tant s'en faut; jamais, dans nos contrées, la licence n'a atteint de pareilles limites. Lorsqu'on voit la jeunesse abandonner les pratiques religieuses, on la voit aussi manquer d'éducation; elle ne respecte plus rien, la vertu pour elle est un vain mot; la jeune fille ne devrait cependant pas oublier que, dans toutes circonstances, la modestie est pour elle un précieux apanage. Il ne faut cependant pas désespérer d'une amélioration, quoique tardive, dans les mœurs de cette jeunesse si chère à tous. Que les parents donnent l'exemple, qu'ils se rapprochent de Dieu, qu'ils aient à cœur l'honneur et le bien en général de leurs enfants, nous verrons bientôt, à Hautvillers comme ailleurs, un changement notable dans les mœurs des générations suivantes.

Topographie d'Hautvillers.

Hautvillers, qui emprunte à sa position la première moitié de son nom, domine le lit de la Marne de 80 mètres environ. Le sol d'Hautvillers présente de nombreuses variétés; dans son coteau se trouvent successivement la craie, le sable, le limon, l'argile, se disputant la prédominance. Il offre, dans le village même, de telles difficultés pour bâtir, qu'il n'est presque pas possible d'y élever une maison sans qu'elle ne soit lézardée après peu d'années de sa construction. Il n'est pas rare, après de grandes pluies, l'argile étant, dans l'intérieur du sol, couverte d'eau, de voir les terres supérieures glisser comme sur une glace et occasionner, par-là même, des dégâts d'une certaine importance; on a vu, en décembre 1872, la terre d'une vigne lieudit les Buttes, tout près du village, descendre sur la route, l'encombrer au point qu'elle n'était pas encore complètement déblayée deux ans après. La montagne de Saint-Nivard elle-même a quelquefois éprouvé de ces accidents : un mamelon a coulé, venant se placer là où il se fait encore remarquer aujourd'hui, un peu à gauche de l'ancienne porte du monastère. Dans une région plus élevée, on trouve des terres coquillères, qui accusent un dépôt marin ; nous y reviendrons. Si la partie basse du terroir, celle qui avoisine la Marne, est amplement favorisée par la nature sous le rapport de la fertilité, il n'en est pas de même du plateau qui domine le village ; généralement, il est à peine couvert de quelques centimètres d'humus maigre et froid, et en quelques endroits il est absolument dépourvu de terre végétale. On remarque, néanmoins, sur ce plateau, de luxuriantes forêts, telles que celles des Lhuys et de Saint-Mars; peut-être leur résidu est appelé à corriger plus tard l'ingratitude du terrain. Pour ce qui tient des terres labourables sur la montagne, composées en partie de limon, et faisant face à la magnifique forêt dite Réserve-de-Cormoyeux, les progrès de l'agriculture les ont sensiblement améliorées. Les terres qui se trouvent à droite et à gauche de la route, en descendant à Dizy, sont excellentes et d'une culture facile; toutefois, elles ont besoin de l'intelligence de l'agriculteur pour leur donner le soin qu'elles réclament.

Situé sous le 49° 1' 15" de latitude septentrionale, et sous le 1° 41' 12" de longitude orientale, à 132 kilomètres est-nord de Paris, 24 kilomètres sud-ouest de Reims, 33 kilomètres nord-ouest de Châlons, Hautvillers appartient au département de la Marne, à l'arrondissement de Reims, au canton d'Ay, dont il est distant de 6 kilomètres. Son point culminant est à 268 mètres au-dessus du niveau de la mer. La route ou chemin de grande communication de Fismes à Épernay le traverse dans toute sa longueur.

Le territoire d'Hautvillers, d'une superficie totale de 1,187 hectares 39 ares 90 centiares, est borné à l'est par Champillon et Dizy; au sud, par Dizy, la Marne et Cumières; à l'ouest, par Cumières et Damery; au nord, par Cormoyeux et Saint-Imoges. Pris en masse, Hautvillers ne peut passer pour un village élégamment bâti, mais, dans le détail, on y trouve cependant des maisons construites très régulièrement, des maisons où l'art a déposé son cachet, disons plus, des maisons assez coquettes pour qu'on puisse dire : « Il y a là plus que du confortable ». Les matériaux qui entrent dans la construction, à Hautvillers, sont généralement la brique et la pierre meulière, dont il se trouve de ces dernières des carrières abondantes sur le plateau de la montagne ; constamment des chariots, le plus souvent traînés par des bœufs de Bourgogne, transportent ces pierres d'Hautvillers à Épernay. De nouvelles carrières, ouvertes dans les réserves de Saint-Imoges, terroir d'Hautvillers, en fournissent aussi considérablement. La brique employée à Hautvillers provient des nouvelles briqueteries de Bellevue, de Dizy, d'Épernay et même de Brugny. Quant aux pierres de taille, elles y sont un luxe réservé à la haute bourgeoisie.

« C'est la cave qui fait le vin, » dit un vieil adage à l'usage des gourmets ; sauf le respect dû aux vieux proverbes, nous pensons qu'Hautvillers offre un cas tout exceptionnel ; creusées dans la montagne d'où s'échappent de nombreux filets d'eau, souvent assises sur la glaise dont le gisement s'étend sur une assez longue étendue, ou bien sur un sable bouillant qui leur ôte une solidité rassurante, ou bien encore sur une certaine terre noire qui n'offre aucune garantie, les caves d'Hautvillers, pour la plupart, contractent une humidité désespérante, et l'on sait qu'une trop grande fraîcheur n'a jamais eu le privilège d'améliorer le vin, soit en bouteilles, soit en cercles ; les futailles, surtout, en souffrent davantage. L'inconvénient que nous signalons n'existe que pour les caves construites dans l'intérieur du village, et dont la profondeur ne peut aller jusqu'au banc de craie ; en bas de la côte, en allant vers Dizy, il y a d'excellentes caves ; quelques-unes appartenaient aux religieux ; depuis, plusieurs propriétaires en ont fait creuser de magnifiques et qui conservent admirablement le vin. Il y en a qui ne sont même pas voûtées en pierres ni en briques, tant le banc de craie est solide par lui-même. On en trouve encore une vaste auprès de l'ancien moulin à vent, dite la Cave-Thomas ; elle appartenait au monastère ; on lit encore aujourd'hui, sur ses parois, le nom de quelques religieux qui, probablement, s'occupaient de la manutention des vins. Nous avons donné la date de la construction de ces caves.

Un avantage qu'ailleurs on paie fort cher et dont la nature a généreusement pourvu Hautvillers, c'est une eau saine et abondante. La montagne est, sur ce point, d'une libéralité qui jamais ne tarit. Parmi les sources qui portent au sein du village leurs eaux limpides et légères, ou entretiennent la fraîcheur du coteau, on distingue celles vulgairement dites : la fontaine de Caillambaut, qui approvisionne le lavoir communal pour une partie, une autre partie pour le service des particuliers ; la fontaine des Menidres, remarquable par la légèreté de ses eaux ; la fontaine aux Frênes ; la fontaine au Chêne ; ces deux dernières sont situées à l'entrée du bois dit Réserve-de-Saint-Imoges ; leurs eaux ont l'agrément de rafraîchir admirablement les nombreux promeneurs qui les visitent dans les beaux jours. Les sources des Fotiaux ont été, depuis la fondation du monastère, réunies dans un même bassin pour l'alimentation de cette maison et, aujourd'hui, de plusieurs autres encore, dépendant autrefois de l'abbaye.

Beaucoup d'autres sources se font remarquer dans les prés Jaumez ; abandonnées à leur écoulement naturel, elles forment un petit ruisseau qui reçoit dans son cours le trop plein d'un étang dit des Essarts, et aussi les eaux de la fontaine aux Frênes et celles de la fontaine au Chêne. Bien que fortifié par ces petits affluents, notre ruisseau des Chaillois se perd dans le bas de la montagne, pendant la majeure partie de l'été. Un autre ruisseau, alimenté par les eaux de la Pitance et des Bourins, se précipite par le versant de la montagne, sous le nom de ruisseau des Biscornettes, parcourt dans sa longueur le petit vallon qui mène à la prairie et se perd dans la Marne.

Montagnes.

Les principales montagnes d'Hautvillers, ou, pour parler avec plus d'exactitude, les principaux accidents de son coteau, sont au nombre de deux : 1° la colline dite des Quartiers, traversée par l'ancienne route nationale n° 51 d'Orléans à Givet, par Reims, Épernay, et au midi de laquelle se trouvent les vignes qui produisent, outre d'excellents vins blancs, l'un des meilleurs rouges de la Champagne. 2° Celle de Saint-Nivard, qui domine l'église et une partie du village ; la pente du terrain varie du midi à l'est. Ce coteau, ayant à son milieu le village quelque peu en plate-forme à certains endroits, se continue jusque dans le vallon, au bas de la route de Cumières à Dizy, au vallon d'en bas des Bourrains, au bas des Maladries, et jusqu'au ruisseau des Chaillois.

Étangs. — Marais.

Marais. — On peut donner ce nom à quelques terrains situés à mi-côte vers l'est du village et qui terminent le coteau de Saint-Nivard, de ce côté. Ces marais sont désignés sous le nom de Prés-Jaumez ; ils ne sont marais, à proprement parler, que parce qu'ils sont arrosés ou humectés par plusieurs sources ou suintements qui se remarquent pour ainsi dire sur toute la surface de ce terrain. Les sources qui viennent de l'étang des Essarts, le plateau de la ferme de la Briqueterie, ne trouvant pas toujours un écoulement facile, commencent par s'agglomérer dans des fosses pratiquées par l'extraction des terres ou du sable propres à faire des engrais, et forment ensuite une multitude de petites sources sur presque toute la surface du sol. Ces marais ne sont pas, pour Hautvillers, une cause de salubrité, et ou peut les regarder à bon droit comme apportant aux habitants une fièvre paludéenne dont ils ont beaucoup de difficultés à se débarrasser, fièvre qui n'épargne jamais les nouveaux habitants venus d'ailleurs.

Étangs. — On compte, à Hautvillers, les étangs des Sentelles et l'étang des Essarts. Les étangs des Sentelles occupent une grande partie du plateau situé au-dessus d'Hautvillers et environné de bois pour les trois quarts. Ces étangs, d'une contenance de 18 hectares, appartenaient autrefois aux religieux. Tous les deux contiennent une multitude de poissons qui peuplent ordinairement ces grands réservoirs. On pêche ces étangs tous les trois ou quatre ans. Des marchands de poissons d'Épernay ou de Reims viennent en acheter le produit.

L'étang des Essarts est situé au milieu de la forêt en allant d'Hautvillers à Saint-Imoges. Il est moins important que les étangs des Sentelles, et, la plupart du temps, on laisse s'écouler les eaux pour y faire, dans sa plus grande partie, une récolte de mauvaises herbes propres seulement aux engrais. Cet étang vient d'être desséché entièrement. M. Chandon de Briailles, qui en est le propriétaire, se propose de le planter en bois, pour faire suite à ses autres propriétés dites bois des Mazures.

Météorologie.

Malgré les émanations humides et malsaines des prés Jaumez, l'air est très vif à Hautvillers, ce qui ne laisse pas d'influer beaucoup sur la santé des individus. Cet air vif fatigue ceux qui sont faibles du côté de la poitrine et favorise ceux qui sont d'une forte constitution, en chassant plus rapidement tous ces miasmes qui s'exhalent des terrains humides et malsains. Aussi, il n'est pas rare, quoique ayant payé plusieurs fois même pendant leur vie le tribut à la fièvre, de voir des types d'hommes sur qui quatre-vingts ans et plus ont passé sans leur apporter de graves infirmités, inhérentes à la vieillesse dans certains endroits. La température, à Hautvillers, y opère ses variations sur une large échelle; vu son exposition au soleil presque du midi, et la forme amphithéatrale de son coteau, qui joue presque le rôle d'un miroir concave, la chaleur, en été, y devient quelquefois presque insupportable. Heureusement que les bois qui le couronnent lui procurent de temps en temps un souffle rafraîchissant. L'hiver n'amène pas toujours une température plus favorable, car, bien que la bise glaciale du nord n'arrive pour ainsi dire à Hautvillers qu'en contre-choc et après avoir contourné la montagne, vu l'élévation du village, le froid s'y fait sentir avec intensité, et, de quelque côté qu'on vienne, soit de Cumières, soit de Dizy, on sent qu'il y a au moins un degré de froid de plus que dans ces deux localités.

Le souffle glacé du nord est bien plus sensible quand il se tourne en bourrasque. Quoique la montagne paraisse lui servir de paravent, il se déchaîne quelquefois avec une violence extrême, sans amener, cependant, beaucoup de dégâts; mais, par un effet contraire, Hautvillers supporte toute la poussée des vents du sud, qui sont assez fréquents sans être dangereux trop souvent. Violents, ils se brisent contre la montagne qui domine Damery, mais alors leurs effets sont quelquefois terribles quand, en contournant cette montagne, ils arrivent sur Hautvillers comme sur un point de mire, et, gare alors aux bâtiments élevés.

Il en est de même des orages; si cette montagne de Damery n'opère pas la division du nuage, ce qui, heureusement, arrive le plus souvent, il y a une débâcle, et notre village essuie tout ensemble et l'impétuosité directe de l'ouragan qui a passé au-dessus de la montagne de Saint-Nivard, et la grêle ou la pluie qui se déversent sur son territoire. Ce fut un de ces ouragans qui, en 1672, causa d'effroyables ravages dans les bâtiments de l'abbaye. On ne sache pas que la foudre y ait jamais rien détruit, les courants, probablement, ne favorisent pas la décharge de l'électricité, pas plus que la cime des arbres, pourtant en grand nombre du côté d'où viennent ces orages ; la montagne, croyons-nous, en est la cause.

Cependant, au commencement de l'année 1875, un mât qui surmontait la tour d'observation, située au bout du parc de M. Chandon de Briailles, a eu, depuis le haut jusqu'en bas, un éclat de huit centimètres de largeur et de deux ou trois centimètres d'épaisseur, enlevé en spirale par l'effet de la foudre; c'est le seul cas qui soit à la connaissance des habitants depuis des années.

Cette tour, destinée primitivement à recevoir un moulin à vent, avait été construite par un habitant du pays nommé Jean-Baptiste Locret, en 1790. Plus tard, lorsqu'elle devint la propriété de M. Chandon père, celui-ci y conserva le moulin qui a tourné jusqu'en 1869; c'est alors qu'il fut démoli. Mais la tour conservée avait été exhaussée de dix mètres. On avait, à son sommet, un point de vue admirable. On la fit sauter par la dynamite, le 13 février 1879, en prévision de la construction d'un fort au-dessus d'Hautvillers, qui, l'ayant enclavée dans son périmètre, n'aurait pas manqué de la faire disparaître. L'étude de ce fort a été admise auprès du gouvernement, qui, pour des raisons inconnues, en ajourne l'exécution.

HISTOIRE NATURELLE

Fossiles.

Pour celui qui ne s'occupe que légèrement des objets fossiles, le territoire d'Hautvillers n'offre pas, tout d'abord, beaucoup d'intérêt, mais celui qui aurait entendu raisonner sur ce point dom Sébastien Dieudonné, savant religieux bénédictin d'Hautvillers, en aurait jugé bien autrement et aurait reconnu que, bien souvent, les plus petites choses en apparence, renfermées dans les entrailles de la terre, méritent l'attention du savant naturaliste et sont quelquefois bien précieuses.

La partie marécageuse du coteau renferme des bois pétrifiés ; on les trouve à une certaine profondeur. Un morceau, qu'on a exhumé en 1845, semble être du chêne ; les filaments sont parfaitement conservés. M. Delvincourt, ex-ferblantier à Hautvillers et amateur de ces fossiles, en avait une collection assez rare. Au témoignage de dom Grossard, on avait trouvé, sur l'ancien chemin d'Hautvillers à Cumières, lieudit la Sablonnière, à une très grande profondeur, des saules parfaitement pétrifiés. Les religieux les avaient laissés dans le monastère, à leur sortie. Ils ont été dispersés.

Nous avons trouvé, dans les archives de Mme de Barral d'Arènes, née Le Dieu de Ville, un recueil de lettres échangées entre un de nos religieux, dom Dieudonné, et le célèbre dom Augustin Calmet, abbé de Senones (Vosges), auteur de plusieurs ouvrages sur la Bible, qui prouvent combien ces hommes aimaient l'étude de la nature, pour rechercher jusqu'au sein de la terre la vérité annoncée dans les Saintes Écritures. Nous citerons seulement quelques passages de ces lettres, notre sujet ne comportant pas de les rapporter entièrement.

Lettre de T. R. P. dom Augustin Calmet, abbé de Senones, dans les montagnes des Vosges,

Au R. P. dom Amand-Vincent, sous-prieur de l'abbaye d'Hautvillers, pour l'abbé dom Sébastien Dieudonné, religieux de la même abbaye.

A Senones, 1er octobre 1751.

..... Permettez-moi de vous demander si l'on ne pourrait pas, par votre moyen ou par celui de vos confrères d'Hautvillers, observer si les coquillages de votre montagne, où j'ai été autrefois, végètent, croissent, et étant parvenus à une certaine grosseur se corrompent et se rompent. Il me semble l'avoir observé moi-même étant allé au haut des vignes où la terre est toute pétrie de ces coquillages.

Ce que je vous demande, mon révérend père, est d'une

très grande conséquence pour la résolution d'un problème proposé depuis très longtemps, savoir si ces coquillages viennent du déluge ou si ce sont des productions de la nature. Il me semble que vos révérends pères me disaient alors qu'on voyait dans la terre, qui remplit la cavité de ces coquillages, des espèces de germes ou des embryons de ces coquilles encore naissantes et très petites. Et je crois en avoir vu de bien grosses qui étaient comme pourries et écrasées. Vous êtes à portée d'examiner la chose à fond et de suivre la nature dans la formation et la décomposition de ces bagatelles. J'ai ramassé grand nombre de ces coquillages de toute espèce pour me mettre en état de former mon jugement sur leur origine et sur leur nature, et, jusqu'ici, je demeure comme persuadé qu'ils ne sont pas venus du déluge. Vous me ferez plaisir de me persuader le contraire.

Je suis, dans la plus parfaite reconnaissance, mon révérend père, votre très humble et très obéissant serviteur.

Dom Augustin CALMET.

Soit par la réponse ou dissertation de dom Sébastien Dieudonné, ou par ses propres études, dom Calmet était plus tard persuadé que ces coquillages, et tout ce qui y a rapport, venaient du déluge et ne se formaient pas de la terre où ils se trouvaient.

Réponse de dom Sébastien Dieudonné à M. l'abbé de Senones.

Hautvillers, 29 octobre 1751.

Mon très révérend père,

..... La matière que vous me faites l'honneur de me proposer, mon très révérend père, dont la discussion a exercé, depuis longtemps, les naturalistes, me paraît aujourd'hui portée à un point d'évidence auquel on ne peut plus se refuser, surtout lorsqu'étant sur les lieux, comme j'y suis, on a l'avantage de pouvoir suivre et considérer la nature dans ses diverses opérations ou plutôt dans elle-même, c'est-à-dire dans tout ce qu'elle présente à nos yeux. Il me semble qu'avec une attention convenable on peut découvrir la solution du problème dans les merveilles de ce curieux et intéressant spectacle. Quelques ténèbres que le vain préjugé s'efforce d'y répandre, le vrai s'y montre comme de lui-même aux yeux de ceux qui, ne se contentent pas de contempler à la hâte un seul coin de terre, ont soin, de plus, de se transporter en différents endroits pour fouiller dans les entrailles des montagnes qui nous ouvrent leur sein. C'est là que l'on déterre ces rares morceaux de matière, vils en apparence, mais plus précieux à la connaissance de la vérité que tout l'or du monde. Pour arriver à ce but, il faut donc savoir rapprocher différents effets des uns des autres et se guider à l'aide de quantité de découvertes et d'expériences qui, nous ramenant toutes à la connaissance des causes, nous développent successivement l'origine et la nature des êtres, sans quoi l'esprit humain, laissé à lui-même, ne peut rien décider avec certitude.

Depuis deux ans, mon très révérend père, j'ai considéré le terrain avec une attention toute particulière, non-seulement moi seul, mais avec une troupe de jeunes élèves qui ne sont pas moins curieux que moi de trouver de quoi enrichir le petit recueil que nous faisons de tout ce qu'il y a de singulier dans nos montagnes, en coquillages, pétrifications, pierres et cailloutages de différentes espèces, etc., etc. En été, nous allons, le plus souvent, passer les heures de nos récréations dans les sables, et nous en sommes presque toujours revenus avec la satisfaction d'avoir trouvé quelque chose de nouveau.

Je me suis toujours confirmé de plus en plus dans l'idée que la véritable origine des coquillages, dans les lieux élevés de nos montagnes, ne pouvait venir que du déluge. Les plus habiles naturalistes de nos jours pensent de même. Je n'ignore pas, néanmoins, que plusieurs grands philosophes paraissent avoir été d'un avis contraire. Je sais qu'ils sont fort partagés sur la matière en question. Mais, puisque votre révérence ne dédaigne pas les petites observations que je pourrai faire pour résoudre le problème, conformément à mon système, je ferai tout mon possible pour vous satisfaire.....

Dans une autre lettre, dom Sébastien soumet à dom Calmet une dissertation sur l'origine des coquillages fossiles des montagnes d'Hautvillers et des environs. Voici, en peu de mots, tout le plan de cette dissertation :

« J'établis mon système sur trois grandes preuves que je déduis : 1° de la disposition du terrain où reposent ces coquillages, qui me montrent les effets visibles du déluge. 2° De la nature même de ces productions qui ne me permet pas d'en chercher l'origine hors des eaux dont le globe terrestre fut tout couvert. 3° Du témoignage muet mais convaincant d'une multitude de différents corps qui se trouvent pêle-mêle avec les coquillages, quoique d'une nature toute différente, ce qui me fait connaître qu'ils ont été poussés en ces lieux dans le bouleversement mémorable occasionné par l'inondation universelle. La conséquence que je tire de tout ceci, après avoir répondu aux objections qui se trouvent dans mon chemin, consiste à reconnaître, comme bien prouvé et bien démontré, le système du transport maritime des écailles si nombreuses, si variées et si régulières, qui se voient dans les sables de nos coteaux ; je prouve, en même temps, l'impossibilité ou l'absurdité de toutes les autres hypothèses, soit de formation de pur hasard, soit de formation par végétation, soit de transport par des déluges locaux, des changements des mers, des vents impétueux, des volcans et de tous les autres effets semblables...... »

En parlant de ses recherches, il dit : « Je commence par le lieu le plus proche de l'abbaye ; je me transporte au-dessus des vignes de Cumières, à la lisière du bois de Saint-Mard ; là, dans une couche de limon noir et gras, suffisamment humecté des eaux qui se filtrent à travers les sables, je découvre, à mi-côte, à douze ou quinze pieds de profondeur, dans un creux qui s'aggrandit tous les jours par les travaux des vignerons, je découvre, dis-je, deux ou trois sortes de coquillages au plus, qui semblent ne se présenter à mes yeux que pour me montrer leurs débris. Veux-je les toucher ? Leur décomposition se fait aussitôt apercevoir comme une espèce de feuilletage qui se brise dans mes mains, etc.

« Avant d'examiner la nature de nos petits corps marins, parcourons un peu les différents lieux où ils se trouvent amoncelés. Suivons la même chaîne de montagnes ; traversons le petit bois de Saint-Mard, et, nous arrêtant à l'autre extrémité, au haut des vignes qui sont tout vis-à-vis le village de Vauciennes, fixons nos regards sur un petit tertre qui s'élève au-dessus d'une fosse pleine d'eau, que l'on nomme la Barbe-aux-Cannes ; c'est là que se trouve le plus beau mélange de coquillages que l'on puisse voir. Je m'avance au sommet du petit coteau et je remarque la surface de la terre toute couverte de ces admirables grottes. Je les considère attentivement, et j'en rencontre de toutes les familles de coquillages, le plus beau et le mieux élaboré. Il semble que la divine Providence ait pris plaisir à entasser ici toutes les plus fines dépouilles de la mer. Les sujets sont si menus que le plus gros coquillage que j'ai pu trouver jusqu'à présent en cet endroit n'excède pas la grosseur d'un œuf, encore est-il rare d'en trouver de si gros. Les cannelures et le poli sont bien conservés dans la plupart, mais il y en a beaucoup de fracturés aux deux bouts. Ils sont d'une blancheur pareille aux premiers dont j'ai parlé, la plupart transparents et d'une consistance approchante de celle des os ou de la pierre. Quelques-uns conservent encore quelque peu de leur couleur primitive. J'en ai recueilli qui sont tachetés de rouge, de jaune, et qui ont encore des rayons fort visibles de ces couleurs. Le sable qui contient ces tas ou lits de coquillages est fort fin et veiné de blanc, jaune et gris, à proportion qu'il a été plus ou moins lavé ou dégagé de limon. Il est assez uniforme pour le grain dans toutes les couches, et n'est mélangé que de très petits cailloux ou gros sable transparent et de toutes couleurs. On y voit fort peu de terre et le sable est assez nouveau, ce qui est cause qu'on peut fouiller avec facilité dans le sein de la montagne. Le vide considérable que des mains laborieuses et habituées au travail y ont formé pour l'amélioration des vignes, laisse un libre accès dans la descente de cette excavation, en sorte que, non-seulement on a le plaisir de distinguer les différentes couches de coquilles qui s'y trouvent et qui suivent naturellement, dans leur inclination, la pente du coteau, mais qu'on a encore le bonheur, en creusant avec la main ou avec quelque outil, de découvrir des morceaux très intéressants pour la solution du problème proposé...

« ..... J'ai encore un endroit à décrire, celui-ci est le plus peuplé de tous ceux que j'ai pu voir. Il a aussi beaucoup plus d'étendue que les deux autres. Il faut près d'une heure et demie pour y aller à pied de notre abbaye; c'est au village de Nanteuil-la-Fosse, dont toute la vallée est parsemée de nos coquillages, que je veux transporter en esprit mon lecteur. Nouvelle contrée, nouveaux phénomènes; les deux chaînes de montagnes, couvertes de bois, au milieu desquelles le village est situé dans une plaine fort étroite, arrosée d'un petit ruisseau, me présentent, de côté et d'autre, deux brèches ou chutes de terre qui se font face l'une à l'autre, à la distance d'une portée de carabine. Elles sont toutes pétries de coquillages de toutes les sortes. On ne voit ni sable ni terre grasse, excepté la superficie qui est noirâtre, mêlée de beaucoup de pierrailles et sur laquelle le bois s'élève. Cette couche de terre noire n'a pas plus d'un pied d'épaisseur dans toute la surface de la brèche. Le grand lit de coquillages suit immédiatement. Il paraît composé d'une espèce de craie pilée ou de chaux jaunâtre. Le microscope représente cette espèce de terre comme de la mouture de coquilles, qui, amalgamée avec les coquilles, forme une masse dont le centre a près de six pieds de hauteur ou d'épaisseur, et la face quarante ou cinquante pieds de large d'une extrémité à l'autre. Toute cette couche énorme de fossiles est posée horizontalement dans tout ce qui se montre. Ce qui surprend, c'est qu'on n'y remarque aucun mélange de limon, ni de sable, ni de tout autre corps. Le lit est garni d'un bout à l'autre uniformément. Il est extrêmement difficile d'y fouiller; l'enchaînement continuel de ces coquillages se joue pour ainsi dire des plus grands coups de pioches, en sorte qu'on a mille peines d'arracher en entier les fossiles qui méritent le plus d'être conservés à cause de leur singulière grandeur.

« Une observation spéciale à faire sur une de ces coquillères, la plus prochaine de Courtagnon, c'est que douze ou quinze pieds plus haut que la grande brèche, on découvre, dans une nouvelle creuse qui s'est formée par la chute d'un gros arbre, qui est encore sur place, une langue de terre qui laisse apercevoir l'extrémité de plusieurs couches fort singulières qui se cachent dans la montagne. Elles ne se montrent qu'à la longueur de quatre à cinq pieds sur trois ou quatre d'élévation; on voit en ce lieu cinq ou six répétitions successives de plusieurs lits de terre pareils à la craie délayée dans un peu de jaune et sans autre mélange, et de plusieurs lits de coquillages coniques de la même espèce, sans autre mélange non plus ni de terre, ni de sable, ni d'autres fossiles; ces fossiles sont rangés de tous sens, la plupart sont fracturés.

« On trouve aussi, dans ces lieux, le coquillage pyramidal d'une beauté et d'une grandeur considérable et que je n'ai jamais vu ailleurs. Cette espèce de coquillage est enveloppé dans le nombre infini de toutes les autres et posé, pour l'ordinaire, horizontalement, quelquefois à fleur de terre, mais, le plus souvent, vers le milieu de la couche. Ces visses ou turbinites ont bien un pied de roi ou quinze pouces de long. Il y en a qui sont aussi gros que la tête d'un mouton, par le haut se terminant en pointes très aiguës. On remarque, dans ce fossile, vingt-deux étages et plus, en bas desquels on admire un ornement de tubercules coniques des mieux rangés, et qui aboutissent à une cannelure qui fait la séparation des étages. Les parois du coquillage sont très unies en dedans et l'émail en est très poli et très clair. La vis du milieu, qui forme le centre de tout le petit édifice, peut passer pour un chef-d'œuvre dans sa tournure; les stries et sinuosités sont inimitables. Le poisson qui remplissait ces appartements dressés les uns sur les autres devait avoir, selon toute apparence, au moins une aulne de long, et être aussi gros qu'une bonne anguille. La coëffe ou la bouche de ce fossile curieux, de même que toutes les parois de ses cellules, sont de l'épaisseur du crâne humain et assez ressemblants pour la contexture des parties. On en voit plusieurs qui sont percés comme des cribles et qui sont usés vers la pointe comme le bois des cerfs.

« Depuis, on m'a fait voir un quatrième endroit tout jonché de coquilles pareilles à celles de Nanteuil-la-Fosse. Il est situé proche Fleury-la-Rivière, auprès d'un petit château nommé Beauregard (ce château est détruit). Ce lieu est couvert de bois comme tous ceux dont j'ai parlé, les phénomènes sont les mêmes qu'à Nanteuil. Il y a plusieurs endroits sur le terroir de Fleury qui renferment de magnifiques coquillages dont je ne me suis pas occupé, ayant assez vu, d'ailleurs, pour construire mon système. Qui osera dire qu'il n'y a pas, dans ces fossiles de nos environs, des marques visibles d'une inondation totale du pays, qui, suivant tous les historiens judicieux, ne peuvent être rapportées qu'au temps du déluge universel ? »

Dom Sébastien Dieudonné ajoute dans sa dissertation qu'on trouve encore, sur le terroir d'Hautvillers, des mousses marines, des dentrites ou pierres sur lesquelles on trouve des représentations d'arbres. Nous avons, dit-il encore, une quantité de coquillages pétrifiés dans ce pays, comme il s'en trouve en bien d'autres endroits. Les cornes d'Ammon y sont extraordinairement rares ; les terres de nos montagnes, appelées en ce pays *Beurges*, qui contiennent et conservent les coquillages marins, n'en fournissent aucun pétrifié, quoiqu'on trouve, dans certaines creuses desdites beurges, diverses sortes de bois très bien pétrifié. Les terres dans lesquelles ces coquilles se pétrifient, et qui sont parsemées de diverses pierres colorées, ne contiennent ni bois pétrifié, ni coquilles entières.

Les sables de nos montagnes renferment des bois admirablement pétrifiés ; les prés Jaumez, le lieudit la Sablonnière, en procurent de magnifiques. Dom Dieudonné conclut de ses expériences que tous ces coquillages viennent du déluge, et il a raison.

Nous avons vu nous-mêmes de ces morceaux de bois de chêne surtout, dont les filaments sont parfaitement conservés. Dom Sébastien Dieudonné termine ses descriptions en disant : « Nos fontaines qui forment diverses pétrifications très curieuses ne pétrifient pas les coquillages ni les bois, quoiqu'elles forment, autour de tout ce qu'elles rencontrent, des encroûtements très durs, pierreux et quelquefois même cristallisés ; je n'ai vu, dans le courant de ces fontaines, que des feuilles, des mousses et quelques plantes très tendres qui fussent parfaitement pétrifiées. Les encroûtements ou pétrifications imparfaites de ces fontaines, ne se forment que dans les endroits où les eaux tombent avec grande rapidité et perpendiculairement. Là où les eaux ne font que filtrer doucement, on aperçoit, sur la superficie de la terre humectée, une couche gluante de matière flegmatique semblable à du blanc d'œuf et épaisse de deux ou trois lignes. Les eaux de ces sources sont aussi limpides que si elles avaient été distillées et sont extrêmement froides.

Généralement les eaux d'Hautvillers laissent sur leur passage, et notamment dans les tuyaux qui les conduisent, une couche d'une matière qui devient très dure, et qui, bientôt, obstrue ces conduits, qu'ils soient en terre, en plomb, ou en fonte. La Marne fournit aussi beaucoup de coquilles, la nacre en est très bien argentée, on pourrait en faire de fort beaux ouvrages.

Règne animal.

La race humaine avait autrefois, à Hautvillers, une taille des plus grandes et une constitution des plus fortes. C'est, du moins, ce qu'en donne à conclure l'invention faite, un peu avant la Révolution, de quelques tombes à l'entrée de la porte actuelle de l'église. Des fouilles faites à huit pieds de profondeur mirent à découvert des corps de six pieds, dont les ossements étaient d'une grosseur énorme : une tête cassée offrit un crâne de plus de deux centimètres d'épaisseur. De plus, les mâchoires avaient toutes leurs dents, aussi saines et aussi blanches que celles d'un vivant, et pourtant ces ossements gisaient là depuis des siècles, incontestablement, à cause de la profondeur où ils étaient, et de leur emplacement. (Lettre de dom Grossard.)

La race ovine paraît avoir été introduite à Hautvillers il y a cent ans seulement, et l'on a remarqué qu'il était impossible de l'y conserver. Le pâturage de la prairie et de la plaine lui était favorable, mais il n'en était pas de même de celui de la montagne et de la plaine qui se trouve au-dessus, car, à la Briqueterie, les moutons pourrissaient. En 1851, il y avait encore, à Haûtvillers, une centaine de bêtes à laine ; M. Paul Chandon de Briailles, principal éleveur encore à cette époque, a été obligé de supprimer ce bétail de ses écuries, à cause des nombreuses maladies dont il était atteint, toutes occasionnées par l'humidité du sol.

La commune occupe trente à quarante chevaux tout au plus, généralement petits bâtiers, presque autant d'ânes compris avec les mulets, bien utiles pour transporter à dos les amendements que demande la culture de la vigne, et les paniers de raisins, dans les côtes, au moment de la vendange.

Hautvillers ne possède que très peu de bêtes à cornes, à cause du peu de pâturage qui existe sur son territoire. La ferme de M. Chandon de Briailles à elle seule en possède plus que le reste du village. Ces dernières sont nourries avec des pulpes de betteraves qui sortent de la sucrerie, ou avec de la drèche des brasseries d'Épernay ; cette nourriture engraisse subitement ces animaux qui, pour cette raison, sont bientôt envoyés à la boucherie.

Les animaux sauvages des forêts des environs et du terroir d'Hautvillers sont : les sangliers, qui, trop souvent, signalent leur présence par les fouilles qu'ils font dans les champs de pommes de terre plantées sur la lisière des bois et dans les autres empouilles au temps de la moisson, même dans les vignes, dont ils ne ménagent pas les raisins au moment de la vendange. Bien souvent, pendant quinze jours ou trois semaines avant les vendanges, les propriétaires vignerons sont obligés de passer les nuits au bord des bois, afin d'éloigner, par des coups de fusil tirés de temps en temps ou autres bruits, ces hôtes incommodes. Les renards, les chevreuils s'y voient aussi fréquemment.

Le chevreuil est chassé, en même temps que le sanglier, par un grand louvetier nommé *ad hoc,* ou par ceux qui louent la chasse des bois; mais les chasses ne sont pas assez multipliées, ou peut-être pas organisées sur une assez grande échelle, car le sanglier, à toutes les saisons, paraît ne pas beaucoup diminuer, quant au nombre. Les lièvres et les lapins de garenne y seraient plus abondants, si des colleteurs audacieux, ne craignant ni la plaque du garde champêtre, ni celle des garde-bois, pas plus que le bicorne des gendarmes, ne les détruisaient pas à la sourdine.

Règne végétal.

Les essences qui dominent dans les bois sont : le chêne, le charme, le bouleau, le frêne, le tremble, l'aulne, le châtaignier, le platane, mais ce dernier ne se remarque presque pas. Ces bois divers, qui croissent en partie dans les pierres, sont très durs et difficiles à travailler. Le châtaignier a perdu sa réputation à Hautvillers; on n'en rencontre que très peu; ce qui reste se trouve dans le bois des Lhuys et de Saint-Mard. Nous ne savons pas pourquoi l'administration forestière n'a pas entretenu cette essence dans nos belles forêts. La flore du territoire est encore inexplorée; cependant, nous croyons qu'il doit y avoir des plantes assez rares.

Règne minéral.

On trouve, sur la montagne, une cendrière que, plus d'une fois, on a essayé d'ouvrir, mais l'abord en est si difficile, et les travaux d'exploitation si dispendieux, que toujours on a fini par renoncer à l'entreprise. Peut-être ne serait-il pas impossible d'en découvrir d'autres dans une situation meilleure. Dans le bas du premier coteau de la montagne de Saint-Nivard, près du parc de M. Chandon de Briailles, on trouve une terre sulfureuse, et peut-être trouverait-on un autre minéral plus précieux si l'on exploitait cet endroit.

Le terroir est abondamment pourvu de pierres à chaux, ainsi que de terres et sables propres à la fabrication des tuiles, briques; on y trouve même une terre à poterie assez fine. Il y avait, autrefois, deux tuileries : l'une près de l'ancien monastère, elle s'appelait la Tuilerie de l'Aubroye ou de la Sablonnière; elle a été détruite en 1843. Elle était exploitée alors par un nommé Guillaume, et, en 1793, par Philippe Sorquet. Le 10 vendémiaire de l'an IX, Jean-Baptiste-Clément Locret et sa femme Élisabeth Hamart l'achetèrent de Claude Malo, qui la tenait depuis la Révolution, la somme de 3,000 livres.

L'autre, au-dessus de la montagne de Saint-Nivard, un peu sur le versant de Cumières, s'appelait la Tuilerie du Chêne-Laramée. Elle a été démolie en 1863. On suppose qu'autrefois, près de la tuilerie dite de l'Aubroye, il y avait une verrerie que les moines d'Hautvillers exploitaient pour leurs besoins particuliers. On a bien souvent retrouvé des détritus tels qu'on en rencontre au bord de ces usines.

Industrie agricole.

Il y a plus d'un demi-siècle, l'habitant d'Hautvillers eut la bonne idée de défricher quelques terres jusqu'alors réduites à ne rien produire, terres qui ont toujours conservé le nom d'*anticipations*, et qui appartiennent à la commune, sans qu'il puisse y avoir prescription pour les détenteurs. Ces terres aujourd'hui bien cultivées, terres qui consistent en bordures de chemins, de bois, d'habitations, etc., ne laissent pas de procurer à ceux qui les soignent un assez bon rapport, soit en vin, soit en légumes. Ces anticipations occupent une superficie de 7 hectares 63 ares 40 centiares. Depuis plusieurs années, la commune a l'intention de les vendre pour se faire des ressources; déjà elle a commencé, et les propriétaires riverains ou les détenteurs de ces terres ne demandent pas mieux que d'en faire l'acquisition.

Hautvillers est pauvre en arbres fruitiers, et encore ceux qu'il possède sont peu productifs ; après quelques années d'une existence chétive et languissante, ils meurent; on pense que le fonds de terre glaiseux et sablonneux ne leur est pas favorable. On ne cultive maintenant, à Hautvillers, ni le chanvre, ni le lin; les vignes absorbent, en quelque sorte, à peu près tout le terrain productif.

Un relevé de statistique agricole de 1773 porte qu'année commune on récoltait, à Hautvillers, 800 boisseaux de froment (le boisseau était compté comme contenant vingt-cinq litres, par conséquent 200 hectolitres), ce qui, en année moyenne, représentait seulement de dix à douze hectares de terres cultivées et ensemencées en froment, et si les terres étaient assolées par trois années, il y aurait donc eu, en 1773, de trente à trente-six hectares de terres mises en culture en dehors des vignes. On a récolté aussi, cette année-là, 400 boisseaux de seigle, 300 boisseaux d'orge et 1,500 boisseaux d'avoine, déduction faite de la semence. Les vignes ont rapporté 1,600 pièces de vin seulement. Ici, il est question d'une moyenne de plusieurs années, reconnue en 1773, car, dans cette même année où les saisons n'avaient pas été favorables, on n'avait récolté que 720 pièces de vin.

Depuis 1773, l'agriculture a fait de grands progrès; on a encore défriché une certaine quantité de terres riveraines des chemins et des bois. Maintenant, en l'année 1880, il y a à Hautvillers :

Terres labourables..	250	hectares	83	ares	70	centiares.
Prés............	54	—	28	—	55	—
Vignes............	241	—	08	—	45	—
Bois..............	100	—	96	—	60	—
Jardins............	5	—	64	—	55	—
Vergers...........	7	—	32	—	95	—
Terres non cultivées.	66	—	04	—	05	—
Chemins, rues, rivières, ravins...........	34	—	31	—	55	—
Église, cimetières, édifices communaux....			32	—	30	—
Forêt domaniale	426	—	57	—	20	—

1.187 hectares 39 ares 90 centiares.

En cette année 1773, M. Germon, originaire d'Épernay, propriétaire à Hautvillers, acheta, des religieux, au prix énorme de 600 livres, une pièce de vin du fameux clos Sainte-Hélène (aujourd'hui terroir de Cumières et propriété de M. Chandon de Briailles). On voit que si les moines faisaient peu de vin, ils en trouvaient un fort bon prix. Toute la récolte, il est vrai, ne s'était pas vendue ce prix-là. Les vins de choix étaient seulement pour les princes et d'autres grands personnages, et alors, pour eux, la qualité et la rareté étaient la base du prix.

Pour établir une comparaison, n'oublions pas que sur la fin du xviie siècle il y avait seulement 180 hectares de vignes en rapport, tant aux religieux qu'aux habitants d'Hautvillers ; il y en a maintenant 241 hectares, bien entretenus et en bon rapport. Puis, 600 livres en 1773 valaient 864 francs de notre monnaie, car la livre, à cette époque, représentait 1 franc 44 centimes. Si, cent ans plus tard (1873), on a vendu, à Hautvillers, la pièce de vin sur le pied de sept à huit cents francs, et d'une très médiocre qualité, à cause de cette dernière condition et quoique l'argent soit bien moins rare qu'en 1773, c'est encore, proportion gardée, beaucoup plus cher qu'il y a un siècle, lorsque, avons-nous dit, le vin se vendait 600 livres (864 francs). Il faut dire qu'en 1873, il y avait disette dans les caves des négociants, et, malgré le peu de qualité qu'avaient les vins de cette année et qu'on avait supposés meilleurs, on a payé ces vins un prix très élevé. Pendant la guerre de 1870-1871, les expéditions avaient été ralenties, et, quand la paix fut rétablie, les commerçants ne suffisaient qu'avec peine aux demandes qui leur étaient faites. Notons, en passant, que les Prussiens avaient trouvé notre vin de Champagne de leur goût et que, rentrés dans leurs foyers, ils n'ont pas manqué de se satisfaire en se faisant expédier chez eux des milliers de bouteilles de bon mousseux.

Nous en dirons autant de la présente année 1880, qui doit avoir sa place dans les annales des grandes maisons de commerce de vins. Jamais, à Hautvillers ni dans les environs, le vin n'a atteint un prix semblable. Cinq semaines avant les vendanges, lors même qu'on n'était pas certain dans quelles conditions elles se feraient, se confiant dans la qualité que le vin pouvait avoir et non sur la quantité, en quelques jours tout fut acheté à Hautvillers et à Cumières, au prix énorme de 900, 950 et 1,000 fr. la pièce (1). A Ay, 1,200 fr. et jusqu'à 1,500 fr.

---

(1) Deux hectolitres.

Depuis quelques années, la vigne a peu produit ; l'année dernière 1879, qui paraissait devoir être une année moyenne, n'a produit que très peu de vin et sans qualité aucune, à cause d'une gelée qui, la veille des vendanges, est venue détruire toute espérance de récolte. De même qu'en 1873, le commerce a besoin de vin, la quantité étant très médiocre, mais la qualité devant être supérieure, il n'a pas hésité de mettre un prix qui devra mettre à l'aise plus d'un propriétaire vigneron de notre Champagne. Ce ne sera pas du vin de 1842, 1846 et même de 1865, mais, néanmoins, le vin de 1880 aura un bouquet, une finesse qui le renverra à son année, lorsque nos fins gourmets feront leur choix dans les celliers.

Industrie commerciale.

On pourrait dire que le vin est le seul objet de l'industrie commerciale à Hautvillers ; nous y avons de riches propriétaires de vignes qui, à moins d'accidents dans la culture, savent tirer un beau résultat de leurs propriétés. Sans connaître le rang qu'ils peuvent occuper dans la série des plus grands propriétaires, nous croyons pouvoir mettre en première ligne :

MM.	MM.
Chandon de Briailles.	Bernard-Normand.
Miltat, Alphonse.	Normand-Prévot.
Renard-Chanoine (forain).	Comot-Vautrin.
Simon-Georges.	Quénardelle-Maquart.
Simon-Vincent.	Pognot-Roux.
Chéruy-Wataut.	Pognot-Lenique.
Couronne-Baudoin.	Sauvignier-Pierrot.
Locret-Gillet.	Plateau-Thibaut.
Vautrin-Maquart.	Jobin-Chardron.
Villenfin-Minard.	Simon-Payen.
Dutarque-Demars.	Pierrot-Hubert.

L'expédition, à Hautvillers, ne se pratique pas sur une grande échelle, et la spéculation ne se fait guère que par MM. Miltat, Simon, Lefèvre-Pintrel et Couronne.

Nous y avons plusieurs commissionnaires qui achètent chez

les propriétaires pour les plus grandes maisons de Reims et d'Épernay : MM. Lefèvre-Pintrel; Simon, Jules; Sauvignier aîné et Vautrin-Gillet.

Autrefois, quand les magnifiques forêts, qui sont situées sur le terroir d'Hautvillers et aux environs, appartenaient aux religieux, le commerce de bois se faisait en grand dans notre localité; depuis que le gouvernement a hérité de l'abbaye 426 hectares 57 ares 20 centiares de ces mêmes bois, ce commerce est tombé peu à peu, et maintenant il n'est plus question de cette industrie commerciale pour Hautvillers. La charpente, les bois d'industrie vont se recruter ailleurs, et le produit de nos belles forêts passe inaperçu pour nous.

L'extraction des pierres de la montagne est une petite branche de commerce à laquelle se livrent, en hiver, les vignerons inoccupés.

Hautvillers, en raison du nombre de ses habitants, possède une industrie commerciale qui est toujours en rapport avec la fortune du pays, et qui ne laisse pas de devenir assez étendue dans les années d'abondance.

Les commerçants ordinaires et les artisans sont en bon bon nombre. En voici la liste en l'année 1880 :

Boulangers. — MM. Ciret-Legrand; Dommanget-Tourneur.

Boucher. — Brochet-Rebout.

Épiciers. — L'Hopital-Bernard; Martin-Hubert; Létoffé-Vély; Géraudel-Bonnenfant; Régaux-Hubert; veuve Holdrinet.

Cafés, Aubergistes. — Lourdet-Demars; Martin-Hubert; Ciret-Legrand; Regaux-Hubert.

Serrurier. — Palle-Régreny.

Maréchaux. — Lemaire-Bondon; Nicaise-Roux.

Charron. — Heurtaux-Buffotot.

Marchands de bois. — Agnès-Huet; Agnès-Bernard.

Menuisiers. — Delaunois-Lecomte; Granier-Dabit.

Maçons, Entrepreneurs. — Lourdet-Courty; Delors-Dupont; Michel-Régaux: Buffotot, Jacques.

Zingueur-Ferblantier. — Lebègue-Lebon.

Couvreurs. — Miroir-Collignon; Miroir-Quénardelle.

Cordonniers. — Marandon-Delaunois; Touly, Arthur; Holdrinet-Lefèvre; Lina-Buvillon.

Tailleurs. — Kortz, Stanislas; Prévot-Logette.

Vannier. — Saint-Denis-Bautier.

Tourneur. — Descôtes-Normand.

Tonneliers. — Plateau-Saint-Denis; Vasseur-Billet.

Perruquier. — Prévot-Logette.

Jardiniers. — Dumé-Normand; Bourot-Cuny.

Nous n'avons rien dit de la meunerie, attendu qu'il n'existe plus de moulin sur le terroir d'Hautvillers. Autrefois, les religieux possédaient un moulin sur la Marne, appelé le moulin de Bras. Ce moulin était très ancien, car il existait déjà en 1384 (tome I, page 515, et tome II, page 307). Il fut démoli en 1773, parce qu'il coûtait plus d'entretien qu'il ne rapportait à ses propriétaires.

Dans les temps de sécheresse, lorsque la Marne est basse, elle laisse encore apercevoir des restes de constructions qui indiquent l'endroit où il était situé, c'est-à-dire entre Cumières et la dernière écluse du canal latéral de la Marne au Rhin. Un second moulin et un troisième étaient situés à l'endroit d'un ancien hameau appelé les Auges. Le premier avait été placé dans la tour en pierres dont nous avons parlé, tour construite en 1790, pour le recevoir. Jean-Louis Locret, d'Hautvillers, qui venait de le faire monter, de tonnelier et vinaigrier qu'il était, se fit meunier pour un instant, car, bientôt dégoûté du métier, il loua son usine à d'autres individus qui ne réussirent pas mieux, d'abord au sieur Grimblot, et, déjà en 1794, ledit moulin était tenu par le citoyen Philippot. Devenu plus tard la propriété de M. Chandon père, il a tourné jusqu'en 1869, plus ou moins avantageusement. C'est en cette année que sa tour fut exhaussée; nous connaissons le sort qui lui était réservé, c'est-à-dire celui de la démolition.

Son voisin, moulin à vent comme lui, fut bâti par Jean-Baptiste Locret, frère du précédent, en l'an IV (1795). Un nommé Tinot l'a exploité assez longtemps, et, en 1819, ce moulin fut démonté et conduit au Cosson, dépendance de la commune de Sermiers.

Un quatrième moulin avait été construit en 1756, au lieudit les Montécuelles ou Clos-Saint-Pierre. Acheté quelques années avant la Révolution, par Clément Locret, il était tenu, en 1793, par le citoyen Louis Duflot, et, en l'an VII, ce moulin devint la propriété d'un nommé Corbon, de Fleury-la-Rivière. En 1802, ce moulin à vent fut conduit à Chenay, près de Reims. La situation n'était sans doute pas favorable pour les moulins à vent d'Hautvillers. En effet, à cause de la montagne de Saint-Nivard, à laquelle se rattache celle de Damery, les vents sont ou violents, quand ils viennent dans le sens de la vallée de la Marne, ou insignifiants quand ils viennent du nord-ouest, du nord et même de l'est, arrêtés qu'ils sont par la proximité des montagnes voisines.

Les fonctionnaires publics tiennent une place honorable parmi les habitants. Nous avons donné la liste de ceux qui font partie de la municipalité, celle des notaires, des médecins, des percepteurs, qui ont exercé ces fonctions, et dont les noms sont venus à notre connaissance. La régie est tenue, à Hautvillers, par un nommé Anceau-Hordé, d'Hautvillers, ancien sous-officier retraité après 22 ans de services.

DES VIGNES A HAUTVILLERS

Ce serait un travail fort intéressant que de chercher à préciser l'époque où la vigne vint prendre possession du sol de la Champagne, de cette Champagne si renommée par ses vins ; on sait qu'elle est située sous les 47, 48 et 49 degrés de latitude, et qu'elle a environ 29 myriamètres de longueur sur 15 de largeur. Disons de suite que le département de la Marne, un de ceux qui font partie de cette ancienne province, seul, fournit ce vin fameux si renommé, même à l'étranger. Oui, si nous pouvions trouver l'époque des diverses transformations qu'a subies le sol de la Champagne, relativement à la vigne, peut-être aurions-nous trouvé une curieuse coïncidence avec quelqu'une de ces révolutions pacifiques ou autres, qui, plus d'une fois, vinrent changer ou améliorer nos tendances nationales.

Un auteur, dont le nom nous échappe, n'a-t-il pas remarqué que le vin de Champagne pouvait avoir joué un certain rôle dans la renaissance des lettres en France. S'il a pu remuer l'intelligence, ne pourrait-on pas dire qu'il a aussi, bien souvent, remué le cerveau de quelques esprits portés au bien, mais bien plus souvent pour d'autres, et en plus grand nombre, portés au mal.

Quoi qu'il en soit, il paraît constant que, dès le commencede notre ère, la Champagne avait déjà ses vignes, et que leur produit avait un attrait puissant sur les Barbares, qui, volontiers, venaient le savourer le fer à la main. Aussi furent-elles arrachées par l'ordre de Domitien (1), qui avait peur que cette culture ne fît tort à celle du blé. Cependant, deux siècles plus tard, Probus (2) rendit aux Gaulois la permission de replanter la vigne. Il y occupa même ses troupes aux environs de Reims et de Châlons, dit M. Plonquet, d'Ay, dans son ouvrage sur la *Culture de la Vigne*. Hommes, femmes et enfants, tout le monde s'empressa de prendre part à cette grande restauration ; tandis que les uns brisaient les rochers, ouvraient le sol, extirpaient d'antiques et inutiles souches, les autres apportaient, dressaient et assujettissaient les plans. Les vieillards, répandus dans les campagnes, désignaient les coteaux plus propres à recevoir la vigne; on la vit alors s'étendre sur les rives de la Marne (3). Aussi, la culture la plus savamment dirigée dans le département de la Marne et dans l'arrondissement de Reims, et dans le canton d'Ay en particulier, est, sans contredit, celle de la vigne. A un sol sec et léger, pierreux, composé en grande partie d'un sable fin et d'un limon très délié et tout à fait convenable pour cette culture, le vigneron champenois a su ajouter d'autres moyens très propres à lui assurer presque toujours le succès. Nulle part, en effet, on ne cultive avec plus de soin et d'activité ; nulle part on n'apporte plus de précaution et plus d'intelligence dans la manière de manipuler les vins.

Si Probus fit replanter la vigne dans les Gaules, où elle existait déjà depuis longtemps avant que Domitien ne la fît arracher, il paraît que l'empereur Julien favorisa aussi cette renaissance d'une plante si avantageuse pour nos contrées. (*Dictionnaire de la Conversation*, tome LII, page 193, article

---

(1) En l'année 92.
(2) En l'année 280.
(3) Un article sur le vin de Champagne dans le journal *Bulletin officiel*, du 1er décembre 1876, dit que la vigne fut replantée aux environs de Laon d'abord, que le clos Vougeot en Bourgogne fut planté en vigne en 904, par les moines Bénédictins.

Vigne; aussi *France pittoresque, 1835, département de la Marne,* tome II, page 234.)

Quant à Hautvillers, il est hors de tout doute qu'on y cultivait la vigne au IXe siècle. Elle figure, en effet, dans la description poétique qu'à cette époque Almanne faisait de ses superbes coteaux (tome I, page 88).

Pour rendre à la question que nous venons d'effleurer les proportions exiguës que réclame cet ouvrage, nous nous contenterons de prendre le vignoble d'Hautvillers en 1636, bien qu'auparavant il avait déjà, assurément, une bien grande valeur. Au rapport de dom Grossard, qui le savait par tradition dans le monastère, et peut-être aussi par les ouvrages manuscrits ou imprimés qu'on y conservait, les terrains consacrés à cette exploitation ne passaient pas, alors, la contenance de cent arpents (1), et tout ce qu'il y avait de vignes appartenait à l'abbaye, aux différents prieurés et offices claustraux. Les Côtes-à-Bras qui, de nos jours encore, produisent un vin recherché, n'étaient que des terrains vagues occupés par des buissons d'épines et des monceaux de pierres. Il en était de même des vignes qui, aujourd'hui, forment les bordures des bois. Cultivées par les nombreux ouvriers du monastère, par les religieux eux-mêmes, les vignes ne produisaient pas beaucoup de vin; on visait moins à la quantité qu'à la qualité. Désireux qu'ils étaient de faire un vin digne des dieux de la terre, les religieux avaient soin qu'on n'y mît que très peu d'engrais animal et que les plants fussent suffisamment espacés. Aussi, élaboré par une direction sage et industrieuse, le vin acquérait une délicatesse parfaite et courait toutes les cours de l'Europe. Nous ne redirons point ici toutes les précieuses traditions que l'on conservait au monastère sur le gouvernement de ces vins; nous en parlons assez longuement dans l'article que nous avons spécialement consacré à dom Pérignon.

Les choses ont bien changé depuis que, vendues au prétendu profit de la nation, en 1790, ces vignes ont été divisées en un nombre considérable de parcelles. Le petit propriétaire qui, volontiers, métamorphoserait sa vigne en une poule aux œufs

---

(1) Mais aussitôt que dom Pérignon eût paru, des terres défrichées, des nouvelles ronces arrachées, des terrains négligés, cultivés, eurent bientôt augmenté presque d'autant la contenance des terres plantées en vignes.

d'or, cherche avant tout de la rendre la plus productive possible, fût-ce même aux dépens de la qnalité et en dépit des gourmets consommateurs. Les ceps se sont donc resserrés ; on en prit qui offrirent un rapport plus considérable ; on fuma davantage ; que fallait-il de plus pour que le vin d'Hautvillers devint ce qu'il est de nos jours, un vin bon, excellent même, mais toutefois pourtant dégénéré ? Dégénéré, surtout quand le vigneron ne sait pas trier le raisin fin et délicat d'avec ce qu'il appelle les gros plants ; aussi, la haute réputation des vins d'Hautvillers a beaucoup perdu chez le petit propriétaire vigneron. Mais celui qui tient à cette réputation de bons vins d'Hautvillers la conserve à juste titre, en cultivant avec intelligence et en faisant choix des plants, aussi bien que du produit de ses vignes. Jusqu'en 1840, la Thiérache, une partie des Ardennes, venait s'approvisionner en *petits vins rouges* à Hautvillers, et, pour cinquante, soixante ou soixante-dix francs, suivant la qualité, dans les années d'abondance, on pouvait se procurer une pièce d'excellent vin.

En 1850, les vins rouges commencèrent à disparaître, et, quelques années après, on n'en faisait plus du tout. Maintenant, toute la récolte est employée pour la fabrication du vin blanc. Les prix ont aussi doublé, triplé même, par suite des nombrreuses expéditions qui se font à l'étranger par les maisons de commerce. Oui, si aujourd'hui encore les propriétaires vignerons d'Hautvillers voulaient ne pas donner à leurs vignes de tant produire, le vin de ses riches coteaux l'emporterait certainement sur celui des environs, auquel certaines maisons de commerce donnent la préférence. Qui donc n'a jamais goûté du vin pur d'Hautvillers, fait avec des raisins choisis ? Qui ne se rappelle le goût exquis des vins rouges des Quartiers (1) ? Visitez encore certaines bonnes caves bourgeoises et dites-nous si les vins de Bourgogne et de Bordeaux ont ce bouquet qui flatte si agréablement le palais, comme le font les vins fins d'Hautvillers ?

Nous ne dirons rien de la culture de la vigne à Hautvillers ; il est vrai qu'elle diffère de celle de beaucoup d'autres endroits, mais ces différences tiennent à la nature du sol et à celle des plants, propres aux différents terrains où on les cultive. Aussi, pour celui qui a vu le Midi, ni la culture, ni les plants ne sont

---

(1) Les Quartiers, lieudit situé au midi, terroir d'Hautvillers, en allant vers Champillon.

les mêmes qu'en Champagne, voire même celle qui se fait dans l'Aisne et dans les environs de Paris.

La vigne demande beaucoup de soins et beaucoup de travail. « Le vigneron paresseux est un fou, dit Salomon. — *Transivi per vineam viri stulti et ecce totum repleverant urticæ, et operuerant superficiem ejus spinæ.* J'ai passé par la vigne de l'homme insensé, et voici qu'elle était remplie d'orties, et que les épines en couvraient toute la surface. (Chap. XXIV, v. 30.) » Oui, en effet, le mauvais vigneron ou le vigneron paresseux est un fou, car, de toutes les vermines rampantes ou polypèdes qui détruisent la vigne, la plus redoutable est la paresse ou l'incurie du vigneron, car il n'est personne qui puisse y remédier; heureusement, il y a peu de vignerons paresseux, et nous les en félicitons.

Le produit de la vigne est si varié à cause des saisons, des intempéries, des accidents de l'atmosphère, en un mot, qu'on ne pourrait pas préciser le produit, même en moyenne, par hectare de vigne. On a vu, dans certaines années, la vigne ne donner que cinq pièces ou dix hectolitres l'hectare, et, dans d'autres, en produire cinquante. On a calculé que la moyenne, en dix années, pouvait être de douze à quinze pièces par hectare.

Le patron des vignerons est saint Vincent, dont ils célèbrent toujours la fête, nous ne dirons pas toujours assez religieusemens, mais, néanmoins, il ont en ce saint une grande confiance, qui ne leur ferait certainement pas défaut, s'ils savaient un peu mieux marcher sur les traces de ce serviteur de Dieu. Quelle fête quand l'année a été abondante et que le vin se vend bien ! Seulement, il est malheureusement à croire que l'illustre saint est loin d'approuver tout ce qui se passe à l'occasion de la fête qu'on célèbre en son honneur, car tout ne se borne pas à la messe, qui, on peut le dire, est à peu près le seul bon côté de la chose; les réjouissances, quoique très permises, ne sont pas toujours gardées dans leurs justes limites, et plus d'un vigneron raconterait peut-être difficilement le lendemain ce qu'il a fait la veille, pour cause..... Faisons des vœux pour que, de toute façon, saint Vincent soit religieusement honoré à Hautvillers par nos bons vignerons.

Nous laissons à des hommes habiles et compétents le soin de parler de la maladie de la vigne ; c'est une étude spéciale à laquelle nous ne pourrions pas nous livrer.

Nous avons vu l'oïdium, le gribouri, la pyrale ; espérons que le phylloxera nous fera grâce de son apparition si désastreuse ; on n'est pas sans crainte.

Le paupérisme à Hautvillers.

Si, par impossible, il y avait dans ce monde un seul homme qui n'eût jamais fait connaissance *de visu* avec les haillons de la mendicité, l'avis que nous lui donnerions serait de venir passer quelques heures à Hautvillers, et de visiter les chaumières que nous voyons souvent. En voyant ces habitations presque toujours malsaines, quelquefois infectes, et les malheureux qui les occupent, il aurait infailliblement, pendant ce court espace de temps, complété ses connaissances sur ce point des misères humaines.

Cette commune, en effet, dans la proportion de sa population, est une de celles qui comptent le plus d'indigents. Nous ne passerons pas en revue tous les réduits où se réfugient tant de misères ; constatons l'existence de cette plaie communale, et cherchons quelle a pu en être l'origine.

Et, d'abord, nous avons l'honneur de dire que nous n'empêchons nullement les économistes du lieu de trouver le principe de cette indigence dans les habitudes assez dépensières de plusieurs ; pour quelques-uns, dans une certaine paresse, dans le manque d'ordre et dans la boisson peut-être ; s'il en est ainsi, nous sommes de leur avis.

Nous sommes historien, nous ne devons pas flatter les uns ni mépriser les autres ; nous devons dire la vérité selon la manière qu'elle se présente. Nous admettons le vrai pauvre, celui qui est chargé de famille, qui supporte de longues maladies et auquel il peut survenir d'autres accidents. Celui-là, certainement, a droit à la charité publique et privée. Ceux-là, on ne les oublie pas, témoins les abondants secours de la commune, de M. Chandon de Briailles, particulièrement pour ses ouvriers, et aussi les aumônes des autres habitants qui peuvent en faire.

Nous convenons qu'en général la cause du paupérisme, à Hautvillers comme ailleurs, réside dans la paresse, dans l'habitude des dépenses inconsidérées, dans le manque d'ordre et dans la boisson. Mais, s'il nous est permis d'émettre ici le résultat de nos réflexions, nous dirons que, pour Hautvillers, la cause première du mal gît plus haut. Nous remonterons peut-être un peu loin, mais n'importe, si nous avons trouvé la vérité.

On n'a pas oublié, sans doute, qu'il y avait, à Hautvillers, une abbaye assez bien partagée en fait de revenus; disons de suite, à sa louange, qu'elle en faisait un bon usage; on pourrait même dire que nos bons religieux étaient trop charitables; l'établissement de la Pitance, la manière dont les étrangers pauvres étaient reçus, le témoignent assez. Or, bien que les aumônes aux portes du monastère eussent été prohibées par plusieurs arrêts du conseil et, notamment, par un édit de 1681 (1), comme servant de prétexte à des attroupements de vagabondage et de gens sans aveu, les bons moines d'Hautvillers se gardaient bien d'oublier les saints devoirs de la charité chrétienne; ils ne voyaient que le bien qu'ils pouvaient faire aux pauvres, sans prévoir le mal qu'ils faisaient naître par leurs largesses. Ils faisaient donc des aumônes, ils en faisaient même beaucoup; de là, une foule de malheureux qui venaient se fixer à l'endroit où misère venant, du moins, le pain du pauvre leur était assuré. Mais quand, avec ses *bonnets rouges* et ses piques, la Révolution, avec ses horreurs, vint confisquer l'abbaye avec ses domaines et faire table rase, s'avisa-t-elle de confisquer aussi le pauvre du monastère, le pauvre d'Hautvillers? Pas le moins du monde! Voilà donc la commune d'Hautvillers restée propriétaire d'un groupe de mendiants ou de gens pauvres, dépourvus de tout moyen d'existence, sans espérance pour l'avenir, comme sans ressources pour le présent, et ne seraient-ce pas les restes ou les rejetons de ce premier noyau qui, aujourd'hui encore, végètent si misérablement? Plus de trois quarts de siècle ne peuvent avoir suffi pour cicatriser une telle plaie. S'il est facile de passer de l'aisance à la misère, il n'en est pas de même de la misère à l'aisance, surtout quand, par une longue enfance passée sous les guenilles du vagabondage,

---

(1) Édit rendu dans le mois de mai 1681, et enregistré au parlement de Rouen le 23 juin suivant. (Voyez *Dictionnaire du droit canon*, par Durant de Maillane, tome.... page 390, édition de 1787).

on s'est familiarisé avec des vices qui vous y retiennent invinciblement attachés. Complétons cette raison par la réunion des précédentes, et peut-être nous aurons résolu le problème. D'où vient qu'il y a tant de pauvres à Hautvillers et tant de gens si peu à l'aise? Répétons-le avec ceux qui nous l'ont appris; l'ordre, l'économie, le travail ont peut-être manqué chez plusieurs, et y ajoutant certains vices, nous aurons la cause du paupérisme en général, mais non moins vraie pour notre localité.

Une question seconde, que tout naturellement soulève la première, serait d'examiner par quelles mesures on pourrait arriver, sinon à extirper, du moins à amoindrir les effets de cette indigence. Mais cette solution, pensons-nous, n'est pas complètement de notre ressort; nous en appelons aux autorités du lieu, mieux informées et plus puissantes. Sans doute, si la religion, avec ses salutaires effets, dominait dans la paroisse, si chacun remplissait un peu mieux ses devoirs envers Dieu, envers le prochain et envers soi-même, assurément le paupérisme à Hautvillers ne serait qu'une faible exception dans l'état habituel de la population; mais, avec les idées du jour, il est à craindre que, de longtemps, il n'y ait une amélioration dans la question que nous traitons.

Un bureau de bienfaisance sagement établi, fonctionnant avec équité, sera, nous l'espérons, une création bien importante. Empêcher les pauvres d'aller mendier aux portes, les soulager à domicile, les surveiller un peu plus de près dans leur conduite, leur donner avec discernement, leur inspirer le sentiment du devoir, leur donner l'exemple du travail et de l'économie, seraient aussi des améliorations sensibles et bien désirables.

POPULATION

La population d'Hautvillers est sujette à des fluctuations qu'il serait peut-être difficile d'expliquer entièrement. Depuis quelques années la population avait paru augmenter, mais aujourd'hui (1880), elle tend à diminuer; le manque de maisons propres à être habitées, la difficulté d'en construire de nouvelles, à cause des accidents de terrain, de plus les nouvelles usines récemment établies à Épernay pour verreries, sucreries, ateliers de chemin de fer, manutention des vins, qui toutes occupent beaucoup d'ouvriers de la campagne, lesquels, afin d'éviter la fatigue du trajet du matin pour se rendre à leurs travaux, et celui du soir pour regagner leur logis, préfèrent se fixer près de leurs occupations ; puis le désir du bien-être, de certains agréments qu'on trouve en ville, tous ces avantages sont une cause de la diminution de la population d'Hautvillers,

Vers le milieu du xviiie siècle, la commune ne comptait que 700 habitants. En effet, un dénombrement du royaume (ouvrage intitulé : *Nouveau dénombrement du royaume par généralités, élections, paroisses et feux*, Paris, 1720), porte à 187 le nombre de feux, ce qui suppose, d'après la supputation ordinaire, à peu près 750 habitants.

La classe des vignerons a toujours représenté, à Hautvillers, les trois cinquièmes de la population, un petit nombre de bûcherons, et le reste se composait, comme aujourd'hui, de négociants, rentiers, propriétaires, commerçants et artisans.

En 1773, un relevé constate qu'il y avait, à Hautvillers, une plus forte population qu'au commencement du même siècle. On comptait 240 familles, composées de 330 hommes et garçons, 304 femmes et filles, 80 jeunes garçons et 118 filles au-dessous de 7 ans. Maintenant, à ce relevé, il faut ajouter les religieux et le personnel du monastère, qui, en tout, ne comportait pas moins d'une quarantaine de personnes. D'où venait cette nouvelle augmentation dans la population d'Hautvillers? Nous supposons qu'elle était due à l'accroissement considérable donné au commerce de vin de Champagne, dont l'honneur en revenait à dom Pérignon.

Pendant le siècle suivant, c'est-à-dire pendant le nôtre, malgré toutes les perturbations sociales qu'il amena, la population d'Hautvillers s'accrut encore énormément, à savoir, de près d'un tiers. Après la tourmente révolutionnaire et la première invasion, chacun tint, autant que possible, à devenir propriétaire ; la vente facile du vin, de nouvelles constructions, puis, les bâtiments de l'abbaye occupés par de nouveaux habitants, tout cela donna lieu à de nombreuses personnes de venir se fixer à Hautvillers et d'y faire un commerce qui, dans les années de 1825 à 1840, était assez florissant. C'est ainsi qu'en 1835, au sortir d'une épidémie, à qui la population a fourni un nombreux contingent de victimes, elle atteignait encore le chiffre de 1,023 habitants. Était-ce son apogée ? Qui le prouvera ? Le dénombrement de 1720 n'est pas une preuve qu'avant cette époque la population d'Hautvillers n'ait pas atteint un chiffre même plus élevé qu'en 1835. Quand existaient les hameaux des Fotiaux, des Lhuys, des Noëls, du Champ-du-Gué, des Auges, etc., la population était certainement plus nombreuse. Elle a varié suivant les époques, et si en 1634 il y a eu, d'après les registres, 51 baptêmes, des mariages et des enterrements en rapport avec les naissances, son chiffre de cette année-là n'était assurément pas un des moindres.

Ancien chef-lieu de canton, qui comprenait Champillon, Cormoyeux, Cumières, Dizy, Saint-Imoges, la Neuville-en-Beauvais, Romery et la ferme de Bœuf ; Hautvillers fut, depuis longtemps, un village assez important. Sans remonter dans les siècles précédents, nous dirons donc qu'en 1793 une visite fut faite le 30 janvier, chez tous les citoyens, par un commissaire d'Épernay et les officiers municipaux ; ils constatèrent que le nombre des citoyens était de 915, et 86 étaient sous les drapeaux ; la population était donc de 1,031 habitants.

En 1816, il y avait, à Hautvillers, 1,024 habitants, et, en 1820, il n'y en avait que 951. La population a été en augmentant après 1820, puisque, disons-nous, même après le choléra de 1832, il y avait, en 1835, à Hautvillers, 1,023 habitans ; mais bientôt, quelle décroissance ! Le recensement de 1866 porte à 866 ; celui de 1872, à 876 ; celui de 1876, à 977, le nombre des habitants d'Hautvillers ; sur ce nombre, il faut retrancher 31 individus stationnant, pour le moment, sur les bateaux, à l'écluse d'Hautvillers ; il restera donc 946 habitants, nombre de la véritable population en 1876. Aujourd'hui, mois de décembre 1880, d'après un nouveau recensement que nous venons de faire nous-mêmes, Hautvillers ne comporte que 934 habitants.

Nous ne croyons pas inutile de donner un tableau de ces variations concernant la population du village qui nous occupe, pendant quelques années comprises entre l'année 1700 et l'année 1879, au moins pour les naissances et les décès.

*Tableau indiquant les variations de la Population
à Hautvillers* :

ANNÉES	NAISSANCES	DÉCÈS	ANNÉES	NAISSANCES	DÉCÈS
1700	39	18	1814	41	60
1715	36	29	1820	42	21
1727	38	37	1826	37	31
1740	35	25	1832	24	107 [1]
1750	41	37	1840	28	34
1760	29	50	1854	31	81 [1]
1770	50	22	1860	28	18
1775	46	35	1870	35	26
1790	42	21	1875	33	29
1796	43	26	1876	36	21
1800	47	34	1877	27	24
1805	51	26	1878	34	21
1810	46	41	1879	33	26

Le nombre extraordinaire de décès que constate l'année 1814 est communément regardé comme les suites des terreurs que causa la première invasion des armées étrangères. On doit aussi faire la part de neuf soldats blessés dans une escarmouche qui s'engagea près de la Maison-Neuve, à Dizy, sur la vieille route d'Épernay à Reims. Ces hommes moururent des suites de leurs blessures, à Hautvillers, où on les avait recueillis.

Personnages nés à Hautvillers et dignes d'être remarqués.

S'il sortit de l'abbaye royale de Saint-Pierre-d'Hautvillers des hommes dignes d'être mentionnés dans cet ouvrage, par leur vertu ou par leur savoir, ou enfin par les dignités aux-

[1] Années de choléra.

quelles ils ont été élevés, Hautvillers, lui aussi, tout modeste village qu'il est, a fourni son contingent d'hommes occupant une place honorable dans la société, ou au moins dignes de recommandation.

A partir de 1615, autant que nos recherches ont pu nous les faire connaître, nous trouvons, comme nés à Hautvillers, et ayant exercé le notariat en divers endroits, ceux dont les noms suivent :

Nicolas Maquart, notaire à Hautvillers en 1615. Jean Vaultrain, en 1625. Jean Husson, en 1633. Pierre Husson, en 1650. Louis Malbeste, en 1693. Jérôme Lefebure, en 1730. Jean-Louis Le Cacheur, notaire à Fleury-la-Rivière, né en 1752, d'Antoine Le Cacheur, notaire, et d'Élisabeth-Marguerite Lécaillon. Claude-Gervais Malo, notaire à Hautvillers en 1788. Laurent-Xavier Malo, notaire à Hautvillers, né en 1790, fils de Claude-Gervais Malo et de Françoise-Louise Rittier. Louis-Édouard-Eugène Coutier, notaire à Beaurieux (Aisne), né en 1813, fils de Jean-Baptiste Coutier, médecin, et de Marie-Anne-Adèle Malo. Claude-Hippolyte Simon, notaire à Courtisols (Marne), né en 1779, fils de Louis Simon et de M.-L. Cochut.

Hommes de lettres, Magistrats et autres faisant partie du barreau, etc., nés à Hautvillers.

Paul Lécaillon, homme de lettres à Hautvillers, né en 1697, de Jacques Lécaillon, chirurgien, et de Marie Malbeste. Thomas-Antoine Le Cacheur, né en 1751, huissier royal à Hautvillers, fils d'Antoine Le Cacheur et d'Élisabeth-Marguerite Lécaillon. Joseph-Nicolas Le Cacheur, procureur au parlement de Paris, né en 1757, frère du précédent. Henri Lécaillon, procureur fiscal à Hautvillers, né en 1740, de Jean Lécaillon, chirurgien, et de Marie-Marguerite Maquart. Louis Michel, huissier royal à Hautvillers (1788). Louis-Victor Malo, juge au tribunal de Reims, né en 1787, de Gervais Malo et de Françoise-Louise Rittier. Auguste-Nivard Godard, avocat à Paris, né en 1809, de Claude Godard et de Marie-Hélène Pierrot. Michel-Louis Simon, huissier royal à Hautvillers, né en 1811, de Claude Simon et Marie-Claude Berrurier. Léon-Antoine Lallement, avoué à Vouziers (Ardennes), né en 1820, de Jacques-Antoine-Pierre Lallement et de Marie-Justine Clément.

Chirurgiens, Médecins, nés à Hautvillers.

Barthélemy Lécaillon, chirurgien à Mareuil-sur-Ay, né en 1650, de Jacques Lécaillon et de Marie Malbeste. Jacques Lécaillon, chirurgien à Hautvillers, né en 1665, de Jacques Lécaillon et de Françoise Auger. Jean Lécaillon, chirurgien à Hautvillers, né en 1698, fils du précédent, mort en 1767. Jacques Lécaillon, chirurgien à Cumières, né en 1700, frère du précédent. Jean-Baptiste Lécaillon, chirurgien à Hautvillers, né en 1736, de Jean Lécaillon et de Marie-Marguerite Maquart, mort en 1805. Marie-Louis-Auguste-Arthur Chéruy, né le 23 mai 1842, fils d'Auguste-Charles-Marie Chéruy et d'Adélaïde-Antoinette Du Clos, exerçant la médecine avec succès, dans le lieu de sa naissance, depuis l'année 1871.

L'armée a été et est encore honorablement représentée par des hommes qu'Hautvillers a vu naître. Nous ne citons toujours que ceux dont les noms sont parvenus à notre connaissance :

Jean-Baptiste Lobréau, chef de brigade, officier de la Légion d'honneur, fils de Gérard Lobréau et d'Élisabeth Maquart, né en mars 1748, à Hautvillers. Le 27 août 1767, il entra au service comme canonnier dans le régiment d'artillerie de Metz, et fit les guerres de Corse, de 1768 à 1769, sous les ordres de Marbeuf et de Beauvoir, et fut nommé sergent le 8 octobre 1777. Après avoir fait avec distinction, sous les ordres du baron de Montmorency, les campagnes des Côtes, de 1779 à 1781, il fut promu, le 11 avril 1782, au grade de sergent-major. Embarqué sur l'escadre de l'amiral d'Estaing, en 1782 et 1783, il fut successivement nommé adjudant le 1er avril 1791, lieutenant en premier et capitaine les 6 février et 9 août 1792 ; chef de bataillon au 6e d'artillerie à pied, le 18 frimaire an II, et chef de brigade du 3e régiment, le 21 floréal même année. Il fit partie de l'armée du Nord, de 1792 à l'an III, et de celle du Rhin, de l'an IV à l'an VI ; c'est lui qui commandait l'artillerie au siège de Kehl. Il servit à l'armée de Naples, en l'an VII ; à celle des Alpes, en l'an VIII ; puis à l'aile gauche de l'armée d'Italie, commandée par le général Grénier. Il dirigea avec habileté le siège de Civita-Vecchia. Après la campagne de l'an XI, à l'armée du Rhin, il rentra en France et fut envoyé, en l'an XII, au camp qui s'organisait à Brest. Il reçut, le 19 frimaire de cette année, la croix de la Légion d'honneur, celle d'officier le 25 prairial suivant, et fut nommé électeur du département de la Côte-d'Or. Admis à la retraite le 7 floréal an XIII, il fit choix de la ville de Chaumont (Haute-Marne) pour sa résidence, et mourut dans cette ville, vers les premières années de la Restauration.

Nous avons eu, sous le premier Empire, plusieurs jeunes soldats d'Hautvillers qui, après avoir obtenu différents grades dans l'armée, sont morts sous les drapeaux sans revoir leur famille; un seul revint dans son pays natal; il avait gagné sur le champ de bataille les épaulettes de lieutenant : Louis Berrurier, né à Hautvillers le 17 juin 1773, de Nicolas Berrurier et de Catherine Demars. Soldat de la première République, il accompagna, plus tard, Napoléon dans ses plus glorieuses expéditions. Ses états de service attestent que, dans plusieurs actions, il déploya une bravoure qui l'a rendu célèbre parmi ses compagnons d'armes. Licencié en 1815, après vingt-deux ans de service, il revint dans ses foyers gratifié d'une pension qui lui faisait honneur. Il se maria en 1816 à Tours-sur-Marne, où il fut nommé chef de bataillon de la garde nationale en 1830. Il mourut au mois de juin 1853, à l'âge de 80 ans.

Nous citerons encore, comme une des gloires militaires d'Hautvillers, le capitaine Martin. François-Frédéric Martin, né le 10 avril 1825, fils de Isidore Martin et de Marie-Louise Pierrot, partit comme simple soldat et fut incorporé au 20e bataillon de chasseurs à pied. Après avoir successivement obtenu tous ses grades, il fut nomme lieutenant aux voltigeurs de la garde, puis capitaine au 94e de ligne, après la bataille de Gravelotte, lorsque déjà il était chevalier de la Légion d'honneur depuis le 20 avril 1865. Fait prisonnier à Metz, le 28 octobre 1870, il fut conduit à Glogau (Haute-Silésie), où il resta cinq mois. De retour dans sa patrie, il prit sa retraite à Paris, et là, passe ses moments de loisir, comme attaché à un bureau du ministère de la guerre.

Louis-Gustave Tourneur, né à Hautvillers en 1831, fils de Nicolas Tourneur et d'Élisabeth Hémart; quoique, comme le précédent, n'ayant jamais suivi que les leçons d'un instituteur zélé d'Hautvillers, M. Julliot, tous deux avaient acquis une science suffisante pour les distinguer dans les rangs du soldat. Parti pour son sort comme simple soldat, Gustave Tourneur parvint au grade de capitaine; il avait été, pendant un certain temps, employé dans les bureaux de la manutention.

A la défaite de nos troupes par les Prussiens, il passa en

Vue intérieure d'une partie du Cloître.

Suisse avec l'armée de Bourbaki ; rentré en France, il fut envoyé au camp de Villeneuve-Saint-Georges. Atteint d'une maladie occasionnée par la guerre, il mourut à Lyon, au mois d'août de l'année 1874.

Ayant fait le siège de Paris en 1871, avec plusieurs autres jeunes soldats du pays, en qualité de sous-officiers dans la mobile, M. Jules Simon-Vincent, négociant à Hautvillers, né le 2 juin 1848, de Michel-Louis Simon et de Julie Georges, a été nommé officier à la formation de l'armée territoriale.

Parmi les nombreux soldats d'Hautvillers qui sont actuellement sous les drapeaux, nous remarquons Émile-Joseph Aubertin, né à Hautvillers, le 30 décembre 1855, de Claude-Émile Aubertin, médecin, et de Juliette-Hortense Thibaut ; engagé volontaire, sergent-major après deux ans de service dans un régiment d'infanterie de marine ; il obtint le grade de sous-lieutenant au retour de quelques années passées dans nos colonies.

Albert-Joseph-Auguste Cotte, né à Hautvillers, le 7 janvier 1852, de Joseph-Alfred Cotte et de Louise-Ismène Miltat ; nommé adjudant après de brillants examens, et porté sur le tableau d'avancement, on espère que sous peu il sera promu au grade de sous-lieutenant.

Une célébrité particulière d'Hautvillers.

En 1806, le 13 mars, naissait dans notre humble village Adolphe-Joseph-Emmanuel-Napoléon Didron, fils de Chrysostôme Didron, percepteur, et de Marie-Antoinette Le Cacheur.

Dans sa *Notice biographique sur Didron*, M. le baron H. de Guilhermy dit : Le monastère d'Hautvillers a donné à l'ordre de Saint-Benoît une longue suite d'hommes d'étude et de science. L'église de l'abbaye, devenue celle de la paroisse, est encore pavée de leurs épitaphes. Le climat, le sol de la patrie, exercent une action secrète sur le développement physique et intellectuel de l'homme. Ce coin de terre avait-il le privilège de produire des constitutions énergiques et laborieuses ? A défaut d'une influence de cette nature, les souvenirs des travaux de tant de moines illustres, les traditions de l'abbaye, qui remontaient aux premiers âges de notre histoire, auraient suffi pour déterminer, chez un enfant d'un caractère sérieux et réfléchi, une tendance aux recherches archéologiques. Didron avait terminé ses études au petit séminaire de Reims, et, en 1826, un voyage à Paris fut la récompense du zèle qu'il avait mis à remplir les fonctions d'un professeur absent. C'est pendant son séjour dans cette capitale qu'il détermina sa vocation pour l'étude de l'archéologie nationale, étude qui devait faire le charme et l'honneur de tout le reste de sa vie. On lui proposa, comme premier élément d'étude archéologique, un voyage en Normandie, cette riche et puissante province dont la capitale est à elle seule un musée tout peuplé de chefs-d'œuvre. Jamais Didron ne recula devant aucune tâche dont les difficultés même étaient un attrait pour lui. Il avait remarqué qu'aux yeux du vulgaire, l'art gothique passait tout au plus pour une aventureuse et brillante fantaisie, mais Didron résolut d'établir que cet art était le fruit des combinaisons les plus savantes et que jamais architecte n'avait dépassé ceux du Moyen-Age, soit par la grandeur des conceptions, soit pour la sûreté de l'exécution matérielle. Aussi, quand il arrivait devant une de ces riches basiliques du xiiie siècle, si abondantes en sculptures, en vitraux, en détails d'ornementation, il commençait par le portail et finissait par l'abside, sans se laisser distraire sur son chemin par aucun des incidents qui se rencontraient sur son passage. Les carnets de ses voyages en Grèce, en Allemagne, en Angleterre, en Belgique, en Italie, en Espagne, sont remplis de notions les plus utiles, d'observations les plus ingénieuses.

Un comité historique étant formé sous le ministère de M. Guizot, Didron fut choisi pour en être le secrétaire et préparer la correspondance relative aux travaux du comité, en ce qui concernait les beaux-arts. Un comité spécial des arts et monuments étant formé, Didron en fut encore choisi pour le secrétaire. Alors les mémoires, les documents, les notes affluèrent de toutes parts vers le comité, et c'était au nom de ce comité que répondait notre archéologue quand il était question de restaurer un édifice, sur les moyens de le restaurer sans altérer le style primitif de l'architecture, quand il s'agissait aussi de l'organisation de l'enseignement archéologique, etc. Bientôt parut le *Bulletin archéologique*, et la rédaction des quatre premiers volumes appartient complètement à Didron, et nous ne craignons pas de dire que ce sont, en leur genre, de véritables chefs-d'œuvre. Qui n'a vu son travail sur la cathédrale de Chartres ? Décrire le monument dans son état actuel et dans son passé, photographier par la parole toutes les pierres, l'une après l'autre, toutes les statues, toutes les figures peintes sur le verre ou sur les murailles, toutes les formes variées que la sculpture imprime à la matière en lui donnant ce caractère et ce style qui accuse une époque, un siècle, une année, fut pour Didron le plus délicieux travail, et lui avait laissé un souvenir plein de charmes.

Le comité des arts et monuments avait demandé à son secrétaire la statistique archéologique de l'arrondissement de Reims. Quelques mois s'étaient à peine écoulés que Didron avait déjà parcouru, le plus souvent à pied, toutes les communes dont l'exploration avait quelque intérêt pour la science ; c'est ainsi qu'il vint à Hautvillers et que nous avons pu, dans la statistique de notre église, rapporter une de ses notes archéologiques.

A la sollicitation de ses nombreux amis, Didron se mit à la tête d'une publication périodique ; c'est ainsi qu'en 1844 il fondait les *Annales archéologiques*. Les vingt-quatre volumes, publiés de 1844 à 1865, sont là pour témoigner du soin apporté à la correction des textes, au choix et à l'exécution des planches. Cette œuvre occupe le rang le plus honorable parmi les publications de notre époque et de notre pays.

Une librairie archéologique, une manufacture de vitraux devaient être irréprochables sous la direction de Didron. Nous n'entreprendrons pas de donner ici la nomenclature de toutes les œuvres dont il a enrichi les bibliothèques, les églises et les châteaux ; tout ce qui a trait à l'archéologie se trouvait dans sa riche collection de livres des plus intéressants pour la science. Les vitraux sortis en grand nombre de ses ateliers publieront son talent. Sa mort ne les a pas interrompus, l'héritier de son nom et de ses œuvres est là pour les continuer avec une intelligence rare.

Sans dédaigner les distinctions, Didron ne les recherchait pas ; elles ne lui ont pas manqué cependant. Il était chevalier de la Légion d'honneur et de Saint-Grégoire-Le Grand. On a aussi compté, dans ses archives, plus de trente diplômes de sociétés savantes qui avaient sollicité l'autorisation d'inscrire son nom sur leurs registres.

Le 13 novembre 1867, quelques heures avant le jour, Didron expirait à Paris, au milieu de ses enfants adoptifs, après une cruelle maladie, ou plutôt une agonie qui n'a pas duré moins de deux ans. Honneur à l'homme qui a si bien consacré sa vie à la science ; il n'est plus, mais ses écrits nous restent, et Hautvillers sera toujours fier d'avoir vu naître un aussi célèbre archéologue, tel que l'était Adolphe-Joseph-Emmanuel Didron.

Depuis la fondation de l'abbaye d'Hautvillers jusqu'à sa suppression, plusieurs de ses membres avaient pris naissance dans le village même ; nous en avons quelquefois cité dans le cours de notre ouvrage. Nous plaçons ici seulement, sous les yeux du lecteur, les noms de ceux qui, autrefois, appartenaient à des familles existant encore dans le pays. Plusieurs de ceux dont nous voulons parler, après avoir commencé leurs études dans le monastère, sont entrés dans le clergé séculier ; d'autres, après y avoir fait leur noviciat, se sont faits religieux d'un autre ordre.

1586. — Irénée Lefebure, religieux bénédictin d'Hautvillers. Nicolas-Louis-François Husson, fils de Nicolas Husson, était curé de Pierry, en 1612.

1634. — Thomas Lefebure, religieux bénédictin d'Hautvillers.

1668. — Médard Gillet, religieux bénédictin d'Hautvillers.

1680. — Pierre Bernard, religieux bénédictin d'Hautvillers.

Syndulphe Lécaillon, né en 1729, fils de Jean Lécaillon, chirurgien, et de Marguerite Maquart ; après avoir fait son noviciat dans l'abbaye d'Hautvillers, il entra dans la célèbre abbaye de Pontigny (Yonne), filiation de Cîteaux, où il a été prêtre et religieux.

1757.— François Bernard, religieux bénédictin d'Hautvillers.

Jean-Barthélemy Husson, fils de Geoffroy-Husson, d'Hautvillers, était déjà curé de Festigny en 1765. En 1792, il avait encore des propriétés à Hautvillers, venant de sa famille, (111 verges de vignes).

François-Remy Simon, fils de Nicolas Simon et de Marie-Marguerite Villenfin, né en 1748; après avoir aussi fait son noviciat à l'abbaye d'Hautvillers, il entra dans celle de Royaumont (Seine-et-Oise), ordre de Cîteaux. Il ne quitta son couvent qu'au moment de la Révolution, forcé qu'il était, comme bien d'autres, de l'abandonner. Pendant la tourmente, il demeura caché dans le château du baron Amyot, de Saint-Martin-du-Tertre, près de Luzarches ; plus tard, il fut nommé curé de la paroisse qui l'avait recueilli. Il logeait dans une dépendance du château, et, tous les jours, il était le commensal du baron. Il mourut, dans cette paroisse de Saint-Martin-du-Tertre, le 3 mars 1826, à l'âge de 78 ans, et il y fut inhumé.

Syndulphe Simon, frère du précédent, né à Hautvillers, en 1754, avait été, comme lui, religieux de Royaumont.

A la suppression de sa communauté, il rentra dans le monde. On n'a pas de données certaines sur les dernières années de sa vie ; on suppose qu'il est mort à Compiègne.

1770. — Thomas Gillet, religieux bénédictin, né à Hautvillers.

1780. — Jean-Baptiste-Marie Lefèvre, religieux bénédictin, également né à Hautvillers.

Depuis la Révolution, on ne trouve plus de jeunes gens d'Hautvillers qui soient entrés dans les ordres ou engagés dans les vœux monastiques, excepté Victor-Agnès Besserat, né le 1er août 1830, d'Isaac-François Besserat et de Marie-Alexandrine Forzy. Il fit ses études à Bruxelles (Belgique), puis il entra ensuite dans la congrégation du Saint-Esprit et de l'Immaculé Cœur de Marie, à Paris, où il fut ordonné prêtre et où il est encore actuellement, si toutefois les décrets du 29 mars 1880 ne l'en ont pas chassé.

Hippolyte-Gustave Besserat, frère du précédent, né le 3 juin 1826, entra au petit séminaire en 1843 ; doué d'une belle intelligence, il aurait fait de brillantes études si sa santé ne l'eût obligé d'en sortir après quelques années. Engagé dans un régiment de cuirassiers, et déjà maréchal-des-logis, il serait certainement parvenu au grade d'officier, s'il n'eût été surpris par la mort, au milieu de ses plus belles espérances.

Un troisième, jeune homme plein d'avenir, sujet des plus remarquables, Louis-Charles-Alexandre Noël, né le 4 novembre 1857, de Charles-Alexandre Noël et de Joséphine Godard, avait fait de brillantes études ; résolu de répondre à une vocation qui lui paraissait certaine, il devait, la même année, après avoir fait sa philosophie, entrer au grand séminaire, lorsque, atteint d'une maladie de poitrine, il fut enlevé de ce monde, au grand regret de ses supérieurs, de ses nombreux amis et de sa famille, qui le pleurent encore. Son épitaphe nous redit en deux mots ce qu'il était. Nous la reproduisons ci-contre :

LOUIS-CHARLES-ALEXANDRE NOEL,
ÉLÈVE DE PHILOSOPHIE AU PETIT SÉMINAIRE DE REIMS,
DÉCÉDÉ LE 10 FÉVRIER 1877, A L'AGE DE 19 ANS.
PAR SA SCIENCE ET SES VERTUS, ON A PU DIRE DE LUI :
« CONSUMMATUS IN BREVI TEMPORA MULTA. — (SAP. IV. 13.) »

Parmi les jeunes gens qui cultivent les lettres et les arts à Hautvillers, nous remarquons encore le jeune Léon-Auguste-Edmond Lagille, né le 28 mai 1860, de Philogène-Symphorien Lagille et de Lodoïska Lefèvre, élève de l'école des arts et métiers de Châlons ; il est maintenant attaché à l'usine de Fives-Lille, dans la section de dessin.

Émile-Lucien Miltat, déjà diplômé, né le 30 mars 1863, de Alphonse Miltat et de Constance Roux ; on peut dire, sans témérité, que si ce jeune homme continue à étudier, il deviendra un homme érudit, et, de plus, se rendra familier avec les langues étrangères, ce qui est toujours une recommandation chez un savant.

L'enseignement primaire a aussi, depuis un certain temps, recruté sa part parmi les habitants d'Hautvillers.

Nous citerons avec honneur des instituteurs et des institutrices qui exercent actuellement en cette qualité dans notre département :

Auguste-Eugène Julliot, instituteur, né le 30 janvier 1842, de Pierre-Augustin Julliot et de Marie-Éléonore Nazard.

Charles-Léon-Marie Julliot, frère du précédent, instituteur, né le 27 décembre 1844.

Victor-Émile Leroy, instituteur, né le 17 septembre 1841, de François-Adolphe Leroy et de Victorine-Eugénie Michel.

Lucien Leroy, instituteur, frère du précédent, né le 25 septembre 1843.

Auguste-Arthur Nicaise, instituteur, né le 23 décembre 1858, d'Eugène-Simon Nicaise et de Marie-Catherine-Dulphine Pognot.

Joséphine-Maria Brédeaux, institutrice, née le 3 novembre 1847, de Pierre-Charles Brédeaux et de Françoise-Louise-Isméric Landragin.

Marie Aubertin, institutrice, née le 5 mai 1851, de Claude-Émile Aubertin, médecin, et de Juliette-Hortense Thibaut.

Lucie-Émélie Pognot, institutrice, née le 18 août 1857, d'Augustin-Émile Pognot et de Hermance-Adèle Gillet.

Jeanne-Mathilde Minard, institutrice, née le 23 décembre 1861, de Gustave Minard et de Marie-Antoinette-Émélie Théron.

Il y a encore, dans les jeunes gens d'Hautvillers, des éléments pour y trouver un jour des hommes remarquables, soit dans les lettres, soit dans l'armée ou dans la magistrature.

Nous souhaitons qu'Hautvillers soutienne sa réputation, en offrant à la société des hommes dignes d'elle.

MALADIES A HAUTVILLERS

Hautvillers est-il un pays salubre ? C'est là un problème auquel le choléra, les fièvres typhoïdes, les fièvres intermittentes surtout, semblent avoir déjà donné une solution négative. L'invasion du choléra y fut précoce et terrible ; nous ne voyons pourtant pas dans l'histoire qu'Hautvillers, plutôt que les autres pays des environs, fût sujet aux épidémies. Cependant, nous pouvons affirmer qu'il y existe des éléments insalubres. En 1832, cette cruelle et bizarre maladie, que la science a nommée choléra, sévit sur cette commune, du 22 avril au 3 juillet, et enleva 87 habitants sur 370 attaqués ; 35 hommes sur 170 malades, et 52 femmes sur 200 environ atteintes du fléau ; c'est un peu plus que le quart.

En 1849, le choléra a fait encore 29 victimes, et en 1854, sur 817 habitants, 81 ont été enlevés par l'épidémie.

Au dire des gens de l'art, ce qui communiqua au fléau cette recrudescence de mortalité, serait non pas précisément un principe vicieux de l'air, quoique cet air ne soit jamais bien pur à cause des marais des prés Jaumez, des sources fréquentes, des suintements dans toute la surface pour ainsi dire du sol, mais surtout à cause de la trop grande humidité des habitations, pour la plupart trop exiguës et terrassées jusqu'au premier étage d'un côté ; de plus, la malpropreté des rues, des ruelles, de certaines maisons mal tenues. On pourrait aussi y ajouter des dépôts d'immondices de toutes sortes, des ouvertures d'aqueducs, qui sont des foyers d'infection, parce qu'on y dépose toutes les ordures dont on tient à se débarrasser, et le manque de lieux d'aisances.

Aujourd'hui, le village est beaucoup plus propre, les rues et les ruelles sont exactement balayées toutes les semaines. La police veille à ce que rien ne puisse vicier l'air dont la pureté est si nécessaire aux habitants. Après les épidémies, les fièvres intermittentes apparaissent bien souvent et se montrent quelquefois rebelles et tenaces. En 1815, en 1826 et en 1827, on a remarqué un nombre considérable de gastrites et de fièvres tierces. 1874 et 1875 ont été deux années où les fièvres typhoïdes ont atteint un grand nombre de personnes, sans faire, néanmoins, beaucoup de victimes.

En général, les maladies du vigneron à Hautvillers sont les rhumatismes articulaires, les paralysies générales ou partielles, et cette dernière maladie ne réside pas dans la nature de la profession, mais bien, le plus souvent, comme l'ont dit les médecins, dans l'abus du vin et des liqueurs alcooliques. Les fièvres, comme nous venons de le dire, et les angines sont aussi assez fréquentes. Le catarrhe bronchique, la pleurésie, la pneumonie et la phtisie pulmonaire se rencontrent aussi ; les cas, néanmoins, de cette dernière affection de la poitrine, sont assez rares ; le squirrhe de l'estomac, la diarrhée, enfin, une maladie qu'on pourrait appeler ignoble à cause de son principe, est le *Delirium tremens* qui rend à peu près idiots ceux qui en sont atteints ; l'usage trop fréquent d'absinthe, d'eau-de-vie de marc en est la cause, et l'impôt élevé qui frappe ces détestables boissons n'empêche pas d'en faire une consommation trop grande pour la santé et le bien-être de plusieurs.

Au rapport d'un certain auteur, M. Jacques, de Reims, médecin du roi, le vin blanc d'Hautvillers, comme celui des environs, pris en petite quantité et en temps opportun, ne contribuerait pas peu à donner de la vigueur et à produire la santé du corps. Selon lui, ce vin est léger et diurétique, tempère l'acrimonie du sang, dissipe la gravelle et n'occasionne jamais la goutte, si ceux qui en font usage pouvaient savoir se prémunir contre l'humidité. Voilà, ce semble, d'après cet auteur, un vin qui a le droit, assurément, de devenir un article de pharmacie ; nul doute qu'une fois admis et vanté comme tel, il ne détrône bien d'autres méchantes drogues, voire même le quinine, pourtant si nécessaire.

Quoique le sol humide soit une cause de maladies fréquentes à Hautvillers, il y a pourtant toujours eu, de tous temps, des constitutions assez robustes pour y voir des vieillards en assez grand nombre et arriver à l'âge de quatre-vingts ans et plus. En 1695, 5 septembre, un nommé Pierre Piéton est mort à l'âge de 117 ans; il était natif d'Hautvillers. Il y a toujours, en moyenne, cinq ou six individus, dans l'endroit, qui sont plus qu'octogénaires; il y a même, en ce moment, un vieux soldat de l'Empire, un médaillé de Sainte-Hélène, Isidore Dumé, qui a atteint sa quatre-vingt-dixième année.

GARDE NATIONALE ET POMPIERS

Toutes les fois qu'une garde nationale a été organisée par ordre du gouvernement, Hautvillers a eu la sienne et des mieux tenues. Il y a même eu, en 1848, un chef de bataillon du canton d'Ay, en la personne de M. Chandon de Briailles. Quand il y avait une revue commandée, soit au chef-lieu d'arrondissement, soit au chef-lieu de canton, n'importe pour quelle cause, la compagnie d'Hautvillers s'est toujours fait remarquer pour sa discipline et sa bonne tenue.

Cette commune a toujours eu aussi une compagnie de pompiers. Ce corps, complètement organisé sous le dernier Empire, ne se distinguait pas seulement par les exercices de simples manœuvres et dans les jours de revue, il savait déployer aussi l'énergie et la promptitude chaque fois qu'un sinistre réclamait le secours de la pompe. Son chef, M. Palle, Amand, depuis longtemps lieutenant, a été médaillé il y a quelques années, comme récompense de ses services. Cette compagnie de pompiers n'était pas nouvelle, elle remontait à 1828. La commune venait de faire l'acquisition d'une pompe à incendie, alors il fallait nécessairement des hommes pour la manœuvrer; c'est avec enthousiasme qu'un grand nombre se sont présentés pour former cette compagnie.

Depuis la guerre de 1870-1871, que les armes des pompiers furent prises par l'ennemi pour être brisées, il n'y avait plus de pompiers à Hautvillers; c'était regrettable, car un incendie pouvait se déclarer et le service de la pompe ne se serait probablement pas fait convenablement. Depuis deux ans, cette compagnie s'est reformée plus belle que jamais. L'acquisition d'une nouvelle pompe, le désir aussi de rendre service à leurs semblables, ont donné à ces nouveaux pompiers une activité toute nouvelle. Instruits par M. F. Lebègue, lieutenant de la compagnie particulière de la maison Moët et Chandon, et sous le commandement de MM. Adolphe Lourdet, lieutenant, et Ernest Jobin, sergent-major, cette compagnie a obtenu un premier prix dans un concours qui a eu lieu à Château-Thierry, le 29 juin 1879. C'est dire qu'elle manœuvre aussi bien qu'on peut le désirer. Les services qu'elle a déjà rendus sont à l'ordre du jour; nous faisons des vœux pour qu'elle se maintienne dans de semblables dispositions.

SOCIÉTÉS DE MUSIQUE

Il y a quarante ans déjà, une société de musique existait à Hautvillers. Cette société, bien souvent organisée, fut aussi bien souvent dissoute, et bon nombre d'instruments ont vieilli, sans procurer à l'oreille délicate des sons qui auraient pu la distraire agréablement. Renouvelés, nous les avons entendus il y a déjà nombre d'années, et nous les entendons encore, ces instruments, tenus par des musiciens qui exécutent des morceaux avec une précision qu'accueilleraient volontiers les lauréats du Conservatoire.

Les médailles attachées aux bannières des deux sociétés, dont Hautvillers est gratifié, prouvent qu'elles ont eu du succès dans les concours où elles se sont présentées. Ces deux sociétés sont dirigées par MM. Victor Plateau et Arthur Stinlet, dont les capacités ne sont pas douteuses.

IMPOTS

Contributions directes (année 1880), 27,154 francs 72 cent.
Sur ces contributions, la commune paie à l'État, 6,970 francs 29 centimes.
Au département, 4,625 francs 55 centimes.
La commune prélève pour elle, 15,558 francs 80 centimes.
Il y a, dans la commune, 31 patentés qui paient 3,217 francs 36 centimes.

BUDGET DE LA COMMUNE EN 1880

Les recettes de la commune montent à 20,467 francs 11 centimes.
Les dépenses sont en proportion.

MESURES

Nous avons déjà mentionné différentes mesures employées dans les endroits où les religieux d'Hautvillers avaient des propriétés, ou un droit quelconque sur les propriétés de ces mêmes lieux. Ces mesures ont souvent varié, il y en a même qu'on ne connaît plus depuis longtemps, d'autres qui ne sont plus en usage depuis l'établissement du système métrique. Hautvillers avait des mesures particulières, mais pour la plupart elles se rapprochaient de celles des villages circonvoisins.

Mesures agraires.

D'après divers arpentages (1664) retrouvés dans les archives d'Hautvillers, la mesure dont on se servait jusqu'au XVIIIe siècle, et qu'on désigne comme étant celle de la vicomté, portait 10 pouces 2/3 pour pied, c'est-à-dire 0 m. 286. Cette mesure appelée pied, qui nous vient, dit-on, de la grandeur du pied de Charlemagne, équivaut à 0 m. 32481, mais alors celui-ci s'appelle pied de roi, de 12 pouces.

La ligne a toujours été le douzième du pouce. La mesure de la vicomté portait 22 pieds 1/2 pour verge et 100 verges pour arpent. Le boisseau était, pour certains endroits, le quart de l'arpent, c'est-à-dire 25 verges, mais, à Hautvillers et dans les environs, le boisseau n'était que de 6 verges 1/4. L'arpent de Chouilly était de 100 verges (43 ares 27), la verge de 20 pieds, et 13 pouces pour pied. La danrée, 12 verges 1/2 ; la fauchée, 75 verges.

En 1744, l'arpent d'Hautvillers était encore de 100 verges 12 pouces pour pied, mais seulement 20 pieds pour verge (42 ares 20 centiares). La perche des Grandes-Loges, en 1758, était de 8 pieds 2 pouces ; 100 perches pour boisseau et 8 boisseaux pour le journal. Mardeuil n'avait que 10 pouces 1/8 pour pied, 24 pieds pour verge et 100 verges pour arpent.

L'arpent, employé à peu près partout dans les mesures agraires, vient du latin *arvus*, champ, et *pendere*, évaluer, d'où l'on a fait *arvipendium*, arpent.

A Witry-les-Reims, où les religieux avaient aussi une terre et un droit seigneurial, l'arpent s'appelait quelquefois septier et valait 106 verges 2/3 ; le quartel était de 26 verges 2/3. L'arpent s'appelait encore jour, à la grande mesure ; le jour était de 16 hommées et l'hommée valait 3 ares 17 centiares ; le petit arpent ou septier, 33 ares 81 centiares, tandis que le jour ou grand arpent valait 50 ares 72 centiares.

L'abbaye d'Hautvillers se servait de la mesure d'ordonnance, de 22 pieds de 12 pouces (7 m. 15). L'arpent de 100 verges carrées valait 51 ares 07 centiares, et la verge carrée, 51 centiares. Cette mesure fut toujours aussi en usage pour les habitants du pays ; encore aujourd'hui, plusieurs anciens propriétaires ne s'y trompent pas, quand il s'agit d'arpenter une de leurs vignes ; les ares et les centiares, pour eux, sont une langue nouvelle qu'ils ne comprennent pas : 22 pieds pour verge, 12 pouces pour pied, et 100 verges pour arpent, voilà leurs mesures.

Mesures de capacité pour les grains.

Dans un ancien terrier d'Aigny-sur-Marne, avec lequel notre abbaye eut tant de rapports, on se servait d'une mesure appelée *moiton*, appelée aussi mesure d'Hautvillers ou de Saint-Nivard. On supposait, au xviiie siècle, lorsque cette mesure n'était plus en usage déjà depuis longtemps, que trois moitons équivalaient à quatre boisseaux de Châlons, d'environ 24 litres.

Dans certains endroits, le boisseau contenait 24, 25 ou 26 litres; dans d'autres, de 18 à 20 litres. Quatre boisseaux, n'importe de quelle mesure, faisaient un septier. Cette mesure de capacité était ordinairement cylindrique et en bois, mais variait dans sa hauteur et dans sa largeur. Le boisseau s'appelait, le plus souvent *pichet*, et on distinguait le pichet ordinaire, pour le blé, et le pichet à mars, pour l'avoine. Le pichet à mars était un tiers plus grand que le pichet à blé; il contenait 34 litres 16 centil., et, quand on s'en servait, on l'emplissait, suivant l'expression du temps, *à comble*, c'est-à-dire qu'on élevait le grain en forme de cône, sur le milieu de la mesure déjà pleine, afin d'en faire tenir autant que possible; tandis que, pour le blé, non-seulement on se servait du pichet de 20 ou de 25 litres, suivant l'usage, mais on mesurait toujours *à râcle*, c'est-à-dire qu'on passait un rouleau en travers sur les bords de la mesure pleine, pour en former une surface plane en faisant tomber les grains qui étaient en trop. Quelquefois aussi le mot pichet s'employait pour les mesures agraires; c'était le synonyme de boisseau, il en avait la même quantité, c'est-à-dire le quart de l'arpent de 100 verges. Le muid, pour les grains, était composé de 50 pichets, quartels ou boisseaux, ce qui signifiait la même chose. Le muid de Soissons équivalait à 12 hectolitres 80 litres 90 centilitres; c'était celui qui était en usage chez les religieux, pour Hautvillers et Reims. On disait : muid, mesure d'Hautvillers ou mesure de Saint-Symphorien ; il contenait 16 septiers, et le septier 4 quartels de chacun 25 litres 62 centilitres, pour le blé et le seigle. Le muid d'avoine équivalait à 17 hectolitres 42 litres, attendu qu'on comptait, pour un muid, 51 pichets à mars de 34 litres 16 centilitres. Un des multiples du boisseau était le litron ou écuelle, qui valait un demi-litre environ. On se servait quelquefois de la pinte pour les légumes, haricots, lentilles, pois, fèves, etc.; cette pinte avait la même contenance que celle employée pour les liquides.

Mesures des boissons.

On comptait, à Hautvillers, pour mesures des liquides : la chopine, la pinte ou bouteille, le pot, la velte, la caque, la sapinée, le poinçon, le trentain et la queue.

La chopine a toujours été la demi-bouteille, mais la bouteille a souvent varié de contenance; elle a valu, comme la pinte, 0 litre 9313 dimillièmes; aujourd'hui elle doit avoir, dans le commerce, 0 litre 88 centilitres. Le pot était plus grand que le litre; il valait à peu près 1 litre 904. La velte contenait 8 pintes ou 7 litres 45 centilitres. La caque, moitié du poinçon; la sapinée, 30 pintes. Quand il s'agissait de ces mesures pour les vins, la pinte n'avait plus la mesure que d'une bouteille ou flacon, comme on l'appelait encore en 1718; elle équivalait à 1 litre 25 centilitres.

Le poinçon d'Hautvillers a toujours été à peu près le même, contenant environ 200 litres, et le trentain, 240 pintes; il était plus fort que le poinçon, d'environ 100 litres.

Le muid, dont on se servait très rarement, valait 2 hectolitres 60 litres.

La queue de Reims contenait 396 litres, et la queue de Champagne, 366 litres seulement; celle de nos religieux était considérée comme contenant 400 litres.

Mesures de longueur.

Le pied, pour les longueurs, était toujours de 12 pouces (0 m. 32 c. 48 d.), et le pouce, de 12 lignes (0 m. 0271).

L'aune était une mesure dont se servaient les tisserands pour le mesurage de la toile et tous les marchands de rouennerie pour leurs étoffes. L'aune de Paris, de 3 pieds 7 pouces 10 lignes 5/6, valait 1 mètre 188.

La toise, 6 pieds de longueur, 1 mètre 949.

Mesures de surface.

La ligne carrée avait 0 m. 000,000,5; le pouce carré, 0 m. 000,733; le pied carré, 0 m. 105,521; la toise carrée, 3 m. 798,743.

Mesures de volume.

La toise cube, pour le mesurage des moellons, avait 12 pieds de longueur, 6 de largeur et 3 de hauteur. Le cube représentait 216 pieds ou 7 mètres cubes 404.

Mesures pour les bois de construction et de chauffage.

Dans nos belles forêts d'Hautvillers, le bois de charpente se vendait à la solive. Cette unité représentait une pièce de bois longue de douze pieds et ayant six pouces sur six pouces d'équarrissage, laquelle se divisait en 6 pieds qui se nommaient *pieds de solive*, le pied en 12 pouces, et le pouce en 12 lignes. Elle équivalait à 3 pieds cubes ou 1 décistère 028.

Le bois de chauffage se mesurait à la corde, ou à la voie, ou à l'anneau et même à la toise pour les copeaux d'équarrissage ou pour les copeaux appelés bois d'ouvriers. On donnait à la corde 8 pieds de longueur, sur 5 de hauteur, soit 16 pieds de couche sur 2 pieds 1/2 de hauteur, et en donnant à la buche 3 pieds 6 pouces de longueur, le cube représentait 140 pieds ou 4 stères 80.

Une voie valait 56 pieds cubes ou 1 stère 9195; il fallait à peu près trois anneaux pour une voie, mais, à Hautvillers, quand on vendait le bois de chauffage à l'anneau, c'était du grand anneau dont on se servait; alors, il équivalait, à peu de chose près, au stère ; il était plus grand que l'anneau de Brie. La toise de copeaux d'ouvriers faits par l'abattage des arbres ou par des souches de bois de hautes futaies, comprenait 4 pieds cubes ou 2 stères 1937.

POIDS

Avant le système métrique, on disait, dans certaines écoles, en forme de leçon : « La livre vaut 2 marcs; le marc vaut 8 onces; 1 once vaut 8 gros; 1 gros vaut 3 deniers; 1 denier vaut 24 grains. » Telles étaient les subdivisions de la livre, dont on se servait généralement comme poids; elle valait

489 grammes 51 centigrammes. Sous Charlemagne, la livre n'était que de 12 onces ; Philippe Ier éleva de 12 à 16 onces le poids de la livre.

Les gens d'un certain âge, qui ont été habitués à se servir de ces anciennes mesures, ne se rendent bien compte, dans leur calcul ou dans leur appréciation, qu'en employant, par exemple, l'arpent, la verge, la toise, et surtout, quand il s'agit de poids, de la livre et de l'once ; des jeunes même, quoique n'ayant appris à connaître que la valeur du kilogramme et de ses sous-multiples, disent néanmoins, chez le buraliste, une once de tabac ; chez l'épicier, un quart de café et un quarteron de beurre. Dans les choses qui se comptent, le quarteron était toujours le quart d'un cent ; mais, un quarteron d'œufs, presque toujours, était de vingt-six et le demi-quarteron de treize.

Chez les cultivateurs ou fermiers, on formait des billes de beurre qu'on appelait quarteron, mais qui pesaient une demi-livre. Celui à qui l'on vendait, sur le marché ou à la maison, six quarterons de beurre, devait en avoir trois livres : tel était l'usage.

MONNAIES

Dans plusieurs contrats passés entre les religieux d'Hautvillers et d'autres personnages, il est quelquefois question de l'écu du soleil. L'écu d'or au soleil, comme l'écu ordinaire, valait 3 livres de son époque, c'est-à-dire qu'à sa création, sous Louis IX, il valait 42 francs de notre monnaie. Sous Louis XI, il égalait trois fois la livre de 11 francs 83, alors 35 francs 49. Sous Charles IX, il valait seulement 4 francs 50, l'écu du dernier siècle 4 francs 32. Après la Révolution, l'écu ordinaire valait environ 3 francs, et passait pour avoir cette valeur. L'écu de 6 livres n'était plus compté, dans les derniers temps, que comme ayant une valeur de 5 francs 80. Il fallait, disait-on, donner 4 sous d'appoint.

La livre parisis et la livre tournois. — La livre parisis était d'un quart plus forte que la livre tournois. Quand il s'agissait du prix dans un acte de vente, on avait soin de désigner si l'acquéreur paierait en livres tournois ou en livres parisis, car, alors, le prix diminuait ou augmentait. La livre tournois, sous Louis XVI, valait 1 franc 44 ; elle conserva cette valeur jusqu'en 1789 ; alors, elle ne valut plus que 99 centimes de notre monnaie actuelle. Elle a cessé d'avoir un cours légal à partir du 1er vendémiaire an VII (23 septembre 1799). La livre parisis avait été abolie sous Louis XIV.

La livre tournois, sous Charles IX, valait 4 francs 50 ; sous Henri III, 3 francs 83 ; sous Henri IV, 3 francs 66 ; et, au commencement du règne de Louis XIII, elle ne valait plus que 3 francs 07. Louis IX (saint Louis), en remaniant le système monétaire, établit le système tournois dont la base était le gros tournois ou sou. Il en fit tailler 116 dans une livre d'argent fin, le poids de chaque sou équivalait à quatre grammes, et sa valeur, 0 franc 90 centimes. Plus tard, les malheurs portèrent les rois à mettre de l'alliage dans la monnaie qui avait cours dans le royaume.

En 1641, Louis XIII reforma de nouveau le système monétaire et créa la monnaie duo-décimale ; il fit faire des écus d'argent ayant cours pour 60 sous ou 3 livres. Louis XV en augmenta le poids et en éleva le cours à 6 livres. Ce sont de ces pièces de monnaie dont nous avons parlé précédemment ; il fit en même temps fabriquer des sous de cuivre, dont quelques-uns sont arrivés jusqu'à nous.

Les liards ont toujours été le quart du sou ; le denier, le douzième, et l'obole la moitié du denier. Au xviiie siècle, l'obole n'existait plus. On comprend que ces subdivisions avaient leur raison d'être, quand on sait que la livre valait 42 francs sous Louis XI.

Après la Révotution, et même jusque vers 1830, il y avait en circulation des pièces de 30 sous, de 15 sous, de 12 sous, de six liards, de deux liards et d'un liard simple.

Depuis longtemps, les pièces de six liards n'en valaient plus que cinq, et, dans un paiement, deux de ces pièces s'appelaient six blancs, et comptaient pour deux sous et demi. Il y avait, en France, une monnaie de compte qu'on appelait pistole, et qui valait 10 francs. On disait, par exemple : « J'ai payé ce cheval 50 pistoles (500 francs). » Il n'y avait guère que dans le maquignonnage où l'on se servait de cette manière de compter.

« Ces différentes mesures, dit M. Mercier, vérificateur des poids et mesures à Versailles, dans son ouvrage sur Arcy-le-Ponsart, furent abolies en 1795, et remplacées par des mesures décimales, que la Convention nationale, par la loi du 18 germinal an III, rendit obligatoires dans toute la France. Son application, dans le début, rencontra de grandes difficultés, tant dans les habitudes commerciales que dans l'esprit de routine, mais que le temps, et l'instruction plus répandue, ont complètement aplanies. La loi du 4 juillet 1837, en les rendant de nouveau obligatoires à partir du 1er janvier 1840, a doté définitiment le pays d'un système de mesures dont le mécanisme et l'ingénieux enchaînement font l'admiration de tous les peuples. »

RÉFLEXIONS DE L'AUTEUR SUR CET OUVRAGE

Dans cet ouvrage, au terme duquel nous sommes parvenus, nous avons laissé bien des lacunes, qu'il nous a été impossible de remplir. Il y a des points qui sont restés obscurs et que nous aurions bien voulu éclaircir. Nos recherches, quoique multipliées, nous ont souvent mis dans l'embarras ; infructueuses pour certains documents primordiaux, et quelquefois nous fournissant une abondance de documents secondaires, c'est pourquoi, dans certains passages, nous avons été incomplets et peut-être prolixes dans d'autres. Nous avons des redites, des détails insignifiants, c'est vrai, mais il nous a semblé que l'amour du pays était tel dans tous les cœurs, que l'habitant d'un village dont on a fait l'histoire trouve toujours dignes de lui les plus petits faits qui se sont passés pendant la vie de ses pères, et même, qu'il aime à les relire et qu'il est heureux quand il lui est donné de pouvoir les transmettre à sa postérité.

Il fut un temps où l'on ne tenait aucun compte des vieilles archives, et même nous avons vu qu'un grand nombre de titres, recueils, papiers importants, qui, pour avoir appartenu, ou pour avoir trait aux abbayes, devaient impitoyablement disparaître. Aussi, nous ne cesserons de le dire : « Heureux encore de trouver dans nos bibliothèques des livres d'un rare mérite, fruit du travail assidu et persévérant de nos anciens religieux, autrement nous serions presque réduits au néant pour les faits passés dans les siècles antérieurs et même pour notre époque, si quelques amis de l'histoire ne les recueillaient avec soin. »

Quoi qu'il en soit, Hautvillers aura donc son histoire, et nous souhaitons qu'après [nous, un flambeau plus brillant vienne éclairer ce qui a pu rester dans les ténèbres.

Dans cette histoire, cette vieille société de nos pères nous est apparue. Le spectacle qu'ils nous ont offert nous a surpris, car nous les avons contemplés fermes et courageux, libres même au sein d'une société féodale, défendant avec énergie leur indépendance, et pourtant ils étaient modérés, simples, paisibles, sous le souffle du sentiment religieux qui les gouvernait, car rien n'élève le caractère et ne le modère comme une religion profonde et sincère. Elle nous fait sentir notre grandeur, à nous qui sommes de Dieu ; et elle nous fait comprendre le rôle secondaire que doivent jouer, dans notre existence, les intérêts humains, à nous qui allons au Ciel. N'oublions pas que tout ce qu'il y a de vrai, de beau et de bon dans la vie des individus comme dans celle des peuples, d'un pôle à l'autre, tout ce que l'on rencontre de noble, de magnanime et de digne de l'homme dans la vie des nations civilisées, tout cela est chrétien. Sachons aussi que tout ce qui est haïssable et mauvais, dans la vie de l'individu et dans celle des peuples, c'est l'œuvre propre de l'homme. Voilà ce que nous dit l'Évangile, voilà ce que nous avons pu remarquer dans toutes les histoires du monde, dans l'histoire de la plus grande ville comme dans celle du plus petit village, et si Hautvillers occupe dans l'histoire une place particulière parmi ses égaux, c'est que la religion du Christ y a été pratiquée, que les saints de Dieu y ont été honorés. Imitons donc nos aïeux dans leurs croyances et dans leurs pratiques religieuses ; ne les imitons pas moins dans la confiance qu'ils avaient dans la protection des serviteurs de Dieu, et particulièrement dans celle de cette Sainte auguste, si souvent rappelée dans notre histoire, car nous pouvons dire de sainte Hélène, comme l'Écriture du prophète Jérémie : « Celui-ci est l'ami de ses frères et du peuple d'Israël. C'est lui qui prie pour la nation et pour toute la sainte Cité. — *Hic fratrum amator et populi Israël; hic est qui multum orat pro populo et universa sancta Civitate.* (Macch., liv. II, ch. xv, v. 14.) »

LISTE DES ABBÉS ET DES RELIGIEUX

DE L'ABBAYE ROYALE
DE SAINT-PIERRE-D'HAUTVILLERS

DESQUELS NOUS AVONS PU DÉCOUVRIR LES NOMS

Abbés.

658. Saint Nivard, fondateur de l'abbaye.
658. Saint Berchaire, Ier abbé.
663. Saint Réole, IIe abbé.
684. Léocadius, IIIe abbé.
688. Saint Rigobert, IVe abbé.
743. Saint Abel, V^e abbé.
750. Tilpin, VIe abbé.
806. Wulfaire, VIIe abbé.
820. Pierre Ier, VIIIe abbé.
841. Halduin, IXe abbé.

DATES INCONNUES {
Jean Ier, X^e abbé.
Drogon, XIe abbé.
Ebbale, XIIe abbé.
Rodolphe Ier, XIIIe abbé.
Goderamne, XIVe abbé.
Wuilbad ou Wuilbault, XVe abbé.
Gervais, XVIe abbé.
Asbert, XVIIe abbé.
Thierry, XVIIIe abbé.
Rodolphe II, XIXe abbé.
Rodolphe III, XXe abbé.
Werric, XXIe abbé.
Gilbert, XXIIe abbé.
Gaucher, XXIIIe abbé.
Gauthier Ier, XXIVe abbé.
}

940. Rotmar, XXVe abbé.
      Flodoard, XXVIe abbé.
1040. Norgand, XXVIIe abbé.
1059. Guérin, XXVIIIe abbé.
1076. Josselin, XXIXe abbé.
1085. Pierre II, XXXe abbé.
1090. Notcher, XXXIe abbé.
1100. Hugues, XXXIIe abbé.
1125. Ingubrand, XXXIIIe abbé.
1143. Hildebrand, XXXIVe abbé.
1144. Nicolas Ier, XXXVe abbé.
1170. Joramne, XXXVIe abbé.
1180. Guillaume, XXXVIIe abbé.
1190. Gauthier II, XXXVIIIe ab.
1192. Odon ou Eudes Ier, XXXIXe abbé.
1199. Gauthier III, XLe abbé.
1209. Pierre III, XLIe abbé.
1214. Drogon, XLIIe abbé.
1221. Rodolphe, XLIII abbé.
1230. Pierre IV, XLIVe abbé.
1231. Rodolphe, XLVe abbé.
1240. Guillaume II, XLVIe abbé.
1245. Gauthier IV, XLVIIe abbé.
1254. Guy ou Guido, XLVIIIe abbé.
1263. Guillaume III, XLIXe ab.

- 1269. Thomas de Morémont, L^e abbé.
- 1285. Henri Ier, LIe abbé.
- 1304. Gérard, LIIe abbé.
- 1317. Raoul, LIIIe abbé.
- 1320. Baudoin, LIVe abbé.
- 1337. Thierry de Castres, LVe abbé.
- 1338. Guy II ou Guido, LVIe ab.
- 1358. Henri II, LVIIe abbé.
- 1370. Eudes ou Odon II, LVIIIe abbé.
- 1377. Lambert, LIXe abbé.
- 1380. Garnier, LXe abbé.
- 1391. Jean Bocheron, LXIe ab.
- 1411. Guillaume Fillâtre, LXIIe abbé.
- 1430. Nicolas Josselin, LXIIIe abbé.
- 1446. Jean le Piat, LXIVe abbé.
- 1499. Gosselin et Ogier d'Anglure, LXVe et LXVIe ab.
- 1506. Thomas Rogier, LXVIIe abbé.
- 1507. Jean Royer, LXVIIIe abbé.
- 1527. Gauthier et Antoine Sanguin, LXIXe abbé.
- 1542. François de Faucon, LXXe abbé.
- 1543. Pierre Duchâtel, LXXIe abbé.
- 1548. Bernard Duchâtel, LXXIIe abbé.
- 1554. Jean de Caravac, LXXIIIe abbé.
- 1559. Charles Delbène, LXXIVe abbé.
- 1563. Laurent Strozzy, LXXVe abbé.
- 1574. Louis d'Este, LXXVIe ab.
- 1586. Julien Delbène, LXXVIIe abbé.
- 1595. Alphonse Delbène, LXXVIIIe abbé.
- 1634. Barthélemy Delbène, LXXIXe abbé.
- 1663. François de Chaumejean de Fourille, LXXXe ab.
- 1668. Louis de Chaumejean de Fourille, LXXXIe abbé.
- 1706. Jean-Louis-Gaston de Noailles, LXXXIIe abbé.
- 1721. Jean-Philippe d'Orléans, LXXXIIIe abbé.
- 1757. Nicolas de Bouillé, LXXXIVe abbé.
- 1769. Angélique-Alexandre de Talleyrand de Périgord, LXXXVe abbé.
- 1780. Alphonse-Hubert de Lattier de Bayanne, LXXXVIe abbé.

Religieux.

Dom
- 662. Gédéon.
- — Théodoramne.
- 820. Almanne.
- — Marc.
- — Hermeric.
- — Ancelin.

Dom
- 820. Witerbe.
- — Pierre.
- — Teutgise.
- 900. Anselme.
- 940. Guntbert.
- 1090. Regnauld,

Dom

1102. Foulques.	1200. Rotrade.
— Burchard.	— Nicolas.
— Wautier.	— Frédéric.
— Lemaire.	— Guillaume.
— Rodefride.	1272. Jean.
— Richard.	— Jean Thomas.
— Héribert.	1338. Jean Coule.
— Évrard.	1353. Jean d'Athis.
— Gérard.	— Jean Jacquemin.
— Bécaire.	— Messire Jeannesson Paris.
— Zoé.	
— Richard, N.	1394. Étienne de Gomont.
— Hugues, C.	1507. Paul Piedfort.
— Roger.	— Joseph Chatelain.
— Rodolphe.	— Richard Verdelet.
— Vicart.	— Guy de Flamignon.
— Wibert.	— Gérard Simon.
— Mainier.	— Hugues de Métruin.
— Odon.	— Jean de Condé.
— Hugo, F.	— Jacques de Bournonville.
— Hugo, J.	
— Arnoud.	— Jean Drouinet.
— Henry, J.	— Nicolas de Scanonville.
— Rolan.	— Guillaume de Bournonville.
— Pierre, J.	
— Walter, J.	1543. Jean Bertrand.
— Albric.	— Jean Lamblet.
— Mathieu.	— Jacques Aurillet.
— Hugues, D.	— Godfroy Augier.
— Héry.	1550. Philippe Brodeau.
— Adam, N.	1563. Nicolas-Nivard Lamblet.
— Vaucler.	— Guillaume de Saint-Quentin.
— Simon.	
— Pierre, A.	1575. Claude Coquelain.
— Hubert.	— Lhermite, L.
— Marc, N.	— Jean de Monspoix.
— Gérard.	— Jehan Michelet.
— Robert.	— Pierre Letellier.
1110. Anselme de Gemblours.	1586. Iréné Lefebvre.
— Gervais.	— Henri Bourgeois.

LISTE DES RELIGIEUX

Dom
- 1586. Nicolas Suisse.
- — Thomas Michelet.
- — Jean Moreau.
- 1595. Joseph Geoffroy.
- — Gille Fournier.
- — Jean Lelarge.
- — Charles Deu.
- — Mathieu Sandofort.
- 1634. Grégoire Dolivet.
- — Gabriel de Sainte-Marie.
- — Jehan Lhermite.
- — Nicolas Dudré.
- — Jean Fetizon.
- — Pierre Grenier.
- — Michel Violart.
- — Victor Delestre.
- — Innocent Moreau.
- — Mathieu Jacquesson.
- — Desgabets.
- — François Faillez.
- — Jean Auger.
- — François Lambert.
- — Bertrand.
- — Thomas Lefebvre.
- — Thomas Loyseau.
- — Georges Gabriel.
- — Jean Bertrand.
- — Nicolas Desabey.
- — Jacques Vrillet.
- — François Drouyn.
- — Lengin.
- 1641. Bernard Lavoisse.
- — Antoine Miler.
- — Bernard de Bras.
- — Michel Tranche.
- — Pierre Sorlet.
- — Épiphane Thomas.
- — Jacques Boniez.
- 1644. Pierre Sornette.
- — Simon Bossier.

Dom
- 1644. Benoît Vinot.
- — Ildefonse Bardin.
- — Dominique Barbier.
- — Maurice de France.
- 1653. Nicolas Boucquart.
- — Alexis Daras.
- — Grégoire Bailly.
- — Isidore Huguin.
- — Odilon Viart.
- — Georges Martin.
- 1659. Théodore Desforge.
- — Bernard Bailly.
- — Pierre Raingot.
- — Martin This.
- — Pierre Marchal.
- — Claude François.
- — Philibert Boulanger.
- 1663. Joseph Vézelise.
- — Bernard Péronne.
- — Claude Géraudel.
- — Rupert Regnault.
- 1668. Maurice Herbaux.
- — Colomban Mathelain.
- — Anselme Hennequin.
- — Médard Gillet.
- — Étienne Pétré.
- — Léon Merlin.
- — Antoine Joly.
- 1675. Alexis Braux.
- — Pierre Pérignon.
- — Pierre Faillot.
- — Godfroy Jean.
- — Boniface.
- — Grégoire.
- — Pierre Suart.
- — Louis de Béricourt.
- — Maur Montignon.
- — Toussaint Thomas.
- — Alexis Dusorton.
- — Eugène Lefondeur.

Dom.
- 1680. Richard Verdelet.
- — Pierre Bernard.
- — Augustin Lemaître.
- — Clément Misset.
- — Dominique Verdelet.
- — François.
- — Nivard Vatel.
- — Alphonse Robert.
- — Robert, J.
- — Anselme Desborde.
- — Philippe.
- — Thomas Wirix.
- — Jacques Chatelain.
- — Antoine Mahaut.
- — André Charton.
- — Laurent Dumay.
- — Iréné Paradis.
- — Philippe Bablot.
- — Richard Havetel.
- — Arsène Aubry.
- — Placide Aubry.
- — Hubert Châtelain.
- — Boucher.
- — Gabriel Barbiton.
- — Amand Vincent.
- — Albert Regnard.
- — Jean Vignerov.
- — Joseph Dommangin.
- — Jean Bricart.
- — Sébastien Robinet.
- 1690. Barthélemy Senocq.
- — Philippe de Lhopital.
- — Vincent Bizet.
- — Paul Jussy.
- — Eustache Homesnil.
- — Nicolas Jossinet.
- — Sébastien Cannois.
- 1706. Manuel Tuyot.
- — Jean de Vige.
- — François Laurent.

Dom.
- 1706. Benoît Regnault.
- — Rupert Raussin.
- — Barthélemy Gilbert.
- — Hyacinthe Robert.
- — Paul Rivière.
- 1721. Pierre-Célestin Douce.
- — Bernard Nahé.
- — Philippe Liétard.
- — Romain Lavigne.
- — Ildefonse Mahaut.
- — Léon Merlin.
- — Barthélemy Hierbiéville
- — Henri Gayet.
- — Paul Dussart.
- — Maurice Herbeaux.
- — Philippe.
- — Joseph-Chistophe Prescheur.
- — Théodore Bracq.
- — Mathias Hassart.
- — Guillemin.
- — Bernard Marchal.
- — Thiroux de Viaixne.
- — Eslath-Dominique Laurent.
- — Antoine-Joseph Jeantin.
- — Pierre Baillet.
- — Pierre Chedel.
- — Jean Adnet.
- — Nicolas Coquet.
- — Lemaire.
- — François Robert.
- — Thomassin Dommanget.
- 1738. Basile Bourgeois.
- — Placide Clouet.
- — Bercaire Lecoisne.
- — Robert.
- — Thomas Thevenin.
- — Placide Richard.
- — Philibert Levasseur.

LISTE DES RELIGIEUX

Dom
- 1738. Ronin de la Flotte.
- — Delastre.
- — François Vaillant.
- — François-Antoine Coquart.
- — Joseph Collet.
- — Prospert Cauret.
- — Germain Bériville.
- — Benoît Neveu.
- — Tel Georges.
- — Péronne Pichon.
- — Claude Bado.
- — Placide Bado.
- — Alexandre Gillet.
- — François Gérard.
- — Joseph Cajot.
- — Devillers.
- — Étienne Pur.
- — Antoine Desruisseaux.
- 1739. Vincent Fallon.
- — Daniel Lambert.
- — Benoît Roberti.
- — Joseph Massatte.
- — Amand Vincent.
- — Nicolas Vitrin.
- — Sébastien Dieudonné.
- — Jean Lambvecth.
- — Syndulphe Lécaillon.
- — Nicolas Toupot.
- 1757. Michel Barthélemy.
- — Nicolas Conscience.
- — Mathias Picart.
- — Nicolas Casbois.
- — Didier Michel.
- — Henri Balou.
- — Fournier.
- — Joseph Voyard.
- — Joseph Collette.
- — Francois Bernard.
- — Remi Villaume.

Dom
- 1757. André Bourgeois.
- — François Roussel.
- — Ravinaux.
- — Alexis Lombal.
- — Benoît Dépinois.
- 1769. Bercaire Lefébure.
- — Jean-Louis Thiroux.
- — Cyrille Peuchot.
- — Didier Fournier.
- — François Willaume.
- — Champagne.
- — J.-B. Lequy.
- — J.-B. Brincourt.
- — Nicolas Enard.
- — J.-B. Enard.
- — François Georges.
- — Michel Georges.
- — François-Remi Simon.
- — Philippe Brice.
- — J.-B. Cajeot.
- — Philippe Heinz.
- — Éloi Lescuiers.
- — J.-B. Lhéritier.
- 1770. Pierre Coinsin.
- — J.-B. Salomon.
- — Joseph Dessery.
- — Bertilleville.
- — Thomas Gillet.
- — Claude Pétré.
- 1780. Augustin Anchelon.
- — Remi Bouton.
- — Jean-Baptiste-Marie Lefèvre.
- — Hubert Francier.
- — François-Remi Simon.
- — François Regnier.
- — Syndulphe Simon.
- — André Pierson.
- — J.-B. Bernard.
- — Louis de Gaulle.

	Dom		Dom
1780.	J.-B. Humbert.	1788.	Jacques-André Lemoine.
—	Sébastien Gougelet.	—	Nicolas Marion.
—	Étienne Ibert.	—	Jean Lambert.
—	Jean-Nicolas Patient.	—	Pierre Latourelle.
—	Placide Rohart.	—	Louis Arnoud.
—	Antoine Blaincourt.	—	Babelot.
—	Henry Gayet.	—	André Lemaire.
1788.	Jean-Étienne Menestré.	—	Nahé.
—	Pierre Lemaire.	—	Nicolas.
—	J.-B. Grossard.	—	Mathias Manuel.
—	Hubert Marcoux.	—	Georges Michel.
—	J.-B. Rousseau.		

Parmi les religieux que nous venons citer, il y en a qui ont obtenu différentes charges ou bénéfices dans l'abbaye, et ce nombre de 431, tant abbés que religieux, dont nous avons pu recueillir les noms, n'est pas le quart du nombre des religieux qui ont habité le monastère d'Hautvillers pendant les onze siècles de son existence.

RECENSEMENT

DE LA POPULATION D'HAUTVILLERS

EN DÉCEMBRE 1880

Le nombre placé à la suite de chaque individu indique l'année de sa naissance.

Agnès, Joseph, marchand de bois, 1818. Huet, Aurélie-Clotilde, sa femme, 1825.

Agnès, Henri-François-Stanislas, 1861. Agnès, Henriette-Marie-Louise-Victorine, 1864. Agnès, Pauline-Victoire, 1866. Agnès, Joseph-Aurèle, 1869, leurs enfants.

Agnès, Louis-Alphonse, vigneron, 1846. Minard, Louise-Augustine, sa femme, 1854.

Agnès, Maria-Louise, 1872. Agnès, Félix-Réné, 1877. Agnès, Louis-Alphonse-Théodule, 1879, leurs enfants.

Agnès, Paul-Denis, marchand de bois, 1845. Bernard, Joséphine-Victorine, sa femme, 1848.

Agnès, Pauline-Joséphine, 1869. Agnès, Jeanne-Aurélie, 1874, leurs enfants.

Alexandre, Clément-Arthur, vigneron, 1845. Stinlet, Julie-Marie, sa femme, 1854.

Alexandre, Léon-Jules, 1873. Alexandre, Edmond-Arthur, 1875. Alexandre, Jeanne-Marie, 1877. Alexandre, Lucie-Pauline, 1880, leurs enfants.

Anceau, Antoine-Théodore-Désiré, buraliste, 1834. Hordé, Marie-Nency, sa femme, 1841.

Anceau, Marie-Julia-Clémence, 1879, leur enfant.

Anceau, Auguste-Jean-Baptiste, vigneron, 1841. Noké, Louise-Élisabeth, sa femme, 1842.

Anceau, Auguste-Ernest-Marcelin, 1861. Anceau, Désiré-Théodore, 1864. Anceau, Émile-Théodore, 1879, leurs enfants.

Anceau, Théodore, vigneron, 1804. Cuchet, Clarisse, sa femme, 1817.

Antoine, Nicolas-Jules, vigneron, 1822. Landragin, Ismérie-Louise, 1820, sa femme.

Arnoult, Édouard-Victor, vigneron, 1845. Stocq, Victorine-Nella, sa femme, 1853.
Arnoult, Victorine-Marie-Joséphine, 1874. Arnoult, Joséphine-Valentine-Constance, 1877, leurs enfants.

Arnoult, Joseph-Louis, vigneron, 1812. Martin, Constance-Hélène, sa femme, 1810.

Bachelart-Brodart, Marie-Delphine (veuve), 1834.
Bachelart, Marie-Catherine-Joséphine, 1861. Bachelart, Marie-Auguste-Gustave, 1864. Bachelart, Victorine-Marie-Alice, 1866. Bachelart, Victorine-Louise, 1868. Bachelart, Marie-Ambroisine, 1873, ses enfants.

Bardoux, Louis-Marie-Isidore, garde-champêtre, 1836. Payen, Amélina-Théodorine, sa femme, 1838.
Bardoux, Eugénie, 1866. Bardoux, Juliette, 1875. Bardoux, Marie, 1877, leurs enfants.

Bary (de), Albert, négociant, 1824. Fassin, Léonie, sa femme, 1839.
Bary (de), Raoul, 1860. Bary (de), Hélène, 1859, leurs enfants.

Drouot, Adrienne, cuisinière, 1857.

Wolf, Louis, 1834.

Coutant, Paul, valet de chambre, 1852.

Brisset, Servinie, femme de chambre, 1852.

Padoy, Louis-François, jardinier, 1840.

Nicque, Victorine-Hortense, 1850.

Doucet, Paul, garçon jardinier, 1863.

Bautier, Alexandre-Philippe (veuf), vigneron, 1841.

Bautier, Alphonse-Auguste, vigneron, 1830. Anceau, Rose-Pauline, sa femme, 1832.
Bautier, Auguste-Alphonse, 1857. Bautier, Louis-Charles-Constantin, 1863. Bautier, Juliette-Clémence-Louise, 1872, leurs enfants.

Bautier, Alphonse-Sinice, vigneron, 1839. Cuchet, Louise, sa femme, 1844.

Bautier, Eugénie-Joséphine, 1867. Bautier, Alphonse-Sinice-Louis, 1869. Bautier, Louise-Joséphine, 1872, leurs enfants.

Bautier-Durand, Élisa-Éléonore (veuve), propriétaire, 1828. Bautier, Auguste-Jean-Baptiste, 1859, son enfant.

Bautier, Édouard-Jean-François, vigneron, 1823. Gillet, Hermance-Honorine, sa femme, 1826.

Bautier, Émile-Alexandre, 1834. Verron, Louise-Victoire, sa femme, 1834.

Bautier, Ernest-Édouard, vigneron, 1853. Chayoux, Félicité-Célestine, sa femme, 1854.

Bautier, Jules-Joseph-Prosper (veuf), vigneron, 1843.
Bautier, Julie-Angélina, 1867. Bautier, Marie-Antonine, 1869, ses enfants.

Bautier, Jules-François, vigneron, 1812. Pierrot, Honorine-Marguerite-Jeanne, sa femme, 1811.

Bautier, Louis-Prosper-Eugène, vigneron, 1810. Godard, Olive-Marie, sa femme, 1812.

Beaumont, Jules, vigneron, 1847. Dubuis, Félicie-Octavie, sa femme, 1848.

Beaupuit, Louis-Auguste, vigneron, 1847. Godard, Laure-Stéphanie, sa femme, 1852.
Beaupuit, Émile-Louis, 1873. Beaupuit, Aurèle-Eugène, 1880, leurs enfants.

Bernard, Alexandre-Léon, vigneron, 1830. Normand, Isabeline-Henriette, sa femme, 1834.
Bernard, Clovis-Georges, 1859. Bernard, Georges-Eugène-Victor, 1866, leurs enfants.

Bernard, Arthur-Auguste, vigneron, 1851. Bautier, Pauline-Rose-Aimée, sa femme, 1853.
Bernard, Édouard-Émile-Gaëtan, 1875. Bernard, Armand-Arsène-Lucien, 1878, leurs enfants.

Bernard, Auguste-Victor, vigneron, 1851. Delaunois, Marie-Louise-Euphrasie, sa femme, 1858.

Bernard, Clémence-Juliette, 1877. Bernard, Paul-Vincent, 1879, leurs enfants.

Bernard, Clovis-Jean-Marie, vigneron, 1823. Prévot, Florence-Augustine, sa femme, 1825.
Bernard, Adolphe-Émile, 1858, leur enfant.

Bernard, Jean-Baptiste, vigneron, 1824. Dartevelle, Joséphine-Louise, sa femme, 1824.

Bernard, Jean-Marie, vigneron, 1840. Leclerc, Julie-Frédérine, sa femme, 1847.
Bernard, Louis, 1867. Bernard, Julia-Joséphine, 1869. Bernard, Jeanne-Claire, 1878. Bernard, Maria-Eugénie, 1880, leurs enfants.

Bernard, Marie-Pierre (veuve Hubert), 1796.

Bernard, Paul-Édouard, vigneron, 1854. Lefèvre, Olympe-Alexandrine, sa femme, 1856.
Bernard, Émile-Paul, 1876. Bernard, Pauline-Henriette, 1880, leurs enfants.

Bernard, Victor (veuf), 1799.

Berthelot, Jean-Charlemagne (veuf), vigneron, 1828.
Berthelot, Louis-Aimé, 1854. Berthelot, Émile-Paul-Arthur, 1862. Berthelot, Clotaire-Jean-Charlemagne, 1865. Berthelot, Marie-Amélie, 1867, ses enfants.

Berthelot, Prosper-Aimable-Elphège, vigneron, 1859. Choquet, Berthe-Julie, sa femme, 1863.
Berthelot, Paul-Émile, 1880, leur enfant.

Besserat, Théodore-Célestin, clerc d'huissier, 1835. Pierrot, Clémence-Aglaé, sa femme, 1830.

Bocquet, Adolphe, ancien percepteur, 1797. Legrain, Élisabeth-Marie-Louise, sa femme, 1814.

Bondon, Prosper-Joseph-Victor, vigneron, 1850. Landragin, Louise-Marie-Augustine, sa femme, 1854.
Bondon, Arsène-Alfred, 1872. Bondon, Marie-Léontine, 1877, leurs enfants.

Bouché, Léon, huissier, 1842. Bréhat, Eugénie, sa femme, 1842.

Bourgeois, Félix, vigneron, 1824. L'Abbaye, Joséphine, sa femme, 1832.
Bourgeois, Jules-Victor, 1865, leur enfant.

Bourot, Eugène, jardinier, 1850. Cuny, Marguerite, sa femme, 1846.
Bourot, Marguerite-Louise, 1878. Bourot, Zéphirine-Juliette, 1880, leurs enfants.

Boyer, Émile-Louis, vigneron, 1851. Godard, Louise-Hortense, sa femme, 1858.
Boyer, Marcel-Jules, 1875, leur enfant.

Brédeaux, Auguste-Jean-Baptiste, vigneron, 1853. Antoine-Louise-Angélique, sa femme, 1855.
Brédeaux, Auguste-Charles-Louis, 1878. Brédeaux, Alix-Louise, 1879, leurs enfants.

Brédeaux, Charles-Louis, vigneron, 1842. Gillet, Hermance-Alexandrine, sa femme, 1845.
Brédeaux, Charles-Joseph, 1865. Brédeaux, Jules-Adolphe, 1867. Brédeaux, Jeanne-Louise, 1870. Brédeaux, Paul-Constantin, 1872. Brédeaux, Clémence-Constance-Joséphine, 1873. Brédeaux-Louise-Eugénie, 1875. Brédeaux, Irma-Ismérie, 1880, leurs enfants.

Brochet, Louis, boucher, 1822. Rebout, Victoire, sa femme, 1827.
Brochet, Clara-Jeanne-Louise, 1857. Brochet, Albert-Jules, 1859, leurs enfants.

Brouard, Joseph-Alfred-Émile, jardinier, 1854. Foureur, Eugénie-Françoise, sa femme, 1858.

Brunon, Marie-Caroline, receveuse des postes, 1848.

Boyer, Céleste-Louise, aide au bureau de poste, 1861.

Buffotot, Alexandre, maçon, 1824. Dupuit, Virginie-Louise, sa femme, 1830.
Buffotot, Alice-Ismérie, 1855. Buffotot, Eugène-Edmond, 1860. Buffotot, Blanche-Ernestine, 1864. Buffotot, Charles-Alexandre, 1869, leurs enfants.

Buffotot, Jacques, maçon, 1810. Prévot, Joséphine-Véronique, sa femme, 1811.

Buffotot-Godard, Eugénie (veuve), 1821.

Buvillon, Léopold-Louis, vigneron, 1841. Courtois, Anne-Catherine, sa femme, 1843.
Buvillon, Léopoldine, 1872. Buvillon, Marthe-Maria, 1877, leurs enfants.

Chardron, Stanislas (veuf), vigneron, 1816.

Chausson, Cléophas, vigneron, 1840. Mangin, Aline, sa femme, 1845.
Chausson, Mathilde-Adélaïde, 1864, leur enfant.

Chausson, Arthur-Léon, vigneron, 1852. Boyer, Marie-Augustine, sa femme, 1854.
Chausson, Léon-Auguste, 1876. Chausson, Émilie-Delphine, 1878, leurs enfants.

Chayoux, Achile-Pierre-Louis, vigneron, 1825. Lefèvre, Marie-Antoinette, sa femme, 1827.
Chayoux, Clémentine, 1858. Chayoux, Louise-Joséphine. 1863. Chayoux, Césarine-Eugénie, 1870. Chayoux, Clémence-Julie, 1873, leurs enfants.

Chayoux, Alfred, vigneron, 1852. Quenardelle, Eugénie-Joséphine, sa femme, 1853.
Chayoux, Jules-Louis, 1879, leur enfant.

Chayoux, Eugène-Victor, vigneron, 1854. Gaillot, Constance-Désiré, sa femme, 1858.

Chayoux, Léon-Antoine, vigneron, 1856. Gourichon, Marie-Élisa, sa femme, 1862.

Chayoux, Narcisse-Simon (veuf), vigneron, 1827.
Chayoux, Joseph-Principe, 1858. Chayoux, Louise-Henriette, 1863. Chayoux, Clémence-Julie, 1867, ses enfants.

Chéruy-Du Clos, Adélaïde-Antoinette (veuve), 1813.

Chéruy, Arthur-Marie-Louis-Auguste, médecin, 1842. Watteau, Alphonsine-Sophie-Eugénie, sa femme, 1845.
Chéruy, Marie-Jules-Victor, 1872. Chéruy, Marie-Louise, 1877, leurs enfants.

Cousinat, Euphrasie, domestique, 1859.

Marlier, Toussaint, domestique, 1819.

Ciret, Louis-Isidore, boulanger, 1840. Legrand, Hortense-Adolphine, sa femme, 1839.

Ciret, Juliette-Emma, 1873. Ciret, Jules-Émile, 1877, leurs enfants.

Commesnil, Jean-François-Alexandre, vigneron, 1852. Dulion, Marie-Louise, sa femme, 1853.

Commesnil, Constant-Victor-Alexandre, 1876. Commesnil, Valentine-Marie-Louise, 1880, leurs enfants.

Commesnil, Pierre-Louis, vigneron, 1825. Landragin, Marie-Isabelle, sa femme, 1829.

Commesnil, Jean-Baptiste-Augustin, 1857, leur enfant.

Commesnil, Victor-Jean-Baptiste, vigneron, 1851. Landragin, Léonie-Alexandrine, sa femme, 1852.

Commesnil, Victor-Léon, 1874, leur enfant.

Comot, Alfred-Louis, vigneron, 1845. Hubert, Clémentine-Marie, sa femme, 1846.

Comot, Alfred-Félix-Valentin, 1866. Comot, Félix-François, 1870, leurs enfants.

Comot, Ernest-Élisée, vigneron, 1850. Delors, Marie-Marceline, sa femme, 1854.

Comot, Ernest-Étienne, 1875. Comot, Émile-Louis, 1877, leurs enfants.

Comot, Amand-Louis-Victor, vigneron, 1838. Vautrin, Julie-Louise, sa femme, 1837.

Comot, Jules-Victor, 1858, leur enfant.

Cordonnier, Isidore-Jean-Baptiste, vigneron, 1816. Agnès, Ismérie-Françoise, sa femme, 1827.

Agnès-Villain, Marie-Claude (veuve), 1797.

Couronne, Augustin-Adrien, négociant, 1841. Baudoin, Augustine, sa femme, 1844.

Couronne, Pol-Auguste, 1862. Couronne, Berthe-Lucie, 1873, leurs enfants.

Courtois, Félix-Victor, facteur rural, 1854. Chouteau, Berthe, sa femme, 1860.

Courtois, Berthe-Marie-Louise, 1880, leur enfant.

Courty, Clovis, ancien éclusier, 1828. Delmès, Clémence-Adèle, sa femme, 1829.

Cuchet, Auguste-Louis (veuf), vigneron, 1826.
Cuchet, Adolphe-Auguste, 1860. Cuchet, Philomène-Louise, 1861. Cuchet, Lucie-Maria, 1866, ses enfants.

Cuchet, Pierre-Louis, vigneron, 1819. Pierrot, Joséphine-Catherine, sa femme, 1820.

Dabit, Alexandre, charpentier, 1806. Lourdet, Félicie-Marie-Jeanne, sa femme, 1808.

Dabit, Charles-Henri, vigneron, 1852. Quenardelle, Marie-Clémentine, sa femme, 1857.
Dabit, Irma-Henriette, 1877. Dabit, Blanche-Henriette, 1879. Dabit, Victor-Henri, 1880, leurs enfants.

Dabot, Marguerite-Adélaïde (veuve Pierrot), 1813.

Dartevelle, François (veuf), 1800.

Dasse, Clémentine (veuve Fourché), 1829.

Delaunois, Louis-Émile-Isidore, menuisier, 1825. Lecomte, Marguerite, sa femme, 1835.

Délaître, Eugène, charpentier, 1819.

Delors, Étienne, (veuf) maçon, 1826.
Delors, Victorine-Antoinette, 1851. Delors, Émile-François, 1858. Delors, Isidore-Hippolyte, 1860. Delors, Julien-Victor, 1861, ses enfants.

Demars, Louis-Sévérin, vigneron, 1850. Gillet, Ernestine Alphonsine, sa femme, 1851.
Demars, Julia-Louise-Alphonsine, 1875. Demars, Marthe-Angèle, 1878, leurs enfants.

Demars, Nicolas-Joseph, vigneron, 1817. Hanin, Clémentine-Louise, sa femme, 1817.
Demars, Stéphany-Jean-Baptiste, vigneron, 1823. Anceau, Augustine-Louise, sa femme, 1825.

Descôtes, Nicolas, tourneur, 1828. Normand, Julie-Louise-Olive, sa femme, 1825.
Descôtes, Napoléon-Jules, 1858. Descôtes, Joseph-Célestin, 1864, ses enfants.

Dieppe, Henri, clerc de notaire, 1848.

Dommanget, Louis-Edmond, boulanger, 1848. Tourneur, Blanche-Victoire (veuve Delaunois, en premières noces), sa femme, 1857.

Delaunois, Lucien-Victor, 1876. Dommanget, Estelle-Marthe, 1880, leurs enfants.

Dommaget, Jules-Eugène, fermier, 1840. Noël, Marie-Catherine, sa femme, 1854.

Dommanget, Jules-Arsène, 1877, lenr enfant.

Savoyen, Joseph, domestique, 1855.

Lindner, Charles, domestique, 1858.

Duval, Auguste, domestique, 1852.

Voelle, Berthe-Placide, domestique, 1865.

Dubois, Charles-Alexandre, 1849. Anot, Louise-Joséphine, sa femme, 1855.

Dubois, Louis-Alexandre, 1876. Dubois, Maria-Augustine, 1879, ses enfants.

Dumé, Isidore (veuf), jardinier, 1789.
Dumé, Ismérie-Marie-Louise, son enfant, 1822.

Dupont, Françoise (veuve Pinard), 1807.

Dupont, Alexandre-Eugène, vigneron, 1838. Dabit, Hélène-Marie-Joséphine, sa femme, 1837.

Dabit, Arthur, 1866, leur neveu.

Dupont, Louis-Alphonse, vigneron, 1836. Damour, Clara, sa femme, 1839.

Dupont, Alexandre-Amable, 1860. Dupont, Charles-Eugène, 1861. Dupont, Marie-Victorine-Aurélie, 1863. Dupont, Berthe-Juliette, 1869. Dupont, Alphonse-Victor, 1872, leurs enfants.

Dupont, Louis-Réné, tonnelier, 1844. Dubois, Clara-Marceline, sa femme, 1851.

Dupont, Zélie-Marceline-Albertine, 1872. Dupont, Louis-Théophile, 1875, leurs enfants.

Dupont, Victor-Alexandre-Edmond, vigneron, 1833. Logette, Anastasie-Félicité, sa femme, 1838.

Dupont, Eugénie-Alexandrine, 1863. Dupont, Berthe-Alphonsine, 1864. Dupont, Émile-Alexandre-Victor, 1869. Dupont,

Oscar-Jules, 1870. Dupont, Ernest-Paul, 1875. Dupont, Aline-Léonie, 1878, leurs enfants.

Dutarque, Adolphe-Jean-Baptiste, vigneron, 1840. Demars, Honorine-Stéphanie, sa femme, 1847.

Dutarque, Émile-Auguste, 1865. Dutarque, Louis-Joseph, 1871, leurs enfants.

Dutarque, Ambroise, vigneron, 1815. Leroy, Marie-Liesse, sa femme, 1820.

Féré, Louis-Henri, vigneron, 1847. Berthe, Marie-Louise, sa femme, 1854.

Féré, Émile-Éliodore, 1874. Féré, Élie-Louis, 1879, leurs enfants.

Féré, Léon, vigneron, 1849. Brice, Modestine, sa femme, 1854.

Féré, Louis-Félix, 1875. Féré, Marthe-Léontine, 1878, leurs enfants.

Féret, Marie-Rosalie-Honorine (veuve Miltat), 1805.

Ferté, Adonis-Théodore, maçon, 1844. Gillet, Edvige-Victorine, sa femme, 1848.

Ferté, Lucien-Édouard, 1871. Ferté, Alexandre-Joseph, 1875, leurs enfants.

Ferté, Eugène-Édouard, maçon, 1830. Pognot, Félicité-Victoire, sa femme, 1830.

Ferté, Guillaume (veuf), maçon, 1816.

Fourché, Émile-Onézime, vigneron, 1855. Gourichon, Marie-Xavérine, sa femme, 1859.

Fourché, Léon-Marie-Eugène, vigneron, 1858. Gourichon, Anastasie, sa femme, 1861.

Fourché, Blanche-Léonie, 1879, leur enfant.

Foureur, Amélina-Aurore, institutrice, 1852.

Brulfer, Joséphine, maîtresse adjointe, 1863.

Portevin, Francine (veuve Foureur), 1813.

Foureur, Hippolyte-Nicolas, instituteur, 1839. Bouchel, Zoé-Zélie-Alphonsine, sa femme, 1845.

Foureur, Paul-François-Emmanuel, 1865, Foureur, Albert-Prosper-Henri, 1871, leurs enfants.

Ruche, Edmond, maître-adjoint, 1860.

Foureur, Jean-François, vigneron, 1819. Delaunois, Joséphine-Adèle, sa femme, 1818.

Foureur, Jules-Narcisse (veuf), vigneron, 1831.

Gabriél, Eugène-Gérard, maçon, 1816. Marlier, Alexandrine-Nicole, sa femme, 1824.

Gabriel, Éloise-Clémentine, 1857. Gabriel, Victor, 1865, leurs enfants.

Géraudel, Louis-Joseph, épicier, 1838. Bonenfant, Olive-Élisabeth, sa femme, 1844.

Géraudel, Ernestine-Louise-Joséphine, 1873. Géraudel, Marie-Alphonsine, 1876, leurs enfants.

Gillet, Alphonse-Louis-Adolphe, vigneron, 1839. Hanin, Joséphine-Victorine, sa femme, 1845.

Gillet, Edmond-Ambroise, vigneron, 1843.

Godard, Jules-Jean-Baptiste, vigneron, 1829. Hébert, Adéline-Alexandrine, sa femme, 1831.

Godard, Louis-Auguste-Désiré, 1856. Godard, Pauline-Maria, 1863. Godard, Émile-Hippolyte, 1865. Godard, Marie-Stéphanie, 1866. Godard, Mathilde-Eugénie, 1870, leurs enfants.

Granier, Hippolyte-Clément, menuisier, 1851. Dabit, Marie-Constance, sa femme, 1855.

Granier, Alphonsine-Victoire-Cécile, 1876. Granier, Hippolyte-Félix, 1879, leurs enfants.

Guelle, Victor, vigneron, 1854. Leclerc, Clémence-Félicie, sa femme, 1856.

Guelle, Albert, 1880, leur enfant.

Guillaume, François-Joseph (veuf), jardinier, 1808.

Guyot, Marie-Louise (veuve Durosoir), 1808.

Hanin, Louis-Adolphe, vigneron, 1856. Vasseur, Ernestine-Augustine, sa femme, 1861.

Hanin, Constant-Charles, marchand ambulant, 1825. Langlois, Virginie, sa femme, 1845.

Hanin, Constant-Jean-Louis, vigneron, 1806. Nivert, Louise, sa femme, 1804.

Heurtaux, Eugène-Antoine-Alexandre, charron, 1834. Buffotot, Octavie, sa femme, 1837.
Heurtaux, Octave-Eugène, 1860. Heurtaux, Eugène-Onézime-Alexandre, 1862. Heurtaux, Louise-Céline. 1864. Heurtaux, Maria-Artémise, 1867, leurs enfants.

Hochard, Jacques, garde forestier, 1844. Laurent, Honorine, sa femme, 1856.
Hochard, Sidonie-Marthe-Eugénie, 1880, leur enfant.

Holdrinet, François-Théophile, cordonnier, 1848. Lefèvre, Victoire-Eugénie, sa femme, 1848.
Holdrinet, Augustine-Joséphine, 1872. Holdrinet, Julien-Alexandre, 1874. Holdrinet, Ernest-Joseph, 1876. Holdrinet, Henri, 1880, leurs enfants,

Hubert, Jean-Louis, vigneron, 1814. Testulat, Florentine, sa femme, 1830.

Husson, Achile-Léopold. vigneron, 1835. Baranger, Céleste, sa femme, 1840.
Husson, Françoise-Pauline-Marie, 1866. Husson, Juliette-Augustine, 1873. Husson, Eugène-Léopold, 1876, leurs enfants.

Husson-Rouillé, Thérèse (veuve), 1798.
Husson, Auguste, vigneron, 1840. Husson, Achile-Léopold, 1863.

Husson, Louis-Alfred, vigneron, 1856. Debeaune, Constance-Eugénie, sa femme, 1864.

Jacquemin, Marie (veuve Thibaut), 1822.

Jobin, Alexandre-Ernest, vigneron, 1844. Chardron, Eugénie-Louise, sa femme, 1849.
Jobin, David-Ernest, 1878, leur enfant.

Jumel, Arsène-Louis-Théodore, vigneron, 1849. Berthelot, Aimée-Louise, sa femme, 1854.
Jumel, Marie-Célestine, 1874. Jumel, Angèle-Julia, 1875. Jumel, Juliette-Marthe, 1879, leurs enfants.

Jumel, Jean-Pierre (veuf), 1801.

Kurtz, Antoine-Stanislas, tailleur, 1812. Kurtz, Félicité-Joséphine, 1821, sa femme.

Koudlanski, Eugène, vigneron, 1849. Trumeau, Valentine, sa femme, 1852.
Koudlanski, Louis-Eugène, 1873. Koudlanski, Eugène-Valentin, 1874, leurs enfants.

Lagille, Philogène-Symphorien, propriétaire, 1823.
Lagille, Edmond-Louis-Auguste, 1860.
Buffotot, Marie, domestique, 1846.

Lamotte, François-Victor, vigneron, 1846. Fenat, Héloïse, sa femme, 1851.
Lamotte, Edmond-Jules, 1871. Lamotte, Paul-Émile, 1872. Lamotte, Victor-Auguste, 1874. Lamotte, Louise-Victorine, 1878, leurs enfants.

Landragin, Auguste-François, vigneron, 1829. Pognot, Rose-Pauline, sa femme, 1834.
Landragin, Victor-Léon, 1861. Landragin, Jules-René, 1863. Landragin, Eugène-Marius, 1866. Landragin, Valentine-Augustine, 1871. Landragin, Alfred-Émile-Ernest, 1873, leurs enfants.

Landragin, Constant-Jean-Marie, vigneron, 1827. Thibaut, Ismérie, sa femme, 1831.
Landragin, Charles-Eugène, 1866. Landragin, Auguste-Louis, 1869, leurs enfants.

Landragin, François-Eugène (veuf), vigneron, 1826.
Landragin, Joseph-Alexandre, 1863, son fils.

Landragin, Isabelle-Florentine (veuve Pognot), 1832.

Landragin, Isidore-Ernest, vigneron, 1853. Landragin, Émilienne-Eugénie, sa femme, 1855.
Landragin, Jules-Victor, 1876. Landragin, Auguste-Émile, 1878. Landragin, Ernestine-Eugénie, 1879. Landragin, Victor-Louis, 1880, leurs enfants.

Landragin, Jean-Baptiste-Eugène, vigneron, 1821. Payen, Mélanie-Eugénie, sa femme, 1827.

Landragin, Léon-Jean-Baptiste, vigneron, 1850. Camus, Mathilde, sa femme, 1855.
Landragin, Constant-Léon, 1874. Landragin, Arsène-Paul-Victor, 1879, leurs enfants.

Landragin, Victor, vigneron, 1810.

Landragin, Victor-Eugène, vigneron, 1848. Foureur, Perpétue-Clara-Louise, sa femme, 1856.
Landragin, Mélanie-Juliette, 1875. Landragin, Gustave-Eugène, 1877, leurs enfants.

Landragin, Syndulphe-François, vigneron, 1835. Jacquemin, Virginie-Antoinette, sa femme, 1838.
Landragin, Marie-Augustine-Constance, 1862. Landragin, Victor-Jean-Baptiste, 1864. Landragin, Richard-Jean-Baptiste-Augustin, 1872, leurs enfants.

Laurent, Émile-Jean-Baptiste, vigneron, 1854. Miéru, Joséphine-Anna, sa femme, 1854.
Laurent, Émile-Joseph, 1877. Laurent, Henri-Louis, 1878, leurs enfants.

Laurent, Henri-Louis-Victor, facteur rural, 1857.

Lebègue, Alfred, ferblantier, 1844. Lebon, Célina, sa femme, 1848.
Lebègue, Juliette-Zénaïde, 1868. Lebègue, Léon-Henri-Lucien, 1869. Lebègue, Georges-Alfred, 1873. Lebègue, Marguerite-Aline, 1874. Lebègue, Ernest-Alfred, 1876, leurs enfants.

Leclerc, Théodule-Aristide, garde particulier, 1840. Maingault, Rose-Aglaée, sa femme, 1843.
Leclerc, Aristide-Paul, 1864. Leclerc, Marie-Elvire, 1876, leurs enfants.

Lefèvre, Alexandre, ancien garde champêtre, 1810. Remy, Eugénie-Henriette, sa femme, 1822.
Lefèvre, Charles-Paul-Napoléon, 1861, leur fils.

Lefèvre, Jean-Baptiste-Désiré (veuf), commissionnaire en vins, 1821.

Lefèvre, Émile-Alfred, commissionnaire en vins, 1842.
Gilbert, Marie-Désiré-Félicie, sa femme, 1853.
Lefèvre, Alfred-Désiré-Victor, 1873, leur enfant.

Legentil, Eugène, jardinier, 1815.
Lhothe, Célestine, 1822.
Mahuet, Octavie-Palmire, 1870.

Leloup, Constant-Alexandre, vigneron, 1852. Landragin, Léonie-Eugénie, sa femme, 1859.
Leloup, Marthe-Eugénie, 1879, leur enfant.

Lemaire, Alfred-Eugène, maréchal, 1836. Bondon, Louise-Émérentine, sa femme, 1841.
Lemaire, Alfred-Jules, 1861. Lemaire, Eugène-Désiré-Pierre, 1867. Lemaire, Maria-Angèle, 1870. Lemaire, Jeanne-Blanche, 1880. Lemaire, Marie-Eugénie, 1880, leurs enfants.

Leroy, Adolphe, vigneron, 1813. Michel, Eugénie, sa femme, 1818.

Leroy, Hortense (veuve Lourdet), 1815.

Létoffé, Arsène, épicier, 1837. Vély, Joséphine, sa femme, 1843.
Létoffé, Sidonie, 1866, leur enfant.

Lesage, Hyacinthe (veuve Nicaise), 1800.

Levêque, Auguste, vigneron, 1831. Cuchet, Caroline-Lodoïsca, sa femme, 1830.
Lévêque, Léon-Constant, 1862. Lévêque, Jeanne-Marie, 1867, leurs enfants.

Lhopital, Victor-Éléonore, épicier, 1847. Bernard, Maria-Louise, sa femme, 1848.
Lhopital, Louis-Victor, 1873, leur enfant.

Lina, André-Narcisse, cordonnier, 1844. Buvillon, Françoise-Isabelle, sa femme, 1836.

Locret, Léopold-Narcisse, vigneron, 1843. Landragin, Louise, sa femme, 1846.
Locret, Eugénie-Léopoldine, 1865. Locret, Albert-Félicien, 1878, leurs enfants.

Locret, Léopold-Pierre-Alexandre, vigneron, 1835. Gillet, Malvina-Victoire, sa femme, 1841.

Locret, Émile-Victor-Adolphe, 1860. Locret, Louis-Alphonse-Marius, 1865. Locret, Edmond-Valentin, 1870. Locret, Eugénie-Ernestine, 1876, leurs enfants.

Logette, Hélène (veuve Dupout), 1814.

Logette, Jean-Remi, vigneron, 1814. Petit, Rosalie, sa femme, 1814.

Logette, Paulin, vigneron, 1839. Métayer, Honorine, sa femme, 1851.

Logette, Juliette, 1870, leur enfant.

Louis, Charles-Victor, voiturier, 1830. Brodard, Augustine-Zulma, sa femme, 1834.

Louis, Marie-Ismérie, 1868, leur enfant.

Lourdet, Adolphe, cafetier, 1836. Demars, Élodie-Clotilde, sa femme, 1840.

Lourdet, Paul-Louis, 1861. Lourdet, Raphaël-Romuald, 1862. Lourdet, Honoré-Alexandre, 1870. Lourdet, Angéline-Lucie, 1873. Lourdet, Adolphe-Louis, 1877, leurs enfants.

Lourdet, Jules, vigneron, 1833. Quénardelle, Virginie-Clémence, sa femme, 1839.

Lourdet, Joseph-Jean, 1858. Lourdet, Aimé-Clément, 1860. Lourdet, Edmond-Louis, 1864. Lourdet, Arthur-Adolphe, 1866, Lourdet, Charles-Clément, 1870, leurs enfants.

Lourdet, Jules, maçon, 1850. Courty, Marie-Louise, sa femme, 1854.

Chazelle, Basile, ouvrier, 1819.

Lourdet, Julie, 1810.

Lourdet, Lucie-Marie-Louise (veuve Holdrinet), épicière, 1844.

Holdrinet, Marie-Léa, 1863. Holdrinet, Edmond-Clovis, 1867. Holdrinet, Estelle-Adolphine, 1871, ses enfants.

Manceaux, Jean-Baptiste, desservant, 1819.

Landois, Zélie-Geneviève (veuve Tollain), domestique, 1835.

Tollain, Blanche-Marie-Victoire, 1867.

Maquart, Émile-Louis, vigneron, 1854. Lefort, Zénaïde-Octavie, sa femme, 1858.
Maquart, Octavie-Amélie, 1877, leur enfant.

Marandon, Eugène, cordonnier, 1850. Delaunois, Octavie-Marie, sa femme, 1852.
Marandon, Judith-Blanche, 1875. Marandon, Julien-Louis, 1877. Marandon, Arsène-Marcel, 1878. Marandon, Marceline-Louise, 1880, leurs enfants.

Marlé, François-Victor, vigneron, 1857. Lourdet, Marie-Hélène, sa femme, 1859.

Marlier-Landragin, Héloïse (veuve), vigneronne, 1831.
Marlier, Eugénie, 1864. Marlier, Hortense, 1867, ses enfants.

Marlier, Onézime-Jean-Pierre, vigneron, 1811.

Martin, Ernest, épicier, 1848. Hubert, Clémence-Hortense, sa femme, 1848.
Martin, Jeanne-Ismérie-Céleste, 1869. Martin, Ernest-Léon-Alphonse, 1872, leurs enfants.

Martinet, Joseph, vigneron, 1838. Quenardelle, Joséphine, sa femme, 1837.

Méa, Louis-Adrien, éclusier, 1852. Thoumy, Marie, sa femme, 1853.
Méa, Blanche-Aimée-Marie, 1880, leur enfant.

Métayer, Louis-Auguste, vigneron, 1856. Collignon, Hortense-Élodie, sa femme, 1856.
Métayer, Auguste-Louis, 1878, leur enfant.

Michel, Émile-Gustave, maçon, 1849. Hanin, Louise-Aimée, sa femme, 1855.
Michel, Émile-Louis-Joseph, 1875. Michel, Aline-Ernestine, 1876, leurs enfants.

Michel, Louis-Joseph, maçon, 1821. Régaux, Clotilde-Élisabeth, sa femme, 1819.
Michel, Edmond-Eugène, 1861, leur enfant.

Michel, Paul-Émile, maçon, 1852. Stocq, Francine-Alexandrine, sa femme, 1858.

Miéru, Auguste, vigneron, 1834. Durdux, Césarine, sa femme, 1832.

Miéru, Louis, 1863. Miéru, Auguste, 1865. Miéru, Victor, 1869, leurs enfants.

Miltat, Alphonse, négociant, 1829. Roux, Constance, sa femme, 1842.

Miltat, Lucien-Émile, 1863. Miltat, Alphonse-Louis-Émile, 1869, leurs enfants.

Dupuit, Ernestine, domestique, 1855.

Minard, Ernest-Arthur, vigneron, 1845. Dupont, Eugénie-Aglaé, sa femme, 1849.

Minard, Louis-Éléonor-Melchior, 1871. Minard, Arthur-Alexandre, 1873. Minard, Julia-Victorine-Maria, 1874. Minard, Eugène-Charles, 1879, leurs enfants.

Minard, Gustave-Claude, vigneron, 1836. Théron, Marie-Antoinette, sa femme, 1836.

Minard, Émile-Léon, 1867. Minard, Clara-Émilie, 1871, leurs enfants.

Minard, Marie-René, vigneron, 1854. Alexandre, Marie-Adeline-Clarisse, sa femme, 1854.

Miroir, Auguste, couvreur, 1819. Pelletier, Hortense, sa femme, 1835.

Miroir, Auguste-Célestin, 1867. Miroir, Valentine-Amélie, 1870. Miroir, Hortense-Augustine, 1878, leurs enfants.

Miroir, François-Émile, couvreur, 1845. Quénardelle, Louise-Eugénie, sa femme, 1849.

Miroir, Clémence-Joséphine, 1867. Miroir, Louis-Émile, 1877, leurs enfants.

Monceau, Marie-Joséphine-Aséline, institutrice retraitée, 1830.

Monceau, Marie-Joséphine-Octavie, institutrice retraitée, 1832.

Nerdinger, Eugène-Alphonse, vigneron, 1843. Boyer, Hermine-Marceline, sa femme, 1847.

Nerdinger, Lucien-Jules, 1874. Nerdinger, Anna-Julia, 1876, leurs enfants.

Nicaise, Gustave, maréchal, 1836. Roux, Sylverine, sa femme, 1841.
Nicaise, Marie-Berthe-Émilie, 1862, leur enfant.

Nicaise, Gustave-Arthur, vigneron, 1854. Courty, Marie-Adèle, sa femme, 1858.
Nicaise, Clémence-Eugénie, 1878, leur enfant.

Flammant, Eugène, domestique, 1864.

Nicaise, Simon-Eugène, vigneron, 1825. Pognot, Dulphine, sa femme, 1829.
Nicaise, Alexandre-Jules, 1857. Nicaise, Victor-Eugène, 1861. Nicaise, Louis-Émile, 1863. Nicaise, Eugénie-Uranie, 1865. Nicaise, Théodosie-Marie-Constance, 1868. Nicaise, Charles-Alfred, 1870. Nicaise, Pauline-Jeanne, 1872, leurs enfants.

Nigriny, Syndulphe, vigneron, 1840. Anceau, Marie-Louise-Beatrix-Eugénie, 1841, sa femme.

Bruneaux, Hortense (veuve Mothain), 1813.
Mothain, Louis, vigneron, 1843, son enfant.

Noël, Eugène-Louis, vigneron, 1834. Locret, Valentine-Célestine, sa femme, 1838.
Noël, Léon-Arthur, 1862. Noël, Alice-Eugénie-Jeanne, 1866. Noël, Charles-Alfred-Émile-François, 1869, leurs enfants.

Noël, Charles-Alexandre, vigneron, 1829. Godard, Joséphine-Xavérine, sa femme, 1833.

Normand, Joseph-Léon, vigneron, 1856. Comot, Louise-Victorine, sa femme, 1861.
Normand, Léa-Louise-Hélène, 1879, leur enfant.

Normand, Xavier-Jean-Louis, vigneron, 1827. Prévot, Victoire-Louise-Éléonore, sa femme, 1832.
Normand, Émile-Joseph-Lucien, 1851. Normand, Juliette-Louise-Léonie, 1866, leurs enfants.

Ouy, Hippolyte, vigneron, 1844. Guillaume, Amélie, sa femme, 1844.
Ouy, Eugénie, 1867. Ouy, Paul, 1872. Ouy, Alix, 1875. Ouy, Berthe-Marie, 1878, leurs enfants.
Godard, Mathilde, 1854.

Ouy, Jules-Pierre, vigneron, 1842. Chayoux, Marie Aurélie, sa femme, 1849.

Ouy, Jules-Victor, 1872. Ouy, Julie-Léontine, 1875. Ouy, Appoline-Albertine, 1877, leurs enfants.

Ouy, Xavier, vigneron, 1837. Landragin, Joséphine, sa femme, 1844.

Ouy, Marie, 1863. Ouy, Jules, 1865, leurs enfants.

Palle, Amand, serrurier, 1808. Regreny, Marie-Jeanne, sa femme, 1812.

Payen, Louis-Victor, vigneron, 1843. Foureur, Eugénie-Émeline, sa femme, 1846.

Payen, Victor, 1867. Payen, Héloïse-Constance, 1869. Payen, Clara-Eugénie, 1874, leurs enfants.

Payen, Jean-Louis (veuf), 1800.

Pelletier, Charles-Xavier, vigneron, 1848. Thieffenat, Marie-Anastasie, sa femme, 1855.

Pelletier, Olympe-Célestine, 1875. Pelletier, Réné-Georges, 1877, leurs enfants.

Perthois, Isidore-Alphonse, vigneron, 1837. Brazier, Eugénie-Clémence, sa femme, 1847.

Perthois, Alphonse, 1866. Perthois, Jules-Auguste, 1870. Perthois, Augustine, 1874. Perthois, Louis-Eugène, 1879, leurs enfants.

Petit, Louis-Auguste-Eugène, vigneron, 1853. Noël, Jeanne-Alexandrine-Victorine, sa femme, 1860.

Philippe, Jules-Auguste, vigneron, 1835. Ardinat, Eugénie, sa femme, 1839.

Philippe, Henri, 1863, leur enfant.

Jeannart, Prosper, domestique, 1840.

Pierrot, Alfred (veuf), vigneron, 1841.
Pierrot, Émile, 1869, son enfant.

Pierrot, Célestin-François, vigneron, 1826. Hubert, Louise-Marguerite, sa femme, 1832.

Pierrot, Gaston-Anatole, 1865, leur enfant.

Pierrot, Cyrille, vigneron, 1824. Hubert, Adeline-Louise, sa femme, 1828.

Pierrot, Arthur-Edmond, 1859. Pierrot, Émilie-Joséphine, 1862. Pierrot, Victoire-Marie, 1870. Pierrot, Hélène-Marguerite, 1874, leurs enfants.

Pierrot, Jules-Émile, vigneron, 1838. Maquart, Eugénie-Louise-Francine, sa femme, 1842.

Pierrot, Julie-Eugénie, 1862. Pierrot, Adélaïde-Eugénie, 1864, leurs enfants.

Pillon, Eugène-Léon, notaire, 1832. Guyot, Cécile-Laurence, sa femme, 1843.

Pillon, Marguerite-Madeleine-Adrienne, 1870. Pillon, Germaine-Mathilde-Adrienne, 1879, leurs enfants.

Anthoine, Louis, domestique, 1841.

Poirson, Clotilde, domestique, 1841.

Hilt, Julie, domestique, 1862.

Plateau, Jean-Marie-Joseph, vigneron, 1818. Moreau, Eugénie-Marie-Jeanne, sa femme, 1819.

Plateau, Pierre-Henri, vigneron, 1843. Thibaut, Ernestine-Augustine, sa femme, 1849.

Plateau, Valentin, tonnelier, 1843. Saint-Denis, Émeline-Marie-Louise, sa femme, 1846.

Plateau, Valentine-Berthe, 1869. Plateau, Clara-Hélène, 1874. Plateau, Juliette-Angèle, 1877, leurs enfants.

Plateau, Victor-Constant, professeur de musique, 1847. Petizon, Adelina-Marie, sa femme, 1849.

Pognot, François-Auguste-Victor, vigneron, 1843. Lenique, Ernestine-Adèle, sa femme, 1844.

Pognot, Aline-Virginie, 1866, leur enfant.

Lagauche, Antoine, domestique, 1860.

Pognot, Augustin, vigneron, 1806. Pierrot, Héloïse-Marie, sa femme, 1810.

Pognot, Émile-Louis, vigneron, 1850. Landragin, Augustine-Élisa, sa femme, 1855.

Pognot, Eugénie-Héloïse, 1876. Pognot, Julien-Louis, 1878, leurs enfants.

Pognot, Eugène-Jean-Baptiste-Constant, vigneron, 1852. Pierrot, Marie-Louise-Céleste, sa femme, 1854.

Pognot, Nestor-Jean-Baptiste, 1875. Pognot, Eugène-Louis-Gaston, 1877, leurs enfants.

Pognot, Syndulphe-Augustin-Émile, vigneron, 1830. Gillet, Hermance-Adèle, sa femme, 1835.

Pognot, Théodore-Augustin-Jean-Baptiste, vigneron, 1817. Roux, Alexandrine-Joséphine, sa femme, 1822.

Pongnot, Isidore-Hubert, vigneron, 1837. Landragin, Augustine-Isabelle, sa femme, 1846.

Pongnot, Constance-Hubertine, 1862. Pongnot, Victorine-Louise-Élise, 1864. Pongnot, Émélie-Victorine, 1866. Pongnot, Jules-Constant, 1870. Pongnot, Louise-Nella, 1873. Pongnot, Louis-Arthur-Alexandre, 1876. Pongnot, Louis-Ernest, 1879, leurs enfants.

Ponsen, Louis, garde-chasse, 1833. Bochet, Augustine, sa femme, 1836.

Prévot, Benoît-Philippe, vigneron, 1811. Lallement, Louise-Eugénie, sa femme, 1823.

Prévot, Léopold-Victor, 1856, leur enfant.

Prévot, François-Auguste, vigneron, 1824. Margouilla, Clémence-Joséphine, sa femme, 1858.

Prévot, Augustine-Séverine, 1866. Prévot, Augustin, 1880, leurs enfants.

Prévot, Joseph-Victor, vigneron, 1860. Vasseur, Joséphine-Victorine, sa femme, 1860.

Prévot, Victor, perruquier, 1848. Logette, Corine-Eugénie, sa femme, 1851.

Prévot, Émilia-Octavie, 1874, leur enfant.

Puisart, Napoléon-Jean-Pierre, propriétaire, 1811. Gillet, Joséphine, sa femme, 1812.

Quenardelle, Alexis-Nicolas, vigneron, 1833. Poulain, Adéline-Marie, sa femme, 1835.

Quenardelle, Adèle-Jeanne, 1859. Quenardelle, Joséphine-Euphémie, 1866. Quenardelle, Modestine-Alexandrine, 1868. Quenardelle, Eugène-Jules, 1874, leurs enfants.

Quenardelle, Armand, cultivateur, 1824. Maquart, Zéphirine-Onézime, sa femme, 1832.

Quenardelle, Claire-Alexandrine (veuve Nerdinger), 1811.

Quenardelle, Louis-Chrétien, vigneron, 1808. Guignolet, Joséphine, sa femme, 1803.

Quenardelle, Nicolas-Louis-Eugène (veuf), vigneron, 1819.

Régaux, Nicolas-Jean-Baptiste, épicier, 1811. Hubert, Marie-Hélène-Valentine, sa femme, 1822.
Régaux, Léon-Alfred-Valentin, 1859, leur enfant.

Rogelet, Edmond-Nicolas, vigneron, 1831. Pierrot, Julie-Angélique, sa femme, 1841.
Rogelet, Edmond-Louis, 1861. Rogelet, Jules-Alfred, 1867. Rogelet, Marie-Désirée, 1869. Rogelet, Paul-Émile, 1873, leurs enfants.

Romain, François-Auguste, clerc de notaire, 1828. Lefèvre, Jeanne-Adélaïde, sa femme, 1843.
Romain, Angèle-Victorine-Désirée, 1873, leur enfant.

Roux, Marie-Constance (veuve Bautier), 1803.

Roux-Prévot, Valentine (veuve), 1819.
Roux, Marius-Eugène, vigneron, 1848, son enfant.

Saint-Denis, Alphonse, vannier, 1842. Bautier, Maria-Valentine, sa femme, 1848.
Saint-Denis, Léon-Frédéric-Paul, 1870. Saint-Denis, Léa-Angèle-Maria, 1873, leurs enfants.
Maillart, Louis-Célestin, vannier, 1831.

Saucourt, Joseph-Adolphe, clerc de notaire, 1839. Agnès, Louise-Célina-Alphonsine, sa femme, 1853.
Saucourt, Joseph, 1874, leur enfant.

Sauvignier, Alexandre-Simon, propriétaire, 1819. Pierrot, Clémentine-Marie-Catherine, sa femme, 1821.

Compin, Céline-Anastasie (veuve Pierrot), 1790.

Sauvignier, Jean-Pierre-Athanase, commissionnaire en vins, 1844. Mathelier, Isméric-Alexandrine, sa femme, 1852.

Sauvignier, Frédéric-Alexandre, 1873. Sauvignier, Camille-Clémentine, 1874. Sauvignier, Georges-Syndulphe, 1880, leurs enfants.

Schmit-Lavale, Augustine, 1838.
Schmit, Jean-Pierre, 1867. Schmit, Alexandre-Pierre, 1872, ses enfants.

Simon, Armand-Louis-Philippe, vigneron, 1833. Payen, Stéphanie-Ernestine, sa femme, 1835.
Simon, Louis-Eugène, 1858, leur enfant.

Simon, Jean-Baptiste-Alexandre, vigneron, 1837. Bernard, Euphrasie, sa femme, 1839.
Simon, Émile-Arthur, 1861. Simon, Célina-Émélie, 1867. Simon, Jules-Alexandre, 1870. Simon, Victor-Onézime, 1873. Simon, Alfred-Arthur-Ernest, 1875, leurs enfants.

Simon, Jules-Louis, négociant, 1848. Vincent, Blanche-Honorine-Félicie, sa femme, 1854.
Simon, Henriette-Blanche-Julie, 1878, leur enfant.

Tranchard, Irma, domestique, 1860.

Simon, Michel-Louis, propriétaire, 1811. Georges, Julie, sa femme, 1827.

Braas, Suzanne, domestique, 1860.
Maimbray, Louis-Émile, domestique, 1855.

Simon-Plateau, Florentine (veuve), 1841.
Simon, Marie-Joséphine, 1859. Simon, Auguste, 1864, ses enfants.

Soullié, Clarisse-Joséphine (veuve Marlé), 1828.

Stinlet, Auguste, vigneron, 1824. Martin, Isabelle-Françoise, sa femme, 1823.
Stinlet, Joséphine-Aline, 1859. Stinlet, Lucie-Léa, 1865, leurs enfants.

Stinlet, Joseph-Arthur, vigneron, 1847. Simon, Armandine-Eugénie, sa femme, 1855.
Stinlet, Arthur-Marcel, 1874. Stinlet, Alcide-Arthur, 1877, leurs enfants.

Stocq, Alexis-Antoine, vigneron, 1831. Maquart, Élisabeth-Louise, sa femme, 1839.
Stocq, Arthur-Alexandre, 1860. Stocq, Louise-Félicité, 1867. Stocq, Eugénie-Marie, 1872. Stocq, Juliette-Victorine, 1874, leurs enfants,

Stocq, Antoine-Alexis (veuf), vigneron, 1823.
Stocq, Louis-Alexandre, 1862, son enfant.

Théron-Leroy, Claudine (veuve), 1804.
Théron, Clémence, 1840, son enfant.

Theurel, Charles (veuf), percepteur, 1824.
Theurel, Marie, 1856. Theurel, Paul, 1862, ses enfants.

Thieffenat, Auguste, vigneron, 1811. Guillaume, Rosalie, sa femme, 1815.
Thieffenat, Émile-Eugène, 1860. Thieffenat, Louis-Alfred, 1862. Thieffenat, Gustave-Marius, 1866, leurs enfants.

Thieffenat, Célestin, vigneron, 1820, Redon, Antoinette, sa femme, 1821.
Thieffenat, Georges-Marius, 1858, leur enfant.

Thoirain, Adolphe-Ernest, vigneron, 1837. Landragin, Marie-Louise-Adolphine, seconde femme (veuve Petizon), 1839.
Thoirain, Victor-Jean-Baptiste, 1861. Thoirain, Gustave-Émile, 1863. Thoirain, Eugène-Émile, 1866. Thoirain, Marie-Victorine, 1867. Petizon, Louise-Clémence-Constance, 1866. Petizon, Léopold-Victor-Adolphe, 1871, leurs enfants.

Thoirain, Jean-Baptiste-Eugène, vigneron, 1846. Agnès, Clémence-Alphonsine, sa femme, 1855.
Thoirain, Louis-Aurèle, 1876. Thoirain, Gustave-Henri, 1877. Thoirain, Victorine-Clémence, 1880, leurs enfants.

Thoirain, Joseph-Victor, vigneron, 1835. Camus, Eugénie-Adèle, seconde femme (veuve Camus), 1836.
Thoirain, Ernestine-Amélie, 1864. Camus, Émile, 1867, leurs enfants.

Tonnelier, Alexandre, vigneron, 1839.

Touly-Authy, Louise (veuve), 1826.
Touly, Arthur, cordonnier, 1855, son enfant.

Tourneur - Borner, Georgina (veuve), 1832.

Tourneur, Marthe-Louise-Clémentine, 1859. Tourneur, Jules-Étienne-Victor, 1867, ses enfants.

Vasseur, Arsène-Auguste, tonnelier, 1830. Billet, Adélaïde-Joséphine, sa femme, 1835.

Vasseur, Victor, 1857. Vasseur, Maria, 1863. Vasseur, Rosalie, 1866. Vasseur, Aimée-Adélaïde, 1868. Vasseur, Louise-Augustine, 1873. Vasseur, Émile-Jules, 1876. Vasseur, Blanche-Angèle, 1877, leurs enfants.

Vautrin, Adèle (veuve Villenfin), 1807.

Vautrin, Adolphe-Jean-Louis, vigneron, 1821. Maquart, Louise-Isabelle, sa femme, 1824.

Vautrin, Julie-Marie, 1854, leur enfant.

Vautrin, Alexandre-Laurent, vigneron, 1812. Pierrot, Victorine, sa femme, 1821.

Vautrin, Jules, 1854, leur enfant.

Vautrin, Joseph-Simon-Émile, commissionnaire en vins, 1847. Gillet, Marie-Louise-Joséphine, sa femme, 1846.

Vautrin, Laure-Caroline-Alexandrine, 1871. Vautrin, Célina-Adèle-Joséphine, 1872. Vautrin, Julia-Célestine-Hermance, 1875. Vautrin, Marie-Julie-Céleste, 1878, leurs enfants.

Vautrin, Onézime-Pierre, vigneron, 1856. Pognot, Louise-Stéphanie-Isméric, sa femme, 1855.

Vautrin, Marie-Jeanne-Louise, 1877. Vautrin, Marie-Juliette-Céleste, 1878. Vautrin, Louis-Marie-Constant, 1879, leurs enfants.

Verron, Irénée-Véronique (veuve Minard), 1824.

Villenfin, Félix (veuf), 1812.

Villenfin, Théodule-Jean-Pierre, vigneron, 1844. Minard, Maria-Françoise, sa femme, 1849.

Villenfin, Maria-Joséphine, 1869. Villenfin, Juliette-Éléonore, 1872, leurs enfants.

Villenfin, Victor-Étienne, vigneron, 1841. Hubert, Hortense, sa femme, 1850.

Villenfin, Félix-Alexandre-Charles, 1872, leur enfant.

Walch, François, vigneron, 1837. Gillet, Marie-Louise, sa femme, 1844.

Walch, François-Joseph, 1863. Walch, Jean-Nicolas, 1865, leurs enfants.

Willemart, Florentin, vigneron, 1836. Pierrot, Alexandrine-Adéline, sa femme, 1850.

Willemart, Mathilde-Florentine, 1864. Willemart, Victoire-Victorine, 1866. Willemart, Angèle-Léontine, 1872. Willemart, Valentine-Alexandrine, 1874. Willemart, Julie-Augustine, 1876. Willemart, Henriette-Valérie, 1879, leurs enfants.

Nous avons signalé une tendance à la diminution dans la population d'Hautvillers, depuis quelques années. En effet, si, en 1876, le nombre des habitants était de 977, aujourd'hui, quoique le chiffre de notre recensement soit de 976, en défalquant les jeunes gens qui sont sous les drapeaux, ceux qui sont dans les pensions, et les personnes absentes pour un temps plus ou moins long, comme on l'a fait dans le recensement de 1876, nous trouvons que le nombre de notre population actuelle n'est que de 934 habitants, et quand la moyenne des décès de grandes personnes, à la fin de l'année, est de 12 à 15, c'est encore autant à diminuer de notre nombre, attendu que cette année, tout étant arrivé au dernier mois, nous n'en avons eu qu'une seule.

LÉGENDE DU FAC-SIMILE

des signatures de quelques abbés, religieux, administrateurs et fonctionnaires d'Hautvillers, à diverses époques.

Nos d'ordre.	Dates.	
1.	1613.	Jehan Suisse, notaire.
2.	1624.	P. Lelarge, notaire.
3.	1662.	Jean Husson, notaire.
4.	1669.	Louis de Chaumejean de Fourille, abbé d'Hautvillers.
5.	1690.	Jehan Malbeste, notaire.
6.	1694.	Jacques Lécaillon, chirurgien.
7.	1694.	Louis Malbeste, notaire.
8.	1776.	Antoine Le Cacheur, notaire.
9.	1777.	Dom Laurent Dumay, religieux de l'abbaye.
10.	1777.	Jacques Malo, notaire.
11.	1783.	Alphonse de Lattier de Bayane, abbé d'Hautvillers.
12.	1786.	Henry, curé.
13.	1787.	Dom Manuel, prieur de l'abbaye.
14.	1787.	Dom Ibert, religieux de l'abbaye.
15.	1787.	Dom Grossard, procureur de l'abbaye.
16.	1787.	Jean Davaux, curé.
17.	1788.	Michel Berrurier, syndic.
18.	1788.	Claude-Gervais Malo, notaire.
19.	1790.	Jacques-François Rittier, bailli.
20.	1790.	Jean-Baptiste Lécaillon, maire et chirurgien.
21.	1814.	Vincent Menu, curé.
22.	1815.	Lallemant-Mennesson, maire.
23.	1816.	Jean-Baptiste Chéruy, maire.
24.	1828.	Gabriel Chandon, maire.
25.	1831.	Alexandre-Jérôme-Gabriel De Parizot, curé.
26.	1833.	Lallemant-Clément, maire.
27.	1836.	Xavier Malo, maire et notaire.
28.	1837.	Louis-Pacifique Muzart, curé.

29.	1839.	Jean-François Duchesne, curé.
30.	1859.	Jean-Baptiste Manceaux, curé.
31.	1863.	Émile Malo, maire.
32.	1863.	Paul Chandon de Briailles,* président du conseil de fabrique.
33.	1865.	Louis Simon, maire.
34.	1876.	Lefèvre-Pintrel, adjoint et membre du conseil de fabrique.
35.	1875.	Marcel-Antoine Delvincourt, membre du conseil de fabrique.
36.	1878.	Alphonse Miltat, conseiller municipal.
37.	1879.	Léon Pillon, notaire, conseiller municipal et de fabrique.
38.	1879.	Locret-Gillet, conseiller municipal.
39.	1879.	Lagille-Lefèvre, conseiller municipal.
40.	1879.	Comot-Vautrin, conseiller municipal.
41.	1879.	Cordonnier-Agnès, conseiller municipal.
42.	1879.	Minard-Théron, conseiller municipal.
43.	1879.	Villenfin-Minard, conseiller municipal et de fabrique.
44.	1879.	Adolphe Lourdet, conseiller municipal.
45.	1879.	Brochet-Rebout, conseiller municipal.
46.	1879.	Jules Simon, officier de l'armée territoriale.
47.	1879.	Arthur Chéruy, médecin.
48.	1879.	Charles Theurel, percepteur.
49.	1879.	Léon Bouché, huissier.
50.	1879.	Hippolyte Foureur, instituteur.

FIN DU TROISIÈME ET DERNIER VOLUME

ERRATA

PAGE	LIGNE	AU LIEU DE	LISEZ
72	3	Souillé	Soullié
73	25	de 1721 à 1757	de 1721 à 1748
79	31	d'avoir à sa table	d'avoir sur sa table
112	35	1642	1742
112	36	vingt-unième	vingt-septième
137	5	aura venu	sera venu
157	8	Mittan	Mitau
184	33	Beu	Beu-Lavieuville
347	20	que n'ayons	que nous n'ayons
381	1	sain	saint
441	5	désira	désir
449	dernière	1875	1877
456	dernière	il ait	il y ait
510	19	fontion	fonction
545	dernière	a qui	à laquelle

TABLE DES MATIÈRES

CONTENUES DANS LE TROISIÈME VOLUME

	Pages
Réception de Gille Fescamps dans le monastère d'Hautvillers...	5
Constructions de caves.	7
Réparations aux églises de Cuis et des Grandes-Loges	7
Traité conclu entre les habitants des Grandes-Loges et les décimateurs dudit lieu	8
Divers baux de la cense des Grandes-Loges	10
Procès concernant la dime d'Igny-le-Jard	14
Fâcheux symptômes de décadence à Hautvillers	15
Invasion du Jansénisme dans ce monastère	15
Ordonnance d'une diète tenue à Mansny	17
Dom de Viaixnes, professeur à Hautvillers	18
Donation faite par demoiselle Suzanne Chrétien	25
Constructions diverses dans le monastère	28
Échange entre l'archevêque de Reims et l'évêque de Soissons, des paroisses de Pierry et d'une partie de Cumières	30
Érection de Cumières en cure indépendante	34
Prieuré de Semuy sécularisé	37
Lettre du sieur Hautavoine, prieur de Semuy, à un inconnu	40
Traité pour la cessation du prieuré de Semuy	43
Hautvillers au xviiie siècle. Exhaussement du clocher	45
Option de la portion congrue par le curé de Cuis	46
Mort de l'abbé Louis de Chaumejean de Fourille	49
Jean-Louis-Gaston de Noailles, lxxxiie abbé	50
Le prince anglais Jacques III vient à Hautvillers	51
Bénédiction de huit cloches	52
Dom Placide Aubry prend possession de son office	54
Dom Ruinart à Hautvillers; sa mort	55
Acquisition de tableaux	60
Manuscrits perdus	65
Le monastère est condamné à une amende	66
Cumières et son église	66
Jean-Philippe d'Orléans, lxxxiiie abbé	73
Bénédiction de trois cloches	77
Procès à l'occasion des écrevisses de Festigny	79

	Pages
Différend entre les religieux d'Hautvillers et le sieur de Lantage, de Festigny.	80
Réparation de l'église d'Époye.	104
Réparations aux édifices du monastère. Recensement des propriétés de l'abbaye dans la paroisse de Champillon. Les religieux acquièrent le droit de chasse à Aigny. Procès qu'ils perdent contre les religieuses d'Argensolles.	105
Conflit entre le seigneur de Chouilly et les religieux.	112
Arrêt qui met fin aux empiètements d'un fermier de la cure d'Hautvillers.	114
Lettres de provision à dom Champagne, trésorier de l'abbaye.	115
Inventaire du Cartulaire de l'abbaye, par A. Le Cacheur et G. Malo.	117
Traité pour faire l'inventaire des biens de l'abbaye.	119
Les religieux construisent un pont sur le ruisseau de Culbrie.	122
L'abbaye est mise en économat.	125
Arrêt du parlement contre des voleurs de ceps de vigne.	126
Dégradations dans les bois de l'abbaye.	128
Bénédiction de deux cloches pour l'usage de la paroisse.	129
Démêlé au sujet de la Croix-de-Fer.	130
Nicolas de Bouillé, LXXXIVe abbé.	134
Fermeture des colombiers à Aigny.	135
Dîme de Villeneuve-les-Vertus.	138
Fixation de la dîme de Dizy.	140
Diverses restaurations dans le monastère. Cloches de la paroisse et de l'abbaye.	142
Cloches nouvelles à Hautvillers (1861).	143
Acte de bénédiction des cloches de la paroisse d'Hautvillers.	148
Démêlé à l'occasion d'un bail concernant les revenus de l'abbaye	150
Angélique-Alexandre de Talleyrand de Périgord, LXXXVe abbé.	152
Un mot sur MM. de Saint-Sulpice au grand séminaire de Reims.	154
Confection d'un nouvel orgue.	159
Eaux du monastère.	162
Maison des religieux à Reims.	163
Paroisse d'Hautvillers.	164
Procès du droit de lods et ventes.	165
L'abbaye est mise de nouveau en économat.	169
Avis d'avocats demandé par Sturbaut et Hutin, fermiers de la Grange, à Dizy.	170
Mémoire pour le sieur Nicolas Hue, fermier général de l'abbaye.	176
La dîme en Champagne.	205
Perception de la dîme par l'abbesse d'Avenay.	210
Perception de la dîme par l'abbé d'Hautvillers.	215
Procès entre l'agent décimateur de M. l'abbé et M. Tirant de Flavigny.	218

	Pages
Enquête *par turbe* en faveur de Tirant de Flavigny............	223
Pension faite à un instituteur de la paroisse d'Hautvillers......	229
Acte de décès de Jean Déprez, curé d'Hautvillers..............	229
Alphonse-Hubert de Lattier de Bayane, LXXXVIe abbé.........	230
Lettre de M. l'abbé à son régisseur........................	232
Acquisition des stalles actuelles de l'église de l'abbaye	235
Marché pour la construction des bans de l'église et la démolition de plusieurs stalles..........	236
Discorde dans les assemblées communales....................	239
Nomination d'un conseil des notables.......................	240
Publication de l'ordonnance qui institue, à Hautvillers, un conseil des notables..	244
Création d'une école de filles à Hautvillers...................	246
Arrêt du parlement concernant les vignes	247
Défense de planter des légumes dans les vignes	247
Avis de plusieurs conseils de ville sur la location des vignes en Champagne............................	248
Le prieur d'Hautvillers fait partie d'une commission établie à Épernay..	252
Divers arpentages des propriétés de l'abbaye et de la fabrique...	254
État général des biens-fonds de la paroisse d'Hautvillers........	260
Revenus de la fabrique d'Hautvillers, ordonnance de leur amortissement	263
Cumières demande un terroir séparé de Damery.............	266
État désignatif et estimatif des biens et revenus de la paroisse et de l'abbaye...	268
Lieuxdits du terroir d'Hautvillers...........................	271
Noms des religieux qui habitaient l'abbaye en 1790............	275
État des revenus et des charges de la fabrique d'Hautvillers, dans les temps antérieurs à la Révolution.....................	278
Noms de ceux qui devaient des rentes à la fabrique............	280
Biens-fonds appartenant à la fabrique.......................	283
Obits et fondations à acquitter en l'église d'Hautvillers.........	287
Liste des marguilliers.....................................	289
État des biens possédés par MM. de Bayane père et fils.........	290
Sommation faite aux religieux de payer ce qu'ils doivent à M. l'abbé......	291
Lettre de M. de Bayane à son régisseur......................	293
Déclaration des revenus de la mense abbatiale par le sieur Rittier, régisseur.......................................	295
État des charges...	305
Quelques détails sur les récoltes en nature...................	309
Aperçu du prix de quelques denrées de l'époque..............	311
Expéditions diverses des produits de l'abbaye.................	312

	Pages
Dépenses diverses de M. l'abbé	318
Partage des deux menses par arrêt du grand conseil	321
Déclaration des biens de l'abbaye, de ses revenus et de ses dépenses	322
Inventaire des livres de l'abbaye	332
Déclaration des objets mobiliers de l'abbaye	333
Formation d'une garde bourgeoise	335
Extrait des registres des délibérations de la commune du 14 juillet 1790, concernant la prestation du serment de fidélité à la Nation	336
Échange de l'église paroissiale contre l'église conventuelle	340
Prise de possession de ladite église	343
Ancienne église, sa démolition, vente de ses matériaux	345
Vente des biens de l'abbaye	350
Procès-verbal d'enchères et adjudications de domaines nationaux	358
Délibération des notables à l'occasion des pèlerinages à Hautvillers	361
Foires d'Hautvillers	362
Exécution de la loi sur le calendrier républicain	363
Lettres de dom Marion, ancien religieux d'Hautvillers, partant pour l'Amérique, à dom Manuel	365
Biographie de dom Mathias Manuel, ex-religieux d'Hautvillers	370
M. Germon, ancien religieux de Provins	372
Faits relatifs à la Révolution, calendrier républicain	376
Fabrication de cent piques	377
Réquisition des cordes des cloches d'Hautvillers	378
Démission de Sogny, maire d'Hautvillers	378
Destruction des fleurs de lys; disette dans les environs	379
Profanation des châsses et des reliques de l'abbaye	380
Récit d'une femme âgée d'Hautvillers sur les scènes sacrilèges dont elle avait été témoin	383
Minutes des notaires et autres papiers brûlés	384
La décade reconnue pour le jour du repos	386
L'église devient le temple de la Raison	388
Fête de l'Être suprême	391
Distribution du catéchisme républicain	393
Des citoyennes vont prier dans l'église, procès à ce sujet	395
Exemple de divorce à Hautvillers	397
Croix sur le terroir d'Hautvillers	399
Dom Grossard, dernier procureur de l'abbaye	402
Testament de dom Grossard	405
Lettre de dom Grossard à M. d'Herbès, d'Ay	407
Manière de clarifier le vin blanc	420
Lettre de M. le curé de Planrupt à M. Soullié, de Cumières	421

TABLE DES MATIÈRES

	Pages
Reliques possédées par dom Grossard.......................	423
Procès-verbaux qui attestent l'authenticité de la relique de sainte Hélène, donnée par dom Grossard aux chevaliers du Saint-Sépulcre de Jérusalem................................	427
Description de la châsse de Sainte-Hélène, déposée dans l'église de Saint-Leu, à Paris..................................	435
Procès-verbal de la relique de sainte Hélène, donnée à Mgr l'archevêque de Reims par Mgr l'archevêque de Paris, pour Hautvillers..	437
M. Maquart, vicaire général de Mgr de Latil, est délégué pour apporter la relique de sainte Hélène à Hautvillers...........	438
Mgr Meignan, évêque de Châlons, délègue M. le chanoine Lucot pour obtenir de Mgr l'archevêque de Paris une relique de sainte Hélène.......................................	441
Procès-verbaux à ce sujet..............................	442
Description du suaire de sainte Hélène.....................	444
Dates des diverses translations qui ont été faites des reliques de sainte Hélene..	449
Reconnaissnce de la relique de sainte Hélène que possède l'église d'Hautvillers..	451
Processions des pèlerinages	455
Statistique de l'église d'Hautvillers........................	458
Mobilier de l'église...................................	463
Rivalité entre la jeunesse de Cumières et celle d'Hautvillers.....	466
Invasion de 1814.....................................	467
Expertise des pertes occasionnées par l'invasion...	469
Invasion de 1870.....................................	470
Prières publiques à l'occasion de l'anniversaire du retour des Bourbons en France................................	472
Le jeu d'arc à Hautvillers...............................	475
Vols dans le presbytère	477
Testament de Mme Lécaillon...........................	480
Legs de M. Chandon-Moët..............................	481
Testament d'Augustin Mennessou........................	483
Testament d'Henri-Valentin-Savoye.......................	484
Cimetières...	485
Bénédiction du nouveau cimetière	487
Pierres tumulaires dans l'église de l'abbaye.................	488
Éloge d'Hautvillers; sa position	493
Division politique et administrative......................	497
Magistrature..	500
Notaires à Hautvillers.................................	502
Presbytère...	503
Liste des curés d'Hautvillers............................	504

	Pages
De l'instruction à Hautvillers; maison d'école	505
Liste des instituteurs à Hautvillers	509
Liste des institutrices à Hautvillers	510
Admission de nouvelles institutrices à Hautvillers	511
Caractère, mœurs des habitants	513
Topographie d'Hautvillers	514
Montagnes	517
Étangs, marais	518
Météorologie	519
Histoire naturelle; fossiles	520
Règne végétal	530
Règne minéral	530
Industrie agricole	531
Industrie commerciale	534
Des vignes à Hautvillers	537
Le paupérisme à Hautvillers	542
Population	544
Personnages nés à Hautvillers et dignes d'être remarqués	547
Une célébrité particulière d'Hautvillers	551
Maladies à Hautvillers	557
Garde nationale et pompiers	559
Sociétés de musique	560
Impôts et budget de la commune	561
Mesures diverses	564
Monnaies	566
Réflexions de l'auteur sur son ouvrage	568
Liste des abbés et des religieux de l'abbaye	570
Recensement de la population d'Hautvillers en 1880	577
Fac-simile de quelques signatures	604
Errata	607

FIN DE LA TABLE DES MATIÈRES

TABLE PAR ORDRE DE DATES

DU TROISIÈME VOLUME

	Pages
280. Probus fait replanter la vigne.	538
542. Sainte Scholastique visite son frère saint Benoît.	62
567. Le concile de Tours invite à payer la dîme.	206
841. Translation des reliques de sainte Hélène, de Rome à Hautvillers.	449
850. On cultivait la vigne à Hautvillers dès le ixe siècle.	539
1048. Translation des reliques de sainte Hélène.	275, 379
1095. Translation des reliques de sainte Hélène.	415, 449
1095. Concile de Clermont sous Urbain II.	399
1095. Établissement d'un marché à Hautvillers.	363
1098. Incendie du monastère, d'après dom Grossard.	411
1120. Translation des reliques de sainte Hélène.	449
1122. Ratification de la charte d'Argensolles.	113
1138. Translation des reliques de sainte Hélène.	449
1282. Transcription d'un passionnaire attribué à Almanne.	409
1410. Translation des reliques de sainte Hélène.	430, 449
1517. Charte qui exempte les habitants de Romery du droit de vente.	168
1518. Plantation de la croix Saint-Syndulphe au coin du Jard.	400
1561. Revenus de la fabrique d'Hautvillers.	263
1571. Un édit de François Ier fixe la portion congrue à 120 livres	47
1585. Dom Jehan Michelet est prieur de Semuy.	39
1586. Concile de Cambrai.	125
1602. Translation des reliques de sainte Hélène.	449
1604. Clément VIII réforme la congrégation de Saint-Vannes de Verdun.	421
1624. Arpentage des biens de l'abbaye par Tartrat.	255
1629. Une ordannance fixe la portion congrue à 300 livres.	47
1630. Nicolas Dudré achète un orgue.	159
1636. Les vignes du terroir d'Hautvillers ne dépassaient pas la contenance de 100 arpents.	539
1639. Amortissement des biens de l'abbaye.	265
1641. Louis XIII réforme le système monétaire.	567
1642. Le ruisseau de Culbrie appartient au duc de Bouillon.	123

		Pages
1643.	Arpentage des biens de l'abbaye par Drouin.............	255
1644.	Visite de la châsse de sainte Hélène................	429, 449
1647.	Rappel d'une bulle d'Urbain VIII.....................	431
1654.	Baux, cueillerets, rentes, constitués au profit de l'abbaye.	193
1655.	Les châsses d'Hautvillers à Épernay...................	413
1658.	Contrat d'échange entre Thibaut, comte de Champagne, et les religieux d'Hautvillers........................	111
1659.	Naissance de Thierry de Viaixnes.....................	18
1662.	Cumières a un vicaire pour remplacer le chapelain......	30
1663.	Divers baux aux Grandes-Loges.,.....................	10
1664.	Visite des bois d'Hautvillers par des experts.............	128
1666.	Quotité de la dîme réglée pour Hautvillers.............	215
1667.	L'abbesse d'Avenay et des bourgeois d'Ay font un traité entre eux pour la perception des dîmes..............	212
1668.	Date du tableau de la sacristie........................	64
1668.	Dom Rupert Regnault envoie au Père Papebroch un cahier de récits de miracles opérés par sainte Hélène........	443
1670.	Arrêt qui ordonne à l'abbé de percevoir la dîme à la porte d'Ay...	178
1673.	Réception de Gille Fescamps dans le monastère.........	5
1673.	Construction de nouvelles caves......................	7
1674.	Les habitants de Cuis demandent des réparations à leur église...	7
1676.	Traité entre les habitants des Grandes-Loges et les décimateurs...	8
1677.	Inventaire du mobilier de la sacristie..............	334, 382
1678.	Sentence du lieutenant de Châtillon-sur-Marne, qui condamne les habitants d'Igny-le-Jard envers les religieux...	14
1680.	Changement du cimetière de la paroisse................	485
1680.	Agrandissement du réfectoire et du chapitre............	7
1681.	Donation de Suzanne Chrétien........................	25
1681.	Élévation d'un mur pour fermer la basse-cour...........	28
1684.	Restauration de l'orgue..............................	161
1686.	Le curé des Grandes-Loges accepte la portion congrue....	13
1686.	Ordonnance de Louis XIV qui fixe la portion congrue....	46
1688.	Acquisition de deux bras d'argent (reliquaire)..........	29
1691.	Construction du retable de l'autel de l'église............	462
1691.	Acquisition du balustre du grand autel en marbre.......	29
1692.	Ouragan qui détruit un partie du cloître...............	520
1694.	Arrêt du grand conseil qui ordonne que la dîme soit payée en nature....................................	191, 216
1694.	Traité pour distraire Cumières de Damery.............	30
1694.	L'abbé de Fourille vend son vin 1,000 livres la queue..	29, 49

TABLE PAR ORDRE DE DATES 617

Pages

1695. Déclaration qui oblige les décimateurs à entretenir le clocher des églises................................... 71
1695. Acquisition de quatre grands tableaux................. 63
1697. Érection de Cumières en cure indépendante.......... 31, 66
1697. Louis de Chaumejean en contestation avec le prieur de Semuy... 37
1698. Date du pavé du chœur de l'église d'Hautvillers......... 460
1700. Exhaussement du clocher actuel...................... 45
1702. Naissance de Philippe d'Orléans, plus tard abbé d'Hautvillers... 74
1703. Thierry de Viaixnes est arrêté........................ 21
1704. Le curé de Cuis accepte la portion congrue........... 47, 48
1706. JEAN-LOUIS-GASTON DE NOAILLES, LXXXIIe abbé.... 50
1706. Mort de Chaumejean de Fourille..................... 49
1706. Le chevalier de Saint-Georges, Jacques III d'Angleterre, visite l'abbaye... 51
1706. Acquisition de huit cloches.......................... 53
1706. Ordination par l'abbé de Noailles, en présence de Jacques III... 52
1707. Prise de possession de l'office de trésorier par Placide Aubry.. 54
1711. Manuscrits perdus................................ 65, 117
1715. Acquisition de quatre grands tableaux................ 60
1716. Le monastère est condamné à une amende............ 66
1716. Les habitants de Cumières veulent une église......... 66, 67
1720. Mort de Gaston de Noailles, abbé d'Hautvillers........ 72
1721. JEAN-PHILIPPE D'ORLÉANS, LXXXIIIe abbé........ 73
1722. Bénédiction de trois cloches pour la paroisse......... 77
1723. Fonte de huit cloches pour l'usage de l'abbaye........ 77, 144
1723. Il est fait à Hautvillers, dans cette année, 129 baptêmes... 78
1723. Procès au sujet des écrevisses de Festigny........... 79
1726. Description de la statue de sainte Hélène dans l'inventaire de l'abbaye... 382
1729. Réparations à l'église d'Époye...................... 104
1736. Ordonnance d'une diète tenue à Mansny.............. 17
1730. Réparations notables à l'abbaye...................... 105
1735. Mort de Thierry de Viaixnes........................ 22
1738. Acte de reconnaissance des biens chargés de surcens... 105
1738. Dom Maurice Herbeaux procède aux surcens à Champillon... 105
1740. Les religieuses d'Argensolles ne sont pas tenues de payer la dîme.. 107
1741. Le curé de Vraux refuse de contribuer aux réparations de l'église.. 137

		Pages
1741.	Le curé de Monthelon enlève des dîmes sans autorisation.	139
1742.	Un fermier arrache une borne pour agrandir son champ.	114
1744.	Contestation au sujet du ruisseau de Cubry à Épernay....	123
1744.	Arpentage par Jacques d'Olizy........................	255
1746.	Lettres de provision à dom Champagne, pour l'office de trésorier...................	115
1748.	Mort de Philippe d'Orléans, abbé d'Hautvillers..........	77
1748.	L'abbaye est mise en économat.........................	125
1748.	Inventaire des archives et mémoire de Pierre Chédel..	65, 117
1749.	Élargissement du pont sur le ruisseau de Culbrie.....	122, 124
1749.	Naissance de dom Grossard............................	421
1750.	Arrêt contre des voleurs de ceps de vigne..........	126, 499
1750.	Bail des dîmes aux Grandes-Loges....................	13
1751.	Correspondance entre dom Calmet et Sébastien Dieudonné, religieux d'Hautvillers.........	521
1754.	Arrêt qui ordonne de porter la dîme à l'abbaye..........	210
1755.	Transaction pour le prieuré de Semuy..................	39
1755.	Traité pour la cession du prieuré de Semuy..........	39, 43
1756.	Fonte de deux cloches pour la paroisse................	129
1756.	Construction du moulin des Montécuelles...............	536
1757.	Contestations au sujet de l'auberge de la Croix-de-Fer	130, 401
1757.	NICOLAS DE BOUILLÉ, LXXXIVe abbé	134
1758.	Condamnation au sujet des écrevisses de Festigny........	80
1759.	Fermeture des colombiers d'Aigny......	135
1759.	L'abbé d'Arty était pourvu de la prévôté de Favières....	192
1759.	Refonte de six cloches à l'abbaye..............	134
1759.	Inventaire du Cartulaire de l'abbaye................	65, 118
7759.	Plans divers de l'abbaye.............................	259
1759.	Le syndic d'Aigny refuse de payer la taille Monsieur.....	135
1761.	Contestation entre les religieux et M. de Lantage, de Festigny..........	80
1761.	Les décimateurs et le maître d'école de Vraux..........	137
1761.	Déclaration des dîmes de Villeneuve	138
1761.	Fixation de la dîme à Dizy..........................	140
1762.	Le sieur Aillaud, fermier de l'abbaye, demande à résilier son bail..........	150
1767.	Reconstruction de la grande porte de la Pitance, etc......	142
1767.	Sturbaut et Hutin louent la ferme de la Grange, à Dizy...	171
1769.	ANGÉLIQUE DE TALLEYRAND DE PÉRIGORD, LXXXVe abbé.....	152
1769.	Inscription sur un tuyau de l'orgue	159
1769.	Cloches nouvelles à Hautvillers.......................	143
1770.	Laurent Villain, régisseur de l'abbaye d'Hautvillers......	258
1771.	Hôtel des religieux à Reims	163

Pages

1772. Lutte entre Tirant de Flavigny et les religieux, au sujet de la dîme... 218
1773. Dénombrement d'Hautvillers............................ 165
1773. Statistique agricole............................ 532, 545
1773. L'abbé d'Hautvillers se fait autoriser pour assigner Tirant de Flavigny... 222
1773. Enquête *par turbe* en faveur de Tirant de Flavigny...... 223
1773. Construction des regards pour les eaux................. 162
1774. Traité entre les religieux et l'abbé au sujet des eaux..... 162
1774. Inscription d'une petite cloche......................... 146
1774. Arrêt qui condamne les habitants de Damery et de Cumières à payer la dîme........................... 193
1775. Procès de lods et de ventes sur Cumières............... 79
1776. Pension faite par la paroisse à un vieux maître d'école.... 229
1776. Nicolas Hue loue les revenus de l'abbaye................ 175
1776. L'abbaye est mise en économat......................... 169
1777. Acte de décès de J. Deprez............................ 229
1777. Mémoire pour Nicolas Hue, fermier de l'abbaye.......... 176
1777. Jacques Malo traite avec les religieux pour un arpentage. 259
1777. Laurent Dumay dresse un plan de l'abbaye............. 163
1777. État général des biens-fonds d'Hautvillers.............. 260
1780. Acte de l'état-civil..................................... 230
1780. **ALPHONSE - HUBERT DE LATTIER DE BAYANE**, LXXXVIe abbé... 230
1780. M. de Bayane écrit de Grenoble à son régisseur.......... 234
1780. Acquisition des stalles actuelles.................... 235, 237
1780. La sonnerie est adjugée à Jean-Louis Anciaux et à Jean-Pierre Gimonet... 287
1781. Le pré dit Corps-Saints est loué à Bernard François, aubergiste... 283
1781. Le sieur Nicolas Hue résilie son bail............... 199, 306
1784. Transaction entre l'abbé d'Hautvillers et les habitants d'Ay... 204
1784. M. de Mongeot, de Reims, paie le vin 92 livres la queue.. 49
1784. Nomination d'un conseil des notables............... 239, 240
1784. Publication de l'ordonnance dudit conseil.............. 244
1784. Création d'une école de filles......................... 246
1785. François Leroy loue les vignes de la fabrique........... 284
1785. Un arrêt du parlement portant règlement pour les fabriques... 288
1786. État des revenus et charges de la fabrique............. 278
1787. Rittier, bailli d'Hautvillers, prétend représenter M. l'abbé. 253
1787. Arrêt du grand conseil qui ordonne le partage des deux menses de l'abbaye................................... 321

		Pages
1787.	Le prieur d'Hautvillers fait partie d'une commission à Épernay...	252
1787.	Arrêt du parlement sur l'émondage des vignes............	247
1788.	Adjudication de revenus de l'abbaye au profit des religieux	322
1788.	Les religieux louent à leur profit les dîmes d'Évêqueville.	291
1788.	Inventaire des titres de l'abbaye................... 118,	121
1788.	Requête des propriétaires pour que des légumes ne soient plus plantés dans les vignes..........................	247
1788.	Procès entre l'abbé et les habitants de Cumières...........	169
1789.	Décret qui prescrit la vente des biens du clergé.........	350
1789.	Formation d'une garde bourgeoise.....................	335
1789.	Décret qui ordonne la déclaration des revenus des abbayes	295
1789.	Décret qui ordonne la visite des propriétés..............	260
1790.	Les habitants de Cumières veulent un terroir séparé de Damery...	266
1790.	Un décret met en vente pour cent millions de biens du clergé..	267
1790.	Un décret met en demeure les religieux de faire la déclaration de leurs revenus........	267
1790.	Noms des religieux de l'abbaye.......................	275
1790.	État désignatif des propriétés de l'abbaye...............	268
1790.	Décret qui fixe la pension des religieux.................	276
1790.	Déclaration des revenus de la mense abbatiale...... 293,	322
1790.	Déclaration des revenus de la fabrique..................	278
1790.	Messe dite à l'autel civique, le 14 juillet................	336
1790.	Les religieux sont priés d'envoyer leur argenterie à l'Assemblée nationale...............................	344
1790.	Construction d'un moulin à vent	520
1790.	Les religieux font à la municipalité la déclaration de leur mobilier	333
1790.	Lettre de M. de Bayane à M. Rittier....................	294
1790.	Instructions données par M. de Bayane au sieur Rittier sur son patrimoine.................................	291
1790.	Inventaire de la sacristie.............................	333
1790.	Les religieux quittent l'abbaye........	339
1790.	Les habitants d'Hautvillers demandent l'échange des deux églises	339
1790.	Approbation du compte du régisseur par le fondé de pouvoir de M. l'abbé	309
1790.	Vente des vignes des religieux........................	350
1791.	Marché pour faire des bancs à l'église..................	236
1791.	Les habitants de Cumières obtiennent d'être séparés de Damery..	266
1791.	Estimation de l'église de la paroisse........	334

TABLE PAR ORDRE DE DATES

Pages

1791. Les administrateurs composant le directoire du département de la Marne autorisent l'échange des deux églises. 340
1791. Les reliques de Montier-en-Der sont retirées de leurs châsses d'argent.................................. 445
1791. Dom Manuel remet à la municipalité les actes de naissance des religieux de l'abbaye........................... 339
1791. Acte de l'échange de la vieille église contre l'église conventuelle.................................. 340
1791. Devis des réparations à faire à la vieille église........... 347
1791. Procès-verbal de mise en possession de l'église de l'abbaye 343
1791. Vente de deux petites maisons près de la Croix-de-Fer.... 359
1791. Avis imprimés de la part de la municipalité pour rappeler aux pèlerins que le pèlerinage continue.............. 361
1791. Pièces relatives à M. Germon........................ 373
1791. Dom Grossard enlève les reliques de sainte Hélène, dans la nuit du 8 au 9 mars....................... 402, 420
1792. Démolition de la vieille église...................... 347
1792. Lettre de dom Marion à dom Manuel................... 365
1792. Lettre de dom Marion à Mme Gobert................... 368
1792. Fabrication de cent piques........................... 377
1792. Proclamation de la République: calendrier républicain... 376
1792. Prestation de serment à la Constitution............... 390
1793. La Convention nationale abolit l'ère vulgaire............ 376
1793. Scène sacrilège à Hautvillers....................... 380
1793. Le citoyen Sogny donne sa démission................ 378
1793. Loi qui ordonne de brûler tous les papiers qui ont rapport aux droits féodaux; exécution de cette loi........ 384, 385
1793. Décret qui ordonne aux femmes de porter la cocarde tricolore...................................... 379
1793. La disette se fait sentir............................. 379
1793. Reconnaissance de la décade........................ 386
1793. Formation d'une société populaire................... 386
1793. Cérémonie de l'inauguration du temple de la Raison..... 388
1793. Formation d'un registre pour inscrire ceux qui se dévoueraient à la défense de la patrie..................... 379
1793. Le procureur de la commune fait observer qu'il y a encore des fleurs de lys.................................. 379
1794. Plantation d'un arbre de la liberté.................... 390
1794. Réjouissances au sujet du succès de nos armées.......... 392
1794. Distribution du catéchisme républicain................ 393
1795. Des femmes vont prier dans l'église; procès à ce sujet.... 395
1795. Exemples de divorce................................ 398
1795. Le curé Davaux consent à remplir les fonctions de son ministère 397

		Pages
1796.	M. Coutier achète l'auberge de la Croix-de-Fer.	130
1798.	Le directoire exige la stricte exécution du calendrier républicain.	362
1798.	Commencement de la démolition de la chapelle de Saint-Nivard.	456
1800.	Construction de maisons sur les caves de l'abbaye.	7
1801.	Plantation de la croix Saint-Vincent.	401
1805.	Un senatus-consulte abolit le calendrier républicain.	363
1806.	Naissance de Didron.	554
1807.	Testament de Prosper Mennesson.	483
1807.	Acquisition d'une horloge communale.	146
1809.	Un décret modifie le règlement des fabriques.	288
1810.	On bâtit une maison d'école rue du Pavé.	506
1811.	Mme Lécaillon donne 1,500 francs pour aider à payer la maison d'école.	480, 506
1811.	Discussion entre M. Davaux et dom Grossard au sujet de la relique de sainte Hélène conservée par ce dernier.	424
1814.	Mort du curé Davaux.	503
1814.	Construction de deux troncs dans l'église.	
1814.	Réquisition faite par l'ennemi.	467
1814.	Observations du maire sur le pillage par l'ennemi.	468
1814.	Visite des experts.	469
1815.	Fièvres intermittentes à Hautvillers.	
1815.	Procès du maréchal Ney.	231
1815.	Achat de la châsse de Sainte-Hélène.	465
1816.	Réparations dans l'église.	460
1816.	La population d'Hautvillers était de 1,024 habitants.	546
1816.	Il existait un jeu d'arc à Hautvillers.	475
1816.	Année malheureuse; quête en faveur des pauvres.	472
1816.	Prières publiques à l'occasion du retour des Bourbons.	472
1816.	Changements notables dans le presbytère.	503
1817.	La commune achète une nouvelle maison d'école.	486
1817.	Legs de M. de Lamotte.	476
1818.	Mort du dernier abbé d'Hautvillers, Mgr de Bayane.	231
1818.	Mort de M. Forzy-Hémey, maire.	493
1820.	Deux chevaliers du Saint-Sépulcre visitent dom Grossard.	403
1820.	Procès-verbal de la relique de sainte Hélène, donnée à Paris par dom Grossard.	427
1820.	Dom Grossard donne à l'église de Montier-en-Der un morceau du suaire de sainte Hélène.	444
1821.	Mort de l'abbé de Talleyrand.	158
1821.	Lettre de dom Grossard à M. d'Herbès, d'Ay.	407
1822.	Organisation d'une patrouille de nuit.	477
1823.	Renouvellement de l'inscription de l'épitaphe de dom Ruinart.	57

	Pages
1823. La commune achète une maison d'école de filles.........	507
1823. Les chevaliers de l'ordre du Saint-Sépulcre sont supprimés	450
1824. Vols dans le presbytère.............................	477
1825. Testament de dom Grossard........................	405
1825. Mort de dom Grossard........................ 405,	422
1826. Relique de saint Syndulphe donnée à la paroisse d'Aussonce.....................................	381
1826. L'abbé Godinot est envoyé à Paris pour obtenir une relique de sainte Hélène....................... 436,	449
1827. Retour des reliques de sainte Hélène à Hautvillers 424, 436,	438
1827. Procès-verbal de la remise des reliques................	437
1827. Le vicaire général, M. Macquart, apporte les reliques de sainte Hélène à Hautvillers.......................	439
1827. Testament de Mme Lécaillon........................	480
1828. Organisation d'une compagnie de pompiers à Hautvillers.	559
1829. Vol dans le presbytère............................	478
1832. Le choléra à Hautvillers	557
1833. Les stalles de l'église sont peintes....................	238
1833. Achat d'une petite clochette pour sonner les messes basses	145
1834. Décoration de l'autel, etc., dans l'église................	462
1834. Dom Manuel meurt à Pierry.........................	370
1835. La population d'Hautvillers est de 1,023 habitants.......	546
1837. Mort de M. de Parizot, curé d'Hautvillers...............	487
1843. Grande réparation à la charpente de l'église............	460
1843. Démolition de la tuilerie de l'Aubroye	531
1844. Publication des annales archéologiques par Didron.......	553
1847. Restauration de l'orgue par M. Chandon de Briailles.....	160
1848. M. Chandon de Briailles est nommé chef de bataillon de la garde nationale................................	559
1849. Le choléra à Hautvillers.............................	557
1850. Legs de M. Chandon-Moët..........................	481
1854. Restauration des tableaux de l'église...	64
1854. La statue en pierre de sainte Hélène est restaurée par les soins de M. Chandon de Briailles.....................	462
1854. Le choléra à Hautvillers.............................	557
1861. Bénédiction du nouveau cimetière.....................	487
1861. Bénédiction de trois cloches 143,	147
1863. Démolition de la tuilerie du Chêne-Laramée............	531
1865. Achat de la mairie.................................	506
1867. Mort de Didron....................................	553
1867. Lettre de M. le curé de Plamrupt à M. Soullié, de Cumières.......................................	421
1868. Plantation de la croix Saint-Joseph	401
1868. On découvre l'emplacement d'un four banal............	78

	Pages
1870. Plantation de la croix Lourdet	401
1870. Arrivée des Prussiens à Hautvillers	470
1871. Legs de M. Savoye	484
1871. Les francs-tireurs à Hautvillers	470
1871. La châsse de Sainte-Hélène conservée à Saint-Leu pendant la Commune	434
1872. Le mobilier de l'église est considérablement augmenté	465
1873. Valeur du vin à Hautvillers	533
1874. Restauration de l'église de Cumières	72
1874. M. l'abbé Musquin laisse à sa nièce les reliques de dom Grossard	424
1875. La foudre éclate à Hautvillers	520
1875. M. le chanoine est délégué par Mgr Meignan pour obtenir de Mgr de Paris une relique de sainte Hélène	441
1876. Construction d'un caveau dans le cimetière d'Hautvillers, pour la sépulture des ecclésiastiques	488
1876. Lettre de Mgr l'archevêque de Reims à M. le chanoine Lucot	451
1877. Reconnaissance des reliques de sainte Hélène, par Mgr l'archevêque de Reims	453
1879. Destruction d'une tour d'observation	520
1880. Vol dans l'église d'Hautvillers	478
1880. Institution d'un marché à Hautvillers	364
1880. Monument de la croix Sainte-Hélène	400
1880. Statue de Saint-Jean-Baptiste, donnée par M. Auban-Moët-Romont	462
1880. Valeur du vin à Hautvillers	533

FIN DE LA TABLE PAR ORDRE DE DATES

NOMS DE QUELQUES PERSONNES

CITÉES DANS LE TROISIÈME VOLUME
AINSI QUE DANS LE PREMIER, POUR LA LETTRE G.

Adélaïde de France, princesse, 334.
Agnès-Bernard, 535.
Agnès-Huet, 535.
Aguesseau (d'), chancelier, 22, 198.
Aillaud, fermier général, 150.
Alaincourt (d'), 416.
Almanne, 408, 494, 539.
Anceau-Hordé, 537.
Anceau (Jean-Louis), 287.
Anceau (Jean-Remi), 346, 398.
Anot (Marguerite), 511.
Auban-Moët-Romont, 149, 462.
Aubertin (Émile), 551.
Aubertin (Marie), 556.
Barral (de), 521.
Barré, curé de Plivot, 425.
Bary (de) (Albert), 418, 477.
Baudet, Charles, 477.
Bautier, Émile, 359.
Bautier (Jean-Baptiste), 289.
Bautier (Jean-Louis), 244, 289, 361.
Bayane (de), abbé, 118, 168, 199, 230, 248, 269, 289, 296, 322, 351.
Benoît (Saint), 61.
Bernard-Dartevelle, 7.
Bernard-Normand, 534.
Bernard (Pierre), 236, 243, 281, 283, 311, 387.
Bernard (Victoire), 388.

Berrurier (Louis), 289.
Berrurier (Michel), 245, 251, 268, 335, 361.
Berrurier (Nicolas), 236, 268, 289, 361.
Bertin du Rocheret, 122.
Bertin (Eugène), 72.
Besserat (Gustave), 555.
Besserat (Victor), 555.
Bigot (Pierre), 212, 225, 298, 413.
Billaudel, curé, 72.
Binet, curé, 72.
Bocquet, 497.
Bondon (Jean-Pierre), 285, 398.
Bondon (Louis-Victor), 394.
Boniface (Augustin), 301.
Bossuet, 60.
Bouché, huissier, 497.
Bouillé (de), Jean-Nicolas, 134, 141, 151, 162.
Bourot-Cuny, 535.
Boyer (Marie-Hélène), 395.
Bredeaux (Maria), institutrice, 556.
Brochet-Rebout, 535.
Bruncler, curé, 487.
Buffotot (Jacques), 535.
Bussenot, chanoine, 453, 454.
Buvillon (Charles), 285.
Buvillon, Remi, 398.
Calmet (dom), 521.
Camus, percepteur, 497.
Casbois (dom), 277.
Catherine de Médicis, 412.

Chandon de Briailles, 7, 78, 148, 149, 160, 163, 351, 413, 454, 462, 464, 466, 479, 481, 482, 518, 520, 529, 530, 533, 534, 542.
Chandon de Briailles (Hélène) 463.
Chandon-Moët, 351, 464, 481, 501.
Charles Martel, 207.
Chabrillant (comte de), 312.
Chayoux (Joseph), 285.
Chardron (Jean), 394.
Charles VII, 412.
Charles, infant d'Espagne, 75.
Charlotte des Deux-Siciles, 473.
Chedel (dom Pierre), 65, 117, 255.
Chéruy (Jean-Baptiste), 440, 475.
Chéruy-Wataut, 534.
Chrétien (Suzanne), 25.
Ciret-Legrand, 535.
Claude (Charles), peintre, 60.
Clément XI, 74.
Clermont-Tonnerre (de), 437.
Cochut, 385, 387, 440, 477.
Comot-Vautrin, 502, 534.
Constantin, empereur, 407.
Cordonnier-Agnès, 502.
Cotte (Albert), 551.
Couronne-Baudoin, 346, 534, 535.
Courtagnon (Mme de), 218.
Coutier, médecin, 130, 401, 475.
Coutier, notaire, 548.
Creponez, curé, 504.
Cuchet (Thomas), 394.
Cury, sculpteur, 236.
Darvogne, 318.
Davaux, curé, 230, 254, 268, 361, 398, 424, 503.
Décès, docteur, 454.
Delacour (Mme), 404, 424.
Delaunois-Lecomte, 535.
Delors-Dupont, 535.
Delvincourt, procureur du roi, 315, 454.
Delvincourt-Rigoteaux, 488.

Demars (Marie-Hélène), 394.
Demars (Gustave-Remi), 297, 398.
Descôtes-Normand, 535.
Didron (Chrysostôme), 383, 390, 551.
Didron (Emmanuel), 551.
Dommanget-Tourneur, 535.
Drouet de Maupertuy (l'abbé), 58.
Drouin, arpenteur, 255.
Dubois, 350.
Duchemin, curé, 410, 429.
Duchesne, curé, 440, 505.
Dudré (dom Nicolas), 159.
Dumay (dom Laurent), 13.
Dumé-Normand, 535.
Durantel, 238.
Dutarque-Demars, 534.
Élisabeth de France, princesse, 334, 406.
Fabio Bruslart de Sillery, évêque, 25.
Féret (Jean-François), 289, 440.
Fescamps (Gilles), 5.
Forzy-Hémey, 244, 268, 295, 385, 390, 424, 466, 493.
Fourché (Marie-Prine), 388.
Foureur (Amélina), institutrice, 511.
Foureur (Hippolyte), instituteur, 510.
Galère, empereur, t. I, 207.
Gaudron, t. III, 383.
Gauthier III, t. I, 105, 266, 407, 408, 433.
Gayet (dom), t. III, 38, 43.
Gédéon, fils du comte Réole, t. I, 87, 128, 129.
Gentillâtre, t. III, 504.
Gentillâtre (Thomas), t. I, 348, 349.
Geoffroy de Montléry, t. I, 453.
Geoffroy-Maquart, t. III, 236.
Gérard d'Hautvillers, t. I, 569.
Géraudel-Bonnenfant, t. III, 535.
Gerbeaux (Antoine), t. III, 244, 314.

TABLE DES NOMS DE PERSONNES CITÉES

Germon, ex-bénédictin, t. III, 370, 340.
Germon, père, t. III, 372, 532.
Gillet (François-Quentin), t. III, 360.
Gillet, Gilles, curé, t. III, 504.
Gillet, notaire, t. III, 502.
Gillet, Pierre, t. III, 289, 366.
Gillet, F., t. III, 469.
Gimonet (Jean-Pierre), t. III, 287, 387.
Gimonet (Marie-Louise), t. III, 374.
Girardin (Remy-Marc), t. III, 398.
Gobert (Mme), t. III, 365, 367, 370.
Godard (Jérôme), t. III.
Godard, L., t. III, 440.
Godard (Nivard), avocat, t. III, 440.
Godefroy, comte de Namur, t. I, 413, 414.
Godefroy, comte des Ardennes, t. I, 172.
Godefroy de Bouillon, t. I, 308.
Godinot des Fontaines, t. III, 437.
Gombert (Saint), t. I, 71, 108.
Gontran, roi de Bourgogne, t. I, 23.
Gordelot, facteur d'orgues, t. III, 159.
Gosselin, abbé, t. I, 570, 571, 579.
Gosset, échevin, t. III, 155.
Gothescalc, moine hérésiarque, t. I, 190, 238, 240, 243, 253, 254, 296.
Gouilly (l'abbé), t. III, 487.
Goussel, de Metz, t. III, 147.
Gousset (cardinal), archevêque de Reims, t. III, 64, 147, 488.
Grégoire VII, t. I, 307.
Grégoire XVI, t. I, 41.
Grégoire le Grand (Saint), t. I, 213.
Grimoald, t. I, 72, 75.
Grossard (dom), t. I, 254, 304, 317, 318, 346, 367, 372, 477, et t. III, 276, 320, 370, 401, 421, 426.
Guéranger (dom), t. I, 40.

Guérin, abbé d'Hautvillers, t. I, 303.
Guignolet, t. III, 385, 387.
Guillaume, abbé d'Hautvillers, t. I, 398, 403.
Guillaume de Champagne, archevêque de Reims, t. I, 172, 398, 403, 404, 407, 408.
Guillaume de Giffort, t. I, 50.
Guillaume d'Hautvillers, t. I, 418, 421, 422, 435.
Guillaume de Joinville, t. I, 172.
Guillaume de Nassau, t. III, 52.
Guillaume Fillâtre, t. I, 532, 534, 537, 538, 540, 542, 545, 546.
Guillaume Staise, t. I, 494, 498.
Guizot, t. I, 35, 74, 189, 194, 284, 285, 293, 374.
Gutbert, moine fugitif, t. I, 248, 258, 296.
Guy de Châtillon, t. I, 381.
Hanin (Marie-Jeanne), 383.
Hautavoine, curé, 33, 40.
Hauterive (d'), vicaire général, 71.
Henry II, 412.
Henry (Jean), curé, 230.
Herbès (d'), d'Ay, 230, 407, 419.
Herblot, curé, 487.
Heurtaux-Buffotot, 535.
Hibert (dom), 254.
Holdrinet-Lefèvre, 535.
Holdrinet (veuve), 535.
Hubert (Jean-Remi), 385, 387.
Hue (Nicolas), fermier, 175, 199, 306.
Husson (François), 132.
Husson (Jean), notaire, 10, 25, 502, 548.
Husson (Jean-Barthélemy), curé, 554.
Husson-Martin, 34.
Husson (Nicolas-Louis), curé, 554.
Hutin (Pierre), 175, 199, 206, 298, 356, 413.

Hyvernel (P.-J.), 225.
Jacquet (Jean), dit Cavalier, 218, 285, 319.
Jacquet (Jean-Baptiste), 394.
Jacques III d'Angleterre, 51.
Jobin-Chardron, 534, 560.
Joly (Nicolas), fermier, 106.
Juillet, vicaire général, 454.
Julliot, instituteur, 510, 556.
Kasierowski, architecte, 235.
Kurtz (Stanislas), 535.
Lagille (Edmond), 555.
Lagille (Philogène), 289, 454, 502.
Lallement (Clément), 145.
Lallement-Geoffroy, 423, 548.
Lallement-Mennesson, 312, 320, 346, 349, 412.
Lambert, curé, 404, 424, 435, 441.
Lamelle, 126.
Lamotte (de), 385, 477.
Landragin (Jean-Baptiste), 129.
Landragin (Jean-François), 236, 289, 361.
Landragin (Syndulphe), 285.
Langénieux (Mgr), archevêque de Reims, 452, 453.
Lantage (Louis, Cyr de), 80.
Lasnier, 225, 244.
Latil (de), archevêque de Reims, 438, 453.
Lebègue (Ferdinand), 351, 560.
Lebègue-Lebon, 535.
Lebel de Serry, (Marie-Louise-Madeleine-Victoire), 74.
Le Cacheur (Antoine), notaire, 117, 141, 221, 244, 251, 244, 251, 280, 333, 344, 355, 384, 501.
Le Cacheur (Antoinette), 385, 388.
Le Cacheur-Lasnier, 467.
Lécaillon (Jean), 131.
Lécaillon (Jean-Baptiste), 236, 244, 254, 284, 289, 319, 338, 353, 378, 381, 414, 501, 549.
Lécaillon (Mme), 480.

Lécaillon (Paul), 34, 118, 129.
Leclerc, garde particulier, 479.
Lefèvre (Jean), 351, 440.
Lefèvre (Jérosme), notaire, 131.
Lefèvre-Pintrel, adjoint, 454, 502, 534, 535.
Lemaire-Bondon, 535.
Lemaire, Pierre, 377.
Léon IX, 411.
Leroy (Émile), 556.
Leroy (François), 218, 284, 387, 391
Leroy, Lucien, 556.
Le Tellier (Charles-Maurice), archevêque de Reims, 31, 418.
Létoffé-Vély, 535.
Lhopital-Bernard, 535.
Lobréau, 549.
Locret-Gillet, 502, 534.
Locret (Jean-Baptiste), 349, 351, 520, 531.
Logette (François) 218.
Logette (Jean-Baptiste), 244.
Logette (Nicolas), 394.
Louis XIV, 60, 177.
Louis XV, 107, 253.
Louis XVI, 406, 483.
Louis XVIII, 157, 231, 334, 407.
Lourdet (Adolphe), 130, 502, 560.
Lourdet-Courty, 535.
Lourdet-Demars, 535.
Lourdet (Pierre-Marie), 401.
Lucot, archiprêtre de Châlons, 441, 451.
Mabillon (dom), 55, 59.
Machaire (Saint), 63.
Maillard (Mme), institutrice, 246.
Malbeste, notaire, 54, 174, 548.
Malo (Émile), 148, 149, 464, 501.
Malo (Gervais), 118, 119, 295, 333, 355, 384, 414, 419, 503.
Malo (Jacques), 254, 259, 268, 389, 392, 493, 503.
Malo (Rosalie), 510.
Malo (Xavier), notaire, 147, 414, 488, 503.

Manceau, huissier, 218.
Manceaux, curé, 147, 149, 401, 453, 454, 487, 505.
Manceaux (Marie-Aglasie), 465.
Manuel (dom), 355, 365, 370.
Maquart (Claude), vicaire général, 438, 439.
Maquart (Jean-Baptiste-Réné), 282, 285.
Maquart (Louise), 388.
Maquart (Nicolas), 502.
Marie-Antoinette, reine, 334.
Marion (dom), 355, 365, 368.
Martin, capitaine, 550.
Martin-Hubert, 535.
Martin (L.), de Dizy, 385.
Massiac (Marie Mordant de), 148.
Meignan, évêque de Châlons, 405, 441.
Mennesson (Jules), 483.
Mennesson (Prosper), 477, 483.
Menu, curé, 381, 404, 407, 424, 440, 447, 505.
Michel, huissier, 254, 268, 292.
Michel-Regaux, 359.
Miltat (Alphonse), 347, 501, 534.
Miltat (Jean-Baptiste, 454.
Miltat (Lucien), 556.
Minard (Augustin, 244.
Minard (Gustave), 502.
Minard (Mathilde), 557.
Miroir-Quenardelle, 535.
Moët, échevin, 250, 418.
Moët-Romont (Adélaïde), 147, 149.
Monceau (Aseline), 465, 511, 512.
Monceau (Jean-Baptiste), 511.
Monceau (Octavie), 465, 511, 512.
Monceau, vicaire, 487.
Muelon (de), 81.
Musquin, curé, 404.
Napoléon III, 455.
Nautré, curé, 104.
Naquet, député, 397.
Nicaise (Arthur), 556.
Nicaise-Roux, 535.

Nitot, d'Ay, 380.
Noailles (Jean-Louis-Gaston de), abbé, 50, 52.
Noailles (Louis-Antoine de), évêque, 20, 39.
Noël (Charles), 555.
Noël (Jean), 346.
Noizet, notaire, 45.
Normand (Marie-Louise), 394.
Normand-Prévot, 534.
Notcher (l'abbé), 409.
Odilon Aubry (dom), 334.
Orléans (Jean-Philippe d'), abbé, 73.
Palle (Amand), 535, 559.
Parizot (Jérôme de), 487.
Payen (Marie-Claude), 387.
Payen (Toussaint), 360.
Pépin le Bref, 207.
Pérignon (dom), 6, 25, 52, 66, 417.
Peudefer, 370.
Philippe de France, régent, 71.
Philippe d'Orléans, 150.
Philippe le Bel, 209.
Philipponat, 211.
Philippot, 440.
Philippot (Sophie), 511.
Pierrot (Gratien), 467.
Pierrot (Hubert), 534.
Pierrot (Jean-Baptiste-Stabat), 282.
Pierrot (Louis-Vincent), 283, 387, 395.
Pierrot (Michel), 387.
Pierrot (Ponce), 243, 244.
Piéton (Joseph), 387.
Piéton (Pierre), 559.
Pillon (Léon), notaire, 289, 497, 502, 503.
Pithois-Bertin, 72.
Plateau-Saint-Denis, 535.
Plateau-Thibaut, 534.
Plateau (Victor), 161, 560.
Plonquet, médecin, 538.

Pognot-Lenique, 534.
Pognot (Louis), 346.
Pognot (Lucie), 557.
Pognot-Roux, 534.
Pognot (Syndulphe), 236, 244, 289, 361, 387.
Poitevin, 351.
Poniatowski, 316.
Préneuf (Gilbert-Martinon de), curé, 437.
Prévot-Logette, 535.
Prévot (Victor), 391.
Probus, 535.
Quelen (de), archevêque, 438, 453.
Quenardelle-Maquart, 534.
Quenardelle (Nicolas), 394.
Quesnel (P.), 21.
Regaux-Hubert, 440, 53.
Regnault (dom Rupert), 443.
Renard-Chanoine, 534.
Rittier (Jacques-François), 119, 199, 232, 234, 253, 291, 293, 385.
Rouillé (Gaspard-Louis-d'Orfeuil), 239.
Roux (Jean-Baptiste), dit le Chorus, 311.
Roux (Louise), 394.
Royer (dom), abbé, 409.
Ruinart (dom), 55, 58.
Sancy (Jean-Sébastien), maréchal de), 172, 232.
Saint-Denis-Bautier, 535.
Saint-Denis (Pierre-Christophe), 394.
Sauvignier-Pierrot, 534.
Sauvignier-Georges, 440, 469.
Sauville (de), 353.
Sauville-Fiefvet (de), 429.
Savoye (Augustin), 484.
Savoye (veuve), 465.
Scholastique (Sainte), 62.
Sellier, menuisier, 236.
Senard (François-Louis), 373.
Senocq (dom Barthélemy), 20.

Simon, avocat, 102.
Simon-Berrurier, 440.
Simon, boucher, 318.
Simon de Cramand, archevêque, 430.
Simon (François-Remy), 554.
Simon (Georges), 534, 551.
Simon (Joseph), 346.
Simon (Jules), 535.
Simon (Louis), 289.
Simon (Michel), 256.
Simon (Michel-Louis), maire, 359, 454, 482, 484, 501, 502, 512.
Simon (Nicolas), 554.
Simon-Payen, 534.
Simon (Pierre), 132.
Simon-Rode, 282.
Simon (Syndulphe), 555.
Simon (Vincent), 534, 535, 551.
Sogny, 378, 383, 390.
Soullié (Alphonse), 403, 421.
Stiulet (Arthur), 560.
Sturbaut, fermier, 170, 288.
Tabacchi, sculpteur, 462.
Talleyrand de Périgord (de), archevêque, 143, 152, 162, 166, 218, 232, 427.
Testulat, conseiller, 225.
Theurel, percepteur, 497.
Thibaut, comte de Champagne, 111.
Thieffenat (Nicolas), 286, 391.
Thierry de Viaixnes, 16, 18.
Thoirain (Jean), 129.
Tirant de Flavigny, 217.
Touly (Arthur), 535.
Tourneur (Gustave), 550.
Tourneur, vicaire général, 454.
Tresvaux, chanoine de Paris, 437.
Trouillart (Clémence), 148.
Trouillart (Jean-François), 289.
Trouillart-Lambert, 149, 484.
Varlot (Nicolas), proc. fiscal, 9.
Vasseur-Billet, 555.

Vautrin (G.), 180.
Vautrin (François), 395.
Vautrin (Honoré), 285.
Vautrin-Gillet, 535.
Vautrin-Maquart, 534.
Victoire de France, 324.
Villain-Laurent, 248, 258.
Villenfin (François), 132, 289.

Villenfin (Jean-Baptiste, 361.
Villenfin (J.-C.), 488.
Villenfin (Jean-J.-C.), 133.
Villenfin-Minard, 502, 534.
Villenfin (Pierre), 280.
Villenfin (Thomas), 284.
Violart, d'Ay, 225.
Watrinel (dom), 17.

FIN DE LA TABLE DES NOMS DE PERSONNES CITÉES

TABLE DES NOMS DES AUTEURS

CITÉS DANS TOUT L'OUVRAGE

Achery (dom Luc d'), t. i, 393.
Actes de la province de Reims, t. i, 95, 135, 200, 229, 262, 301, 304, 396 ; t. iii, 126.
Adson Hermeric, t. i, 52.
Aguesseau (d'), t. iii, 23.
Albéricus, t. i, 140.
Albert du Boys, t. iii, 61.
Almanachs civils, historiques, etc., de Reims (1790), t. ii, 265, 283 ; t. iii, 153, 173.
Almanne, t. i, 53, 76, 88, 219, 231, 259, 263, 267, 273, 275, 278, 313, 410, 415.
Annales bénédictines, t. iii, 60.
Annuaire de la Marne, voir Chalette.
Anquetil, t. i, 72, 559.
Arbois (d') de Jubainville, t. i, 105, 154.
Archives d'Albi, t. i, 99.
Archives de Châlons (préfecture), t. iii, 113.
Archives de Champillon (mairie), t. i, 177.
Archives d'Hautvillers (mairie), t. i, 211.
Archives d'Hautvillers (Reims), t. i, 97, 121, 123, 187, 316, 380, 395, 396, 420, 423, 431, 434, 438, 444, 446, 448, 449, 452, 459, 464, 469, 471, 477, 484, 495, 498, 511, 526, 531, 536, 553, 557, 564, 570, 571, 572, 582, 590 ; t. ii, 6, 54, 61, 62, 89, 97, 103, 133, 134, 139, 196, 206, 261, 295, 315, 336, 355, 376, 390, 411, 452, 477, 494, 502, 510 ; t. iii, 6, 15, 28, 38, 63, 65, 76, 117, 133, 237, 259, 203.
Archives de la fabrique d'Hautvillers, t. iii, 309.
Archives de l'Empire, t. i, 436, 479, 480.
Archives de Saint-Jean de Châlons, t. ii, 374 ; t. iii, 17.
Archives de Saint-Leu (Paris), t. i, 536, 572 ; t. iii, 383.
Archives nationales (Paris), t. i, 434, 443, 450, 453, 461, 476, 486, 488, 491, 500, 504, 545 ; t. ii, 2, 50, 123, 137, 141, 257, 365, 374, 377, 503, 504 ; t. iii, 54, 103, 117, 173, 248, 295.
Baillet (Adrien), t. i, 159 ; t. iii, 59.
Baillet (dom), t. i, 56, 271, 274, 300, 380, 398, 407, 424, 452, 485, 495, 506, 511, 512, 557, 570 ; t. ii, 89.

Bacquet (Jean), t. III, 208.
Balmès, t. I, 45.
Bandeville, t. I, 45; t. II, 518.
Barbosa, t. II, 290.
Barré (Ernest), t. I, 433 ; t. II, 51.
Baronius, t. I, 231, 293.
Barthélemy Delbène, t. II, 91.
Basnage, t. III, 59.
Baugier, t. I, 308, 311, 486.
Bayle, t. II, 65.
Belleforêt (François), t. I, 231.
Béraud, t. I, 322.
Bergier, t. I, 30.
Bernard de Monfaucon (dom), t. I, 217.
Bernard de Varennes (dom), t. I, 205, 206.
Bertin, t. I, 201, 244.
Bertin du Rocheret, d'Épernay, t. I, 114, 421, 422, 427, 430, 472, 483 ; t. II, 120 ; t. III, 124.
Bibliothèque d'Orléans, t. II, 198.
Bibliothèque nationale, t. II, 200.
Boileau, t. II, 155.
Bollandistes, t. I, 105, 194, 205, 206, 210, 212, 226, 325, 327 ; t. II, 198 ; t. III, 449.
Bossu, t. II, 327.
Bottari, t. I, 220.
Bouette (Marie-Jacqueline), t. I, 104.
Bouquet, t. III, 59.
Bouillevaux (l'abbé), t. III, 423.
Bouthors, t. III, 209.
Brion, t. II, 291.
Brunet (Charles), t. I, 587.
Buet (Charles), t. I, 34.
Bulteau (Louis), t. I, 124.
Bulletin du diocèse, t. I, 233.
Bulletin Français, t. II, 329.
Busbecq, t. II, 88, 89.
Buzelin (Jean), t. I, 103.

Cahier et Martin (PP.), t. III, 447.
Cahier (P.), t. I, 210.
Calmet (dom Augustin), t. I, 57.
Cange (Charles du Fresne du), t. I, 211, 212 ; t. II, 128, 312, 379 ; t. III, 209.
Castel (François-Pérard), t. I, 397.
Caulin (l'abbé), t. III, 208.
Caumartin (de), t. I, 560.
Cerf (chanoine), t. I, 36.
Chalette (géomètre), t. I, 48, 418, 533, 581 ; t. II, 57, 111, 273 ; t. III, 66, 106, 457.
Chastelain (dom), t. I, 63.
Chateaubriant, t. I, 69 ; t. III, 56.
Chavin de Malan, t. I, 219.
Chédel (dom Pierre), t. I, 275.
Cheneaux (doyen de l'église), t. I, 293.
Cheruel, t. III, 209.
Chroniques de l'ordre de Saint-Benoît, t. I, 65, 80, 87, 88, 171, 187, 228, 230, 233, 234, 266, 269, 304, 305, 311, 326, 395, 398, 406, 421, 434, 436, 447, 449, 470, 478, 507, 511, 545, 557, 559, 572, 580 ; t. II, 55, 90, 92, 94, 101, 108, 452, 460 ; t. III, 410.
Clouet, t. I, 206.
Cohen, t. I, 209, 211, 212.
Cointius (Charles Lecointe) *Francorum*.
Colonnes, t. II, 73, 74.
Colvenerius et Ant. Demouchy, t. I, 103.
Concile de Trente, t. II, 195.
Coquault (Pierre), t. II, 7.
Coutume de Vitry en 1676, t. I, 276.

Couvenier (Georges), t. i, 284.
Danzard, t. iii, 208.
Darras, t. i, 220.
Delawarde (P., prévôt de l'oratoire), t. i, 414.
Dellage, t. i, 219.
Demarne, t. i, 413.
Dénombrement du royaume (1720), t. ii, 280.
Dessailly, t. ii, 327.
Devoucoux (l'abbé), t. iii, 444.
Dictionnaire des Anonymes, t. iii, 24.
Dieudonné (dom Sébastien), t. i, 57.
Dodwel, t. iii, 58.
Drouet de Maupertuy, t. iii, 58.
Ducastel, avocat, t. iii, 206.
Duchesne, t. iii, 440, 505.
Dufey (de l'Yonne), t. i, 293 ; t. iii, 23, 59, 73.
Duplessis (dom), t. i, 130.
Durand de Maliane, t. iii, 125
Durant (Étienne), t. iii, 124.
Eccart, t. iii, 59.
Ecclésiastique, t. ii, 232.
Épître de Saint-Paul à Thimothée, t. ii, 230.
Eusèbe de Césarée, t. i, 206, 207, 212, 219, 221.
Feller, t. i, 52, 415 ; t. ii, 50, 72 ; t. iii, 24.
Ferrière, t. ii, 126, 128, 129.
Feuillet (Octave), t. i, 38.
Fleury, t. i, 399.
Flodoard, t. i, 53, 77, 184, 189, 190, 225, 232, 236, 256, 257, 264, 271, 272, 280, 283, 284, 285, 286, 287, 288, 393, 409.
Frédégaire, t. i, 143 ; t. iii, 59.
Gabet, t. i, 180.

Gallandius ou Pierre Galland, t. ii, 66, 68.
Gallia christiana (ancien), t. i, 35, 57, 470, 495, 557, 559, 573, 580 ; t. ii, 6, 51, 55.
Gallia chrisiiana (nouveau), t. i, 97, 107, 116, 118, 129, 157, 159, 161, 174, 264, 266, 272, 288, 299, 301, 303, 309, 314, 381, 382, 390, 392, 395, 396, 398, 402, 406, 408, 409, 416, 421, 423, 428, 430, 433, 435, 444, 449, 450, 460, 471, 477, 480, 502, 506, 507, 511, 532, 540, 557, 559, 567, 579 ; t. ii, 5, 50, 62, 65, 74, 76, 87, 88, 90, 94, 98, 103, 108, 112, 114, 114, 197, 229, 459 ; t. iii, 73, 410.
Garimbert, cité par Frizon, t. i, 545.
Garnesson, t. 85, 449.
Gaule (Mme), t. i, 204.
Germain (dom), t. i, 58.
Germon (P.), t. iii, 59.
Géruzez, t. i, 51.
Godinot, t. ii, 528.
Gozalle (poète), t. i, 523.
Gosselin, t. i, 217.
Grégoire de Tours, t. i, 233.
Grégoire le Grand (Saint), t. i, 11, 213, 214.
Grossard (dom), t. i, 251, 301, 317, 318, 346, 367, 372, 471, 477, 533, 559 ; t. iii, 407.
Gruter (Jean), t. i, 205.
Guérard, t. i, 35.
Guichenon, t. ii, 560.
Guillaume de Saint-Thierry, t. i, 54, 55.
Guizot, t. i, 35, 74, 189, 194, 284.

Hattong, t. II, 93.
Henry de Valois, t. I, 143.
Héricourt (Louis d'), t. I, 593.
Hincmar, archevêque de Reims, (œuvres d'), t. I, 50, 51, 183, 190, 192, 193, 197, 200, 201, 227, 228, 230, 234, 241, 245, 248, 249, 254, 256, 260, 264, 269, 276, 277, 296.
Histoire de France, t. I, 323.
Histoire littéraire de France, t. I, 160, 260. 270, 272, 291, 306, 324, 327, 410.
Histoire de France, t. I, 323.
Jérôme (Saint), t. I, 132.
Jessenet (Anat.). t. I, 58.
L'Abbé (le Père), t. I, 244.
La Champagne désolée par l'armée d'Eslach, t. II, 316.
La Chesnaye des Bois, t. II, 560.
Laferon (curé de Saint-Léonard), t. I, 183.
Lacourt, t. II, 316.
Lamy (dom), t. I, 164.
Léandre, t. I, 219.
Lecointe, t. I, 104, 143.
Lefèvre de la Ballande, t. II, 127.
Lefèvre (François), t. I, 57.
Lelong (dom), t. I, 56, 57, 560.
Le Mire-Aubert, t. I, 399, 415.
Létoffé, t. I, 140, 164.
Longueval (le Père), t. I, 195, 198, 303, 306, 385, 403, 485, 539 ; t. II, 50, 71.
Luc d'Achery (dom), v. Achery.
Lucot (chanoine de Châlons), t. I, 203, 309, 219, 441 ; t. III, 451.
Mabillon, t. I, 90, 107, 117, 135, 155, 162, 163, 185, 189, 190, 192, 226, 232, 270, 271, 272, 290, 291, 325.

Marlot (dom), t. I, 53, 57, 71, 97, 185, 189, 190, 195, 231, 258, 259, 272, 281, 286, 288, 303, 306, 326, 336, 372, 380, 382, 384, 390, 393, 394, 395, 396, 398, 402, 406, 408, 409, 416, 423, 424, 449, 450, 460, 472, 477, 478, 481, 502, 506, 507, 508, 531, 538, 541, 545, 546, 553, 580 ; t. II, 51, 65, 67, 87, 97, 459 ; t. III, 410, 411.
Martène (dom), t. I, 51, 58, 88, 389, 391, 392, 438, 443.
Martin et Cahier, t. I, 211.
Mémoire du clergé, t. II, 291.
Mercier, t. I, 72 ; t. III, 567.
Mezeray, t. I, 143, 144 ; t. II, 74.
Michel de l'Hôpital, t. II, 74.
Michel (Prosper), t. III, 205.
Molon, t. I, 231.
Moreri, t. II, 65, 66, 74, 90, 415, 538 ; t. III, 24.
Mossuet (René), t. III, 60.
Navier (Jean-Claude), t. II, 529.
Nicaise, t. I, 433.
Nicéphore (patriarche de Constantinople), t. I, 210, 212, 221, 319.
Noël (dom Albert), t. I.
Nouvelle jurisprudence, t. II, 188.
Olive (d'), t. II, 291.
Oudart Coquault, t. II, 354.
Pagi (P.), t. I, 209.
Palliot, t. II, 560.
Papebroch, t. I, 212, 219.
Paris (Louis), t. I, 83, 129, 153, 163, 181, 183, 460, 461 ; t. II, 66, 93.
Paul Mazin, t. II, 64.

Pèlerinage d'Hautvillers (1822).
Perray (Michel du), t. i, 74, 117.
Perrière (Charles-Joseph), t. ii, 56.
Petra Mellarius, t. i, 104.
Philippe (dom), t, ii, 570.
Pierquin, t. i, 2.
Pierre de Celle, t. i, 62.
Pierre de Saint-Julien, t. ii, 70.
Planchette (dom), t. i, 57.
Poinsignon, t. i, 427.
Pomponius Mela, t. i, 541.
Prêtre (le), t. ii, 129.
Procope, t. i, 204.
Ragueau, t. i, 208.
Raguet (l'abbé), t. iii, 59.
Regnard, t. ii, 543.
Ribadeneira, t. i, 103.
Rohrbacher, t. i, 10, 202, 241, 285.
Ruinart (dom), t. i, 281 ; t. iii, 58, 59, 60.
Saluze, t. ii, 99.
Saussaye (Charles de la), t. ii, 197.
Saussay (André du), t. i, 148, 231.
Savagnier, t. i, 154.
Secchi (P.), t. i. 43.
Sédillot, t. i, 104.
Sigebert de Gemblours, t. i, 231, 232, 233, 270, 471.
Sillo (P.), t. i, 54.
Sirmont (P.), t. i, 51, 251, 293.
Soullié (Alphonse), t. i, 188, 277, 380, 423, 452, 471, 553,

567 ; t. ii, 87, 459 ; t. iii, 72.
Tamborin, t. i, 480.
Tarane, t. iii, 59.
Terris (évêque de Fréjus), t. i, 217.
Théodore de Bèze, t. ii, 67, 70, 73.
Théodoret, t. i, 206, 221.
Thomassin (P.), t. i, 504 ; t. ii, 117, 119.
Tillemont (Louis-Sébastien, le nain de), t. i, 271.
Tillet (Jean du), t. i, 72.
Tourneur (vicaire général), t. i, 42.
Thithème (Jean), t. i, 55, 231, 233, 234, 269, 275, 277.
Vacher (l'abbé), t. iii, 450.
Vadingt, t. i, 316.
Valize (André), t. i, 415.
Van Espent, t. iii, 170.
Varillas (Antoine), t. ii, 72.
Varin, t. iii, 215.
Vicerius, t. i, 474.
Victor (évêque), t. iii, 58.
Viel, t. i, 108.
Viol (dom), t. i, 56.
Violet-le-Duc, t. i, 302, 312 ; t. iii, 447.
Virgile, t. i, 579.
Voltaire, t. ii, 546.
Voyage littéraire, t. i, 60.
Witte (de l'Institut), t. i, 211.
Yepiès (moine espagnol), voir *Chroniques gén. de l'ordre de Saint-Benoît*.
Zeskins, t. i, 231.

FIN DE LA TABLE DES NOMS DES AUTEURS CITÉS

Epernay. — Imprimerie L. DOUBLAT

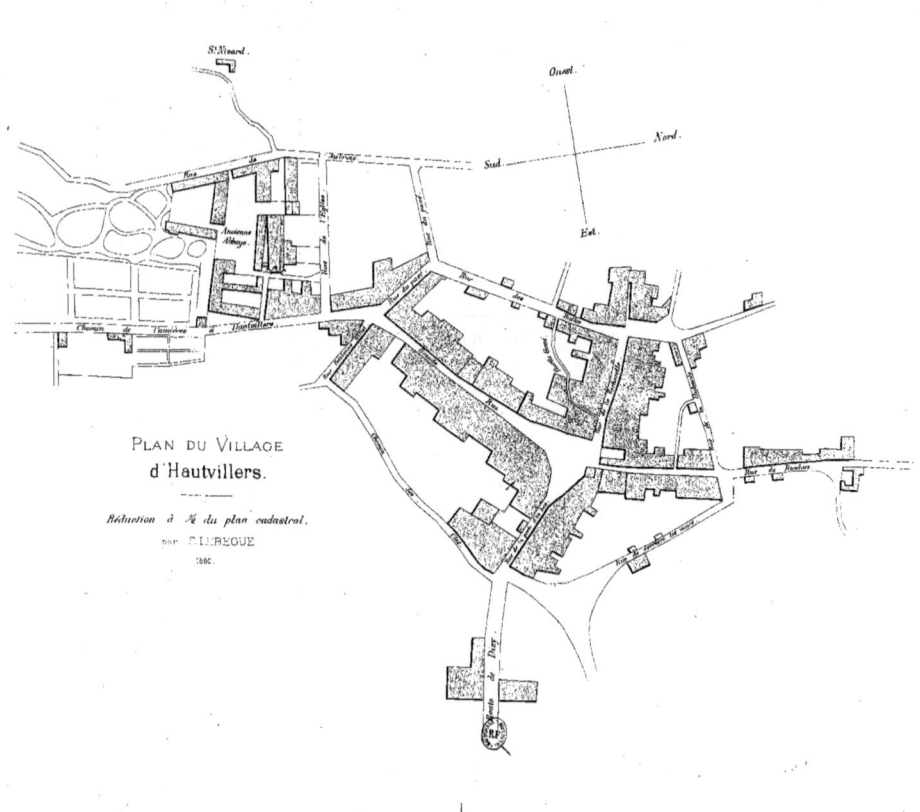

www.ingramcontent.com/pod-product-compliance
Lightning Source LLC
Chambersburg PA
CBHW050321240426
43673CB00042B/1491